이천 리의 역정歷程과
천 년의 선적先蹟

驪州李氏舍人堂里宗史

이운성 지음

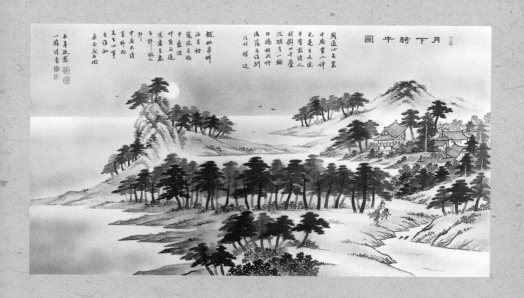

푸른사상
PRUNSASANG

이 책은 저자의 아들인 ㈜우성아이비 사장 희재(熙在)군과 재종질인 ㈜자이글 사장 진희(瑨熙)군의 후원으로 출간되어 우리 종중에 기증되었습니다. 이에 저자 석농옹(石農翁)과 그 자질 두 분에게 종중의 이름으로 깊은 감사를 드립니다.

여주이씨 밀양파 대종회

서문 序文

이 책은 우리 여주이씨의 밀양파 대종중이 1980년에 창립한 사인당리 무본회(舍人堂里務本會)에서, 1989년에 연간(年刊) 교양지로 『무본(務本)』을 창간한 이래 매년 그 지면을 빌려 연재되어온 글을 묶어 단행본으로 간행한 것이다. 처음으로 게재(揭載)된 것은 제2호인데 '선세 연구'라는 지면에 원고지 100장 내외의 글을 실었다. 그 뒤 매년 빠짐없이 동일한 분량의 글을 수록함으로써, 2010년 8월에 나온 제22호를 끝으로 드디어 탈고(脫稿)를 하였다. 모두 21회에 걸쳐 3,000장이 넘는 원고를 소화한 것이지만, 그 내용에 무게와 깊이가 없고 체계 또한 산만한 것이어서, 도리어 민망한 마음과 함께 도로(徒勞)에 그쳤다는 느낌을 지울 수가 없었다.

그럼에도 불구하고 연재가 끝난 뒤에는 많은 독자들이 선세(先世)에 대한 아름다운 여운(餘韻)을 간직한 채, 자라나는 후진들에게도 우리 가문의 뿌리와 지엽(枝葉)을 알게 하고 조상의 사행(事行)에 관한 교육의 자료가 필요하다는 명분을 내세워, 아담한 책자로 엮어 보급할 것을 주문하는 소리가 일기 시작했다. 사실 애초에 필자가 이 글을 시도할 때도 만약 이 연재물을 하나의 열매로 거둘 수만 있다면, 자손들에게 가문의 내력과 조상의 사적을 교육하는 자료로서 활용이 가능하겠다는 은근한 희망도 가지고 있었다. 그런 점에서 이러한 독자들의 바람은 시의(時宜)를 얻었고 필자의 마음속 기대와도 부합이 되었다.

그러나 20년이 넘는 긴 시간을 넘나들며 그때마다 토막을 지어 쓴 방대한 분량의 글을 한데 묶는다고 책이 저절로 이루어지는 것은 아니었다. 아무리 동일한 화자(話者)의 처지라 하더라도 변천이 격심했던 시세(時世)만큼이나, 글이 한결같지 못하였고 세월의 괴리(乖離)를 자연스럽게 매우는 데는 한계가 있었다. 우선 일관성 없는 표기 방식이나 문체(文體)의 이질감이 눈에 거슬리고, 표현상의 부조화 또는 사실 관계의 불일치가 여기저기에서 숱하게 노정(露呈)되었다. 만약 이를 무시하고 성급하게 글을 미봉(彌縫)하는 데만 급급하다면 글 쓴 사람의 양식(良識)은 말할 것도 없거니와 한 문중의 가승(家乘)으로서도 품위 유지가 될 수 없을 것이다.

　　때문에 이러한 교정(校正) 작업이나 그 문책(文責)은 남이 대신할 수가 없고, 오로지 필자만이 책임을 져야 하는 일이었다. 비록 심신의 쇠잔(衰殘)을 느끼며 막막한 가운데서 낭패감을 주체하지 못했으나, 어쩔 수 없이 무거운 짐의 무게를 견디면서도 7년 동안이나 차일피일 미루어져온 것이다. 이제 내 나이 90세가 눈앞이라, 혼몽(昏懜)한 심신을 어떻게 추슬러야 할지 하루하루가 다르고 걱정스럽기도 했다. 이것저것 죽음의 준비를 서둘러야할 일도 비일비재하다. 그런 가운데서도 많은 종원들의 여망(輿望)과 관계자들의 말없는 재촉은 내 여명(餘命)의 길이를 재가면서라도 꼭 해내야 한다는 각오를 다시금 일깨우지 않을 수가 없었다. 그리하여 금년 연초부터 그 개고(改稿)와 전체적인 편집 작업에 착수하여, 8개월 만에 아득하기만 했던 묵은 과제를 무사히 감당(堪當)하고 방대한 분량의 원고를 출판사에 넘기게 되었다.

　　이 글은 당초에 일관된 제목을 정하지 못했다. 금년 봄에 서거하신 우리 종중 최고의 장로(長老)로서 필자가 스승으로 존경하던 벽사선생(碧史先生)께서, 일찍이 이 글에 관심을 가지시고 앞으로 책이 나올 경우 『사인당리종사(舍人堂里宗史)』라는 제목이 좋겠다는 의견을 주신 바가 있었다. 하지만 그대로 뜻을 따르지 못한 이유는 제목에 비하여 내용이 어울리지 않았고, 사서(史書)라는 의미 부여가 너무나 무겁고 외람되었기 때문이다. 대신

단계적으로 종파별 테마를 붙여 글을 써나가는 과정에서, 그 해제(解題)의 의미와 상징성을 고려하여 『이천 리의 역정(歷程)과 천 년의 선적(先蹟)』이라는 긴 이름을 붙이게 되었다. 다만 그 부제(副題)로 선생의 애정과 함축된 뜻을 나타내었을 따름이다.

'이천 리의 역정'이란 우리 성씨의 시조이신 교위공이 경기도 황려현(黃驪縣)의 향호(鄕豪)로 자리를 잡으신 이후, 13세조 충순위공이 밀양으로 입향 정착하기까지 그 변천의 장정(長征)을 일컫는 말이다. 그 과정에서 4세조 중랑장공이 고려 정부의 관인으로 진출하여 누대로 개성(開城) 사람이 되었고, 9세조 문절공(文節公) 기우자선생의 아들 제학공 형제가 조선조의 개국과 함께 경화사족(京華士族)으로서의 지위를 얻어 다시 수대를 한양인(漢陽人)으로 살았다. 그와 같은 경로가 일천 리(一千里)인데 우리 밀양 입향조께서 또 천 리 길을 더듬어 낙남(落南)을 한 후, 사인당리(舍人堂里)에 삶의 터전을 일구었으니 줄잡아 이천 리의 역정이 되는 셈이다.

'천 년의 선적' 또한 시조공이 고려 시대 중기인 11세기 중엽에 여주(驪州)를 본관으로 삼아 성씨의 뿌리를 내리신 이후 '즈믄(千) 세월'에 걸쳐 우리 선조들이 끼친 자취와 행적을 가리키는 말이다. 우리 가문에서는 이미 고려 시대 중·후반기에 작성된 개성부호적(開城府戶籍)이 유전(遺傳)되어 왔다. 그것을 바탕으로 시조공과 함께 그 아들과 손자의 존재가 확인되었으며, 호장(戶長)과 군윤(軍尹) 등 향직에 종사하면서 관향지를 지키던 약 100년간의 '황려 시대'가 있었다. 그를 효시(嚆矢)로 하여 뒤이어 '개경 시대' 200년과 '한양 시대' 100년간이 각각 열렸고, 낙남 입향 후에는 '밀양 시대'가 시작되어 500년이 넘는 긴 역사를 수놓게 된 것이다.

이 책의 구성은 대체로 책명이 시사(示唆)하는 바와 같이 '이천 리'라는 장정(長程)을 날(經)로 삼고, '천 년'이라는 세월을 씨(緯)로 하여 필목(疋木)을 짜낸다는 심정으로 편집하였다. 다섯 부(部)의 큰 묶음에다 32개 장(章)이나 되는 시대적 종파별 테마 속에, 무려 103개의 항(項)과 131개에 이르는 목(目)으로 짜여진 목차(目次)의 구성이 어느 정도는 그런 사실을 뒷받침해준다고 할 것이다. 비록 필자의 무능과 자료의 빈곤으로 우리 성씨와 가문의 고금(古今)을 꿰뚫어 볼 수 있는 통사(通史)는 이루어내지 못했지만, 그래도 후손들이라면 누구라도 각자의 서가(書架)에 갈무리가 되는 문헌(文獻)을 만든다는 태도로 최선을 다한 것만은 사실이다.

이제 이 책자가 만난(萬難)을 무릅쓰고 상재(上梓)된다는 사실에 직면해 보니, 문득 지난날 문중의 어른으로서 지금은 선계(仙界)에 계실 많은 부로(父老)들의 인자한 자태가 떠오르면서 그때가 그리워진다. 이 못난 필자를 '우리 가문의 보배와 같은 존재'라 또 한 번 치켜세우시며 '긴요한 문중 사업 하나를 이루어내었구나!' 하고 기뻐해주실 것만 같다. 종원 여러분들과 함께 경건한 마음으로 추모를 드리며 이 책의 간행을 자축하고 싶다. 끝으로 밝혀둘 일은 편집 과정에서 시종일관 종중을 대표하여 격려를 해주는 한편, 특히 내용 면에 삽입할 수십 건의 사진을 구해 제공해준 성순(成珣) 대종회장에게 고마움을 전한다. 또한 출판을 맡아 그 교정과 색인 작업은 물론 책을 가장 아름답게 꾸며준 푸른사상사 한봉숙(韓鳳淑) 사장 이하 편집진에게도 정중하게 감사를 드리고 싶다.

2017년 9월 추분절(秋分節)에 용인시 수지 만현마을
무심관(無心觀)에서 저자(著者)가 쓰다

■ 서 문(序文) • 5

제1부 여주이씨(驪州李氏) 연원(淵源)에 대한 자료

제1장 우리나라 성씨(姓氏)의 보급과 본관(本貫)　　21

　1. 성씨(姓氏)의 보급　　21

　2. 관향(貫鄕)의 생성(生成)　　23

제2장 여주이씨 시조산(始祖山)의 존재　　25

　1. 여주향교(驪州鄕校) 앞산 소재설　　26

　2. 추읍산(鄒邑山) 기슭 무시곡(無時谷) 소재설　　27

　3. 여주읍 서쪽 천녕폐현(川寧廢縣) 소재설　　29

제3장 여주이씨의 세 갈래 시조　　31

제4장 여주이씨의 귀화 성씨설　　35

제5장 실증(實證)이 안 되는 몇 가지 보서(譜書)　　38

제6장 여주 지방 약사　　40

제2부 우리 선세(先世)의 개경(開京) 시대

제1장 우리 가문 상대(上代)의 변천 과정   45

제2장 대몽항쟁기(對蒙抗爭期)와 중랑장공(中郎將公)의 생애   49

   1. 개경(開京) 진출과 금오위(金吾衛)의 사환(仕宦)   49

   2. 몽고의 침략과 강도(江都) 생활   51

   3. 서북면병마사(西北面兵馬使)의 기록과 세 아들   53

제3장 정당문학공(政堂文學公)과 그 시대   57

   1. 출생과 과환(科宦)   57

   2. 원나라 지배하의 관록(官祿)   59

제4장 학사공(學士公)의 관직과 그 사회   63

제5장 사인공(舍人公) 시대의 사회상과 그 지행(志行)   67

제6장 목사공(牧使公)과 홍건적(紅巾賊)의 전란   71

   1. 결혼과 정치관(整治官)의 활동   71

   2. 충주목사(忠州牧使)와 그 최후   74

제7장 기우자(騎牛子)선생의 생애와 풍절(風節)   78

   1. 출생과 유년 시절   78

   2. 취학(就學)과 결혼   80

   3. 문과 급제와 신진사관(新進史官)   83

4. 평해 낙향(落鄕)과 기우유상(騎牛遊賞)   85

5. 복직(復職)과 두 번째 낙향   89

6. 탐라선유사(耽羅宣諭使)와 간관(諫官) 활동   91

7. 왕명(王命)의 출납과 기울어진 국운(國運)   96

8. 신왕조(新王朝)의 수립과 강음(江陰)의 하야(下野)   100

9. 사초(史草) 사건과 울진(蔚珍) 유배   103

10. 월송정(越松亭)에서의 자정(自靖)   105

11. 지속적인 출사 불응과 명나라 사행(使行)   109

12. 한양(漢陽) 이사 후 누차의 관직 천망(薦望)   112

13. 후진 교육과 강산의 주유(周遊)   117

14. 한양과 강음 사이 왕래와 민정(民政)의 협조   119

15. 왕실과의 통혼(通婚)과 세종의 지우(知遇)   122

16. 서세(逝世)와 영원한 의표(儀表)   124

제3부 한양에서의 우리 가문

제1장 가문의 개요   131

제2장 제학공(提學公)의 출조(出朝)와 사상   136

1. 성장 배경과 국자감시(國子監試)의 장원(壯元)   136

2. 문과 급제와 신왕조의 진출   138

3. 어머니의 거상(居喪)과 기복(起復)   140

4. 불가(佛家)의 교류와 고승(高僧)의 평시(評詩)   142

5. 은퇴와 조용한 귀천   144

제3장 부훤당공(負暄堂公)의 파란만장한 관료 생활　　147

1. 문과 2등 급제와 형제명환(兄弟名宦)　　147
2. 선공(先公)의 가르침과 농상(農桑)의 장려　　150
3. 폐세자(廢世子)의 논의와 상왕(上王)의 신임　　152
4. 자부(姉夫)의 구명 운동과 강서(江西) 생활　　154
5. 함길도(咸吉道) 유배와 특사(特赦)의 은전　　157

제4장 여천군(驪川君)의 생애와 그 공훈(功勳)　　161

1. 소년기의 학업과 무과(武科) 급제　　161
2. 계유정난(癸酉靖難)의 참여와 공신군호(功臣君號)　　164
3. 정경(正卿)의 승진과 봉조하(奉朝賀)의 은전　　166

제5장 돈녕공(敦寧公)의 왕실 혼인과 벼슬　　169

1. 할아버지의 무육(撫育)과 청소년 시절　　169
2. 세종의 명으로 이루어진 혼사와 관직　　172
3. 류방선(柳方善) 문하의 수학(修學)　　175
4. 승중상(承重喪)과 복직 및 별세　　177

제6장 재령군주(載寧郡主)의 생애와 부도(婦道)　　180

1. 어린 시절의 고난과 조모 원경왕후(元敬王后)의 보살핌　　180
2. 출가 후 삼종지도(三從之道)의 실천　　183
3. 사패지(賜牌地)의 유택(幽宅)과 내외 자손　　185

제7장 중화공(中和公) 형제와 그 자질(子姪)　　188

1. 중화공(中和公) 내외분의 평온한 금슬(琴瑟)　　189
2. 포천공(抱川公) 증약(曾若) 내외분과 그 묘소　　193

3. 침류당공(枕流堂公)의 풍류와 교우(交友)   195

  1) 경화사족(京華士族)과의 교류와 타고난 풍류(風流)   195

  2) 진양(晉陽)의 농장(農莊)과 내키지 않는 벼슬살이   197

  3) 한강변의 별서(別墅)와 삼로(三老)와의 시주(詩酒)   199

  4) 소후(所後) 자손의 입계(入系)와 향촌의 귀농   201

4. 별좌공(別坐公) 사연(師衍)과 첨사공(僉使公) 보(俌) 부자   202

5. 직장공(直長公) 사진(師鎭)과 그 자손의 출계(出系)   205

6. 포천공(抱川公) 아랫대의 낙향과 세거(世居)   206

  1) 처사공(處士公) 사원(師瑗)의 홍주(洪州) 낙향과 그 자손   206

  2) 백운공(白雲公)의 입계와 남도(南道)의 정착   209

  3) 현감공(縣監公) 자손들의 광주(廣州) 복거(卜居)   212

7. 충순위공(忠順衛公)의 밀양 입향(入鄕)   213

제4부 밀양 입향(入鄕) 후 문벌(門閥)의 형성

제1장 문벌 형성의 토대   221

제2장 진사공(進士公)의 가업(家業)과 염퇴(恬退)   225

1. 결혼과 사마시(司馬試)의 합격   225

2. 낙남(落南) 후의 통혼(通婚)과 향선생(鄕先生) 추존   227

제3장 월연공(月淵公)의 깨끗한 풍표(風標)와 생애   230

1. 출사(出仕)와 청직한 사관(史官) 활동   230

2. 기묘사화(己卯士禍)의 예견과 귀향(歸鄕)   232

3. 월연정(月淵亭)의 창건과 필한(筆翰)의 취미   234

4. 후산시풍(后山詩風)과 명류(名流)와의 시교(詩交)   237

5. 출처(出處)의 고민과 권신(權臣)에 대한 혐오   239

6. 월연에서의 자적(自適)과 그 신후(身後)   241

제4장 생원공(生員公)의 재망(才望)과 조세(早世)   244

1. 뛰어난 재사(才思)와 별시직부(別試直赴)   244

2. 김하서(金河西)와의 우정과 안타까운 하세(下世)   247

제5장 금시당공(今是堂公)의 벼슬과 금시(今是)의 깨달음   250

1. 태학(太學) 시절과 유생(儒生) 활동   250

2. 대과(大科) 급제와 한림원(翰林苑)의 활동   253

3. 목민관(牧民官)의 체험과 출처(出處)의 고민   256

4. 이단(異端)의 배척과 왕권의 옹위   258

5. 사유(師儒)의 간택과 은대(銀臺)의 충언   260

6. 귀향의 결심과 용호(龍湖) 위의 장수(藏修)   263

제6장 제헌공(霽軒公)의 지상(志尙)과 선업(先業)의 수호   267

1. 과거 공부와 주지(州誌)에 실린 소담(笑談)   267

2. 깨끗한 행의(行義)와 담박한 수양   269

제7장 증참의공(贈參議公)의 분거(分居)와 치가(治家)   272

제5부 각 파 자손들의 세거(世居)와 인물

제1장 밀양 사파(四派)의 성립과 임진왜란   277

제2장 용성구장(龍城舊莊)을 지켜온 진사공(進士公) 자손들 283

  1. 승벌(僧伐)과 사인당(舍人堂) 마을 이름 283

  2. 진사공(進士公) 경승(慶承)과 임진왜란 창의(倡義) 287

    1) 소년 시절과 성균관에서의 학업 287

    2) 석동산(石洞山)의 창의(倡義)와 최후 290

  3. 선교랑(宣敎郞) 래(崍)의 결혼과 배위의 유한(遺恨) 292

  4. 처사공(處士公) 장윤(長胤)의 승종(承宗) 296

  5. 사과공(司果公) 만용(萬容)의 자손들 299

    1) 문무(文武)가 겸전한 생애 300

    2) 밀양 향사림(鄕士林)의 지도자 역할 303

    3) 처사공(處士公) 지술(之述)의 생평 305

    4) 처사공(處士公) 기주(起周)의 조몰(早歿) 308

    5) 선비의 품위를 갖춘 무관 도정공(都正公) 태주(泰周) 309

    6) 향속 순화(鄕俗醇化)에 앞장선 처사공 용주(龍周) 310

    7) 병한공(病漢公)의 생애와 그 후사(後嗣) 312

    8) 대종가(大宗家)의 사속(嗣續) 315

    9) 졸와공(拙窩公)의 사행(事行) 319

    10) 처사공 휘철(輝轍)의 자손 321

    11) 처사공 휘근(輝根)과 장봉(章琫) 부자 322

    12) 농은공(農隱公)의 생애와 그 자손 323

    13) 죽엄공(竹广公)의 생애와 교유(交遊) 326

    14) 각산공(覺山公)과 물연공(勿淵公) 327

    15) 학산공(鶴山公)과 그 후손 329

    16) 처사공 도(櫂)와 미(糜) 형제, 그리고 그 후손 330

  6. 처사공(處士公) 만성(萬成)과 자손들 331

    1) 처사공의 짧은 생애와 조카 지적(之迪)의 입계(入系) 331

    2) 삼달존(三達尊)을 누린 반계공(盤溪公)과 후손들 335

    3) 만회당공(晩悔堂公)의 위선(衛先) 활동 339

    4) 승지공(承旨公) 연구(演九)의 출세 341

7. 처사공 만최(萬寂)와 그 자손들   342

  1) 처사공 만최(萬寂)의 형우제공(兄友弟恭)   342

  2) 처사공 진(稹)의 시문(詩文)과 선필(善筆)   345

  3) 우연공(愚淵公)과 소호공(小湖公) 부자   348

8. 용성처사(龍城處士) 만시(萬蒔)와 그 자손들   350

  1) 용성처사의 우애와 행의(行誼)   350

  2) 처사공 지수(之邃)의 계대(繼代)   352

  3) 만취정공(晩翠亭公) 휘오(輝五)의 호구단자(戸口單子)   354

  4) 추남공(推南公) 장한(章漢)의 문행(文行)   356

9. 자유헌공(自濡軒公) 만백(萬白)과 그 자손들   359

  1) 두 갈래 자손들의 세거지(世居地)   359

  2) 천연(天淵)의 지취(志趣)가 고상한 자유헌공의 학행(學行)   364

  3) 처사공 지유(之逌) 이하 4대의 가계   370

  4) 지지헌공(知止軒公)의 인망과 학행   375

  5) 도원공(桃源公)의 위선(衛先)과 교육   377

  6) 고야리(姑射里)의 이거(移居)와 가숙(家塾)의 운영   380

  7) 항재공 삼곤계(三昆季)의 퇴로(退老) 복거(卜居)   381

  8) 실학(實學)에 바탕을 둔 항재공의 학문과 교육   383

  9) 정존헌공(靜存軒公)의 우애와 치가(治家)   387

  10) 용재공(庸齋公)의 제공(弟恭)과 양한(養閒)   389

  11) 성헌공(省軒公) 여섯 종반이 이룩한 퇴로마을의 명성   390

  12) 성헌공의 학문과 저술   393

  13) 화하공(華下公)의 생애와 문학(文學)   398

  14) 도하공(桃下公)의 계몽운동과 산업 활동   400

  15) 율봉공(栗峰公)의 효우와 의술(醫術)   402

  16) 퇴수재공(退修齋公)의 학문과 육영(育英)   403

  17) 남애공(南厓公)의 우애와 무실(務實)   405

  18) 일정공(一亭公)의 면학(勉學)과 치가(治家)   407

  19) 처사공(處士公) 표(穮)의 분가(分家)와 그 자손   408

  20) 반구공(盤邱公)의 돈친(敦親)과 낙육(樂育)   409

21) 종곤(鍾坤)·민구(珉九) 양대(兩代)의 학업과 가화(家禍)   412

22) 창주공(蒼洲公)의 교유(交遊)와 치가(治家)   414

제3장 백곡(栢谷)의 선업을 가꿔온 근재공(謹齋公) 자손들   416

1. 아름다운 별서의 수호와 자손들의 복거(卜居)   416

2. 근재공(謹齋公)의 생애와 학행   420

1) 사마시(司馬試)의 합격과 그 교우 관계   420

2) 나라의 징벽(徵辟)과 임진왜란 창의(倡義)   423

3) 신후(身後)의 천장(遷葬)과 추모   425

3. 통덕랑(通德郎) 옹(甕)과 향사림(鄕士林) 활동   427

4. 선교랑(宣敎郎) 창윤(昌胤)과 그 배위   431

5. 백곡공(栢谷公)과 그 자손들   432

1) 총명한 자질과 지극한 효행(孝行)   433

2) 『철감록(掇感錄)』의 자료 수집과 계술(繼述) 사업   434

3) 금시당의 복원 사업과 후진 교육   436

4) 처사공 수(洙)와 아들 혁(㶠)의 가업(家業)   439

5) 죽관공(竹館公)의 효우와 위선 사업   442

6) 만성공(晩惺公)의 문학과 선업(先業)에 대한 성효(誠孝)   445

7) 무초공(武樵公)과 묵산공(黙山公)   448

8) 처사공 종탁(鍾卓)과 치헌공(癡軒公) 문구(聞九)   454

9) 사과공(司果公) 거(秬)와 처사공 휘연(輝淵)   458

10) 무릉동(武陵洞)의 단취(團聚)와 무릉옹(武陵翁) 종원(鍾元) 부자   462

11) 죽와공(竹窩公)의 과환(科宦)과 그 자손   469

제4장 월연(月淵)의 청풍을 기려온 겸재공(謙齋公) 후예들   474

1. 교위공(校尉公)과 내금공(內禁公) 경청(慶淸) 형제   474

2. 겸재공(謙齋公)의 생애와 불행한 최후   478

3. 전화(戰禍)를 딛고 일어선 증참의공(贈參議公)의 가업(家業)   482

4. 병자호란 때 의기(義氣)를 떨친 번수공(樊叟公)　　484

5. 증참판공(贈參判公) 만형(萬亨) 형제와 환고(還故)의 염원　　486
　1) 금곡리(金谷里)의 우거(寓居)와 고토(故土)의 회복　　486
　2) 영장공(營將公)의 제택(第宅) 조성과 살내(箭川)마을　　488

6. 월암공(月庵公)의 합경(合慶)과 그 자손　　490
　1) 쌍경당(雙鏡堂) 중건의 염원과 내력　　493
　2) 임고공(林皐公)의 종통(宗統) 수호와 그 의지　　496
　3) 처사공 경섭(敬燮) 이후 종손(宗孫)의 승계　　499

7. 월연공 손자 경옥(慶沃)의 출계 사실 오류와 그 시정　　500
　1) 두 번에 걸친 합동보(合同譜)의 수단(修單) 착오　　501
　2) 수원파 이수함(李壽咸)에 의한 보첩 수정의 서문(序文)　　502
　3) 오류 수정 후 정당한 족보 간행　　505

8. 첨헌공(忝軒公) 만전(萬全)의 출세와 그 아들　　507
　1) 문무(文武)에 구애되지 않는 입신관(立身觀)　　508
　2) 풍수(風樹)의 한과 무반으로서의 출세　　510
　3) 운암공(雲菴公)의 가업(家業)　　512

9. 무중군자(武中君子) 오호공(午湖公)의 건절(建節)과 자손　　514
　1) 박송당(朴松堂)에 비유한 문무의 겸전　　514
　2) 무반(武班)의 군자인(君子人)이라는 평판　　516
　3) 퇴임 후 월연선정(月淵先亭)에서의 장수(藏修)　　519
　4) 모포공(慕圃公)의 사환(仕宦)과 효군자(孝君子)　　520
　5) 서반(西班) 가문의 유사(儒士) 함헌공(涵軒公)의 근학(勤學)　　523
　6) 담대(膽大)한 무인 병와공(兵窩公)의 억울한 조세(早世)　　524
　7) 수당공(睡堂公)이 종사(宗事)에 끼친 업적　　525
　8) 만천공(彎川公)의 관직과 위선(衛先)에 대한 일념(一念)　　528
　9) 우초공(于樵公)과 우산공(于山公) 형제의 문행(文行)　　530
　10) 장기공(長鬐公) 병성(秉晟)의 사환(仕宦)과 자손　　531
　11) 조용한 선비 죽헌공(竹軒公)과 그 자손　　533
　12) 해산공(海山公)의 출사(出仕)와 교육운동　　535

13) 통덕랑(通德郎) 위(渭)의 자손과 별도 파보(派譜)의 간행 ... 536

14) 통덕랑 지갑(之甲)의 자손과 호산공(湖山公) ... 538

10. 처사공 장신(長新)의 분파(分派) ... 539

11. 묵헌공(黙軒公)의 행검(行檢)과 그 자손 ... 541

1) 처사공 지표(之標) 3형제와 그 효우(孝友) ... 545

2) 자락정공(自樂亭公)과 아우들의 성가(成家) ... 548

3) 일성공(日省公)의 문행(文行)과 필한(筆翰) ... 551

4) 만한당공(晩恨堂公) 종각(鍾珏)의 근학(勤學) ... 555

5) 제천공(霽川公)의 승종(承宗)과 치가(治家) ... 557

제5장 무리실(茂李谷) 전통을 이어온 창암공(滄菴公) 자손들 ... 561

1. 무리실(茂李谷)마을과 여주이씨 복거(卜居)의 내력 ... 561

2. 창암공(滄菴公)의 청직(淸直)한 생애와 시혜(施惠) ... 563

3. 증정부인(贈貞夫人) 풍산류씨(豊山柳氏)의 규범(閨範) ... 566

4. 매원공(梅園公)의 제가(齊家)과 그 후손 ... 567

1) 처사공 장무(長茂)와 인묵재공(忍黙齋公) 만섭(萬葉) 부자 ... 569

2) 소헌공(笑軒公)의 사환(仕宦) ... 570

3) 덕봉공(德峰公)의 선행(善行) ... 571

4) 국하공(菊下公)의 문행(文行) ... 573

5) 처사공(處士公) 장구(章璆) 이후의 승종(承宗) ... 574

6) 처사공 양(穰)의 종사(宗事) 활동 ... 575

7) 신묵재공(愼黙齋公)과 자손들의 학행(學行) ... 576

8) 사암공(思庵公)의 학업과 효행 ... 579

9) 일한당공(一閑堂公)의 교육 ... 580

10) 죽하공(竹下公)의 문학과 술선(述先) ... 582

11) 만성공(晩省公)의 교육과 저술 ... 585

12) 국헌공(菊軒公)의 학행과 향론(鄕論) ... 586

13) 진사공(進士公) 창련(昌璉)이 끼친 가업(家業) ... 588

14) 처사공 창근(昌瑾) 자손들의 출세와 문한(文翰) ... 589

　　15) 창애공(蒼厓公)과 자질들의 과환(科宦) 590

　　16) 장두(章斗)와 극소(克紹)의 숙질사마(叔姪司馬) 593

　5. 국창공(菊牕公)의 인술(仁術)과 사환 및 자손 593

　　1) 영인(令人) 광산김씨(光山金氏)의 현숙한 문조(文藻) 597

　　2) 증승지공(贈承旨公) 만지(萬枝)의 대를 이은 인술(仁術) 598

　　3) 숭반(崇班)에 오른 교채당공(咬菜堂公)의 영달(榮達) 600

　　4) 생원공(生員公) 만영(萬英)의 자손들 603

　　5) 구곡공(九曲公)의 문학(文學)과 그 자손 604

　　6) 석우헌공(石于軒公) 부자의 용궁파보(龍宮派譜) 간행 607

　6. 물헌공(勿軒公)의 문행(文行)과 그 자손 608

　　1) 처사공 장길(長吉)과 장사랑(將仕郎) 장배(長培)의 자손 611

　　2) 와락공(臥洛公)의 문과 급제와 출세 612

　　3) 증동추(贈同樞) 경묵(敬黙)에 의한 3대의 추은(推恩) 613

　　4) 제촌공(霽村公) 상두(尚斗)의 상소(上訴) 사실 614

　7. 호우공(湖憂公)의 학행(學行)과 그 후손 615

　　1) 용포공(龍浦公)의 사환(仕宦)과 그 자손 618

　　2) 용포공의 아들 사랑과 오음공(梧陰公) 형제 620

　　3) 무이옹(武夷翁)의 학행(學行) 621

　　4) 용호공(龍湖公)과 강역재공(講易齋公)의 문재(文才) 623

■ 색 인(索引) • 625

제1부
여주이씨(驪州李氏)
연원(淵源)에 대한 자료

■ ■ ■ 여주이씨 관향(貫鄕)의 연원이 된 여강(驪江)과 마암(馬巖)

제1장

우리나라 성씨(姓氏)의 보급과 본관(本貫)

대개 우리나라에서 성(姓)이 쓰이기 시작한 것은 신라(新羅) 하대부터이지만 그 시대에는 극히 제한된 범위에서였고, 성이 널리 보급된 단계에 이른 것은 고려(高麗) 시대부터라고 할 수 있다.

1. 성씨(姓氏)의 보급

이 점에 대하여는 우리 일가 선조의 한 분인 조선조 후기 실학자 청담(淸潭) 이중환(李重煥, 1690~1756)이 그 저서 『택리지(擇里志)』 총론(總論)에서 다음과 같이 말한 바가 있다.

> 신라 말엽부터 중국과 통하면서 성씨의 제도를 갖게 되었는데 다만 벼슬을 한 사족(士族)들만 대략 성을 지닐 수 있었고 일반 백성은 다 가질 수가 없었다. 고려가 삼한(三韓)을 통일하면서 비로소 중국의 씨족(氏族)을 본받아 온 나라에 반포되면서 사람들이 모두 성을 가지게 된 것이다.
> 自新羅末通中國 始制姓氏 然只仕宦士族略有之 民庶則皆無有也 至高麗混一三韓 而始倣中國氏族 頒姓於八路 而人皆有姓

이 기록이 비교적 타당성을 갖는 이유는 고려태조 왕건(王建)이 새 왕조를 창건하면서 개국공신이나 창업에 협력한 개경(開京)의 사족 혹은 지방의 향호(鄕豪)들에게 성을 내려주고 그들 스스로도 성씨를 일컬었다는 문헌상의 근거가 있기 때문이다. 실지로 오늘날까지 전해지는 성씨 가운데 '개국공신'의 후예가 많은 것도 하나의 사례가 될 것이다. 고려 제4대 광종(光宗, 949~975) 때에는 일련의 정치개혁을 통하여 개국공신의 세력을 점차 도태시키는 반면, 성종(成宗, 981~997) 대를 고비로 지방의 호족 계열이 중앙 정치 무대로 진출하면서 점차 성씨의 분포가 늘어갔다.

그리하여 중앙집권의 행정체재가 틀이 잡혀감에 따라 지방 관제도 정비되고, 그때까지 호족들의 지배 영역이었던 지방의 주·부·군·현(州府郡縣)에 중앙관리가 수령(守令)으로 차출됨으로써 중앙정부의 직접적인 통제하에 들어가게 되었다. 따라서 종래의 향호(鄕豪) 가운데 일부는 중앙에 진출하여 귀족이 되고, 나머지는 지방에 그대로 처져 비록 그 지위는 격하되었지만 호장층(戶長層)으로 대표되는 향리(鄕吏)가 되는 길을 택하였다.

호장층은 중앙정부로부터 파견된 지방관을 보좌하여 실제적인 행정사무를 맡아보기도 했는데, 이들에게는 직전(職田)이라는 토지가 주어졌으며 호장직의 세습과 동시에 그 전지(田地)도 함께 물려받은 사례가 많았다. 때문에 이들은 한 지방에서 상당한 세력 기반을 구축하여 그 가족과 자손들에게도 일정한 혈연집단으로 처우하여 자연스럽게 성씨가 부여되었다고 한다. 이와 같은 성씨의 일반화 추세는 점차 활기를 띠어, 마침내 고려 말기에 이르러서는 노비(奴婢) 등 일부 천민계층을 제외하고는 누구라도 성씨를 가질 수 있는 구조적인 사회로 발전이 된 것이다. 일반 서민의 어원이 '백 가지의 성' 곧 백성(百姓)에서 기인한다는 것만 보아도 그런 사실이 뒷받침된다고 할 것이다.

오늘날 많은 성씨가 고려 시대의 호장이었거나 향리에 종사하던 인물을 시조(始祖)로 삼고 있는 경향도 시대적으로 성씨의 일반화라는 관점에서 볼 때 결코 우연한 일은 아닐 것이다. 그것은 우리나라의 성씨가 일반화된 요인의 하나로 꼽고 있는 958년(고려 광종 9)부터 실시한 과거(科擧)제도를 들 수 있다. 이 제도는 본래 중앙집권 곧 왕권의 강화를 위해 지방의 호족

출신을 중앙 관료기구 속에 흡수하려는 방편으로 중국의 제도를 모방한 것이다.

과거제도가 차츰 정비되고 자리를 잡아나가는 과정에서 고려 문종(文宗, 1047~1082) 때에는 호명취사법(糊名取士法)이라 하여 응시자의 성명·본관·사대조(四代祖)까지의 이름 등을 써서 풀로 봉하여 미리 시원(試院)에 제출하도록 하는 법이 제정되어 과거 응시에 필수적 요건으로 삼은 것 역시 성씨 보급에 한 요인이 되었다.

그러나 성을 갖는 데 어떤 법적인 규제가 가해진 것 같지는 않다. 지연(地緣)·혈연(血緣) 등 각자의 연고를 바탕으로 중국의 저명한 인물 또는 명가(名家)의 성을 도입한 경우가 매우 많았다. 신라 왕실의 박(朴)·석(昔)·김(金) 등 세 성씨와 육부촌장(六部村長)의 성인 이(李)·최(崔)·손(孫)·정(鄭)·배(裵)·설(薛)씨부터가 중국의 큰 성씨 집단의 성을 모방하여 따온 것임은 널리 알려진 일이지만 그 밖의 성씨도 중국에 연원(淵源)을 둔 사례가 매우 많다. 또한 혈족의 계통이 다르면서도 성의 보급이 시작된 시기에는 이왕이면 김씨·박씨·이씨·최씨 등 큰 성씨를 따르는 경향도 하나의 추세라 할 수 있었다.

2. 관향(貫鄕)의 생성(生成)

성씨가 일반화되는 과정에서도 본관 또는 관향이 없으면 원칙적으로 동족이 아니라는 관념이 있었다. 원래 본관이란 옛날 신분제 사회의 유물이라 할 수 있는데, 그 기원이 상당히 오래되었다고 본다. 성이 보급되기 이전에는 그 사람의 거주지로서 신분을 표시한 일도 있었기 때문이다. 신라 진흥왕(眞興王) 때 순수비(巡狩碑)의 기록은 그러한 사실을 단적으로 뒷받침해주고 있다. 그 비문에는 당시 임금을 수행한 벼슬아치들의 명단을 밝히면서, 성이 없는 해당 인물의 이름 밑에 벼슬 이름과 부명(部名)을 기록하였다.

부명은 신라 초기 육부촌(六部村)의 근거를 둔 당시의 행정구역으로 보이지만 사실상의 출신지 또는 주소지로 해석된다. 특히 이 시기에는 귀족과 벼슬에 종사하는 사람들의 주소지는 그들의 신분과도 연관성이 깊어, 어느 부(部) 출신이냐에 따라 그 귀천의 정도가 은연중에 가려지기도 했다. 비록 일정한 성씨를 따로 사용하지는 않았지만 평소 친지 부족 간에 부르던 이름 밑에 부명을 표시하는 경향이 있었고 이는 자연스럽게 신분을 과시하는 수단이 되기도 한 것이다.

본관의 연원과 관련지어 매우 의미 있는 시사(示唆)를 주고 있다. 따라서 후일 부여된 성씨의 사용과 함께 그 동족집단 우두머리의 출신지로서 자연스럽게 관향으로 삼았던 것이라 여겨진다. 또 이러한 동족집단의 우두머리는 세월이 흐름에 따라 점차 많은 자손을 거느리게 되고 그들에 의하여 성과 관향이 확실한 시조(始祖)로서 자리매김이 되었을 것이라 믿어진다.

이와 같이 같은 피를 나눈 동족끼리 한 지역에 모여 살면서 오늘날과 같은 본관 성씨를 본격적으로 사용하게 된 것은 대개 고려 초기로 추정할 수가 있다. 이 시기에는 지역마다 혈연관계로 이루어진 공동체 집단이 많이 생겨났고 그 직계 조상을 시조로 받드는 풍조도 활발했기 때문이다. 또 그 여파는 점차 일반 서민들에게까지 미치어 성씨 앞에 본관을 붙여 동족 의식을 굳건히 뿌리내리게 하는 데 크게 일조를 한 효과도 있었다.

지금까지 성과 본관에 대하여 살펴본 바를 정리해보면, 본관이란 시조의 출생지 또는 그 씨족이 대대로 살아온 고장 곧 세거지(世居地)를 가리키는 것이요, 성을 사용하기 전에는 그 사람의 출신지가 신분의 표시로서 성씨의 구실을 겸한 것임을 알 수 있다. 또 고려 초기 이후에 성이 일반화하는 과정에서, 혈족계통을 전혀 달리하면서도 같은 성씨를 사용하는 사람이 많이 생겨났고, 이족(異族)의 동성(同姓)과 구분하는 수단으로서 성씨 앞에 본관을 붙여 확실한 동족임을 나타낸 것으로도 볼 수가 있다.

제2장

여주이씨 시조산(始祖山)의 존재

앞에서 우리나라 성씨와 본관에 대한 유래와 개념을 고찰해보았거니와, 그러한 일반적인 통설에 근거하여 우리 여주이씨(驪州李氏) 성관(姓貫)의 내력과 시조산(始祖山)의 존재를 살펴본다. 『세종실록』 「지리지」와 『동국여지승람』에는 각 지방에서 대대로 살아온 성씨집단의 분포가 기록되어 있고 그것을 다시 토성(土姓)·촌성(村姓)·입성(入姓)·래성(來姓)·사성(賜姓)·투화성(投化姓)·입향성(入向姓) 등으로 상세히 분류하고 있다. 우리 여주이씨는 그중 '여주 지방 토성(土姓)'으로 분류되고 있음을 본다.

분류에 대한 기준과 근거가 명확하지는 않으나 통념상 '토성'은 그 고을에 오랫동안 세거함으로써 토착화된 성씨임을 말한다. 때문에 우리 여주이씨의 조상도 이미 고려 중기 이전에 이 지방에 정착하여 뿌리를 내린 유수한 호족이었다는 사실을 관찬(官撰)의 기록이 증명해준 셈이다. 이와 같이 우리 이씨가 조선 초기에 이미 여주 지역에 확실한 기반을 가진 성씨집단을 이루고 있었다는 근거가 있음에도 불구하고, 그 유적이 거의 남아 있지 않다는 사실은 큰 아쉬움이 아닐 수 없다. 다만 여주이씨 시조 무덤의 존재를 두고 몇 가지 전해지는 기록이 있어 후손으로서 관심을 유발시키고 있을 따름이다.

1. 여주향교(驪州鄕校) 앞산 소재설

첫 번째 기록은 조선조 숙종(肅宗) 때 재야학자로 우리 여주이씨의 후예인 섬계(剡溪) 이잠(李潛, 1660~1706)이 남긴 차기(箚記) 가운데 실린 다음과 같은 짤막한 기사이다. 섬계공은 1680년 경신대출척(庚申大黜陟) 때 대사간(大司諫)을 지낸 매산(梅山) 이하진(李夏鎭, 1628~1682)의 아들이고, 우리나라 실학의 종사(宗師)인 성호(星湖)선생 이익(李瀷, 1681~1763)의 둘째 형이다. 그가 언급하여 기록해둔 것을 함부로 폄하하여 흘려 넘길 수는 없겠지만, 사실을 믿기에는 의문점이 많은 것도 사실이다.

> 여주이씨의 시조인데 휘함(諱銜) 자가 없어졌다. 무덤은 여주향교 앞에 있었다. 산 이름은 승산(升山)이지만 평평한 둔덕이다. 묘갈(墓碣)이 아직도 남아 있다. 여주에 살면서 신묘년(1651, 효종 2년) 무과방(武科榜) 출신인 무겸(武兼) 이진경(李震慶)이 말한 것이다. 그의 집이 읍내 근처에 있었다.
>
> 驪州李氏始祖 諱逸 墓在驪州鄕校前 山名升山平坡 墓碣尚存 驪州辛卯榜出身 武兼李震慶云 家在邑內近處

이 기사대로라면 기록자가 직접 현장을 답사하여 확인한 사실이 아니다. 다만 자기보다 연장자이면서 관향지 여주 읍내 근처에 살고 있었던 무신 겸 선전관 이지경(李震慶)이란 사람의 증언을 근거로 수록(手錄)하여 간직해둔 것이다. 향교 앞 승산(升山)은 승산(勝山)이라고도 표기가 된 문헌이 있어 실재한 것이 사실이겠으나, 묘갈(墓碣)까지 있었다 하면서도 무덤의 주인공과 행적을 확인하지 않은 것은 미심쩍은 일이다.

후일 이 가문에서 선조에 대한 사적을 조사하여 채록한 두산(杜山) 이맹휴(李孟休, 1713~1751)의 『만경공가전(萬頃公家傳)』에도 그 사실이 실려 있는데, 두산공 역시 이진경의 증언을 두고 "누가 이것을 따져 묻겠는가(孰質是否)" 하고 중부(仲父)가 남긴 기록에 의문을 나타내고 있다.

2. 추읍산(鄒邑山) 기슭 무시곡(無時谷) 소재설

두 번째의 자료는 1832년(순조 32)에 수원파(水原派)에서 발간한 『임진파보(壬辰派譜)』에서 시조공 휘 인덕(仁德)의 보기(譜記)로 처음 등재된 후, 72년 만인 1904년(광무 8)에 간행한 대동보 『갑진대보(甲辰大譜)』에서 정식으로 채택된 기록물이다. 그 기록의 출처로는 다만 가전(家傳)이라 했지만 이는 단순히 가문에서 전해 내려오는 구전(口傳)을 의미하는 것이 아니다. 앞 항목에서 언급한 대로 성호선생의 아들 이맹휴가 수집하여 채록한 『만경공가전』을 전거(典據)로 하여 인용한 것을 뜻한다.

> 『가전』에 이르기를 시조의 무덤이 여강(驪江) 위 큰 마을 가운데 있다고 했다. 또 전하기를 여주 추읍산 기슭의 여흥들(驪興坪) 위에 있는 무시곡(無時谷)이라는 곳에 고려 시대의 큰 무덤이 있었다. 대대로 전해오기를 여주이씨의 시조산인데 마을에 거주하는 사람들 가운데 이씨의 노속(奴屬)이 많았던지라, 그 자취를 없애기 위해 비석을 넘어뜨려 물이 흐르는 골짜기에 쳐 넣었다고 한다. 지금도 마을 아래 어느 지점 남의 무논(水田) 가운데 있다고 했다.
> 家傳 墓在驪江上 大村中云 一傳 驪州鄒邑山餘麓 驪興坪上無時谷 有高麗大葬 世傳 驪州李氏始祖山 而村居民人 多李氏奴屬 爲掩跡計 踣碑納于溝壑 今在村下 何許 人水田中云

위의 기록은 우리 이씨의 대동보(大同譜) 간행 이후 각 지파(支派) 문중의 파보(派譜)에서도 모두 공통적으로 인용하는 시조공 묘소의 추가분 보문(譜文)이 되었다. 거기에 따르면 우리 시조의 산소 소재지로 전해지는 곳이 두 군데이다. 하나는 여강(驪江) 위쪽 '큰 마을(大村)' 가운데에 있었다 하였고, 다른 하나는 여주 관내 '추읍산' 기슭 '여흥들' 위쪽에 있는 '무시곡'이라는 물 흐르는 골짜기를 지목하였다.

우선 여강 위 큰 마을이라는 지명은 매우 애매하여 발견 시점으로부터 200년이 훨씬 지난 지금 그 위치를 가늠하기 어렵다. 다만 여강의 위쪽이 지금의 남한강(南漢江)이란 점에서 추읍산(鄒邑山, 해발 583미터) 기슭 마을

여주이씨 시조묘(始祖墓)가 있다는 추읍산(鄒邑山) 기슭(현 경기도 양평군 개군면 수곡리. 원 여주군 개군면 수곡리)

과 무관하지 않을 듯도 하다. 원래 그 산은 여주군 개군면(介軍面)에 있었으나, 1963년 행정구역 개편으로 양평군(楊平郡)에 편입되었는데 일명 주읍산(注邑山)이라고도 한다. 그 남쪽 기슭에는 넓은 들과 함께 수곡리(水谷里), 대평리(大坪里) 등 남한강 상류의 마을 이름이 현존하여, 혹 대촌(大村) 여흥평(驪興坪) 무시곡(無時谷) 등의 지명과 관련지어 주목되는 바가 없지 않다.

여주 향교 앞 승산 소재설과 비교하면 전혀 엉뚱한 지점이라 할 수 있다. 그러나 위에 거론된 시조산의 소재를 확인하기 위해 대대로 우리 후손들은 이 가전과 추가된 보기(譜記)를 근거로 기회 있을 때마다 탐색과 발굴 작업의 노력을 아끼지 않았다. 그럼에도 불구하고 아직은 믿을 만한 유적과 유물이 발견되지 않고 있는 것은 매우 안타까운 일이다.

비록 시조의 휘함(諱卿)을 알 수 없고 그 위치 또한 일치하지가 않아 혼동을 피할 수 없으나, 은연중 휘 인덕(仁德)을 모신 시조산이라는 확신 아래, 족보상에 기록을 추가하면서까지 애착을 보인 것을 보면 후예들의 염원이 어느 정도인가를 미루어 알 만하다. 또한 이 기록의 근거가 된 이맹

휴의『만경공가전』이나, 그와 동갑인 족질(族姪)로 위선(衛先)에 관심이 많았던 학서(鶴西) 이현환(李玄煥, 1713~1772)의『학서공소기(鶴西公所記)』등이 먼 조상의 사적을 조사하여 우리 성씨의 역사를 간추리는 데 매우 중요한 역할을 담당했다고 본다.

3. 여주읍 서쪽 천녕폐현(川寧廢縣) 소재설

세 번째 자료는 그로부터 100여 년이 지난 조선조 말기에 여주이씨 수원파 후손으로 문과 급제 후 옥당(玉堂)에 오른 교리(校理) 이명구(李命九, 1842~1895)가 편집한『여강세승(驪江世乘)』「지의편(識疑篇)」에 실린 기록물이다. 그는 평소에 가문의 역사에 대하여 깊은 관심을 가지고 있었는데, 이 기록은 당시 족제 이몽구(李夢九)의 직접적인 탐색 사실과, 이천(利川)에 살던 친우 윤종식(尹鍾植)의 증언을 기초로 작성한 자료인 듯하다.

여주읍에서 서쪽으로 25리(里) 떨어진 곳은 천녕폐현(川寧廢縣)이다. 고인이 된 재상 홍순목(洪淳穆, 1816~1884)의 별장이 그 위에 있는데 아마도 이씨의 시조산일 것이라 한다. 그곳에 거주하는 사람들이 모두 알고는 있으나 홍 정승의 위세가 두려워 감히 발설하지를 못했다. 나의 족제 몽구(夢九)가 일찍이 그 아래쪽으로 변복(變服)을 하고 지나가면서 들어가 산의 뒤편을 두루 살펴보았다. 과연 옛날에 후하게 장사지낸 큰 무덤이 하나 있었다. 오랫동안 서성거리다가 초동(樵童)에게 물었더니 역시 '여기 무덤이 이씨의 시조산이 맞다'고 하면서도 '홍씨가 그 자취를 없앴으므로 찾을 수 없을 것이다'라고 대답했다. 다만 후손으로서 현명한 사람을 기다려 봉분을 고쳐 축조하고 묘지석(墓誌石)을 받들어 모시는 것 외에 다른 도리가 없겠다. 이천(利川)에 사는 친구 윤종식(尹鍾植)이 또한 그 사실을 자세히 말하기에 이를 삼가 기록한다.

自驪州邑西 距二十五里 卽川寧廢縣也 有故相淳穆庄 其上盖有李氏始祖山云 居人皆知之 而畏洪不敢發 族弟夢九 嘗過其下變服 而入周覽山背 則果有古厚葬 一塚 徊徨良久 問於樵童 亦曰此李氏祖山 而洪滅其跡 不能尋云云 惟待後孫之賢者 改封築奉審誌石之外 無他道理耳 利川尹友鍾植 亦詳道其事 故謹錄之

위의 자료는 우선 그 지점이 여주이씨 족보상의 시조공 보기(譜記)와는 다소 차이가 나는데, 추읍산의 위치는 여주군의 북쪽이고 천녕폐현은 여주읍에서 서쪽으로 25리나 떨어진 광주군(廣州郡)의 접경지대이기 때문이다. 이미 없어진 천녕현은 원래 조선 초기에 경기도 여흥부(驪興府)의 속현(屬縣)이었지만, 그 뒤 광주군으로 일시 편입되었다. 1469년(예종 1)에 세종대왕의 영릉(英陵)을 여주 능서면(陵西面)으로 옮기면서, 천녕현 등 여섯 고을을 병합한 후 승격한 여주목(驪州牧)의 관할이 되었다.

따라서 또 다른 시조산으로 전해지는 곳은 옛 천녕현 관내인 지금의 여주군 흥천면 문장리로 추정된다. 이곳에는 정승 홍순목의 별장 터로 전해지는 곳이 있었고, 그 연고를 찾아 후일 갑신정변(甲申政變)에 실패해 비참하게 죽음을 당한 그 아들 홍영식(洪英植)의 유체(遺體)가 묻힌 묘소가 실지로 존재하기 때문이다. 먼 후손으로서 시조산을 찾겠다는 노력과 과정이 사실적이어서 함부로 불신할 수는 없으나, 당시 유적을 확인한 후 문중에 널리 알려 보존 조치를 취하지 못한 것은 역시 아쉬움으로 남는다.

이 기록을 남긴 이명구도 자기가 채록한 사실과는 달리 이 지점을 믿으려 하지 않았다. 오히려 족보상의 추읍산 소재설을 재차 환기시키면서 "여주 자천포(自淺浦)에 대대로 살아온 밀양박씨(密陽朴氏)와 홍천(洪川)의 일가 및 여주에 사는 인사들도 모두 이 말을 전해주었다(驪州自淺浦世居密陽朴氏 及洪川宗人驪州居人 皆傳此言)"고까지 부연하면서 추읍산 소재설을 강조한 바가 있다.

제3장
여주이씨의 세 갈래 시조

　우리 이씨는 고려 중기 이전에 이미 여주를 관향으로 하면서 시조를 달리하고 있는 세 파가 전후하여 동성(同姓)의 집단을 이루고 있었다. 곧 인용교위(仁勇校尉) 이인덕(李仁德)을 시조로 하는 우리 파를 비롯하여, 조선조 오현(五賢)의 한 분인 회재(晦齋) 이언적(李彦迪, 1491~1553)의 10대조 향공진사(鄕貢進士) 이세정(李世貞)을 시조로 하는 다른 한 갈래와, 고려 때의 큰 문장가인 문순공(文順公) 이규보(李奎報)의 증조 중윤(中尹) 이은백(李殷伯)을 시조로 받드는 또 다른 한 파가 그것이다.

　우리 파의 인용교위공 휘 인덕(仁德)은 일찍이 수원파의 자손 가운데 익헌공(翼獻公) 이상의(李尙毅, 1560~1624)의 증손인 현감(縣監) 이자(李滋, 1614~1687)가 송경(松京)에서 고려 시대 호적을 찾아냄으로써 비로소 우리 파의 초조(初祖)로 밝혀졌다. 곧 네 건의 호적을 발견했는데 그중에 4세조 중랑장공(中郞將公) 교(喬)의 호적에서, 부(父)·조(祖)·증조(曾祖)까지의 휘함을 확인했기 때문이다. 따라서 증조인 교위공 이상의 윗대를 알 길이 없어 그대로 시조로서 받들어 모시게 된 것이다. 그리고 중랑장공의 생년인 1187년(명종 17, 丁未)을 기준하여 30년 한 세대(世代)씩을 소급 계산한 후 생애 기간 약 50년을 적용하면, 시조 교위공의 재세(在世) 연대는 대개 1097년(고려 숙종 2)~1147년(의종 1)으로 추정이 가능하다.

　문순공파의 중윤공 은백(殷伯)에 대한 시조 추숭(追崇) 역시 1920년에 그

여주이씨의 개성부호적(開城府戶籍) 이 호적의 발견에 따라 위로 부(父)·조(祖)·증조(曾祖) 3대가 확인됨으로써 주인공의 증조이신 휘 인덕(仁德)을 시조로 받들게 되었다.

파의 자손들이 『경신보(庚申譜)』를 간행할 때, 종손 이광현(李洸鉉)이 창덕궁 비원에서 우연히 문순공의 지석(誌石)을 발견함으로써 이루어졌다. 그 이전까지는 규보(奎報)의 아버지인 낭중공(郎中公) 윤유(允綏)를 시조로 모셨으나 그 묘지석을 통해 2대를 더 소급하여 시조를 받들기에 이르렀다. 따라서 1168년(의종 22)~1241년(고종 28)이란 문순공의 생몰(生沒) 연대에 비추어 30년 세대 간격 3대를 적용하고 50년을 가산하면 시조 중윤공의 생애 기간은 대개 1078년(문종 32)~1128년(인종 6)임을 짐작할 수 있다.

경주파의 향공진사공 세정(世貞)의 족보상 시조 등재는 1892년(고종 29)에 간행한 『임진파보(壬辰派譜)』부터인데, 이는 그 후손인 회재(晦齋)선생 이언적이 그 조부 증호조판서(贈戶曹判書) 이수회(李壽會, 1431~1518)의 묘문(墓文)을 지으면서 그 글에 향공진사공을 시조로 한 것을 취택했기 때문이다. 이에 앞서 1641년(인조 19)에 후손 몽암(蒙庵) 이채(李埰, 1616~1684)가 편수 간행한 『신사보(辛巳譜)』에는, 호장(戶長) 직재(直才)를 1세조로서 원조(遠祖)라 하였고 향공진사공을 2세조로 하여 아들이라 했으나 부자 관계에 확증이 없다 하여 수정된 것이라 한다. 때문에 이 경우에도 앞 두 파의 사례를 쫓아 시조공의 9대손 이수회의 생년을 기준으로 세대를 소급하여 시조 향공진사공의 생애를 추정해보면 대략 1161년(의종 15)~1211년(희종 7)에 해당된다.

이와 같이 추정이 이루어진 세 파 시조의 생년을 기준해 보면, 문순공파의 시조 중윤공은 우리 파의 인용교위공보다 약 20년 연장(年長)이지만 거의 같은 시기의 인물임을 알 수 있다. 또 경주파의 시조 향공진사공은 우리 파의 시조공보다는 약 60년, 그리고 문순공파의 시조보다는 약 80년이나 연하(年下)라는 시대 차이를 짐작할 수 있다.

그러므로 향공진사공은 우리 파의 3세조인 군윤공(軍尹公) 효온(孝溫)과, 중윤공의 증손인 문순공과는 거의 동년배로서 세대가 비슷했다는 것도 알 수 있다. 그것은 향공진사공의 아들인 2세 종연(宗衍)의 배위가 고려의 평장사(平章事) 이인식(李仁植)의 딸이라는 사실에서도 뒷받침되고 있다. 이인식은 당시의 고관으로 문순공과는 같은 황려이씨(黃驪李氏)로 함께 재상의 자리에 오른 비슷한 연배이며, 향공진사공과는 자녀의 혼인으로 맺어진 사돈 간이다. 성관(姓貫)이 같은 친족끼리 혼인했다는 사실에 의문은 있을 수 있지만, 고려 시대 말기까지도 동성동본(同姓同本)의 혼인 풍습이 있었다는 것이 학계의 정설이다.

이와 같이 세 파의 시조 또는 직계자손 간에 혈연과 소목(昭穆)을 정확하게 밝히지는 못했지만, 서로 친족이라는 의식을 가지고 돈독한 교류를 했다는 것은 미루어 알 수가 있다. 『동국이상국집』에 실린 문순공의 다음시 구절은 그런 점에서 주목할 만하다. 당시 이세정과는 사돈 간이면서 이규보와도 친분이 두터웠던 추밀원부사(樞密院副使) 이인식의 시에 화답한 작품이기 때문이다.

여강이 근원 되어 줄기 바로 이었는데　　　源出驪江派正連
하물며 이제는 함께 임금님을 모셨구려　　　況今同侍九重天

한 고향 한 성씨에 한 시대의 재상이라   一鄉一姓一時相
고을 장로들 응당 성대한 일로 전하리라   邑老應將盛事傳

　이 시는 모두 16행(行)으로 이루어진 고체시(古體詩)로 두 분 사이에 깊은 정곡이 서려 있는데 맨 앞쪽 네 구절을 따온 것이다. 특히 "여강이 근원 되어 줄기 바로 이었"다는 것은 성관은 다 같은데 계파만 서로 다른 친족이라는 뜻이다. 때문에 "한 고향 한 성씨에 한 시대의 재상"이 된 것을 은근히 자랑하면서, 고향 여주에 살고 있는 집안 어른들도 매우 훌륭한 일로 기뻐해주시리라 기대하는 마음이 배어 있는 시구이다. 그만큼 개경에서 벼슬살이를 하면서도 고향 여주를 그리워하고, 황려이씨로서 동족의 정을 나누게 된 것을 긍지(矜持)로 여긴 듯하다.

제4장

여주이씨의 귀화 성씨설

그러면서도 광세(曠世)의 문호(文豪)로서 우리 이씨가 동관의 비조(鼻祖)로 받드는 문순공은 정작 자신의 사조(四祖) 이상의 계보와 뿌리를 밝힌 기록은 남겨두지 않았다. 반면에 스스로 농서자(隴西子) 또는 농서거사(隴西居士)라 일컬어, 중국 성(姓)인 농서이씨(隴西李氏)의 후예로 자처하면서 노래한 시구를 많이 남겼다. 가령 "우리 이씨는 본래 선리에서 갈라졌고, 집은 자하동에 있었네(我李本仙枝 家在紫霞洞)"라든지 "우리 이씨가 천하에 벌여 있고, 임금과 제후가 농서를 드러냈다(我李羅天下 君侯表隴西)"라고 노래한 것들이 그것이다.

이는 농서이씨의 시조가 백양(伯陽) 곧 노자(老子, 李耳)라는 점에서 '신선의 이씨'를 뜻하는 '선리(仙李)'로 칭하였고, 후대에 농서 지방 성기(成紀) 사람인 이연(李淵)이 나라를 세우게 되자 바로 당나라의 성씨로 삼고 현원(玄元)의 후예임을 천하에 자랑했던 것을 말한다. 이에 대하여 일찍이 우리 여주이씨의 큰 학자 성호(星湖)선생 이익(李瀷)은 다음과 같은 문장을 남긴 바가 있다.

> 우리 이씨의 관향은 여주이다. 고려조 때 이상국 휘 규보도 관향을 함께하였다. 그분은 매양 농서를 일컬어 말했는데 생각해보니 그 세대가 당나라와 떨어진 지 멀지 않아 반드시 상고하는 데 믿을 만한 바가 있었을 것이다.

惟我李氏貫驪州 前朝李相國奎報 卽同貫也 其言每以隴西爲稱 攷其世 距唐不
遠 必有所攷信

　"반드시 믿을 만한 바가 있었을 것"이라 언급한 성호선생이 이에 덧붙
인 문장이 있다. "이상국이 여주이씨로 우리와 성이 같은 만큼 우리 이씨
또한 아마도 나라 안의 성씨가 아니고, 그 선대에 혹 중국에서 옮겨와 살
면서 처음 여주로 관향을 삼은 것인가(李相國 旣是驪州之李 而與我同姓 我李
者亦恐不是國中之姓 其先或從中華移居 始貫于驪州也)" 하고 의문을 두기도
했다.

　또 성호선생은 그의 증조고(曾祖考)이신 소릉공(少陵公) 이상의(李尙毅,
1560~1624)가 중국 연경(燕京)에 사신으로 갔다가 돌아오는 길에 초야(草
野)에서 이씨 성을 지닌 사람 집에 묵으면서 지어준 시에도 관심을 환기시
켰다. 곧 "사해가 한 집이라 안과 밖이 없는데, 그대와 마찬가지로 나도
농서 사람일세(四海一家無內外 與君俱是隴西人)"라고 한 시구를 두고도 이상국
이 백양의 선리 또는 당나라 성씨의 후예라는 관점에서 이를 흘려듣지 않
았던 것이다.

　한 걸음 더 나아가 성호선생의 재종질인 이중환(李重煥)은 그의 명저(名
著)『택리지』에서 우리 이씨를 중국에서 도래하여 여주 지방에 뿌리를 내
린 귀화(歸化) 성씨로까지 언급하기도 했다. 그 책에서는 "온양(溫陽)의 맹
씨(孟氏)·연안(延安)의 이씨(李氏)·여주(驪州)의 이씨(李氏)·남양(南陽)의 홍씨
(洪氏)·원주(原州)의 원씨(元氏)·해주(海州)의 오씨(吳氏)·의령(宜寧)의 남씨(南
氏)·거창(居昌)의 신씨(愼氏)·창원(昌原)의 황씨(黃氏) 등은 중국에서 흘러들
어와 명가(名家)가 된 씨족으로 고려에서 성을 받지 않았다"고 했다.

　이 말로부터 우리 여주이씨의 먼 조상들은 처음부터 고려에서 성을 받
은 지방의 토착세력이 아니라, 어느 때 중국에서 흘러들어와 여주 지방에
정착함으로써 지반을 다진 후에, 본래의 중국 성씨에다 관향을 붙여 점차
귀화호족(歸化豪族)으로서 그 뿌리를 굳힌 것이라 가정해볼 수 있다. 따라

서 우리 선조들의 농서이씨설을 기반으로 할 때 당나라가 멸망한 뒤 이른바 오대십국(五代十國)의 강호(强豪)들이 서로 중원(中原)의 패권을 다투던 10세기 초반에, 정치사회적인 혼란기를 틈타 당나라 농서이씨의 유민(流民) 일족이 난세를 피해 온 것이라 상상해볼 수 있다.

이때의 우리나라는 고려 태조 왕건(王建)이 송악(松嶽)에 도읍을 정하고 강력한 통일정부를 수립하여 지방 세력의 무마를 도모하는 한편, 안정화 시책으로 건국의 기반을 다져가던 시기이다. 때문에 여주 지역에 정착한 우리 선조들은 기성 세력의 틈바구니에서 동화되지 않는 이민족으로서 상당한 고난을 겪었을 것이다. 그런 만큼 이 나라의 백성으로서 하나의 씨족이 형성되기까지는 많은 세월이 필요하였고, 더구나 여주의 향호로서 두각을 나타낸 시기는 적어도 광종(光宗, 950~959)에서 경종(景宗, 976~981)을 거쳐 성종(成宗, 982~997) 대에 이르는 고려 전기로 보아야 할 것이다.

그렇다면 우리 여주이씨의 시조가 세 분이나 되고 그 갈려 나온 뿌리를 구명하지 못하는 까닭도, 어쩌면 이러한 역사적인 사실이 있었기 때문이 아닌가 여겨지기도 한다. 그럼에도 불구하고 우리 후손들은 비록 오랜 세월 세 파의 원시조(原始祖)를 찾지는 못했지만 같은 일가로서의 족의(族誼)를 어느 한 때도 저버리는 일이 없었다. 심지어 1701년(숙종 27)에 우리 파에서 대동보 형식으로 『신사보(辛巳譜)』를 간행할 때도, 윗대 연원을 소구(遡求)할 수 없는 안타까움을 안은 채, 나머지 두 파를 별편(別篇)으로 함께 수록하여 아쉬움을 달래기도 했다.

제5장

실증(實證)이 안 되는 몇 가지 보서(譜書)

그러한 아쉬움은 마침내 우리 동족은 물론 근대의 보가(譜家)들까지 합세되어, 아무런 실증자료도 제시하지 못한 가운데서 두찬(杜撰)에 지나지 않는 보서(譜書)를 세상에 내놓음으로써 많은 혼란을 일으키기도 하였다. 조선조 말기에 이원(利原)에 사는 강윤조(姜胤祚)라는 호사가가 편찬한 『만성보(萬姓譜)』가 그중의 하나이다. 거기서는 전주이씨(全州李氏) 윗대의 세계(世系)를 끌어와 그 시조 이입전(李立全) 아래에 이인덕(李仁德)을 현손(玄孫)으로, 이세정(李世貞)을 7대손으로, 이윤유(李允綏)를 10대손으로 각각 계파를 잇게 한 터무니없는 기록을 남긴 것이다. 남의 가문의 계보(系譜)를 함부로 흐트러놓은 망발을 무책임하게 벌인 위서(僞書)라 하겠다.

그런가 하면 같은 시기에 개경(開京) 남문 밖에 거주하는 문순공의 후손으로, 하음이씨파(河陰李氏派)라 칭하는 이수일(李壽日)의 집에서도 혼란한 계보로 엮은 족보가 나온 일이 있었다. 이인덕의 윗대에 6대를 거슬러 시조를 이태평(李太平)으로 삼은 족보이다. 시조 이태평 아래 2세에 개(玠)·3세에 백원(白元)·4세에 돈인(敦仁)·5세에 희유(喜孺)·6세에 당문(唐文)·그리고 7세에 인덕(仁德)을 이었다. 인물마다 시대 구분이 어려운 벼슬을 첨가하여 더욱 혼란한데 가고(可考)할 길이 없으니 의문으로 둘 수밖에 없다.

또 1971년(辛亥)에는 우리 방계파의 모씨(某氏)가 그들의 파보를 만들면서 이태평을 1세로 한 앞의 보서를 인용하여, 우리 시조공 인덕 아래 원호

(元豪)·원걸(元傑)·은백(殷伯) 등 세 아들을 두고 무려 8대에 걸쳐 계보를 변개(變改)한 사실도 있었다. 그 과정에서 시조의 직함이 난데없이 태사(太師)로 바뀌었고 이규보의 생년이 아버지 윤유(允綏)보다 23년이나 앞서는 등 숱한 망발을 저질렀다. 이와 같은 오류는 앞의 두 보서를 맹목적으로 인용한 결과이며, 자가의 보계(譜系)까지 함부로 흔들어놓은 분별 없는 작태라 하지 않을 수 없다.

제6장

여주 지방 약사

　우리 이씨의 관향인 여주(驪州)는 상고(上古) 시대부터 여러 부족이 산재하여, 대신면(大神面) 천서리(川西里)의 파사성(婆娑城)은 백제(百濟) 초기의 유적이라는 전설이 있다. 그러므로 처음에는 백제의 영토였으나 고구려(高句麗)의 세력이 점차 확대됨에 따라 그 판도로 편입되었고, 475년(장수왕 63)에 골내근현(骨乃斤縣)이라 이름한 것이 여주 최초의 지명이다. 신라(新羅)가 백제를 멸망시킨 후에는 지금의 금사면(金沙面)에 술천성(述川城)을 쌓고 고구려 세력 축출을 위한 전초기지로 삼았다.

　그리하여 신라 경덕왕(景德王, 742~764) 때는 고을 이름을 황효(黃驍)라 고쳐 기주군(沂州郡)에 영현(領縣)으로 삼았다. 고려(高麗)에 들어와서는 940년(태조 23)에 황려(黃驪) 혹은 황리(黃利)라는 이름으로 현(縣)을 만들었다가, 1018년(현종 9)에는 강원도 원주(原州)에 소속시켜 감무(監務)를 두었고 얼마 후 다시 현으로 복귀시켰다. 1214년(고종 1)에 영의현(永義縣)으로 고쳤으며 1305년(충렬왕 31)에 순경왕후(順敬王后) 김씨(金氏)의 고향이라 하여 여흥군(驪興郡)으로 승격시켰다. 1388년(우왕 14)에 폐왕(廢王)을 안치한 고을이라 하여 한때 황려부(黃驪府)로 승격시킨 일이 있으나, 그 이듬해 1389년(공양왕 1)에 여흥군으로 도로 강격(降格)이 되었다.

　조선조(朝鮮朝)에 들어와서는 1401년(태종 1)에 원경왕후(元敬王后) 민씨(閔氏)의 고향이라 하여, 공양왕 때 강등했던 군을 다시 부로 승격시켜 황려부 대신 여흥부가 되었다. 이때 충청도 음죽현(陰竹縣)의 북부 어서이촌(於西伊村)을 편입시켜 행정구역을 넓히는 한편, 그 상부 관할도 충청도에서 경기도로 변경하였다. 1414년(태종 14)에는 제도 개편으로 여흥부가 여흥도호부(驪興都護府)가 되어 인근의 양근(楊根)·지평(砥平)·이천(利川)·양지(陽智)·음죽(陰竹)·천녕(川寧) 등 여섯 고을을 아울러 속현(屬縣)으로 삼았다.

1469년(예종 1)에는 세종대왕의 능침인 영릉(英陵)을 능서면(陵西面) 왕대리(旺岱里)로 옮기면서 천녕현(川寧縣)을 병합하여 지금의 명칭과 같이 여주목(驪州牧)으로 승격되었다. 이때 전국에 이십목(二十牧)을 설치했는데 경기도에는 파주(坡州)·양주(楊州)와 함께 삼목(三牧)이 새로 생겨 정3품의 목사(牧使)로 하여금 관할케 했으며 소속 관원은 판관(判官) 1인과 교수(教授) 1인이었다.

1501년(연산군 7)에는 여주목의 관할구역이 도로 충청도에 이속되어 내려오다가, 1895년(고종 32)에 지방군현제도 개혁 때 여주목이 없어지고 여주군으로 명칭이 바뀌면서 행정구역도 충청도 관할에서 경기도 관할로 도로 이관되었다. 이때 원주군(原州郡) 관내의 강천면(康川面)과 지내면(地內面)을 분리하여 여주군으로 편입시켰다. 1914년에 지방행정구역 변경 조치에 따라 여주군은 1읍(邑) 9면(面)을 관장하게 되었다. 1963년에는 관내 개군면(介軍面)을 양평군(楊平郡)으로 편입시키고, 1970년에는 금사면(金沙面)에 산북출장소(山北出張所)를 설치하여 현재에 이른다.

지금 여주군은 여주읍(驪州邑)·점동면(占東面)·가남면(加南面)·능서면(陵西面)·흥천면(興川面)·금사면(金沙面)·대신면(大神面)·북내면(北內面)·강천면(康川面) 등 1읍 8면과 146개 리(里)로 구성되어 있다. 군내의 대표적인 유적지로는 세종대왕의 능침인 영릉과 신라 고찰인 신륵사(神勒寺)를 들 수 있고, 우리 여주이씨 관향지를 상징하는 여강(驪江) 가의 마암(馬巖)과 시조산으로 추정되고 있는 추읍산(鄒邑山)이 있다.

여주 또는 여흥·여강·황려 등 본주(本州)를 관향으로 하는 성씨로는, 이

(李)·민(閔)·안(安)·필(畢)·윤(尹)·김(金)·한(韓)·음(陰)·개(介)씨가 있고, 여주 관내 천녕(川寧)을 본관으로 하는 성씨로는 견(堅)·최(崔)·유(俞)·방(房)·장(張)씨가 있으며, 여주 관내 등신(登神)을 본관으로 하는 성씨로는 유(俞)씨가 있다.

우리 여주이씨의 관향지를 상징하는 여강 남쪽 강가에는 마암이 있다. 고려 시대 중기에 문순공(文順公) 이규보(李奎報)는 고향의 벗 두서너 사람과 이곳에서 놀며 시를 지었다.

한 쌍의 말이 기이하게 물에서 나와	雙馬權奇出水涯
고을 이름이 '황려'가 되었다 하네	縣名從此得黃驪
시인은 옛 일을 귀찮게 따져 묻지만	詩人好古煩徵詰
오고가는 어부들이 어찌 출처를 알겠는가	來往漁翁豈自知

황려(黃驪)는 누른 말과 검은 말을 말하는데 말 한 쌍이 강에서 바위 위로 나왔다 하여 그대로 고을 이름이 되었고, 후대에는 영의(永義)·여강(驪江)·여흥(驪興)·여주(驪州) 등으로 고을 이름이 바뀌면서 점차 큰 고을이 되었다. 지금도 강기슭 벼랑 아래 마암(馬巖)이라 새긴 큰 바위 하나를 보존하고 있다.

제2부

우리 선세(先世)의 개경(開京) 시대

■ ■ 개성 남대문(南大門)의 근황
이 도성 북부에 4세조에서 9세조까지의 구거(舊居)가 있었다.

제1장

우리 가문 상대(上代)의 변천 과정

　우리 이씨의 시조이신 휘 인덕(仁德)은 고려 인종(仁宗, 1123~1146) 연간에 관향지 여주(驪州, 당시는 황려현[黃驪縣]) 지방의 호족으로서, 중앙정부로부터 인용교위(仁勇校尉)라는 정9품 무산계(武散階)의 직급을 받았다. 당시에는 중앙집권의 관료제도가 확립되지 않은 때여서 많은 군현(郡縣)에는 정식으로 지방관의 다스림이 없었다. 따라서 이러한 무산계 직급을 받은 지방 유력자들은 중앙정부로부터 농민의 통솔자로 혹은 지방 군대의 지휘자로서 권한을 부여받아 실질적으로 한 고을을 관리하고 대표하는 지도자의 위치에 있었다.

　따라서 그 아들과 손자인 2세조 원걸(元傑)과 3세조 효온(孝溫)도, 당시 상황과 관례를 좇아 호장(戶長) 또는 군윤(軍尹)이라는 향직(鄕職)을 세습한 것으로 보인다. 이와 같이 우리 시조공 이래 3대까지의 선세(先世)가 여주 지방의 향호(鄕豪)로서 활동한 시기는 대개 고려 인종 때부터 3세조의 세대가 끝나는 1230년경(희종 연간)까지 약 100년간으로 추정해볼 수 있다.

　나는 이 100년간을 우리 가문의 황려 시대(黃驪時代)로 설정하면서, 그 후 4세조이신 교(喬)가 처음으로 중앙관인이 되어 개경(開京)으로 진출한 1210년경부터 10세조 척(逖)과 적(迹) 형제가 조선 왕조의 천도(遷都)에 따라 주거지를 한양(漢陽)으로 옮긴 1405년(태종 5)까지의 약 200년간을 우리

여주이씨 시조단향비(始祖壇享碑) 시조(始祖)를 달리하는 여주이씨 세 파 가운데 인용교위(仁勇校尉) 휘 인덕(仁德)을 향사하는 제단과 비석(수원시 장안구 하광교동 산 51번지).

가문의 개경 시대(開京時代)라 구분하여 이 글을 쓰기로 했다.

　개경 시대에 우리 선조들은 대를 이어 중앙정부의 화려한 요직을 역임하면서 역사상 훌륭한 업적을 남겼고, 당시의 명공(名公) 귀족들과의 혼인 또는 교의(交誼)로 유수한 벌열(閥閱)의 지위를 확보하였다. 말하자면 우리 종중의 역사를 통틀어 견고한 뿌리를 내리는 한편 도약의 발판을 삼은 시기라 할 수도 있다.

　4세조 교(喬)는 무관으로서 장군의 지위에 올라 문운(門運)을 열었고, 그 뒤를 이어 아들과 손자는 각각 문과 급제를 통하여 정당문학(政堂文學)과 한림학사(翰林學士) 등으로 높고 화려한 지위에 올라 개경 명벌(名閥)의 기초를 다졌다. 8세조인 천백(天白)은 당대의 원훈(元勳) 평해백(平海伯) 황서(黃瑞)의 사위가 되었고, 홍건적의 난을 만나 충주목사(忠州牧使)로서 고을을 지키다가 순절했다고 한다. 고려 말에 이르러 9세조인 문절공(文節公) 기우자(騎牛子)선생은 한 나라의 중신으로서 기울어져가는 나라를 구하고자 헌신하였다. 역성혁명이 일어난 뒤에는 조선 왕조에 협조하기를 거부한다 하여 온갖 박해를 받았으나, 깨끗한 풍절(風節)을 지키며 은거 자정

(自靖)하니 후세 사람들은 그 절의와 문장을 기리어 일대사문(一代斯文)의 영수(領袖)로 추앙하였다.

10세조 척(逖)과 적(迹) 형제분은 고려 말과 조선 초기에 각각 문과에 오른 후, 처음에는 벼슬을 하지 않으려 했으나 "너희는 나와 처지가 다르니 신왕조에 입사(入仕)하라"는 아버지의 명에 따라 나란히 벼슬길에 들어섰다. 형은 직제학(直提學)으로 아우는 경기감사(京畿監司)로 각각 고위직에 올랐는데, 청렴결백한 이도(吏道)를 지켜 국방 산업 교육 분야의 발전에 기여한 공적이 많았다. 또 두 분은 고려 공민왕(恭愍王)의 묘정(廟庭)에 배향된 문희공(文僖公) 류숙(柳淑)의 외손자가 된다.

이와 같이 선대가 끼친 아름다운 행적과 가문의 지위는 후일 한양 시대에서도 세종대왕의 특명에 따라, 11세조 자(孜)가 재령군주(載寧郡主)를 배위로 맞이하는 왕실과의 통혼으로 발전하였다. 그리하여 우리 가문이 조선 초기 경화사족(京華士族)으로서의 지위를 다지는 데 그 기반을 확립한 것이다. 그럼에도 불구하고 개경 시대의 우리 가문과 선조의 사행(事行)에 관하여 남아 있는 기록이 미미할 뿐 아니라, 북한에 소재한 선영(先塋)의 지갈(誌碣) 등 금석(金石)의 자료조차 인멸의 위기에 처한 상태라, 역사자료를 간추려 보관하고 드러내지 못하는 안타까움이 매우 크다.

우리 가문이 개경에 정착한 내력과 그 가족의 분거(分居) 사실에 대하여는, 다행히 수원파에서 누대로 보존해온 개성부호적(開城府戶籍) 4건과 정안(政案) 4건이 있어 직접적인 근거가 되었다. 호적은 인본(印本)과 등본(謄本)으로 되어 있는데 인본은 소릉공(少陵公) 상의(尙毅)의 종가에서 전래한 것이고, 등본은 병사공(兵使公) 동현(東顯)의 집에 보존된 것인데 내용은 동일하다. 그리고 정안 4건 역시 소릉공 가문 소장인데 그중 1건은 부상정안등초(部上政案謄草)라 하여 중랑장공의 관직 임명에 관한 기록이지만 중요한 사료(史料)로 인정이 된다.

그 밖의 선대 사적은 주로 『고려사(高麗史)』와 그 『절요(節要)』 『여사제강(麗史提綱)』 『조선왕조실록』 등에서 뽑아 모은 기록과, 1701년(숙종 27)

에 간행한 『신사보(辛巳譜)』의 보기(譜記)를 비롯한 몇 가지 가승(家乘)을 참고하였다. 그러나 자료가 너무 빈약하여 선대의 약전을 간추리는 데는 한계가 있어, 당시의 시대적인 상황과 인접한 역사기록을 최대한으로 인용 고찰하였다. 때문에 조상에 관해 엄정하게 다루어야 할 사·행적이 자칫 연역(演繹)과 유추(類推)로 그친 일면이 없지 않아 두려운 마음 금할 수 없다. 뒷날 자손 가운데 누군가가 묻혀 있는 새로운 자료를 찾아 보다 실증적으로 연구함으로써 선조의 이력을 분명하게 현양(顯揚)해주기를 바라는 마음 간절하다.

제2장

대몽항쟁기(對蒙抗爭期)와
중랑장공(中郎將公)의 생애

1. 개경(開京) 진출과 금오위(金吾衛)의 사환(仕宦)

4세조인 중랑장공은 처음 휘를 당주(唐柱)라 했으나 후일 교(喬)로 바꾸었다. 1187년(고려 명종 17, 丁未)에 관향지 여주에서 군윤공(軍尹公) 휘 효온(孝溫)의 외아들로 태어났는데, 어머니는 경주이씨(慶州李氏)로 역시 지방 호족인 호장중윤(戶長中尹) 중규(仲規)의 따님이다. 조부는 황려현(黃驪縣)의 부호장(副戶長)을 지내신 원걸(元傑)이고 증조부는 시조공 인덕(仁德)이시다.

공이 탄생한 당시의 고려 사회는 정중부의 난(鄭仲夫亂) 이래 이의방(李義方)·경대승(慶大升)·이의민(李義旼) 등으로 이어진 무신(武臣) 쿠데타의 여파로 사회적인 갈등과 인간의 가치관이 매우 혼란한 시대였다. 문무 양반(兩班)의 지위가 바뀌고 무신들끼리도 불신과 암투 속에서 피비린내 나는 세력다툼이 끊이지 않았다. 지방 농민과 하급관리, 천민계급 등 이른바 피압박 민중들은, 각지에서 민생과 신분의 해방을 외치며 들고 일어났다. 그런 가운데 공의 나이 겨우 10세에 접어든 1196년(명종 26)에는 최충헌(崔忠獻)이라는 강력한 집권자가 나타나 이의민 등의 구세력을 무자비하게 숙청하고 임금까지 바꾸는 또 한 차례의 정변을 일으켰다.

비록 강압적인 수단으로 일시 정국은 안정되었지만 이번에는 글안(契丹) · 몽고(蒙古) · 왜구(倭寇) 등 외침(外侵) 세력이 번갈아 준동하여 나라의 안보를 위협했다. 소년기에 내우(內憂)와 외환(外患)을 몸소 겪으면서 성장한 공은, 당시 황려현 호족의 자제로서 향직을 세습해야 하는 처지에 있었으나, 나라가 처한 위급한 상황에서 바른 정치와 국방의 힘이 얼마나 중요한가를 절실히 깨달았다. 그리하여 국가와 백성을 위해 한 몸을 바쳐야 하겠다는 굳은 결심으로, 학업에 정진하는 한편 무예를 닦아 나라에 이바지하는 길을 선택하기로 했다.

공은 성년이 되자 곧 부모님의 간절한 뜻을 받들어, 같은 고을의 호족으로 처지가 비슷했던 여흥민씨(驪興閔氏) 가문의 규수를 맞아 일가를 이루었는데, 배위는 향공진사(鄕貢進士) 홍균(洪鈞)의 따님이요 수호장(守戶長)인 세유(世儒)의 손녀이다. 그러나 공은 한마음 나라 위해 바치고자 한 포부와 중앙관인으로 진출하여 출세해야 한다는 소망이 워낙 간절하였다. 한낱 시골 토호(土豪)의 후계자로서 평범한 가정 생활에 만족할 수는 없던 것이다. 드디어 부모의 곁을 떠나 개경으로 올라가 유학 생활을 시작했다. 그러나 시골 향리(鄕吏)의 자제로서 비록 지방에 경제적인 기반은 있었지만, 신분적인 제약 때문에 중앙정부의 관원으로 입신할 수 있는 문은 쉽게 열리지 않았다

몇 차례 과거에도 응시했지만 부패한 최씨(崔氏) 정권의 문란한 기강 아래에서 정당한 평가를 받지 못한 채 실의에 빠지기도 했다. 때마침 북방의 변경을 자주 침범하는 글안과 몽고 군대의 외침을 방비하기 위해 당시 이군육위(二軍六衛)의 정규군을 보강하고, 지방 향리의 자제 가운데서 무예가 출중하고 유능한 인재를 등용하는 과감한 조치가 취해졌다. 공에게는 오랫동안 품어온 포부를 펼 수 있는 절호의 기회였다. 어렵지 않게 무관으로 선발된 공은 1212년(강종 1) 26세 때에 비로소 금오위(金吾衛)의 초급장교인 종9품의 대정(隊正)에 임명되어 비교적 튼실한 벼슬길의 소망을 이루었다.

당시 금오위는 군제(軍制)상 육위(六衛)의 하나로 경찰의 임무를 띠고 있는 관청이었다. 평시에는 수도 개경의 치안을 담당하면서도 전시에는 군인으로서 사명을 띠고 국경 수비에 종사하는 고려 중앙군 소속의 군사 지휘 관청이었다. 공은 이 관청의 요원으로 선발된 것인데 1215년(고종 2) 29세 때에는 교위(校尉)와 산원(散員)으로 진급하였고, 다음 해 연주(延州)에 침입한 글안 군대를 격퇴하는 실전(實戰)에서 전공을 세우는 등 임관 초기부터 활동이 눈부시었다.

1218년(고종 5)경에는 관원으로서의 관록과 지위가 어느 정도 확립되자, 부모님과 상의한 후 배위와 함께 향리의 농장을 정리하고 개성 북부 흥국리(興國里)에서 아담한 신접 생활을 시작했다. 그리하여 이듬해 1219년(고종 6)에는 개경 집에서 장자(長子) 수산(秀山)이 탄생하여 공의 나이 32세 때 비로소 첫아들을 얻는 경사가 있었다. 그리고 1221년(고종 8)에는 금오위의 정7품 별장(別將)으로 승진하여 중견 지휘관으로서 더욱 신망을 얻었다.

그러나 이 무렵부터 나라의 정사가 점점 어지러워진 가운데서 변경에는 글안의 준동이 창궐하였고, 해안에서는 왜구의 침입이 그 어느 때보다 기승을 부렸다. 공은 나라의 앞날을 걱정하는 중견 지휘관으로서 빈번하게 전선으로 달려가야만 했고, 늘 그 용맹과 지략을 과시하며 많은 전공을 세우기도 했다. 그런 가운데서도 공의 나이 38세 때인 1225년(고종 12)에 차자(次子) 수해(秀海)를 낳아 6년 만에 득남의 기쁨을 누리었고, 그 4년 뒤에는 장녀를 낳아 한 가정의 행복이 더해졌다.

2. 몽고의 침략과 강도(江都) 생활

그러나 그것도 잠시 1231년(고종 18) 8월에는 드디어 우리 역사의 물줄기를 바꾸어놓은 이른바 '제1차 몽고의 침략'으로 처참한 전쟁을 치르기에 이르렀다. 처음 살례탑(撒禮塔)이라는 침략군의 장수는 압록강을 건너 의 주(義州)를 함락시키고 계속 남진하여 귀주(龜州)·자주(慈州)·서경(西京) 등지에서 고려군과 치열한 공방전을 벌였다. 공도 당연히 국경을 지켜야 하는 임무를 띠고 그 이듬해 1월 몽고군이 일시 퇴각할 때까지 전선을 지키고자 참전한 것이 사실이지만, 남겨진 기록이 없는 것은 유감이다.

이때 고려 정부에서는 몽고군의 일시 퇴각의 기회를 틈타 오래지 않아 제2차 공격이 있을 것이라 예견하고, 그 방비책으로 1232년(고종 19) 6월에 수도를 강화도(江華島)로 옮길 것을 결정하였다. 당시 10만이 넘는 민호(民戶)를 거느린 개경을 비우고, 오부(五部)에 나누어 살고 있던 백성들을 강화도로 피난시킨 다음 장기적인 항전(抗戰)을 하기 위해서이다. 이때 공의 가족도 개경의 집을 비워둔 채 여러 해 동안 임시수도 강화도에서 피난 생활을 했음은 말할 필요가 없다. 강화도 천도 이후 몽고 대병에게 짓밟힌 개경의 참상이야 이루 말할 수 없지만, 설상가상으로 1235년(고종 22)에 원(元)나라 당올태(唐兀台)에 의한 제3차 침략으로 이후 4년 동안은 전 국토가 잿더미로 화하였고, 백성들의 시체는 산하를 뒤덮었다.

이러한 와중에서도 공은 피난지 강도(江都)에서 1237년(고종 24)에 삼자(三子) 수룡(秀龍)의 탄생으로 다시 득남의 기쁨을 누리었고, 이듬해 1238년(고종 25)에는 전쟁의 소강 상태를 기화로 고려 정부가 강화를 제의하자, 고려 왕의 입조(入朝)를 조건으로 몽고군이 일시 철수하는 휴전이 성립되었다. 그리하여 비록 어려운 조건이 따르는 불안한 평화였지만, 고려 정부에서는 그때까지 흩어져 생사를 알 수 없는 민호와 생존 인구의 파악을 위해, 우선 백성들의 호적을 조사 정리하는 일을 서둘렀다.

수도 개성부의 주민들도 이에 호응하여 호적을 작성했는데, 공의 가정에서도 친(親)·외(外)·처(妻) 삼당(三黨)의 가족을 4대까지 거슬러 이름과 관직 나이와 가족 관계 등을 정비 기록한 호구단자(戶口單子)가 작성되었다. 그것이 지금까지 전해지고 있는, 공을 호주로 한 우리 가문의 개성 북부 흥국리(興國里) 호적이다. 이 호적으로 인해 중랑장공의 4대조까지의 선조 휘함이 밝혀지고, 증조고(曾祖考) 휘 인덕(仁德)을 우리 가문의 시조로 받들게 되었다.

한편 3차에 걸친 몽고와의 전쟁이 멈추고 비록 일시적이나마 평화가 찾아오자, 고려 왕의 입조와 정부의 출륙(出陸) 등 끈질긴 원나라의 요구에도 불구하고, 1240년(숙종 27)경에는 일방적인 백성들의 환도 행렬이 시작되었다. 공도 이때 가족들만이라도 일시 개경으로 출륙시켜 허물어진 옛집을 수리하고 세간을 돌보고 싶었겠지만, 정부의 요인으로서 국방에 매인 몸이라 어쩔 수 없는 처지였음이 짐작된다. 그런 와중에서도 공은 1243년(고종 30)에 드디어 정6품의 낭장(郎將)으로서 장군의 반열에 올랐으며, 4년 뒤 1247년(고종 34)에는 환갑의 나이로 임시수도의 치안을 담당하는 금오위 중랑장(中郎將)으로서 그 지위가 우뚝하게 되었다. 서반의 미관말직인 대정(隊正)에 임관된 이래 차곡차곡 계급을 밟아 금오위에서만 35년을 근속한 고급 지휘관의 영예를 안은 것이다.

그러나 그로부터 8년이 지난 1251년(고종 38)에 몽고군은 또다시 아모간(阿母侃)과 야굴(也窟)을 지휘관으로 삼아 제4차의 침략을 감행했고, 1254년(고종 41) 7월에도 원나라 정동원수(征東元帥) 차라대(車羅大)의 제5차 침공으로 20만이 넘는 고려 생민(生民)이 포로가 되었다. 고려 왕이 입조와 출륙의 약속을 지키지 않았다 하여 트집을 잡은 것인데, 몽고군의 차라대는 그 후 1255년(고종 42)과 1257년(고종 44)에도 각각 제6차와 제7차의 전쟁을 일으켜 강화도 정부를 위협하고 육지에 있는 고려 백성을 괴롭혔다.

3. 서북면병마사(西北面兵馬使)의 기록과 세 아들

공이 1247년 중랑장으로 승진한 후 약 10년간에 해당하는 이 장기전의 과정에서 비록 기록은 없으나, 당시 금오위 소속의 장군으로서 그 관록과 지위로 보면, 정4품의 장군(將軍) 직과 정3품의 대장군(大將軍) 직은 따놓은 당상 격으로 여겨진다. 그리하여 백발이 성성한 노장군으로서 전장을 누비고 다니면서 국방의 책무를 다했겠지만 입증 자료가 없는 것은 안타까운 일이다. 아마도 앞에서 언급한 '정안'의 자료가 공의 금오위에서의 관록에 한정되었고 60세 이후에는 별다른 자료를 찾을 수 없기 때문이다. 다만 『고려사절요』 18권 원종(元宗) 원년(元年, 1260) 봄 정월(正月)조에 실린 다음 기사는 공의 이력과 관련하여 주목하지 않을 수 없다.

> 석도(席島)와 가도(椵島)의 백성들이 모반을 했다. 서북면병마사 이교(李喬)가 도령(都領)인 위득유(韋得柔)를 보내어 이를 격퇴하고 그 괴수 내동(來同)의 무리를 베었다.
> 席島椵島人 謀叛 西北面兵馬使李喬 遣都領韋得柔 擊之 斬其魁來同等

고려의 24대 임금인 원종이 즉위한 1260년은 공의 나이 73세가 되는 해이다. 중랑장으로 승진하고 13년이나 지난 고령에 북방의 행정과 최전선 사령관으로서의 병마사 직무를 수행할 수 있었겠는가? 라는 의문은 있을 수 있다. 그러나 당시 공은 중앙 군부의 핵심 부서인 금오위에서 35년을 보낸 노련한 행정가이며 장군이었다. 평소 나라 사랑과 그 관력(官歷)의 전후 맥락으로 보면, 비록 융로(隆老)의 나이지만 그 경륜과 능력을 오히려 높이 산 측면도 배제할 수가 없다. 다만 족보상에 공의 몰년(沒年) 표시가 없고, 혹 동명이인이 아닌가 하는 의문 때문에 보기(譜記)에 단정적인 기록을 피한 것일 뿐이다. 따라서 후일 이에 대한 확실한 고증이 있으면 공의 당당한 노년의 관록으로 빛을 보게 될 것이다.

서북면(西北面)은 동북면(東北面)과 함께 고려 시대 양면(兩面)의 하나로 북방의 특수 행정구역이다. 글안과 여진 등과의 국경을 이루는 지역이므로 중앙정부에서 매우 중시하여, 민정(民政)과 군정(軍政)을 아울러 맡아 다스리는 병마사(兵馬使)를 두었다. 조선 초기에 이르러 서북면은 평안북도로 동북면은 함경북도로 개편되었다. 석도(席島)와 가도(椵島)는 평안북도 철산군(鐵山郡) 서쪽 바다 가운데 있는 섬으로 당시 병마사영(兵馬使營)의 군사적 관할 아래 있었다. 또 도령(都領)은 병사 1,000명을 거느리는 병마사 휘하의 군 지휘관이라 할 수 있다.

공의 묘소에 대해서 구보(舊譜)에는 기록이 없었으나 수원파의 방선조(傍先祖)인 섬계(剡溪) 이잠(李潛)이 숙종(肅宗) 때 남긴 기록에 "개성부 송남면(松南面) 화장산(華藏山) 기슭 옛 정릉(靖陵) 뒤편 서쪽에 있다"고 하였다. 그 즉후 장단부사(長湍府使)로 부임한 후손 이동현(李東顯)이 찾아가 확인하고 성묘를 했다는 사실도 전해지고 있다.

공은 슬하에 3남 1녀를 두었다. 맏아들은 서예동정공(書藝同正公) 수산(秀山)인데 개경에서 살다가 평북 선천(宣川) 땅으로 이주했다. 그 후 자손들은 그곳을 비롯하여 북청(北靑)·상원(祥原)·중화(中和) 등 관북(關北)과 관서(關西)지방 각지에 흩어져 살게 되었다. 둘째아들은 상서호부공(尙書戶部公) 수해(秀海)로 개경에서 분가하여 자손들이 누대를 살다가, 고려 말기에 경기도 수원(水原) 지방으로 옮겨 지금은 수원을 중심으로 여주(驪州)·함안(咸安)·남원(南原)·공주(公州)·홍주(洪州)·예산(禮山)·양주(楊州)·안산(安山)·충주(忠州) 등지에서 후손들이 분거(分居)하고 있다.

셋째아들 정당공(政堂公) 수룡(秀龍)은 개경 북부 오관(五冠里)에 분가하여 누대를 살다가, 그 후 자손들이 한양(漢陽)으로 이주한 다음 그 종계(宗系)를 이은 자손은 경상도 밀양(密陽)으로 낙향하여 세거(世居)의 터전을 잡았다. 지금은 밀양을 비롯하여 용궁(龍宮)·홍성(洪城)·고창(高敞)·영광(靈光) 등 남한 땅은 물론, 북한 땅 북청(北靑)·금천(金川)·평산(平山)·해주(海州) 등지에도 후손들이 살고 있다 한다.

공은 혈기왕성한 젊은 시절에 여주 호족의 맏아들로 청운의 뜻을 품고 개경에 진출함으로써, 우리 가문의 오늘의 토대를 이루어주신 우뚝한 선조이시다. 군관 시절에는 변경을 괴롭히는 글안과 왜구의 소탕전으로 잔뼈가 굵었고, 40줄의 장년 시절 이후에는 금오위에서 지략을 겸비한 중견 지휘관으로서, 12차례나 겪은 대몽 항전 최전선에서 생사를 걸었다. 28년 간의 몽고전쟁이 끝날 무렵에는 관록을 쌓은 고려의 장군으로서, 마침내 고년(高年)의 나이에도 서북면의 부월(斧鉞)과 병부(兵符)를 쥐고 마지막 애국심을 불태웠다고 추정할 수도 있다.

이와 같이 공은 국가적 위기 속에서도 고려의 명운과 함께한다는 각오로 부끄러움 없는 기개를 펼치며 한평생을 유감없이 사시었다. 만약 공의 사적과 나라의 기밀 문서 등이 전쟁의 소용돌이 속에서도 보존되었다면, 응당 고려 정부로부터 받은 공훈과 영전(榮典)이 찬란한 사행(事行)으로 남아 있겠지만, 전해지는 기록이 너무나 허술하고 미미하여 후손으로서 안타까운 마음 금할 수가 없다.

제3장

정당문학공(政堂文學公)과 그 시대

5세조인 정당문학공(政堂文學公) 휘 수룡(秀龍)은 1237년 곧 고종(高宗) 24년 정유(丁酉)에 중랑장공 50세 때 셋째아들로 태어난 만득자이다. 어머니는 여흥민씨(驪興閔氏)로 같은 황려현(黃驪縣) 출신의 호족인 향공진사(鄕貢進士) 홍균(洪鈞)의 따님이다.

1. 출생과 과환(科宦)

공이 출생한 시기는 몽고에 의한 침략전쟁이 6년째로 접어들고, 최충헌(崔忠獻)의 아들 최이(崔怡)에게 독재권력이 세습된 지 얼마 지나지 않은 때였다. 전국 방방곡곡에는 몽고병과의 국지적인 전투가 그칠 날이 없었고 연달아 흉년까지 겹쳐서 나라 형편과 백성들의 참상은 이루 형언할 수조차 없었다. 공은 이러한 어려운 시기에 피난수도인 강도(江都) 우거(寓居)에서 탄생하였다. 5년 전 몽고군의 침입으로 당시 10만 명이 넘는 개경 백성들이 수도를 비우고 이 섬에 피난하는 통에, 공의 가족도 하는 수 없이 이 섬의 주민이 되었던 것이다. 당시 우거한 집의 위치나 상황은 알 수 없지만 그래도 공의 가족은 선공(先公)이 정부관료로 있어 호구(糊口)의 계책은 유지되었을 것이다.

우리 가문에 전래하는 당시 개성부 호적에 의하면 아버지의 나이 32세에 첫아들인 백형 수산(秀山)이 태어났고, 그 6년 뒤 38세에 중형인 수해(秀海)가 출생했으며, 그로부터 12년 뒤에 공이 탄생한 것으로 되어 있다. 또 공보다 8년 연상의 누님 한 분도 호적상에 올라 있어 그 인적사항은 알 수 없으나 공은 3남 1녀 가운데 막내아들이라는 사실이 확인되기도 한다. 아버지께서 금오위의 중요 관원으로서 글안과 왜구의 격퇴에 이어 처절하게 전개된 1·2차 몽고침략 전쟁의 와중에서, 미처 가정을 돌보지 못한 상황이 자녀 출생 터울에서도 드러난 셈이다.

그런 가운데서도 선공께서는 위로 두 아들의 출세에 각별한 관심을 가지고 노력했으나, 그때까지만 해도 지방 향리 출신이라는 신분적 한계를 뛰어넘지는 못하였다. 맏아들의 관직이 서예동정(書藝同正)이고 둘째아들의 벼슬이 상서호부(尙書戶部)의 주사(主事)라는 이속(吏屬)에 머물렀다는 사실이 그 정황을 잘 말해주고 있다. 선공께서는 그 실망을 이기지 못하는 가운데서도 오로지 한 가닥 희망은 노경에 얻은 막내아들의 영특한 재질이었고, 그와 함께 시대 상황의 변천에 큰 기대를 걸었다.

다행히 공이 태어난 해로부터 수년간은 원나라가 고려 왕의 입조(入朝)를 조건으로 우리나라가 제안한 휴전(休戰)을 받아들여 몽고군이 일시 철군함으로써 전쟁은 소강 국면에 접어들었다. 비록 불안한 평화이기는 했으나 고려 정부에서는 우선 피난 중인 개경 백성들을 환도시키고 전국에 걸쳐 민호와 인구를 파악하는 한편, 민생에 관계되는 몇 가지의 정령(政令)을 선포하기에 이르렀다. 이에 공의 가족들도 강화도 피난 생활을 거두고 개경 옛집으로 돌아가 새로운 마음으로 생활의 환경을 바꾸었다. 이 무렵에 작성된 개성 북부 흥국리(興國里) 중랑장공이 호주로 된 인본(印本) 호적으로 당시의 가족 상황을 잘 알 수 있다.

공은 개경 옛집에서 소년 시절을 보내며 나라의 어지러운 현실과 전쟁의 참상을 직접 체험하면서 청운의 뜻을 세웠고 아버지의 후광과 격려 속에서 학업에 정진하였다. 당시 조혼(早婚)의 관습에 따라 나이 13, 4세에 양갓집 규수를 맞아 혼인을 치렀고, 한 세대(世帶)를 구성한 다음에는 부모의 뜻을 받들어 분가한 것으로 헤아려진다. 1255년(고종 42)에는 약관의 나이로 문과(文科) 급제의 영예를 누렸는데, 이는 황려현에서 대대로 향직에 종사해오던 가문의 자손으로서는 파격적인 영광이 아닐 수 없었다.

당시 문과방목(文科榜目)의 존재를 알 길이 없어 그 명단을 확인하지 못하지만, 『고려사』에는 이해 6월에 추밀원부사(樞密院副使) 최온(崔溫)과 판사재감사(判司宰監事) 김지대(金之岱)가 시관(試官)이 되어 을과(乙科) 3인, 병과(丙科) 7인 동진사(同進士) 23인 등 모두 33인의 인재를 취했다는 기록이 남아 있다. 아마도 공은 이해의 문과 급제자 33인 중에 1인으로 등용되어 처음으로 관직 생활을 시작한 것으로 여겨진다. 아버지의 평생 소망이 성취된 것이며 가문의 큰 경사이고 영광이 아닐 수 없었다.

이를 미루어보면 공이 중앙관인으로 출사한 시대는 60년 동안이나 전횡을 일삼던 최씨의 세습 독재정권이 무너지고 명분상 왕정(王政)이 복고(復古)된 전환기에 해당한다. 몽고의 파상적인 침공과 약탈 행위, 그리고 잇따른 흉년으로 기근까지 겹쳐 국력이 극도로 쇠약하고 혼란한 시기였다. 이와 같이 비참한 사회상을 몸소 체험하면서 신진관원으로 출발했지만, 당시 원나라의 총독정치 아래에서 겪어야 했던 애로와 고민도 많았을 것이다. 다만 공의 이력이 전쟁의 참화 속에서 빛을 보지 못하고 기록과 자료가 묻혀버린 것이 안타까울 뿐이다. 그런 가운데 그래도 한 가지 희망과 기쁨을 안겨준 것은 공이 20세 되는 해에 첫아들 벽(璧)이 태어난 일이었다.

2. 원나라 지배하의 관록(官祿)

이듬해 1257년(고종 44)에 다시 제7차 몽고의 침략전쟁으로 나라가 다시 위기에 빠졌고, 잇달아 1260년에는 고종(高宗)이 재위 46년 만에 승하하고 원종(元宗)이 즉위하였다. 그 4년 뒤에는 몽고의 끈질긴 압력 앞에 마침내 굴복함으로써, 고려 왕이 원나라 조정에 들어가 황제 쿠빌라이(忽必烈)에게 친조(親朝)의 예를 올렸다. 이때부터 우리나라는 원나라의 지배를 받는 사실상의 속국으로 전락하고 만 것이다. 1270년(원종 11)에는 몽고가 지금의 평양(平壤)인 서경(西京)에다 동녕부(東寧府)를 설치하고 고려의 내정을 본격적으로 간섭하는 총독정치가 시작되었다. 이러한 시기에 공이 고려 정부의 신진관료로서 무슨 역할을 했는지는 알려진 바가 없으나, 아마도 이민족의 지배 아래에서 소신껏 환로를 지키지 못한 것은 자명한 듯하다.

게다가 국가의 자주성을 지키고자 항몽(抗蒙)을 선도하던 민족군대 삼별초(三別抄)가 왕의 명령을 거부하고 강화도에서 항전한 끝에 진도(珍島)를 거쳐 청주(淸州)에서 옥쇄한 장거가 있었던 것도 이때의 일이다. 그리고 1274년(원종 15)에는 몽고의 강압에 견디다 못해, 김방경(金方慶)으로 하여금 여원연합군(麗元聯合軍)을 편성하여 일본(日本) 정벌을 기도했으나 실패로 끝나자 나라의 형편은 더욱 피폐하였다. 또 이런 와중에서 원종에 이어 충렬왕이 즉위하자, 고려는 원나라 공주를 왕후로 맞이해야 하는 굴욕적인 부마의 나라로 전락했는데, 이때부터 임금의 칭호는 물론 관제(官制)와 풍습에 이르기까지 모두 몽고식으로 바뀌는 커다란 사회적인 변혁을 감수해야 했다.

이러한 불우하고 막심한 혼란기에 양식을 지닌 고려 정부의 관료가 할 수 있는 일이 무엇이었겠는가? 다만 소신을 접고 몽고 정부의 압제에서 벗어나기를 바라는 것 외에 달리 무슨 방도가 있었겠는가? 그 영향 때문인지는 몰라도 실지로 1701년에 간행한 우리 가문 최초의 대동보인 『신사구보(辛巳舊譜)』에는 공에 관한 기록으로 다만 '정유생(丁酉生)' 3자만 있을 뿐 일체의 이력이 생략되어 있었다. 그 뒤 1856년(철종 7)의 『병진파보(丙辰派譜)』에 서예동정(書藝同正)이란 관력이 등재되더니, 1958년(戊戌)의 『밀양파보(密陽派譜)』에 이르러 비로소 공에 대한 과환(科宦)의 자료를 찾아 정식으로 등재되었다.

안효왕(安孝王) 곧 고종(高宗) 정묘년(丁卯, 1237)에 탄생했다. 을묘년(乙卯)

에 문과 급제를 하였고 광록대부(光祿大夫)로 정당문학(政堂文學)과 지문하성사(知門下省事)를 역임했다. 구보(舊譜)에는 사환(仕宦)의 자취가 없었는데 혹 이르기를 서예동정(書藝同正)이라고도 했다. 이번에 『고려사(高麗史)』 선거(選擧)를 기록한 책에서 과거(科擧)에 급제한 연조(年條)와 역대로 벼슬을 한 실적이 있었다. 때문에 그것에 따라 이와 같이 기록하였다.

安孝王丁酉生 乙卯文科 光祿 政堂文學 知門下省事 謹按 舊譜無仕蹟 而或云 書藝同正矣 今據 麗史選擧卷 有登第年 及歷仕實蹟 故依此書之

공의 생년과 문과 급제에 대한 사실은 앞에서 기록한 그대로이다. 첫 벼슬 이후 초년의 이력은 없으나 최종적인 것으로 보이는 품계와 관직을 실었는데, 말미에 참고 사항으로 "구보(舊譜)에는 벼슬을 한 자취가 없고 혹 서예동정(書藝同正)이라고도 했다"는 기사가 있으나 이는 백형 수산(秀山)의 직명과 혼동된 듯하다. 또 문과 급제와 정당문학 등 공의 과환에 대한 실적은 『고려사』 선거지(選擧志)에 있었다 하여 그 전거(典據)를 내세웠다.

광록대부(光祿大夫)는 종2품에 해당하는 고려 문산계(文散階)의 하나로 공의 만년(晚年)의 벼슬로 짐작되는 정당문학과 지문하성사에 해당하는 품계이다. 이 두 가지 벼슬은 고려가 원나라의 행정 간섭을 받기 시작할 무렵의 중서문하성(中書門下省)에 소속된 관직이다. 고려 중기의 내사문하성(內史門下省)을 개편한 것으로 중서성(中書省)과 문하성(門下省)을 합쳐서 국가 행정을 총괄하던 정부의 최고 기관이다. 1275년(충렬왕 1)에 고려가 원나라의 부마국이 되면서 첨의부(僉議府)로 고쳤으며, 공민왕(恭愍王) 때에 다시 문하부(門下府)가 되었다가 후일 조선이 건국되면서 의정부(議政府)로 이어졌다.

중서문하성에 소속된 관직인 정당문학은 1290년(충렬왕 16)에 종래의 참문학사(參文學事)를 고친 벼슬로 나라의 조칙(詔勅)과 왕명을 출납했으며, 지문하성사는 중신들의 건의와 핵주(覈奏)를 담당했는데 둘 다 중서문하성의 핵심 요직이었다. 그러므로 공은 직제 개편이 있은 1290년경 곧 공의 나이 53세 이후의 노경에 정당문학과 지문하성사라는 요직을 번갈아 역임하며 국가 행정의 중추 부서에서 역할을 담당했다고 볼 수 있다.

이와 같은 사실은 공이 얼마나 행정 수완이 뛰어나고 학문에도 출중한 인물이었던가를 가늠하기에 충분하다. 따라서 한 나라 행정의 중추 기관에서 가장 핵심적인 요직을 역임한 공의 존재는 우리 가문이 당시 개경의 벌열(閥閱)로서 우뚝 설 수 있는 기반이 됨으로써, 선공의 소망도 함께 이루어드린 것이라 생각한다.

공이 돌아가신 해는 알 수 없으나 관직 생활의 연조로 보아 50세 중반까지의 수명을 누린 듯하며 묘소의 존재는 불명이다. 슬하에 대제학(大提學)을 지낸 벽(璧)을 두었고, 1267년 공의 나이 27세 때 출생한 따님이 있다는 기록이 있다.

제4장

학사공(學士公)의 관직과 그 사회

공의 휘는 벽(璧)이고 자와 호는 불명이다. 1256년(고종 43, 丙辰)에 개성부 북부 오관리(五冠里)에서 정당문학공의 외아들로 태어났다. 비록 몽고와의 전쟁은 계속되었고 나라의 혼란은 거듭되고 있었으나, 할아버지 중랑장공이 나라를 위해 이바지한 공적과, 문과 급제 후 신진관료로서 두각을 나타낸 아버지의 후광으로 비교적 탄탄한 가정적 기반 위에서 소년기를 보냈다. 또 타고난 영민한 재질을 바탕으로 경사(經史)와 제자백가(諸子百家)의 서적을 널리 섭렵했으며, 행동거지가 분명하고 법도에 맞아 많은 사람들의 기대를 모았다. 나이 20세가 넘어 당시 국립대학 격인 국자감(國子監)에서 시부(詩賦)와 경전(經典)을 공부한 끝에 1275년(충렬왕 1)에 시행한 문과회시(文科會試)에 급제한 것으로 알려져 있지만 그 방목(榜目)을 확인할 길은 없다.

그러나 공이 신진관원으로 활동한 시기로 여겨지는 1281년(충렬왕 7)에는 원나라에서 두 번째 일본 정벌을 위해 대규모의 파병과 함께 고려 조정에도 그 참전을 촉구하는 총동원령이 내려졌다. 온 나라가 뒤숭숭한 가운데 몽고 장수 흔도(忻都)와 홍다구(洪茶丘)가 출병하자, 고려 장수 김방경(金方慶)도 이에 합세하여 여원연합군(麗元聯合軍)을 편성하였다. 이 대규모 국제군은 마산 합포만(合浦灣)을 출발하여 도중에서 대마도(對馬島)와 일기도(壹岐島)를 치고, 일본 구주(九州) 지방 하카다 항(博多港)에서 왜군을 맞아 싸웠으나 때마침 불어온 태풍으로 제대로 싸워보지도 못한 채 거센 풍랑에 많은 군사와 전함을 잃고 패퇴하고 말았다.

40여 년간이나 전쟁으로 시달리고 원나라의 착취 때문에 피폐할 대로 피폐해진 쇠잔한 고려의 국력이, 군사물자의 조달과 강제징용으로 또 한 번 결정적인 타격을 입은 큰 사변이었다. 이러한 난국에 처하여 공은 중앙정부의 젊은 관원으로서 전쟁의 수습과 국난을 타개하는 일에 헌신하였고, 때로는 임금의 측근에서 충성을 다했겠지만 그 행적을 밝힐 수 있는 자료가 남아 있지 않는 것이 유감일 뿐이다.

다만 공의 장년기에 해당하는 44세 늦은 나이에 첫아들 윤침(允琛)을 얻은 것은 집안의 경사이고 희망이었다. 그 이듬해 1300년(충렬왕 30)에는 한림학사(翰林學士)로 발탁되었다는 기록이 1701년(조선 숙종 27)에 간행한 우리 구보(舊譜)에 처음으로 등장한다. 당시 한림학사는 비록 정4품의 낮은 품계이지만 정부의 기밀문서를 작성하고 출납하며 한 나라의 문사(文詞)를 주관하는 한림원(翰林院)의 요직이었다. 때문에 학문이 섬박(贍博)하고 기량(器量)을 갖춘 인재를 임금이 엄선하여 등용하는 벼슬이어서 관원이라면 누구나 선망의 대상으로 여겼다.

그러므로 이 시기에 공은 정부의 엘리트 관료로서 학문적인 자질은 물론, 한 나라의 문한(文翰)을 다루는 문학적인 소양과 역량을 구비한 유능한 인재였다는 사실을 미루어 알 수가 있다. 공이 만년에 접어든 14세기 초엽의 고려 사회는 비록 원나라의 지배를 받으면서 나라의 제도와 풍습이 몽고풍(蒙古風)을 따라야 하는 시대였으나, 그런 가운데서도 우리 백성들은 고려 사람으로서의 긍지와 지조로 그 자주성을 지키는 데 온 힘을 기울였다. 고려 정부에서는 국학(國學)을 개편하여 학문과 교육의 발전을 도모하였고, 국가기관과 지방제도를 혁신하는 한편 도탄에 빠진 민생을 위해 전제(田制)를 개혁하는 등 새로운 경제정책을 세워 시행하기도 했다.

이러한 국가 부흥의 기운이 팽배했던 시대적 상황에 처하여 학문과 경륜이 뛰어났던 공은, 유능한 나라의 동량으로서 참으로 많은 임무가 기다리고 있었다. 전해진 기록이 없어 비록 한림학사 이후에 연결된 관직과 행적을 알 수는 없다. 그러나 1308년(충렬왕 34)에 단행된 대대적인 정부 직제의 개편은 공에게 현달의 좋은 기회가 되었을 것이다. 그런 점에서 1958년에 『무술파보(戊戌派譜)』를 간행할 때 숭정대부(崇政大夫) 홍문관대 제학(弘文館大提學)의 관직을 발견한 것은 참으로 요긴하고 다행한 일이라 생각한다. 선공인 정당문학공의 족보 문자의 보유(補遺)와 함께 공에게도 새로운 사환(仕宦)의 이력이 추가된 셈이다. 그 안기(按記)의 내용은 다음 과 같다.

> 원종 병진(丙辰)년에 태어났고 충렬왕 원년(1275)에 문과에 급제했다. 한림학 사와 숭정대부, 홍문관대제학에 이르렀다. 삼가 조사를 해보니 구보에는 다만 '한림학사'라고만 적혀 있으나, 이번에 『고려사』 「선거지(選擧志)」에 의거하면 생년과 문과 급제 그리고 역대로 벼슬을 한 실적이 있으므로 이를 근거하여 기 록했다.
>
> 元宗丙辰生 忠烈王元年文科 翰林學士 崇政 弘文館大提學 謹按 舊譜 只書翰 林學士 而今據麗史選擧卷 有生年登第歷仕實蹟 故依此書之

위의 기록에서 공의 생년이 고려 원종 병진년이라 했으나 원종 연간 (1260~1274)에는 병진의 간지(干支)가 없고, 선공과 그 아랫대의 나이차에 비추어 고종(高宗) 병진(1256)의 착오로 보인다. 또 숭정(崇政)이란 품계는 조선 초기의 관작으로, 고려 문산계 종2품에 해당하는 숭록대부(崇祿大夫) 의 오기(誤記)가 아닌가 여겨진다. 홍문관은 고려 초기의 숭문관(崇文館)을 고친 명칭인데 우문관(右文館)·진현관(進賢館)과 함께 고려 후기 문한 기관 의 하나로 궁중의 경전과 사적(史籍)을 관리하며 임금의 시강(侍講)을 담당 하던 곳이다. 1298년(충렬왕 27)에 그 책임관원으로 종2품의 대제학을 두 었는데 일반적으로 이를 학사(學士)라고도 칭하였다.

아무튼 이 보기의 추가 덕분에 공은 50대에 들어서서 한 나라의 문병(文 柄)을 장악한 높은 관직에 올랐다는 사실을 알 수가 있다. 때문에 당시 개 편된 홍문관에서는 전란 중에 흩어지고 인멸된 문적을 수습 정비하고, 고종과 원종 양대의 실록(實錄)을 편찬했다는 사실을 『고려사』에서도 전하고 있다. 그러나 정작 그 사업을 주관한 문형(文衡)으로서의 공의 행적이 정사(正史)의 기록에 나타나지 않는다는 사실은 후손으로서 매우 아쉽고 유감스러운 일이다. 하지만 공의 홍문관대제학 관력이 우리 가승(家乘)에 분명한 만큼, 비록 정사에 그 실적이 빠져 있다고 하여 어찌 그 진실을 부인할 수 있겠는가.

아버지이신 정당문학공의 현달(顯達)에 이은 공의 빛나는 출세야말로 우리 가문을 개경사대부(開京士大夫)의 반열에 우뚝하게 올려 세우는 터전을 이룩한 것이다. 공이 돌아가신 해는 알 수 없고 배위에 대한 기록도 전해진 것이 없다. 슬하에는 외아들로 사인공(舍人公) 윤침(允琛)을 두었다. 공의 유택은 그 소재를 알 수 없지만, 1850년대부터 용궁(龍宮) 무이리(武夷里)에 세거(世居)하는 후손들이, 대구 달성군 가창면 상원동(上院洞) 산 24번지에 공을 추모하는 허묘(虛墓)를 조성하여 매년 시향(時享)을 받들어오고 있다.

제5장

사인공(舍人公) 시대의 사회상과 그 지행(志行)

공의 휘는 윤침(允琛)이며 1299년 곧 고려 충렬왕 25년 기해(己亥)에 개경 오관리(五冠里) 집에서 태어났다. 선공이신 대제학공의 나이 44세 때 만득자로 출생했는데 선비(先妣)에 대한 기록이 없는 것은 유감이다.

아버지께서 당시 중앙정부의 요직에 있었을 뿐 아니라 증조고(曾祖考) 이래 대대로 과환(科宦)에 오른 신흥사대부 가문의 자손이 된 사회적 지위와 비교적 유족한 가산을 기반으로, 유복한 가정의 귀한 외아들로 소년기를 보냈다. 더구나 이 시기에는 우리나라 최초의 주자학자(朱子學者)로 일컬어지는 회헌(晦軒) 안향(安珦, 1243~1306)에 의하여 문교(文敎)가 진흥되고 일종의 육영재단이라 할 수 있는 섬학전(贍學錢)이 설치되는 등 유학(儒學)의 기풍이 활발하게 전개되었다. 따라서 공도 정당문학을 역임한 할아버지와 대제학을 지낸 아버지의 가학(家學)을 계승하는 한편, 당시에 알려진 사학기관에서 경학(經學)과 사장(詞章)의 공부에도 정진하여 상당한 경지에 이르렀겠지만 전하는 기록이 없어 안타까운 일이다.

공의 과환에 대하여는 1701년의 『신사구보』에 다만 '중문사인(中門舍人)' 넉 자와 묘소에 대한 소재만 기재되어 있을 뿐, 그 생년도 배위에 대한 기사도 없다. 1958년에 『무술파보(戊戌派譜)』를 간행할 때도 부·조(父祖) 양대에 대한 안기(按記)를 추가하면서도, 공에 대한 '보기'에는 생년만 '충숙왕기해(忠肅王己亥)'로 밝혔고 '중문사인'이란 관직 위에는 오히려 '검교(檢

校)' 두 자가 첨가되어 있었다. 그나마 새로 밝힌 생년 기해년도 충숙왕대 (1314~1330)에는 그런 간지(干支)가 없어, 아버지의 나이를 기준하여 충렬 왕대(1275~1308)의 기해년으로 바로잡았다.

족보상 공의 유일한 관직인 검교중문사인(檢校中門舍人)은 과거에 의하 지 않고 특별히 채용된 음직(蔭職)으로 추정된다. 공이 과거에 급제한 기록 또는 문과 출신자에 어울리는 청요한 관직에 임용된 사실이 없기 때문이 다. 특히 직위 앞에 검교(檢校)를 붙인 것은 그 부서의 정원과 관계없이 임 명된 것으로 하나의 대우직(待遇職)으로 보아야 할 것이다. 그런 점에서 『고려사』「선거지」음서(蔭敍)조에 있는 충선왕(忠宣王)의 교서(敎書)는 공 의 음사(蔭仕)를 뒷받침해주는 주요한 근거가 될 듯하다.

> 충선왕이 교서에 이르기를 재상급 신하의 아들 한 사람에게 첫 벼슬로 7품 관을 허용한다. 드러난 직책에 있다가 나이 많아 그만둔 3품관에게는 각각 한 아들에게만 직첩을 주되, 아들이 없는 경우 생질이나 조카 또는 사위 한 사람 에게 혜택을 허용한다. 문반과 무반의 4품관 또는 5품관으로 드러난 관원에게 는 각각 한 아들에게 음직을 보한다라고 했다.
>
> 忠宣王 敎曰 宰臣直子 許一名初授七品 顯官致仕三品 各許一子職事 無子者 甥姪女 婿一名許蒙 文武四五品顯官 各許一子蔭補

이를 미루어보면 공의 음보(蔭補)는 교서의 첫째 항목에 해당된다는 것 을 알 수 있다. 곧 아버지가 '재상급 신하(宰臣)'이고 그 외아들인 공에게 첫 벼슬로 7품직인 중서사인을 허용했기 때문이다. 그러므로 공에게 음직 이 내려진 시기는 공의 나이 20세 전후이고, 선공이 60세가 넘어 재신(宰 臣)의 반열인 대제학의 직책에서 물러난 때가 아닌가 생각된다. 따라서 공 은 과거에 매달릴 필요가 없이, 바로 아버지의 후광을 입어 정7품의 초수 (超授) 관직으로 그것도 정원과 관계가 없는 검교직에 발탁되었음을 알 수 있다. 그리고 중문(中門)이란 관청은 종래의 통례문(通禮門)을 1308년에 개 칭한 것으로 합문(閤門)이라고도 하며, 궁중에서 조회(朝會)의 의식을 주관 하던 마을이다. 따라서 중문사인이란 통례사인(通禮舍人)과 같은 것이다.

중문사인 이후의 공의 관력에 대한 것은 특별히 드러난 것이 없다. 몽고와의 오랜 전쟁이 종식되고 일시 평화가 돌아오기는 했으나, 충렬왕의 뒤를 이어 임금이 된 충선왕은 원나라의 부마로서 연경(燕京)에 머물러 있었다. 모든 국정은 원나라의 지령과 정동행중서성(征東行中書省)의 간섭에만 맡겨져 있었고, 이러한 국권 실종의 상황 속에서도 충렬, 충선 두 부자는 서로 반목하며 왕위 다툼에만 급급하였다. 충숙, 충혜 두 임금조차도 두 차례나 임금 자리를 서로 찬탈하는 추태를 벌였고, 그 와중에 고려에서 징발되어간 환관들과 공녀(貢女)들의 횡포도 한몫을 거들었다.

그들 환관들은 멀리 원나라 궁중 안방에서 국내의 일가붙이들에게 벼슬과 재물을 내리는가 하면, 정부 고관들을 상대로 벼슬을 팔고 봉록까지 가로채는 비행을 저질렀다. 심지어 고려 임금까지도 상국(上國)에 주청할 일이 있으면 먼저 이 무리들에게 뇌물을 주어 부탁하고 고을을 식읍(食邑)으로 주어 사례를 했다. 이러한 타락과 부패와 부도덕과 무질서가 판을 치는 혼탁한 세상에서 지조 있는 선비들은 과환을 단념한 채 산림에 숨어서 일신을 보전할 수밖에 없었을 것이다.

공이라 하여 어찌 예외일 수 있었겠는가? 더구나 엄격한 선인들의 가르침을 받들고 학행(學行)을 쌓은 당대의 양심적인 선비가 아니던가. 공은 원나라를 위해 충성을 강요당하는 관직 생활을 초연한 마음으로 뿌리치고, 시골의 농장에서 선비로서의 지조를 지켰음은 너무나 자명한 일이다. 공이 검교중문사인이란 벼슬에만 머물렀을 뿐, 다른 사진(仕進)의 기록이 없는 것도 단순히 자료의 일실(逸失) 때문만이 아니라는 생각을 하게 된다.

공의 배위에 관한 기록도 전해지는 것이 없다. 공이 혼기(婚期)에 해당된다고 할 수 있는 14세기 초엽의 고려 사회는, 몽고에 의한 공녀의 징발 등 폐습으로 인해 양민들은 조혼(早婚)의 폐습이 매우 심하였다. 공도 필경 그 시류를 외면하지 못하고 나이 14, 5세경에는 좋은 배필을 맞아 결혼한 것으로 짐작되지만, 배위에 관한 일체의 기록을 찾을 수 없는 것은 자손으로서 매우 한스러운 일이다. 그럼에도 슬하에는 아들 형제를 두었는데 맏

여주이씨 밀양파의 오세단향비(五世壇享碑) 밀양파 후손들이 북한 땅에 산소를 모신 7세(世)~11세의 선조·비(先祖妣)에 대해 길이 막혀 봉사를 할 수 없으므로 그 세시향사(歲時享祀)를 위해 조성한 단향비이다(밀양시 산외면 엄광리 재궁동(齋宮洞) 밀양파 대종산 경역).

아들은 천백(天白)이고 둘째아들은 천배(天培)로, 그 자손은 함경도 북청(北靑)에서 살고 있다.

공의 묘소는 황해도 금천군 서면 영청동(永淸洞)에 있는 설봉산(雪峰山) 선영 경역에 최존위(最尊位)로 모셔져 있다. 후일 장손이신 문절공(文節公) 기우자(騎牛子)선생은 고려가 망한 후 이곳과 멀지 않은 곳에 강음별서(江陰別墅)를 지어 조용하게 자정(自靖)했다. 1964년(甲辰)에 밀양 엄광리 재궁동(齋宮洞) 대종산(大宗山)에 오세단(五世壇)을 설치하여 향사(享祀)하고 있다. 이 단향(壇享)은 공을 비롯하여 아들 목사공(牧使公) 내외분과 손자 문절공(文節公) 내외분 그리고 증손 제학공(提學公) 내외분과 현손 돈녕공(敦寧公) 등 모두 5대에 걸쳐 8위를 합사한다.

제6장

목사공(牧使公)과 홍건적(紅巾賊)의 전란

공의 휘는 천백(天白) 또는 천백(天伯)이며 자는 불명이고 호는 동은(東
隱)으로 알려져 있다. 생년은 확실하게 알 수 없으나 대개 1320년(충숙왕
7)을 전후한 시기에 개경의 옛집에서 출생한 것으로 추정된다. 모부인에
대한 기록이 일실(逸失)되어 그 성씨와 외당(外黨)에 대한 사실을 알 수 없
으나, 사인공(舍人公)의 아들 형제 중에서 맏이로 태어났다.

1. 결혼과 정치관(整治官)의 활동

증조고(曾祖考) 이래의 청요(淸要)한 벼슬과 문한으로 그 지위가 탄탄하
게 다져진 개경사대부 가문의 귀한 자손으로서 어릴 때부터 그 기량과 총
명이 뛰어났다. 자라나면서 할아버지와 아버지가 끼치신 의방(義方)의 교
훈을 받들어 경학(經學)과 문학(文學)에도 출중한 재기(才氣)를 드러내었다.
원나라의 식민지적 지배로 나라의 주권을 빼앗긴 것을 늘 한탄하면서도,
청운의 뜻을 접지 않았고 국자감(國子監)에 입학하여 과거 공부에도 남다
른 노력과 정진을 하였다.

공은 나이 15, 6세 될 무렵에 결혼했는데, 배위는 평해군부인(平海郡夫
人) 황씨(黃氏)이다. 처부(妻父)는 첨의평리문하시중(僉議評理門下侍中)에 오

른 당대의 원훈(元勳) 충절공(忠節公) 황서(黃瑞)로 공은 그 둘째사위가 된다. 맏사위는 고려 말의 큰 학자로 평장사(平章事)를 지낸 담암(淡庵) 백문보(白文寶, ?~1374)이다. 장인이신 충절공은 일찍이 대장군(大將軍)으로서 충렬왕을 호종하여 세 차례나 원나라에 왕래하면서 충성을 바쳤고, 외교적인 공훈을 크게 세워 기성군(箕城君)이란 봉호와 함께 그 출신 고을인 기성현(箕城縣)을 평해군(平海郡)으로 승격시킨 인물이다.

이와 같이 개경 명벌(名閥)의 지체 높은 자손으로서 기성군의 사위가 된 공은, 그것만으로도 입신출세할 수 있는 충분한 기반과 여건을 갖추고 있었다. 하지만 공은 타고난 기량과 재질을 바탕으로 스스로의 능력으로 청운의 뜻을 펼치고자 하였다. 훌륭한 스승과 벗을 찾아 사귀며 공학(攻學)에 열중한 결과 1340년(충혜왕 1)에는 거자시(擧子試)에 급제함으로써 탄탄한 벼슬길을 스스로 열었다. 거자시는 종전의 국자감시(國子監試)를 고친 것으로 진사시(進士試)와 같은 것이다. 당시로서는 관리 등용시험의 성격을 띠었는데, 벼슬살이의 첫 관문이라 할 수 있었으나 서사(筮仕)에 대한 기록은 찾을 수가 없다.

1347년(충목왕 3) 2월에는 정치도감(整治都監)의 정치관(整治官)으로서 활동한 사실이 『고려사』에 나타나 있어 주목을 끌고 있다. 정치도감은 충목왕이 과감한 혁신 정책의 하나로 설치한 관청인데, 그 첫 과제는 각도의 전토를 측량하는 일이었다. 전국적으로 문란한 토지 소유 관계를 조사하여 효과적으로 관리하고 그 제도를 바로잡기 위함이었다. 그러나 그 시행 과정에서 점차 농민들이 제기한 송사(訟事)의 판결과 폐정(弊政)에 따른 규찰업무까지 겹쳐져 그 권한이 막대하였다. 그러므로 최고 장관인 도감의 판사(判事)에는 왕후(王煦, 1296~1349)가 기용되었고, 안축(安軸, 1287~1348)·김영돈(金永旽, ?~1348)·김광철(金光轍, ?~1349)과 같은 당대의 명망 있는 중신들에게 그 일을 보좌하게 함으로써, 정부도 한때 강력한 혁신의 의지를 보이기도 했다.

특히 판사 왕후는 부원군 권부(權溥, 1262~1346)의 아들로 본명은 권재

(權載)라 했는데, 충선왕이 자기 성과 함께 후(煦)라는 이름을 하사할 정도로 신임이 두터웠다. 원나라 황제도 처음에는 소신껏 폐정을 개혁할 수 있도록 힘을 실어주었고, 고려 왕실에서도 전권을 부여한 특명기구의 성격을 띠고 있었다. 따라서 거기에 소속된 관원인 정치관으로는 당시 정부 각 부처에서 가장 유능하고 신진 기예한 엘리트 요원 20여 명을 발탁 기용하였다. 그 구성원 가운데는 백문보(白文寶, 공의 손위 동서)를 비롯하여 신군평(申君平, ?~1354)·전록생(田祿生, 1318~1375)·서호(徐浩, ?~1356)·이원구(李元具, 이숭인의 아버지) 그리고 공이 이천백(李天伯)이라는 이름으로 포함되어 있다. 이분들은 하나같이 모두 당대의 양심적이고 청백한 관료로서 그 기백이 만만치 않았으며 후일 역사에 빛나는 이름을 남겼다.

이 정치도감에서 맨 처음 다룬 사건이, 공녀로서 원나라 궁중에 들어가 원순제(元順帝)의 후비(后妃)가 된 기황후(奇皇后)의 친척 기삼만(奇三萬)과 기주(奇柱) 등을 징치(懲治)하는 일이었다. 이들은 그 누이 기황후의 세력을 믿고 남의 토지를 함부로 빼앗아 가로채며, 불법과 포악한 행동을 거리낌 없이 자행하는 무리들이었다. 조야의 인사들은 그들에게 온갖 수모와 곤욕을 당하면서도 그 배후 세력이 무서워 쉬쉬하는 판이었고 정부에서도 이들을 함부로 다루지 못하는 형편이었다. 이에 정치도감에서 그 방자하고 오만한 자들을 잡아다 일벌백계로 다스리는 작업에 착수했다. 그러나 그 일당을 순군옥(巡軍獄)에 잡아다 넣고 국문을 하는 과정에서 하필 기삼만이 곤장을 맞은 끝에 20일 만에 옥중에서 죽어버린 사건이 발생하였다.

이렇게 되자 사사건건 고려 정부에 대해 트집과 간섭을 일삼아오던 원나라 총독기관인 정동행성이문소에서 가만히 있을 리 없었다. 더구나 정치도감이 지닌 권리와 과감한 척결 방식에 대해 못마땅해하고 있던 차에, 이 사건의 돌발은 참으로 좋은 구실을 안겨준 것이다. 즉각적으로 보복이 잇달았는데 먼저 담당 정치관으로서 이 사건을 직접 주관하던, 좌랑(佐郎) 서호와 교감(校勘) 전록생을 이문소에 잡아 가두고 고문을 가하였다. 그러고는 원나라 황제에게 상주하여 1347년 7월에 그 연루자로 공을 비롯한 남궁민(南宮敏)·감안성(金安成)·김달상(金達祥) 등 16인의 정치관을 추가로 구속하여 곤장을 때린 후 방면하였다.

원나라 황제로부터 전권을 얻어 치죄하던 판사 왕후와 안축, 김광철과 같은 중신들도 기황후의 세력에 맞설 수 없어 결국 이 사건에서 손을 떼고 말았다. 동시에 정치도감도 처음의 기세와는 달리 발족한 지 겨우 2년 6개월 만에 기구 자체가 폐지되었다. 그러나 이 사건으로 인해 비록 일시적이지만 원나라의 간섭과 억압 속에서도, 고려 관원들의 굳센 기백과 의기가 되살아나고 민족의 자주성과 혁신의 기풍을 일으킨 점은 역사의 평가를 받을 만한 것이었다. 또한 공이 이 사건의 한 주역으로서 선두에 서서 적극적인 활약을 했다는 사실도 후손으로서는 매우 자랑스러운 일이다.

2. 충주목사(忠州牧使)와 그 최후

정치관 이후의 공의 환력은 알려진 것이 없으나 기황후의 횡포에 맞섰다가 원나라의 입김으로 벌을 받은 일 때문에 한동안은 벼슬 진출의 길도 이어지지 못한 듯하다. 다만 공이 장년에 이르러 봉상대부(奉常大夫) 충주목사(忠州牧使)를 역임했다는 기록이 우리 세보(世譜)상에 분명하다. 행정 수완과 양심이 있는 관료로서 선택받은 전력이 있었던 공이었기에, 필경 지방의 목민관으로서 훌륭한 치적을 쌓아 백성들로부터 칭송을 받았음은 자명한 일이다.

그런 가운데 근자에 이르러 우연히 고려 말의 학자 둔촌(遁村) 이집(李集, 1327~1387)의 저서인 『둔촌잡영(遁村雜詠)』에서, 저자가 공에게 보낸 것으로 여겨지는 칠언절구 한 수를 발견하였다. 비록 공의 휘함 또는 일실(逸失)된 자함이 나타난 것은 아니지만 그 시의 제목이 「충주사군 이동은에게 보내다(寄忠州使君李東隱)」로 되어 있어 공에게 부친 작품임이 의심할 나위가 없다. 둔촌(遁村)과 공은 누대의 세교(世交)로 맺어진 비슷한 나이의 친우이자 같은 시기에 벼슬을 한 처지였기 때문이다.

중원을 동으로 바라보니 여러 겹 구름이라	中原東望萬重雲
이별한 후 가을빛은 이미 추분을 향하는데	別後秋光已向分
은혜롭다 모두 칭송하니 지금은 태수이거늘	惠愛皆稱今太守
함부로 옛날 참군을 응대하듯 주절대다니	疏狂應說舊參軍

이 시의 내용과 정황을 들여다보면 두 분 사이의 우정이 각별했음은 말할 필요가 없다. 특히 목민관으로서 혜애(惠愛)의 높은 평판을 얻고 있는 공의 존재를 깜박 잊고, 옛날 참군(參軍)이란 미관말직 시절에 허물없이 지내던 생각만 한다는 표현은 공의 또 다른 이력을 암시하는 것이라 주목되고 있다. 참군이란 관직은 고려 말의 정7품에 해당하는 군관(軍官)인데 아마도 공의 출사(出仕) 시기의 초년 벼슬이라 짐작할 뿐이다.

그러나 공의 충주목사 시절은 그 이력의 전후 사정으로 보아 대개 공의 나이 40세쯤으로 추정되고 있는데, 그 시기는 홍건적(紅巾賊)의 난과 맞물리고 있다. 1361년(공민왕 10) 10월에 반성(潘城)·사유(沙劉)·관선생(關先生)·주원수(朱元帥) 등 괴수들이 거느린 홍건적 10여만의 군대가 압록강을 건너와 개경을 들이치자, 눈보라치는 추운 겨울에 임금은 궁성을 버리고 남쪽으로 몽진길에 올랐다. 관민(官民)들도 모두 집을 비우고 피난길에 올랐으며 온 국토는 삽시간에 아비규환의 전쟁터로 바뀌었다.

정부에서는 각도에 도순문겸병마사(都巡問兼兵馬使)를 임명하여 전투 태세에 임하였고, 각 주현(州縣)의 수령(守令)들도 병마를 징발하여 응전했다. 그러나 적의 형세가 워낙 강성하고 흉포하여 그해 12월에 임금은 복주(福州, 지금의 안동) 땅으로 남하하여 그곳에서 행재소(行在所)를 차린 다음 죽령(竹嶺) 이남을 제1차 방어선으로 삼았다. 그때 충주 고을을 맡고 있던 공은 우선 사랑하는 가족을 평해(平海) 처가 곳으로 피난시킨 다음, 고을의 군병을 동원하여 조령(鳥嶺)과 달천(達川)에 최후 방어선을 구축하고 복주 행재소와 삼남(三南)의 안전을 지키는 일에 사력을 다하였다.

충주목(忠州牧)은 고구려의 국원성(國原城)이요, 신라 때 중원경(中原京)으로 역사상 남(南)과 북(北)의 세력이 맞닥뜨릴 수 있는 군사상 정치상의 요충지이다. 만약 충주를 지키지 못하면 삼남 지방이 무너지고 복주에 있는 행재소의 안전을 보전하지 못하는 형세에 놓이게 된 것이다. 그 당시 전쟁 기록이 남아 있지 않아 알 수 없으나 우리 가문의 오랜 구전(口傳)에 의하면, 그때 공은 충주목을 지키는 관장(官長)으로서 몰려든 홍건적을 맞아 싸우다가 결국 그곳 성중에서 최후를 마친 것이라 전해진다.

당시 공의 가족으로는 군부인(郡夫人)과 10세가 된 외아들 기우자선생 모자뿐이었다. 수도 개경이 함락되어 임금이 남쪽으로 파천길을 재촉하자, 공도 임지인 충주에서 먼저 부인과 아들을 거기에서 멀지 않는 처가향(妻家鄕)으로 내려 보낸 다음 적과의 임전 태세를 갖추고 성채를 지켰던 것으로 전해진다. 그리하여 얼마 후 공이 임지에서 최후를 마치게 되자 피난 정부도 개경으로 돌아가고, 군부인 모자분도 비통한 심정으로 공의 시신을 모시고 황해도 금천(金川) 땅 선영(先塋) 경역에 반장(返葬)했던 것이다. 그리고 모자분은 다시 친정과 외가가 있는 평해 나라실(飛良谷) 마을로 돌아가 생활의 터전을 이룩한 것으로 보인다.

때문에 기우자선생에게 있어 평해는 어려웠던 피난 시절의 추억이 서린 외가향이요 사실상의 고향이라 할 수 있다. 홀어머니를 그곳에다 모셔두고 개경을 왕래하며 유학 생활을 했고, 때때로 아버지를 그리워하여 충주에 들러 달천의 물맛을 즐기면서 사친(思親)과 전쟁의 참상을 추억하기도 하였다.

공의 산소는 황해도 금천군 서면 영청동(永淸洞) 설봉산(雪峰山)에 있는 선고영(先考塋) 뒤편 인좌(寅坐)이고 묘갈이 있으며, 배위는 부좌(祔左)하여 합장을 했다. 1964년(甲辰)에 밀양 엄광리 재궁동 대종산 경역 오세단(五世壇)에 향사한다. 슬하에는 오직 기우자선생 한 아들을 두었다.

우리 가보(家譜)에는 공의 품계가 봉상대부(奉常大夫)로 되어 있다. 봉상대부는 고려 후기 문산계 정4품으로서 공의 최종 행적이 정3품의 충주목사인 점에 비추어 품계가 낮고 관직이 높으니 수직(守職)이라 할 수 있다. 또 배위이신 황씨(黃氏)가 평해군부인에 봉해진 것을 보면 부군이신 공의 계·사·직(階司職)도 상응해야 마땅하지만 달리 자료가 없으니 후고(後考)로 미룰 수밖에 없다.

제7장

기우자(騎牛子) 선생의 생애와 풍절(風節)

1. 출생과 유년 시절

기우자선생은 여주(驪州)를 관향으로 하는 우리 이씨(李氏)의 드러난 조상이시다. 휘를 행(行)이라 하였고 자를 주도(周道)라 했으며 호를 기우자 외에 백암거사(白巖居士) 또는 일가도인(一可道人)이라고도 했다.

고려 공민왕(恭愍王) 원년(1352)에 당시의 수도인 개성부 북부 오관리(五冠里)에서 목사공(牧使公)의 외아들로 태어났으며, 어머니는 평해황씨(平海黃氏)로 충절공(忠節公) 황서(黃瑞)의 따님인데 평해군부인(平海郡夫人)의 봉작을 받았다. 이때 선생의 가문은 고려 후기의 개경명벌로서의 지위가 탄탄하게 다져진 시기였다. 문과(文科) 급제로 정당문학(政堂文學)과 지문하성사(知門下省事)라는 높은 관직을 역임한 고조부의 뒤를 이어, 증조부 역시 문과 급제로 한림학사와 대제학에 올랐으며, 할아버지와 아버지도 각각 중문사인(中門舍人)과 충주목사(忠州牧使)의 벼슬을 하여 대대로 빛나는 사대부 집안의 터전을 확고히 한 것이다.

선생은 천품이 순정(純正)하고 총명이 뛰어나 다섯 살에 이미 선공의 슬하에서 글을 배우기 시작했는데, 문자의 해독이 비상하여 주위의 찬탄을 모았다. 자라나면서 언제나 나이에 비하여 그 숙성함이 드러났고, 아무리

작은 사물이라도 곰곰이 천착하는 습성이 있었으며, 일찍부터 명민한 시재(詩才)가 있어 어른들로부터 촉망을 한몸에 받았다.

> 나는 천리마를 타고   我乘千里馬
> 천지간에 두루 유람하리라   周遊天地間

　이 오언(五言)의 두 구절은 선생이 일곱 살 때 지은 것으로 전해지고 있는데, 비록 형식을 갖춘 시구라 할 수는 없지만 번득이는 재기(才氣)를 엿볼 수가 있다. 당시 주변 사람들은 모두 선생을 기특하게 생각하여 어린 소년의 포부와 뜻이 원대하다는 것을 알 수 있다고 했다.
　선생의 유년기에 고려는 실로 외우내환이 겹쳐 한시도 편한 날이 없었고, 서산에 지는 해와 같이 나라의 몰락을 재촉하는 크고 작은 사건으로 얼룩진 불행한 시기였다. 고려가 40년 동안이나 몽고와 싸우다가 대세에 꺾여 항복한 지 60년이 지난 황폐한 침체기였다. 정치·경제·사회의 모든 분야에서 강건하고 꿋꿋했던 고려 본래의 기강과 자주성은 완전히 원나라에 유린당하고 있었다. 충렬왕 이후 역대의 임금들이 원나라 황제의 부마(駙馬)가 됨으로써 독립국 군왕(君王)으로서의 권한이 제한된 것은 물론, 세자를 책봉하면 볼모로 삼아 만주(滿洲) 땅 심양(瀋陽)으로 데리고 갔으며 관제(官制)와 벼슬 이름·왕실의 용어까지도 몽고식으로 개편하였다.
　함경도 일대의 영토가 원나라에 직속되었고 전통적안 우리 풍속마저도 몽고풍으로 바뀌었다. 심지어 공녀(貢女)라는 이름 아래 어린 처녀를 징발하고 미소년들을 환관으로 만들어 강제로 끌고 가는 야만적인 처사를 당해도 고려는 이에 항거할 힘이 없었다. 백성들은 살아갈 의욕조차 잃은 채 말세와도 같은 세상을 한탄하고 있을 뿐이었다. 선생이 태어난 해에 등극한 공민왕은 이러한 나라와 백성의 암담한 현실을 뼈아프게 받아들이고, 자주적인 고려의 군왕으로서 강력한 주권 행사를 다짐하였다.
　때마침 중국 대륙에 신생 명(明)나라가 등장하여 원나라의 국력이 쇠잔해진 것도 한 요인으로 작용하였다. 먼저 국내에 만연하기 시작한 몽고풍을 타파하는 한편 원나라 제도의 혁파를 겸해 마침내 총독관청 격인 정동행성이문소까지 폐지하는 용단을 취하였다. 그러나 국운은 쉽게 돌아오지 않았다. 이번에는 해안지대를 노략질하던 왜구(倭寇)의 창궐이 그 어느 때보다 심하여 개경을 위협하였고, 1361년(공민왕 10) 10월에는 10여만 홍건적의 내침으로 나라는 또다시 누란의 위기에 빠졌다.

이해 11월에 드디어 임금이 궁궐을 버리고 남쪽으로 몽진길을 떠나자, 당시 나이 겨우 10세밖에 안 된 감수성 많은 소년이었던 선생도 어머니를 따라 외가가 있는 경상도 평해(平海)로 피난길을 떠났다. 이 무렵 아버지는 충주목사로서 고을을 다스렸는데 임금의 행재소가 있는 안동 땅을 수호하기 위해 충주에서 최후의 방위선을 구축하고 항전을 하였다. 그러나 중과부적인 적세 앞에 견디지 못해 전란 중에 돌아가신 것으로 우리 가승(家乘)은 전하고 있다. 피난지 평해는 이때부터 선생에게 있어서는 사실상의 고향이 되었고 이곳에서 유·소년기를 보내는 동안, 선생은 외침(外侵)과 내우(內憂)에 시달리는 조국의 운명과 도탄에 허덕이는 백성들의 곤고(困苦)를 직접 눈으로 보고 체험하면서 성장하였다.

2. 취학(就學)과 결혼

홍건적의 난이 거의 평정되어 임금은 복주(福州)에서 청주(淸州)를 거쳐 다시 개성과 가까운 지경으로 행재소를 옮겼다. 이때 겨우 12세 소년이었던 선생은 어머니 군부인(郡夫人)의 분부를 받들고, 이웃고을 영해(寧海) 인량리(仁良里)에 거주하는 이모(姨母) 댁을 방문했다. 명망이 높은 학자요 조정의 고관으로 이때 잠시 향리에 머물고 있던 이모부 담암(淡庵) 백문보(白文寶)의 강석에서 경전을 공부하기 위해서였다.

그러나 공민왕의 난중 호종신(扈從臣)으로 정부 요직을 맡게 된 이모부는 다시 개경으로 올라가야 할 처지에 있었다. 이에 평소 그 재기(才器)를 눈여겨 보아오던 담암은 선생의 수학(修學)을 돕고자, 당시 원나라에서 돌아와 영해 축산도(丑山島)에 은거하여 후진들을 가르치고 있던, 당대의 큰 학자 불훤재(不諼齋) 신현(申賢, 1298~1377)의 문하로 선생을 인도하여 집지(執贄)를 하게 했다. 불훤재선생은 어린 제자를 접견한 자리에서 이것저것 시문(試問)을 하고는 그 영특한 재주와 기량에 탄복하면서, 마침 동석한 친구 행촌(杏村) 이암(李嵓, 1297~1364)에게 이렇게 말하였다.

이행이 아름다운 소년이기 때문에 그를 아껴 돌보려고 하는데, 이행이란 사람이 또 있다. 행은 부모가 준 이름에 감사하여 감히 바꾸지 않을 것이다. 그러나 이 사람은 반드시 후인으로 하여금 이름 때문에 혼동하는 일이 있을 것이다.
李行佳少年 故惜之 而又有李行者 行以父母賜名 謝不敢更 然而斯人也 必使後人 以名有所混同事

이 말은 불훤재의 유사(遺事) 기록에서도 남아 있지만, 후일에 동명이인이 나타나 이름 때문에 곤혹스러워한 사실이 실지로 있었다. 선생 23세 때인 1374년 9월 환관 최만생(崔萬生) 일당에 의한 공민왕 시역(弑逆) 사건이 일어나자, 거기에 가담한 자제위(子弟衛) 관원 중에 선생과 같은 성명을 지닌 사람이 있었기 때문이다. 당시 사람들은 이를 두고 불훤재선생이 아끼는 소년 제자를 돌보고 걱정하는 마음과 가르침이 유별났다는 것을 회상하고 그 선견지명에 탄복하였다.

선생에게 있어 할아버지의 품처럼 넉넉했던 큰 스승 불훤재는 안향(安珦)·백이정(白頤正)·우탁(禹倬)·이제현(李齊賢)으로 이어지는 고려 후기 주자학(朱子學)의 계승자로 만년에는 그 학문을 이색(李穡)·정몽주(鄭夢周)·이숭인(李崇仁) 등에게 전수하기도 한 유학자이다. 역성혁명 과정의 소용돌이 속에서 비록 그 문집을 남기지는 못했지만, 사후에 문인인 원천석(元天錫)·범세동(范世東)이 스승의 언행과 유사(遺事)를 『화해사전(華海師全)』이라는 비기(秘記)로 엮어 세상에 전한 바 있다.

1366년(공민왕 15)에 선생의 나이 15세에 이르러 홍건적의 난이 완전 평정되어 정부가 환도함에 따라, 선생은 어머니의 명을 받들고 평해에서 개경으로 돌아와 다시 학업에 열중했다. 이해에 선생은 서산군부인(瑞山郡夫人) 류씨(柳氏)에게 장가들었는데, 장인인 서령군(瑞寧君) 류숙(柳淑)은 당시 한 나라의 중신(重臣)으로서 국정을 바로잡으려다 뜻대로 되지 않자, 벼슬을 그만두고 향리인 서주(瑞州, 지금의 서산) 이산현(伊山縣)에 있는 가야산(伽倻山)에 은거하고 있었다. 선생의 장모는 오씨(吳氏)이며 군부인은 그 셋째딸이다.

1368년(공민왕 17)에는 환도 후에 여러 가지 복구 사업이 활발하게 추진되었다. 특히 문교(文敎) 진흥에 대해 신념이 강했던 공민왕은 전쟁으로 불타버린 성균관(成均館)을 먼저 중건하고, 강학의 장소로서 종전의 육재(六齋)를 구재(九齋)로 확장하는 한편, 생원(生員)의 정원도 늘려 성리학의 경전을 중심으로 교육방법에 혁신을 도모했다. 그리하여 경학(經學)에 밝은 이색(李穡)·김구용(金九容)·정도전(鄭道傳)·박의중(朴宜中)·박상충(朴尙衷)·이숭인(李崇仁) 등 당시 최고의 학관(學官)을 뽑아 교육을 숭상하니 정주(程朱)의 이학(理學)이 비로소 크게 진흥하였다.

이해 8월에는 승보시(陞補試) 곧 생원시(生員試)를 실시하고 널리 나라의 재목을 선발하니, 선생도 나이 17세로 전백영(全伯英) 등 39인의 재사(才士)들과 함께 생원으로 합격함으로써 성균관 학생이 되었다. 성균관의 유생이 된 후 선생은 목은(牧隱)과 포은(圃隱) 두 스승의 함석(函席)에서 사서(四書)와 삼경(三經)을 널리 섭렵하였다. 그러나 이해 12월에 선생의 장인인 사암(思庵) 류숙이 요승(妖僧) 신돈(辛旽)의 모해를 받아 영광(靈光) 땅에서 죽음을 당하는 변고가 일어났다. 이때부터 선생은 신돈과 그를 추종하는 정치세력에 대하여 격심한 혐오를 갖게 되었으며 불교의 병폐도 심각하게 고민하였다.

3. 문과 급제와 신진사관(新進史官)

선생의 나이 20세가 되는 공민왕 20년(1371) 3월에는 예부(禮部)에서 문과의 회시(會試)가 있었는데, 선생은 성균생원(成均生員)의 자격으로 응시하여 우수한 성적으로 합격하였다. 특히 이 과거에는 전쟁 후에 어지러운 사회 기강을 바로잡고, 장차 나라를 이끌고 갈 유능한 인재를 뽑기 위해 당시 신교육의 창도자로서 신망이 두터웠던 이색을 지공거(知貢擧, 試官)로 하고 전록생(田祿生)을 동지공거(同知貢擧,副試官)로 삼았는데 초야의 젊은 선비들이 구름처럼 모여들었다.

이어서 7월에 임금의 친림(親臨)하에 실시한 전시(殿試)에서는 모두 31인의 급제자가 나왔고, 선생은 그 가운데 병과(丙科) 다섯 번째의 영예를 차지했다. 목은(牧隱)과 야은(埜隱, 田祿生) 두 선생은 이때부터 선생과는 좌주(座主)와 문생(門生)의 의리로 특별한 관계를 맺게 되었다. 또 후일 정치적으로 두각을 나타낸 김진양(金震陽)·남재(南在)·유관(柳寬)·염정수(廉廷秀)·유창(劉敞) 등 당대를 대표할 만한 유능한 인재들도 과방(科榜)을 함께한 동년이 되었다.

선생은 문과 급제 후 한림원(翰林院)에 직부(直赴)하는 은전을 입고 다음 해 초에 예문관(藝文館)의 검열(檢閱)로서 처음으로 사환의 길에 들어섰다. 잇달아 춘추관(春秋館)의 수찬(修撰)으로 영진되어 유능한 사관으로서 이름을 얻기 시작했는데, 이때 선생의 나이는 약관을 겨우 넘긴 21세였다. 같은 해 가을에는 홀로 계신 어머니를 뵈러 평해의 집으로 돌아가면서 양촌(陽村) 권근(權近)과 삼봉(三峰) 정도전(鄭道傳) 등 자별했던 문우(文友)들로부터 송별의 시도 받았다. 그 가운데 권양촌(權陽村)이 지은 「이수찬(李修撰)의 근친(覲親) 길을 전송하다」라는 다음 시는 그 정곡(情曲)이 더욱 간절하다.

그대가 서울을 떠나가는 날　　　　　　　　　之子出京國

광채 나는 복색이 번쩍거린다	彩衣光陸離
고향은 하늘 밖에서 기다리는데	白雲天外意
단풍 숲길 가운데로 돌아들가네	紅樹路中歸
가다가 해 저물면 '등루부' 짓고	日暮登樓賦
가을바람 불어오면 '척기시' 읊지	秋風陟岵詩
아아 나는 외로워 어찌 지낼꼬	嗟余獨可奈
아침저녁 어머님만 그리워지네	朝夕戀慈闈

15세 어린 나이에 서검(書劍)을 짊어지고 어머니의 슬하를 떠난 후 약관에 이미 대과(大科)에 급제하고, 드디어 관인들이 선망의 대상으로 삼는 한림(翰林)이란 벼슬을 차지하여, 문자 그대로 금의환향(錦衣還鄉)하는 선생의 모습이 눈에 아른거리는 작품이다. 해가 저물면 옛날 위(魏)나라의 왕찬(王粲)처럼 강릉(江陵) 성루에 올라 고향 길을 재촉하며 시를 읊고, 시원한 가을바람이 불어오면 아들을 애타게 기다리는 어머님을 그리워하며 척기시(陟岵詩)를 외울 것이라 하였다.

유능한 신진사대부로서 벼슬길에 오른 선생은 이때부터 본격적으로 이목은(李牧隱)·정포은(鄭圃隱)·정삼봉(鄭三峰)·이도은(李陶隱)과 같은 사우(師友)들과 힘을 합쳐서 고려 사회의 기풍을 새로운 방향으로 이끌어가는 데 선봉의 역할을 맡았다. 우선 평소에 갈고닦은 정주학(程朱學)의 사상적 이론과 자유자재한 문장력을 구사하여 정몽주와 연명으로 「이교를 배척하고 정학을 숭상하는 상소(斥異教崇正學疏)」의 글을 임금에게 올렸다. 이는 당시 사회적으로 큰 폐단을 일으켰던 사찰의 부정과 승려들의 비행을 통렬히 비판하고, 정학인 유교(儒教)를 숭상하여 사회와 백성을 올바르게 이끄는 것이 치세(治世)의 근본이 된다는 것을 역설한 것이었다.

또 뜻이 같은 유학자들과 함께 원나라의 습속(習俗)과 불교의 풍습을 지양하고, 상례(喪禮)와 제례(祭禮)를 주자가례(朱子家禮)에 따라 시행하는 일에 앞장서기도 했다. 그 결과 부모의 100일 탈상을 배격하고 3년상(三年喪) 제도를 보급하게 되었는데, 이는 오늘의 시각에서 보면 불합리할지 모르지만 당시로서는 가장 진보적인 사상과 이론이 담긴 일이라고 보아야 할 것이다. 한편 이 시기에 선생은 『대학』『중용』『논어』『맹자』의 이른바 정주학의 바이블 격인 사서(四書)의 내용을 분석하고, 인간의 의리와 윤리의 방향을 제시한 「사서혈맥론(四書血脈論)」을 지어 학자들 간에 큰 호응을 얻었으나 지금 그 글이 전해지지 않는 것은 유감이다.

이와 같이 혁신적인 정주학의 실천운동에도 불구하고 나라 안팎의 사정은 날로 어려워져갔다. 우선 대외정책에 있어 집권세력 내부에서 친원파(親元派)와 친명파(親明派)가 서로 갈리어 사사건건 대립 반목하고 있었다. 친원파는 이인임(李仁任)·지윤(池奫)·최영(崔瑩)으로 대표되는 구세력이었고, 친명파는 이색·정몽주·이숭인·이성계와 같은 신진세력이라 할 수 있었다.

그 와중에 왕실의 사정도 그전 같지 않았다. 공민왕은 처음 얼마 동안 원나라에 대한 저항 정신으로 자주적인 군왕으로서의 체통을 지켰고, 홍건적의 난을 퇴치한 이후에도 정국 수습과 내정 개혁 등에 강한 의욕을 보이기도 했다. 그러나 1365년(공민왕 14)에 사랑하던 왕비 노국대장공주(魯國大長公主)의 죽음에 실심(失心)하여 총명을 잃었고, 요망한 승려 신돈의 농단에 빠져 국정을 포기하다시피 하니, 임금의 권위는 사라지고 나라의 기강이 무너진 가운데 정쟁은 수습의 실마리조차 찾지 못할 지경이 되었다.

4. 평해 낙향(落鄕)과 기우유상(騎牛遊賞)

"백성은 있어도 정사(政事)는 없고 적(賊)은 있어도 성(城)은 없으며 불사는 있어도 왕도(王道)는 없다"는 개탄의 소리가 만연한 가운데 공민왕 말기에 망국적인 상황은 실로 백척간두 그대로였다. 마침내 공민왕은 죽은 왕비의 망령(亡靈)에만 사로잡힌 가운데, 1374년(공민왕 23) 환관 최만생(崔萬生)과 간신 홍륜(洪倫) 등이 작당하여 임금을 살해하기까지에 이르니, 고려는 망국의 징조가 점차 완연해졌다. 공민왕 후사(後嗣)의 옹립 문제와 함께 김의(金義)에 의한 명나라 사신 살해 사건과 이인임·지윤 일당의 북원(北元) 사신의 영입 문제로, 조정에서는 친원파와 친명파의 갈등이 최고조에 달하여 내정(內政)이 난마와 같이 얽혀 들어갔다. 이런 와중에 권신 이인임 등이 신돈의 뒤를 이어 정권을 잡게 되자, 조정은 다시 북원과 결탁하게 되고 그 여세를 몰아 정적인 친명파를 몰아내는 데 성공했다. 마침내 정몽주·김구용·이숭인·정도전·권근·이첨(李詹) 등 선생과 친분이 두텁고 의기가 상통하던 신진사대부 세력들은 친명파라 하여 혹은 귀양 가고 벼슬을 빼앗긴 채 모두 숙청되었다.

선생은 공민왕의 어처구니없는 죽음 앞에 비탄을 가눌 수 없었으며, 혼탁한 정치의 소용돌이 속에서 망연자실하였다. 더구나 역란(逆亂)에 가담한 자제위의 무리 가운데 선생과 성명이 같은 자가 있어, 지난날 은사인 불훤재선생의 예언과 가르침을 문득 떠올리기도 했다. 선생은 곧 친명파에 속한 신진세력이라 하여 벼슬을 빼앗기게 되자, 당시 장단별서(長湍別墅)에 은거하고 있던 좌주(座主) 목은선생을 찾아뵙고 시세(時世)를 걱정하며 하직을 고하고는, 1375년(우왕 1) 24세의 젊은 나이로 벼슬을 버리고 향리 평해로 내려가 어머니를 시봉하기로 결심을 굳혔다.

신진 기예한 젊은 학자로서 또한 유능한 관료로서 그 뜻을 펴지 못한 채 낙향한 선생은, 아름답기 그지없는 해변의 풍치 속에서 조용히 울분을 달랠 수밖에 없었다. 매양 달밤이면 소를 타고 맑은 산수간을 소요하면서 시를 읊고 술을 마시면서 자적(自適)했는데, 때때로 찾아온 친한 벗들은 소 타기를 즐겨한 선생을 기우자(騎牛子)라 불렀고 선생은 그것을 자호(自號)로 삼았다. 같은 스승 밑에서 학업을 닦은 동갑내기 친구인 양촌 권공도 이곳을 방문하여 선생의 높은 지취(志趣)를 찬양하며 「기우설(騎牛說)」이란 유명한 글을 남겼다. 그 글은 매양 선생을 종유(從遊)하던 후배인 참지(參知) 최이(崔迤)가 평생토록 즐겨 암송했다는 기록도 있다. 「기우설」 가운데 선생이 소를 타는 뜻과 풍모를 가장 잘 나타내고 있는 한 구절을 여기에 옮겨본다.

　나는 일찍이 "산수를 유관(遊觀)하는 데에는 오로지 세속의 번뇌가 없어야만 그 참된 낙을 즐길 수 있다"고 말했다. 나의 친구 이공(李公) 주도(周道)는 평해에 집을 두고 살았다. 매양 달밤이면 술을 가지고 소를 타고서 산과 물 사이에서 놀았다. 평해는 명승지로 이름난 곳인데 그 유람하는 낙(樂)을 이군(李君)은 옛사람도 알지 못한 오묘한 이치까지 모두 체득하였다. 무릇 눈으로 만물을 볼 때 바쁘면 정밀하지 못하고 더디게 보아야 그 오묘한 데까지 다 얻을 수 있다. 말(馬)은 빠르고 소(牛)는 더딘 것이라 소를 타는 것은 곧 더디고자 함이다.

　吾嘗山水遊觀 惟心無私累 然後可以樂其樂也 友人李公周道 家居平海 每月夜攜酒騎牛 遊於山水之間 平海號稱形勝 其遊觀之樂 李君能盡得 古人所不知之妙也 凡寓目於物者 疾則粗遲則盡得其妙 馬疾牛遲 騎牛欲其遲也

월송정(越松亭) 바닷가 대자연 속에서 일만 가지 시름을 뜬 구름에 날리고, 천천히 때를 기다리는 지사적(志士的)인 선생의 풍모를 묘사한 글이다. 조선 후기에 발간된 『평해지(平海誌)』 「인물조」에도 선생에 관한 다음과 같은 기사가 실려 있다. 「기우설」을 짓게 된 사연과 그 자취는 물론 선생이 외가향인 평해 나라실 옛 마을로 내려와 살게 된 연유를 간략하게 전

월송정(越松亭) 전경 기우자선생이 고려가 망한 뒤에 소를 타고 소요하던 곳. 지금의 건물은 해방 후 중건한 것으로 원래의 위치와는 다르다(경북 울진군 평해읍 월송리).

해주는 이 고을의 역사 기록이다.

이행은 대제학으로서 언론에 관한 일로 본군에 와서 귀양살이를 했다. 고을
은 이분의 외가향(外家鄕)이므로 인하여 나라실(飛良洞)에서 살게 되었다. 항상
소를 타고 월송정과 어대(魚臺) 사이를 왕래하였다. 때문에 세상에서 '기우자'
라 일컬었다.
李行大提學 以言事謫本郡 郡是外鄕 故因居飛良谷 常騎牛 往來於越松魚臺之
間 故世稱騎牛子

필자는 그 기록을 더듬어 선생이 소를 타고 풍류를 즐기시던 유적을 확
인하고자 현지를 탐사한 일이 있다. 살던 집이 있었다는 비량곡(飛良谷)은
현재 행정구역상으로 평해읍 오곡이리(梧谷二里)에 해당한다. 우리말로 된
속칭은 나라실 외에 날라실 또는 나래실이라고 하는데, 선생의 외조부 충
절공 황서가 나라에 끼친 공적이 크므로 종전의 기성현(箕城縣)을 평해군
(平海郡)으로 승격시킬 때, 마을 입구에 있는 우물에서 학(鶴)이 날아갔다
는 전설에서 유래된 지명이라 한다.

월송대(越松魚臺)는 지금 월송정이 서 있는 오른쪽 해변에 돌출한 구
암(龜巖)이라는 바위를 가리키는데, 애초의 이름이 관어대(觀魚臺)로 전해
지고 있다. 옛날 이곳을 찾은 명사들이 낚시를 즐기던 곳이라 한다. 또 나
라실과 관어대 사이에는 널찍한 들판 가운데로 개천이 흐르고 그것을 따
라 좁은 농로가 지금도 남아 있다. 서북쪽으로 2킬로미터쯤 되는 길이 끝
나는 지점에 나라실 마을로 넘어가는 야산 골짜기를 만나는데 우수골(牛叟
谷)이라고 한다. 문득 이 지명이 '소 타는 첨지가 사는 골짜기'라는 의미가
아닌가 싶어, 선생과 관련된 유적이 아닌가 여겨 현장을 답사했다.

현재는 이곳 주민이 경영하는 사슴농장이 들어서 있고, 그 경역이 너무
나 산란하여 선생의 자취를 더듬어보는 데 한계를 느끼며, 후일 다시 기회
를 얻어 주의 깊게 탐사해야 하겠다는 과제만 안고 돌아왔다. 그러나 그
옛날 선생이 술병을 허리춤에 찬 채 소를 타고 왕래하면서 시를 읊으시던

풍류를 상상할 때, 너무나 정다운 생각이 들었고 결코 선생과 무관한 곳이 아니라는 강한 인상을 지울 수가 없었다.

5. 복직(復職)과 두 번째 낙향

평해에서 풍월을 벗하며 유유자적한 가운데서도 선생은 점점 어려워지는 나랏일을 근심하지 않을 수 없었다. 조정에서도 여러 차례 선생을 출사하도록 권고하는 조치가 잇달았는데, 1377년(우왕 3) 선생의 나이 26세 되는 해에 드디어 종6품의 선덕랑(宣德郎) 품계와 의영고부사(義盈庫副使)라는 교지(教旨)가 내려졌다. 이에 선생은 어머니에게 하직을 고하고 복직하기 위해 다시 개경으로 올라갔다. 이해에 선생은 장인이신 문희공(文僖公) 류숙(柳淑)의 묘지명(墓誌銘)을 목은선생에게 청탁하기 위해 그 행장(行狀)을 지었다. 목은선생도 그 글 속에서 사위인 기우자선생이 지은 행장을 언급하며 문장력을 칭찬하였다.

그러나 선생은 인생의 황금 시기라 할 수 있는 젊은 나이 2년을 시골에 묻혀 살았기 때문에, 그동안 바뀐 개경 정부의 사정은 더욱 낯설고 복잡하기만 하였다. 그때까지도 권간(權奸)들의 횡포는 여전했고 신·구(新舊) 정치세력 간의 갈등도 메워지는 기미가 보이지 않았다. 게다가 전국 각지에서 왜구의 노략질은 그치지가 않았는데 중앙정부의 대응책은 탁상공론에만 머물렀다. 다만 이성계(李成桂)·박위(朴威)와 같은 무장들이 있어, 지리산의 왜구를 격멸하는 데 용력을 보였고, 정몽주(鄭夢周)·이자용(李子庸) 등의 문신들이 번갈아 일본으로 건너가 왜구를 금지시키기 위한 외교적 노력을 기울였을 뿐이었다.

이러한 상황 속에서 선생은 1379년(우왕 5)에 처음으로 벽지인 강원도 이천현(伊川縣)의 감무(監務)가 되어 지방으로 전출되었다. 잇달아 토산(兔山)·신계(新溪)·평산(平山) 등지를 전전하며 3, 4년 동안 자목(字牧)의 임무를 맡아 백성들과 고달픔을 함께하였고, 피폐해진 고을의 민생을 보살피는 데 온 정성을 바쳤다. 1382년(우왕 8)에는 다시 조정의 명을 받고 개경으로 돌아와 내직을 맡았으나, 다년간의 왜구 준동과 흉년의 중첩으로 민생은 여전히 도탄에서 헤어나지 못하고 있었다. 그럼에도 임금은 정사는 뒷전인 채 온갖 비행(非行)으로 세월을 보냈고, 이인임(李仁任)·염흥방(廉興邦)·임견미(林堅味) 등 집권세력들은 반대당을 숙청하는 데 영일(寧日)이 없어 혼정은 날이 갈수록 심하였다.

이에 환멸을 느낀 선생은 혼탁한 곳에서 발붙일 곳을 잃고 고민을 거듭하다가 그해가 가기 전에 다시 평해 집으로 물러나버렸다. 오로지 마음을 명승지의 풍월에 부치고 시주(詩酒)를 벗하며 기울어져가는 나라의 운명을 개탄하였다. 그런 가운데서도 이 무렵 일본의 승려 화가로 선생과도 교분이 두터웠던 중암(中庵) 석수윤(釋守允)이 관동(關東)의 명승지를 찾아 주유(周遊)하던 중에 선생의 풍성(風聲)을 흠모하여 이곳으로 찾아왔다. 거기에서 선생의 소 타는 모습을 화폭에 담아 세상에 전했는데, 그것이 유명한 〈월하기우도(月下騎牛圖)〉이다. 후일 이 그림에 대해 권양촌(權陽村)은 시를 붙였고 선생의 처질서이기도 한 상곡(桑谷) 성석연(成石珚)은 화찬(畵贊)을 지어 그림을 예찬하였다.

> 월송정 물가에서 바다의 달을 처음 보네. 저기 복건 쓰고 술병 든 채 소뿔 두드리며 소요하는 사람. 노자(老子)인가? 응지(凝之)인가? 중암(中庵)은 다만 외면의 그림을 얻었을 뿐. 선생의 마음이야 누가 알 수 있겠는가.
> 越松亭畔 海月初窺 彼其幅巾壺酒 叩角而消遙者 是老子耶 凝之耶 中庵只得畵外面 先生心事有誰知

월송정 바닷가에서 처음으로 달이 떠오를 때, 복건을 쓰고 술이 든 호리병을 손에 든 채, 소 타고 두 뿔을 두드리며 흥겹게 소요하고 있는 선생의 자태가 눈에 보이는 듯하다. 성상곡(成桑谷)은 이 그림을 보고 선생의 거룩한 모습을, 선인(仙人)이라 불리는 이노자(李老子)와 도인(道人)이라 일컫는 곽응지(郭凝之)에 비유하여 그 풍류를 찬양하였다. 그러면서도 "석

중암(釋中庵)은 선생의 외관적인 모습은 잘 그렸지만, 내면 깊숙이 숨겨져 있는 선생의 속마음까지는 나타내지 못했다"는 평을 하였다. 이 그림은 당시 조야 지식인 사이에서 많이 회자(膾炙)되었지만 전해지지 않는 것이 유감이다.

6. 탐라선유사(耽羅宣諭使)와 간관(諫官) 활동

두 번째 평해 낙향을 하신 지 3, 4년이 지난 1386년(우왕 12) 선생의 나이 35세 때에는 또다시 조정의 부름을 받아 개경으로 올라갔다. 종4품 벼슬인 전의시(典醫寺)의 부정(副正)으로 보직을 받고는, 잇달아 그해 7월에 탐라선유사(耽羅宣諭使)로서 임금의 특명을 받고, 대호군(大護軍) 진여의(陳汝義)를 부사(副使)로 삼아 먼 바다를 건너 제주도에 갔다. 당시 고려에서는 명나라로부터 매년 마필(馬匹)·금은(金銀)·채단(采緞) 등을 요구받아 과도한 세공(歲貢)에 시달리고 있었다. 그런 가운데 1384년(우왕 10)부터 정몽주가 두 차례에 걸쳐 명나라에 사행(使行)하여 그 부당한 공물(貢物) 요구를 시정해줄 것을 요구한 결과, 3년에 한 번 탐라의 양마(良馬)만 50필씩 헌납하기로 하는 외교적 성과를 거두었다.

그러나 순종과 배반을 끊임없이 되풀이하고 있던 탐라는 이 무렵에도 고려 정부의 명령에 복종하지 않고, 50필 양마의 징납(徵納)조차 어려운 국면에 처해 있었다. 이에 탐라성주(耽羅星主)와 그 백성들을 잘 타일러서 고려 조정에 귀순(歸順)시키도록 하는 사명을 선생이 맡게 된 것이다. 이런 중대한 임무를 선생이 짊어지게 된 것은 당시 명나라 경사(京師)에서 돌아와 문하평리(門下評理)가 된 스승 정몽주의 적극적인 천거의 결과라 할 수 있다. 3년마다 좋은 말 50필씩의 차질 없는 조달은 물론, 탐라성주의 고려로의 확실한 귀순이 무엇보다 시급했기에 선생의 인품과 외교적인 역량을 믿은 것이다.

선생은 풍속이 야박하고 기후가 거친 그곳에서 9개월을 머물며 제주 도민(島民)들을 설득하였고, 섬을 다스리는 당로자들을 만나 반도종국(半島宗國)에 대한 거리감과 소외감을 해소시키는 데 최선을 다한 결과 이듬해 4월에 성주(星主) 고신걸(高信傑)과 협의하여 그 아들 고봉례(高鳳禮)와 함께 개경으로 돌아왔다. 이로부터 탐라는 우리 조정에 귀순하여 똑같은 백성으로서 동질성을 회복했으며, 좋은 말의 징납과 함께 세공 문제도 순조롭게 해결되었다. 선생의 이러한 사명의 완수와 성과를 두고 그때 조야의 인사들은 "풍의(風儀)와 언론(言論)이 당당한 경세제민(經世濟民)의 큰 그릇"이라 선생을 칭도했다.

탐라에서 사명을 완수하고 돌아온 그해 8월에는 경상도 달성(達城) 동화사(桐華寺)에서 정몽주의 주관으로, 그의 명나라 사행의 성과와 선생의 탐라 선유(宣諭)의 성공을 기리는 모임을 가졌다. 이 자리에는 두 분 주인공을 비롯하여 이보림(李寶林)·이종학(李種學)·길재(吉再)·홍진유(洪進裕)·고병원(高炳元)·김자수(金自粹)·김약시(金若時)·윤상필(尹祥弼)·홍로(洪魯)·조희직(曹希直)·도응(都膺)·안성(安省) 등 모두 14인의 사우들이 자리를 함께하여 마음껏 술을 마시며 나라를 걱정하고 그동안 쌓인 회포를 풀었다.

특히 좌석에서는 포은선생이 중국 사신으로 갔다가 명나라의 총마어사(驄馬御使) 유희억(劉禧億) 장군으로부터 구득한 고려 태조 왕건(王建)의 유필(遺筆)을 감상하였다. 이 글씨는 왕건이 임금이 되기 전에 이백(李白)의 시를 친히 써서, 사신으로 온 명나라의 유장군(劉將軍)에게 준 것이다. 포은선생은 이 시첩(詩帖)에 직접 서문을 붙였고, 참석한 문사(文士)에게는 태조의 유필을 감상한 소감을 연구(聯句)로 짓고 각자 친필로 쓰도록 했는데, 원시(原詩) 가운데 "달이 뜨니 흰 잔나비가 울부짖는다(月出白猿啼)"라는 시구가 있어 이를 「백원첩(白猿帖)」이라 이름 붙였다.

이때 연구를 지어 스스로 글씨를 쓴 분이 일곱 분인데, 선생은 이보림이 쓴 첫 구에 이어 두 번째로 "태조께서 쓰신 백원첩이 중국의 총마가에서 나왔네(太祖白猿帖 中原驄馬家)" 하고 휘호했다. 그 뒤를 이어 홍로·김자수·

안성·홍진유·도응 등도 각자 개성적인 필체로 글씨를 쓰고 보존했는데, 그 작성 과정과 실물이 후세에 경재(敬齋) 홍로(洪魯)의 『실기(實記)』를 통해서 세상에 알려졌다. 때문에 송두리째 인멸된 줄만 알았던 선생의 필적도 후손들이 대할 수 있게 되었다.

1488년(우왕 15)에 접어들자 정국은 숙청의 바람이 거세게 몰아쳤다. 당시 염흥방·임견미·이인임 등을 중심으로 한 권간배(權奸輩)들이 임금을 좌지우지하며 안팎의 요직을 마음대로 차지하여 권세를 잡았다. 남의 전토를 빼앗아 산과 들을 점령하였고, 남의 노비를 탈취하여 수백 명의 떼전을 이루었으며, 크고 작은 벼슬아치들도 모두 그들의 손아귀에 넣어 사당화하려고 하였다. 백성은 사방으로 흩어져 살길을 찾아 떠났고, 도적 떼와 왜구들의 창궐은 극도에 이르렀으며, 공사 간의 재물을 제 것인 양 탕진하니 나라의 장래가 암담한 지경에 빠졌다.

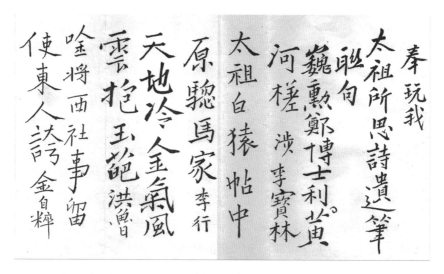

기우자선생의 유필(遺筆) 가운데 '太祖白猿帖 中原聰馬家'라는 8자가 선생의 친필이다. 고려 태조 왕건(王建)의 유필을 감상하고 연명으로 글을 짓고 직접 글씨를 써서 작첩을 했다는 백원첩(白猿帖)의 일부이다. 홍로(洪魯)의 『경재실기(敬齋實記)』에서 나왔다.

이에 최영·이색·우현보·이성계 등 양심적인 중신들이 분격하여 마음과 힘을 합치고, 어리석은 임금을 인도함으로써 그들 권세가들을 몰아내고 처형하는 데 성공하였다. 새로 구성된 정부에서는 유능하고 참신한 관료들을 선발하여 우선 각 도(道)에 파견함으로써 느슨한 지방행정을 단속하고 탐관오리를 적발 규정(糾正)하며, 풍속과 군마(軍馬)를 점검하는 일에 착수하였다. 선생은 이때 경상도안렴사(慶尙道按廉使)를 맡아 관내를 순행하면서 그 사명을 완수하는 데 진력하였다.

그 구체적인 활동을 보면, 특히 왜구가 기승을 부렸던 양주(梁州)에서는 현감(縣監) 하득부(河得孚)가 성루를 재건하여 방비하는 일을 도와주고 시를 지어 격려하였고, 청하(淸河)에서는 현감 민인(閔寅)이 황폐한 고을을 일으켜 읍성의 건설과 의창(義倉)의 설치 등 그 선정(善政)을 임금에게 보고하며 시로써 칭찬하였다. 그러나 일시적으로 나라의 기강이 바로잡혀가는 과정에서 이번에는 정치적인 야망에 불타는 이성계와 친원파의 거두 최영 간의 권력 암투로 인해 또다시 나라의 장래가 불투명해지기 시작하였다.

마침내 이해 4월에는 우왕과 최영에 의한 극비 전략으로 명나라를 치기 위한 요동 정벌을 강행하기에 이르렀다. 이성계는 명나라 정토(征討)의 명분이 약한 데다 여러 가지 정치적인 악조건과 국가재정의 어려움을 무릅쓰고 전쟁을 일으키는 것은 무모하다는 의견을 개진했으나 묵살당하였다. 마침내 전략적으로 가장 불리한 여름 장마철임에도 불구하고, 수만 명의 군대를 거느린 채 5월 하순에 압록강을 건너 위화도(威化島)에 주둔하였다. 그러나 우군도통사(右軍都統使)를 맡은 이성계는 연일 내리는 빗속에서 전의(戰意)를 잃은 군대를 이끌고 진군할 수 없다 하여, 팔군도통사(八道都統使) 최영에게 항명하여 군사를 되돌려버렸다.

이것이 유명한 위화도 회군 사건인데 이성계는 도리어 도탄에 빠진 나라와 백성을 구해야 한다는 명분으로 개경을 들이치는 쿠데타를 일으키고 말았다. 총사령관 최영을 잡아 가둔 뒤에 그를 추종하던 장수와 관리들을 처형하는 한편, 자신은 수시중(守侍中)에 올라 모든 정권을 장악하고 6월에는 무능한 우왕을 폐한 뒤에 그 아들 창왕(昌王)을 임금으로 추대하였다. 뒤이어 당시 정계의 최고 원로(元老)로서 명망이 높았던 목은선생을 판문하부사(判門下府事)로 받들고, 양심적이고 유능한 인재를 영입하여 국정의 일대 쇄신을 도모하였다.

이러한 시기에 선생은 당시 국정 개혁의 가장 중추적인 기관이라 할 수 있는 문하부(門下府)의 좌사의대부(左司議大夫)라는 요직에 발탁되었다. 선생의 학문과 사상 그리고 '경세제민의 큰 그릇(經濟大器)'이라는 평판을 듣던 당시 관료사회의 비중으로 보아, 간관(諫官)으로서의 선생의 활동은 역사에 남을 만한 것이 많았다. 그러나 후일 조선조 개국공신들의 손으로 편찬된 『고려사』의 기록에는 선생이 올린 「간첨설직소(諫添設職疏)」와 「전제소(田制疏)」 등 두 편의 상소문을 마지못해 싣고 있을 뿐이다.

1388년 8월에 창왕이 새 임금으로 등극한 직후에 올린 「간첨설직소」는 첨설직(添設職)을 설치하게 된 본래의 취지를 함부로 남용하여 매관매직을 일삼는 권신들의 부패상을 통렬히 비판하는 한편, 나라의 기강을 바로잡아 서정(庶政)을 쇄신하는 방책을 건의한 것으로 당시 관료사회의 많은 호응을 불러일으킨 명문이었다. 그중에 한 구절을 인용하면 다음과 같다.

> 근래에 가외로 만든 관직이 수레에도 다 싣지 못할 만큼 많아졌기에, 농부와 초군(樵軍)들도 모래와 진흙처럼 이를 천하게 여기고 있습니다. 때문에 선비들은 죽음을 각오하고 임금이 싫어하여도 직간(直諫)하는 기절(氣節)이 없어졌고, 군사는 의(義)를 쫓아 죽음으로써 나라를 지키려는 마음이 모자랍니다.
> 近來添設之多 車不勝載 田翁樵子 亦賤之若泥沙然 由是 士忘軀犯顔之節 兵乏徇義守死之心

실로 폐부를 찌르는 신랄한 비판이라 하겠다. 본래 첨설직은 고려 때 공신들에게 자리를 만들어주기 위해 만든 제도이다. 직책을 주려 해도 보직의 정원이 넘쳐 승직(陞職)의 길이 막혔으므로, 실지로는 그 직책을 맡지 아니하고 직명만을 차용(借用)하도록 한 것이다. 그러나 권세가와 공신들이 그 제도를 악용하여 수많은 가짜 벼슬을 팔아, 정작 유능한 관료들의 직책을 빼앗는 폐단이 이만저만한 것이 아니었다. 이에 선생이 자기의 불이익을 돌아보지 않고 임금에게 과감한 '범안의 직간(犯顔直諫)'을 한 것이다.

> 세력이 크고 강한 자가 토지를 강제로 합쳐서 가졌기에, 나라의 씀씀이가 모자라고 바닥이 났습니다. 조세(租稅)를 가혹하게 배나 거두어들임으로써 백성들의 생계가 시들고 파리해졌습니다. 강한 자가 약한 자를 삼키고 다툼과 송사가 많아 같은 피붙이 사이에서도 서로 시기하고 풍속이 무너졌으니, 이는 사사로이 취한 전토(田土)의 폐단 때문이라 하겠습니다.
> 豪强兼併 國用乏竭 租稅苟倍 生民惆悴 强弱相呑 爭訟繁多 骨肉相猜 風俗壞敗 此私田之弊也

위의 글은『고려사』에 그 전문(全文)이 실려 있는「전제소(田制疏)」의 서두 부분이다.「간첩설직소」를 올린 직후에 선생이 역시 간관의 직분으로서 주장한 상소문이다. 권신과 귀족들과 같은 호강(豪强)한 무리들이 강제로 백성들이 경작하는 토지를 아울러 가짐으로써 야기된 심각한 폐단을 지적하고 개탄한 글이다. 또한 나라에 바쳐야 할 세금을 함부로 포탈하고 경작농민을 수탈하는 것을 지적한 다음, 국가 경제의 튼실한 운영을 위해 그 심각한 폐단을 하루빨리 막아야 한다는 것을 주장하였다. 간결하고 정곡(正鵠)을 찌른 호소력 있는 글이라 하겠다.

7. 왕명(王命)의 출납과 기울어진 국운(國運)

이와 같은 간관 활동으로 조야의 중망(重望)을 한몸에 받은 선생은 1389년(창왕 1) 9월에 우부대언(右副代言)에 제수되어 임금의 측근에서 왕명을 출납하는 정3품 시종신(侍從臣)의 반열에 올랐다. 이어서 10월에는 중신들의 천거로 성균관대사성(成均館大司成)을 겸직하였고, 이 무렵 신설된 상서사(尙瑞司)의 윤(尹)을 맡아 전국(傳國)의 옥새(玉璽)를 보전 관리하면서, 왕명의 출납은 물론 한 나라 국립대학의 운영 책임까지 도맡아, 정부의 추밀(樞密) 실무가 한 곳으로 집중되기도 했다.

그런 가운데서도 목은과 포은 두 스승은 선생의 사람됨과 업무 추진 능력을 인정하여 많은 일을 함께 도모하였고 특별한 관심과 기대를 모았다. 명나라에 표문(表文)을 올려 의관(衣冠) 제도를 도입하고, 관리들의 자제 가운데 재능이 뛰어나고 학식이 있는 선비를 뽑아 유학시킴으로써 신진 문물을 받아들이도록 건의하는 일도 선생의 주요한 책무 중에 하나였다. 그러나 과중한 업무를 덜기 위해 같은 달에 대사성과 상서사윤(尙瑞司尹)의 직책은 그 겸직이 해제되고 오로지 우부대언의 직분에만 전임하도록 되었다.

그러나 1389년 11월에 정부의 모든 실권을 쥔 이성계가 창왕을 폐하고 정창군(定昌君) 왕요(王瑤)를 세워 공양왕(恭讓王)으로 삼았다. 그리고 하정사(賀正使)로서 명나라에 다녀온 목은선생에게 수상(首相) 직을 내려놓게 한 다음, 부사(副使)로 함께 갔던 이숭인과 그를 변호한 권근까지 엉뚱한 죄를 얽어 유배를 시켜버렸다. 반면에 당시 우부대언으로 있던 선생을 지신사(知申事, 후일의 都承旨)로 특진시켜 경연참찬관(經筵參贊官)을 겸하게 함으로써 왕명의 출납과 함께 임금의 교육을 담당하도록 했다. 선생으로서는 바라는 바가 아니었겠지만 정국의 수습을 위하여 어쩔 수 없는 선택이었는지 모른다.

한편 이 무렵 김저(金佇)와 정득후(鄭得厚) 등이 여흥(驪興)에 유폐 중인 우왕을 찾아가 만난 뒤에, 폐주(廢主)의 복위를 도모했다 하여 대대적인 옥사가 일어났다. 이를 기화로 이성계 일파는 우왕이 왕씨(王氏)가 아닌 가주(假主)이므로 종사를 받들게 할 수 없다는 구실을 붙여, 창왕마저 폐위시킨 후 그 부자를 각각 귀양 보냈다가 마침내 죽이려 하였다. 이런 와중에서 선생의 고민이 헤아릴 수 없이 컸으나, 새로 임금이 된 공양왕의 간절한 당부와 함께 그 옥사에 휩쓸린 목은·도은·양촌 등 사우들의 변해(辨解)와 구명(救命)을 위한 역할 또한 저버릴 수 없는 책무라 여겼다.

이때 목은선생은 판문하부사의 자리를 내놓고 시골 별장에서 불편한 심기를 다스리고 있었다. 공양왕이 여러 번 관원을 파견하여 조정에 나올 것을 권했지만 응할 기색이 없으므로, 부득이 선생을 장단별서(長湍別墅)로 보내 위로를 했다. 임금의 유시(諭示)와 함께 하사주(下賜酒)를 전달하고, 임금을 충직하게 보필해야 하는 가르침을 듣고 정국 수습에 대한 여러 가지 견해를 은밀히 임금에게 아뢰었다.

선생은 더욱 자기 사명의 중대함을 일깨우면서 지신사로서 이 무렵에 개편된 예문춘추관(藝文春秋館)의 수찬관(修撰官)을 겸하여, 후일의 올바른 역사를 위해 고려 말 사초(史草)를 직필하는 데 신명을 바치기로 했다. 또 1390년 1월 12일에는 공양왕 즉위 후 처음으로 지신사로서 경연참찬관(經筵參贊官)을 예겸(例兼)하여 경연을 열었는데, 선생은 임금에게 어지러운 나라의 군왕으로서 주체 의식을 지니고 정치의 중심을 잡을 것을 과감하게 건의하였다.

같은 해 1월 18일에는 창왕을 폐하고 공양왕을 옹립하는 데 공훈이 있다 하여 선생에게도 공신호(功臣號)와 전적(田籍)이 내려졌으나 이를 거부하고 받지 않았다. 이때의 공신호는 앞서 포은선생을 포함하여 내려진 구공신(九功臣)의 후속 조치로, 다시 12명을 가려 수여하려 한 것이나 오직 선생만은 그 수상을 거부했다. 무엇보다 목은선생을 비롯한 사우들이 고초를 당하고 있는 마당에, 이성계 일파가 왕씨를 무너뜨리고 역성혁명을 도모하려는 기미를 눈치챘기 때문이라 할 수 있다.

또한 같은 달에 선생은 공양왕이 왕위를 계승하기 전에 친구로서 조정에 들어와 벼슬하고 있는 신원필(申元弼)이 방자하고 간사하여 정사를 그르칠 위험이 있으므로 그를 측근에서 내칠 것을 임금에게 직간하였다. 또 신원필이 아첨을 일삼고 비행(非行)이 많다 하여 탄핵한 바 있는 언관(言官)들에게 죄를 주려 함에 그 부당함을 간곡히 아뢰었다. 그러나 임금이 선생의 간언(諫言)을 듣지 않자 당시 삼사좌사(三司左使)로 있던 정도전을 움직여 재차 주청한 결과, 언관들은 무사했지만 신원필은 끝내 물리치지 못하였다.

이미 예견된 일이지만 같은 해 2월에 목은선생이 조민수(曹敏修)와 공모하여 종실을 버리고 신씨(辛氏)를 취하여 임금으로 삼았다는 이성계 일파의 모함을 받았다. 뿐만 아니라 변안열(邊安烈)과 함께 이미 내친 전왕(前王)의 복위를 꾀했다는 죄를 얽어 온갖 핍박을 당하였다. 선생은 당시 지신사로서 최후까지 목은선생의 결백을 주장하며 극력 변호했지만, 도리어 '좌주(座主)의 무리'로서 이색의 죄를 부당하게 은폐한다 하며 반대파로부터 심한 공격을 받았다. 결국 대간(臺諫)들에 의하여 집중적인 탄핵을 받고 지신사에서 파면당했으며 그해 3월 8일에 청주(淸州)로 유배되었다.

청주에서 유배 생활을 하고 있던 선생에게 이해 4월 12일에 국대비(國大妃)의 생일이라 하여 특사(特赦)가 내려졌는데 우인렬(禹仁烈)·이인민(李仁敏)·이숭인·정희계(鄭熙啓)·하륜(河崙)·권근·윤사덕(尹師德) 등과 함께 귀양이 풀려 경외(京外)에서 편의대로 살 수 있도록 허용되었다. 그리고 얼마 되지 않아 그해 윤(閏) 4월 11일에 선생에게 다시 이조판서(吏曹判書)의 벼슬이 내려졌으며, 같은 달에 시행된 국자감시(國子監試) 곧 진사시(進士試)에서는 맏아들 제학공(提學公) 척(逖)이 장원급제를 하는 가문의 경사가 있었다.

그해 5월에는 윤이(尹彝)와 이초(李初)가 중국에 있으면서 명나라의 힘을 빌려 이성계 일파를 제거하는 음모를 꾸몄다 하여 대대적인 옥사가 일어났다. 이때 선생도 이색·이숭인·권근 등과 함께 연루자로 몰려 다시 청주옥에 수감되어 국문을 받게 되었다. 그러나 갑자기 청주에 번개비가 크게 내려 앞 내가 범람하고 삽시간에 성중이 물바다로 변하는 천재지변이 일어났다. 취조하던 옥관(獄官)들이 겨우 목숨을 보존한 상태에서 정부도 천도(天道)의 두려움을 느껴 연루자를 모두 석방했는데 선생도 이때 방면되었다.

하늘의 뜻으로 겨우 화를 면한 선생은 같은 해 6월 8일에 왕족인 왕강(王康)과 나란히 예문춘추관의 제학(提學)으로 복직되었으며, 그달에 시행한 문과 복시(覆試)에서 선생의 맏아들이 병과(丙科) 제2인으로 급제하는 영광을 입었다. 이듬해 1391년(공양왕 3) 선생의 나이 40세 때 예문춘추관의 대제학(大提學)으로 특진하여 한 나라의 문병(文柄)을 쥐게 되었으며 비경여사(知經筵事)를 예겸(例兼)하여 임금의 시강(侍講)을 담당했다.

그리고 성균관대사성을 맡은 김자수(金自粹)와 연명으로 상소를 올려 임금이 숭불(崇佛)하는 일을 중지하고 성현의 도학(道學)을 숭상하여 국정을 바르게 할 것을 진언하였다. 또한 두 분은 혹세무민을 일삼고 있는 무당들을 추방하고 가묘(家廟)를 세워 조상을 섬기는 일을 장려할 것을 주청했는데, 당시 조야(朝野)의 뜻있는 사람들은 "이제야 진정한 대제학과 대사성이 나왔다"고 칭도하였다.

1392년(공양왕 4) 4월에 수시중으로 있던 포은선생이 선죽교(善竹橋)에서, 이방원(李芳遠)의 지시로 조영규(趙英珪)에게 살해당하자 선생은 이미 기울어진 국운을 개탄하고 스승의 넋을 달래며 통곡하였다. 이에 통분을 이기지 못한 선생은 조영규를 '만세의 흉인(萬世凶人)'으로 몰아 극형에 처할 것을 임금에게 상언(上言)했으나 도리어 이성계 일파로부터 말할 수 없는 핍박만 당하였다. 그해 6월에는 지방의 군마(軍馬)를 점검하고 흉흉한 민심을 수습하기 위해 중신들을 각도마다 절제사(節制史)로 임명하여 파견했는데 선생은 전라도 지방을 순행하고 돌아왔다.

8. 신왕조(新王朝)의 수립과 강음(江陰)의 하야(下野)

1392년(壬申) 7월 16일은 고려가 망하고 이성계가 조선조의 새 임금이 되어 수창궁(壽昌宮)에서 즉위한 날이다. 선생은 고려의 유신(遺臣)으로서 노자(老子)처럼 '푸른 빛 소(靑牛)'를 타고 선영(先塋)이 있는 강음(江陰)의 예천동(醴泉洞)으로 돌아가 숨었다. 강음은 지금의 황해도 금천군(金川郡) 서북쪽에 있는 옛 고을인데, 그곳 예천동은 일찍이 선생이 농장(農庄)을 겸한 별서(別墅)를 지어 휴양을 하던 사실상의 고향마을이다. 또한 거기서 멀지 않는 설봉산(雪峰山) 아래 영청동(永淸洞)은 선생께서 할아버지 사인공(舍人公)과 아버지 목사공(牧使公) 내외분의 유택을 모신 곳으로 선생이 짬만 나면 성묘를 하였다.

당시 고려의 유신(遺臣)들은 혹은 죽음을 당하고 혹은 귀양을 갔으나, 많은 사람들은 이씨(李氏)의 신왕조에 출사하여 시세(時世)를 쫓았다. 그러나 선생은 온갖 위협과 회유에도 굴하지 않고 끝까지 고려를 지키는 절의신(節義臣)으로 남고자, 72인의 동지들과 함께 송도(松都) 동남쪽 고갯마루에 올라 조복(朝服)과 관을 나뭇가지에 걸어놓고 궁성을 향해 통곡하였다. 그러고는 해진 갓으로 바꾸어 쓰고 뜻을 같이하는 동지들과 눈물의 작별을 하면서, 각자 고려 왕조의 신하로서 깨끗하게 한 몸을 지키겠다는 서약을 했다.

그때 고개의 이름을 부조현(不朝峴)이라 했으며 충신 열사들의 맹약의 말을 모아 만든 책이 『언지록(言志錄)』이다. 선생은 이때 "수양산을 서쪽으로 바라보며, 차마 주나라의 곡식을 먹을 수 있으랴(西望首陽 忍食周粟)" 하고 여덟 자의 글을 남겼다고 한다. 수양산은 중국 고대 은(殷)나라의 처사 백이(伯夷)·숙제(叔齊) 형제가, 주나라의 곡식 먹기를 마다하고 산속으로 들어가 고사리를 캐먹다가 굶어 죽었다는 고사가 전해지는 명산이다. 주무왕(周武王)이 망해가는 은나라를 치려 하자 백이·숙제가 종주국이라 하여 이를 말렸지만, 들으려 하지 않자 의롭지 못한 일이라 여겨 그 산속에 숨어 나오지 않았다. 선생도 이성계가 역성혁명을 일으켜 고려를 멸망시키니, 이 고사를 상기하여 이씨의 녹(祿)을 먹지 않고 숨어 살고자 맹서를 한 것이다.

또 72인의 충신을 가리켜 '두문동칠십이현(杜門洞七十二賢)'이라 한다. 두문동은 지금의 경기도 개풍군(開豊郡) 광덕산(光德山) 서쪽 기슭에 있는 골짜기로, 이성계가 고려를 빼앗아 새로 왕조를 세우자 그를 반대하던 전조(前朝)의 유신 72인이 끝까지 충성과 지조를 맹서하며 항거하다가 순국한 곳으로 전해온다. 조선 후기에 정조(正祖)가 표절사(表節祠)를 세워 향사하였고, 후일에는 이를 추모하여 위국충절의 본보기로 삼았다. 또한 일설에는 조선 개국을 전후한 시기에 대의(大義)를 명분으로, 새 조정에 나오지 않고 절개를 지킨 학자와 문인 그리고 희생당한 고려의 수절신(守節臣)을 통틀어서 일컫기도 했다. 이색·정몽주·길재·원천석·김진양·김자수·이존오·성사제·김제 그리고 선생을 그 대표적인 인물로 친다.

이해 8월에는 강음현 예천동에 하야 은거하고 있던 선생에게 신왕조에서 맨 처음으로 예문춘추관학사(藝文春秋館學士, 후일의 대제학)의 관직을 내리고 출사할 것을 강요했으나 선생은 이를 거절하였다. 그러자 이번에는 태조(太祖)로 등극한 이성계가 직접 방문하여 회유했지만, 선생은 불사이군(不事二君)의 의리를 내세워 협력을 거부하였다. 이때 문과에 급제하여 신진관료로 촉망받고 있던 맏아들 척(逖)도 아버지의 뜻을 헤아려 신왕조에서 벼슬을 하지 않고 자정(自靖)을 하려고 했다. 이 말을 들은 선생은 "너는 나와는 처지가 다르다. 반드시 나를 따르려 하지 말고 모름지기 좋을 대로 하라(爾與我有異 不必從我 須善事焉)" 하고 타일렀다. 결국 두 아들은 아버지의 뜻을 좇아 벼슬길에 나아갔는데, 맏아들은 후일 이조참판(吏曹參判)과 예문직제학(藝文直提學)이 되었고, 둘째아들 적(迹)은 경기감사(京畿監司)와 대사헌(大司憲)을 역임했다.

같은 달에 태조 이성계가 개국공신 39인을 책록(策錄)하고 그 사실을 백성들에게 널리 알리고자 선생에게 그 교유문(教諭文)을 지어 올리도록 요구했다. 선생은 병을 핑계로 글을 지어주지 않았는데 이로 인해 당시 판전객시사(判典客寺事)로 있던 조영규가 선생을 배척하는 상소를 올려 외가향인 평해로 유배를 시켰다. 그러나 태조는 선생의 인물됨과 그 학술 문장의 능력 및 고려 중신으로서의 정치적 비중에 대해 미련을 버리지 못했다. 어떻게 하든 신정부에 끌어들이려 회유했으나 끝내 거부를 당하자 깊은 실망감을 이기지 못했다. 그러자 선생으로부터 '만고의 흉인'으로 지탄받은 바 있는 조영규가 이를 재빠르게 눈치채고는 그 앙금으로 집요하게 선생을 음해하고 박해를 가하였다.

9. 사초(史草) 사건과 울진(蔚珍) 유배

조선이 건국된 해 11월에 태조는 조준(趙浚)·정도전(鄭道傳)·정총(鄭摠)·윤소종(尹紹宗) 등 개국공신들을 시켜 정식으로『고려사(高麗史)』의 편찬을 명하였다. 따라서 선생은 고려 말의 사관(史官)으로서 기록해 보관 중인 사초를 내어놓지 않을 수 없었는데, 태조 이성계가 그것을 보고 자기를 비방한 사실을 발견했다. 즉시 다른 공신들과 의논하여 '역사기록의 왜곡'으로 단정하면서 시정 조치를 취할 것을 명하였다. 정부에서는 관원을 파견하여 평해에서 귀양살이를 하고 있는 선생에게 그 사초를 고칠 것을 요구했으나, 선생은 "사초는 실적(實蹟)이라 아무도 함부로 고칠 수 없다" 하고 완강하게 거절하였다.

그 사초 가운데는 이성계에 대한 비방의 글뿐 아니라 "윤소종이 이숭인의 재주를 시기하여 미워하였고, 이에 윤소종이 조준에게 부탁하여 이숭인을 해하려 했다"는 사실까지 기록되어 있었다.『고려사』편찬의 당사자인 조준과 윤소종도 자기들을 거명한 부끄러운 사실까지 확인하게 되자, 발끈하여 일제히 선생에게 맹렬한 비난을 퍼부었다. 이는 이색과 이숭인 등에게 아부하기 위한 왜곡된 기록이라 단정하면서, 태조에게 아뢰어 그해 12월 12일에 사헌부로 하여금 상소를 하게 하는 한편, 선생에게 고려 말 공양왕 시기의 '사초 왜곡의 죄'를 묻기에 이르렀다.

곧 선생을 소환하여 가혹한 국문을 가한 것은 물론 다른 엉뚱한 죄목까지 덮어씌웠다. 선생이 고려 말의 사관으로서 우왕과 창왕 부자 및 변안렬을 죽인 사건을 기록함에 있어, 이색·정몽주 이숭인 등을 편파적으로 두둔했다는 것이다. 그 증거로 다른 사관들은 사초를 고쳐 제출했지만 오직 이모(李謀)만은 끝내 기사를 고치지도 않고 불복한 것을 들었다. 그러나 선생은 그 죄목을 인정하지도 않았고 어떤 강압과 형벌에도 굴하지 않았으며 헌사(憲司)의 주소(奏疏) 사실을 전면 부인했다.

그리하여 이 사초 사건은 1393년(태조 2) 4월 28일에 이르러 5개월 만에 판결이 내려져, 선생은 일백(一百)의 장형(杖刑)과 가산을 몰수당한 채 강원도 울진(蔚珍) 땅으로 원지 유배를 당하였다. 이와 같이 선생의 고려 말 공양왕 때의 사초 사건은 이씨의 역성혁명을 정당화시키는 데 적지 않은 장애 요소가 되었음은 물론이다. 선생이 한 시대 역사의 증인으로서 투철한 소명 의식과 함께, 당시 절대 권력자의 박해에도 굴하지 않고 끝까지 역사의 진실을 지키려 한 점이 참으로 돋보인다.

비록 선생의 그러한 수난의 사초는 끝내 묻혀버리고 권력자의 비위에 맞도록 고쳐진 사료(史料)로써 여러 차례 『고려사』의 수정이 있었으나, 이 사건은 후일 역대 왕조실록(王朝實錄)을 편찬하는 데 있어 하나의 감계(鑑戒)와 교훈이 되었다. 1414년(태종 14) 5월 임오일(壬午日)조 기사에 당시 병조판서 이응(李膺)의 계사(啓辭)가 실려 있는데, 바로 그런 사실을 잘 말해주고 있기 때문이다.

> 실록은 몇 세대 후에 편찬을 하는 것이 옳습니다. 그렇게 한다면 반드시 공정한 논의가 있을 것입니다. 신(臣)이 듣건대 태조 때에 정도전·정총·윤소종에게 명하여 전조의 실록을 편찬했는데, 여러 사관(史官)들이 모두 사초를 고쳐서 들였으나, 오직 이행(李行)만은 그렇게 하지 않았으므로 형벌을 면하지 못했습니다.
>
> 實錄 宜於數世後修撰 若然 則必有公論矣 臣聞 太祖之時 命鄭道傳鄭摠尹紹宗 修撰前朝實錄 諸史官 皆改書史草而納之 惟李行 不然故未免囚繫

이응의 이 건의는 만약 전대(前代)의 실록을 곧바로 편찬하게 되면, 살아 있는 임금의 잘못이 사초에 기록될 수 있어, 정당한 공론(公論)을 가리기가 어렵다는 점을 선생의 경우를 예로 들어 말한 것이다. 다시 말하면 선생의 고려 말 공양왕 시기 사초의 정당성을 은연중에 옹호한 말이라 할 수 있고, 그 사건의 역사적인 교훈을 강조한 것이라 해석할 수 있다.

한 가지 덧붙일 말은 비록 태조가 건국 초기에 정치적인 정당성을 내세우기 위해 선생에게 사초 문제로 죄를 주기는 했으나, 고려 말 난조(亂朝)에 처하여 선생이 누구 못지않게 나라를 근심하고 정치를 바로잡으려 애쓴 이력을 잘 알고 있었다. 때문에 신왕조에서도 선생의 그러한 사상과 경륜이 필요했고 협력을 은근히 기대했던 것이다. 그럼에도 선생이 오로지 망복수의(罔僕守義)라는 명분만을 내세우며 절의를 꺾지 않으니 크게 실망하고 화를 내었다. 결국 선생의 중용(重用)을 포기한 끝에 "이 사람은 한 가지만 옳다고 주장하는 고집불통"이라 여겨 체념했는데, 후일 이 말을 취해 일가도인(一可道人)이란 별호까지 생겼다.

10. 월송정(越松亭)에서의 자정(自靖)

1394년(태조 3) 10월 11일, 울진에서 유배 생활을 한 지 1년 7개월 만에 귀양이 풀리고 선생의 직첩과 몰수당한 가산(家産)이 모두 환원되었다. 이 날은 태조의 61회 탄신일이었으므로 궁중에서는 법화경(法華經)을 강설하고 조정 안팎에 갇혀 있는 죄수들을 사면했는데, 특별히 선생과 이첨(李詹)의 귀양을 풀어주었으며 이인임·조민수의 금고형(禁錮刑)도 해제하여 그 직첩을 돌려주었다.

귀양에서 풀려난 선생은 울진 유배지에서 외가향인 평해 옛집으로 돌아가, 백암산(白巖山) 아래 나라실에 아담한 모옥(茅屋)을 짓고 정양(靜養)을 하면서 백암거사(白巖居士)로 자처하였다. 선생은 이때 개경에도 경제(京第)가 있었고 강음현에도 농장이 있었지만, 그곳으로 돌아가지 않고 약 7, 8년 동안 시끄러운 풍진(風塵)을 멀리한 채 오로지 이곳에서 망국의 한을 달래며 자정(自靖)의 세월을 보내기로 하였다.

포은선생을 비롯한 이숭인·이종학·김자수 등 동지들의 비참한 죽음을 슬퍼하였고, 은사인 목은선생을 받들고 끝까지 절의를 지킬 줄 알았던 옛 친구들이 하나둘 변절해가는 무상한 세태와 야박한 인심에 한없는 허무와 실의(失意)를 가슴에 담았다. 아무도 찾아올 사람 없는 궁벽한 월송정 바닷가를 소를 타고 거닐면서 일작일음(一酌一吟)으로 울분을 달래었고 세상일을 잊으려 하였다. 그리고 이곳에서 숨어살며 몇 년 동안 읊고 쓴 시문이

많았으나, 그때그때 없애버리고 지금까지 전해지고 있는 것은 다만 두어
수 칠언절구뿐이다.

> 동해의 밝은 달이 소나무에 걸려 있고   滄溟白月半浮松
> 소를 타고 돌아오니 흥이 더욱 짙은데   叩角歸來興轉濃
> 시 읊다가 취하여 정자 위에 누웠더니   吟罷亭中仍醉倒
> 단구의 신선들이 꿈속에서 반기네   丹丘仙侶夢相逢

　이 시는 평해월송정(平海越松亭)을 제목으로 하여 읊은 당시의 유일한
작품이다. 매양 달밤이면 소를 타고 거닐면서 술 마시고 시를 읊던 선생의
거룩한 풍정(風情)이 한눈에 보이는 듯하다. 더구나 이곳은 관동팔경(關東
八景)의 하나로 그 경치가 뛰어난 곳이라, 신라 때 '네 신선(四仙)'이 그 아
름다운 승경에 취해 돌아갈 줄을 몰랐다는 전설도 있다. 시를 읊다가 취하
여 정자 가운데 누워 잠을 잤더니 꿈속에서 '단구(丹丘)의 신선'을 만났다
는 구절도 나온다. 선생 자신이 이적선(李謫仙) 또는 해상선(海上仙)이라 자
처하면서 노닐었던 자취가 그윽하기만 하다.

　또 선생은 이곳에서 원주(原州) 치악산(雉岳山)에 숨어 살던 운곡(耘谷)
원천석(元天錫)과, 선주(善州) 금오산(金烏山) 자락에서 제자들을 가르치던
야은(冶隱) 길재(吉再)와도 서로 기별하고 왕래하면서, 때때로 시를 짓고
즐거운 만남을 가졌다는 기록도 전해지고 있다. 조선조 인조(仁祖) 때의 학
자 하담(荷潭) 김시양(金
時讓)의 저서인 『해동잡
지(海東雜識)』에는 「병암
연구(屛巖聯句)」라는 시
를 소개했는데, 그 앞머
리에 다음과 같은 주기
(註記)를 달아 당시 선생
의 동정(動靜)을 엿보게

월송정시(越松亭詩) 현판 울진군 평해읍 월송정 건물에 걸
려 있다.

하고 있다.

　강릉에는 초정(椒井)이 있는데 어느 날, 길야은(吉冶隱) 재(再)와 이백암(李白巖) 행(行)이 함께 가서 목욕을 했다. 이때 원운곡(元耘谷) 천석(天錫)이 또한 약속도 없이 목욕을 하러 와서 서로 10일간을 머물며 매우 기뻐했다. 당시 이곳 부사(府使) 정화세(鄭華世)가 와서 뵙고, 운자(韻字)를 이어서 지은 시를 이루고는 병풍바위(屏巖)의 벽 위에 썼다고 말한다.
　江陵有椒井 吉冶隱再 李白巖行 同往浴焉 元耘谷天錫 亦不期爲浴 而至相留十日 甚歡 其時府使鄭華世 來見仍成聯句 題于屏巖壁上云

산중의 나그네가 다시 이르고	再到山中客 (李)
바다 위의 신선과 동행을 했지	同行海上仙 (吉)
이곳에 화려한 세계를 열었으니	地開華世界 (元)
하늘은 좋은 인연 내려주었네	天錫好因緣 (李)
비 갠 뒤에 단풍은 더욱 예쁘고	雨後楓逾艶 (元)
서리 맞은 국화도 다시 곱구나	霜餘菊更鮮 (李)
잔 돌리며 취하도록 마셔나 보세	巡盃相痛飮 (鄭)
내일이면 이별자리 되고 말지니	明日是離筵 (吉)

　연구(聯句)는 여러 사람이 번갈아가며 시의 운자(韻字)를 따라 대구(對句)를 지어 이어나가는 시작(詩作)의 형식을 말한다. 때문에 각자의 이미지와 호흡이 서로 달라 시상(詩想)이 어긋나는 경우가 많다. 그럼에도 위의 시는 마치 한 사람이 지은 것처럼 시상의 일관성은 물론, 오언율시(五言律詩)로서의 평측(平仄)과 대장(對杖) 등 까다로운 형식을 완벽하게 소화하였다. 더구나 처음 네 구는 길재·이행·정화세·원천석의 차례대로 각각 재(再)·행(行)·화세(華世)·천석(天錫) 등 이름자를 시구 속에 넣었으며, 특히 야은을 산중객(山中客)으로 선생을 해상선(海上仙)으로 표현하여 두 분이 금오산과 평해에 은거해 있음을 시사(示唆)한 것은 거의 압권(壓卷)이라 할 만하다. 또 이 시의 여덟 구절 가운데 이(李)가 3구, 길(吉)과 원(元)이 각 2구,

정(鄭)이 1구로 되어 있어, 선생이 이 시의 구성을 주도하고 있음도 알 수가 있다.

선생은 초정(椒井)에서 운곡, 야은 두 분과 만난 것을 계기로, 아예 시낭(詩囊)을 메고 관동(關東) 땅 이곳저곳을 유람하며 낭만을 즐긴 것으로 보인다. 이 무렵 친우인 권양촌에게 보낸 기행시에는 「봄밤에 김익지와 같이 이 기우자의 관동 기행을 보다(春夜與金益之 觀李騎牛子關東紀行)」라는 제목의 작품이 있다. 시집으로 연상되는 『관동 기행』을 김익지와 함께 보면서 "더불어 앉아 친구를 대하듯, 함께 친구의 시를 본다(坐與故人對 共讀故人詩)"거나, "한가로이 강과 바다에 뜻을 두고도, 나는 어찌 버리고 떠남을 어려워하는가(悠然江海志 余豈難別離)"라고 자탄하면서 멀리서 친구를 부러워하고 있다. 아마도 이때 선생은 '관동의 유람시'를 책으로 엮어 친한 벗에게 보내 널리 읽히게 한 듯하지만, 그 책이 유전(遺傳)되지 않아 안타까울 따름이다.

선생의 월송정 낭적(浪跡)을 알려주는 당시의 일화와 후일의 시문(詩文)은 조야(朝野)의 문건에서 기회 있을 때마다 단편적으로 산견되고 있다. 그러나 그 자취가 잠차 인멸되어가는 과정에서 지금까지 전해지는 것으로는 절재(節齋) 김종서(金宗瑞)가 남긴 「백암거사찬(白巖居士贊)」을 들지 않을 수 없다. 김종서는 선생의 문인(門人)으로도 알려져 있는데 이 글은 선생의 사후에 그가 강원감사(江原監司)로서 이곳을 순찰하고, 고려 충신으로서 선생을 추모하고 소를 타던 풍류를 상기하여 지은 명문이다.

1398년(태조 7) 선생의 나이 47세 때는 청도군수(淸道郡守)로 있던 죽정(竹亭) 박진(朴晉)의 효행을 기리는 오언율시 두 수를 지어 보냈다. 박진은 그 아버지가 병이 들자 벼슬을 버리고 고향으로 돌아가 곁에서 시탕을 극진히 하였고, 상(喪)을 당해서는 그 묘막(墓幕)에서 3년을 지내며 예절을 다했다 하여 처음으로 정문(旌門)이 내려졌다. 이에 망인의 외손자 교서랑(校書郎) 최직지(崔直之)가 명망 높은 현인 군자들에게 추장(推獎)하는 시문을 청했는데, 선생은 맏아들 제학공과 함께 그 효성을 가상히 여겨 시를 지어준 것이다.

1400년(정종 2)에는 이른바 '방간(芳幹)의 난'을 평정한 정안군(靖安君) 이방원(李芳遠)이 세제(世弟)로서 정권을 확실히 잡았다. 그리하여 흉흉한 민심을 달래기 위해 고려 유신들에게도 벼슬을 내려 정국의 안정을 꾀하였다. 이해 7월 선생에게 계림윤(鷄林尹, 종2품, 경주부윤[慶州府尹])을 제수한 데 이어, 길야은에게도 태상박사(太常博士)의 직책을 내린 것이 대표적 사례였으나, 두 분이 모두 '두 임금을 섬기는 것은 도리가 아니다'라는 명분을 세워 벼슬을 받지 않았다.

이에 선생은 다시 평해에서 강음의 농장으로 돌아와 칩거하고 있었는데, 1401년(태종 1) 4월에 이방원이 왕위를 차지하게 되자 안변부사(安邊府使) 조사의(趙思義)가 신덕왕후(神德王后) 강씨(康氏)의 원수를 갚는다 하여 군사를 일으켜 모반했다. 동북면 변경의 여진인(女眞人)들까지 합세하려는 움직임을 보이자, 선생에게 난데없이 조전절제사(助戰節制使)라는 군직을 내려 그 독전을 요청했지만 응할 까닭이 없었다. 이를 계기로 태종(太宗)은 기회 있을 때마다 끊임없이 선생에게 크고 작은 관직을 내려 국정에 도움을 주기를 바랐지만 불응해오다가, 1404년(태종 4)에는 전라관찰사(全羅觀察使)와 개성유후(開城留後)의 중직을 내려 그 거취를 더욱 압박하기에 이르렀다.

11. 지속적인 출사 불응과 명나라 사행(使行)

그럼에도 선생은 혹은 명분으로 혹은 칭병(稱病)으로 그 취임을 모면해 왔지만, 1405년(태종 5) 선생의 나이 54세 때에는 우리나라 북방 안보에 매우 곤혹스러운 사태가 발생했다. 명나라에서 당시 여진(女眞)의 추장(酋長) 동맹가첩목아(童猛哥帖木兒)의 일을 트집 잡아 심각한 외교적 압박을 가해온 것이다. 본래 여진인은 고려 시대부터 두만강을 사이에 두고 우리 국경을 자주 침범함으로써, 왜구와 함께 나라의 안위(安危)를 지킴에 있어 큰 위협이 되고 있었다.

때문에 태종은 임금으로 즉위한 뒤에 명나라에서 이곳에 건주위(建州衛)를 설치하여 다스리고 있음에도 불구하고, 태종 3년(1403)에 경원(慶源)과 종성(鍾城) 두 곳에 무역소를 두는 한편, 우리나라에 귀순을 희망하는 여진인들에게 국경지대에 거주지를 한정시켜 살게 하는 조치를 취하였다. 뿐만 아니라 여진인 추장에게는 벼슬을 주어 왜구를 방비하는 데 이용하면서, 그들이 생활을 하는 데도 자치권을 허용하여 북방의 안보를 튼튼히 하고자 했다.

그 결과 우리나라에서 만호(萬戶)의 벼슬을 주어 포용하고 있던, 명나라 건주좌위(建州左衛)의 여진인 추장 동맹가첩목아가 그의 종족 200여 호를 이끌고 귀순해 왔다. 태종이 이를 받아들여 두만강 가에 살 곳을 정해주고 동맹가첩목아에게는 동북면절제사(東北面節制使)라는 유례 없는 높은 벼슬을 주어, 실지로 다른 여진인들의 노략질을 막는 한편 왜구 방어에도 큰 효과를 얻게 되었다. 그러나 이것이 큰 까탈이 되어 명나라와는 외교적으로 큰 분쟁거리로 비화하게 되었다.

이소사대(以小事大)의 외교적 선린관계를 유지해온 우리나라로서는 큰 고민이 아닐 수 없었고, 시급하게 명나라에 주문(奏聞) 사절을 보내 동북면 국경지대의 형세를 설명하여 명황제(明皇帝)의 오해를 풀어야 할 처지에 있었다. 태종으로서는 이를 외교적인 측면에서 원만하게 수습하고 국익을 챙기면서도 사대(事大) 외교에 큰 손상을 입지 않기 위해 조야를 가리지 않고 온 나라의 지혜를 모아야 했다.

이에 태종은 여러 방면에서 그 중차대한 국가적 임무를 수행할 수 있는 적임자를 물색한 결과, 재야(在野)의 전조(前朝) 유신으로서 외교적인 경륜과 신망은 물론, 문장과 언론이 당당했던 선생을 지목하게 된 것이다. 여기에는 당로(當路) 대신들의 간곡하고 적극적인 건의가 있었음은 물론, 선생 자신의 나라사랑과 공고한 사명 의식이 뒷받침되지 않으면 이루어질 수 없는 일이었다. 드디어 태종은 1405년 5월 13일에 선생에게 예문관대제학이란 직첩과 함께 명나라 인구계품사(人口啓稟使)라는 외교적 사명을 위촉하기에 이르렀다.

고려의 망복신(罔僕臣)으로 자처하며 여러 차례에 걸쳐 내린 신왕조의 벼슬을 모두 거부하고 자정(自靖)을 하고 있던 선생이었기에 처음에는 많이 고민하고 주저하였다. 하지만 한낱 여진인 추장의 일로 양국 간의 선린과 우호에 금이 가서는 안 된다는 정치적인 신념과, 고려 시대 이래로 친반(親叛)이 무상했던 여진인과의 관계를 가장 깊이 알고 있는 선생이, 직접 가서 의혹을 풀어야 한다는 결심도 있었다. 말하자면 국가 안위에 직결하는 일을 오불관언(吾不關焉)한 채 일신의 안일과 명예에만 집착할 수 없다는 우국적 신념이 앞섰다고 할 수 있다.

결국 대제학의 직책은 사명 수행을 위한 임시 관직으로 여겨 크게 상관하지 않은 채, 오로지 인구계품사라는 사명을 짊어지고, 1405년 5월 16일에 종사관 몇 사람과 통사(通事) 조사덕(曹士德)을 거느리고 험난한 사행길에 올라 7월 10일에 명나라 경사(京師)에 당도했다. 명나라 조정에서는 주로 예부상서(禮部尚書) 이지강(李至剛)과 좌우 시랑(侍郎) 등을 상대하여 조선의 사정을 간곡하게 알리는 한편, 황제와 전대(專對)하는 기회를 만들어 줄 것을 간곡히 요청하였다.

황제를 만나게 된 선생은 "여진인의 추장을 명나라에 입조(入朝)시키라"는 황명(皇命)에 대해 당연히 받들어야 하는 것은 사실이나, 그가 조선 조정의 절제사 인신(印信)을 받은 후 북방 오랑캐와 왜구 방어에 큰 역할을 담당하고 있는 사정을 간곡히 호소하였다. 때문에 이미 귀화하여 살고 있는 여진인의 인구 문제는 사실상 양국의 이익에 도움이 된다는 점을 당당하게 설명하였다. 이에 대해 명나라 영락(永樂)황제는 다만 "동맹가(童猛哥)는 황실의 점친(占親)이니 입조하는 게 순리라" 누그러지면서 어느 정도 오해를 풀었다. 그러고는 이왕 왔으니 천추절(千秋節)을 즐겁게 보내다 가라는 호의까지 베풀었다.

천추절은 명나라 황후(皇后)의 탄신일인데 그 사절로 먼저 와 있던 윤목

(尹穆)과 함께 경하연(慶賀筵)에도 참석한 다음, 7월 25일에 귀국길에 올라 9월 18일에 왕경으로 돌아왔다. 그러나 다음 해 1월에 뜻밖의 사태가 벌어져 선생을 곤혹스럽게 하였다. 동맹가첩목아가 명나라의 위협에 견디다 못해 고려를 배반하고 비밀리에 명나라에 들어가 귀부(歸附)하게 된 사달이 발생한 것이다. 평소 선생을 시기하던 무리들이 일어나 선생의 외교적 성과를 폄하한 나머지, 어쭙잖은 통사의 잘못까지 덮어씌워 책임을 물으려 하였다. 태종은 "오랑캐 추장의 배신에 기인한 일이지, 계품사의 잘못이 아니라" 하여 선생을 옹호하고 정신(廷臣)들의 말을 듣지 않았다.

한편 선생에게는 명나라 사행 중인 그해 7월 1일에 예문관대제학에 이어 판승녕부사(判承寧府事)라는 관직이 또 내려졌다. 정2품으로 대제학과는 품계가 같아 봉록을 내리기 위한 보직(補職)으로 보이지만 선생은 상관할 일이 아니었다. 선생이 인구계품사로 선린외교의 성과를 거두고 돌아온 직후 1405년 9월 22일에도 태종은 다시 판한성부사(判漢城府事)로 임명했다. 이는 그해 10월 1일로 잡혀 있던 두 번째 한성부로의 환도(還都)를 앞두고 매우 의미 깊은 배려이기도 했다. 아마도 여기에는 선생이 수행한 어려운 사명(使命)에 대한 노고의 보답과, 다시 벼슬길에 나오게 하려는 함의(含意)가 있었을 것이다. 하지만 선생은 이에 개의하지 않고 초연한 심정으로 다시 고려 유신의 처지로 돌아갔다.

12. 한양(漢陽) 이사 후 누차의 관직 천망(薦望)

인구계품사의 역할을 마치고 돌아온 선생은 신왕조의 한양 천도를 계기로, 부·조 이래의 삶의 터전이었던 개경을 떠나 한성부(漢城府)로 주거를 옮기기로 하였다. 중앙정부의 요직에 있던 아들 형제의 생활 형편에 따르지 않을 수 없었던 것이다. 한성 천도는 이미 1396년(태조 5) 9월에 도성(都城)의 공사가 완공되어 1차로 옮겨졌으나, 그 후 1·2차에 걸친 '왕자의 난'으로 한성은 길지(吉地)가 아니라는 공론 때문에 1399년(정종 1)에 다시 개경으로 되돌아갔다. 그 이듬해 태종이 왕위에 오르자 얼마 되지 않아 이번에는 개경의 본궐(本闕)인 수창궁이 불타버려 1405년(태종 5) 10월에 부득이 두 번째로 천도가 이루어진 것이다.

선생은 처음 도성의 남쪽 성저(城底)에다 땅을 얻어 비교적 넓은 부지에 장원(莊園)을 꾸미고 그 가운데 새로 집을 지었다. 이 집에서는 맏아들 제학공과 함께 거주하였고 둘째아들 부훤당공(負暄堂公)은 거기서 멀지 않은 곳에 농장을 갖춘 살림집을 장만했다. 또 이와는 별도로 경역에는 수천 그루의 밤나무를 심고 그 속에 율정(栗亭)이라는 소재(小齋)를 지어 독서와 소견(消遣)을 하는 한편, 경사자집(經史子集)의 도서를 두루 갖추고 서재를 개방하여 찾아오는 후진들에게 시서(詩書)와 이학(理學)을 전수하기도 하였다. 성의 남문 밖에 선생의 저택이 있었다는 것은 조선 초기의 명신이요 학자인 성현(成俔)의 저서『용재총화(慵齋叢話)』에서 그 근거를 찾을 수 있다. 그의 증조부인 성상곡(成桑谷)의 한성 복거(卜居)를 언급하면서 자연스럽게 선생의 주거(住居)에도 말이 미친 것이다.

> 상곡(桑谷)은 기우이공(騎牛李公)과 서로 좋아했는데, 이공은 도성의 남쪽에 살고 상곡은 서산(西山)에 살아 그 거리가 겨우 5리쯤 되었다. 혹 지팡이를 짚고 서로 따르기도 하고 혹 시를 주고받으며 읊기도 했다. 상곡은 정원 가운데 조그만 재사(齋舍)를 지어 위생당(衛生堂)이라 하고 매양 집안 아이종을 모아들여 날마다 약을 짓는 것으로 일을 삼았다.
>
> 桑谷與騎牛李公相善 李公居城南 桑谷居西山 相距纔五里許 或杖屨相從 或以詩相酬唱 桑谷於園裡搆小齋 名曰衛生堂 每聚家僮 日以齊藥爲事云

위에 언급된 도성의 남쪽 곧 성남(城南)이란 궁성 4대문의 하나인 숭례문(崇禮門) 밖을 말하는 것으로, 천도 당시의 행정구역인 5부(部) 52방(坊) 중에 남부(南部)에 속하고, 지금의 광교와 청계천 남쪽 방리(坊里)에 해당된다. 선생의 집과 5리쯤 떨어진 서산(西山)은 지금의 마포구 아현(阿峴)쯤으로 짐작되는 지점이다. 비록 당시에는 버려진 땅처럼 쓸쓸한 변두리였지만, 취미와 풍류가 비슷했던 두 분은 머지않아 반드시 훌륭한 원림(園林)

을 이룰 수 있을 것이라 믿으며 밤나무 등 과일을 심고 수석(水石)과 정원을 아름답게 꾸몄다. 이러한 정황은 성현이 『용재총화』에서 그 증조고(曾祖考)의 우애를 회상하는 다음 글에서도 비춰지고 있다.

조선조에서 도읍을 한양으로 옮길 때 우리 증조 상곡공은 백형인 독곡공과 지금의 향교동에 집터를 정했다. 어느 날 형제분이 남대문을 나와 5리쯤 지나 사람 사는 집이 없는 곳에 이르렀다. 상곡공이 서산 기슭을 가리키며 "여기가 가장 아름다운 곳이라 집을 짓고 살겠습니다" 하고 백형에게 아뢰었다. 이에 독곡공이 대노하여 "형제가 이웃해서 나란히 사는 것이 무에 그리 못마땅해 너 혼자 나를 버리고 멀리 무인지경에서 살려 하느냐" 하고 나무랐다. 상곡공은 "지금은 이곳이 사람이 살지 않는 변두리지만 중엽(中葉)에 이르면 틀림없이 인가가 즐비할 것입니다. 저는 산림(山林)의 아름다움을 선택한 것이지 결코 우애를 가볍게 여기는 것이 아닙니다" 라고 하여 백형을 설득하였다.

선생은 독곡(獨谷)·회곡(檜谷)·상곡(桑谷) 등 이른바 성씨삼곡(成氏三谷) 형제들과 모두 교분이 두터웠다. 성석린(成石璘, 1338~1423)은 14년이나 연장이지만 학문과 시문으로 뜻을 같이하였고, 성석용(成石瑢, 1352~1403)은 나이가 같은 문우(文友)이며, 성석연(成石珚, 1354~1414)은 풍류로서 어울린 지기(知己)의 관계였다. 성씨 3형제가 집터로 정한 향교동(鄕校洞)은 고려 말에 한양향교로 인해 유래된 마을인데, 지금의 종로구 경운동(慶雲洞) 일대이며 아직도 교동(校洞)초등학교가 그 마을 이름을 전하고 있다.

그러나 선생이 성상곡과 5리쯤의 거리를 두고 살던 '남문 밖과 서산 기슭'은 그 위치조차 가늠하기 어렵다. 다만 두 분이 서로 집을 왕래하며 차를 마시고 수창(酬唱)을 하던 일화를 남기고 있어, 그 아름다운 자취를 되새기게 할 뿐이다. 그리고 「성상곡 석연의 위생당을 읊는다(題成桑谷石珚衛生堂)」라는 선생의 칠언절구 한 수가 후인들로부터 애송되고 있는 것은 그나마 다행한 일이다.

기우자 이공이 일찍이 당(堂)에 이르렀다. 상곡이 공도공(恭度公)으로 하여금 창밖에서 차를 끓이게 했는데, 찻물이 넘쳐버렸으므로 다시 다른 물을 부었다. 공이 맛을 보고 말하기를 "이 차에 필경 두 가지 생수를 섞었구나?"라고 하였다. 공은 능히 물맛을 변별할 줄을 알아 충주 달천(達川)의 물을 제1로 삼고, 한강 가운데를 흐르는 우중수(牛重水)를 제2로 삼으며, 속리산의 삼타수(三陀水)를 제3으로 삼았다. 달천은 아마도 금강산에서 나온 것이리라.

騎牛子李公嘗到堂 桑谷令恭度公 烹茶於廳外 茶水溢更添他水 公嘗知日 此茶必添二生水 共能辨水味 以忠州達川水爲第一 漢江中之牛重水爲第二 俗離山之三陀水爲第三 達川蓋自金剛山出來者也

위에 든 기록 역시 『용재총화』에 실려 있는데 두 가지 생수를 섞어 차를 끓인 공도공은 바로 상곡공의 아들이고 성현의 조부로 세종(世宗) 때 동지중추(同知中樞)를 지낸 성엄(成揜, ?~1434)의 시호이다. 선생의 물맛 변별의 기사는 『동국여지승람』 충주목(忠州牧)조에도 소개되어 있다. 나라 잃은 지사(志士)로서 세사에 초연하면서도, 풍류를 즐기고 자연의 이치에 순응하는 생활의 멋을 지닌 선생의 또 다른 풍모를 엿볼 수 있는 일화이다. 그럼에도 불구하고 조선 신왕조에서는 선생의 그러한 깨끗한 처신과 자정(自靖) 생활을 그대로 묵과하지는 않았다.

1406년(태종 6) 7월에 사간원에서는 「때때로 힘써야 할 여섯 가지 조목(時務六條)」이라는 건의문을 올렸다. 거기 한 조목에는 조야에서 신망이 두터운 인물을 발탁하여 정부 제조(諸曹)의 장관으로 중용해야 한다고 하면서, 은거 중인 선생을 또 판서(判書)로 천거하였다. 그 연장선상에서 이듬해 6월에는 마침내 태종이 형조(刑曹)·사간원(司諫院)·사헌부(司憲府) 등에 숨어 있는 인재를 조사하여 올리도록 특명을 내렸다. 그 결과 세 기관에서 연명으로 소장(疏章)을 올렸는데, 선생을 "문무의 재망이 겸비하여 가히 장상(將相)의 재목이니 중용해야 한다"는 역천(力薦)이 있어 같은 해 8월에 형조판서로 제수되었다.

그러나 선생은 이를 수락하지 않은 채 한성에서 강음으로 다시 평해 옛집으로 은거지를 옮겨가면서 낭유(浪遊)하는 세월을 보냈다. 그런 가운데 그해가 저물 무렵 배위이신 서산군부인(瑞山郡夫人) 류씨(柳氏)가 유명(幽

明)을 달리하니, 선생의 나이도 55세의 노경에 접어들었다. 이때 내간상을 당한 맏아들 척(逖)도 벼슬을 그만두고 성남 집에서 거상(居喪)을 하니 선생은 그 쓸쓸한 심신을 친구들과의 시문 증답으로 달랬다.

그렇다고 선생을 조정으로 끌어내기 위한 태종의 집념은 사라진 것이 아니었다. 그런 임금의 뜻을 받든 측근의 중신들은 기회 있을 때마다 선생을 천거하여 출사 권고를 하는 등 본인의 의사와는 상관없이 마음의 부담을 가중시켰다. 가령 선생과 가까운 지우(知遇)로 당로(當路) 중신인 권양촌과 성독곡·성상곡 형제는 번갈아 선생의 집을 방문하여, 넌지시 시문으로서 의사를 타진하고 선생의 진의를 탐색하기도 했다.

그 가운데 권양촌 같은 이는 「이기우자의 운을 따라서(次李騎牛子韻)」라는 시를 지어 "충신으로서 목숨을 바치는 것은 당연하지만, 지사로서 한거하는 것은 부끄러운 일(忠臣當授命 志士恥閑居)"이라 하여 선생을 부추기면서 뜻을 바꿀 것을 종용하였다. 그러고는 "남양삼고의 만남이 있게 되면, 응당 시골집에 누워 있기 어려우리라(會有南陽顧 應難臥草廬)" 하고, 저 제갈량(諸葛亮)의 삼고초려(三顧草廬)처럼 누군가 또 간절한 출사 권유가 있을 것임을 암시하기도 했다.

그런 사실 때문인지는 알 수 없으나 1407년(태종 7)의 어느 봄날 선생은 다시 소를 타기 위해 동해 바닷가로 숨어버렸다. 성상곡이 성남의 집으로 선생을 방문했지만 텅 빈 집을 바라보며 시를 읊었다. "아득하게 바닷가에 숨은 사람이, 쓸쓸히 문을 닫고 살겠는가(迢迢蹈海客 落落閉門居)" 하고 운을 연 뒤에, "풍류는 달빛 아래 소를 타는 일, 생계는 가마솥 안 물고기 같네. 천 리 밖에서 서로 생각하나니, 언제쯤 나의 집을 찾아주겠소(風流月下犢 生計釜中魚 千里勞相憶 幾時過弊廬)"라고 하면서 발길을 돌렸다.

선생에게 간절한 출사 권고를 하려던 성독곡 또한 아우 상곡으로부터 사정을 듣고, 소를 타기 위해 바닷가로 간 선생에게 칠언절구 1수를 지어 자신의 심정을 토로하였다. "기우자는 어찌 이에 다시 소를 찾는가, 다만 종전처럼 삭두로 방황을 하려 하네(騎牛胡乃更尋牛 只爲從前放索頭)" 하고 직접적인 표현으로 섭섭한 정감을 드러내기도 했다. 삭두(索頭)라는 말은 '머리에 끈을 맨 오랑캐'라는 뜻으로 중국 남북조시대 때 남송(南宋) 사람들이 북위(北魏) 사람들을 경멸해서 부르던 말이다. 여기서는 명나라를 섬기는 신왕조에 벼슬할 생각은 않고, 변발(辮髮)을 한 원나라를 섬긴 고려 유신으로서 방황만 하고 있을 것인가? 하고 빗대면서 장난삼아 따져 물은 것이라 해석이 된다.

13. 후진 교육과 강산의 주유(周遊)

1309년(태종 9) 3월에도 신왕조에서는 병법(兵法)의 연구기관이라 할 병서습독제조(兵書習讀提調)라는 기구를 두어, 하정(夏亭) 유관(柳寬)과 교은(郊隱) 정이오(鄭以吾)와 함께 선생을 그 제조(提調, 정2품)로 삼았으나 이를 또 거절한 채 오로지 후진들의 교육에만 전념했다.

이때 선생은 주로 한양의 큰아들 집에서 기거하며 목은, 포은 등 선진 학자들로부터 이어받은 정주이학(程朱理學)의 깊은 뜻을 연구하고 있었는데, 특히 독곡·상곡 형제와 권근·정이오·이원(李原)·이직(李稷)·황희(黃喜)·조신충(曹信忠) 등 석학 명신들과도 두터운 우정을 맺고 학문의 연마와 시문을 교환하였다. 또한 많은 문제(門弟)도 거느려 이학(理學)과 시서(詩書)를 전수했는데 강석덕(姜碩德)·이번(李蕃)·류방선(柳方善)·김종서(金宗瑞) 등 당대의 학자는 물론 천봉(千峰) 만우(卍雨)와 같은 유석(儒釋)들과도 교류하여 한 시대 사문(斯文)의 영수로 존경을 받았다.

그런 가운데서도 선생은 때때로 행장을 꾸려 전국의 강산을 주유하였다. 선생의 나이 59세 때인 1410년(태종 10)에는 호남과 영남 일대의 문물과 고적을 찾아 여행했는데, 금구(金溝)·부안(扶安)·나주(羅州)·완산(完山)·고창(高敞)·무장(茂長)·진보(眞寶)·김해(金海)·양산(梁山)·청하(淸河) 등을 지나면서 그곳 누대와 명소에다 제영(題詠)의 글을 남겼다. 주로 오언고시와 칠언절구로 이루어진 이 시기의 작품은 선생의 탈속한 운치와 그 속에 담긴 감개(感慨)를 격조 높게 표현한 수작(秀作)들이지만, 특히 전라도 금구현에 들러 봉두산(鳳頭山)을 읊은 시는 고려 유신으로서의 선생의 정감이 한껏 배었다.

오동나무 가지에 잎이 떨어졌으니	梧枝已凋落
대나무 열매 누굴 위해 남아 있으랴	竹實爲誰存
봉황새 날아가고 공연히 그리운 생각	鳳去空懷想
높은 언덕 땅 위에 우뚝이 꽂혀 있네	高岡揷厚坤

여기에서 낙엽이 진 앙상한 오동나무는 망해버린 고려에 비유되고, 그 오동나무에 깃들어 죽실(竹實)을 먹고 산다는 봉황새는 고려의 임금으로 회상된다. 오동나무는 아직도 높은 언덕에 우뚝 서 있지만 섬겨야 할 임금이 없는 자신의 고독은 너무나 휑하다. 선생은 이 나들이길에서 경상도 영천의 창수(蒼水)에 들러 고려의 유신으로서 생을 마친 조신충의 궤연(几筵) 앞에 향을 피우고 만사(輓詞)를 지어 읊기도 했다. "겨울 산 외로운 소나무의 절개를 누가 알겠는가? 바람 서리 견딜 수 없더니 해 저무는 추위로구나(誰知冬嶺孤松節 不耐風霜歲暮寒)." 친구의 애절한 죽음을 조상한 말이기도 하지만 이 시구는 바로 선생 자신의 그 무렵 심정이기도 했다.

1412년(태종 12)은 선생의 회갑년(回甲年)이다. 이해 8월 1일에 태종은 회갑을 맞이한 선생에게 다시 예문관대제학의 벼슬과 봉록을 내려 정계 원로로서 예우하려고 했으나, 이를 받지 않고 강음의 별업으로 돌아가 은거해버렸다. 이때부터 선생은 아예 전원 속에 묻혀 백성들의 어려움을 헤아리면서, 몸소 농사짓고 뽕나무를 심으며 세월을 보냈다. 그런 가운데서도 친지와 문제(門弟)들이 방문하여 시문을 논하고 풍류를 즐겼는데, 특히 독곡(獨谷) 정승과는 철마다 선물을 증답하고 산행(山行)을 함께하는 등 망년(忘年)의 사귐을 가졌다. 이 무렵 두 분 사이에 주고받은 7, 80편의 시문이 그 사실을 잘 말해주고 있다.

1413년(태종 13) 4월에도 선생에게 완산부윤(完山府尹)의 봉록이 내려졌으나, 행공(行公)을 하는 대신 오히려 강음에서 멀지 않은 황해도 일대의 풍물과 고적을 찾아 집을 나섰다. 우봉(牛峰)과 토산(兎山)에서는 현아(縣衙)에 제영을 남겼고, 화산(花山) 길을 따라 이천현(伊川縣)에 들렀을 때는 고을살이할 때의 감회를 떠올리며,「이천객관의 운을 따라(次伊川客館韻)」라는 오언율시를 지었다. 금성현(金城縣)에서는 동헌(東軒)에 올라 "평생에 조그만 보람도 없어, 늙은 고려의 승선이 부끄럽다(平生無寸效 慚愧老承宣)" 하고 탄식하면서 역시 시판을 걸었다.

14. 한양과 강음 사이 왕래와 민정(民政)의 협조

강음의 농장에서 선생은 직접 중국의 농업기술 서적인『농상집요(農桑輯要)』중「양잠방(養蠶方)」만을 가려 뽑아 이를 단행본으로 편집 간행하였다. 선생은 이 책을 토대로 하여 양잠의 연구와 경험을 쌓은 결과 생산이 보통 때의 배가 넘었으므로 그 터득한 기술을 널리 민간에 보급하였다. 결국 조정에서도 이 사실을 알게 되어 태종이 직접 선생의「양잠방」을 거두어 보게 되었다. 임금은 중국말로 된 이 책은 민간에서 이해하기 어렵다 하여 사인(舍人) 곽존중(郭存中)을 시켜 우리나라 말로 절(節)마다 주(註)를 달아 알기 쉽게 고쳐서 재판(再版)으로 간행하게 하였다.

그리하여 각 도의 유한지를 선정하여 뽕나무를 많이 심게 하고, 채방사(採訪使)를 지방에 파견한 후 선생이 연구한 양잠의 기술을 국가의 한 시책으로서 보급하게 하였다. 중앙정부에서는 전농시(典農寺)의 노속들로 하여금 기술을 익히게 하는 한편, 후궁에서도 자진하여 친잠(親蠶)을 장려함으로써 그 시책은 매우 좋은 성과를 거두게 되었다. 그리고 이 시책을 시행함에 있어 당시 의정부(議政府)의 사인(舍人)으로 종사하던 둘째아들 부훤당공이 아버지의 농상 장려에 관한 뜻을 실현하기 위해 노력한 공적이 적지 않았음은 두말할 나위가 없다.

둘째아들은 이 공적으로 인해 1415년(태종 15) 10월에는 정3품의 품계에 올라 군자감정(軍資監正)의 보직을 맡게 되었다. 선생께서 크게 기뻐하시어 아들의 군사 장비와 군량미 확보 등 국방에 관한 직무를 도와주기 위해, 우선 편의사조(便宜四條)의 건의를 하도록 권하였다. 이 네 가지 조목은 평소 선생이 동북 양면(兩面) 국경지대 방비가 허술한 점을 염려하며 생각해 온 것으로, 함주(咸州)·청주(靑州)·영흥(永興)·경성(鏡城) 등지의 전토(田土)를 제대로 정비한 다음 성곽과 도로를 보수하는 일이 시급하다는 내용이었다. 동시에 부역(賦役)을 고르게 하여 백성들의 원망을 줄이고 오랑캐의 침범을 막는 일에 주력해야 한다는 점을 강조했는데, 임금과 정부에서 이를 수용하여 무난하게 시행되도록 하였다.

이는 순전히 표면에 나서지 않고 아들의 벼슬살이를 도와주려는 선생의 자발적인 배려였지만, 태종은 전일 「양잠방」의 시행 협조와 아울러 국가 산업 및 국방 행정에 기여한 선생의 은밀한 공적이라 인정하여, 그해 12월에 다시 선생에게 개성유후사유후(開城留後司留後)라는 봉록을 내렸다. 그러나 선생은 전과 같이 사은숙배를 하지 않은 채, 이듬해 5월에 이르러서야 한성의 대궐로 나아가 이를 사양하는 예(禮)를 임금에게 올렸다. 이때에도 성석린 등 재조(在朝)의 중신들로부터 작시(作詩) 모임에 초대를 받고 여러 날을 소견하였다.

한양에 머물러 있을 때는 주로 둘째아들의 농장(農莊)에서 기거하며, 당시 잠종채방사(蠶種採訪使)로 현직에서 활동하던 아들을 위해 많은 협조를 하였다. 이 무렵 둘째아들은 당나라 시대의 누에고치를 구해 가평(加平)과 양근(楊根) 두 곳에 잠실(蠶室)을 설치하였고, 그곳에서 품질이 좋은 생견(生繭)·조사(繰絲)·종련(種連)을 생산하는 데 성공하였다. 선생도 크게 기뻐하여 아들에게 힘을 보탰는데, 그것을 계기로 나라에서도 공상잠실(公桑蠶室)을 설치하는 법을 만드는 조치를 취하게 되었다. 그러므로 우리나라 잠업의 발전적 토대는 이 시기에 이루어졌으며, 이는 선생의 숨은 노력과 협조가 있었기에 가능한 일이었다.

한편 부휜당공도 아버지의 도움과 뒷받침 아래 그 관료 생활이 비교적 순조로웠는데, 1413년(태종 13) 이래 약 5년 동안 6품의 한직에서 승문원(承文院)·통례문(通禮門)의 정3품의 판사(判事)직을 거쳐, 풍해도감사(豊海道監司)·공조참판(工曹參判)·세자봉숭도감제조(世子封崇都監提調)·명나라 파견 사은부사(謝恩副使)·경기도감사(京畿道監司) 등 2품의 요직에 잇달아 등용되어 문자 그대로 승승장구하는 출세가도를 달렸다. 그럼에도 불구하고 선생은 그러한 아들에 대한 기대가 크면서도, 항상 그 정치적인 야망이 지나친 것을 걱정하여 겸손하고 현명한 처신을 하도록 타일렀다.

그러다가 1419년(세종 1)에 양녕대군(讓寧大君)의 폐세자(廢世子)와 충녕대군(忠寧大君)의 왕위 계승으로 인한 정국의 격변 속에서, 선생은 셋째사위 김훈(金訓)이 정종궁(定宗宮)을 드나들며 불충(不忠)의 죄를 입은 사건을 당하게 되었다. 사위가 가산(家産)이 적몰되고 서인(庶人)의 신분으로 격하되자, 둘째아들마저 그 매부의 구명 운동을 하다가 연루되어 함께 귀양을 가는 몸이 되었다. 이에 선생은 그 실망감을 주체하지 못하고 다시 강음별업으로 돌아와 수년간 두문불출의 칩거 생활에 들어갔다.

처음에는 문을 닫아걸고 사람의 만남도 거절한 채 오로지 속마음을 끓이며 괴로운 나날을 보냈다. 그러나 많은 친지와 후진들이 선생을 위로하기 위해 방문하는 일이 잦았고, 마침내 선생이 강석(講席)을 열어 후진들을 교독(敎督)해주기를 희망하였다. 이에 선생 자신도 사랑하는 후진들과의 강학에 보람을 찾는 한편, 지우(知友)들과의 교담(交談)과 수창을 통해 학문과 심신 수양의 기회를 삼기에 이르렀다. 그동안 미진했던 저술 활동의 기회를 되살리면서, 오랜 세월 미루어왔던 친지들의 청문(請文)도 딱히 거절하지 않았다. 1424년(세종 6) 8월에는 참찬의정부사(參贊議政府事) 박돈지(朴敦之)의 묘지명(墓誌銘)을 지어 오랜 글빚을 갚은 것도 이 시기의 일이었다.

15. 왕실과의 통혼(通婚)과 세종의 지우(知遇)

1422년(세종 4), 선생의 나이 칠순을 넘기자 상왕(上王)으로 있던 태종도 죽고, 그때까지 이원화되어 있던 국가권력이 명실 공히 세종(世宗)에게로 집중 일원화되었다. 임금은 비로소 강력한 왕권을 확립하여 국방·외교·문화·사회 각 방면에서 혁신적이고 눈부신 정사를 펴나가기 시작했다. 무엇보다도 관인(官人) 사회의 언로(言路)를 열어 백성들의 희망을 과감하게 정치에 반영하였고, 널리 숨은 인재를 발굴하여 적재적소에 기용하였다. 특히 세종은 고려 유신으로서 명망을 얻고 있는 몇몇 인사를 정계의 원로로 존경하여 극진한 예우를 하는 한편, 그 높은 경륜을 빌려 정치에 반영하는 것을 큰 과제로 삼았다.

전조의 대제학과 판서 등 고관을 역임하며 그 문장과 학문은 물론, 정치적인 비중이 컸던 선생의 경우, 이미 선왕대 이래 여러 차례 벼슬을 내리는 등 끈질긴 포섭 대상이 되어왔다. 하지만 그때마다 선생은 벼슬을 마다하였고 다만 아들 형제와 지구(知舊) 관료들을 통해 외교와 국방 및 산업에 관한 일에만 측면적인 협조를 해온 처지에 있었다. 이러한 선생에 대하여 세종은 선왕 때처럼 직접 관직을 내리거나 협력을 강요하지는 않았지만, 항상 특별한 관계를 맺어 정계 원로로서 좀 더 가까운 위치에서 자문을 구하고 싶었던 것이다.

그리하여 1425년(세종 7)에 임금은 사랑하는 질녀이면서 자기에게 왕위를 물려준 백형 양녕대군의 장녀를 선생의 손자 자(孜)의 배필로 삼는 왕실과의 혼인을 직접 주선하여 성립시켰다. 따라서 그해 5월에 특명으로 임금의 질서(姪壻)가 된 선생의 손자에게 돈녕부(敦寧府)의 주부(主簿) 벼슬을 내리게 했다. 아울러 선생의 손부(孫婦)가 된 양녕대군의 따님에게 전의현주(全義縣主)를 봉하면서, 그 사위에게는 현주 봉작에 격을 맞추어 종2품 가선대부(嘉善大夫)의 품계를 특전(特典)으로 내렸다.

『여주이씨대동보』의 지돈녕공(知敦寧公) 보기(譜記)에 십육세승가선(十六

歲陞嘉善)이라는 문자가 있다. 돈녕공이 나이 16세에 결혼하여 가선대부에 올랐다는 것을 의미한다. 미관(未冠)의 나이에 대부(大夫)의 반열에 오를 만큼 파격적인 대우임을 알 수 있다. 세종의 그러한 배려와 특전이 매우 두려운 일이었으나 선생은 거절할 수 있는 처지가 아니었다. 앞서 세상을 떠난 큰아들의 불행을 다시금 아파하면서 선생은 혼주로서 손자의 혼사를 위해 강음을 떠나 한양 집에 머물면서 수년간을 보내게 되었다.

1427년(세종 9) 선생의 나이 76세 때에는 손자 돈녕공이 첫아들을 낳아 비로소 증손 증석(曾碩)을 얻게 되는 경사가 있었으나, 반면에 선생의 기력도 매우 쇠잔해졌다. 드디어 1429년(세종 11) 8월에 이르러 선생은 사돈간이 된 세종에게 "이제 나이 많고 병도 깊어 부모의 무덤이 있는 곳으로 돌아가 여생을 편안하게 쉬겠다" 하고는 다시 강음별서로 되돌아갔다. 또 이해에 선생은 효정공(孝靖公) 이정간(李貞幹)의 고희연(古稀筵)에 그 장수를 경축하는 시를 지어 보내기도 하였다. 그는 세종으로부터 정려(旌閭)와 궤장(几杖)을 받아 조야의 인사들로부터 존경을 받은 인물이었기 때문이다.

1431년(세종 13)은 선생이 80세 대질(大耊)의 나이에 오른 해로, 세종은 선생의 손부가 되는 전의현주에게 재령군주(載寧郡主)로 승봉하는 특전을 내렸고, 이듬해 8월 26일에는 나라에서 양로연을 베풀고 선생을 한 나라의 장로로서 한양에 초대하기도 하였다. 그러나 강음에서 모처럼 상경한 선생은 궁중의 연회에는 참석하지 않고 곧 되돌아가려고 했다. 그것은 당시 선생의 셋째사위 김훈이 국법을 어긴 일과, 양녕대군의 사위가 된 손자의 조부로서 근신을 하려는 의도에서였다. 하지만 선생을 마음속으로 존경하는 많은 지구 관료들이 한양에 그대로 머물러 있기를 바랐으나 선생이 응하지 않음에, 당시 이조판서 허조(許稠)가 임금에게 직접 글을 올려 만류해 주기를 간청한 일도 있었다.

전 대제학 이행은 이번에 임금의 초청으로 서울에 왔으나, 벌을 받은 그 사위 김훈의 일로 모든 것을 그만두고 강음에 거주한 지 여러 날이었습니다. 이번에는 그 손자 이자(李孜)가 양녕대군의 사위가 되니, 후환이 있을까 두려워하여 다시 강음으로 되돌아가려고 합니다. 옛날 자취에 대해 물으려고 한다면 이 노장(老丈)만 한 분이 없으니 경성에 머물도록 청합니다.

　前大提學李行 今承召來京 懲其婿金訓之事 乞骸居江陰者有日 今其孫李孜 爲讓寧大君之婿 恐有後患 復欲退歸江陰 欲問古跡 無如此老 請留京城

이에 대하여 세종은 "그를 머물도록 하라(其留之)" 하고 윤허했다. 임금은 특히 선생의 손자가 양녕대군의 사위가 된 것은 자기의 명령과 주선으로 이루어진 일이니, 그로 인해 후환이 있을 수가 없다는 뜻으로 선생을 안심시킨 것이다. 이와 같이 세종은 선생에 대하여 끝까지 통가(通家)의 의리와 예절을 지키면서도, 한 나라의 기영(耆英)으로서 선생을 예우하고 존경했던 것이다.

16. 서세(逝世)와 영원한 의표(儀表)

그러나 1432년(세종 14, 壬子) 9월 6일에 선생은 둘째아들 부원당공의 한양 집에서 요양하시다가 노환으로 별세하니 81세의 천수(天壽)를 누렸다. 정부에서는 임금의 명으로 3일 동안 조회를 폐지하고 부물(賻物)을 상가에 보내 애도의 뜻을 표하였다. 10월 20일에는 세종이 전례(典禮)에 따라 예관(禮官)을 파견하여 치전(致奠)을 하는 한편, 의정부좌찬성(議政府左贊成)의 증직과 문절(文節)이라는 시호를 내리었고 여산부원군(驪山府院君)으로 추봉하였다. 그 제문은 270자에 이르는 비교적 긴 문장이다. 세종이 본 선생의 인품을 간결하고 적실하게 드러내었고, 특히 선생이 젊은 시절 탐라선유사로서 제주도를 반도 종국(宗國)에 귀순시킨 빛나는 공적을 칭송한 것이 돋보인다.

성품이 단정하고 몸가짐이 청검했으며 넓고 아름답게 옛것을 좋아하였다. 학문은 천지인의 삼재를 궁구하였고 청렴하고 조용하여 겉차림이 없었으니 덕행은 한 시대에 우뚝했도다. 크고 넓은 재주와 지혜는 참으로 세상을 경륜함에 넉넉하였고, 슬기로운 그릇은 착잡한 문제를 푸는 데 시험할 만하였다. 옛날 탐라가 제멋대로 날뛸 때는 왕명을 받들어 불러서 타이를 제, 깊은 바다 보기를 평탄한 길처럼 여겨 분연히 몸을 돌보지 않았고, 어리석은 백성을 어루만지기를 어린이를 다루듯 하여 명성과 공적이 무성하였다.

稟質端方 持身淸儉 博雅好古 學究三才 廉靜無華 行高一代 宏材實優於經世 利器可試於盤根 昔耽羅之陸梁 承王名而招諭 視溟渤如視之坦道 奮不顧身 撫頑 民猶撫嬰兒 蔚有聲績 (中略)

그리고 선생의 명성이 세상에 알려지자 사람들은 그 공적을 찬양하였으며, 이러한 인연으로 열성(列聖)들의 장려와 지우를 얻어 중앙과 지방에서 빛나는 벼슬을 이어서 지냈다는 것을 밝혔다. 병부(兵符)를 나누어 장수가 되고, 고을을 맡아 목민(牧民)의 어진 정사를 폈으며, 선대왕의 분부로 중국 조정에 들어가 황제와 전대(專對)한 사실까지 언급하였다. "나아가고 처하는 행신(行身)은 옛사람에게 부끄러움이 없었고 풍절과 지혜는 후진들에게 모범이 되었다(出處無愧於古人 風猷可儀於後進)" 하고 찬양하면서, 잊기 어려운 지난날의 공적을 되새기고 나라의 은전(恩典)을 보태어 영원히 곧은 혼령을 위로한다고 끝을 맺었다.

같은 달에 양례(襄禮)를 치렀는데 한양에서 강음까지 운구하여 그곳에서 가까운 금천군 서면 영청동 설봉산(雪峰山) 아래 선대의 조역(兆域)에 안장했다. 1964년(甲寅)에 밀양 엄광리 재궁동 대종산경역 오세단(五世壇)에 모셨다. 선생은 슬하에 3남 3녀를 두었는데 장남은 제학공 척(逖)이고 차남은 부훤당공 적(迹)이며 삼남은 여천군(驪川君) 몽가(蒙哥)이다. 장녀는 서계령(徐繼齡)의 부인이 되었고, 차녀는 박대흥(朴大興)에게 출가했으며, 삼녀는 상산인(商山人) 김훈(金訓)에게 출가하였다. 김훈은 문과 급제 후 전사소윤(典祀少尹)의 벼슬을 지냈고, 세조(世祖) 때 왕사(王師) 신미(信眉)와 문평공(文平公) 김수온(金守溫) 등 두 아들을 두었다.

제학공은 1남 1녀를 두어 아들은 돈녕공(敦寧公) 자(孜)이고 1녀는 청주인(淸州人) 한기(韓起)에게 출가했는데, 두 아들이 상당부원군(上黨府院君) 한명회(韓明澮, 1415~1487)와 서평군(西平君) 한명진(韓明溍)이다. 부훤당공은 두 딸을 두어 장녀는 양주인(楊州人) 조수량(趙遂良)에게 출가하니 문과 급제 후 감사(監司)를 역임했고, 둘째딸은 현령(縣令) 우전(禹傳)에게 출가했다. 여천군은 아들 형제를 두어 장남은 여성군(驪城君) 치남(致南)이고 차남은 참봉(參奉) 만생(晚生)이다.

선생은 고려 말의 어지러운 정국과 조선 초기의 변화된 세태를 몸소 체험하면서, 고려 유신으로서의 지조와 처신을 어떻게 정립해야 하는가를 끊임없이 고민하였고, 한 시대 지식인으로서의 사명감에도 투철한 인식을 지니고 부끄러움 없이 어려운 시대를 사신 어른이다. 때문에 그 교우 관계에 있어 특히 조선 건국 초기 조정 대신들과의 교류는 미묘한 애증(愛憎) 관계를 벗어날 수가 없었다.

예를 들면 성석린·권근·정이오·성석연과 같은 절친한 벗들은 선생이 지닌 재질과 정치적인 역량을 존중하여 어떻게 하든 신왕조에 동지로 끌어들여 자기들과 함께하고자 하면서도 그 초연한 처신을 함부로 범접하지 못했다. 또 허조·황희·김종서·이원·이직과 같은 이는 후배로서 선생의 고매한 풍의(風儀)와 해박한 식견을 흠모하면서도 그 사상과 지조를 조용히 존중해주었다. 다만 조준·윤소종·정총·조영규 등 이른바 창업공신의 무리들은 백방으로 선생을 헐뜯어 기회만 있으면 깎아내리고 죄를 주려 하였다.

반면에 오히려 태조·정종·태종·세종 등 신조(新朝)의 창업을 이끌었던 역대 군왕들은, 오히려 선생을 아끼고 비호하면서 선생이 지닌 역량과 유모(猷謨)를 최대한으로 활용하고자 하였다. 만약 그와 같은 배려가 없었다면 선생을 미워하고 음해하던 무리들의 박해 속에서 어떻게 성명(性命)을 보존할 수 있었겠는가. 자신을 둘러싼 이러한 정치적인 환경 속에서 선생은 그나마 세인들의 훼예(毀譽)와 포폄(褒貶)을 넘어 몸을 마칠 때까지 자신을 지켜낼 수 있었던 것이다.

선생이 성충(誠忠)을 다해 섬기던 고려와 왕씨(王氏)의 멸망을 지켜보면서도, 백성과 나라를 위해 불가피했던 이성(異姓)의 혁명을 현실적으로 묵인은 했지만 감히 수용(受容)하지는 않았다. 선생이 신왕조의 민정(民政)과 국방 외교에 관한 일에는 간접적으로나마 협조를 아끼지 않았던 소이(所以)이기도 하다. 바꾸어 말하면 자연의 묘리

백암거사찬(白巖居士贊)의 현판 기우자선생의 문인으로 알려진 절재(節齋) 김종서(金宗瑞)가 강원도 감사로 이곳을 순행하면서 남긴 선생에 대한 추모와 송찬(頌讚)의 글이다. 선생의 시판과 나란히 월송정 건물 헌미(軒楣)에 걸려 있다.

(妙理)를 터득하고 애영(哀榮)의 무상을 체험한 선생이었기에, 일신과 절의를 지켜 두 임금을 섬기는 불충(不忠)을 하지는 않았으되, 신왕조를 섬기는 친한 벗들과는 늘 일정한 거리를 두고 교분을 유지해왔다. 또한 신왕조 초기 역대 임금이 벼슬을 내리면 행공(行公)은 하지 않았으되, 국사에 도움이 될 만한 일에는 헌책(獻策)과 진언으로 합당한 도움도 베풀었던 것이다.

선생의 문인으로도 알려진 절재 김종서는 선생의 신후(身後)에 강원도 감사(監司)로서 순찰 중에 평해 월송정을 찾은 일이 있다. 그때 선생이 소를 타고 유상(遊賞)하던 자취를 살펴보며 그 풍절(風節)을 상기하며 지었다는 「백암거사찬(白巖居士贊)」을 여기에 옮겨 후손으로서 다시 한 번 선생을 우러러 기리고자 한다.

아름답도다 백암선생이여! 의젓하도다 고려의 충신이여! 치세(治世)를 걱정하사, 이단(異端)을 물리치고 정학(正學)을 숭상했네. 혼란한 조정에 처하여선, 현사(賢士)를 구제하고 소인(小人)을 배척했네. 거침이 없는 큰 문장이여! 치밀한 그 경륜이여! 공명(功名)을 위해, 언제 뜻을 굽혀 영화를 도모했던가? 절의(節義)를 위해, 반드시 몸을 죽여 성인(成仁)을 하려 하지 않았다. 누가 알겠는가? 소를 타던 방랑의 자취가, 참으로 고마(叩馬)를 하던 백이숙제(伯夷叔齊)와 같은 줄을! 바다 위에 솔이 있고, 솔 위에 달이 있으니, 천추만세의 먼 훗날에

도, 방불하게 선생의 그 정신을 상기하리라.

  猗歟白巖先生 展也勝國藎臣 憂治世 則闢異端而崇正學 處亂朝 則捄賢而斥小人 浩瀚乎其文章 密勿乎其經綸 於功名 何曾屈志而冒榮 在節義 不必殺身而成仁 誰知騎牛之浪跡 實與叩馬而同倫 海上有松 松上有月 千秋萬歲兮 髣髴想見其精神

선생의 깨끗한 인품과 곧고 반듯했던 기상(氣像)을 절로 엿보게 하는 희대의 명문(名文)이다. 바다 가에는 푸른 소나무가 울창하고 그 소나무 가지 끝에 걸린 밝은 달을 바라보며, 하염없는 선생의 영원한 의표(儀表)를 되새겨야 한다는 것을 절제선생(節齋先生)이 우리 후손들에게 일깨워주고 있다. 다시 한 번 선생을 우러러 사모하면서 이 글을 끝맺는다.

제3부

한양(漢陽)에서의 우리 가문

■ ■ **한양 경복궁(景福宮)의 현황**
조선 왕조 천도에 따라 도성 남문 밖에 9세조에서 13세조까지의
주거가 있었다. (사진 출처: 위키피디아. 촬영 Arne Hückelheim)

제1장

가문의 개요

이 글은 앞서 일곱 항목에 걸쳐 서술한 바 있는 「우리 선세(先世)의 개경(開京) 시대」라는 글의 후속편이다. 앞의 글 제2부는 우리 가문 약 천 년 역사에서 그 중흥기라 할 수 있는 개경 시대 200년간의 선대 자취를 간추린 것이고, 뒤를 이어 전개하는 이 글은 고려가 망하고 조선 왕조가 건국된 후, 도읍을 옮김에 따라 한양(漢陽)으로 이주한 우리 가문 약 100년간의 선적(先蹟)을 더듬어보려는 것이다.

따라서 이번 글도 앞장의 글과 마찬가지로 우리 가문의 약사(略史)를 간추려보고자 하는 의도에서 오래전에 기초해둔 바 있는 『사인당리종사(舍人堂里宗史)』의 초고를 손질하여 보완한 것임을 밝혀둔다.

이미 서술한 「우리 선세(先世)의 개경(開京) 시대」에서 「기우자선생의 생애와 풍절(風節)」이란 글을 실어, 조선 왕조 건국 초창기 우리 가문의 처지를 일부 소개한 바 있다. 문절공 기우자선생은 왕씨(王氏)가 이씨(李氏)로 바뀌는 역성혁명의 소용돌이 속에서, 태조로부터 신왕조의 정당성을 백성들에게 알리기 위한 이른바 교유문(教諭文)을 지어 올리라는 강요를 받았다. 뿐만 아니라 고려 왕조의 마지막 사관(史官)으로서 작성한 사초(史草)까지 고쳐 써내라는 협박에 시달렸다. 이에 선생이 완강하게 거부하자 마침내 백 대의 장형(杖刑)과 집안 살림을 몰수당하는 수모를 겪었다. 그리고도 모자라 1년 7개월간의 울진(蔚珍) 유배를 당하였고, 잇달아 외가향인 평해 백암산(白巖山) 기슭에 초옥을 지어 살면서 소를 타고 월송정 바닷가를 왕래하면서 은거한 사실은 널리 알려진 일이다.

이러한 정치적인 변혁 속에서 큰아들 제학공(提學公)이 세상에 대한 실의와 함께 아버님의 뜻을 따르려고 한 것은 너무나 당연한 일이었다. 그러나 신조(新朝)에서는 이미 고려 말에 진사시(進士試) 장원(壯元)에 이어, 개국 초에도 우수한 성적으로 문과(文科) 급제를 한 유능한 인재를 그대로 방치하려고 하지 않았다. 여러 경로를 통해 제학공에게 출사를 권고했지만 들으려고 하지를 않자, 어느 날 선공(先公)이 조용히 불러 타일렀다. "너는 나와 처지가 다르다. 새 조정의 임금도 경륜이 있는 분이니 힘껏 도와서 나랏일에 이바지함이 옳다"

제학공은 아버님의 명령마저 외면할 수는 없었다. 처음부터 청요(淸要)한 직책을 맡아 임금과 측근에서 건국 초기 나라의 기틀을 세우는 데 최선을 다하였다. 마침내 1405년(태종 5)에 두 번째 한성부로의 천도를 따라, 부모와 아우들을 거느리고 한양의 남대문 밖으로 주거를 옮기니 우리 가문의 역사적인 '한양 시대'가 열리게 된 것이다.

그러나 고려의 유신으로서 멸망한 나라를 생각하며 숨어서 조용히 지내겠다는 아버님의 심경을 헤아리면서, 한평생 조심스러운 처신으로 살겠다는 다짐을 했다. 그런 가운데서 얼마 후 어머님이 돌아가시자 인생의 허무를 느끼고 미련 없이 벼슬을 버린 채, 촌야(村野)와 산사(山寺)를 전전하며 시문(詩文)을 짓고 더러는 당시 고승들과 어울려 불씨(佛氏)와 노장(老莊)을 토론하며 여생을 보냈다.

부훤당공(負暄堂公)은 태종(太宗) 초년에 문과 제이명(第二名)의 영예를 차지한 유능한 관료로서 맡은 직책을 통해 일찍부터 아버님이 마음껏 펴지 못한 경륜을 간접적으로 국정에 반영하려 노력했다. 가령 태종 때 공상잠실(公桑蠶室)의 설치와 수리(水利) 시설의 정비, 동북 변경에 대한 국방과 외교상의 헌책(獻策) 등, 평소 선공의 위민(爲民)의 신념을 구현하려고 애썼다.

새 정부에서도 기우자선생의 경륜과 영향력에 각별한 관심을 가지고 있었는데, 특히 세종대왕은 평소 선생을 존경해온 처지라, 특별한 관계를 맺어 가까운 위치에서 접촉하려고 했다. 그 조치의 일환으로 세종은 기우자 선생의 장손인 돈녕공(敦寧公)을 자기의 사랑하는 질녀이자 양녕대군(讓寧大君)의 따님에게 장가들게 함으로써 왕실과의 혼인을 성립시켰다. 돈녕공에게는 관직을 특제(特除)하여 승진이 거듭되었고, 마침내 돈녕부(敦寧府)의 장관이 됨으로써 우리 가문이 경화(京華)의 한 벌열(閥閱)이 되었다.

이를 계기로 우리 가문은 그 통가(通家)의 수준도 한층 높아져서, 당대 집권 세족과의 혼인이 활발하였다. 국초에 명나라에 가서 '조선(朝鮮)'이란 국호를 받아온 문열공(文烈公) 한상질(韓尙質)의 아들 감찰(監察) 한기(韓起)는 제학공의 사위가 되었고, 정평공(靖平公) 조계생(趙啓生)의 아들 감사(監司) 조수량(趙遂良)은 부훤당공의 사위가 되었으며, 좌리공신(佐理功臣)인 밀산군(密山君) 박거겸(朴居謙)은 돈녕공과 사돈 간이 되었다. 그 후에도 여천군(驪川君)은 외종손인 한명회(韓明澮) 형제와 함께 세조의 정난공신이 됨으로써 여러 관직을 거쳐 봉조하(奉朝賀)의 은전을 입었으며, 문절공 기우자선생의 외손자인 왕사(王師) 신미(信眉)와 영산부원군(永山府院君) 김수온(金守溫)의 현달도 우리 가문으로서는 큰 배경이 되었다.

성종(成宗)대에 이르러서는 양녕대군의 외손자인 중화공(中和公)과 포천공(抱川公) 형제분이 나란히 음직(蔭職)으로 벼슬길에 나아가는 담은(覃恩)을 입었고, 슬하에 각각 7남매와 5남매 등 12종반의 많은 자녀를 거느리게 됨으로써 누대를 외롭게 이어져온 우리 가문이 비로소 자손이 창성한 벌족의 토대를 이루었다.

중화공의 맏아들 경력공(經歷公)은 한강 가에 침류당(枕流堂)이라는 별업을 장만하고, 당대의 명사들과 어울려 풍류와 시문으로 호연지기를 가꾸었다. 만년에는 경상도 진주(晉州)로 낙향한 후 자손들의 종적이 묘연해졌고, 중화공의 둘째와 넷째아들 역시 뒤를 받쳐준 자손이 없어, 결국 셋째아들인 충순위공(忠順衛公)이 밀양으로 낙남(落南)한 후에 대대로 우리 문절공파(文節公派)의 종계(宗系)를 이었다.

충순위공이 밀양에 입향(入鄕)한 시기는 연산군(燕山君)이 무오사화(戊午士禍)를 일으킨 직후라는 것이 우리 가문 전래의 통설이다. 그리고 생활의 터전을 버리고 한양을 떠나게 된 동기에 대하여도 여러 이설(異說)이 있으나 대체로 당시 혼미한 세사를 피해 낙향의 길에 올랐다는 것이 정설이다. 그것은 당시 선비들의 수난기에 전통 있는 세가(世家)의 자손들이 정상적인 사환 생활을 하기 어려울 만치 정국이 불안하였고, 사회의 도덕적인 질서가 무너진 상황이었기 때문일 것이다.

무오사화는 1498년(연산 4) 7월에 사림파의 사관(史官) 김일손(金馹孫)의 사초가 빌미가 되어 당시 훈구파에 속한 간신배 유자광(柳子光) 등이 성종 시대 이래의 신진사류들을 숙청하기 위해 일으킨 큰 무고(誣告) 사건이라 할 수 있다. 평소에 선비들의 간언을 귀찮게 여긴 연산군이 영남 사림의 우두머리라 하여, 이미 죽은 점필재(佔畢齋) 김종직(金宗直) 선생의 묘를 파헤쳐 시체를 베었고, 연관된 제자와 관료 수백 명을 처형 또는 귀양 보내는 끔찍한 정변이었다.

이러한 정황 속에서 민심은 흉흉할 수밖에 없었고, 조야의 유사(儒士)들은 그 화가 미칠까 전전긍긍하는 나날을 보냈으며, 관인들은 벼슬길에 나아가는 뜻을 버리고 앞 다투어 시골로 내려가는 풍조가 만연했다. 이때 충순위공은 고종매부의 인척이 되는 매계(梅溪) 조위(曺偉)가 점필재선생의 문인으로서 그 문집을 간행했다는 죄목을 쓰고 명나라 사행길에서 체포되었다는 소식을 들었다. 동시에 백형인 침류당공(枕流堂公) 또한 조매계(曺梅溪)와의 친분 때문에 불안해하다가, 진주로 내려가버린 어수선한 환경에 처해 있었다. 마침 충순위공은 장인인 성균진사(成均進士) 류자공(柳子恭)이 밀양 사인당리(舍人堂里)에 살면서 광활한 농장을 소유하고 있었다. 슬하에 아들이 없어 외동딸의 사위인 자신에게 그 막대한 재산을 상속시켜야 할 처지에 놓여 있었다. 심사숙고의 나날을 보내면서 더욱 어지러워져가는 세정(世情)을 견디다 못해, 드디어 1499년(연산 5)경에 처가가 있는 곳으로 낙향할 마음을 굳힌 것이다.

이와 같이 비록 1세기에 불과한 한정된 시기지만 우리 선대의 조상이 겪은 한양 시대는 참으로 영광과 슬픔이 교차하는 어려운 역사라 할 수가 있다. 여말선초(麗末鮮初)라는 왕조교체기에 비롯된 시련은 한양 천도 후에도 문절공의 자정(自靖) 생활과 연관되어 오랫동안 이어졌고, 태종과 세종 때에 우리 선조들이 누린 특전으로 가문의 뿌리는 더욱 깊고 튼튼해졌다.

세조의 쿠데타로 인한 정국의 소용돌이가 거셌지만 슬기로운 처신으로 큰 불행을 막을 수 있었고, 성종 때의 문치(文治) 시대는 다시 명절(名節)과 청문(淸聞)으로 한 가문의 전통을 이었으며, 드디어 연산군의 혼정(昏政)을 오히려 기회로 삼아 홀연히 남주(南州)의 새로운 명가로서 기틀을 잡았다.

제2장

제학공(提學公)의 출조(出朝)와 사상

공의 휘는 척(逖)이요 자는 평로(平虜)이며 1370년(공민 19)경에 개성부 오관리 사저에서 문절공 기우자선생의 큰아들로 태어났다. 어머니는 서산 군부인(瑞山郡夫人) 류씨(柳氏)인데 고려 공민왕(恭愍王)의 묘정(廟庭)에 배향된 서령군(瑞寧君) 문희공(文僖公) 사암(思庵)선생 류숙(柳淑)의 따님이다.

1. 성장 배경과 국자감시(國子監試)의 장원(壯元)

공이 태어날 무렵은 고려의 국운이 이미 서산의 낙조처럼 기울어져 요망스러운 승려 신돈(辛旽)이 정권을 마음대로 휘두르던 암울한 시대였다. 공의 외조부인 사암선생이 신돈의 모함으로 죽음을 당한 직후라 이를 상심한 어머니는 슬픔에 잠기고 있었으며, 아버지는 울분 가운데서도 문과(文科) 준비에 여념이 없을 때였다.

공은 성품이 응중(凝重)하여 매사에 사려가 깊었고, 유년 시절에 이미 문자를 깨우쳐 소년기에는 능히 시(詩)를 지을 줄 알았는데 수재라는 평판과 함께 효성 또한 지극하였다.

공이 지학(志學)의 나이를 넘기자 이미 그 문장 실력은 능숙한 단계였고, 학문의 정도도 높아 주위의 촉망을 한몸에 받았으며, 탐라선유사로서 1년 가까이나 집을 비운 선공을 대신하여 의젓하게 집안일을 돌보며 과업(科業)에도 게을리하지 않았다.

공이 성년기에 접어들 무렵에는 나라의 형세가 더욱 어지러워졌는데, 선공은 당시 간관(諫官)으로서 인재 등용과 토지제도 등의 개혁 운동에 앞장섰으며, 대언(代言)과 지신사(知申事) 등으로 임금의 측근에서 오로지 구국의 일념을 다해 정열과 성충을 바쳤다. 조야에서는 이러한 선공을 가리켜 '경세제민(經世濟民)의 큰 그릇'이라 일렀고, 임금의 지우(知遇)가 두터운 충절이라 칭도했는데, 공은 자식 된 도리로 큰 감명을 받았으며 스스로 자기 앞날의 이상과 사명감 구현에 한 본보기로 삼았다.

그러나 이성계(李成桂)의 위화도(威化島) 회군에 이어 최영(崔瑩)의 실각과 죽음, 우왕(禑王)·창왕(昌王) 부자의 폐위와 처형, 고려 마지막 임금인 공양왕(恭讓王)의 즉위, 목은(牧隱) 이색(李穡)에 대한 논죄 등, 걷잡을 수 없이 이어지는 정국의 소용돌이 속에서 아버지 기우자선생마저 이·초(彝初) 사건에 연루되어, 1390년(공양왕 2) 3월에 청주(淸州)에 유배되었다가 이내 구금되고 말았다. 이·초 사건이란 고려 관원인 윤이(尹彝)와 이초(李初)가 명나라에 있으면서 황제의 힘을 빌려 이성계 일파를 제거하려다 그 음모가 탄로되어 많은 충절들이 고초를 당한 옥사 사건이다. 다행히 청주 지방에 큰비가 내려 천재지변을 당하자, 하늘의 뜻이라 하여 연루자가 모두 석방이 되는 통에 아버지도 풀려났다. 공의 가정으로서는 큰 수난이었고 한창 과거 준비에 몰두해 있던 공도 직접적으로 충격을 받아 한때 학업에 좌절을 맛보기도 했다.

이러한 시련 속에서도 공은 그해 윤 4월에 시행된 국자감시에 당시 지신사인 민개(閔開)를 좌주(座主)로 한 방하(榜下)에서 장원급제의 영예를 차지하였다. 그리고 불과 두 달 뒤인 6월에는 신진사(新進士)의 자격으로 문과에서 초시를 거치지 않고 바로 복시(覆試)에 직부(直赴)한 결과, 문하평리(門下評理)인 성석린(成石璘)을 좌주로 한 과방(科榜)에서도 병과(丙科) 6등의 성적으로 급제하였다.

보통은 소과(小科)에 해당하는 국자감시에 합격하여 생원(生員) 또는 진사(進士)가 된 후, 수년 동안 피나는 노력을 해도 문과 급제는 함부로 넘보기 어려운 관문이다. 그럼에도 공이 약관 20세에 그것도 국자감시 장원에 오른 후 불과 두 달 만에 바로 문과 복시에서 전체 성적 9등으로 급제한 사실을 두고 당시 조야에서는 큰 화제가 되었다. 공의 뛰어난 재주와 문장력은 물론 학문적인 수준을 짐작하기에 충분하다.

2. 문과 급제와 신왕조의 진출

공의 초기 임관(任官)에 대하여는 특별히 알려진 것이 없다. 아마도 왕조 교체기의 혼란 등으로 인해 기록이 보전되지 못한 듯하지만, 공의 과방의 성적이나 과정 등으로 보면, 필경 이자급(二資級) 또는 삼자급(三資級) 정도의 초수(超授) 특전이 있었을 것으로 짐작된다. 더구나 그 무렵 선공께서도 복직되어 이조판서(吏曹判書)와 예문춘추관(藝文春秋館)의 제학(提學) 등을 역임하고 있었다. 아들의 관직에 불이익이 되는 사유가 없는 이상, 공이 청요한 관직을 제수받고 유능한 관료로서 출발한 것만은 분명할 것이다.

그러나 공이 관직 생활을 시작한 지 얼마 지나지 않아 고려는 사직이 무너지고, 그 대신 역성혁명에 성공한 이성계가 조선조의 태조(太祖)로 등극하였다. 고려에 대한 성충(誠忠)이 남달랐던 아버지께서 신조(新朝)에 등을 돌리고 은거(隱居)를 선택한 마당에, 공 또한 선공과 함께 벼슬을 그만두고 고려의 유신으로서 남을 수밖에 없는 처지가 되었다.

온갖 회유와 강박에도 굽히지 않고 끝내 신왕조에 대한 협력을 거부한 채, 표연히 강음현(江陰縣) 예천동(醴泉洞) 농장(農莊)으로 은퇴해버린 선공의 충절을 본받아 공도 말없이 칩거하는 생활로 들어갔다. 결국 새 조정에서는 기우자선생의 협력을 얻기가 어렵게 되자 그 대안으로 아들인 공에게 벼슬하기를 강권하였다. 이 사정을 알게 된 아버지께서 아들에게 "너는 나와는 처지가 다르다. 새로 임금이 된 이성계도 나라와 백성을 도탄에서

구하고자 하는 성심을 지닌 사람일 것이다. 너는 벼슬을 통해 새 임금을 도와주도록 하라" 하고 엄숙하게 타일렀다. 공은 하는 수 없이 아버지의 준엄한 명에 따라 마음을 바꾸어 다시 벼슬길에 다시 나아가기로 했다. 그리하여 개국 초창기, 왕조 건설에 일역을 담당하여 활동했으나 1398년(태조 7)의 '방석(芳碩)의 난'과 1400년(정종 2)의 '방간(芳幹)의 난' 등 두 번에 걸친 왕실의 골육상쟁 속에서 환멸을 느끼고 다만 조심스러운 처신으로 일관하고 말았다.

1404년(태종 4)에는 세자시강원(世子侍講院)의 우문학(右文學)에 제수되었다. 세자시강원은 왕세자의 교육을 담당하는 관청으로 경서(經書)와 사적(史籍)을 강론하며 도의(道義)를 담당하는 책무를 지고 있었다. 당시에는 개국 이래 첫 번째 적장자로서 왕세자에 책봉된 양녕대군(讓寧大君)을 위한 시강(侍講)이 주된 임무였던 것이다.

또 우문학이란 관직도 5품에 지나지 않는 낮은 품계였으나, 좌문학(左文學)과 함께 왕세자의 문학(文學)을 담당하는 요직이었다. 때문에 그 관직은 가문이 훌륭하고 학식과 행실이 출중한 인사 가운데서 엄선하는 관례가 있었다. 공이 이러한 청요직(淸要職)에 천망(薦望)을 받아 임금의 낙점으로 임명된 것은 당시 우리 가문의 지체 및 공의 여망과 학식이 얼마나 훌륭했는가를 입증해주는 것이다.

1405년(태종 5)에는 예문관(藝文館)의 직제학(直提學)으로 승진되었다. 조선 개국 초기의 법전인 『경국대전(經國大典)』에 의하면 예문관직제학은 지신사가 겸임한다 하였고, 1390년의 고려 공양왕 2년 6월의 문과방목(文科榜目)에도 공의 관력을 기록하면서 '지신사 및 제학(知申事及提學)'이라 하였다. 그러므로 공은 이때 지신사로서 직제학과 지제교(知製敎)를 당연 겸직하여, 왕명을 출납하는 책임과 함께 정부의 사찬(詞撰)과 교서(敎書)의 작성, 관원들의 사령장을 주관하는 요직을 맡은 것이다.

이해 10월에는 정부의 한양으로의 천도(遷都)에 따라 아우인 부훤당공(負暄堂公)과 함께, 부모님을 모시고 현직 관료로서 집을 한양으로 옮겼다.

지금의 서울 남대문 일대로 짐작되는 한성부 남부(南部)에다 터를 정해 새 집을 짓고 농장과 함께 수천 그루 밤나무를 심어 임원(林園)을 가꾸었다. 수석이 아름다운 저택의 경역에는 아버지의 소요자적을 위해 율정(栗亭)이 란 아담한 재사(齋舍)도 장만하였다. 또 이 무렵에 서쪽으로 5리쯤 떨어진 산자락에는 상곡(桑谷) 성석연(成石珚)이 새로 집을 지어 이웃 마을 사람이 되었는데, 나이가 비슷한 선공과는 서로 왕래하며 잘 지냈다고 한다.

3. 어머니의 거상(居喪)과 기복(起復)

1406년(태종 6) 가을에 어머니 서산군부인(瑞山郡夫人) 류씨(柳氏)가 성남 (城南) 집에서 별세하였다. 이에 내간상을 당한 공은 곧 예문관제학의 벼슬 을 내려놓고 아우와 함께 거상(居喪)에 들어갔다. 아버지의 뜻을 받들어 유 가(儒家) 본래의 예제(禮制)대로 애효(哀孝)를 다했으며, 강음에 있는 선영(先 塋) 아래에다 장사를 지냈다. 이해 11월에는 평소 불교에 신심이 두터웠던 어머니를 극락세계로 인도하기 위해, 황해도 백주(白州)에 있는 서산사(西山 寺)에서 수륙재(水陸齋)를 올리고 모부인을 추모하는 행사를 열었다.

그러나 이때 공은 뜻하지 않는 사건으로 곤욕을 치르게 되었다. 당시 서 운관(書雲觀)의 도술가로 자처하며 사람들을 현혹하던 문가학(文可學, ?~1406)이라는 자가 역모로 고변을 당해 공이 머물고 있는 사찰에서 체포 된 것이다. 공은 전부터 그자와 지면(知面)이 있은 터에, 공교롭게도 그자 가 체포 당시 같은 사찰에 있었다는 죄목으로 연행되어 순금사(巡禁司)에 하옥되고 말았다.

당시 지신사로 있던 방촌(厖村) 황희(黃喜)가 공의 억울한 사정을 알게 되어 곧 석방은 되었으나, 이로 인하여 공은 어머니에 대한 불효를 자책하 며 스스로 정신적인 타격을 크게 입었다. 그런 일이 있은 지 얼마 뒤에는 효행으로 나라의 정려(旌閭)가 내린 청도군사(淸道郡事) 박진(朴晉)을 칭송 하는 시를 짓게 되었는데, 그 말미에 다음과 같은 구절이 있어 당시 공이 입은 마음의 상처가 얼마나 컸던가를 미루어 알 수 있다.

지난날 나는 어버이 상을 치르면서	昔我執親喪
얽매임에 쫓겨서 헤매고 다녔노라	瓢瓢追物累
천지간엔 시운이 다할 때가 있지만	天地有時盡
이 한스러움 어찌 끝남이 있겠는가	此恨寧有旣

　평소에 효성이 지극했던 공은 나라에서 정려까지 내려진 박진의 효행을 찬양하면서도, 엉뚱한 사달에 휘말려 어머니를 극락세계로 인도하는 천도(薦度) 행사까지 어그러지게 한 불효를 두고두고 한탄한 것이다. 동시에 세상에 얽매인 여러 가지 관계 때문에, 자신과는 아무런 상관이 없는 일에도 휘말릴 수 있다는 장자(莊子)의 '물루(物累)'를 떠올리며 처세의 어려움을 언급하기도 했다.

　공은 어머니의 거상(居喪)이 끝나는 해로 짐작되는 1408년(태종 8)경에 다시 임금의 소명(召命)을 받아 복직하였다. 기복(起復) 당시의 보직은 알려진 것이 없으나 연이어 이조참판(吏曹參判)에 승진된 사실로 미루어보면 예문관제학의 품계와 직위 그대로 복직된 듯하다. 그러나 본래부터 사진(仕進)의 뜻이 간절하지 않았고 학문에 대한 열의가 많았던 공은 오래지 않아 관직을 그만두고 은퇴하였다.

　다시 성남 집에 생활의 터전을 두고 강음별서를 왕래하며 고독에 싸인 아버지의 봉양에 힘쓰는 한편, 자신의 수양과 연학(硏學)에도 새로운 열정을 기울였다. 특히 혼탁한 세사에 대하여 혐오를 느낀 나머지 장주(莊周)의 소요자재(逍遙自在)와 천명 사상에 심취했으며, 탐독해 마지않던 『장자(莊子)』에 토를 달고 언해(諺解)를 함으로써 『언토장자(諺吐莊子)』라는 책을 간행하기도 했다.

4. 불가(佛家)의 교류와 고승(高僧)의 평시(評詩)

만년에 접어든 공은 선공의 별업과 선영이 있는 강서(江西, 江陰)를 중심으로 이웃 고을인 평산(平山)과 배천(白川, 銀川)을 자주 방문하여 고우들과 어울렸다. 불족산(佛足山)에 산재한 절간에서 수양을 하면서 공부하는 승려들을 만나, 시문을 수창하고 철리(哲理)를 토론하기도 했다. 특히 그때 평산의 자모산(慈母山) 연봉사(烟峰寺)에 주석하고 있던 당대의 고승 함허당(涵虛堂) 득통대사(得通大師)를 만난 것은 큰 인연을 얻은 셈이다.

속명을 유수이(劉守伊)로 칭하는 함허당 기화(己和)는 태조의 왕사 무학대사(無學大師)의 제자로, 세종도 그 도풍(道風)을 듣고 칭찬했으며 시문과 유학(儒學)에도 일가견이 있는 큰스님이었다. 마침 그 무렵 이 사찰에서는 백련결사(白蓮結社)가 있어 인근 고을 선비와 스님들이 어울려 염불 수행과 함께 시문을 주고받는 행사를 하고 있었다. 백련사(白蓮社)는 중국 진(晉)나라 때 여산(廬山)에 있는 호계(虎溪) 동림사(東林寺)의 혜원법사(慧遠法師)가 당대의 고승과 명유 123인을 모아 승속(僧俗)이 함께 수행(修行)을 한 유풍을 지니고 있다.

평소 장자의 학문을 연구하고 그 사상에 젖어 있던 공이 그 모임에 마음이 끌린 것은 매우 자연스러운 일이었다. 함허당 또한 공의 인품과 학식을 한눈에 알아보고 이 결사(結社)에 초빙한 것은 물론, 이 유·석(儒釋) 사이의 조우(遭遇)를 계기로 한 두 분의 교분은 참으로 남다른 바가 있었다.

그런 점에서 『함허당문집(涵虛堂文集)』에서 전해지고 있는 득통대사의 유시(遺詩) 몇 편은, 이 무렵 공과의 만남으로 조성된 공의 거룩한 면모와 정신세계를 추념하는 데 매우 귀중한 사화(詞華)라 할 만하다. 「이선생 척의 아름다운 운을 따라 나의 회포를 푼다(次李先生逖佳韻追伸鄙懷)」라는 제목을 붙인 다섯 수의 칠언절구는 특히 함허당이 공의 인품을 구체적으로 찬양한 작품으로 후손으로서는 큰 감명을 받지 않을 수 없을 것 같다.

송곳 꽂을 틈도 없이 끝까지 깨끗하니	卓錐無地淨無餘
도자의 청빈이라 진실로 부처와 같네	道者淸貧誠合如
선생을 생각함에 가난을 즐길 줄 알아	想得先生貧所樂
솔바람에 강과 달로써 초막을 삼았구려	松風江月以爲廬

위의 작품은 모두 다섯 수 가운데 첫 수로 「보통 사람들보다 인격이 드러났다(格出庸流)」라는 제목이 붙었다. 티끌만 한 흠결도 찾아볼 수 없을 만치 성정이 깨끗하고, 그 청빈함은 여래(如來)와 합치된다고 하였다. 산속에서 솔바람을 마시고 물과 달을 벗 삼아 아무런 구애가 없이 사는 은자(隱者)의 풍모를 상상하게 한다.

불족산 산마루엔 세월이 한가롭고	佛足山頭閑日月
은천강 강물 위에 경관이 별천지라	銀川江上別乾坤
붓끝으로 좋은 광채 보태어 얻었으니	筆端添得好光彩
아마도 천추에 전할 시문을 남기리라	也應千載傳遺文

두 번째 작품으로 그 제목을 「문장은 한 세대를 덮으리라(文章蓋世)」라고 하였다. 불족산은 황해도 금천(金川)에 있고 은천강은 배천을 말하는데, 공이 만년에 은거하면서 시문을 짓고 수양을 하던 아름다운 산천이다. 공이 한 시대의 문한가로서 예문관제학에다 임금의 교서를 짓는 지제교와 세자의 우문학을 역임한 만큼, 그 붓 끝에 광채가 더해져 천추에 남을 시문을 전할 것이라 한 기대는 너무나 당연한 것이다.

눈으로는 강서의 좋은 풍월 상대하지만	眼對江西好風月
가슴으론 바닷가의 훌륭한 산천 품었구려	襟懷海岸勝山川
세상살이 재미는 담박하기가 물 같은데	世間滋味淡如水
날마다 소중한 글 잡고 한 편씩 읽는다네	日把金文讀一篇

위의 시는 세 번째 작품으로 제목을 「정신은 세상 바깥에도 깃들어 있

다(神棲世表)」라고 하였다. '강서'는 집안의 농장이 있는 강음의 별칭이고 '바닷가'는 월송정이 있는 평해를 가리키는 것으로, 이는 소를 타고 소요하며 세상살이의 이치를 관조(觀照)하시던 선공의 깨끗한 지취(志趣)를 한시도 잊지 않고 있다는 해석이 가능하다. '금문'은 귀중한 글이라는 뜻이지만 여기서는 공이 임금의 측근에서 작성한 조서(詔書) 등 귀한 글들을 가리키는 듯하다. 비록 부질없는 일이겠지만 공이 과거를 회상하고 바깥세상을 그리워하는 정을 그 제목으로서 암시해주고 있다.

다섯 수 가운데 다른 두 수의 작품에서도 공이 물루(物累)에 얽매이지 않고, 초연하게 세상을 바라볼 줄 아는 큰 그릇의 풍모를 지닌 인물이라 찬양하고 있지만 여기서는 지면 관계로 생략해야 하는 것이 아쉬울 따름이다. 참으로 선공의 자정(自靖)이 끼친 인간적인 향기와 어머니의 귀천(歸天)에서 감득한 천명과 허무의 이치를 함께 지닌 채, 만년에는 유교적인 관념과 불교적인 자비와 노장(老壯)적인 자연을 하나의 정신 속에 혼융시켜, 뜬구름처럼 구애 없이 살다간 대인(大人)다운 공은 풍모를 이로써 짐작할 수 있다.

5. 은퇴와 조용한 귀천

공이 만년에 전형적인 선비이면서도 유가(儒家) 본래의 수제치평(修齊治平)의 이상과 순수성에 얽매이지 않은 채, 세속(世俗)을 멀리하여 불씨(佛氏)와 친밀해지고 무위자연의 이치에도 관심을 기울이게 된 동기는 무엇이었을까? 과환(科宦)으로 입신의 길에 오른 공은 소년기에서 만년에 이르기까지 여러 차례의 결정적인 좌절과 시련을 겪지 않으면 안 되었다. 역성혁명에 의한 왕조의 교체, 두 번에 걸친 왕자 간의 골육상쟁, 선공의 망복수의(罔僕守義)와 그로 인한 가정적인 수난, 어머님의 한 많은 별세로 이어진 숱한 사건의 연속으로 공은 유자(儒者)로서의 사상과 사명감에 큰 회의를 가지게 된 것은 아닐까? 결국 그러한 연장선상에서 태종조에 야기된 양녕대군의 폐세자 사건은 직접적인 충격이 되어 공의 인생과 사상에도 큰 전환점을 가져온 것은 아닐까? 의문을 던져본다.

양녕대군은 조선 개국 이래 처음으로 임금의 적장자로서 세자에 책봉된 분이다. 공으로서는 세자시강원에서 우문학이라는 직책으로 직접 경학(經學)을 가르쳤고 보필하던 사생(師生) 관계이다. 폐세자 논의의 와중에서 공은 정치의 무상함과 인정(人情)의 야속함을 원망하면서, 표연히 강서의 산사를 찾아 정계와 인연을 끊어버린 것이다.

그럼에도 불구하고 아우인 부훤당공마저 양녕대군을 배척하고, 충녕대군(忠寧大君)의 세자 옹립에 적극적으로 가담한 사실에 큰 비애와 환멸을 느꼈다. 아버지 기우자선생 또한 둘째아들이 충녕대군의 세자봉숭도감(世子封崇都監)의 책임자인 제조(提調)에까지 올라 활동하는 일을 매우 못마땅하게 여기며 그 처신을 염려하고 걱정한 바 있었다.

공은 나이 17세 전후에 정부인(貞夫人) 순천박씨(順天朴氏)와 결혼했다. 배위 박씨는 고려 말의 명문거족으로, 문하시중(門下侍中)을 지낸 평양부원군(平陽府院君) 박천상(朴天祥)은 공의 처조부가 되고, 검교좌정승(檢校左政丞)을 지낸 정후공(靖厚公) 박가흥(朴可興)은 장인이 된다. 태종의 신임이 두터웠던 문숙공(文肅公) 이헌(頤軒) 박석명(朴錫命)과는 남매간이 되고 후일 중종반정(中宗反正) 때 대표적인 공신인 평성부원군(平城府院君) 박원종(朴元宗)은 박석명의 증손이 된다.

슬하에 1남 1녀를 두어 아들이 돈녕공 자(孜)이고 따님은 사헌부감찰(司憲府監察) 한기(韓起)에게 출가했다. 증영의정(贈領議政) 한기는 조선 왕조 개국공신인 죽소(竹所) 한상질(韓尚質)의 외아들이요, 후일 세조의 혁명을 주도한 1등공신으로 예종(睿宗) 성종(成宗)대까지 3대를 봉사한 영의정(領議政)이며 국구(國舅)이기도 한 상당부원군 한명회와 서평군 한명진 형제의 아버지가 된다.

공이 돌아가신 해는 자세하지 않으나 선공의 지기(知己)이면서, 공의 문과방(文科榜) 좌주이기도 한 독곡선생의 조시(弔詩)가 있어 추정할 수 있다.

그 조시는 대개 태종 재위 말년에 해당하는 1418년(태종 18) 전후에 지은 것으로 보이며, 제목이 「이척의 죽음을 듣고 박평정에게 보내다(聞李逖亡 寄朴平亭)」라고 되어 있다. 박평정은 호를 붙여 부른 성독곡의 지인(知人)으로서, 다른 자료에서 박가항(朴可恒)으로 확인되었지만 실은 박가흥(朴可興)을 잘못 기재한 것이다.

박가흥은 바로 공의 장인으로 독곡선생은 물론 사돈 간인 기우자선생과도 친분이 남달랐던 사이이다. 상명(喪明)의 아픔을 당한 아버지께서는 차마 맏아들의 죽음을 아무에게도 알리지 못했는데, 아마도 공의 부옹(婦翁)께서 사위의 기세(棄世)를 눈물을 머금고 그 스승에게 알린 것으로 보인다. 이에 공의 스승도 허탈한 심정으로 아끼던 문생의 죽음을 애도한 것이다.

사람의 한평생은 원래 혹과 같은 것	身世元如贅
슬픔과 기쁨 또한 본래 공허한 것이니	悲歡亦本空
마음이 상한들 또한 무슨 도움이 되랴	傷心又何益
세상만사는 푸른 하늘에 맡겨줘야지	萬事信蒼穹

50세도 안 된 나이에 70세가 임박한 외로운 아버지를 남겨두고 유명을 달리한 문생의 죽음에 융로(隆老)의 경지에 이른 스승이 무슨 말을 할 수가 있었겠는가. 다만 허탈한 심정으로 망령의 아버지와 장인에게 본시 슬픔과 기쁨이란 부질없는 것이니, 모든 것을 잊어버리고 푸른 하늘의 뜻에 맡기자고 통탄하며 위로하는 심정을 알 것만 같다.

이와 같이 독곡선생이 공을 조상한 시를 지은 1418년을 그 몰년(沒年)으로 본다면, 공의 세수(世壽)는 48세가 되고 선공인 기우자선생보다 14년을 앞서 세상을 하직한 것이다. 참으로 애석한 생애라 하지 않을 수 없다. 배위이신 정부인 순천박씨의 생졸연대 또한 기록이 없어 전해지지 않는다. 공의 묘소는 황해도 평산군 주암면 여주리(如珠里)의 재궁동(齋宮洞) 자좌원(子坐原)인데 배위와 합폄(合窆)으로 모셔져 있다. 1964년(甲辰)에 밀양 엄광리 재궁동 대종산 경역에 설치된 오세단(五世壇)에서 향사(享祀)하고 있다.

제3장

부훤당공(負暄堂公)의 파란만장한 관료 생활

공의 휘는 적(迹)이고 자는 소부(素夫)이며 부훤당(負暄堂) 또는 강역정 (講易亭)은 그 호이다. 1375년(고려 우왕 5)경에 당시 개성부 오관리 옛집 에서 문절공 기우자선생의 둘째아들로 태어났다. 어머니는 서산군부인 류 씨로 공민왕의 묘정에 배향된 고려 말의 중신 서령군 문희공 류숙의 따님 이다.

1. 문과 2등 급제와 형제명환(兄弟名宦)

공이 태어나 자란 시기는 고려의 국운이 서산의 낙조처럼 기울어지며 붕괴되어가던 때였다. 임금 우왕(禑王)은 점차 방탕해져 음란한 생활을 일 삼아 이미 군왕으로서의 위신을 지키지 못했으며 조정 관원들은 친원파(親 元派)와 친명파(親明派)로 갈리어 정쟁으로 날을 지새웠고 탐욕과 부패가 극에 달하였다. 중국에서는 원나라와 교체된 명나라가 횡포를 부리었고, 동남해안으로 침범하는 왜구들은 그 기세가 더욱 창궐하여 외우내환이 겹 친 시기였다.

공은 이러한 전환기적인 시기에 감수성 많은 소년기를 보내면서, 아버 지로부터 엄격한 의방(義方)의 가르침을 받았다. 1390년(공양 2)에는 백형인 제학공(提學公)이 약관으로 당당하게 진사시(進士試)에서 장원급제를 한데 이어, 불과 두 달 뒤에 잇달아 시행한 대과(大科)에서도 우수한 성적으로 등용문에 오르자, 가문의 영예는 물론 공의 학업에도 분발을 위한 일대 전기가 찾아왔다.

공의 나이 불과 15세 전후에 당시 소과(小科)에 해당하는 승보시(陞補試)에 당당하게 응시하는 등 그 빛나는 재질과 학업의 성취를 보였으나, 1392년에 고려가 망하고 조선이 건국되자 전조(前朝)를 떠받치던 중신(重臣)의 자제라는 멍에를 진 채 한때는 과환(科宦)에 대한 희망을 포기한 일도 있었다. 그러나 신왕조가 점차 정치적인 안정을 이루어가자, 이미 사진(仕進)의 길에 들어선 백형과 함께 아버지의 간곡한 권유를 받고 용기를 가다듬고는 과업(科業)에 정진했다. 그 결과 1401년(태종 1) 무일전(無逸殿)에서 시행한 문과의 복시(覆試)에서는, 약관을 겨우 넘김 나이에도 불구하고 당당하게 제2등으로 합격하는 영광을 입게 되었다. 이 과거는 태종의 등극을 축하하기 위해 조선이 개국된 후 처음 시행한 증광시(增廣試)였다. 그 과거에서는 시험을 주관한 지공거(知貢擧)가 하륜(河崙)이었고 33인 합격자 가운데 1등은 조말생(趙末生), 2등은 이적(李迹), 3등은 윤회(尹淮)였다. 온 나라에서 큰 인재를 얻었다 하여 떠들썩하였고, 부모님께서도 그 기쁨이 말할 수 없었다. 조정에서는 곧 이 세 분에게 관직을 초수(超授)했는데 공에게는 장흥고직장(長興庫直長, 종7품)의 특전이 내렸다.

1402년(태종 2) 10월에 조정에서는 명나라 성조(成祖) 황제의 등극을 축하하기 위해 하륜을 그 사절의 정사(正使)로 이첨(李詹)을 부사(副使)로 삼아 중국에 사절단을 파견했다. 이때 대과의 시험관으로서 공을 선발하여 좌주·문생 관계가 된 하륜은 그 방하(榜下)에서 1등과 2등으로 나란히 영광을 차지한 조말생과 공을 함께 서장관(書狀官)으로 발탁하여 사절단에 합류시켰다. 그리하여 공은 중국으로 가서 여섯 달 만에 일행과 함께 훌륭하게 사명을 완수하고 돌아왔는데, 태종은 중국 황제의 고명(誥命)과 금인(金印)을 받아온 일행에게 그 노고를 치하하는 교서(敎書)를 내리고 포상했다. 당시 공에게도 전(田) 15결(結)과 약간의 노비를 하사했으며, 이를 계기로 공은 유능한 신진관료로 정평을 얻어 여러 요직을 거치며 명성을 얻었다.

또 거의 같은 시기에 백형 제학공도 그 능력과 명망이 드러나 예문관직 제학과 지제교로서 한나라의 문한(文翰)을 주재하고 있었으며, 공과 함께 기우자선생의 아들로서 '형제명환(兄弟名宦)'이라는 세평판을 얻었다. 그러나 1406년(태종 6)에 어머니 서산군부인이 아들 형제의 장래를 끝까지 지켜보지 못하고 별세했다. 평소에 효성이 지극했던 백형은 갑자기 벼슬을 그만두고 시골에 파묻혀서 집상(執喪)하는 데만 정성을 다했는데, 조정에서 상(喪)을 끝내고 벼슬에 복귀하라는 기복(起復)의 명을 내려도 일체 응하지를 않았다. 다만 아우에게만은 "너는 나보다 유능한 재질을 가졌으니 반드시 관료로서 대성이 있을 것이다. 아무쪼록 경륜을 마음껏 펼쳐 나라를 위해 힘써라" 하고 간곡히 당부하였다.

1407년(태종 7)에는 조정의 특명으로 각 관아의 총명한 신진관료라 하여 선발된 경순도(庚順道)·오상명(吳尙明)과 함께 천문습독관(天文習讀官)이 되어 연구를 했으며, 1408년(태종 8)부터는 지방의 수령으로 외직을 맡아 여러 고을을 전전하였다. 처음에는 황해도 구월산 서쪽에 있는 은율현(殷栗縣)을 맡아 다스렸고, 다음에는 경기도 교하현(交河縣)에서 3년 동안의 고을살이를 경험했으며, 나중에는 지군(知郡)으로 승진하여 황해도 북부의 안악군(安岳郡)에서 선정을 베풀었다.

『동국여지승람』에는 공이 고을을 다스리는 동안 가는 곳마다 남긴 제영(題詠)이 실려 있는데, 그 대표적인 것은 「교하현(交河縣)」을 읊은 칠언절구이다.

화악산 세 봉우리 고을 문과 마주하여   華岳三峯對縣門
무심히 한낮에도 구름이 멈춰 있네   無心白日有停雲
삼 년간의 타향살이 짧고도 긴 한이   三年客裏短長恨

고적한 임지에서 고을살이를 하면서도 부모에 대한 그리움과 군왕에 대한 충성심을 읊은 것으로, 공의 문학적 재능과 감성이 여실히 드러난 가작(佳作)이라 할 만하다.

공의 나이 불혹(不惑)을 전후한 1414년(태종 14)에는 중앙정부의 핵심 요직인 의정부(議政府)의 사인(舍人)으로 승진했으며, 30삭(朔)의 근무 기간을 마치고는 곧 정3품의 품계를 얻어 거기에 합당한 보직을 얻었다. 1415년(태종 15)에는 판군자감사(判軍資監事)의 직책을 맡아 군수물자의 조달과 관리에 일대 혁신을 도모하였고, 이어 판승문원사(判承文院事)로서 사대교린(事大交隣)의 문서 작성에도 실력을 마음껏 발휘했다.

2. 선공(先公)의 가르침과 농상(農桑)의 장려

특히 판군자감사로 있을 때는 선공의 관심과 도움을 토대로 「편의사조(便宜四條)」라는 표문을 임금에게 올렸다. 곧 국경지대인 동북면 네 고을의 전토(田土)를 정비하고 성곽과 도로를 보수하며 백성들의 부역을 고르게 하여 변방 주민들의 생업 보장을 획기적으로 개선할 것을 건의하였다. 그 결과 태종으로부터 큰 호응과 찬사를 얻었으며, 과감하게 정책에 반영시킨 성과를 거두었다.

또 1416년(태종 16)에는 아버지 기우자선생이 중국 서적인 『농상집요(農桑輯要)』에서 가려 뽑아 엮은 『양잠방(養蠶方)』이라는 책을 저술했는데 공은 이것을 지침으로 하여 직접 선공의 생산 실험을 도왔다. 때문에 공의 직무 관청인 승문원과는 직접 관계가 없는데도, 태종의 배려로 잠종채방사(蠶種採訪使)를 겸직하여, 가평군의 조종(朝宗)과 양근군의 미원(迷原) 두 곳에 잠실(蠶室)을 설치하게 되었다. 그리하여 공은 현지에서 누에고치를 생산하게 되었는데, 이에는 선공의 도움이 있었고 훌륭한 '누에고치의 알

(種連)'을 채집함으로써 많은 성과를 거두었다. 정부에서도 이러한 성과를 바탕으로 공상잠실(公桑蠶室)의 제도를 국법으로 시행하는 한편, 북방 양계(兩界)를 제외한 여섯 도(道)에다 도회(都會) 잠실을 설치했으며, 왕실에 의해 운용되는 선잠(先蠶)을 두어 민간에도 널리 보급시켰다.

이와 같이 잠업(蠶業) 진흥에 대한 공의 노력과 실천은 실상 아버지이신 기우자선생의 소신과 기술적인 지원이 뒷받침되었다고 할 수 있다. 전조의 중신이었던 선공께서 본인의 의사와 관계없이 태조와 태종 부자가 대를 이어가며 벼슬을 내렸지만, 행공(行公)은 거부하면서도 나라와 백성을 위해 정치가 잘되기만을 항상 염원했던 것이다. 직접 정사에 관여할 수는 없으나 벼슬하는 두 아들을 통해 간접적으로 정책을 펴는 데 노력하였고, 기술을 전수하여 민복(民福)에 기여하려 했던 흔적이 매우 많다.

잠실 활동이 한창이던 그해에 공은 판통례문사(判通禮門事)로 자리를 옮겼다. 그해 8월에는 임금이 친히 임석한 가운데 경회루(慶會樓)에서 시행한 문과 전시(殿試)에서 고시관(考試官)으로 발탁되어 다시 한 번 공의 학문과 능력이 각광을 받게 되었다.

1417년(태종 17) 4월 호조참의(戶曹參議)로 영전되어 나라의 재정을 관장하는 실무관료로서 훌륭하게 그 소임을 다했다. 특히 호조의 소관으로 당시 경기도 부평(富平)에서 저수지 공사가 있었는데 그 시공상 잘못으로 농민들의 소동이 있었다. 이에 임금의 특명이 있어 공이 직접 현장을 조사하여 그 사건을 잘 수습함으로써 태종의 신임이 더욱 두터워졌다.

공은 이때의 행정수완이 인정되어 같은 해에 일약 풍해도관찰사(豊海道觀察使)가 되어 2품의 반열에 올랐으며 한 도의 감사로서도 훌륭한 행정 실력을 쌓았다.

1418년(태종 18) 정월에는 공조참판(工曹參判)으로서 아경(亞卿)의 자리에 올라 정부 고관으로서의 위의를 갖추게 되었다. 이해 2월에는 태종이 애지중지하던 넷째아들 성녕대군(誠寧大君)이 약관도 안 된 나이에 세상을 떠나자, 그 호상(護喪)의 소임을 맡아 엄숙하게 장례를 집행했으며 비탄에 잠긴 임금 내외를 극진히 위로했다.

또 같은 해 6월에 왕세자 양녕대군을 폐출하여 광주(廣州)에 추방하였고, 잇따라 뒤를 이을 왕세자 옹립 논의로 조야의 공론이 매우 시끄러웠다. 애초에 태종은 양녕대군을 폐하는 대신, 다섯 살 난 그 장자를 왕세손으로 책립하여 왕실의 적통을 이어가야 한다는 전지(傳旨)를 내렸다.

3. 폐세자(廢世子)의 논의와 상왕(上王)의 신임

그러나 공은 박은(朴訔)·심온(沈溫)·조연(趙涓) 등 15인의 중신들과 의논을 모아 "아비를 폐하여 그 아들을 세울 수 없고, 이미 왕자 가운데 어진 이를 간택하여 옹립해야 한다는 것이 조야의 공론입니다. 때문에 영민한 데다 학문을 좋아하고 덕성을 갖춘 충녕대군(忠寧大君)이 군왕의 재목이므로 왕세자로 삼아야 합니다" 하고 앞장서 적극적으로 택현(擇賢)의 주장을 폈다. 그 결과 충녕대군을 왕세자로 옹립하였고 잇달아 세자봉숭도감(世子封崇都監)이란 기구도 설치했는데, 공은 곧 그 행정 책임자인 제조(提調)의 직책을 맡게 되었다.

이해 8월 태종이 새 왕세자에게 왕위를 선위(禪位)한다는 교서를 내려 한동안 정국이 어수선했으나, 태종의 의지가 워낙 굳어 결국 충녕대군이 새 임금으로 등극하였다. 이때 두 전왕(前王)에 대한 존호(尊號) 문제가 대두되어 세종(世宗)으로부터 하문이 있었으나 다른 중신들은 조심스러워 미처 대답을 하지 못했는데, 오직 공이 나서서 "마땅히 즉위한 순서대로 정종을 태상왕(太上王)으로 하고, 태종을 상왕(上王)으로 해야 한다"는 것을 과감하게 주청하였다.

이어 9월에는 왕세자의 왕위 승습(承襲)을 알리고 명나라 황제에게 사은(謝恩)을 하기 위한 사절단을 파견하게 되었다. 그 사은정사(謝恩正使)에는 세종의 장인인 청송부원군(靑松府院君) 심온(沈溫)이 임명되고, 공은 부사(副使)의 책무를 맡게 되었으며, 별도 주문사(奏聞使)로는 박신(朴信)이 임명되었다. 사절 일행이 명나라로 떠나는 날 상왕과 세종은 몸소 양정(涼亭)으로 나아가 전송을 하면서 은사품을 내렸는데, 공에게는 돈피[貂裘]·모자[毛冠]·신발(靴子)·의복(衣服)을 각각 한 벌씩 하사하였다.

중국에 들어간 사절단은 그 소임에 따라 사명을 완수하였고, 정사를 비롯한 다른 일행은 관례대로 북경에서 황제의 사은에 대한 표문(表文)를 받들어 먼저 귀국했으나, 공은 별도로 부여된 사명을 띠고 금릉(金陵)으로 가서 명나라의 황태자를 만나본 후 두 달이 더 걸려 돌아왔다. 그 부여된 사명은 필시 당시 상왕의 밀지(密旨) 전달이라는 설왕설래가 없지 않았지만, 그 내용은 무엇인지 밝혀지지는 않았다.

그러나 공이 금릉으로 간 사이 정사인 심온이 본국으로 돌아오는 길에 압록강에서 체포되어 바로 수원(水原)으로 압송된 후 사약을 받고 최후를 마치는 뜻밖에 사건이 발생하였다. 심온의 동생 심정(沈泟)과 병조판서로 있던 박습(朴習)이 상왕의 병권(兵權) 행사를 비난한 것이 화근이 되어, 결국 심온이 대역 사건의 주모자로 몰려 처형에 이르게 된 것이다.

그로 인해 심온의 부사였던 공은 한때 난처한 처지에 빠졌다. 상왕으로부터는 더욱 신임을 받는 존재가 되었으나, 아버지 기우자선생으로서는 일말의 염려와 불안을 씻을 수가 없었다. 아니나다를까, 다 같이 사은사의 책무를 완수하고 돌아온 정사 심온의 불행과는 달리 부사인 공은 상왕의 극진한 치하를 받은 것은 물론 곧 경기도관찰사와 개성유후사(開城留後司)의 부유후(副留後)라는 파격적인 대우를 받기에 이르렀다.

그로 인해 1419년 4월에는 상왕이 목 위에 난 종기와 가벼운 중풍기가 있어 경기도 관내에 온천 요양을 했는데, 공은 경기감사로서 극진하게 모시는 한편 정성을 다한 시료(施療)로서 상왕의 환심을 사는 호기(好機)를 얻었다. 당시 행차가 개성(開城)에 이르렀을 때는 지방의 여러 부로(父老)와 회회인(回回人, 무슬림)들이 상왕을 알현하고자 모여들었다. 공은 이들을 인솔하여 영빈관 앞에서 천세를 부르고 임금을 맞이하는 의식으로 성대한 환영을 베풀었다. 또 114인의 맹인(盲人)들이 딱한 사정을 호소함에, 공은 유후사(留後司)의 쌀 40섬을 풀어 상왕의 은사(恩賜)를 내세우기도 했다.

이와 같이 상왕의 관심과 신임을 바탕으로 공은 경기도와 개성부의 행정 책임자로서 그 실적을 거둠도 많았다. 특히 관내의 공전(公田)과 사전(私田)의 토지 수조(收租) 문제를 공평하게 하기 위해 임금에게 장계(狀啓)를 올렸는데 "수확량의 조사 방법을 획기적으로 개선해야 한다"는 명분이 받아들여져, 정부의 수조 정책으로 채택된 일은 당시 상왕의 후광(後光) 때문이라는 평이 있었을 정도이다.

그러나 기우자선생은 사랑하는 둘째아들이 상왕의 신임을 받고 승승장구하여 출세가도를 달리는 것은 마다할 수 없지만, 한편으로는 아들의 정치적인 처신이 늘 마음에 걸렸다. 기회 있을 때마다 선공께서는 아들에게 "지위가 높아질수록 더욱 겸손하고 신중해야 하며 편파적인 처신을 삼가도록 하라"고 경책하였다. 이는 상왕에게 충심을 기울인 나머지 행여 세종의 눈 밖에 날까 염려를 했기 때문이다.

4. 자부(姉夫)의 구명 운동과 강서(江西) 생활

실지로 선공의 이러한 걱정은 조금씩 그 양상이 드러나기도 했다. 1419(세종 1) 11월에 뜻하지 않는 일로 공이 장천군(長川君) 이종무(李從茂)와 함께 의금부에 투옥되는 사건이 발생한 것이다. 그것은 공의 자부(姉夫)인 김훈(金訓)을 도와주려다 일어난 사건이었다. 김훈은 문과를 거쳐 옥구병마사(沃溝兵馬使)로 있었는데, 본성이 무예를 좋아하여 능히 사나운 짐승을 쏘아 잡을 만치 재주가 출중했다. 반면에 삼가지 않는 일이 많고 여색(女色)을 좋아하여 수원부의 관기 벽단단(碧團團)을 가만히 서울에 데리고 와서 소실로 거느렸다. 벽단단은 태상왕인 정종(定宗)이 거처하는 인덕궁(仁德宮)의 궁인 소매향(小梅香)의 질녀이다. 김훈은 그런 관계를 이용하여 비밀리에 태상왕을 만나보게 되었고 정종 또한 활 등 무기류와 의복 등을 하사하여 가까이하였다.

이러한 사실을 알게 된 장인 기우자선생은 "사위 김훈이 두 마음을 지닌 불충(不忠)으로 비춰진 것이 확실한 이상, 장차 집안에 큰 화를 불러올 것이 틀림없다"는 염려에서 관원으로 있는 둘째아들에게 조정에 미리 알리도록 했다. 그 결과 사위 김훈은 중벌을 면하지 못하게 되었지만, 선생의 발빠른 처사로 삼족에 미칠 큰 화는 미연에 방지할 수 있었다. 상왕인 태종도 처음에는 이 사건을 매우 중시하여 엄벌에 처하고자 했으나 기우자선생의 조심스러운 마음씨와 여러 관계를 참작하여 김훈에게도 사형을 감하고 장형(杖刑)과 유배로 대신한 뒤에 사면령으로 방면하는 특전을 베풀었다.

때마침 그해 6월 이종무가 병선을 거느리고 대마도(對馬島)로 출정하게 되었다. 공은 자부인 김훈의 부탁을 받기도 했지만, 지난날 본의 아니게 그를 벌받게 한 미안함이 있어 친분이 있는 이종무에게 자부의 일을 청탁했다. "김훈은 무예가 보통 사람보다 뛰어나니 장군이 만약 그를 종군시켜 무공을 세우게 하면 지난날의 죄를 씻을 수 있다"고 하니 이종무도 그 사정을 이해하여 우선 종군시킨 다음 사후에 장계를 올려 조정의 허가를 요청하기로 했다. 그러나 삼사(三司)에서 미리 알고 그 부당함을 탄핵했는데 "불충의 죄를 범한 자를 마음대로 종군시킨 것과, 아버지의 명을 어기고 죄인을 추천했다"는 죄목으로 공은 이종무와 함께 구속되었다.

1420년(세종 2) 4월에 상왕의 선지(宣旨)로 공은 "원하는 대로 외방(外方)에 중도부처(中途付處)한다"는 처분을 받고 공의 사장(私莊)이 있는 가평(加平)과 양주(楊州) 등지에서 근신하는 생활에 들어갔다. 그것은 지난날 선공의 분부로 야상(野桑)과 산상(山桑)을 장려하고 누에치기와 종연(種連)을 생산 실험한 곳이기도 했다. 넓은 농장을 가꾸고 가평에서는 강역정(講易亭)이라는 정자를 세워 『주역(周易)』을 연구하기도 했다. 때로는 강음별서에 들러 아버지를 문안하고, 평산과 은천 등지를 찾아 은거 중인 백형 제학공과 회포를 풀면서 조용한 나날을 보냈다. 특히 이 무렵 공의 형제가 다 같이 교분이 두터웠던 당대 고승 함허당 득통대사가 공을 위해 지어 보낸 칠언절구 한 수는 이 시기 공의 생활을 읽는 데 깊은 뜻이 담긴 작품이라 할 만하다.

세상만사 도무지 덧없음을 깨달았기에	世間已了都如幻
넓은 들머리 터 잡아 높은 집 지었구려	卜築高亭大野頭
못가엔 달빛이 가득 나무숲엔 바람 불고	月滿池塘風萬樹
향을 피워 단좌하여 맑은 고요를 즐기리	焚香端坐饒淸幽

「이관찰사 적에게 준다(贈李觀察使迹)」라는 제목이 붙은 이 시는 공이 경기감사를 그만둔 지 얼마 안 된 시기에 지어 보낸 듯하다. 넓은 들머리에 터를 잡아 높은 정자를 지었다는 승구(承句)는 아마도 가평 고을 조종(朝宗) 들판에 공이 강역정(講易亭)을 지은 것을 테마로 한 것은 아닌지 시사되는 바가 있다. 또 양근 고을 미원현(迷原縣)에도 공이 머무른 흔적이 남아 있으니, 『동국여지승람』 미원장(迷原莊)조에 실린 한 줄의 시구가 그 단서이다.

왼편 용문에 의지하여 오른쪽 호수를 배개 삼았네	左據龍門右枕湖

이 시의 전편을 대할 수 없는 것은 유감이지만 이 작은 고을 미원현은 일찍이 공이 잠종채방사로서 활동한 곳이기도 하거니와 역시 이 무렵에 공이 장원을 가꾸고 생활한 발자취를 더듬어보게 하는 곳이다. 미원장이란 지명도 거기에 연유가 있는 듯하다.

그러나 공에게 늘 든든한 후원자가 되어준 백형 제학공이 연만하신 아버지를 외로이 남겨두고 홀연히 세상을 하직하자, 의지할 곳을 잃은 채 외방 부처라는 신분적인 굴레와 불명예를 하루 빨리 씻어야 하겠다는 초조감이 더욱 자신을 옥죄어왔다. 이에 공은 지난날 자기에게 베풀어주던 은사(恩賜)를 생각하여 상왕에게 그 처지를 호소하고 벼슬을 얻고자 청원했다.

5. 함길도(咸吉道) 유배와 특사(特赦)의 은전

그런지 얼마 후 상왕의 특지(特旨)가 내려 가정대부(嘉靖大夫)의 품계와 대사헌(大司憲)의 보직을 받았다. 다시 한 번 상왕의 은혜를 입고 신분상의 명예와 함께 복직의 길이 열리게 되었는데, 1422년(세종 4)의 『왕조실록』 기사에는 태종궁(太宗宮)의 궁인에게 노비를 바치고, 공의 소청이 전해져 일이 성사되었다고 하였다.

이 무렵 선공은 강음별서에 칩거해 있으면서 둘째아들의 이러한 처신을 매우 불안하고 안타까운 마음으로 지켜보고 있었다. 혹 세종의 미움을 사서 도리어 화근이 되지 않을까 하는 염려 때문이었다. 그리하여 때로는 편지를 보내 꾸짖기도 하고 직접 아들의 농사(農舍)를 찾아가 나무라기도 했는데, 그때마다 "지나친 욕심을 억제하고 늘 두려운 마음으로 처신하라"고 타일렀다.

1423년(세종 5) 상왕인 태종이 승하하고 국가의 모든 권력이 세종에게로 돌아가게 되자, 그때까지 상왕의 총애와 보호를 등에 없고 분별없이 처신하던 관료들이 점차 도태되기 시작했다. 공도 예외가 아니었으니 선공의 우려가 들어맞은 것이다. 공은 다시 벼슬길에서 소외되고 마침내 다시 시골로 내려가 칩거 생활을 하게 되었다.

그런 가운데 1425년(세종 7)에 큰집 조카인 돈녕공이 세종의 특명으로 양녕대군의 적장녀(嫡長女)를 배필로 맞이함으로써 왕실과 인척관계가 되었다. 이때에도 공은 벼슬길의 집념을 버리지 않고 아버지 기우자선생에게 의논했으나, "전일 사위 김훈의 일만으로도 두려운 일인데, 종사(宗社)에 죄를 입은 양녕대군에게 다시 누(累)를 끼쳐서야 되겠느냐" 하면서 공을 질책하고 들은 척하지 않았다.

그럼에도 1432년(세종 14)에 아버지께서 별세한 뒤에도 공은 사환에 대한 미련을 버리지 않고, 그 이듬해에는 또다시 세종에게 궁인을 통하여 복직의 교섭을 한 사실이 있었으나 뜻을 이루지 못하였다. 1435년(세종 17)

에는 나무로 만든 소 모양의 군수물자 운반 기구인 목우유마(木牛流馬)를 만들어 조정에 바침으로써 임금의 환심을 사려고 했으나, 세종은 "추후에 직접 볼 기회가 있을 터이니 상의원(尙衣院)에 내리도록 하라"는 분부만 했을 뿐, 그것으로 인해 공을 서용(叙用)하지는 않았다.

뿐만 아니라 1438년(세종 20)에는 또다시 불미스러운 일로 함길도 경원(慶源) 땅으로 유배당하게 되었다. 공의 능력에 비해 관운이 뜻대로 열리지 않아 애석한 가운데서, 이미 이순(耳順)을 넘긴 노경에 삼천 리나 떨어진 외로운 유배지에서 고난에 찬 나날에 뼈를 깎는 회한의 세월이 시작된 것이다. 그러나 공은 이러한 모진 역경 속에서도 굴하지 않고 새로운 가치 창조에 노력을 기울이는 집념을 과시했다. 말하자면 문화적인 혜택을 받지 못한 변방 백성에게 글을 가르치고 풍속을 교정했으며, 오랜 관료 생활에서 얻은 지식과 기술을 이용하여 농상(農桑)을 장려했던 것이다.

그 결과 1444년(세종 26)에 함길도관찰사 정갑손(鄭甲孫)의 마음을 움직여 조정에 장계를 올리게 되었다. 그 글에서 이르기를 "급제(及第) 이적(李迹)이 일찍이 경원 땅에 유배된 뒤로 백성을 교화하고 농상의 효과적인 방법을 계발하여 그 성과와 이익이 자못 큽니다. 신이 본도 백성에게 그 효과를 시험하고자 합니다. 이적으로 하여금 관내 고을을 순행시켜 그 지역 형편에 따라 수전(水田)의 개간과 풍속의 교화를 도모하고자 하니 허락해 주십시오" 하고 청하였다.

이에 대하여 임금은 "죄를 지은 유배인을 지나치게 대우하는 것이 되며, 각 고을을 순행하는 것은 옳지 않다" 하여 결국 윤허하지는 않았다. 그러나 정갑손의 이러한 장계로 인하여 공이 귀양 생활 중에서도 백성을 사랑하는 정신이 갸륵하고, 죄의 뉘우침이 간곡하다는 것을 인정하여, 속전(贖錢)을 바치지 않고도 죄를 면하는 수속(收贖)의 처분이 내려졌다. 공은 곧 유배가 풀려 연고지인 경기도 일원에서 자유롭게 살게 되었다. 그리하여 공은 양근과 가평의 전장(田庄)을 왕래하면서 예전처럼 지우(知友) 명사들과의 교류는 물론 풍류를 즐기기도 했다.

1447년(세종 29)에 안평대군(安平大君)이 도원(桃源)을 꿈꾸고 그 내용을 안견(安堅)에게 설명하여 그리게 한 유명한 〈몽유도원도(夢遊桃源圖)〉에 공이 친필로 제찬(題贊)의 시를 남긴 것이 그 한 사례이다. 그림에는 안평대군의 발문(跋文)과 정인지(鄭麟趾)·최항(崔恒)·신숙주(申叔舟)·이개(李塏)·박팽년

부훤당공의 자필시(自筆詩) 안평대군(安平大君)의 요청으로 안견(安堅)의 〈몽유도원도(夢遊桃源圖)〉에 부친 제찬(題贊)의 시와 글씨이다(몽유도원도 도첩(圖帖)에 실려 있다).

(朴彭年)·서거정(徐居正)·성삼문(成三問)·김수온(金守溫) 등 당대를 대표할 만한 명현(名賢) 고사(高士) 21명이 각기 친필로 시를 지어 붙였다. 공은 28구절의 오언고시(五言古詩)를 지어 그 말미에 "부훤당거사(負暄堂居士) 이적(李迹) 소부(素夫)"라고 낙관을 했다. 이는 공의 만년 생활의 모습과 교우관계, 그리고 고상한 풍류를 짐작하게 하는 일이다.

1450년(세종 32) 정월에 드디어 정식으로 공의 신분상의 모든 억압이 완전히 풀리었다. 원지 유배의 처분이 해소되고, 외방종편(外方從便)으로 감형된 뒤에, 잇따라 특사의 은전이 내려 11년 만에 완전한 자유인이 된 것이다. 이러한 특전은 때마침 세종대왕의 지병이 쾌차하여 그 평복(平復)의 기념으로 왕세자가 주청함으로써 이루어진 것이다. 그러나 실상은 세종의 총애가 두터운 왕사이며 공의 생질인 신미(信眉)가 그 외숙부를 위해 임금에게 간청을 한 결과라고 한다. 그것은 지난날 신미의 아버지 김훈의 구명운동을 공이 해준 인연 때문이었다.

공의 몰년은 정확하게 알 수 없으나『왕조실록』에 등재된 공의 최종적인 기사를 감안하여 그 연조를 미루어보면, 대개 75세 전후의 수명을 누렸음을 알 수가 있다. 공의 배위는 정부인(貞夫人) 하동정씨(河東鄭氏)인데 조선조 개국 초기에 좌찬성(左贊成)으로 중직된 하원군(河原君) 정제(鄭提)의 셋째따님이며, 고려 말의 충신인 직제학 정희(鄭熙)의 손녀이다.

슬하에는 아들이 없고 두 딸이 있었으니 맏이는 양주인(楊州人) 조수량(趙遂良)에게 출가했다. 조수량은 1453년(단종 1) 계유정난(癸酉靖難) 때 평안감사로 임명되었으나 부임하지 못하고 고성(固城)으로 귀양 가서 적소(謫所)에서 죽었는데, 안평대군의 일당으로 몰려 격살당한 이조판서 조극관(趙克寬)의 아우였기 때문이다. 아버지는 세종 때 좌찬성을 지낸 정평공(靖平公) 조계생(趙啓生)이고, 공과 문과의 동방으로 장원(壯元)을 차지한 문강공(文剛公) 조말생은 그의 숙부가 된다. 차녀는 세종 때 우봉현령(牛峯縣令)을 지낸 단양인(丹陽人) 우전(禹傳)에게 출가했으나 그 가계는 자세하지 않다.

공은 후사가 없었으므로 따님의 시댁인 양주조씨(楊州趙氏) 문중에서 외손으로 하여금 봉사(奉祀)를 하게 했다. 때문에 그 무덤을 지금의 의정부시 낙양동(洛陽洞)에 해당하는 양주군 외송산(外松山) 시북극(柴北谷) 곤제동(昆弟洞)에 있는 양주조씨의 종산(宗山)에 모셨다. 그곳에는 공의 따님인 이씨(李氏)와 사위 조수량(趙遂良)의 합폄묘(合窆墓)가 있는데, 그 오른편 언덕 100보 지점에 공의 묘소가 현존한다.

제4장

여천군(驪川君)의 생애와 그 공훈(功勳)

공의 휘는 원(遠)이고 아명을 몽가(蒙哥)라 했는데, 후일 세조(世祖)가 그 대로 사명(賜名)을 했다 하며, 자는 계팽(季彭)이다. 1404년(태종 4)에 당시 개경(開京) 북쪽에 있는 강음현(江陰縣)에서 아버지 기우자선생의 셋째아들 로 태어나니, 어머니는 순흥안씨(順興安氏)로 고려 말의 중신인 경질공(景 質公) 안원(安瑗, 1346~1411)의 따님이고, '동방의 주부자(朱夫子)'로 칭하는 회헌(晦軒) 안향(安珦)의 후손이다.

1. 소년기의 학업과 무과(武科) 급제

공은 아버지의 나이 54세 되던 해에 귀여운 만득자로 출생했는데, 당시 강음에는 고려의 절의신(節義臣)인 선공이 별업을 겸한 농장을 두고 숨어 사는 처지였다. 그런 가운데서도 오로지 공을 애지중지하게 기르는 것을 큰 낙(樂)으로 삼는 한편, 때때로 찾아오는 후진들에게 글을 가르치는 것 을 마다하지 않았다. 그러나 아버지의 강음별서는 개경에서 북쪽으로 불 과 30리(里)의 가까운 거리라, 신왕조의 뜻을 받든 관료들과 문우(文友)들 의 방문이 잦아, 선공께서 은거하는 데는 여러 가지 불편이 많았다.

마침 공이 태어난 다음 해 10월에 조선조 신왕조의 두 번째 천도(遷都)

로 인해, 당시 '형제명환(兄弟名宦)'으로 평판이 높던 백형 제학공과 중형 부훤당공 두 분이 솔권하여 한양으로 이사하였다. 신도읍지로 이사한 백형의 큰집은 남대문 밖에 있었는데, 서재와 임원(林園) 속의 별정(別亭)을 두루 갖추어 선공이 한양으로 상경하면 주로 여기에서 기거하였다. 하지만 신왕조에서는 기우자선생이 두 아들과 함께 한양으로 이사한 것을 다행으로 여겨 이때부터 끈질긴 벼슬의 권유와 압력이 되풀이되었다.

그럴 때면 선공은 또 어김없이 강음으로 되돌아와 귀여운 셋째아들의 독서와 성장을 지켜보면서 세월을 보냈고, 직접 공의 학업 진도를 독려하기도 했다. 그러나 이 무렵 선공에게 가해진 태종의 출사 회유는 1405년(태종 5)부터 무려 6년 동안이나 집중적으로 계속되었지만 번번이 적당한 구실로 취임을 회피하였다. 심지어 강음의 농장에서 문을 닫고 칩거했을 때에도 권근과 성석린 형제 등 평소 친분이 두터운 중신(重臣)들이 번갈아 찾아와 벼슬을 권하였고, 그것이 귀찮아 훌쩍 지방 여행이라도 떠나게 되면, 공은 으레 아버지를 배행(陪行)하여 시중을 들었다.

이와 같이 공은 감수성 많은 소년기를 아버지의 출처(出處)와 함께했고, 그런 만치 선공으로부터 받은 정신적인 영향이 컸으며 의방(義方)의 가르침도 매우 근엄했다. 공의 나이 7, 8세에 접어들 무렵 하루는 독곡선생이 아버지에게 산행을 함께 할 것을 간청했으나, 밭에 오이 심는 일을 감독해야 한다며 두 번이나 이에 응하지 않았다. 이는 산행의 목적을 미리 짐작하고 일부러 회피한 것인데, 그 후 독곡선생은 선공에게 시를 보내어 산행의 약속 어긴 것을 은근히 조롱한 일도 있었다.

나들이하기 알맞은 봄철이 되었거늘	行樂當及春
은밀한 약속인데 일부러 오지 않다니	幽期故不赴
몽가는 이미 글을 읽어 해석을 하고	蒙哥解讀書
몽가의 어머니는 상차림도 잘 하겠다	蒙母善治具
대작을 하면 좋은 손님보다 나을 터	對酌勝佳賓
대문을 두드려도 못 만날 때 많았네	敲門多不遇

16행이나 되는 장시(長詩)에서 공에 관계되는 시구를 인용한 것이지만, 그만큼 두 분 사이의 관계가 허물이 없었다는 것을 읽을 수 있다. 동시에 한 나라의 큰 선배요 장로인 독곡선생이 어린 공의 이름을 시에 나타낼 정도로 가족 간에도 허물이 없었고, 독서에 열중하고 있는 공을 사랑하고 아끼었다. 몽모(蒙母)는 말할 것도 없이 공의 어머니 순흥안씨를 가리키지만, 때때로 찾아오는 귀빈들에 대한 응접에 정성을 다하는 모습과 가족애를 부러워하기도 했다.

공의 나이 14, 5세가 되자 이미 경사(經史)에 능통하여 친지들로부터 평판을 한몸에 모았으며, 아버지의 명으로 몇 살 연하인 큰집 조카 돈녕공과 함께 외부 스승을 구해 수제치평(修齊治平)의 참된 도리를 닦는 데 정진하였다. 한편 1418년(태종 18)경에 가문의 대들보인 백형이 원숙한 나이로 별세하였다. 공은 큰아들의 별세로 슬픔과 실망에 잠긴 아버지를 곁에서 모시고 밤낮으로 효성을 다하는 한편, 이때부터 그 처지를 생각하여 입신(立身)의 방도를 달리 세우고, 궁마(弓馬)의 수련과 병서(兵書)의 습독에도 힘을 기울였다.

1425년(세종 7)에 돈녕공이 세종대왕의 명으로 양녕대군의 장녀를 맞아 배위로 삼으니, 나이 불과 16세에 가선대부(嘉善大夫)의 품계를 받고 돈녕부 관원으로 제수되었다. 공은 조카의 출세를 마음속으로 기뻐하면서 더욱 분발하여 학업을 닦고 무예를 수련함으로써 문무가 겸전한 인재가 되겠다고 결의를 가다듬었다.

드디어 1430년(세종 12)경에 아버지의 후광을 업고 대망의 무과에 훌륭한 성적으로 급제하니, 공으로서는 탄탄한 앞길이 열렸고 기우자선생으로서는 셋째아들까지 출세할 수 있는 바탕을 얻은 것을 기쁘게 여겼다.

그러나 어찌하랴. 1432년(세종 14)에 아버지 기우자선생이 81세의 노령으로 별세하시자, 공은 한때 의지할 곳을 잃은 채 온 세상이 적막하게만 느껴져 실의에 찬 나날을 보내게 되었다. 가슴속에는 비록 한 시대를 경륜할 만한 학식과 포부가 있고, 무예 또는 출중했지만 기댈 곳과 쓰일 곳을 잃은 절망감을 떨쳐내지 못한 것이다.

2. 계유정난(癸酉靖難)의 참여와 공신군호(功臣君號)

30세가 훨씬 넘은 나이에 겨우 서반(西班)의 미관말직인 대부(隊副)의 자리를 얻어 처음으로 벼슬길에 들어섰지만, 공의 그릇으로는 마치 '할계(割鷄)에 우도(牛刀)'를 쓰는 것처럼 어울리지 않는 직분이었다. 마음속으로는 출중한 능력을 마음껏 펼 수 없는 제도와 세상이 한없이 야속했지만 그럴 때마다 공은 "세상의 두려움을 알고 조심스럽게 처신하라"는 선공의 유훈(遺訓)을 되새기면서 은인자중했다.

그런 가운데 어느 날 말단의 호반(虎班) 자리를 박차고 안평대군(安平大君)과 접촉할 수 있는 기회를 얻었다. 안평대군의 문객 가운데 이현로(李賢老)·정자제(鄭自濟)·이의산(李義山)·박하(朴夏) 등을 통해 대군의 저택에 드나들게 되었고, 그들과 어울리면서 시문과 궁마를 함께 즐길 수 있었기 때문이다.

그럴 즈음에 또한 공은 후일 계유정난의 주역들인 한명회(韓明澮)·한명진(韓明溍) 형제와 권람(權擥, 1416~1465) 등과도 자연스러운 교류가 이루어졌다. 본래 한씨 형제는 백형인 제학공의 외손자로 조카 돈녕공과는 내외종간이라 공에게도 외종손(外從孫)이라는 척분이 얽혀 있었다. 권람 또한 권양촌의 손자로 아버지와 자별했던 친구의 아들이다. 공과는 일찍부터 선대와의 관계로 인해 지면(知面)이 두터웠고, 비록 둘 다 공에 비하여 나이는 적었지만 가정적으로는 얽힌 관계가 매우 깊었다.

그러나 공과 이들의 당시 처지는 판이하였다. 한쪽은 안평대군, 또 한쪽은 수양대군 편에 서서 각각 지우(知遇)를 얻고 있는 형편이었다. 다만 각기 지니고 있는 성향과 포부는 비록 달라도 세상에 대한 불평과 비판은 서로 공통점이 있었으니, 그런 점에서 양쪽은 쉽게 의기투합하게 되었다. 때문에 한명회와 권람은 공에게 동지가 되기를 설득하였고 마침내 그들의 천거로 수양대군을 만나는 행운을 얻었다.

수양대군은 공을 한 번 보자 충의의 지조가 굳고 문무가 겸전한 그릇임을 단번에 간파하였다. 더구나 문장과 풍의(風義)로 당시 선비들 간에 존모(尊慕)가 높았던 기우자선생의 아들이라는 사실은 신뢰를 쌓는 데 더없이 좋은 요인이 되었다. 드디어 1453년(단종 1, 癸酉)에 한명회와 권람 등이 수양대군을 받들고 거사를 도모하자, 공도 이들과 함께 생사를 걸고 동지로서 참여하였다.

이때 공이 담당했던 임무는 이현로 등 문객들을 접촉하여 안평대군 진영의 동태를 감시하고 정세를 파악한 후 수양대군 진영에 알려주는 역할이었다. 하루는 안평대군이 은밀하게 그 수하들을 여주(驪州)에 불러모으고, 그곳 수령(守令)인 노회신(盧懷愼)과 충청감사 안완경(安完慶)을 초빙하여 뱃놀이를 한다는 정보를 입수하였다. 공은 즉시 권람에게 사실을 보고했는데 이것이 결정적인 요인이 되어 수양대군의 거사를 순조롭게 진행시켰다.

그해 11월에 정난(靖難)의 거사가 성공을 거두자 공은 3등공신으로 책록(策錄)되었다. 이어서 전(田) 100결(結), 노비 7구(口), 구사(丘史) 3인, 반당(伴倘) 6인의 사급(賜給)이 있었고, 곧 서반의 요직인 정7품의 우군부사정(右軍副司正)에 초배(超拜)되었다.

1454년(端宗 2)에는 돈용교위(敦勇校尉)의 자급(資級)을 얻었고 이어 중군부사직(中軍副司直)을 거쳐 정5품의 우군사직(右軍司直)으로 특진했으며, 다음 해 1월에 정식으로 수충정난삼등공신(輸忠靖難三等功臣)의 교서와 함께 저택(邸宅)·말(馬)·백은(白銀)·표리(表裏) 등의 추가 사급(賜給)이 있었다. 그 교서에서는 공을 칭찬하기를 "마음가짐이 온유하고 몸가짐은 맑고 검소했는데, 일찍부터 부형과 스승의 가르침을 이어받아 충효의 조행이 있었다"고 적었다.

1457년(세조 3)에 호군(護軍)으로 승진되어 중앙군의 장군으로서 궁성의 수호에 지휘관으로서 활약했으며 이때에도 노비 10구의 충급(充給)이 있었다. 1460년(세조 6)에 당상관(堂上官)에 올라 통정대부(通政大夫)로서 첨지중추원사(僉知中樞院事)의 보직을 받았으며, 1462년(세조 8)에는 경기도 살곶들(箭串坪)에서 시행한 기병과 보병의 강무(講武) 및 징병(徵兵) 행사에 호종관(扈從官)으로서 임금을 수행했으며, 같은 해 11월에도 양주(楊州)의 달천(達川)에서 시행한 연무장에서 대호군(大護軍)의 융복(戎服)을 입고 위무당당하게 왕과 왕비의 호종 임무를 수행했다.

3. 정경(正卿)의 승진과 봉조하(奉朝賀)의 은전

1463년(세조 9)에 종2품 가선대부(嘉善大夫)의 품계를 받아 중추원부사(中樞院副使)가 되었으며 다음 해 2월에는 다시 가정대부(嘉靖大夫)에 올라 공신으로서 여천군(驪川君)의 작호를 받았다. 이때에 정부에서는 "공신으로서 학문이 있는 무인이므로 오위(五衛)의 위장(衛將)을 제수해야 한다"는 논의가 있었지만, 공은 오히려 "오위의 수장은 임금의 낙점을 받아 궁궐에서 군사를 영솔(領率)하는 직책인데, 자신은 그런 막중한 자리에 부족함이 많다" 하고 사양하니, 주위에서 공의 인품을 매우 기리었다.

1466년(세조 12) 2월에는 충순당(忠順堂)에서 실시한 궁사대회(弓射大會)에서 여러 종친과 중신들이 함께 임금을 모시고 관사(觀射)를 하며 국방문제를 협의하였다. 이어서 다음 달에는 충훈부(忠勳府)의 공신을 대표하여 강원도 행재소로 나아가 지방 민정을 돌아보며 살피고 있던 임금을 위로 문안했으며, 이해 9월에는 또 근정전(勤政殿)에서 베푼 양로연(養老宴)에도 초대되었다. 이때 공의 나이는 62세로 세조는 공을 공신으로서 기로(耆老)의 예우를 하여 초대했는데, 이 자리에서 또 정2품 자헌대부(資憲大夫)로 승격시켜 어탁(御卓)을 하사했으며, 얼마 후에는 병조판서(兵曹判書)에 제수되었다.

1469년 세조가 승하하고 그 아들 예종(睿宗)이 즉위하자 상당군(上黨君) 한명회가 영의정에 올라 『경국대전(經國大典)』의 시행에 앞선 여러 가지

제도 정비와 포상을 시행했다. 공은 이때 나이 65세가 넘은 훈구 공신으로서 관례상 판서급 대신이 체직할 때 보임하는 중추부지사(中樞府知事)에 임명되었다. 또한 같은 해에 처음으로 시행한 봉조하(奉朝賀)에도 공이 그 은전을 입었으며 판서에 해당하는 녹봉을 계속 받음으로써 명예를 누렸다. 봉조하란 나라에 공훈이 큰 대신(大臣)급 고관들이 치사(致仕)하여 은퇴할 때 임금이 내리는 은급 제도이다. 몸을 마칠 때까지 그 품계에 알맞은 녹봉을 받으며 국가의 의식(儀式)이 있을 때는 조복(朝服)을 입고 참여할 수 있는 특전이 있었다.

1471년(성종 2)에 정헌대부(正憲大夫)에 승차하여 종종 궁중하례와 의식에도 참례하면서, 국가의 원로로서 조용하게 물러나 독서로 낙을 삼고 유유자적하게 여생을 보냈다.

만년에는 시문과 사장(詞章)을 여러 편 남기기도 했으나 지금까지 전해진 것은 없으며, 다만 외종손인 상당부원군 한명회의 청으로 그의 어머니 증정경대부인(贈貞敬大夫人) 여흥이씨(驪興李氏)를 위해 묘표문(墓表文)을 지었는데, 지금 의정부시 신곡동 청주한씨 묘역에 금석문으로 보존되고 있다. 정경대부인은 제학공의 따님으로 공에게는 질녀인데, 감찰 한기에게 출가했으며, 슬하에 한명회와 한명진 형제를 두었고 예종비 장순왕후(章順王后)와 성종비 공혜왕후(恭惠王后)는 그의 친손녀이다.

1487년(성종 18) 3월 17일에 공이 83세의 천수를 누리고 별세하니 조정에서는 3일 동안 조회(朝會)를 파하여 조상했으며, 임금은 예관을 파견하여 후장(厚葬)을 하게 했다. 시호를 호양(胡襄)이라 했는데 "천수를 다하여 고종명(考終命)을 했으니 호(胡)요, 실지로 종사한 훈공이 있었으니 양(襄)이라(彌年壽考曰胡, 因事有功曰襄)" 이는 시법(諡法)에 근거한 것이다. 또 당시의 사관(史官)은 다음과 같이 공의 인품을 평하여 사초에 남기기도 했다.

참다운 군주를 붙들고 의지하니, 공신으로 참여하게 되었고 재상의 지위에 올라 물러났음에도, 권세와 이욕에는 깨끗하고 초연했다. 문을 닫아걸고 아무나 만나지 않았고, 항상 글을 읽으며 즐거움을 삼았다.

攀付眞主 獲參帶礪 致位宰相 於勢利淡如也 閉門却掃 常以讀書爲樂

이는 당시 공에 대한 조야의 공론이 어떠했는가를 단적으로 알려주는 것으로 공이 법도 있는 가문에서 의방(義方)과 절조(節操)가 깨끗했음을 말해준다.

배위는 군부인(郡夫人) 경주최씨(慶州崔氏)로 슬하에는 아들 여성군(驪城君) 치남(致南)이 있고, 여산군(驪山君) 승기(承基), 여원군(驪原君) 연기(連基), 여평군(驪平君) 경기(景基) 등 세 손자를 두어 군호(君號)가 승습(承襲)되었으며 후손이 매우 번성했다. 그러나 계대(系代)가 멀어지면서 그 후손들은 해주(海州)·백천(白川)·금천(金川)·봉산(鳳山)·파주(坡州) 등지에 흩어져 살아 남북 간에 자유 왕래를 하지 못하는 안타까움이 매우 크다.

공의 묘는 황해도(黃海道) 금천군(金川郡) 산외면(山外面) 영청동(永淸洞) 설봉산(雪峯山) 기슭 선영(先塋) 아래의 간좌(艮坐)인데 배위와 합폄(合窆)이다.

1988년에 남한에 흩어져 사는 후손들이 국토 분단 이래 40년이 되도록 성묘조차 하지 못하는 것을 유한으로 생각하여 경기도 파주군 문산읍 이천리(梨川里) 지내울 산기슭에 공을 추모하고 기리기 위한 제단을 모아 향사를 받들고 있다. 단비(壇碑)의 글을 지은 종후손(從後孫) 문학박사 우성(佑成) 교수는 그 명(銘)에서 일렀다.

아아! 지금 세상이 어지러움에　　　　　　嗟今世亂
남북으로 국토가 분단되어　　　　　　　南北分疆
오랫동안 성묘조차 하지 못하니　　　　久闕省掃
구름 덮인 먼 산만 아득합니다　　　　雲山杳茫
나약한 자손들의 간절한 정성이　　　　屛孫誠切
자나 깨나 잊을 수가 없어서　　　　　寤寐不忘
제단을 모아 추모비를 세웠으니　　　設壇竪石
나도 따라서 기뻐하고 찬양합니다　　俾我愉揚

제5장

돈녕공(敦寧公)의 왕실 혼인과 벼슬

돈녕공의 휘는 자(孜)이고 자는 선보(善甫)인데 1409년(태종 9)에 한양 성남(城南)의 사저(私邸)에서 제학공 휘 척(逖)의 1남 1녀 가운데 외아들로 태어났다. 어머니는 정부인(貞夫人) 순천박씨(順天朴氏)로 고려 말에 검교좌 정승(檢校左政丞)을 지낸 정후공(靖厚公) 평정(平亭) 박가흥(朴可興)의 따님 이요, 조선조 태종의 신임이 두터워 최초의 도승지(都承旨)를 역임한 문숙 공(文肅公) 이헌(頤軒) 박석명(朴錫命, 1370~1406)과는 남매간이 된다.

1. 할아버지의 무육(撫育)과 청소년 시절

공이 출생한 시기는 아버지 제학공이 중앙관원으로 있으면서 정부의 천 도에 따라 개경에서 한양으로 거주를 옮긴 지 얼마 지나지 않은 때였다. 할머니인 서산군부인 류씨(柳氏)의 별세로 3년 동안의 집상(執喪)을 끝낸 아버지께서 다시 조정의 부름을 받아 이조참판(吏曹參判)으로 출사하였고, 숙부 부훤당공도 정부 요직에 나아가 유능한 관료로서 명성을 떨치고 있 었으므로 주위에서는 '형제명환(兄弟名宦)을 둔 가문'이란 찬사가 끊이지 않았다.

그러나 할아버지 기우자선생이 환갑의 나이를 앞두었고, 아버지 제학공도 불혹의 나이가 되었으나, 뒤를 이을 아들이 없어 늘 걱정하던 다음이었다. 이러한 때에 공의 탄생은 실로 한 가정의 오랜 소망이 열린 것이었다. 후일에 상당부원군인 한명회(韓明澮) 형제를 낳은 어머니이자, 정경대부인(貞敬大夫人)으로 증직된 공의 누님이 태어난 지 10년이 넘는 터울이었다. 어머니 정부인(貞夫人) 순천박씨가 40세에 가까운 노산으로 얻은 첫 아들이었고, 할아버지 기우자선생도 오매불망하던 주손(冑孫)이라, 세상에 무엇과도 바꿀 수 없는 금지옥엽(金枝玉葉) 그대로였다.

공은 성장함에 따라 그 영민함이 점차 드러나더니 나이 불과 4, 5세에 문자를 쓰고 해독함으로써 재동(才童)이라는 평판이 자자하였고, 할아버지와 아버지 양대의 극진한 무육(撫育) 속에서도 의방(義方)의 가르침은 더욱 엄격하였다. 공의 나이 겨우 10세에 접어들 무렵 아버지 제학공이 할아버지에 앞서 세상을 버리신 데 이어, 평소 병약하시던 어머니 정부인마저도 애지중지하던 어린 외아들을 남겨두고 홀연 별세하시니, 공은 졸지에 고아의 신세가 되어 하늘을 우러러 울부짖는 처지에 빠졌다.

이러한 불행 속에서도 공은 유일한 보호자인 할아버지의 알뜰한 보살핌을 받아가며 학업에 열중하였다. 한양의 집과 강음(江陰) 별서를 왕래하면서 4, 5세 연상인 삼촌 여천군(驪川君)과 함께 애초에는 조부의 슬하에서 가학(家學)을 이었으며, 나중에는 따로 학숙(學塾)을 설치하고 스승을 맞이하여 경사(經史)와 유업(儒業)을 닦는 일에 더욱 매진했다.

그러나 공의 소년 시절에도 국정은 순탄하지 못했으니, 1418년(태종 18)을 전후한 시기에 왕세자를 폐하는 문제로 조야의 공론이 양분되어 나라가 매우 어지러웠다. 태종의 맏아들 양녕대군(讓寧大君)이 왕세자로서 폐인의 행동을 한다 하여 그를 동궁에서 몰아내고, 대신 셋째아들 충녕대군(忠寧大君)으로 하여금 세자로 삼아야 한다는 주장이 대두되어 이를 찬성하는 정파와 반대하는 세력이 맞서서 갈등과 대립이 계속된 것이다.

양녕대군을 세자의 지위에서 몰아내야 한다는 일파에는 평소 태종의 밀지(密旨)를 받들어 이를 관철하고자 한 이른바 15인 중신, 곧 심온(沈溫)·

박은(朴訔)·조연(趙涓) 등이 주류를 이루고 있었으나, 여기에는 공의 숙부 부훤당공도 적극 가담하고 있었다. 하지만 할아버지 기우자선생은 작은아들의 이러한 정치적 처신을 매우 못마땅하게 여겨 늘 신중하게 대처할 것을 당부했다.

그것은 양녕대군이 어린 왕세자 시절에 큰아들 제학공이 세자시강원(世子侍講院)의 우문학(右文學)으로 재직하면서 동궁의 교육을 담당했던 특별한 인연을 저버릴 수 없었을 뿐 아니라, 무엇보다도 타고난 자질과 함께 왕세자 자리에 대한 양녕대군의 내심을 읽고 있었기 때문이라 하겠다. 말하자면 양녕대군은 부왕인 태종이 셋째아들 충녕대군에게 왕위를 물려주려는 의도가 있음을 간파하고 있었으며, 스스로도 아우가 자기보다 훌륭한 왕재임을 일고 있었기에 양광(佯狂)으로 실행(失行)을 거듭하여 폐인 노릇을 하는 것이라 생각했다. 그러므로 전조의 유신(遺臣)인 기우자선생이 직접 거론하고 나설 수는 없었지만 당시 이름난 재상인 방촌(尨村) 황희(黃喜) 정승이 "적장자(嫡長子)로서 왕실의 계통을 이어야 한다"면서 왕세자의 교체를 극력 반대한 명분과 의리에 대하여 충분히 공감했던 것이다.

따라서 그로 인해 태종의 미움을 받아 관직을 파면당하고 마침내 남원(南原)으로 귀양을 가게 된 황희의 처지를 매우 안타깝게 여기고 있었다. 따라서 기우자선생은 작은아들이 자기의 마음을 헤아리지 못하고 충녕대군을 위하여 선봉적인 역할을 한 결과 급기야 그 공로로 세자봉숭도감(世子封崇都監)의 제조(提調)라는 직책까지 맡게 된 것을 몹시 불만스럽게 여겨 걱정을 했다. 그러면서도 감수성이 한창 예민한 손자의 교육상 나쁜 영향을 주지나 않을까 염려하면서 시종 조심스러운 처신으로 일관했다.

그러는 동안에도 공의 학업은 일취월장하여 14, 5세가 될 무렵에는 이미 경사(經史)에 능통하였고, 그 문한(文翰)이 또한 출중하여 조부에게 왕래가 있는 선배 장자들로부터 칭찬과 촉망을 받기도 했다. 조부는 그럴수록 부모 없이 자라는 귀여운 손자가 자만하고 나태하지 않도록 일깨우면서 "네가 이룬 약간의 성취는 다만 일시적인 것이니, 추호도 방심하지 말고 더욱 힘쓰도록 하라" 하고 준엄하게 계유(戒喩)하였다.

이윽고 어려운 국정의 혼란도 가닥이 잡히고 새로 왕세자가 된 충녕대군이 등극한 데 이어 상왕 태종이 승하하자 세종(世宗)은 친정 체제의 확립과 더불어 안정된 문치(文治) 시대의 기틀을 하나하나 다져나갔다. 세종은 양녕대군이 임금의 자리를 물려주기 위해 자신을 버리면서까지 희생을 감수했다는 것을 항상 가슴속에 새기고 있었으며, 정치적인 박해로부터 그를 보호하기 위해 온갖 노력을 기울였다.

귀양지인 광주(廣州)와 이천(利川)에 은밀히 내관을 보내 음식을 내리는가 하면, 궁궐에 몰래 들게 하여 형제 상봉으로 주연을 베풀고 담소하는 일도 마다하지 않았다. 삼사(三司) 관원을 비롯한 조정 신료들이 심한 간섭으로 귀찮게 할 때도, 우리 형제간의 우애에 관한 일이니 개의하지 말라는 말로 일축하였다. 드디어 양녕대군의 귀양을 풀어주고는 한강의 서북쪽 언덕 위에 영복정(榮福亭)을 지어 백형의 여생을 보살폈다.

2. 세종의 명으로 이루어진 혼사와 관직

뿐만 아니라 곤경에 처한 폐세자의 자녀들을 보호하고 양육하는 일에도 그 아버지를 대신하여 기출(己出)의 자식처럼 사랑과 관심을 기울였다. 공의 나이 16세가 된 1425년(세종 7)에 세종의 직접적인 명으로 양녕대군의 적장녀(嫡長女)이면서 사랑하는 질녀를 공의 배필로 삼게 하는 은총을 베푼 것은 그 첫 번째 사례이다. 한때 "폐세자의 아들에게 왕통을 이어야 한다"는 일부의 공론 때문에 일신이 위기에 몰린 조카 순성군(順成君) 이개(李譜)를 끝까지 보호하여 보살핀 것도 세종의 은덕이 있었기 때문이다.

『세종실록(世宗實錄)』 7년 5월 을해(乙亥)조에 공의 혼인과 관직 초수(初授)에 관한 기사가 실려 있는데, 이는 그러한 세종의 각별한 배려와 관심을 단적으로 나타내주는 사실적 근거가 될 것이다. 당시 대사간인 이사관(李士寬, 1382~1440)과의 문답으로 이루어진 이 기록에는 그 첫머리에 "내가 애초에 이행(李行)의 손자로 하여금 왕실과의 혼인을 맺도록 명했다(子初命李行之孫使之連姻宗室)"라는 구절이 보인다.

그것은 1425년(세종 7) 연초에 특별히 공을 간택하여 양녕대군의 사위로 삼게 했다는 내용인데 세종이 직접 폐세자 자녀들의 혼가(婚嫁)를 주선했다는 것을 입증하는 자료이다. 동시에 고려 유신으로 존경받는 정계의 원로 기우자선생을 끌어들여 왕실과 통가(通家)의 관계를 맺으려는 의도가 여실히 드러나기도 한다. 또 얼마 후 양녕대군의 맏아들 순성군을 고려 충신인 포은선생의 손녀에게 장가들게 한 사실도 같은 맥락에서 이해될 수 있다.

그러나 공이 왕실의 취객(娶客)으로 간택에 오른 데는 여러 가지 기준과 조건에 부합되기도 했겠지만, 무엇보다도 공의 인품과 교양 그리고 출중한 학문의 바탕이 뒷받침된 것이라 할 수 있다. 이는 공에게 관직을 제수하는 과정에서 보여준 세종의 확신에 찬 태도와 관심에서도 잘 입증되고 있다. 당시 공의 사령장 발부를 담당하고 있던 이사관(李士寬)을 세종이 직접 불러 다그치기를 "돈녕주부(敦寧主簿) 이자(李孜)의 고신(告身)과 서경(署經)을 무엇 때문에 지연시키며, 어째서 나에게 늦어지는 이유조차 보고도 하지 않는가?"라고 호되게 나무랐다. 이사관이 대답하기를, "양녕대군이 종사(宗社)에 죄를 지은 신분이므로 그 사위의 사령장 발부도 늦어지는 것이며, 또 일반적으로는 조정 관원의 사령장의 경우 양사(兩司)에서 만 50일의 법정 기한을 넘긴 뒤에도 나오지 않아야 책임 추궁을 할 수 있습니다"라고 변명하였다. 이 말을 들은 세종은 전에 없이 강경한 어조로 준절히 꾸짖었다. "내가 애초에 이행의 손자로 하여금 종실과 혼인을 맺도록 했는데, 이제 와서 도리어 벼슬을 제수하지 못하게 하니, 이는 내가 사람을 대접함에 신용이 없도록 하는 것이다. 비록 보통의 경우라도 사령장이 지연되면 당연히 보고해야 할 일이거늘, 하물며 지금 이자(李孜)는 내가 특별한 뜻으로 벼슬을 주려는 것이다. 그런데도 그 결과 보고를 하지 않는다는 것이 말이 되느냐? 더구나 대간(臺諫)들은 매일같이 조회에 참가하여 여러 가지 사안을 관례적으로 임금에게 챙겨주는 것이 도리일 텐데, 유독 이 일을 보고하지 않았단 말인가? 양녕대군이 죄를 지은 사람이라 그 사위에게도 사령장이 늦어진다고 했는데, 회안대군(懷安大君, 李芳幹, ?~1421)의 경우와는 그 처지가 다르지 않는가? 어찌 일의 분별을 그렇게 하는가? 대저 간관(諫官)의 소임이란 임금의 실책을 바로잡아주는 것이다. 그런데도 도리어 임금이 그 도리를 잃게 한다면 그 책임을 누가 질 것인가? 나는 마땅히 너희들이 바르게 보필하지 못한 죄를 문책해야 할 것이지만, 사람의 관계를 함부로 끊을 수 없어 이번만은 용서할 것이니 지금 곧 이자(李孜)의 고신에 필요한 서경 절차를 서두르도록 하라." 그러고는 지평(持平) 권시(權偲)를 따로 불러 이자(李孜)에 대한 조사(朝士)로서의 고신 절차를 신속하게 처리하도록 특명을 내렸던 것이다.

그리하여 공은 양녕대군의 사위요, 세종대왕의 질서(姪壻)가 되어 왕실의 인척으로서 돈녕부(敦寧府)의 구성원이 되었고, 첫 벼슬로 돈녕주부(敦寧主簿)라는 종6품의 실직(實職)에 종사하게 된 것이다. 한편 종실의 취객이 된 공의 품계로는 배위인 전의현주(全義縣主)의 외명부 봉작에 상응하는 종2품의 가선대부(嘉善大夫)가 부여되었다. 우리 이씨 족보상에 공을 '십육세승가선(十六歲陞嘉善)'이라 한 것은 그 때문인데, 미관(未冠)의 연소한 나이인데도 종2품의 높은 품계에 종6품의 낮은 직위를 얻은 이른바 파격적인 '계고직비(階高職卑)'의 경우라 할 수 있다.

공은 주부(主簿)로 첫 벼슬을 얻은 후 돈녕부의 관원으로서 소임을 다한 가운데, 잇달아 종5품의 판관(判官)과 종4품의 첨정(僉正)으로 승진하였고, 혼인을 한 지 두 해 만인 1427년(세종 9) 8월 28일에는 첫아들인 중화공(中和公) 증석(曾碩)을 낳았다. 자손이 귀한 가문에서 처음으로 대를 이을 증손이 태어남에, 이때 75세 고령인 기우자선생은 친지들을 불러모아 그 기쁨을 함께했다.

3. 류방선(柳方善) 문하의 수학(修學)

공이 약관에 접어든 1428년(세종 10)경에는 다시 벼슬이 정4품 호군(護軍)에 올라 봉록을 받았다. 이 시기에 공은 강원도 원주(原州)로 내려가 태재(泰齋) 류방선(柳方善, 1388~1443)의 문하에서 정식으로 수업(修業)을 받았다. 류방선은 기우자선생의 처족으로 권근(權近)과 변계량(卞季良)에 이어 선생에게서도 배움을 받은 당대의 큰 학자이다. 이 무렵에 18년간이나 계속된 경상도 영천(永川)에서의 유배 생활이 풀려 옛집이 있는 원주 법천촌사(法泉村舍)로 돌아와 6, 7인의 관동을 거느리고 강석을 열고 있었다. 당시 세종도 그를 은일(隱逸)로 존중하여 주부의 벼슬을 내리고 조정에 불렀으나 사양하자, 집현전(集賢殿) 학사들에게 치평(治平)의 의리를 묻게 하는 등 스승의 예(禮)로서 대접하게 하니, 사림(士林)들이 모두 그를 산두(山斗)와 같이 우러러 존경했다.

할아버지 기우자선생도 류방선의 오랜 귀양살이가 풀린 것을 매우 반가워하면서, '임하(林下)의 고사(高士)'로서 선비들에게 존경을 받는 그에게 사랑하는 손자의 교육을 의탁하려고 한 것이다. 따라서 원주(原州) 환고(還故)의 소식을 듣자마자 즉시 손자에게 나아가 문안을 하게 하고는, 류태재(柳泰齋)의 옛집 가까운 곳에 집을 구해 우거(寓居)하게 한 듯하다. 공 또한 6촌간의 척분이 있는 처지라 그 스승 된 연분을 감사하게 여겨 의존함이 매우 컸다.

류태재 또한 강음에 은거하고 있는 스승 기우자선생에게 그 손자를 통해 가끔 문안을 올리고 옛 스승의 맑고 깨끗한 절조와 은거 생활을 흠모하였다. 『기우집(騎牛集)』에 실린 류방선의 칠언율시「기우자선생에게 올리다(上騎牛子先生)」라는 작품은 이 무렵에 작자가 스승의 고상한 유거(幽居) 생활의 참모습을 유감없이 잘 나타낸 명작이라 할 만하다.

강음의 별서는 가장 맑고 산뜻한 곳입니다　　　江陰別墅最清寒

문에 가린 푸른 이끼가 온 땅에 얼룩졌으니	門掩蒼苔滿地斑
젊은 날의 재주는 육기가 낙양에 든 것 같고	少日才名機入洛
만년에 한평생은 이원이 돌아간 반곡이라	晚年身世李歸盤
구름과 달로 벗을 삼아 생활이 한가로움에	耕雲釣月閒生活
물을 찾고 등산하며 홀로 가고 오고 하나니	臨水登山獨往還
전군도 한 마을에 살아 의지하고 있음에랴	賴有典軍同里閈
편지로 평안을 묻는 수고 하지를 않습니다	不勞書疏問平安

특히 류방선은 이 시에서 기우자선생에 대해 젊은 시절은 진(晉)나라 때 명신인 육기(陸機)의 재망(才望)에 견주었고, 만년은 당(唐)나라 때 정치가 이원(李愿)이 반곡(槃谷)으로 돌아가 여생을 보낸 일에 비교함으로써, 그 스승의 출처(出處)와 행장(行藏)의 절조를 높이 찬양하였다. 그리고 전군(典軍)이 한 마을에 살고 있어 일일이 편지를 올리지 않고도 평안을 물을 수 있어 다행이라는 뜻을 결련(結聯)의 구절에서 밝히고 있다.

이는 공이 원주에 우거하면서도 주기적으로 조부가 계시는 강음의 별서를 내왕했다는 사실을 알 수 있고, 그때마다 태재선생도 스승이며 존고모부(尊姑母夫)의 척장(戚丈)이 되는 기우자선생에게 문안을 잊지 않았다는 것을 방증하는 것이다. 시의 말미에 "공(기우자선생을 가리킴)의 손자인 호군(護軍, 典軍) 이자가 사는 곳이 나와 서로 가까웠다(公之孫護軍李孜之居 與余相近)"고 한 주기(註記)가 있어, 더욱 확실하게 그런 사실을 뒷받침해 준다.

'법천(法泉)'이란 마을 이름은 그곳에 고려 시대의 유명한 사찰 법천사(法泉寺)가 있었기 때문에 붙여진 것이다. 또한『동국여지승람』원주목(原州牧) 불우(佛宇)조에는 다음과 같은 기사가 있는데, 이곳이 태재선생의 강학 장소였다는 사실도 관찬(官撰)의 기록으로 증명해주고 있는 셈이다.

법천사는 명봉산(鳴鳳山)에 있는데 고려 시대의 승려인 지광(智光)의 탑(塔)과 비(碑)가 있다. 태재 류방선이 이 절에서 강학(講學)을 했는데 배움을 받으

려는 사람이 멀리서 모여들어, 권람·한명회·강효문·서거정 같은 분은 후일에
모두 큰 이름을 얻었다. 탑 위에 제영(題詠)이 지금까지 남아 있다.

　法泉寺 在鳴鳳山 有高麗僧智光塔碑 泰齋柳方善 在此寺講學 受業者自遠而集
若權擥韓明澮康孝文徐居正 後皆有大名 塔上題詠 至今猶在

　위의 기록을 미루어보면 공의 우거지는 지금의 원주시 부룬면 법천리
서원마을(書院村) 주변으로 추정된다. 태재선생 사후에 서원을 세워 추모
한 흔적이 완연하고, 그 강학 장소인 법천사가 바로 서원마을과 인접해 있
기 때문이다. 아울러 한명회(韓明澮)·권람(權擥) 등과는 다소 나이 차이가
있지만, 돈녕공도 이 시기에 태재선생에게 배움을 청해 원래(遠來)한 인사
중에 한 분이었다는 짐작을 하기에 충분하다.

　공의 원주 법천 우거가 얼마나 계속되었는지 알 수 없으나, 그 전후 사
정으로 보아 그리 오래가지는 못한 듯하다. 공은 다시 한양 집으로 올라가
벼슬살이의 여가에 강음으로 오르내리면서, 이미 80세에 다다른 조부의
시탕(侍湯)과 안위를 위해 효성을 다했다. 그런 가운데 1431년(세종 13) 10
월 세종의 특지(特旨)로 배위 전의현주가 재령군주(載寧郡主)로 승봉(陞封)
되어 집안에 큰 경사가 있었는데, 이때 공의 처남 이개(李譜)에게도 정식
으로 순성군(順成君)의 봉호(封號)가 함께 내려졌다.

4. 승중상(承重喪)과 복직 및 별세

1432년(세종 14) 8월에는 세종이 나라의 양로연(養老宴)을 베풀고 조부
기우자선생을 한 나라의 원로로서 특별 초대했다. 공은 할아버지를 모시
고 연회에 참석하려 했으나, 워낙 연세가 높으신 데다 병이 깊어져 이해 9
월 6일에 갑자기 별세하게 되었다. 공은 하늘이 무너진 심정이 되어 그 절
망이 매우 컸으나, 먼저 돌아가신 아버님을 대신하여 승중손(承重孫)으로
서 그 애훼(哀毀)를 다하였고 예제(禮制)에 따라 집상을 마치었다.

　그러나 공에게 할아버지의 별세는 큰 충격이 아닐 수 없었다. 나이 불과

10세 전후에 양친을 잃어 고아가 되었고, 오로지 조부의 애무(愛撫) 속에서 성장하고 교육을 받아 종실(宗室)에 장가를 들기까지 한시도 그 큰 그늘을 벗어난 적이 없었는데, 할아버지가 안 계신다는 것을 생각하니 갑자기 세상이 허무하고 막막한 심정에 몸 둘 바를 몰랐다.

공은 집상의 모든 절차를 끝내고는 비탄에 잠긴 마음을 가다듬고, 숙부 여천군과 힘을 합하여 한 가문의 주손(冑孫)으로서의 도리를 지키고자 했다. 먼저 할아버지의 훌륭한 사·행적(事行蹟)을 간추려 정비하는 한편 여러 곳에 산재한 가산을 점검하고 금천(金川)과 평산(平山)에 있는 선영을 수호하기 위해 석물을 갖추고 봉분을 보수하기도 했다.

이러한 과정에서 뜻밖에도 할아버지가 남기신 「율정기사(栗亭記事)」라는 문건이 발견되었는데, 거기에는 손자에게 유산을 물려주는 내용과 수하들을 깨우치는 유교(遺敎)의 글발이 들어 있었다. 공은 이것을 잘못 공개하면 가정 불화의 사단이 된다고 판단하여 숙부 여천군과 의논한 끝에 조심스럽게 처리하려고 했다. 그러나 가족 간의 유산 처리로 기인한 미묘한 문제가 확대되어 서로 해석이 달랐고, 뜻밖에 국법에까지 얽히게 되었지만 마침내 사필귀정으로 잘 처리되었다.

이러한 가정의 불미한 일로 공은 정신적으로 큰 충격을 받았으며, 그로 인한 상심(傷心)으로 한동안은 벼슬도 그만둔 채 문을 닫아걸고 근신하였다. 그런 가운데서도 요로(要路)를 통해 죄를 입은 골육지친을 곤경에서 구하고자 탄원을 했으나, 받아들여지지 않음에 오랫동안 실의에 잠겨 회한의 나날을 보내기도 했다.

다행히 배위 재령군주의 따뜻한 내조와 세종 임금의 은총을 입어 1438년(세종 20) 12월에 공은 다시 종전의 직첩을 돌려받고, 그 이듬해(1439년, 세종 21)에는 돈녕부의 종 3품 부정(副正)으로 승진하였다. 잇달아 1440년(세종 22)에는 30세의 장년으로 당상관에 올라 첨지돈녕부사(僉知敦寧府事)의 보직을 받았고, 그해 12월에 또 공조참의(工曹參議)로서 중앙 행정부의 실무 요직을 맡아 유능한 관료로서 조야의 인정을 받았다.

1441년(세종 23) 7월에 또 중추원부사(中樞院副使)로 발탁되어 종2품의 실직(實職)에 종사했으며, 같은 해 12월에는 동지돈녕부사(同知敦寧府事)로 자리를 옮기니, 그때마다 늘 세종의 지우(知遇)를 두텁게 입었다. 1442년 (세종 24) 공의 나이 33세 때에 정2품 자헌대부(資憲大夫)의 품계에 올라, 지돈녕부사(知敦寧府事)의 보직을 받음으로써 드디어 정경(正卿)의 반열에 올랐다.

실로 공의 학문과 경륜, 그리고 그 능력에 비추어 탄탄한 출세의 문이 열린 것이었고, 바야흐로 재상(宰相)의 지위를 얻어 임금의 보좌에도 직접 참여할 수 있는 좋은 기회가 찾아온 것이다. 그러나 하늘은 공의 재유(才猷)를 시기하여 그 젊음과 대성(大成)을 함께 빼앗아갔다. 한창 큰 포부를 펼칠 수 있는 시기인데도 그 역량을 한번 시험해보지도 못한 채 34, 5세 전후의 아까운 나이를 일기로 그만 세상을 버린 것이다.

공의 부음(訃音)이 전해지자 친지들은 모두 한 가문의 기둥이 무너지고 나라의 재목이 꺾인 것을 못내 통분해하였다. 부옹(婦翁)인 양녕대군은 스스로 덕(德)이 없음을 한탄하며 사위의 죽음을 애도하였고, 세종도 사랑하는 질녀의 처지를 생각하며 애긍(哀矜)을 금치 못하였다.

붕성(崩城)의 슬픔을 당한 배위 재령군주는 아직 성취(成娶)시키지 못한 자녀들을 붙잡고 통곡하면서, 상장(喪葬)의 예를 다하고는 부군(夫君)의 유해를 황해도 평산군 주암면 여주리(如珠里)에 있는 재궁동 선영 아래 계좌원(癸坐原)에 모셨다. 1964년(甲辰)에 밀양 엄광리 재궁동 대종산 경역에 설치된 오세단(五世壇)에서 설치하여 봉사하고 있다.

제6장

재령군주(載寧郡主)의 생애와 부도(婦道)

재령군주는 1409년(태종 9)경 아버지 양녕대군의 왕세자 시절에 어머니인 숙빈(淑嬪) 광산김씨(光山金氏)와의 사이에 장녀로 태어났다. 양녕대군은 1418년(태종 18)에 폐세자가 되어 동궁에서 쫓겨난 후에도 계속 풍류로 세월을 보내면서 생활의 절도를 잃었고, 따뜻한 가장의 자리를 지키지 못했다.

1. 어린 시절의 고난과 조모 원경왕후(元敬王后)의 보살핌

어머니 숙빈은 광산군(光山君) 김한로(金漢老)의 따님으로 왕세자빈(王世子嬪)으로 간택되어 입궁한 후 처음에는 존귀한 지위를 누렸으나, 부군의 폐방(廢放)에 따라 삼한국대부인(三韓國大夫人)으로 강봉(降封)되었고, 그 후 다시 수성부부인(隨城府夫人)으로 지위가 낮아졌다. 양녕대군과 함께 광주(廣州)와 이천(利川)에서 생활할 때는 어려운 환경 속에서도 부군을 내조하고 자녀들을 보육하며 불운하게 일생을 마친 분이다. 파란 많았던 양녕대군의 배필로서 겪어야 했던 시련이야 참으로 많았지만, 부군의 폐세자 전후에 일어났던 일련의 사건들은 그 가운데서도 특기할 만하다.

1418년(태종 18) 4월조에 실린『태종실록(太宗實錄)』의 기사를 보면, 이무렵 왕세자는 그 방일한 행동이 지나쳐 현직 중추부사(中樞副使)로 있는 곽선(郭璇)의 첩 어리(於里)라는 여인을 사랑한 나머지 그를 강제로 빼앗아 몰래 궁중으로 들여앉힌 일이 있었다. 태종이 이를 알고 크게 노하여 그 여인을 궐 밖으로 돌려보냈으나 세자는 미련을 버리지 못하였다. 그리하여 장인 김한로에게 간청하여 숙빈의 친정 조모인 택주(宅主)가 손녀를 만나보기 위해 입궐할 때 시녀를 가장하여 어리를 도로 궁중으로 데리고 와서는 아이를 배게 하였다.

이에 숙빈도 사후에 세자의 처지가 난감해진 것을 알고, 그를 돕고자 눈물을 머금은 채 친정 조모를 다시 궁중으로 초청하고는 돌아가는 편에 어리를 궐 밖으로 내보내 생산을 하게 했다. 결국 그해 5월에 사건이 발각되어 조야가 발칵 뒤집혔다. 지난번에 이어 태종은 더욱 격노하여 이에 가담한 관계자를 문책하고 벌주었다.

먼저 사돈 관계인 병조판서 김한로에게는 그 노모인 택주의 실책까지 물어 그 관직을 삭탈하고, 죽산(竹山) 땅에 귀양 보냈다가 얼마 후에 다시 나주(羅州)로 유배시켰다. 맏며느리인 숙빈에게도 그 남편의 실행(失行)을 알면서도 웃전에 고하지 않고 방조했다 하여 자녀들을 데리고 일시 연화동(蓮花洞)에 있는 친정집으로 나가 근신하도록 명했다.

당시 숙빈에게는 자녀가 3남매 있었는데 후일에 재령군주가 된 장녀의 나이는 9세 전후이고, 뒷날 순성군(順成君)으로 봉해진 장남은 세 살배기 어린이였다. 그러나 태종은 중전인 원경왕후(元敬王后) 민씨(閔氏)가 눈물로 호소하는 바람에, 어느 정도 성장한 장녀와 장남 등 남매를 교육상 궁중에서 보육하는 것이 좋겠다 하여 별전(別殿)에서 따로 보살피도록 조치했다. 그리하여 숙빈은 젖먹이인 기출(己出)의 차남과 측실에서 얻은 말녀(末女)를 데리고 노비들과 함께 사가(私家)로 내쫓기는 신세가 된 것이다.

이러한 환난 속에서 양친과 헤어져 궁중 별전에 남겨진 재령군주는 어린 남동생과 함께 곧 친조모인 원경왕후의 측은한 사랑과 두호를 받게 되었으며, 어린 나이에도 '왕세자의 장녀'라는 체통을 한시도 잊지 않고 종실(宗室)의 법도와 교양을 익히는 데 잠시도 게을리하지 않았다.

그러나 그해 6월 드디어 폐세자의 비운을 맞게 된 아버지 양녕대군이 궁중에서 쫓겨남에 따라, 어머니 숙빈도 삼한국대부인으로 그 지위가 격하되었고, 이어서 환궁도 하지 못한 채 사가에서 바로 광주(廣州)로 내려가 금방(禁防)의 생활이 시작되었다.

이때 숙빈은 궁중에 머물고 있던 장남과 장녀 등 어린 남매도 다시 데리고 나와, 자녀 3남매를 거느린 채 임금이 사급(賜給)한 13구(口)의 노비 및 4인의 시녀와 함께 동대문을 거쳐 광진(廣津)의 나룻배를 타고 남쪽으로 건너갔다. 그 쓸쓸한 행색을 본 백성은 모두 눈시울을 적셨으며, 그 광경은 곧 조정에도 알려져 원경왕후는 어린 손자 손녀들의 측은함에 가슴이 미어져 통곡 실성한 끝에 자리에 눕고 말았다.

당시 폐세자와 폐세자빈에게 내린 태종의 교서를 보면 "많은 신료(臣僚)들이 너희들을 먼 곳으로 보내야 한다고 주장했지만, 중궁은 나에게 울면서 간청하였다. 제(禔, 양녕대군)가 어린 자식을 데리고 먼 곳으로 가게 된다면 안부를 들을 수조차 없게 되니 제발 가까운 곳에 두어달라고 하였다. 나 또한 목석(木石)이 아닌 이상 어찌 무심했겠는가"라고 한 구절이 있다.

이는 '아무 죄 없는 어린 손녀 손자까지 먼 곳으로 보내지는 않을까' 하고 염려한 중전 민씨(閔氏)가 임금에게 눈물로 호소한 정경이 반영된 것이지만, 바로 중궁 자신이 거두고 보살폈던 재령군주와 순성군 남매를 큰아들의 귀양지로 같이 떠나보내게 된 안타까운 절규라고도 할 수 있었다.

더구나 원경왕후는 이보다 두 달 전에 사랑하는 넷째아들 성녕대군(誠寧大君)의 죽음으로 그 충격과 애통을 가누지 못하고 있는 터에 연달아 청천벽력과 같은 큰 불행을 겪었으니 가히 설상가상의 환난이었다. 심신이 지칠 대로 지쳐서 피골만 남은 상태에서도 셋째아들 세종(世宗)이 등극하여 한때의 경사를 누리기도 했으나, 큰아들 일가의 안위(安危)로 상심하다가 마침내 병석에 들고 말았다.

1420년(세종 2) 5월에 수강궁(壽康宮) 별전에서 56세를 일기로 원경왕후 민씨마저 한 많은 세상을 하직하게 되니, 재령군주는 비록 양친은 있어도 오갈 데 없는 고아와 같은 처지가 되어, 따뜻하고 자상했던 지난날의 할머니를 그리워하면서 한없이 울고 몸부림쳤다. 세종도 돌아가신 모후(母后)의 큰아들 일가를 향한 애정과 한을 항상 가슴에 새기고 추모했으며, 아우에게 왕위를 물려주기 위해 인간적인 희생을 감수한 백형 양녕대군은 물론, 그 자녀들을 보호하는 일에도 각별한 관심을 기울였다.

2. 출가 후 삼종지도(三從之道)의 실천

1422년(세종 4) 5월에 부왕 태종이 승하하자 세종은 무엇보다 먼저 광주에 방치된 양녕대군을 이천(利川)으로 양이(量移)하여 좀 더 자유스러운 생활을 하도록 조치했으며, 아울러 과년(瓜年)에 다다른 질녀 재령군주를 궁중으로 데리고 가 중전으로 하여금 종실의 규방 예속(閨房禮俗)을 가르치도록 배려했다.

그로부터 얼마 후에는 장성한 장질 순성군에게도 벼슬을 주어 성 밖에서 살게 하는 은지(恩旨)를 내리었다. 이때에도 대간(臺諫)들의 반대가 있었으나 세종은 "그 아버지야 종사(宗社)에 죄를 지은 까닭에 지방으로 추방되었지만, 이 아이들에게야 무슨 죄가 있느냐" 하고 변호했다.

1425년(세종 7) 연초가 되자 세종은 과년이 된 양녕대군의 장녀에 대한 혼인을 서둘렀다. 기우자선생의 손자요, 제학공의 외아들인 돈녕공을 사랑하는 질녀의 배위로 간택하여 혼사를 직접 주선한 것이다. 왕실의 근친이라 하여 질녀에게는 전의현주(全義縣主)의 외명부 봉작을 내리었고, 질서(姪壻)에게도 가선대부(嘉善大夫)를 제수하여 상응하는 품계를 내려주었다.

그리하여 세종의 특명으로 그 질서에게 돈녕주부(敦寧主簿)라는 벼슬을 초수(初授)하였고, 이후 때마다 보직과 품계를 올려주어 마침내 자헌대부(資憲大夫) 지돈녕부사(知敦寧府事)라는 정경(正卿)의 반열에 이르게 하였다.

1427년(세종 9)에는 자손이 귀한 가문에 첫아들 중화공을 낳아 세가(世家)의 뿌리를 튼튼히 함에 세종은 그 질녀의 노고를 기특하게 여겨 치하하고 증손(曾孫)을 얻게 된 기우자선생에게도 사람을 보내 기쁨을 전하기도 했다.

1431년(세종 13) 10월에 세종은 다시 질녀의 봉작을 전의현주에서 왕세자의 적녀(嫡女) 품계에 준하는 재령군주로 승봉(陞封)하는 특전을 내려 또 한 번 가문의 영광을 입었다. 이때 양녕대군의 맏아들 이개(李譏)에게도 순성군의 봉호를 내려 남매가 함께 왕은(王恩)을 입었는데, 세종은 궁중으로 백형 양녕대군을 초청한 자리에서 그 자녀들의 경사를 치하하고 위로했다.

그러나 이듬해 1432년(세종 14) 9월에 시조부 기우자선생이 별세하시자 큰집의 기둥이 꺾이어 내려앉은 것처럼 그 절망과 슬픔은 형용하기 어려웠다. 시부모가 일찍 세상을 떠나신 한 가문의 종부로서 그 치상(治喪) 범절이 난감했으나, 이때에도 세종은 기우자선생을 일국(一國)의 원로로 예우하여 관원을 파견하고 후부(厚賻)와 예장(禮葬)을 하는 등 슬픔에 잠긴 승중손(承重孫) 내외를 곡진하게 위로했다.

이와 같이 재령군주는 평생 동안 숙부이신 세종의 각별한 관심과 배려를 받았고, 비록 종실의 따님으로서 경중(京中) 사대부가로 하가(下嫁)한 신분이었지만 그 겸손하고 유순함이 보통 여염집 주부와 조금도 다름이 없었다. 시댁의 가풍을 존중하고 숭상한 것은 말할 것도 없거니와 삼종(三從)의 부도(婦道)를 여인의 생명처럼 여겼다.

부군을 하늘처럼 받들어 내조하고 시조부 기우자선생을 정성껏 봉양했으며, 봉제접빈(奉祭接賓)의 범절에 조금도 소홀함이 없었다. 항상 자신을 낮추어 왕실의 근친(近親)이라는 자만심을 경계했으며, 가문의 화목과 효우의 실천에 늘 솔선수범하는 미덕을 보였다.

때로는 집안 형편으로 주거를 옮기기도 했고, 뜻밖의 불행한 일로 곤경에 처하여 고민한 일도 있었으나 항상 현숙한 판단과 지혜로운 처신으로 주위의 평판을 모았다.

중화공을 위시한 5남매의 자녀를 슬하에 두었으나 한시도 어머니로서 본분을 어긴 일이 없었고, 그 올바른 교육을 위해 외부 스승을 맞아들여 학업을 닦게 하는 열성도 보였다. 다만 아버지 양녕대군과 어머니 수성부 부인의 불행한 처지를 한시도 걱정하지 않은 날이 없었다. 때때로 궁중에 드나들며 자기를 기출(己出)의 자식처럼 보살피고 사랑해주는 세종 내외의 은총에도 늘 감사하는 마음으로 살았다.

그러나 어찌 알았으랴? 벼슬이 정경의 반열에 올라 바야흐로 그 성명(聲名)이 드러날 즈음에, 부군이신 돈녕공이 장년(壯年)의 나이로 홀연 세상을 하직할 줄이야. 문자 그대로 하늘이 무너지고 땅이 꺼지는 절망이요 아픔이었다. 아직도 철없는 5남매의 자녀를 끌어안고 멸성(滅性) 통곡하다가, 부군을 선영 아래에 장사 지낸 다음 그 상기(喪期)를 마치자마자 이번에는 군주(郡主) 자신이 병석에 들어 끝내 일어나지 못하였다.

3. 사패지(賜牌地)의 유택(幽宅)과 내외 자손

1444년(세종 26) 10월 14일에 34세 전후의 아까운 나이로 부군에 이어 재령군주께서 파란 많고 한으로 얼룩진 짧은 일생을 끝마치니 실로 하늘이 야속할 따름이었다. 이때 집안의 어른은 다만 시삼촌인 여천군(驪川君)이 있어 두호를 받았을 뿐, 겨우 성취(成娶)한 큰아들 중화공이 가장의 처지로 울부짖는 어린 동생들을 달래면서 집상을 하였고, 그 정경이 가엽고 측은하여 주위에서는 모두 눈시울을 붉혔다고 한다.

다행히 궁중에서 질녀의 부음을 들은 세종 내외는 곡진하게 애도를 표시하고 관원을 보내 상사(喪事)를 도왔으며, 왕녀의 서거에 준하는 예장을 하게 했다. 또 왕실에서도 재령군주의 유택으로서 양주부(楊州府) 평구도(平丘道) 관내에 있는 임야와 전지 수십 결(結)을 사패전(賜牌田)으로 하사하여 수호하도록 하였고, 국법에 따라 사방 90보(步) 지경 안에 우마(牛馬)의 출입을 금지시켰다. 지금 남양주시 와부읍 덕소리(德沼里) 응봉(鷹峯) 일대에 소

재령군주(載寧郡主)의 묘소(남양주시 와부읍 덕소7리)

재한 묘역과 근처의 위토(位土)가 당시 사패지의 일부로 남아 있다.

세종은 말년에도 가끔 한경(漢京) 근교에 순행하여 민생을 살폈는데, 인근에 유배 중인 백형 양녕대군을 이따금 초치(招致)하여 술을 대접하고 우애를 나눈 자취와 일화가 전해진다. 재령군주의 양례(襄禮)를 치른 지 얼마 뒤에도 양주(楊州) 땅 동쪽 교외에서 형제가 상봉한 일이 있었다. 마침 딸과 질녀의 단명(短命)을 생각하고 마음이 울적했는데, 사패지로 내린 그 묘소가 근처에 있다는 말을 듣고 우연히 찾아보게 되었다.

새로 조성된 무덤을 수연(愁然)하게 바라보다가 돌아간 그 자리에, 후일 재령군주의 자손들이 유화(遺化)의 불을 밝힌다는 뜻에서 기념으로 석등(石燈)을 세웠다. 지금 봉분 앞 축대 한가운데 서 있는 유재(遺財)가 그것인데, 지붕과 화사석(火舍石)은 없어지고 일부 부재(部材)만 초라하게 남아 있다. 후손들은 외선조인 양녕대군과 세종이 섰던 성스러운 자취라 하여 그 석재를 지금도 보존하고 있다.

돈녕공과 재령군주에게는 큰아들 중화공과 작은아들 포천공(抱川公) 증악(曾若) 형제 외에 세 따님이 있었다.

장녀는 성종(成宗) 때 오위사정(五衛司正)을 역임한 증참판(贈參判) 정비(鄭秠)에게 출가하여 아들 원모(元耗)·형모(亨耗)·이모(利耗) 등 3형제를 두었다. 정비(鄭秠)는 동래인(東萊人)으로 정절공(靖節公) 정구(鄭矩)의 손자이며 동평군(東平君) 선경(善卿)의 아들이다.

차녀는 단종(端宗) 때 계유정난에도 참여한 바 있는 사직(司直) 송석손(宋碩孫)에게 출가하여 아들 계(誡)를 두었는데 현령(縣令)을 지냈다. 석손은 여산인(礪山人)으로 현감(縣監) 경(瓊)의 아들이고 정난공신(靖難功臣)인 여산군(礪山君) 익손(益孫)의 아우이다.

삼녀는 성종(成宗) 때 현감을 지낸 신윤범(申允範)에게 출가하여 2남 4녀를 두었다. 아들은 우집(禹緝)과 녹년(祿年)이며, 딸은 성종 때 학자로 참판(參判)을 지낸 문장공(文莊公) 매계(梅溪) 조위(曹偉)와, 종실(宗室)인 영양부정(英陽副正) 이함(李涵)과, 진사 조중준(趙仲俊)과, 문과에 올라 지평(持平)을 지낸 한구(韓昫)에게 각각 출가했다. 윤범은 평산인(平山人)으로 문종(文宗) 때 인수부윤(仁壽府尹)과 지중추(知中樞)를 역임한 자경(自敬)의 아들인데, 순성군(順成君) 이개(李譜)는 자경의 사위가 된다.

재령군주의 동복(同腹) 동기로는 세 남동생과 세 여동생이 있다. 남동생은 순성군과 함양군(咸陽君) 이포(李誧)·서산군(瑞山君) 이혜(李譓)이고, 여동생은 지중추부사(知中樞府事) 이번(李蕃)에게 출가한 현주(縣主), 증찬성(贈贊成) 김철균(金哲均)에게 출가한 영평현주(永平縣主), 증참판(贈參判) 박수종(朴壽宗)에게 시집간 현주(縣主) 등이다.

재령군주의 봉분은 사좌(巳坐)인데 원래 전의현주지묘(全義縣主之墓)라는 초라한 표석(表石)이 있었으나, 1978년(戊午)에 자손들이 힘을 모아 퇴락한 봉축을 수리하고 『세종실록』의 기록에 따라 재령군주이씨지묘(載寧郡主李氏之墓)로 개제(改題)하여 국한 혼용문의 새 비석을 세웠다.

애초에는 군주의 유택을 모시는 사패지로서 그 좌우에는 큰아들과 작은아들 내외분의 쌍분(雙墳)이 각각 나란히 보존되어왔으나, 임진왜란과 병자호란 등 큰 전란을 겪으면서 일부 자손들이 몇 기(基)의 무덤을 임의 모장(冒葬)하여 선영을 산란시키었고 많은 위토까지 투취(偸取)당하는 수난도 겪었다.

근래에 모든 후손들의 일치 협력으로 선영을 항구 보존하기 위해 우선 지방문화재 지정 신청을 하는 한편, 경역의 수종 개량·참배로 설치·울타리 조성·석물(石物)의 정비 등 정화 사업에 착수하였다.

제7장

중화공(中和公) 형제와 그 자질(子姪)

　돈녕공(敦寧公)과 재령군주(載寧郡主) 내외분 사이에 두 아들과 세 딸을 두었다는 것은 이미 앞 장(章)에서 밝힌 바가 있다. 우리 문절공파(文節公派)의 가계는, 5세조 정당문학공(政堂文學公)이 중랑장공의 사랑하는 막내 아들로서 자연 하나의 지파(支派)가 형성된 이래, 3대를 고단(孤單)하게 이어져왔다. 7세조인 사인공(舍人公)이 목사공(牧使公) 천백(天白)과 박사공(博士公) 천배(天培) 두 아들을 두었지만, 박사공은 일찍이 함경도 북청(北青)으로 옮긴 뒤에 그 자손들은 오랫동안 서로 일가로서 교류가 단절되었다.

　다만 9세조인 문절공 기우자선생이 독신으로 태어나 빛나는 입신출세와 함께 가운(家運)이 열리어 슬하에 3형제를 두게 되었다. 그러나 둘째아들 부훤당공(負暄堂公)은 후사를 잇지 못하고 딸 하나만 두어 외손봉사를 하다가 곧 무후(无后)가 되었으며, 맏아들 제학공(提學公)만이 아들 돈녕공 한 분을 두었는데 왕실과의 혼인을 통해 후일 재령군주와의 사이에서 2남 3녀의 자녀를 거느리게 되었다.

　돈녕공의 아들인 중화공(中和公)과 포천공(抱川公) 형제는 그 슬하에 아들만 여덟 종반(從班)을 두게 되었으니, 이는 실로 우리 가문의 큰 행운으로서 8대에 걸쳐 200년 만에 선대가 끼쳐주신 여경(餘慶)이라 할 만했다. 다만 당시 정치사회적인 변혁기에 처하여 왕실과 혼인한 경화귀족(京華貴族)으로서의 지위가 점차 흔들리기 시작하였다. 한 집안 형제 종반들이 한양에서 오손도손 모여 살지 못하고, 각기 그 지역적인 연고를 찾아 혹은 진주(晉州)와 밀양(密陽) 또는 홍주(洪州)와 광주(廣州)로, 멀리는 전라도 영광(靈光) 땅으로까지 낙향하여 뿔뿔이 흩어져 살았기 때문이다.

500년의 세월이 흐른 지금 비록 그동안 큰 문벌로서의 단합과 활발한 교류는 없었지만, 각기 세거향(世居鄉)을 중심으로 뿌리 깊은 전통을 지키고 선대의 유업을 계승해온 것은 자손들을 일시동인(一視同仁)으로 보살펴 주신 조상의 음덕이라 아니할 수 없다.

이에 중화공 형제와 그 자질들에 대한 인물별 사적을 사료(史料) 중심으로 간추려본다. 선조들의 사·행적(事行蹟)을 통해 당시 가문이 처한 여러 상황과 낙향에 따른 동기가 이해되기 때문이다.

1. 중화공(中和公) 내외분의 평온한 금슬(琴瑟)

공의 휘는 증석(曾碩)이요 자는 직지(直之)이며 호는 미상이다. 1427년(세종 9) 8월 18일에 한양 성남(城南)의 옛집에서 아버지 돈녕공과 어머니 재령군주 이씨(李氏) 사이의 2남 3녀 가운데 맏아들로 태어났는데, 당시 세자 자리에서 물러난 양녕대군의 외손자가 되고 세종에게는 외종손이 된다.

어릴 때부터 명문세가의 주손(胄孫)이요 왕실의 외손으로서 귀하게 자라났으나, 항상 정훈(庭訓)이 엄격하여 몸가짐이 매우 신중했다. 성년도 되지 않은 나이에 양친을 차례로 여의었지만 뿌리 깊은 세가의 자손으로서 그 행검(行檢)이 의젓했으며, 어린 동생 4남매를 잘 거두고 보살폈다. 그러면서도 스승에게 나아가 학문에 더욱 정진하여 약관에 이미 문명(文名)을 얻었다.

1447년(세종 29) 공의 나이 21세 때 밀성박씨(密城朴氏) 가문으로 장가들어 현숙한 배위를 맞아들이니 비로소 일신과 가문의 체통이 반듯하게 되었다. 공의 장인은 성종 때 좌리공신(佐理功臣)으로 밀산군(密山君)에 봉해진 평간공(平簡公) 박거겸(朴居謙, 1413~1481)인데 사고무친했던 공에게는 실로 친부형과 같은 존재였다.

1450년(세종 32)에는 경중세족(京中世族)의 자손들을 대상으로 문음자제 (門蔭子弟) 등용 시험을 치렀는데 공도 이에 응시하여 관원으로 특채되는 혜택을 입었다. 공의 첫 벼슬은 소격전직장(昭格殿直長)으로 종7품의 파격 적인 은전을 입었으며, 잇달아 주부(主簿)와 별제(別提) 등 보직을 받고 승 진을 거듭하여 주로 중앙관서의 요원으로서 활동했다.

1454년(단종 2)에 공은 관리로서 모범이 되는 행실과 조행은 물론 청직 한 인망(人望)이 있다 하여, 당시 제사(諸司)의 천거로 사헌부감찰(司憲府監 察)로 발탁되었다. 연말에 각 관청과 지방 관아에서 사무를 마감하고 창고 를 봉할 때, 검사를 담당하는 청대관(請臺官)이 되어 행정의 전횡을 규찰했 으며, 때로는 임금의 특명을 받들어 지방을 암행하면서 어사(御史)로서의 역 할을 다했다. 특히 수양대군이 정권을 잡기 위해 반대당을 숙청한 계유정 난(癸酉靖難)이 일어난 직후라, 정국은 혼란하고 민심이 불안정한 가운데 백관들의 흐트러진 기강을 단속해야 하는 큰 사명이 주어진 것이다. 이에 공은 동료 감찰들과 함께 수년 동안 중앙관부는 물론 지방관아를 규찰하 면서 그 본분에 충실했으나, 때로는 그 과정에서 비위를 저지른 관원들에 게서 음해를 당하기도 했다.

그러나 임금의 신임으로 그때마다 해명이 되었고, 1456년(세조 2) 12월 에는 원종공신(原從功臣) 2등으로 책록되어 도리어 표상을 받기도 했다. 1460년(세조 6) 이후 약 10년간은 주로 지방의 목민관(牧民官)으로 차출되 어 황해도 곡산(谷山)·강원도 간성(杆城)·경상도 흥해(興海) 등지에서 고을 원을 역임했으며, 가는 곳마다 이도(吏道)를 세우고 학문의 진흥과 문풍(文 風)을 크게 일으켜 유애(遺愛)의 자취를 많이 남겼다.

1476년(성종 7) 평안도 중화군수(中和郡守)로 있었으나 과로로 병을 얻 어, 벼슬을 그만두고 한양 집으로 돌아와 이후 약 10여 년 동안 자연과 벗 하며 그 치병(治病)과 양덕(養德)에 전념하였다. 특히 노년에는 혁기(奕棋) 와 화훼(花卉)에 취미가 깊어, 성남 집 임정(林亭)에서 찾아오는 당대의 명

류들과 어울려 시문을 화답
하고 바둑으로 청한(淸閑)한
여생을 보냈다. 임종에 다다
라 자손들에게 분수에 넘는
장례를 치르지 말고, 불가의
의식도 삼가며, 어머님 재령
군주의 유택 곁으로 돌아가
도록 유명(遺命)을 한 후
1490년(성종 21)에 별세하니
향년이 64세이다.

중화공(中和公)과 그 배위의 묘소 묘갈명의 글을 매계(梅溪) 조위(曺偉)가 짓고 맏아들 침류당공이 그 글씨를 썼다(남양주시 와부읍 덕소7리).

배위 숙인(淑人)은 고려 말에 대사성(大司成)을 지낸 정재선생(貞齋先生) 박의중(朴宜中)의 증손녀로 1430년(세종 12) 12월 13일에 출생하여 1485년 (성종 16)에 공보다 6년을 앞서 세상을 떠나니 향년이 56세이다. 나이 18 세의 요조숙녀로 공과 혼인하여 39년 동안 아름다운 금슬을 누렸는데, 부 덕(婦德)을 두루 갖춘 아내였으며 4남 3녀의 자랑스러운 어머니로서 여중 군자의 칭도가 있었다.

슬하에 아들은 경력(經歷) 사준(師準)·별좌(別坐) 사연(師衍)·교위(校尉) 사필(師弼)·직장(直長)·사진(師鎭)이고 따님은 현감(縣監) 강숙회(姜淑淮)와 호군(護軍) 안우철(安友哲)과 사인(士人) 이윤덕(李潤德)에게 각각 출가했다.

공의 묘는 경기도 남양주시 와부읍 덕소리 응봉산(鷹峰山)에 있는 어머 니 산소 왼편 곁에 모셨으며 배위 숙인과 쌍분이다. 묘역에는 묘갈명(墓碣 銘)과 문인석(文人石)·화표주(華表柱)를 갖췄는데 모두 조선 초기에 세운 것이다. 그 조각 양식이나 연대가 문화재로서 가치가 인정된다.

공의 생질서(甥姪婿)이기도 한 성종 때 학자 매계(梅溪) 조위(曺偉, 1454 ~1503)가 공을 위해 묘갈의 글을 지었고, 맏아들 침류당공(枕流堂公) 휘 사 준(師準)이 석면에 직접 글씨를 썼다. 조매계(曺梅溪)는 그 명(銘)에서 다음 과 같이 읊어 내외분의 생평을 찬양했다.

여산의 초목이 푸르고 푸렀도다　　　　　　　驪山蒼蒼
여수의 강물은 넓고도 깊었더라　　　　　　　驪水泱泱
이씨가 있었으니 큰 성바지였고　　　　　　　有李大姓
대대로 한 고을에서 드러났구려　　　　　　　世顯于鄕
문절공의 문장이 성대하게 일어나　　　　　　文章憲憲
동방에서 크게 울림이 있었더라　　　　　　　大鳴東方
직제학공이 선업을 이어받으니　　　　　　　直館繼業
시와 서가 올바르게 전해졌도다　　　　　　　詩書是將
대대로 돈독하게 유업을 계승하여　　　　　　世敦儒業
아름다운 향기처럼 이어졌는데　　　　　　　襲美傳芳
공께서 가문의 전통을 물려받고자　　　　　　公承門烈
소싯적에 장옥에서 이름을 올려　　　　　　　少登名場
사헌부의 감찰로서 총마를 타더니　　　　　　乘驄烏府
여러 고을에서 목민관도 지냈구려　　　　　　累綰郡章
일찍부터 화려한 벼슬을 사양하고　　　　　　早謝簪纓
마음 편하게 물러나서 숨어 살았지　　　　　　甘心退藏
날마다 바둑을 두며 즐거워하니　　　　　　　日娛紋楸
세상의 명예와 치욕을 모두 잊었네　　　　　　寵辱都忘
어찌하여 한 차례 병을 말씀하고선　　　　　　云胡一疾
세상을 싫어하여 바쁘게 가셨습니까　　　　　厭世太忙

아름다워라 그 어지신 배위께서는　　　　　　懿厥賢配
이름난 가문에서 나고 자랐으니　　　　　　　生長名門
평간공으로서는 따님이 되시고　　　　　　　平簡之子
정재선생에게는 증손녀가 되신다　　　　　　貞齋之孫
여성의 규범으로 거느리고 따르니　　　　　　率循女則
보고 들은 데서 익히고 배웠더라　　　　　　　習於見聞
평온하고 조용하게 맑으신 덕으로　　　　　　愔愔淑德
한 가정을 잘 다스리고 가르치시니　　　　　　一家陶薰
많은 아들과 손자가 뒤를 이어서　　　　　　　姚姚子孫

젓대와 질나팔처럼 잘도 어울리니	如簴如塤
바야흐로 조상이 끼쳐주신 음덕으로	方來餘慶
반드시 후손들에게 경사가 있으리라	必有後昆
산소를 모신 응봉산의 초벌마을은	草伐之村
아름답고 풍성하게 개간한 땅이라	膴膴畇畇
그윽한 무덤 앞에 찬양의 글 새기니	刻銘玄堂
끝없는 먼 후일까지 밝게 전해지리라	昭示無垠

부군(夫君)은 문절공 기우자선생과 제학공의 후손으로서 시서(詩書)를 올바르게 전하고, 대대로 찬란하게 유업(儒業)을 계승했다고 찬양하였다. 배위(配位)는 정재선생의 증손녀요 평간공의 따님으로, 평온하고 조용하게 현숙하고 맑은 덕으로 한 가정을 잘 다스리고 가르쳤다고 칭송하였다.

대대로 훌륭한 인물을 배출하여 학문과 높은 벼슬로 가문의 공렬(功烈)이 빛났으나, 그 자손들이 번성하지 못한 가운(家運)을 안타까워했는데, 공의 대에 이르러 4남 3녀나 되는 많은 자녀를 두게 되었다. 매계선생의 명문(銘文)과 같이 "바야흐로 조상이 끼쳐주신 음덕으로, 반드시 자손들에게 경사가 있으리라(方來餘慶 必有後昆)"고 한 염원이 이루어진 것은 아닐까.

2. 포천공(抱川公) 증약(曾若) 내외분과 그 묘소

공의 휘는 증약(曾若)이고 자는 순지(順之)이며 호는 전하지 않는다. 돈녕공과 재령군주의 둘째아들로 백형 중화공과 같이 서울 성남의 옛집에서 태어났다.

공의 생년은 알 수 없으나 선·후대 간의 세대 간격과 5남매 동기간의 출생 서열에 비추어, 백형과는 6, 7세 연하로 보이는바 대개 1453년(세종 17) 전후로 추정된다. 따라서 그 성장 과정이나 배움에 대하여는 알려진 것이 없지만, 부모를 일찍 여의고 불우한 가운데서 소년기를 보냈음을 짐작하게 한다. 30세가 다 된 나이에 겨우 음서자제(蔭敍子弟)로 선발되어 관원으로 진출할 수 있었으나 초기의 관력(官歷)은 미상이다. 중년에 이르러 궁중제사의 희생(犧牲)을 관장하는 전생서(典牲署)의 종7품 직장(直長)을 역임한 후 외직으로 맹산현감(孟山縣監)으로 나갔다. 공의 나이 50세 전후에 경기도 포천군수(抱川郡守)로 승진 발령이 났으나, 불행하게도 와병(臥病)으로 부임도 하지 못한 채 세상을 떠났다. 공의 재주와 행검(行檢) 그리고 그릇에 비추어 대성(大成)할 수가 있었지만, 하늘이 그 수복을 거두어 천추의 한을 남긴 것이다.

배위는 숙인(淑人) 하양허씨(河陽許氏)로 현감(縣監)을 지낸 인(認)의 따님이고 관찰사(觀察使)를 역임한 지혜(之惠)의 손녀이다. 슬하에 4남 1녀를 두었는데 아들은 사원(師瑗)·사침(師琛)·사경(師瓊)·사기(師琦)이다. 따님은 현감(縣監) 한열(韓悅)에게 출가했는데, 예종(睿宗)의 국구(國舅)인 청천부원군(淸川府院君) 한백륜(韓伯倫)의 며느리가 되었다.

공의 묘소는 애초부터 양주군 와부읍 덕소리 응봉산(鷹峰山) 자락에 있는 어머니 재령군주의 유택을 중심으로 백형과 함께 좌우에 나란히 모셨으나, 언제부터인가 실묘(失墓)가 되었다가 1994년(甲戌)에 그 후손들이 힘을 합해 배위와 합폄(合窆)으로 복원하였다. 공의 묘갈문(墓碣文)을 지은 종후손(從後孫) 이우성(李佑成) 박사는, 어머니의 유택 오른쪽에 있어야 할 공의 무덤이 오랫동안 비어 있었던 것을 "하나가 모자라는 유한(少一之恨)을 품어왔다"고 한탄하면서 명(銘)을 지어 말하였다.

우리 선조모께서 왕가에 태어나시어	吾先祖母王家出
훌륭하고 효성스런 두 아들 두시니	有子燦燦雙斑衣
평생을 모셨는데 사후에야 함께하네	生旣侍側沒同歸
지상의 봉분은 비록 하나가 적었으되	地上之封雖少一
지하의 혼령만은 서로 의지했으리니	地下魂靈也相依
이제 무덤 복구되어 더욱 빛을 보태네	今玆復舊尤增輝
우뚝한 넉 자 무덤 좌우로 마주했고	隆然四尺左右對
유명이 다르지 않아 정도 어김없었다	幽明無間情無違

형제분이 화목하게 어머님을 받드시네	昆弟怡愉奉慈闈
종파와 지파 원근에서 화합으로 메우고	宗支遠近彌和合
해마다 배례하며 피우는 향불 그윽하니	歲歲展拜香霏霏
나는 글을 지어 훌륭한 조상 칭송하네	我銘聊且頌先徽

공의 내외분 산소를 추심하여 복원하는 과정에서 일부 종파 간의 의견이 달라 약간의 물의가 없지는 않았으나, 위의 명문(銘文)을 대하면서 우리 선조모 재령군주의 유명무간(幽冥無間)의 정을 상상하였다. "제사를 받드는 것을 계시는 것처럼 하라(祭如在)"고 하신 성현의 가르침을 되새기면서, 군주 할머니께서 본래대로 좌우에 두 아드님을 거느리고 흐뭇해하시는 자정(慈情)을 떠올릴 수 있게 되었다.

공의 자손들은 충청도 홍성(洪城)과 청양(靑陽), 전라도 영광(靈光)과 고창(高敞), 경기도 광주(廣州)와 춘천(春川) 등지에서 수백 년 동안 집단촌을 이루어 세거(世居)하고 있다.

3. 침류당공(枕流堂公)의 풍류와 교우(交友)

공의 휘는 사준(師準)이고 자는 여정(汝正) 또는 군도(君度)라고 했으며 당호를 침류당(枕流堂)이라 했다. 문절공 기우자선생의 현손이요, 돈녕공과 재령군주의 맏손자이다. 아버지는 중화공 증석(曾碩)이고 어머니는 숙인 밀성박씨인데, 공은 1454년(단종 2)에 7남매 가운데 맏아들로 한양 성남 집에서 태어났다.

1) 경화사족(京華士族)과의 교류와 타고난 풍류(風流)

공이 출생한 시기는 수양대군(首陽大君)이 어린 조카 단종(端宗)을 몰아내고 자신이 스스로 왕위에 오른 혼란한 정국의 와중이었다. 따라서 공은 세조(世祖) 연간(1455~1468)의 불안하고 억압적인 사회 분위기 속에서 감수성 많은 소년기를 보낸 셈이다. 그러므로 아버지로부터 가학(家學)을 이어받으면서도 매양 "부귀와 권세를 추구하기 위해 자신을 잃지 말라"는 의방(義方)의 훈도가 철저했다. 공은 장성한 후에도 과거 공부에 얽매이기보다는 명벌 가문의 자제들과 어울려 시문을 교환하고 타고난 기상을 펼쳐 호연지기(浩然之氣)를 가꾸는 데 힘썼다.

1482년(성종 13)에 문음자제(門蔭子弟)로서 일정한 시험을 거쳐 특채되었다. 처음으로 참봉(參奉)에 임명되어 벼슬길이 열렸으나 그리 달가워하지는 않았다. 그러나 이듬해 1483년에는 다시 익위사(翊衛司)의 좌세마(左洗馬)로 발탁되어 궁중에서 왕세자를 시위하는 소임을 맡게 되면서부터 진출에 대한 관심을 가졌는데, 정8품의 시직(侍直)에 이어 부솔(副率)과 위솔(衛率) 등으로 계속 승진함으로써 왕세자를 호위하는 직책을 완수하였다. 이 과정에서 당시 풍류와 시인으로 이름이 있던 부림군(富林君) 이식(李湜, 호 四雨亭)과 특별한 교분을 가지기도 했다. 부림군은 세종의 손자이고 성종의 당숙(堂叔)으로 왕실의 근친이었으나 공과는 단번에 의기가 투합하였다. 당시 권문세가의 자제인 권람(權擥)의 아들 권건(權健, 1456~1497)과, 신숙주(申叔舟)의 아들인 신종호(申從濩, 1456~1497)와도 비슷한 나이로 함께 어울려 한강변 서호(西湖)에서 뱃놀이를 하면서 창화(唱和)를 즐긴 사이이다. 이식의 시문집에는 공과 주고받은 작품이 20여 수나 실려 있고, 특히 집을 서로 방문하여 시주(詩酒)를 즐기는 등 그 친분이 매우 두터웠다.

목계(木溪) 강혼(姜渾, 1464~1519)도 이식의 『사우정집(四雨亭集)』의 발문을 지으면서 "내가 옛날에 사원(史院)에 있을 때 이군도(李君度, 군도는 공의 자)의 집에서 사우공(四雨公, 이식)을 만났다"고 술회한 일이 있고, 「군도의 집 연석에서 취중에 쓰다(君度家宴席醉題)」라는 시를 보면 당시 공의 집 규모와 그 분위기를 알 만하고 동시에 당시 공의 교우 관계 및 풍류의 정도를 짐작하기에 넉넉하다.

화려한 집 깊숙하고 좋은 풍경 많구나	畵閣深深景物多
바람이 일지 않는데 자리엔 물결이 일어	輕風不動簟生波
진귀한 화초와 돌, 귀인들은 부채질하며	奇花異石仙侯扇
파란 대와 푸른 솔, 들 늙은이 집이구나	翠竹蒼松野老家
자리위에 어찌 '보병'의 통음 없겠는가	席上豈無步兵飮
술독 앞엔 도리어 '막수'의 노래 있는데	樽前還有莫愁歌
밝은 아침 이 모임에 누가 건강할 것인지	明朝此會知誰健
흠뻑 취해 꽃을 꽂고 달빛을 밟아보세	爛醉簪花踏月華

이 시에서 그려진 바와 같이 화려하고 고요하며 진귀한 화석(花石)에 둘러싸인 집, 그리고 푸른 대나무와 울창한 소나무 숲 속에 자리한 공의 저택을 상상하기에 충분하다. 기우자선생의 대를 이은 현손(玄孫)으로서 선대로부터 물려받은 도성 남쪽의 옛집을 묘사한 것인지 알 수는 없다. '부채를 든 귀인'을 뜻하는 선후(仙侯)들을 초청하여 연회를 베풀고, 그 자리에서 죽림칠현(竹林七賢)의 완적(阮籍, 步兵)처럼 통음을 하는 가운데서 '막수(莫愁)의 노래'가 있는 분위기는, 이 무렵의 공의 아취(雅趣)와 풍류를 짐작하기에 충분하다.

2) 진양(晉陽)의 농장(農莊)과 내키지 않는 벼슬살이

1485년(성종 16)에는 어머니께서 별세하여 벼슬을 그만두고 거상(居喪)에 들어갔으며, 애효(哀孝)를 다한 뒤에는 진양에 있는 농장으로 내려가 한동안 그곳에서 유유자적하기도 했다. 이때에도 부림군 이식은 「군도의 진양촌장 유람을 송별하다(送君度之遊晋陽村庄)」라는 칠언절구 세 수를 남겼는데, 그중 한 수를 옮겨본다.

| 사람의 이별과 만남 마음을 상하게 하니 | 人間離合足傷情 |
| 헤어짐이 심상한데도 눈물이 절로 쏟아져 | 分袂尋常涕自傾 |

진양의 경치 좋은 곳을 두루 여행하면서 　　　遊遍晉陽形勝地
그대 일일이 시 주머니 채울 것을 안다네 　　　知君一一錦囊盈

　진양은 경상도 진주(晉州)를 말하는 것으로 당시 여유 있는 경화(京華)
사대부들은 각기 연고가 있는 시골에다 농막이나 별장을 두고 가끔씩 내
려가 풍류와 문아(文雅)를 즐기는 경향이 많았다. 공도 이러한 풍조에 따
라 먼 시골에 촌장(村庄)을 두고 왕래한 듯하지만, 하필 진주에 무슨 특별한
연고가 있었는지는 알려진 사실이 없다.

　1490년(성종 21)에는 아버지께서 별세하여 3년의 집상을 끝낸 후, 당대
의 문장가인 매계 조위(曺偉)의 글을 빌려 자신의 친필로서 친산(親山)에
묘비를 세우고는, 부모를 추모하며 강호에서 조용한 나날을 보냈다. 조위
는 공의 고모부인 현감 신윤범(申允範)의 사위로 공에게는 고종매부가 되
지만, 나이가 같고 교우 관계가 상통하여 평소 우선(友善)이 깊었다.

　연산군(燕山君)이 왕위에 오른 후 1499년(연산 5) 7월에는 임금이 동궁
시절의 인연으로 공을 선전관(宣傳官)에 제수하였다. 임금을 측근에서 시
종하는 청요직(淸要職)으로 흔히 서반승지(西班承旨)라고도 하는 이 직책을
공에게 맡긴 것은, 전일 세자익위사 시절의 교분으로 베푼 임금의 특전이
라 하겠다.

　1500년(연산 6)에는 정4품의 서반(西班) 품계인 소위장군(昭威將軍)에 올
라 오위(五衛) 소속의 용양위좌부장(龍驤衛左部將)의 보직을 받았으며, 1501
년(연산 7)에 다시 무겸선전관(武兼宣傳官)으로 승진하였고, 1502년에는 동
반(東班)으로 자리를 옮겨 종4품 의금부경력(義禁府經歷)으로 특진하였다.

　그러나 공은 임금의 특명으로 죄인을 다루어야 하는 의금부경력의 직무
를 수행함에 있어 많은 고민에 휩싸였다. 그것은 죄인을 추달하는 직책이
성정에 맞지 않을 뿐 아니라, 무오사화(戊午士禍) 이래 연산군의 난정(亂政)
과 포악으로 많은 사류(士類)들이 억울하게 핍박을 당하는 상황에서 직무
를 감내하기가 어려웠기 때문이다.

3) 한강변의 별서(別墅)와 삼로(三老)와의 시주(詩酒)

공이 50세의 노경에 접어든 1503년(연산 9)에는 드디어 벼슬을 버리고, 자연 속에서 뜻 맞는 선비들과 어울려 다시 시주(詩酒)를 벗하며 초연하게 살 것을 다짐하였다. 그리하여 한강 서쪽 언덕바지에 별업(別業)을 얽어 침류당(枕流堂)이란 현판을 걸었다. 무심하게 흘러가는 한강의 물줄기를 베개 삼아 세사(世事)를 멀리하고 한가로이 세월을 보내겠다는 뜻이 배어 있다.

구애 없는 마음으로 풍영(諷詠)을 일삼던 왕족 부림군을 비롯하여, 한 시대의 명류와 학자들이 침류당을 찾아 공의 깨끗하고 조용한 생활을 부러워하고 찬양했다. 처음에는 목계 강혼·지정(止亭) 남곤(南袞, 1471~1527)·충재(盅齋) 최숙생(崔淑生, 1457~1520)·용재(容齋) 이행(李荇, 1478~1534) 등 당대 사장(詞章)의 대가들이 주변 경색을 찬탄하며 창화의 시를 남겼다. 그리고 만년에는 주헌(酒軒) 김준손(金俊孫, 1454~1525)과 월헌(月軒) 정수강(丁壽崗, 1454~1527)이 공과 함께, 서로 동갑(同甲)임을 자랑스러워하며 삼로지계(三老之稧)를 맺고, 시주(詩酒)로서 아름다운 우정을 기리었다. 공의 작품으로 전해지는 「침류당부(枕流堂賦)」 첫머리에 실린 다음 구절은 이 당(堂)이 위치한 환경과 그 풍색을 잘 그려내고 있다.

남산의 한 자락이 비스듬히 달아나는 곳	南山一條之迤走
한강의 서쪽 물가를 끌어당겼네	控漢水之西涯
농서자가 그 사이에 집을 지으니	隴西子卜築於其間
백 척의 푸른 낭떠러지에 우뚝하다	屹百尺之蒼崖
위로는 솔과 회나무 그늘이 덮였고	上松檜之蔭盖
아래엔 고기와 용이 소용돌이를 친다	下魚龍之盤渦
허공에 걸터앉아 집이 들어섰으니	跨空虛以立堂
길게 흐르는 넓은 강물 베개를 삼았네	枕長流之湝湝

농서자(隴西子)는 말할 것도 없이 이씨(李氏) 성을 지닌 공을 지칭하는 것으로 이 정자를 지은 주인공이다. 56행이나 되는 장시(長詩)의 첫머리에 주기(註記)를 달았는데 "침류당은 곧 이공(李公) 사준(師準)의 당호이다. 일찍이 벼슬을 그만두고 강 위에 집을 지어 여생을 보냈다(枕流堂卽李公師準 堂號 早辭官構堂于江上 以終老焉)"고 한 설명을 곁들였다.

지금까지 공의 생몰(生沒)의 연대를 알 수 없었는데, 정수강(丁壽崗)·김준손(金俊孫) 두 분과 함께 삼로(三老)의 동갑계를 맺은 사실로 인해 그 생년이 확인된 것은 참으로 다행한 일이다. 정수강이 공의 별세를 애도하여 지은 만시(輓詩) 작품의 연대가 1523년(중종 18)이므로 공은 70세의 수명을 누리고 서거했다는 사실을 알게 된 것이다.

태어난 해가 같은 세 분이 세상을 떠난 순서는 공이 가장 먼저이고, 그다음이 주헌 김준손인데 72세 때인 1525년(중종 20)이며, 그로부터 2년 뒤 1527년(중종 22)에는 월헌 정수강이 맨 나중에 74세를 일기로 서거하였다. 때문에 월헌은 앞서 간 두 분 지기(知己)를 위해 각각 제문(祭文)과 만사(輓詞)를 지어 추모하는 글을 여러 편 남겼다.

정수강의 『월헌집(月軒集)』 제5권에는 월헌이 주헌의 죽음을 조상하는 제문(祭文)이 실려 있다. 그 글 가운데 "전일에는 군도와 더불어 삼로의 계를 맺고, 침류당 위에서 마음을 함께 열었다(曩與君度 結爲三老 枕流堂上 共開懷抱)"는 말에 이어, "군도가 먼저 죽었으니 오직 나와 자네뿐, 자네마저 이제 끝난다면 어디에다 의지할꼬?(君度先亡 惟我與子 子今已矣 何所依倚)" 하고 비통한 심정을 나타내며 우정을 기리었다. 또 같은 책 제2권에는 「군도를 애도하는 시(輓君度詩)」로서 제목을 단 오언율시 한 수가 실려 있다.

훌륭한 풍채! 탄식하며 땅에 묻으니,　　　　　　　玉樹嗟埋地
기이한 재주! 다시금 마음 상하네　　　　　　　奇才更可傷
시는 두보와 이백을 추종하였고　　　　　　　　詩壇追甫白
글씨 또한 왕희지와 장욱을 이었다　　　　　　　筆亦繼王張

푸른 구름 속에서 꿈은 단절되고 　　　　　夢斷靑雲裏
푸른 물가에서 한평생을 마치었네 　　　　　身終碧水傍
공연히 슬픈 만장 짓는 처지라 　　　　　　　空題哀挽處
눈물을 지으며 푸른 하늘을 본다 　　　　　　淚眼看蒼蒼

　무성하고 보배로운 나무에 비견한 공의 늠름한 풍채와, 뛰어난 재주를
볼 수 없는 안타까움이 그대로 배어 있다. 더구나 공의 시 작품을 두고 두
보(杜甫)와 이백(李白)을 추종한다 하였고, 공의 글씨를 왕희지(王羲之)와
장욱(張旭)의 필체를 이었다고 찬양한 구절은, 공의 시 세계와 초서(草書)
의 경지가 상당한 수준이었다는 새로운 사실을 알려준 셈이다. 다만 그 작
품을 대하지 못하는 것이 안타까울 뿐이다.

4) 소후(所後) 자손의 입계(入系)와 향촌의 귀농

　공의 배위는 화순최씨(和順崔氏)로 경주부윤(慶州府尹)을 지낸 선복(善復)
의 따님인데, 슬하에 아들이 없고 딸 하나를 두어 종실인 기산수(岐山守)
이저(李楮)에게 출가시켰다. 후일 막내아우인 사진(師鎭)의 둘째아들 후(逅)
로 하여금 뒤를 잇게 했으나, 또 아들을 두지 못해 그 백형 해(邂)의 둘째
아들 만영(晩榮)으로 공의 사손(嗣孫)을 삼았다.
　공이 한강 서호의 별장인 침류당에서 70세를 일기로 생을 마친 다음, 그
대를 이은 손자 만영이 한양 생활을 접고 경상도 진양(晉陽) 땅 가좌촌(加
佐村)으로 낙향하였다. 그곳에 할아버지 침류당공이 세전(世傳)으로 남긴
촌장(村莊)과 전토(田土)가 있었기 때문이다. 만영은 아들 인(鄰)과 욱(郁,
1556~1593)을 두었고, 그의 맏아들 인이 또 아들을 두지 못하자 둘째아들
욱의 차자(次子) 수려(秀驪)를 백형 앞으로 입계시켰다.
　욱은 생원(生員)으로 임진왜란 때 의병을 일으켜 김시민(金時敏) 장군 등
과 함께 진주성 전투에서 장렬하게 순절함으로써 그곳 창렬사(彰烈祠)에
배향되었다. 그러나 그 후 생양(生養) 간의 자손이 겨우 5대를 이었지만,

마침내 종적이 끊겨 무후(无后)가 되고 말았다. 따라서 5세조인 정당문학공 휘 수룡(秀龍) 이하 12세조 중화공 휘 증석(曾碩)에 이르기까지 8대에 걸친 승종봉사(承宗奉祀)는, 형망제급(兄亡弟及)의 순리(循理)를 쫓아 13세조 충순위교위공 사필(師弼)의 자손으로 계승되었다.

4. 별좌공(別坐公) 사연(師衍)과 첨사공(僉使公) 보(俌) 부자

별좌공의 휘는 사연(師衍)이고 자는 여창(汝昌)이며 호는 알려져 있지 않다. 중화공의 둘째아들로 서울 성남의 옛집에서 태어났으나 그 생년을 알 수 없는데, 선·후대의 세대 간격과 형제 간의 나이 터울로 보아 대개 1458년(세조 4) 전후로 추정된다. 이 시기는 수양대군에 의한 왕위 찬탈로 인해 그 조카 단종(端宗)이 노산군(魯山君)으로 내려앉고, 영월(寧越)에 유폐되었다가 마침내 죽음을 당한 때였다. 세조로 등극한 수양대군은 정적인 안평대군(安平大君)과 원로 대신들을 숙청한 데 이어, 그 아우 금성대군(錦城大君)마저 사사(賜死)하는 등 왕실의 골육상쟁이 잇달았다.

명가의 자손으로 비교적 유복한 환경에서 성장하기는 했으나, 어수선한 정국 속에서 자연 입신출세에 대한 의욕이 꺾여 공도 일찌감치 공령(功令)의 길을 단념했다. 약관이 넘은 나이에 문음자제(門蔭子弟)로서 시취(試取)의 과정을 통해, 충순위(忠順衛)에 입속하는 혜택을 입었다. 처음으로 종5품의 품계를 받고 창신교위(彰信校尉)가 되었으며, 일정한 임기를 채운 뒤 다시 정5품의 별좌(別坐)로서 봉록을 받은 것이 공의 관력(官歷)의 전부이다.

공의 몰년(沒年) 또한 미상이며, 배위는 공인(恭人) 예안이씨(禮安李氏)로 창평현령(昌平縣令)을 지낸 숙주(叔疇)의 따님인데, 슬하에 첨사(僉使) 보(俌)를 비롯하여 한(侃)·주(儔)·희(儓) 등 네 아들을 두었다.

공의 맏아들 첨사공(僉使公) 보(俌)는 그 생몰 연대를 알 수 없으나 연산조(燕山朝) 때 무과(武科)에 급제하여 출세하였다. 얼마 뒤 중종반정을 겪은 후에는 훈련원(訓鍊院)의 보직인 종4품의 첨정(僉正)과 종3품의 부정(副正)

을 차례로 역임하면서 그 무재(武才)를 드러내었다. 1508년(중종 3)에는 충청도 덕천군수(德川郡守)로 나갔다가, 중국 사신의 천거에 의하여 당상관(堂上官)의 자급(資級)을 받았다.

1510년(중종 5) 4월에 경상도 남해안의 세 포구에 이른바 삼포왜란(三浦倭亂)이 일어나자 임금의 특명으로 부산포첨사(釜山浦僉使)가 되어 출전했다. 이 왜란은 당시 동래(東萊)의 부산포를 비롯하여 창원(昌原)의 제포(薺浦)와 울산(蔚山)의 남포(藍浦)에서 일어난 일본인 거류민의 폭동 사건을 말한다. 당시 왜인들의 삼포 내왕이 급격히 빈번해지자 정부에서 그 철거를 요구하였다. 이에 불만을 품은 왜인들이 대마도주(對馬島主)의 지원을 얻어 5, 6천 명으로 폭등을 일으켜 한때 부산포와 제포가 함락당하였다. 정부에서는 즉시 군대를 보내 이를 격파했는데 공이 이때 수군(水軍)을 이끌고 나가 큰 공을 세웠다.

공은 부임하자마자 바로 군사를 점고한 후 좌도방어사(左道防禦使) 황형(黃衡)과 우도방어사(右道防禦使) 유담년(柳聃年)과 합세하여 수륙 협공 작전으로 왜구를 섬멸하는 데 성공했다. 수군을 거느린 공은 동서로 군사를 나누어 죽음을 무릅쓰고 힘껏 싸우니 왜적은 대패하여 갈팡질팡 달아났다. 이 싸움에서 공이 거둔 전과만도 물에 빠져 죽은 적의 시체가 수없이 많았고, 도망간 배가 100여 척에다 침몰된 것만 5척이나 되었다.

또한 295급이나 되는 적의 수급을 베어 조정에 보고하니 임금이 크게 기뻐하고 포상의 은전을 내리도록 조치되었다. 그러나 공의 군공(軍功)을 시기한 무리가 있어 도리어 모함을 받고 정6품의 한직인 사과(司果)로 형편없는 강직을 당하였다. 이에 어머니 이씨가 아들의 모함당한 사실을 조목조목 나열하여 임금에게 그 억울함을 호소한 결과, 그 죄가 해명되어 원래의 직책을 되찾은 일도 있었다.

그러나 그 이듬해에는 방어사 황형(黃衡)이 또 공을 시기하여 사치가 심하다는 구실을 붙여 중상했으나, 임금의 두호로 무사했으며 1512년(중종 7)에는 도리어 동반인 순천부사(順天府使)로 영전시켰다. 이에 전부터 마음에 앙금을 품은 무리들이 끈질기게 공의 체직을 상소했지만, 임금은 듣지 않았고 얼마 후에는 다시 대간(臺諫)으로 임명하여 측근에 두었다.

1519년(중종 14)에 평안도 위원군수(渭原郡守)가 되어 다시 외직으로 나갔으며, 1522년(중종 17)에 함경북도의 병마우후(兵馬虞候)로서 다시 서반으로 체직되었다. 1524년(중종 19)에는 경기도 화량포첨사(花梁浦僉使)에 제수되었으나, 공의 사위 윤임(尹任)이 남양부사(南陽府使)로 있었으므로, 장인과 사위가 한 고을 안에서 성(城)을 맡고 병권을 쥐고 있는 것이 옳지 못하다 하여 공이 자진하여 사퇴하고 다른 직책으로 옮겼다.

1525년(중종 20)에는 거느리고 있던 종이 법사(法司)에 구금되었는데, 공이 관청에 입직(入直)하여 알지 못하는 사이에 윤원개(尹元凱)에게 출가한 맏딸이 임금에게 글을 올려 종의 죄를 면하게 한 일이 있었다. 그러나 공이 사후에 이 사실을 알고 출가외인이 친정 일에 관여하여 임금의 심기를 어지럽혔다 하여 매우 나무랐다. 이와 같이 공은 끝까지 임금의 신임과 보호를 받았는데 그것은 아마도 삼포왜란에서 공이 거둔 혁혁한 전공과, 공의 탁월한 무재를 아낀 중종의 특별한 배려 때문으로 보인다.

공의 몰년 역시 미상이나 그 최종 관력으로 미루어보아 대개 50세가 되는 1528년(중종 23) 전후가 아닌가 여겨진다. 공의 배위는 숙인(淑人) 광주 이씨(廣州李氏)로 문과 급제 후 도승지(都承旨)를 역임한 세광(世匡)의 따님이고 영의정(領議政) 극배(克培)의 손녀인데 슬하에 아들이 없고 네 딸을 두었다. 맏딸은 사평(司評)을 지낸 윤원개(尹元凱)에게 출가했고, 둘째딸은 파평인(坡平人) 윤임(尹任)의 부인이 되었다. 윤임은 파평부원군(坡平府院君) 윤여필(尹汝弼)의 아들로 중종의 계비(繼妃) 장경왕후(章敬王后)의 오빠가 된다. 벼슬이 찬성(贊成)에 이르렀으나 문정왕후(文定王后)의 동생인 윤원형(尹元衡)과 대윤(大尹)·소윤(小尹)으로 정파가 갈라져 서로 시기하고 세력다툼을 하다가 마침내 1545년(인종 1) 을사사화(乙巳士禍) 때 처형되었다.

셋째딸은 문과 급제로 홍문관 전한(典翰)을 역임한 연일인(延日人) 정언호(鄭彦浩)에게 출가했는데, 사위 정언호는 첨정(僉正) 정필(鄭泌)의 아들이고 판서(判書)를 지낸 정숙공(貞肅公) 정연(鄭淵)의 증손이다. 넷째딸은 명종(明宗) 때 감사(監司)를 역임한 거제인(巨濟人) 반세평(潘世平)에게 출가했다. 공과 배위의 묘소는 불명이고 자손이 없어 대를 잇지 못했다. 공의 아우 한(僩)·주(儔)·희(僖)에 대하여는 전하는 기록이 전무하다.

5. 직장공(直長公) 사진(師鎭)과 그 자손의 출계(出系)

직장공의 휘는 사진(師鎭)이고 자는 여웅(汝雄)인데 중화공의 넷째아들로 한양 성남의 옛집에서 태어났다. 태어난 해를 알 수 없지만 7남매 동기간의 출생 순서에 따르면 남녀를 불문하고 맨 나중에 막내아들로 출생했다. 그것은 1745년(영조 21)에 간행된 우리『을축대보(乙丑大譜)』의 기재 방식으로 확인된다. 곧 종래 족보의 일반적인 보규(譜規)는 부계(父系)를 위주로 하여 아들을 먼저 나이 차례대로 등재하고, 그다음에 딸을 생년 순서를 따져 사위의 성명을 대신 기재하였다. 그러나『을축대보』에서는 아들과 딸을 구분하지 않고 그 생년 서차(序次)에 따라 수록한 것이다.

그러므로 생년이 확실한 백형 침류당공을 기준으로 그 터울을 요량해보면, 태어난 해가 기록되어 있지 않는 세 아우와 세 누이의 나이를 대략 유추해볼 수가 있다. 따라서 서칠(序七)로 되어 있는 공은, 위로 동복(同腹)의 3남 3녀 형제자매 간의 나이 차이와 그 아랫대 세대 간격을 고려하면, 생년이 대개 1475년(성종 6) 전후일 것으로 짐작된다.

공의 성장 과정과 학력(學歷) 또는 관력(官歷)에 대한 기록이 전하지 않아, 그 사·행적을 일관성 있게 정리하기는 곤란하다. 그러나 위로 세 형공(兄公)과 마찬가지로 과거를 거치지 않는 채 문음(門蔭)으로 음서취재(蔭叙取才)의 관문을 통해 벼슬길에 오른 것만은 확실하다. 다만 그 첫 벼슬과 최종 관직인 종7품 직장(直長)에 오르기까지의 과정이 불분명이고 만년의 행적을 알 수 없는 것이 유감이다.

몰년 역시 알 수 없지만 다만 족보상에 기일(忌日)이 5월 7일로 되어 있고, 묘는 황해도 평산(平山)에 있는 여주리(如珠里) 선영 밖 왼쪽 기슭에 있으며 배위와 합폄이다. 배위는 공인(恭人) 동래정씨(東萊鄭氏)인데 세춘(世春)의 따님이고 슬하에 아들 해(邂)와 후(逅) 형제를 두었다. 맏아들 해는 다시 지영(遲榮)·만영(晚榮)·재영(才榮) 세 아들을 두었으며, 그 자손들은 황해도 해주(海州)를 중심으로 북한에 거주하고 있다. 둘째아들 후(逅)는 공의 백형 침류당공의 아들로 종계(宗系)를 이었으나, 또 아들을 두지 못해 백형 해(邂)의 차자인 만영(晚榮)으로 사자(嗣子)를 삼아 10대 승종(承宗)을 하였다.

6. 포천공(抱川公) 아랫대의 낙향과 세거(世居)

포천공은 배위이신 숙인 하양허씨(河陽許氏) 사이에서 4남 1녀의 자녀를 두었다. 그중에 아들은 사원(師瑗)·사침(師琛)·사경(師瓊)·사기(師琦)이고 딸은 현감(縣監) 한열(韓悅)에게 출가하였다.

포천공 생전에는 모두 한양 세가의 자제들로서 비교적 유복한 가정환경에서 성장하면서 입신(立身)의 꿈을 키웠다. 그러나 양친이 별세한 후 시세(時世)가 바뀌고 더욱 연산조(1494~1505)의 어지러운 정사 속에서 혹독한 가정적인 불행과 시련이 겹쳐 뿔뿔이 흩어져 살게 되었다. 충청도 홍주(洪州)로 혹은 전라도 영광(靈光)으로 또는 경기도 광주(廣州)로 낙향하여 정착한 후, 대대로 거주한 사실을 단편적인 기록과 각파의 가승(家乘)을 참고하여 정리해본다.

1) 처사공(處士公) 사원(師瑗)의 홍주(洪州) 낙향과 그 자손

맏아들 처사공의 휘는 사원(師瑗)이고 자는 숙옥(叔玉)이다. 선·후대 간의 연차와 5남매 동기간의 나이 터울에 비추어보면, 공은 아버지가 거의 불혹에 다다른 나이에 태어난 듯하다. 곧 공의 생년은 1475년(성종 6) 전후로 짐작되는데, 대체로 문치(文治) 시대로 일컬어지는 성종 때 명문가 자제로서 성장하여 교양과 학업을 착실히 닦았음을 알 수 있다. 때문에 문음(門蔭)으로 벼슬을 할 생각을 하지 않았고, 오로지 등과(登科)를 통해 청운의 꿈을 실현하고자 하였다. 그러나 공은 지나친 과거 공부로 인해 오히려 병약(病弱)함을 면치 못하였고, 마침내 중년에 이르러선 연산조의 난정을 당해 출세의 꿈을 접었다.

설상가상으로 그 무렵 중제(仲弟)의 불행한 사태에 직면하게 되자, 공은 가문의 앞날과 선비로서의 지조를 잃지 않기 위해 한양을 떠나 숨어 살기로 마음을 굳혔다. 동시에 공명(功名)의 부질없음을 깨달은 공은 30세를 전후한 시기에 가산을 정리한 후, 가족을 이끌고 전부터 연고가 있는 충청도 홍주(洪州) 땅으로 낙향을 결심하게 된 것이다.

그리하여 당시 홍주 을방면(乽方面) 새터마을(新基里)에 삶의 터전을 정하고 농장을 장만하고는 독서와 자제 교육으로 조용히 평생을 보내게 되었다. 그 후 공의 자세한 사·행적에 대하여는 알려진 기록이 없으나 향중(鄕中)에 숨어 사는 한 선비로서 지조를 지키고 깨끗하게 여생을 보냈다. 공의 서세(逝世)에 대한 기록이 없어 몰년을 알 수 없으나, 그 자황(慈況)으로 보아 환갑 전후의 수명을 누리신 듯하며, 다만 그 기일로 4월 2일이 전해지고 있다.

배위는 전·후취로 전배(前配)는 청주이씨(淸州李氏)인데 사인(士人) 이평(李坪)의 따님이고, 별시위(別侍衛)를 역임한 이의효(李儀孝)의 손녀이다. 후배(後配)는 배천조씨(白川趙氏)로 그 세계(世系)가 미상이고 자녀를 두지 못했다. 공의 슬하에는 전취 배위의 소생으로 1남 5녀를 두었는데, 아들은 녹정정공(綠淨亭公) 우(遇)이다. 맏딸은 문과 급제 후 예빈시정(禮賓寺正)을 지낸 학자 모재(茅齋) 전승개(田承漑)에게 출가하였고, 둘째딸은 가선대부(嘉善大夫)의 품계를 받은 남치경(南致敬)에게, 셋째딸은 현감(縣監)을 역임한 김한보(金漢寶)에게, 넷째딸은 군수(郡守) 최연(崔淵)에게, 막내딸은 사인

(士人) 박영호(朴泳湖)에게 각각 출가했다.

외아들인 녹정정공의 자는 응경(應慶)이며 1522년(중종 17)에 새터마을 옛집에서 태어났다. 아버지의 명을 받들어 입향지(入鄕地)의 생활 기반을 확고히 하는 한편, 충효가문의 법도를 세우는 데 힘을 기울였다. 일찍이 집 곁에 수천 그루 나무를 심고 조그만 정자를 세워 녹정(綠淨)이라는 편액을 걸었으니 공의 자호(自號)가 되었다.

중봉(重峰) 조헌(趙憲, 1544~1592)과 추탄(楸灘) 오윤겸(吳允謙, 1559~1636)이 정자에 자주 들러 시주(詩酒)로 벗하고 서로 효우(孝友)를 논하며 시세(時世)를 걱정하였다. 몰년에 대한 기록은 없으나 수직(壽職)으로 절충장군(折衝將軍) 첨지중추(僉知中樞)의 직함이 내려진 것으로 보아 하늘이 주신 수명을 다한 듯하다. 슬하에 2남 2녀를 두었는데 맏아들이 의헌공(毅憲公) 광륜(光輪)이고, 둘째아들이 정랑공(正郞公) 광복(光輻)이다.

맏아들 의헌공은 생원시에 합격하여 효행으로 추천되어 참봉(參奉)이 되었으나 사진(仕進)에는 뜻이 없었다. 임진왜란 때는 마을 장정 300명을 규합하여 의병을 일으키고, 조중봉(趙重峰)·석영규(釋靈圭)의 창의군(倡義軍)과 합세하여 금산 전투에서 장렬하게 순절하였다. 당시 700명의 의사(義士)들은 한 사람도 빠짐없이 목숨을 던져 순국하니 전쟁 후 나라에서는 종용사(從容祠)에 향사하는 한편, 공에게는 사헌부 집의(執義)를 추증하고 마을에 충신문(忠臣門)의 정려를 내렸다. 또 1799년(정조 23)에는 지방 유생들이 조정에다 진정(陳情)의 글을 올려 이조판서(吏曹判書)의 증직과 의헌(毅憲)이란 시호를 추가로 내렸다.

둘째아들 정랑공은 당파싸움의 와중에서 일찌감치 출사(出仕)를 포기하였다. 한때는 토정(土亭) 이지함(李之菡, 1517~1578)의 문하에서 배움을 받은 적이 있었는데, 이토정도 공을 망년지교로 여겨 존중하였다. 임진왜란 때 백형을 도와 창의(倡義)를 하려 했으나, 백형과 조중봉의 분부로 전쟁 중에 노부모를 극진히 모시는 것으로 역할을 대신했다. 전란이 끝난 후 큰집 조카 대준(大濬)과 위험을 무릅쓰고, 백형이 순절한 장소에서 시신을 수습하여 장사를 지냈다. 전후에 조정에서 공에게 공조정랑(工曹正郎)의 직함과 함께 마을에 효자문(孝子門)을 내렸다.

형제에게 나란히 충효의 정려(旌閭)가 내려진 것은 매우 드문 일이라 하여 향방(鄕邦)의 칭송이 자자했는데, 자손들은 수백 년 동안 홍성(洪城)과 청양(靑陽) 두 고을에 세거하면서 조상의 음덕을 기리고 있다. 홍성군 장곡면 옥계리(玉溪里)에는 의헌공의 묘소가 충남 지방문화재 제95호로 지정되어 있고, 형제분의 충신문과 효자문이 나란히 마을을 지키고 있으며 이를 수호하는 재실도 보존되어 있다.

2) 백운공(白雲公)의 입계와 남도(南道)의 정착

포천공 둘째아들의 휘는 사침(師琛)이고 자는 알려져 있지 않다. 백형 사원(師瑗)의 생년을 유추해보면 3세 터울을 기준으로 대개 1478년(성종 9) 전후에 태어났음을 짐작할 수 있다. 공 또한 성종 연간에 서울 명문가의 자제로 성장하면서, 부형으로부터 엄중한 수신제가(修身齊家)의 가르침과 가학(家學)을 전수받아 청운의 꿈을 잃지 않았을 것이다.

그러나 연산군이 왕위에 오른 뒤 점차 이성(理性)을 잃고 난정이 심해지자, 공도 일찌감치 입신출세의 의욕과 희망이 좌절되었다. 그런 가운데 1504년(연산 10) 갑자사화(甲子士禍)의 와중에서, 연산군의 광포(狂暴)한 처사로 인해 이립(而立)의 나이가 되기도 전에 비참한 최후를 마치게 되는 불행을 당하였다. 배위는 다만 김씨(金氏)라고만 했을 뿐 관향과 가계가 불분명하고, 기출(己出)의 자녀조차 두지를 못했다.

때문에 효우가 극진했던 공의 백형과 아우 현감공은 동기간의 불행을 한(恨)으로 삭이면서, 무후(无后) 상태가 된 공의 뒤를 잇도록 뜻을 모았다. 곧 숙제(叔弟) 사경(師瓊)이 그의 셋째아들 순(巡)으로 하여금 중형(仲兄)의 후사(後嗣)로 삼게 하는 한편, 둘째아들 운(運)으로써 역시 아들이 없는 계제(季弟) 사기(師琦)의 뒤를 잇게 하였다. 뿐만 아니라 후일에는 중형의 뒤를 이은 아들 순(巡)마저 무후의 처지가 되자, 자신의 셋째손자 광보(光輔)로서 그 뒤를 잇게 하였다. 결국 중형에게는 양대(兩代)의 입계(入系)로 그 가계를 이었는데, 효우 가문의 아름다운 우애가 아니면 상상할 수조차 없는 참으로 훌륭한 가범(家範)이었다.

포천공의 둘째아들 백운공의 가문을 이은 증참의공(贈參議公) 순(巡)은 1514년(중종 9)에 태어나 1592년(선조 25) 임진왜란 중에 79세를 일기로 세상을 떠났다. 광주(廣州) 언주면(彦州面)의 생가에서 자라나 장성한 후에 숙부 앞으로 사후 입양되었으나, 만년에 양주(楊州) 땅 평구역(平丘驛) 선영 아랫마을에서 거주한 것으로 되어 있다.

그리고 증참의공의 뒤를 이은 백운공(白雲公) 광보(光輔)는 1547년(명종 2)에 태어나 1628년(인조 6)에 82세의 천수를 누리고 별세했다. 임진왜란이 일어난 해는 공의 나이 46세 때인데, 선공의 옛집에서 팔순(八旬)을 앞둔 노쇠한 어른을 모시고 살았으나 그해 봄에 외간상(外艱喪)을 당하였다. 왜적들의 감시 속에서도 오로지 슬픔과 법도를 다해 여막(廬幕)을 지키고 있으니, 이를 살피고 있던 왜적들조차 그 효행에 감동하여 해하지를 않았다는 일화가 전해온다.

거상(居喪)이 끝나자 선대의 한과 불행을 되새기며 먼 곳으로 옮겨 살고자, 1595년(선조 28)경에 전라도 영광(靈光) 땅 소갈(蘇葛)마을에다 복거(卜居)의 터전을 마련하여 낙남(落南)을 하였다. 남천(南遷) 이후에는 평소에 온축(蘊蓄)한 높은 학문과 덕행을 바탕으로 후진들을 가르치면서, 전쟁으로 도탄에 빠진 민생과 나라 걱정에 영일이 없었다. 자연 고을의 한 선비로서 군민들을 지도하며 그 향도(嚮導)에도 앞장서는 처지가 된 것이다.

그 무렵 삼도수군통제사로서 남쪽 바다를 지키며 왜적을 막고 있던 충무공 이순신(李舜臣) 장군과도 그 순행 중에서 가끔 만나 곤궁한 민정을 알리고 서로 나랏일을 걱정했다는 기록이 『난중일기(亂中日記)』에 보이고 있다. 병신(丙申)년 곧 1596년(선조 29) 9월 12일과 13일 양일에 걸친 일기 속에 다음과 같은 기사가 실려 있어 그런 사실이 잘 뒷받침되고 있다.

※ (9월 12일 을사) : 바람과 비가 거세게 몰아쳤다. 오후 늦게야 나서서 길에 올랐다. 10리쯤에 있는 냇가에서 이광보(李光輔)와 한여경(韓汝璟)이 술을 지니고 와서 기다리고 있었기 때문에 말을 내려서 함께 이야기를 하였다. 안세희(安世熙)가 역시 당도하여 저녁 늦게 무장(茂長)에 이르렀다.

(九月十二日乙巳) : 風雨大作 晚出登途 十里許川邊 李光輔與韓汝璟 佩酒來待 故下馬同話 安世熙亦到 暮到茂長

※ (9월 13일 병오) : 맑음. 이중익(李仲翼) 광보(光輔)가 또 와서 함께 이야기를 했다. 중익이 어렵고 군색한 말을 많이 했다. 때문에 옷을 벗어 그에게 주면서 종일토록 이야기했다.

(九月十三日丙午) : 晴 李仲翼光輔 亦來同話 仲翼多言艱窘 故脫衣給之 終日話

충무공이 관내 순시를 위해 바닷가 고을인 영광에 이르러 객관(客館)에 머물기 위해 무장(茂長)으로 가는 길에 공과 한여경(韓汝璟) 그리고 안세희(安世熙) 등과 냇가에서 공이 지니고 온 술을 나누어 마시며 이야기를 했다는 기사이다. 또 그 이튿날에도 공은 단독으로 재차 객관에 머물고 있는 충무공을 찾아 함께 대화를 하였고, 공이 어렵고 군색하다는 말에 충무공이 입고 있던 옷을 벗어주며 종일 이야기를 한 정황을 알려주고 있다.

이 기록의 행간(行間)을 들여다보면 공과 충무공은 그 이전부터 서로 친분이 있는 사이로, 전쟁의 여가를 틈타서 이루어진 해후(邂逅)의 정다운 장면으로 짐작해볼 수 있다. 충무공이 공의 이름과 자(字)를 기억하고 이틀간이나 시간을 내어 긴 대화를 나누었다는 정황이 그러하다. 다만 13일의 기사 첫머리에 '이중익급이광보(李仲翼及李光輔)'로 표시하여 마치 두 사람의 인명인 것처럼 되어 있으나, 이는 '이중익광보(李仲翼光輔)'라는 공의 자·휘(字諱) 표기를 이기(移記)할 때의 착오에 기인하는 것으로 여겨진다.

이와 같이 백운공은 온갖 역경을 딛고 전라도 영광 땅에 자리를 잡았으나 그 아랫대에서는 생활의 터전을 다시 지금의 고창군 대산면(大山面) 일원에까지 확대하여 세거(世居)를 이루었다. 지금의 영광군 온산면 월흥리(月興里)에는 공의 유택과 함께 그 부·조(父祖) 양세(兩世)의 단비(壇碑)를 세워 추존하는 한편 공을 입향조(入鄕祖)로서 추모하고 있다.

3) 현감공(縣監公) 자손들의 광주(廣州) 복거(卜居)

포천공(抱川公)의 셋째아들 현감공의 휘는 사경(師瓊)이고 자는 대명(大明)이다. 출생 연도는 대개 1480년(성종 11) 전후로 추정되고 몰년은 알 수 없다. 두 형공(兄公)과 마찬가지로 성종 연간(1470~1494)에 탄육(誕育)을 받아 학업을 닦았으며 연산조(1495~1505)에 가정적으로 어려운 시련을 겪은 끝에 마침내 경기도 광주 땅으로 낙향하여 생활의 터전을 잡았다.

1506년 중종반정(中宗反正)으로 세상이 바뀌자 비로소 음서(蔭敍)로 출사를 할 수 있었으며, 여러 관직을 역임한 후 외직으로 현감(縣監)에 이르렀다. 배위는 숙인 인동장씨(仁同張氏)로 훈련원정(訓練院正)을 지낸 종손(終孫)의 따님인데 슬하에 아들 수(遂)·운(運)·순(巡) 등 3형제를 두었다. 둘째아들 운(運)은 계부(季父) 사기(師琦) 앞으로 출계했으나 2대 만에 무후가 되었으며, 셋째아들 순(巡)은 숙부(叔父) 사침(師琛)의 뒤를 이어 영광파(靈光派)의 분파조가 되었다. 맏아들 승사랑공(承仕郎公) 수(遂)는 그 슬하에 3남 3녀를 두어 아들은 광축(光軸)·광헌(光軒)·광보(光輔)인데, 맏아들 광축은 진사시(進士試)에 합격했으나 요절하여 뒤가 없고, 셋째아들 광보는 아우인 순에게 입계시켰다.

둘째아들 광헌은 명종(明宗) 때 문과에 장원급제하여 요직을 두루 거쳤으며 삼척부사(三陟府使)를 끝으로 26세에 세상을 떠나니 임금도 그 죽음을 몹시 애석해하였다. 부사공(府使公) 광헌의 아들 대해(大海)는 19세의 소년등과로 이름을 얻었으나 옥당교리(玉堂校理)로 30세가 채 안 된 나이에 아버지에 이어 또 일찍 돌아가시니 그 비탄이 이루 말할 수 없었다. 자손들은 경기도 광주군 언주면(彦州面) 독고리(讀古里)에 오랫동안 세거하다가 교리공(校理公)의 손자 대에 이르러 강원도 춘천(春川)으로 그 터전을 옮겨 춘천파(春川派)가 되었다.

현감공 사기·승사랑공 수·삼척부사공 광헌·교리공 대해 등 춘천파 선세 4대의 묘소는, 세거지인 광주 독고리(讀古里)의 종산에 모셨다. 지금의

서울 강남구 양재동(良才洞)에 속한 도곡리(道谷里) 일대로서 강남 신시가
지 한가운데로 편입된 곳이다.

7. 충순위공(忠順衛公)의 밀양 입향(入鄕)

충순위공의 휘는 사필(師弼)이고 자는 여량(汝良)이며 중화공과 숙인 밀
양박씨의 셋째아들로 침류당공 사준의 둘째아우이다. 공의 생년도 정확히
기록된 바 없으나 7남매 동기간 중에 백형과 중형 사연에 이은 세 번째
출생 순서가 확실하고, 맏아들 진사공(進士公) 원(遠)과의 상·하 세대차를
고려하면 대개 1460년(세조 6) 전후로 추정이 된다.

공이 태어난 때는 세조가 어린 조카 단종으로부터 왕위를 찬탈하여 집
권한 후 5~6년의 세월이 경과했으므로 정치적으로는 어느 정도 안정을 되
찾아가는 시기라 할 수 있다. 그러나 많은 사람의 죽음을 가져온 피의 숙
청을 겨우 마무리한 뒤끝이라 흉흉한 민심은 가라앉지 않았고, 도덕적인
불신이 깊은 시기여서 감수성 많은 공의 성장기도 그리 평화롭고 순탄하
지는 못한 듯하다.

더욱이 유년기 이후 거의 10여 년간은 아버지가 외직을 전전하며 지방
의 수령으로서 한양 집을 멀리 떠나 있었기 때문에, 공은 주로 어머니의
자애 속에서 정훈(庭訓)을 받들어 조심스러운 처신을 하였다. 위로 두 형님
의 수학(修學) 과정을 따라 처음에는 공거(公車) 문자에 매달리기도 했으나,
차츰 공명(功名)의 부질없음을 깨닫고 위기(爲己)의 학문에 더 주력하였다.

약관의 나이를 넘기자 당시 명문가의 많은 자제들이 그러했던 것처럼,
사환에 대한 의욕과 희망을 포기하고 충순위(忠順衛)에 들어가 나중에는
교위(校尉)의 관록을 받았다. 충순위는 당시 오위(五衛)의 하나인 충무위(忠
武衛)에 속한 군대로, 왕실의 친족 가운데 벼슬을 할 수 있는 인물을 선발
하여 근무를 시키고, 일정한 복무 기간을 마치면 종5품의 영직(影職)을 주
어 물러나게 하는 일종의 특수 병종(兵種)이다.

공은 양녕대군의 따님인 재령군주의 손자이므로 당시 임금인 성종과는 7촌의 외척에 해당된다. 때문에 처음에는 종9품의 전력부위(展力副尉)로 출발하여 정9품의 효력부위(効力副尉)에 올랐으며, 1년 4개월의 복무 기간을 마칠 때는 정5품의 교위(校尉)로서 퇴관한 셈이 된다. 따라서 족보상 효력교위(効力校尉)라는 표기는 직제상에 없는 품계로 충순위에 속한 교위로 바로잡은 것이다.

1479년(성종 10)에는 진사공(進士公) 원(遠)이 태어나 맏아들을 얻은 기쁨을 누리었고, 4년 만에 또 둘째아들 월연공(月淵公) 태(迨)가 출생하니 가문의 경사가 겹치었다. 그러나 그 기쁨도 잠시 1485년(성종 16) 공의 나이 26세경에 향당(鄕黨)의 여중군자로서 공에게는 스승과도 같았던 어머니가 세상을 떠나시자 공의 충격과 슬픔은 이루 말할 수가 없었다. 형제들과 함께 여막을 지키며 거우(居憂)의 절차를 다해 집상을 끝내자 세상이 허무하게만 느껴졌다.

그런 가운데서 1490년(성종 21)에는 오랜 병석에서 시서(詩書)와 바둑으로 세월을 달래며 만년을 자적(自適)하시던 아버님께서 별세하시었다. 그 유명(遺命)을 쫓아 불가(佛家)의 습속을 멀리한 채 공의 7남매 동기들이 한마음으로 오로지 『주자가례(朱子家禮)』를 지키며 슬픔과 예절을 다했다. 그러나 공은 성숙한 이립(而立)의 나이에도 불구하고 갑자기 의지할 곳을 잃은 천애고아가 되어, 막막한 심정으로 부모님을 그리워하기만 하였다.

1494년(성종 25) 성종이 승하하고 그 아들 연산군이 20세의 나이로 왕위에 오른 후 얼마 지나지 않아, 그동안 비교적 태평스러웠던 정국이 또다시 술렁이기 시작하였다. 정치사회가 불안에 휩싸인 가운데 사림파(士林派)와 훈구파(勳舊派)의 갈등이 마침내 극단으로 치달았던 것이다. 유자광(柳子光)과 같은 간신배들이 꾸민 음모에 놀아난 연산군이 결국 점필재(佔畢齋)선생이 지은 「조의제문(弔義帝文)」의 사초를 빌미로 1498년(연산 4)에 무오사화(戊午士禍)를 일으키고 말았다.

수많은 사림들이 무자비하고 잔혹한 형벌에 희생되어가는 살벌한 환경에서 공도 불안과 위협을 떨쳐버릴 수 없었다. 영남 사림들과는 가문과 정서상으로 서로 관계가 깊었고, 같은 유림이란 처지에서 그러한 무도와 불의를 외면할 수 없었기 때문이다. 이러한 무도(無道)와 위협 속에서 양식이 있는 관료와 선비들은 벼슬을 내놓고 알게 모르게 연고 있는 시골을 찾아 은거하는 풍조가 만연하였다.

공도 서울 생활을 더 견디어내기가 어려웠던 판국에 마침 경상도 밀양(密陽)에서 장인인 진사(進士) 류공(柳公)으로부터 낙향의 권유를 받게 되었다. 이에 공은 백형인 침류당공과 상류한 후 가산을 대강 정리하고, 배위와 두 아들을 거느린 채 이듬해 1499년(연산 5)경에 밀양 사인당리(舍人堂里) 처가마을로 내려가기로 마음을 굳혔다. 이때 공의 나이는 불혹(不惑)에 다다랐고 큰아들 진사공은 이미 장가를 들어 약관을 갓 넘겼으며 작은아들 월연공은 17세 전후의 총각이었다.

공이 낙향 후 처음으로 터를 정한 사인당리는 지금의 밀양시 용평리(龍平里)에 속한 마을 이름으로, 섬벌(島伐)과 승벌(僧伐) 또는 용성(龍城)이란 지명으로도 전해져왔다. 남쪽 고을의 이름난 터전으로 일컬어진 곳인데 옛날부터 높은 가문과 세족(世族)들이 많이 와서 대대로 살았으니, 밀성박씨(密城朴氏) · 밀성손씨(密城孫氏) · 일직손씨(一直孫氏) 등이 그들이다. 오래지 않아 모두 다른 마을로 옮겨 살았지만, 오직 용성에는 공의 자손들만이 처음부터 끝까지 이 마을에 거주하여 드디어 우리 이씨의 촌락이 된 것이다.

공의 장인인 진사 류자공(柳子恭)은 고려 말의 대제학(大提學) 류구(柳珣)의 증손으로서, 본래 이 마을에 살았던 별좌(別坐) 박기원(朴起元)의 사위가 되어 이곳에 내려와 살았는데, 산과 들에 소요하면서 넉넉한 전답과 장원(莊園)이 있었다. 이 시기에 공이 류공인(柳恭人)과 함께 남쪽으로 내려와 정착을 했으나, 류진사는 다른 자녀가 없었으므로 그 많은 전장(田莊)을 모두 공에게 물려준 것이다. 그 후 공의 자손들은 이 마을을 중심으로 평리(坪里) · 장선(長善) · 백곡(栢谷) · 활천(活川) · 월영(月影) · 금교(琴郊) · 기회(沂回) · 엄광(嚴光) 일대에 이르기까지 흩어져 살았다.

입향조의 장인 류진사(柳進士)의 묘소
(밀양시 산외면 엄광리 재궁동)

입향조 충순위공(忠順衛公)의 대종산(大宗山)
묘소(밀양시 산외면 엄광리 재궁동)

공은 밀양 입향 후 자신이 이루지 못한 공명(功名)의 꿈을 두 아들을 통해 성취하고자 물심양면의 노력을 기울였다. 큰아들을 한양으로 올려보내 과거 공부를 시킨 결과 1501년(연산 7)에 사마시(司馬試)에 합격하자 그 기쁨은 말할 수 없었으며, 곧 바로 성균관(成均館)의 진사로 입학을 시키고는 대과(大科)의 급제를 오매불망 기다렸다. 작은아들도 결혼을 시키자마자 외부 스승을 맞이하여 학업을 면려했으며, 산사(山寺)에 들여보내 침식을 잊을 정도로 공부를 하게 한 결과 1507년(중종 2)에는 생원, 진사 두 시험에서 합격하는 감격을 안게 되었다.

또한 공의 내외분은 이미 연로한 처부모에게도 각별한 효양을 기울였으며, 마침내 장인과 장모가 차례대로 세상을 떠나시니 엄광산(嚴光山) 재궁동(齋宮洞)에 안장한 후, 자손들에게 대대로 외손으로서 봉사(奉祀)를 하도록 유명(遺命)을 했는데 지금까지도 그 아름다운 뜻을 지켜 내려오고 있다. 그리고 공은 때때로 향중에도 출입하면서 유림들과 어울려 고을의 풍속 교정과 교육에도 앞장섰으며 어려운 촌민들에게는 창고를 열어 시혜(施惠)를 함으로써 본보기를 보였다.

그러나 공은 장수를 누리지 못한 채 불과 50세 전후의 나이로 세상을 떠나니, 작은아들 월연공의 문과 급제를 눈앞에 두고도 끝내 그 영광을 누리지 못한 것이 한스러울 뿐이다. 공의 정확한 몰년은 알 수 없고 그 기일은 12월 29일로 전해지고 있다. 배위 공인(恭人) 진주류씨(晋州柳氏)의 생년

은 기록이 없으나, 부군의 생년에 견주어 추정할 수밖에 없고, 다만 그 몰
년은 부군 사후 몇 년으로 기일이 4월 28일로 알려져 있다.

공의 자손들은 밀양 일원과 경북 용궁(龍宮) 무이리(武夷里)에서 세거하
고 있으며, 묘소는 엄광대종산(嚴光大宗山)에 배위와 쌍분으로 모셨다. 묘
역 아래에 재숙소인 엄광재(嚴光齋)가 수백 년 동안 보존되고 있어 그 지
명을 재궁동이라고 한다.

제4부

밀양 입향(入鄕) 후 문벌(門閥)의 형성

■ ■ 입향 시거지인 사인당리(舍人堂里)의 옛 풍경
밀양 16경의 하나로 지정된 〈사당취연도(舍堂炊煙圖)〉

제1장

문벌 형성의 토대

이 글은 「우리 선세(先世)의 개경(開京) 시대」 및 「한양에서의 우리 가문」에 이은 후속편이다. 앞서 기술한 두 편의 글은 고려 시대로부터 조선 왕조 초기까지의 우리 가문의 간추린 역사라고 할 수가 있다. 국고문헌(國故文獻)과 아울러 전래하는 고려 시대 호적 등 비교적 믿을 수 있는 기록이 있어 많은 참고가 되었을 뿐 아니라, 시조(始祖) 이래 상대의 세계(世系)가 비교적 단출하여 종합적인 연결과 시대적인 체계를 세우는 데 큰 무리가 없었다.

그러나 이 후속편에서 다루어야 할 과제는 그렇게 단순하지가 않다. 그 것은 우리 입향조께서 밀양으로 낙남(落南)하여 정착하신 후 그 자손들이 번창하여 여러 갈래로 분파가 되었고, 500년이란 긴 세월 그 생활의 터전과 양상이 매우 번잡하게 발전한 결과이다. 그럼에도 불구하고 우리 성씨 가문의 역사를 간추려 정립하는 데 필요한 자료는 매우 빈약한 편이었다. 임진왜란이란 참혹한 국난으로, 오랫동안 간직해온 소중한 가장문적(家藏文籍)들이 하루아침에 불타고 인멸되었기 때문이다.

당시 밀양의 전략적인 위치 때문에 전쟁 초기에 작원관(鵲院關) 요새가 불시에 무너지면서 부중(府中)의 피해가 너무나 참담하였고, 그 와중에 남아난 것이 없을 정도로 모든 것이 사라지고 말았다. "추내(推川) 가에 이씨(李氏) 집 책 썩는 냄새가 3년을 끌었다"고 한 고을의 화제(話題)가 그런 참상을 입증해주고 있다. 때문에 우리 선인들은 전쟁이 끝난 후 여러 대에 걸쳐 지나간 유한을 되새기면서, 선대와 관계되는 문자를 편언척구(片言隻句)라도 채집을 하는 데 정성과 노력을 기울였다.

그 가운데서 대표적으로 하나의 문헌으로 결실을 거둔 것이 18세기 중엽에 입향조의 6대손인 백곡공(栢谷公) 지운(之運)에 의하여 편찬된 두 책(册)의 『철감록(掇感錄)』이다. 이 책은 문절공(文節公) 기우자선생을 비롯하여 제학공(提學公)·부훤당공(負暄堂公)·돈녕공(敦寧公)·중화공(中和公)·진사공(進士公)·월연공(月淵公)·생원공(生員公)·금시당공(今是堂公)·근재공(謹齋公)에 이르는 선조의 유고(遺稿)와 유사(遺事)를 단편적으로나마 모아서 세고(世稿)의 형식을 갖춘 것이다.

그러므로 이 책은 백곡공의 한평생의 성효(誠孝)와 눈물겨운 노력이 뒷받침된 우리 가문 최초의 훌륭하고 유일한 가승(家乘)으로서 자리매김되었다. 또한 뜻 있는 자손들의 연구와 협찬으로 자료가 더욱 많이 수집되고 내용도 보완되어, 이제는 우리나라 국학 연구를 위한 하나의 중요한 문헌(文獻)으로도 활용되고 있다. 후일에는 이 책을 저본(底本)으로 삼아 역사적 사실을 더욱 충실히 기술한 다음 『기우집(騎牛集)』과 『월연집(月淵集)』 그리고 『금시당집(今是堂集)』 등을 각각 따로 떼내어 편집 간행함으로써 그 학문적 가치를 한층 더 높이기도 하였다.

따라서 이 글을 전개함에 있어서도 위에 든 『철감록』은 물론 몇 차례 보유(補遺)를 거듭하여 간행된 세 문집이 매우 긴요하고 믿을 수 있는 길잡이가 되었다. 때문에 애초에는 여기에다 따로 수집하여 첨가된 약간의 가장(家藏) 문건과 습유(拾遺) 자료를 참고함으로써, 우리 가문의 통사(通史)를 겸한 책의 간행을 시도한 바 있었다. 그러나 나의 필력(筆力)을 가늠하지 않고 의욕만을 앞세운 나머지 이도 저도 아닌 두찬(杜撰)의 멍에를 짊어지지 않을까 염려하지 않을 수 없었다.

이에 필자는 이 글의 성격과 방향을 달리 잡게 되었다. 곧 입향조 충순위공의 슬하에 진사공 원(遠)과 월연공 태(迨) 형제분이 계시고, 그 아랫대에 진사공께서 생원공과 금시당공 형제를 두었고, 월연공 또한 제헌공과 증참의공 형제가 따로 세계(世系)를 이었으므로, 네 분 선조의 후예들이 자연스럽게 분파를 이루었다는 데에 착안하였다. 그리고 실지로 네 분 선조들은 각기 한 지파(支派)의 조상으로 받들어지게 됨으로써 그 후손들이 경향 각처에 비록 생리(生理)와 세거지는 달라도 번성하게 가문을 빛내고 있는 것이다.

따라서 이 글에서는 네 갈래의 분파조를 각각 그 정점으로 삼고, 뒤를 이은 자손들 가운데 비교적 사행(事行)이 현저한 인물로서 사실(史實)이 뒷받침되는 자료를 참고하여 약전(略傳)을 간추려 서술하는 데 중점을 두었다. 그런 가운데서 그 여백과 행간(行間)을 통해 우리 네 파 가문의 역사가 종횡으로 서로 연결될 수 있다는 믿음이 생겼다. 또 그것이야말로 종족 간에 친화적인 요소를 더욱 북돋아 궁극적으로는 우리 가문 역사로서도 손색이 없을 것이라는 판단을 하기에 이르렀다.

끝으로 우리 가문 남상(濫觴)의 터전인 사인당리(舍人堂里)의 지명(地名) 유래를 다시 한 번 되짚어보지 않을 수 없다. 조선조 숙종(肅宗) 연간 (1675~1720)에 고을에서 펴낸 『밀주지(密州誌)』의 기록에 "사인당리는 대대로 전해오기를 '여덟 사인'이 이곳에서 났으므로 이름이 생겼다(舍人堂里世

여주이씨 밀양입향시거지기념비(密陽入鄕始居地記念碑) 뒷면에는 입향 사실과 세거(世居)의 내력을 밝힌 비문을 새겼다(밀양시 용활동 용평2동 333번지).

傳八舍人生于此故名)"라는 유래를 밝힌 뒤에 "진사 류자공(柳子恭)·진사 이원(李遠)·한림(翰林) 이태(李迨)·진사 이원량(李元亮)·생원 이광로(李光輅)·승지(承旨) 이광진(李光軫)·생원 이경홍(李慶弘)·진사 이경승(李慶承) 등 여덟 분이 이 마을에 살았다" 하고 부연을 하고 있기 때문이다.

그러나 사인(舍人)이란 조선 초기의 벼슬 이름이다. 한 마을에서 같은 시기에 8인이나 되는 정5품의 청요직이 배출되었다는 것은 쉽게 이해되지 않는 설명이다. 이를 두고 옛날부터 우리 가문에서는 "한 마을 한 당내(堂內)에서 불과 3, 4대 동안에 8인의 성균진사(成均進士)와 생원(生員)이 태어나 향국(鄕國)의 평판을 얻었다"는 점을 부각시켜 해석해왔다. 곧 마을 한가운데 류·씨장(柳氏莊) 이래의 장자(長者)의 집인 이씨의 우뚝하고 즐비했던 당우(堂宇)를 일러, '8인의 성균상사인(成均上舍人)이 살았던 집'이라는 풀이로 의미 부여를 해온 것이다. 그러므로 사인당리는 조선 초기 우리 문중 선대의 '여덟 분 생원진사의 태생과 거주'로 인해 얻은 지명임이 거의 확실하고 여주이씨의 상재지향(桑梓之鄕)으로서 그 유래가 더욱 돋보인다.

제2장

진사공(進士公)의 가업(家業)과 염퇴(恬退)

진사공(進士公) 원(遠)의 자는 고운(孤雲)이고 호는 미상이다. 그러나 공의 아우 월연공의 자가 중예(仲豫)이므로 형제간의 표덕(表德) 항렬에 비추어 맏형으로서 백자(伯字)가 든 다른 자함을 불렀다는 일설이 있다. 또 공의 높은 인품과 학문 그리고 박여(泊如)한 성품에 비추어 오히려 고운(孤雲)을 호로 삼았을 것이라는 선인들의 견해가 있었으나 입증할 만한 문자나 근거가 아직은 없다.

1. 결혼과 사마시(司馬試)의 합격

문절공(文節公) 기우자선생에게는 5대손이 되고 돈녕공(敦寧公)에게는 증손이 되며 중화공(中和公)에게는 손자가 된다. 아버지는 충순위공(忠順衛公) 사필(師弼)이고, 어머니는 공인(恭人) 진주류씨(晉州柳氏)로 고려 말의 절의신인 조은(釣隱) 구(珣)의 현손이고 진사 자공(子恭)의 따님인데, 공은 1479년(성종 10)에 한양 옛집에서 두 아들 가운데 맏이로 태어났다. 유년 시절부터 조부의 슬하에서 『소학(小學)』을 익혔으며 지학(志學)의 나이에 이르러 경화(京華) 사대부들의 자제들과 어울려 이름 있는 학당에 들어가 사서삼경(四書三經)을 공부했다.

공의 나이 18세 되던 해인 1496년(연산 2)경에 배위 남양홍씨(南陽洪氏)를 맞아 혼인한 것으로 전해진다. 당시 공의 처가는 이른바 당홍(唐洪)의 명벌(名閥)로 장인은 문과 급제 후 헌납(獻納)과 직강(直講) 등 요직을 거쳐 부정(副正)에 이른 홍윤덕(洪潤德, 1454~1505)이다. 후일 그 직계자손 가운데 정승과 판서에 오른 명경(名卿)이 속출하고 문인 학자들이 줄을 이어 문자 그대로 경중거실(京中巨室)의 지위를 누렸다.

그러나 1498년(연산 4)에 일어난 무오사화(戊午士禍)로 인해 사림(士林)들에게 핍박이 계속되고 정사가 어지러워지자, 선비들은 출세와 학업에 대한 의욕이 꺾였으며 점차 현실도피적인 풍조에 휩싸였다. 특히 이 무렵 매계(梅溪) 조위(曺偉) 등 점필재선생의 문도들과 개인적인 관계가 깊었던 공의 가문은 그 불안이 깊어진 데다, 폭군 연산군의 일탈은 나날이 그 도를 더해가고 있었다. 이에 선공은 때마침 처가향인 밀양에서 후사도 없이 쓸쓸하게 노경을 보내고 있는 처부모의 간절한 소망을 받아들여, 두 아들과 함께 낙남(落南)을 결심하게 되었다.

이때가 1499년(연산 5)경으로 공의 나이는 겨우 약관을 넘었을 때이다. 시골에서 생활의 안정을 되찾은 공은 산사(山寺)에 들어가 과거 공부에 정진했으며, 이윽고 양친의 분부를 받들어 다시 한양으로 올라가 1501년(연산 7) 신유(辛酉) 식년 사마시(司馬試)에 합격을 했다. 이 과방(科榜)에서 생원과 진사 양시(兩試)의 장원을 차지한 모재(慕齋) 김안국(金安國)과는 이때부터 교분이 두터웠으며 동년(同年)으로서 함께 성균관에 입재한 뒤에도 서로 칭허(稱許)하는 사이가 되었다.

공이 성균관 상사(上舍)의 유생으로 문과에 대비하여 공부하는 동안에도, 연산군의 광란과 횡포는 그칠 줄을 몰랐는데, 마침내 1504년(연산 10) 봄에 태학(太學)을 폐쇄하고 그곳을 술 마시고 노는 장소로 바꾸는 만행을 저질렀다. 이에 공도 처음에는 다른 유생들과 함께 배움의 전당을 지키고자 항거했으나, 중과부적으로 학업을 포기해야 했으며, 그해 10월 갑자사화(甲子士禍)가 일어나자 미련 없이 부모가 있는 밀양 땅으로 돌아오고 말았다.

2. 낙남(落南) 후의 통혼(通婚)과 향선생(鄕先生) 추존

당시 부성(府城)의 동문 밖에 위치한 용성리(龍城里)는 본래 외조부 류진사(柳進士)의 전장(田庄)이 있던 마을이라, 무남독녀의 사위인 아버지께서 그 터전을 그대로 물려받으니 광활한 주변의 논밭과 산택(山澤)을 아울러 소유하게 되었다. 얼마 후 아버지께서 세상을 떠나시자 공과 아우 월연공(月淵公)은 그 상속자가 되어 향중의 유수한 장자(長者)의 지위를 누리게 되었으며 그것을 기반으로 삼아 가문의 뿌리를 더욱 튼실하게 하였다.

공은 본래 기질이 호방하고 과묵했으며 사소한 일에 구애되지 않는 대인다운 풍도로 사람들을 이끌었는데, 항상 맑은 담론(談論)과 시주(詩酒) 또는 혁기(奕棊)에 취미가 두터웠다고 한다. 때문에 이때 이미 자신은 공명(功名)에 대한 뜻을 접은 반면 오로지 학술과 문학에 뛰어난 아우 월연공의 진취(進就)를 위해 모든 힘을 아끼지 않았다. 가령 한양에 남겨두고 온 경제(京第)를 열어 유학(留學)을 시키고, 시골 산사(山寺)를 빌려 과업(科業)을 독려하는 일도 그 사례의 하나이다. 그 결과 1510년(중종 5)에 아우 월연공이 문과에 급제하여 금의환향하는 신은(新恩)의 경사는 가문의 큰 영광이 되었다.

월연공이 문과에 올라 한림(翰林)으로 발탁되자 향중에서의 우리 가문의 지위도 더욱 단단해지고 유족하였다. 공은 아우의 출세를 기뻐하고 자랑하면서 고을의 선비들을 모아 향규(鄕規)를 실천하고 풍속을 순화(醇化)하는 데도 일정한 역할을 담당했다. 어려운 이웃과 굶주리는 친지들을 거두고 혜택을 베푸는 일에 늘 앞장서 인도했는데, 공의 두터운 배려와 인덕(仁德)을 의지하여 찾아드는 문객들로 인해, '용성리의 대하(大廈)'에는 항상 사람이 붐비고 좌석이 꽉 찼다는 선인들의 회자(膾炙)가 전해져 온다.

만년에는 통가(通家)의 의를 맺은 송계(松溪) 신계성(申季誠)·성산군(星山

君) 이식(李軾)·참봉(參奉) 박영미(朴英美)·감찰(監察) 하수천(河受千) 등 선생장자들과도 어울려 인지(仁智)의 즐거움을 함께 나누고, 시주(詩酒)를 주고받으며 도의(道義)를 교환했다. 1525년(중종 20)에 병으로 고향집에서 별세하니 향년 불과 47세라 향중에서는 큰집의 들보가 꺾이었다고 공을 조상하였다.

공의 시문(詩文)과 향중에 끼친 업적이 매우 많았지만 임진왜란 때 그 자취가 모두 인멸되었고 후일 『밀양향안(密陽鄕案)』을 중수할 때는 아우 월연공과 함께 나란히 향선생이십사현(鄕先生二十四賢)의 한 분으로 추모 존숭되어 후학들의 영원한 기림을 받게 되었다. 공의 묘갈(墓碣)의 글을 지은 성재(性齋) 허전(許傳)은 이르기를 "문절공이 가문을 여신 후에, 제학공은 여경을 쌓았도다. 공이 진사에 올랐지만, 일찍부터 공령을 사절했네. 마음이 한없이 길었으나 수명이 짧았으니 어찌 운명이라 하리오(文節啓後, 直學積慶, 公登上庠, 早謝功令, 心長壽短, 奈何乎命)"라고 추모했다.

또 가문에서 전하는 기록에 공의 풍도와 모습을 일러 "말수가 적으면서

사인당리 대종실 춘우정(春雨亭) 전경

표정은 부드러웠고, 남과 사귈 때는 마음이 편안했다(寡言愉容與人樂易)"라고 했으며, "시문과 술로 스스로를 즐기는 가운데서, 늘 마음을 비우고 여유가 있었다(詩酒自娛屢空晏如)"고 했으니 공의 의표(儀表)와 정신을 가히 상상할 수가 있다.

배위 의인(宜人) 남양홍씨와의 사이에 2남 2녀를 두었다. 아들은 생원공 광로(光輅)와 금시당공 광진(光軫)이고 딸은 성산군의 아들인 판관(判官) 이덕창(李德昌)과 송계선생의 아들인 사인(士人) 신유정(申有定)에게 출가했다. 묘소는 밀양 추화산(推火山)에 있고 배위와 쌍분이다. 공이 애초에 살았던 집터에는 본래 강학소(講堂)로 전해온 건물이 영사재(永思齋)란 현판으로 아직 남아 있고 1969년(己酉)에 자손들이 춘우정(春雨亭)을 새로 지어 공을 추모하고 있다.

제3장

월연공(月淵公)의 깨끗한 풍표(風標)와 생애

공의 휘는 태(迨)이고 자는 중예(仲豫)이며 호는 월연주인(月淵主人) 또는 금서자(琴書子)라고 했다. 문절공 기우자선생의 5대손으로 중화공의 손자이며, 입향조 충순위공의 둘째아들인데, 한양의 옛집에서 1483년(성종 14)에 태어났다. 어머니는 공인(恭人) 진주류씨(晉州柳氏)로 성균진사 자공(子恭)의 따님이며 고려 말에 명신인 정평공 류구(柳珣)의 현손녀이다.

1. 출사(出仕)와 청직한 사관(史官) 활동

세속에 구차하게 영합하지 않고 지절(志節)을 숭상해온 가정적인 교양과 분위기 속에서 어린 시절을 보낸 공은 자연 풍류(風流)와 아름다운 문학에 천부적인 재능을 일찍부터 드러냈다. 1498년(연산 4)에 경화(京華)의 사대부 자제라 하여 나이 16세에 사학(四學)에 입학하여 『소학(小學)』을 공부하였고 이어서 성균관 승보시(陞補試)에도 기회가 주어졌으나 무오사화(戊午士禍)로 인하여 중단되었다.

그러나 사화의 여파가 가시지 않고 연산군의 혼란한 정치가 날로 심해지자 이듬해 1499년(연산 5)에는 부모님을 모시고 백형인 진사공과 함께 외가향인 밀양으로 낙향하여 용성(龍城)마을에 정착했다.

낙향 후에도 공은 과거 공부에 뜻을 저버리지 않고 학업에 열중했으며, 약관의 나이가 되자, 경상도 초계(草溪)에 사는 생원 이명윤(李明胤)의 따님인 전의이씨(全義李氏)와 혼인했다. 장인은 절제사를 지낸 이승간(李承幹)의 증손이고 좌의정 최윤덕(崔潤德)의 외손서인데 당시 강우(江右)의 대표적인 명벌(名閥)의 자손이다. 결혼한 이듬해에는 부모님의 권고에 따라 당시 향중 수재 두세 사람과 함께 재약산(載藥山) 반야암(般若庵)에 들어가 과거 공부에 만전을 기했으나 식년에 해당하는 1504년(연산 10)에 또 갑자사화가 일어나 과거 보는 일을 포기했다.

드디어 1506년에 중종반정(中宗反正)이 일어나 연산군 시절에 숨죽여 지냈던 사림들은 다시 새로운 세상에 대한 희망으로 활기를 되찾았는데, 공도 한양으로 올라가 독서를 계속한 결과 1507년(중종 2)에 생원과 진사 두 시험에 합격되어 성균관에 입학했다. 1510년(중종 5) 공의 나이 28세 때 문과의 정시(庭試)에서 3등 합격을 한 데 이어, 전시(殿試)에서도 을과 7등의 성적을 얻어 같은 해에 바로 승문원(承文院)의 정자(正字)와 저작(著作)의 벼슬을 번갈아 얻었다.

1511년(중종 6)에는 한림원의 사관(史官)으로 발탁되었다. 사관은 곧 한림(翰林)을 말한다. 공은 문과의 성적이 좋고 가문이 깨끗하며 문행(文行)이 뛰어나다 하여 관계 관청의 회천(回薦)을 받아 임금의 낙점으로 이루어지는데, 공은 이해에 예문관(藝文館)의 검열(檢閱)과 대교(待敎)를 거쳐 승정원(承政院)의 주서(注書)를 차례로 맡아 임금을 측근에서 시종했다. 당시로서는 최고의 엘리트 코스를 밟아 이른바 '한림을 거친 주서'라고 하여 한주(翰注)의 반열에 오른 것이다.

1512년(중종 7) 1월에는 예문관으로 자리를 옮겨 다시 한림의 수석인 봉교(奉敎)로 승차하였으며 춘추관(春秋館)의 기사관을 겸하여 실록낭청(實錄郎廳)으로서 시정(時政)의 일기를 기록하였다. 이때부터 공은 강직한 사관(史官)으로서 정평이 나기 시작했는데 "역사란 것은 사실대로 써서 천추에 전하는 것이므로 사관의 사필(史筆)은, 어떠한 경우에도 임금의 득실(得失)

과 신하의 선악을 직필하지 않을 수 없다"는 소신으로 일관했기 때문이다.

때마침 그해 2월 14일에 영의정 류순정(柳順汀)이 사표를 청한 데 대해, 임금이 불윤(不允)한다는 비답(批答)의 글을 공이 일기에 싣게 되었다. 이에 대간(臺諫)들이 그 글에 합당하지 않는 말이 있는데도 실었으니 일기를 고쳐야 한다는 압력을 행사했다. 공은 임금에게 직접 "사기(史記)는 옳고 그름을 그대로 쓰기 때문에 실적(實蹟)이라 하는 것입니다. 시비와 선악을 한번 기록한 뒤에는 고칠 수가 없습니다" 하고 강경하게 아뢰었다.

공의 이러한 주장은 결국 홍문관·예문관과 사관원의 대결로 번져, 대사간(大司諫) 안팽수(安彭壽) 이하 관계 관원들은 모두 파직 혹은 좌천된 반면에, 공은 오히려 '사관의 기개(氣槪)'를 크게 떨쳤다고 칭양(稱揚)되었다. 하지만 이 일로 인해 공은 사사건건 양사(兩司)의 반대와 트집을 받다가, 사소한 일로 추고(推考)를 당한 끝에 직책을 박탈당하였다. 이에 미련 없이 향리로 내려가 옛집에서 독서하며 백형과 함께 강학소를 차려 후진들을 양성하였다.

2. 기묘사화(己卯士禍)의 예견과 귀향(歸鄕)

향리로 내려온 공은 밀양부사로 도임한 농암(聾巖) 이현보(李賢輔)와 시문을 토론하고 고을의 풍속 순화를 새롭게 하는 일에 힘쓰는 한편, 때때로 당시 여주(驪州)에 은거 중인 스승 모재(慕齋) 김안국(金安國)의 문하에도 나아가 정인군자(正人君子)의 도리를 연마하기도 했다. 그러다가 1517년(중종 12)에 다시 임금의 부름을 받고 성균관 전적(典籍)으로 복직되었다. 이어 다음 해 공의 나이 36세 때는 사간원의 정언(正言)과 사헌부의 감찰(監察)을 맡아 도리어 혼탁한 시류를 배격하고 관청의 기강 단속에 앞장을 섰다.

하지만 당시에는 정암(靜庵) 조광조(趙光祖)를 중심으로 도학 사상을 표방하는 개혁정치가 용솟음치고 있을 때였다. 신진사류들에 대한 기성 정치세력 내지는 간신배들의 음해 공작이 날로 심한 데다, 사림 가운데는 정세 파악도 하지 못한 채 조정의 공론을 과격한 쪽으로만 몰고 가서 사태를 더욱 불안하게 만드는 경향이 있었다. 그런 가운데서 1519년(중종 14) 4월에는 공이 한성부 판관(判官)에서 함경도 도사(都事)로 좌천당하는 일이 벌어졌다.

이 무렵 대사헌(大司憲)으로서 사림을 대표하는 위치에 있던 충암(冲庵) 김정(金淨)은 공의 처지와 능력을 옹호하면서 "홍문록(弘文錄)에 올라 있는 유능한 조정의 인사를 멀리 외직으로 쫓아버리는 것은 매우 부당한 조치이다"라고 주장하고 그 시정을 요구하였다. 그러나 반영되지 않자 공은 시기하는 무리들의 농간과 당시의 정치적인 상황에 비추어, 중앙정계의 위기가 언제 어떻게 큰 환란으로 닥쳐올지 모른다고 판단하였다. 그러고는 나라의 장래를 깊이 우려한 끝에 드디어 벼슬을 버리고 고향으로 돌아왔다.

과연 그해 11월에 간사한 흉적들의 획책으로 정변이 일어나 수많은 명현들이 죽음을 당했으니 이것이 기묘사화(己卯士禍)이다. 공은 멀리 시골에 앉아 화를 면하게 됨으로써 후세의 평가(評家)는 공을 '기묘의 완인(己卯完人)'이라 칭도하면서 사달의 기미를 미리 알아차리고 몸을 멀리 피한 선견지명(先見之明)을 찬탄하였다.

그럼에도 공은 심정이 한없이 착잡하고 통분함을 금하지 못하였다. 그해 세모가 다가오자 어수선한 정국 속에서 조정암(趙靜庵)은 끝내 귀양지에서 죽음을 당하였고, 김충암(金冲庵)을 비롯한 개혁의 주체들은 먼 곳으로 유배되어 생사를 가늠할 수 없었으며, 김모재(金慕齋)·김사재(金思齋)·권충재(權冲齋)·김십청(金十淸)·신기재(申企齋) 등 공과 친분이 두터웠던 스승과 벗들도 모두 귀양가고 파직되어 시골로 돌아갔다는 소식에 공은 큰 충격을 받고 우울한 나날을 보냈다. 그러나 공은 좌불안석의 심정을 견딜 수 없어, 경향 간에 화를 면한 선배와 친구들을 수소문하고 서로 방문도 하면서 마음을 달래는 한편 시국에 대한 의견을 교환하였다.

3. 월연정(月淵亭)의 창건과 필한(筆翰)의 취미

1520년(중종 15)에는 향리에 있는 월영연(月盈淵)의 아름다운 언덕 위에 아담하게 별서(別墅)를 지어, 당(堂)의 이름을 쌍경(雙鏡)이라 붙이고, 대(臺)의 이름을 월연(月淵)이라 하니, 이는 거울처럼 맑은 마음으로 달처럼 밝고 깨끗하게 지조를 지키며 살아가겠다는 공의 결의를 내비친 것이었다. 이 별업이 자리 잡은 곳은 고려시대 전기에 창건되어 조선조 초기에 폐사가 된 월영사(月影寺) 옛터이다. 유천(楡川)과 동천(東川) 두 내가 합류하여 호수를 이루었는데, 달그림자가 아름다운 호수라는 뜻으로 월영연(月影淵) 또는 월영수(月盈水)란 지명이 생겼다. 이에 앞서 점필재선생도 선산부사(善山府使)로 부임한 1476년(성종 7) 겨울에 그 문인인 생원 손효조(孫孝祖)와 함께 월영사 절터에 장수(藏修)할 집을 짓고자 둘러본 후 그만둔 일이 있었다. 그로부터 45년 만에 공이 그 터전의 주인이 되어 이 정자를 창건하게 된 것이다.

비록 강가 벼랑 위에 지세가 다소 가파르고 건물이 들어선 지반이 협소

월연정(月淵亭) 전경 종래 경상남도 유형문화재 제243호로 보존되어왔으나 2012년에 국가지정 문화재 명승 제87호로 승격하였다(밀양시 용활동 2-1번지).

했으나, 공은 이곳이야말로 분수에도 맞고 조용히 은거할 만한 터전이라 생각하였다. 주변 수석(水石)에 어울리는 화목(花木)을 배치하고 대나무를 심어 소박한 대로 향기로운 동산을 이루었다. 공은 평소에 애송하던 송(宋)나라 시인 하응룡(河應龍)의 칠언절구「소원(小園)」의 정취와 부합이 된다는 점을 들어 그 시를 몇 자 고쳐 필사를 하고「유거(幽居)」라는 제목을 붙여 현판을 만들어 걸었다.

터 잡은 좋은 동산 열 길 둘레 남짓한데	地卜芳園十丈寬
꽃과 나무 심어두고 네 절기를 감상한다	只栽花木四時看
오시는 손님 생애가 가난하다 웃지 마소	客來莫笑生涯薄
창밖에는 대나무 두어 그루 새로 돋았다오	窗外新添竹數竿

그리하여 공은 아름다운 자연 속에서 거문고와 시문(詩文)으로 마음을 달랬다. 때로는 원근에서 찾아오는 옛 친구들과 회포를 풀기도 하였으며 기묘년(1519)에 화를 당한 선비들의 불행한 소식에 접할 때마다 눈물을 짓기도 했다. 특히 관직에 있을 때 공의 처지를 두호해주던 충암(沖庵) 김정(金淨)에게 임금이 죽음을 내린 소식과, 공과 서로 의기(義氣)가 통하던 사서(沙西) 김식(金湜)이 이름 모를 외진 산골에서 자결을 한 시신으로 발견되었다는 풍문은 공을 한없는 비탄으로 몰아넣었다.

그런 가운데서도 소과(小科)의 동년으로 친분이 두터웠던 진사 양담(梁澹)과는 한마을에 이웃해 살아, 서로의 왕래를 통해 필한(筆翰)과 담론을 나누는 등 가히 평생의 지기(知己)가 되었다. 특히 자를 사념(士恬) 호를 운산(雲山)으로 부른 양진사(梁進士)는 필법이 뛰어나, 당시 원근에서 공과 나란히 그 진초(眞草)로서 명성을 얻고 있었다. 그때 어떤 고을 사람이 자기도 글씨를 잘 쓰는 것을 과시하기 위해 "양진사보다는 윗길이고 이한림보다는 아래(梁進士之上 李翰林之下)'라 하여 뽐내고 다녔다는 일화가 읍지(邑誌)에 실려 있는 것을 보면 당시 두 분의 명성을 어느 정도 짐작할 만하다.

또한 이때 시문에도 능했던 양진사는 공을 위해 산뜻한 칠언절구 한 수를 지어 이 별업의 창건을 기뻐하였다.

바람이 강 물결 흔들어 작은 헌함에 울리니	風動江波響小軒
주인의 그윽한 흥취는 황혼에 뜨는 달이더라	主人幽興月黃昏
올라와보니 마음 비추는 밝은 거울 같아서	登臨照膽明如鏡
맑고 깨끗함에 같은 이치가 있음을 보노라	淸淨看來一理存

갓 지어진 월연정의 풍경이 한눈에 보이는 것 같다. 더구나 해 질 무렵에 밝은 달이 떠서 하늘과 강물과 그리고 사람의 마음속을 깨끗하게 비춰주는 거울을 보는 것 같아, 주인의 그윽한 흥취에 한 가지 이치가 분명하다는 것을 감득했다는 것을 술회하고 있다. 또한 이 무렵에 관포(灌圃) 어득강(魚得江)도 친우의 강정(江亭)을 방문한 후 시를 남겼는데, 그 원시를 대할 수 없는 것은 아쉬운 일이지만 다행히 주인공은 그가 지은 시에 차운한 작품을 남겼다. 「한가로이 지내면서 어관포득강의 운자를 따라(閑居次魚灌圃得江韻)」라는 칠언절구에는 이때의 공의 심사가 가장 절실하게 나타나고 있다.

심심하면 거문고와 책, 지겨우면 낚시터로	閑卽琴書倦卽磯
상자 안에 묵은 조복, 좀이 먹어 헐었구나	篋中蠹盡舊朝衣
지금은 세상의 바깥이라 기회란 전혀 없어	祗今物外機全息
사람의 일 옳고 그름을 오로지 맡겼을 따름	一任人間事是非

공의 유필(遺筆)로는 후일에 전해진 여러 편의 시초(詩草)와 함께 이 무렵인 1524년(중종 19) 2월 22일의 작품으로 확인되는, 「양백륭묘갈명(梁伯隆墓碣銘)」의 석면에 새겨진 해서체(楷書體) 글씨이다. 이 작품은 공의 친우인 양담의 부탁으로 그 부친 양여창(梁汝昌) 묘비의 글을 짓고 글씨까지 직접 쓴 것인데, 그해에 공이 승문원교검(承文院校檢)으로서 복직 부임하기

직전에 작성이 된 것으로 보인다.

4. 후산시풍(后山詩風)과 명류(名流)와의 시교(詩交)

공은 이 무렵 월연 별서에서의 청한(淸閑)한 생활 거운데서 특히 북송 (北宋)의 시인 후산(后山) 진사도(陳師道, 1053~1101)와 간재(簡齋) 진여의(陳 與義, 1090~1138) 등 이른바 중국의 강서시파(江西詩派)의 시풍에 매료되고 있었다. 비록 그 전해지고 있는 작품이 몇 수에 지나지 않으나 공은 각별 히 교유가 깊었던 농암(聾巖) 이현보(李賢輔)·기재(企齋) 신광한(申光漢)· 관포(灌圃) 어득강(魚得江)·사재(思齋) 김정국(金正國) 등과의 수창(酬唱)을 통해 이른바 해동(海東) '강서시파'의 일원으로서 평가되는 위치에 있었다.

그중에서도 김정국은 그 시파의 중심적인 역할을 담당한 인물이라 할 수 있는데, 후일 관서도사(關西都事)로 봉직하고 있던 공에게 시를 보내어 "후산의 시율을 좋아하는 평생의 버릇을, 관서의 막부 사이에서도 전염시 키고 있으리라(后山詩律平生癖 傳染關西幕府間)"고 하는 기승(起承)의 구절 을 통해 아예 공을 진후산(陳后山)의 시풍을 추종하는 시인으로서 자리매

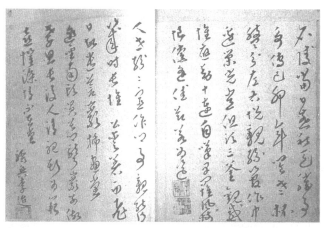

월연공(月淵公)의 친필 시고(詩稿) 농암(聾巖) 이현보(李賢輔)에게 보낸 친 필 시고(詩稿)로 안동 농암종가(聾巖宗家) 소장의 『애일당시첩(愛日堂詩 帖)』 속에 있었다.

김하고 있다. 후산시율(后山詩律)이란 앞서 언급한 진간재(陳簡齋)와 함께 북송 시대 문인들 간에 추구한 시작(詩作)의 한 참신한 율격이다. 그들은 시를 짓는 데 있어 정밀한 대우(對偶)의 기법은 물론 진부한 시어(詩語)를 배격하고 참신한 시적(詩的) 이미지를 매우 중시하였다. 때문에 옛사람들의 고사(故事)나 시구를 적절하게 원용하되 시상(詩想)을 능숙하게 가공하는 소위 점화(點化)의 방법으로 시를 환골탈태시키는 수법이라 할 수 있다.

송나라의 시인 황정견(黃庭堅, 1045~1105)은 일찍이 말하기를 "두보(杜甫)의 시와 한유(韓愈)의 글에는 한 글자도 유래가 없는 것이 없다"고 하였다. 그리고 그는 "두보의 시에는 글자마다 출처가 있는데 사오십 번을 숙독한 끝에 그 뜻을 사용한 곳을 찾아보면 소득이 많다"라고도 하였다. 진후산과 진간재 등 강서시파들도 그들이 종조(宗祖)처럼 받드는 황정견이, 이러한 용사(用事)의 태도와 출처를 찾아 내력을 집어내어 활용하는 시작(詩作)의 기법을 특히 숭상하여 추종하였다. 그것이 곧 점화(點火)를 통한 환골탈태의 참신한 시를 이룰 수 있기 때문이다.

그러나 공의 시에서 이러한 강서시풍에 관련되는 근거를 찾아 논증하는 일은 그리 쉬운 일이 아니다. 무엇보다 지금까지 남아 있는 공의 작품이 많지 않기 때문이다. 그런 가운데서 최근 우리나라에서 '해동강서시파'로 분류되는 시인에 대하여 연구가 깊은 경성대학교 정경주 교수가, 공의 칠언율시 3수를 중심으로 그 절친한 문우(文友)들과 수창한 작품을 통해 공이 후산시율에 깊이 관여한 시인임을 논증하였다. 우선 『월연집(月淵集)』에 실린 많지 않은 시 작품 중에서 공의 나이 30세 전후에 예문관 한림(翰林)으로서 숙직을 하면서 지은 「한원직려회향(翰苑直廬懷鄕)」을 그 사례로 들었는데, 그중에서 두 번째로 실린 것을 대표적으로 여기에 옮긴다.

십 년 동안 발자취 홍진 속에 헤매다 보니　　　　十年蹤跡走塵囂
천 리 길 고향 동산이 꿈속에도 아득하다　　　　千里鄕園入夢遙
고향의 강과 산은 텅 비어서 적막한데　　　　　　故國江山空寂寞

한림원 바람과 달이 쓸쓸하기만 하구나 　翰林風月自蕭條
대나무에 메기라 위태한 세상 보면서도 　愁看世路危鮎竹
조금치도 조정은혜 갚지 못해 한스럽네 　恨乏涓埃報聖朝
임금의 잘못 바로잡지 못해 탄식하노니 　補闕拾遺嗟未得
돌아가 고기를 잡고 나무함만 못하리라 　莫如歸去任魚樵

이 시는 한림원 곧 예문관의 관원으로 근무하면서 험난한 세태를 보고 고향에 대한 그리움을 토로한 것이다. 강서시풍의 특징이라 할 수 있는 정밀한 대우(對偶)의 쓰임새와 역대 시인들의 시어를 참신하게 재구성하여, 새롭게 격상시킨 이른바 점화(點化)의 용법이 돋보인다는 점에서 진후산과 진간재의 시풍이 그대로 녹아 있는 것으로 평가하였다. 가령 한림풍월(翰林風月)은 북송의 구양수(歐陽脩)가 왕안석(王安石)을 일컬어 사용한 전례가 있는 말이고, 잉어가 미끄러운 대나무에 기어오르는 것을 형용한 점죽(鮎竹)은 역시 북송 시인 매요신(梅堯臣)의 고사에서 나온 말이다.

5. 출처(出處)의 고민과 권신(權臣)에 대한 혐오

공은 거문고와 글씨에 마음을 붙이면서 그럭저럭 3년이란 세월을 보냈다. 1523년(중종 18)에는 다시 한양으로 올라가 옛집을 수리하고 거처하면서 오래 만나지 못한 조야(朝野)의 스승과 벗들과도 다시 만나 회포를 나누었다. 이때 이천(利川)으로 내려가 은일정(恩逸亭)을 짓고 은거 중인 스승 모재선생을 오랜만에 방문하여 정심(正心)과 성의(誠意)의 이치를 물었으며, 고양(高陽) 망동(芒洞)으로 낙향하여 후진을 가르치고 있던 김사재(金思齋)와도 도의를 교환하며 경학(經學)을 토론하였다.

1524년(중종 19) 공의 나이 42세에 경중(京中) 친우들의 간곡한 권유로 다시 관직에 나아가 승문원(承文院)의 교검(校檢)으로 복직되었다. 이때 성균관에서 사유(師儒)의 직분을 겸하고 있던 공은 유생 중에서 남달리 법도 있는 행동거지로 주목받고 있던 퇴계(退溪) 이황(李滉)과 하서(河西) 김인후(金麟厚)를 알게 되어 이후 장소(長少)의 예절로서 친분을 쌓은 것은 물론 특히 퇴계선생은 수석(水石)으로 잘 꾸며진 공의 서울 집에 자주 방문하기도 했다.

같은 해에 잇달아 평안도사(平安都事)로 나가 변지의 막부에서 지방관리의 기강을 규찰했다. 그러나 이듬해 4월에 관서(關西) 임지에서 백형 진사공의 부음을 받고 창황망조한 심정으로 귀향하여 통곡하였다. 그리고 당시 16세와 13세가 된 어린 두 조카 생원공과 금시당공의 집상을 돌보며 47세의 장년으로 타계하신 백형을 애도하면서 한동안 월연의 별업(別業)에 머물고 휴양하였다.

1526년(중종 21)에는 목민관으로서 처음 풍기군수(豊基郡守)로 도임했는데, 흉년이 들어 거칠어진 민심을 잘 수습하고 녹봉을 희사하여 교육에 힘쓴 치적이 있었으므로 군민들은 시혜비(施惠碑)를 세워 칭송했다. 1527년(중종 22) 다시 내직으로 부름을 받아 홍문관의 부응교(副應敎)로 전임되었으며 경연시독관(經筵侍讀官)과 지제교(知製敎)를 겸임하여 임금을 측근에서 모셨다. 1528년(중종 22) 홍문관 응교(應敎)로 승진하여 다시 시정(時政)을 기록하는 책임을 맡았으며 1531년(중종 26)에는 옥당전한(玉堂典翰)에 올라 여전히 경연시강관과 춘추관편수관을 겸해 사관으로서 책무를 다했다. 그러나 이 시기에 기묘사화의 주모자인 남곤(南袞)과 심정(沈貞)의 무리들을 대신하여 김안로(金安老) 일당이 권력을 잡게 되어 정국은 다시 혼미한 길로 들어섰다.

김안로는 그 권좌를 굳히고 국사를 마음대로 휘두르며 자기를 반대하는 세력에게 수단을 가리지 않고 모략과 중상을 일삼았다. 당시 공은 사관의 책무로서 그가 국사를 그르친 일을 기록했는데, 이를 알게 된 그는 마음속으로는 미워하면서도 기록의 사실을 없애고자 공을 시험할 양으로 병풍에 글씨 써주기를 청하였다. 이에 공은 김안로의 내심을 알고 있는지라 "내 팔이 어찌 권세와 탐욕에 눈이 어두운 자의 병풍 글씨를 위해 더럽혀질 수 있으랴" 하고 완강히 거절했다는 일화가 전한다.

그러나 이로부터 공은 김안로의 농락에 의해 온갖 해독을 입게 되었다. 그 대표적인 예로는 1532년(중종 27)에 삼척부사(三陟府使)로서 외직으로 좌천을 당하였고, 그것마저도 해당 기관에 압력을 넣어 탐학하다는 누명을 씌워 서경(署經)을 방해한 일이 있으며, 같은 해에는 예빈시(禮賓寺)의 부정(副正)이 되고서도 사간원의 논핵을 당하도록 획책하였다. 1533년(중종 28)에 이르러서야 겨우 봉상시(奉常寺)의 판관(判官)으로 임명되어 명예 회복은 되었지만 그 자체가 강등 체직에 해당하였다.

6. 월연에서의 자적(自適)과 그 신후(身後)

이에 공은 간사하고 흉측한 무리들이 활개를 치며 임금의 이목을 흐리게 하고 있는 상황에서 더 이상 벼슬살이를 할 수 없다고 개탄하고는, 52세 때인 1534년(중종 29)에 서울을 떠나 호연히 고향으로 돌아가 월연의 별업에서 여생을 보내기로 작정하였다. 고향으로 돌아온 공은 맏아들 제헌공을 한양 집으로 올려 보내 성균관에 유학시키고, 다른 자질들에게도 더욱 학업을 독려하는 한편 쌍경당에서 향리의 후진들을 가르치기도 했다. 당시 밀양부사로 재임 중인 권충재와도 때때로 왕래하며 시폐(時弊)를 걱정하고 좋은 정사를 펴는 데 협조를 아끼지 않았다.

또 이 무렵 송암(松庵) 유관(柳灌)과 기재(企齋) 신광한(申光漢) 등 친우들은 월연정에서 한가로이 소요하는 공을 위해 시를 지어 보내고 맑고 고상한 그 뜻과 풍절을 부러워하고 기리었다. 「류함지(柳涵之)의 운자로서 중예(仲豫)에게 보낸다(次柳涵之韻寄仲豫)」라는 제목으로 된 신광한의 시를 보면, 함지(涵之)로 자(字)를 쓰는 류관이 먼저 칠언절구 한 수를 공에게 지어 보낸 듯하다. 비록 그 작품이 전해지지 않지만 신기재의 이 시만으로도 당시 공의 월연에서의 정취와 유유자적한 풍모가 눈에 보이는 듯하다.

두 번이나 동년에 끼어 현인을 익히 알아 　　　再忝同年慣識賢
훌륭한 명망 좋은 절조 누가 감히 겨주리 　　修名媺節更誰肩
밝은 시대에 불우함을 애석히 여기지 마라 　明時潦倒人休惜
삼공으로도 바꾸지 않을 월연이 있는 것을 　不換三公有月淵

　1536년(중종 31) 5월 6일에 향년 54세로 향제(鄕第)에서 별세하니 밀양부내면 장선리(長善里) 추화산(推火山) 기슭에 안장했다. 공의 별세 후 경향 각지에서 많은 벗들과 명사들이 영막(靈幕)을 찾아 조문했는데, 그 가운데 어관포(魚灌圃)는 주인 없는 월연대에 올라 이곳의 승경을 하염없이 바라보며 먼저 신선이 되어 세상을 떠난 공과, 지척인 영산(靈山)의 친우 신윤종(辛胤宗)을 추모하면서 감회 어린 시를 지었다.

동풍은 아직도 차가워 나다니기 어렵구나 　東風料峭不堪行
언 보리 봄을 만나도 아직 푸르지가 않아 　凍麥逢春尚未靑
신공과 이공 이미 가고 말을 나눌 수 없어 　辛李已儵無與語
강과 산은 옛날 그대로라 정대만 좋구나 　江山依舊好臺亭

　또한 공이 별세한 후 임진왜란이 한참 지난 뒤에 향중에서는 공을 밀양 향선생(密陽鄕先生) 24현(賢)의 한 분으로 추존(追尊)하였다. 공이 밀양의 명현으로서 풍교(風敎)의 숭상과 흥학(興學)에 끼친 공적이 우뚝하다 하여 고을 선비들이 향안(鄕案)을 만들 때 추숭(追崇)한 것이다. 밀양의 향선생안(鄕先生案)에는 조선 개국 이래 향중 출신의 명현 스물네 분을 모셨는데, 그 가운데 춘정(春亭) 변계량(卞季良)·점필재(佔畢齋) 김종직(金宗直)·오졸재(迂拙齋) 박한주(朴漢柱)·목계(木溪) 강혼(姜渾), 그리고 공의 백형 진사공 원(遠)의 명단이 대표적으로 올라 있다.
　1650년(효종 6)경에 향중 사림에서 월연의 유허에 공을 주벽(主壁)으로 하는 향현사(鄕賢祠)를 건립하고자 했으나, 당시 부사의 만류로 뜻을 이루지 못하다가, 1800년(정조 24)에 금시당(今是堂)이 위치한 잣나무골(栢谷)에 세덕사(世德祠)를 세워 문절공 기우자선생을 주벽으로 하고 공과 금시당공 그리고 근재공을 배향하여 받들었는데, 후일에는 백곡서원(栢谷書院)으로 승격했다가 1868년(고종 5)에 철폐령에 의해 훼철을 당하였다.

공의 학문과 시문 그리고 당시 교우 관계 및 관직 경력 등으로 미루어 보아 경국(經國)에 기여한 책문(策文)과 소장(疏章) 등 저술이 많았을 것이 분명한데, 몇 차례 전쟁을 겪는 동안 남아 있는 것이 매우 드물다. 또한 공의 글씨가 당대의 명필로 알려졌으나 그 필적은 희귀하다. 다만 양백륭 묘갈명병서(梁伯隆墓碣銘并序)라는 금석문 1점과 농암 이현보에게 써 보낸 친필의 시 3수가 전해지고 있을 뿐이다.

공의 슬하에 4남 2녀를 두었는데 맏아들 제헌공 원량(元亮)의 자손은 밀양 살내(箭川)에 세거하여 공의 옛터를 지키고 있으며, 둘째아들 증참의공 원충(元忠)의 후손은 경북 예천군 용궁 무이실(武夷谷)에서 수백 년 동안 창성한 가문을 이루고 있다. 셋째아들 충의위공 원회(元晦)는 아들이 없어 일직손씨(一直孫氏) 외손이 봉사(奉祀)를 하고 있으며, 넷째아들 충순위공 원빈(元賓)은 무후이다. 또 사위인 추월헌(秋月軒) 백진양(白震陽)은 황해감 사를 역임한 후 용궁에 은거했는데, 자녀를 두지 못해 사후에 그 터전을 부옹의 손자에게 물려주었다. 둘째사위는 사인(士人) 최인수(崔仁壽)이다.

제4장

생원공(生員公)의 재망(才望)과 조세(早世)

공의 휘는 광로(光輅)이고 자는 희은(希殷)이며 호는 알려져 있지 않다.
문절공 기우자선생의 6대손으로, 밀양 입향조인 충순위공(忠順衛公)의 맏손
자이고 진사공(進士公) 원(遠)의 아들인데 1510년(중종 5)에 밀양 용성리(龍
城里) 향제에서 태어났다. 어머니는 의인(宜人) 남양홍씨(南陽洪氏)이고, 일
찍이 문과에 급제한 후 봉상시(奉常寺)의 부정(副正)에 오른 윤덕(潤德)의
따님이며, 우국재(友菊齋) 경손(敬孫)의 손녀이다. 공의 외가는 이른바 당홍
(唐洪)의 명벌(名閥)로 공의 외조부께서 자손을 잘 두어 후일 직계 슬하에
만 상신(相臣) 6명·문형(文衡) 2명·왕비(王妃) 1명·판서(判書) 10여 명을 배
출하는 화려한 가문을 이루었다. 특히 손자 홍춘경(洪春卿·홍춘년(洪春年)·
증손 홍천민(洪天民)·홍성민(洪聖民)·현손 홍서봉(洪瑞鳳)·홍서익(洪瑞翼)·
5대손 홍명구(洪命耉)·홍명하(洪命夏) 등은 높은 관직은 물론 문장에도 뛰
어나 역사상에 찬란한 명성을 떨쳤다.

1. 뛰어난 재사(才思)와 별시직부(別試直赴)

어렸을 때부터 재주가 영특하여 '향중의 신동'으로 평판을 얻었는데, 10
세 미만에 이미 『사자소학(四字小學)』을 외우고 『효경(孝經)』을 통독(通讀)

할 정도였다. 이에 양친의 배려로 독선생을 초빙하여 아우 금시당공과 함께 일찍부터 학업에 정진했으나, 불행하게도 16세 미관(未冠)의 나이에 아버지가 별세하시니 3세 연하인 어린 아우와 더불어, 어머니와 애통을 함께 하면서 치상(治喪)의 예절을 다해야 하는 처지가 되었다.

당시 평안도사(平安都事)로서 관서막부(關西幕府)에 재직하던 숙부 월연공도 백형의 부음을 받고 창황한 심정으로 급거 귀향하여 통곡하였다. 월연공은 어린 두 조카의 집상을 돌보는 가운데서도 형수와 상의한 후, 먼저 학령(學齡)에 다다른 큰조카의 공부를 시험했는데, 사서(四書)의 요체(要諦)를 거침없이 설명하니 숙부께서 공의 재능에 크게 탄복하고 기뻐하였다. 아울러 공의 필재(筆才)를 살펴보고도 "그 초서(草書)의 경지가 나보다 못할 것이 없겠다" 하고 상찬함을 마지않았다고 전해진다.

아버지의 3년 거상(居喪)을 끝내고는 어머니와 숙부의 명에 따라 아우 금시당공과 함께 산사(山寺)에 들어가 소과(小科) 준비에 몰두하였고, 어머니 또한 2남 2녀의 편모(偏母)로서 남편이 없는 집안을 유지하기 위해 더욱 치산(治産)에 힘을 기울여 옛 살림을 부지하였다. 그리고 숙부 월연공의 도움을 받아 원근을 가리지 않고 스승을 맞아 아들의 학업을 뒷바라지했다. 이때에도 공은 늘 아우를 보살피며 우애를 도탑게 하니 어머니와 숙부께서도 장래를 기대하며 크게 안심했다.

그 결과 1531년(중종 26) 공의 나이 22세 때에는 생원(生員)과 진사(進士) 두 과거에 모두 합격을 했으며, 잇달아 성균관에 입학하여 문과에 대비하였다. 이에 어머니 홍의인(洪宜人)께서 아들이 객지면식(客地眠食)을 함에 "혹 마음이 느슨해지고 친구를 잘못 사귀어 지나친 음주(飮酒)를 하거나 과거 공부에 게으름을 피우지 않을까" 하고 주변에 걱정을 하였다. 이 말을 전해들은 월연공께서는 "내 조카의 깊은 사려와 맑고 깨끗한 기질로 보아 염려할 것이 없다"고 형수를 안심시켰다는 일화도 있다.

당시 성균관에서는 사마시의 동방(同榜)으로 나이가 같은 하서(河西) 김인후(金麟厚)와 여러 해 동안 기거(起居)를 함께하였다. 서로 지기지우(知己

之友)로 존중하면서 그 정의가 남달랐고 또한 의기가 투합하여 당시 기묘사화의 여파로 해이해진 선비들의 풍습을 바로잡는 데 앞장을 섰다. 김하서는 후일 문묘(文廟)에 동국 18현의 한 분으로 추존된 명현(名賢)인데, 공은 이때부터 사람의 됨됨이를 가려 친구로 사귀었고, 서로 마음을 열어 우의(友誼)를 두텁게 하였다.

1537년(중종 32)에는 임금이 성균관에서 알성(謁聖) 행차를 마치고 명륜당에서 선비들에게 제술(製述)의 시험을 보게 하였다. 공은 이때 상사(上舍)의 유생으로서 엄선되어 응시했는데 2등의 성적을 거두었다. 임금으로부터 특전이 부여되어 다음 대과(大科)에 직부(直赴)하는 영예를 얻게 되었다. 당시 직부의 특전은 과거에서 초시(初試)를 면제받는 것은 물론, 2차 시험에 해당하는 문과 회시(會試) 또는 다음에 있을 별시(別試)와 정시(庭試) 그 어느 시험에도 바로 응시할 수 있는 자격을 주는 것을 말한다. 따라서 응시만 하면 급제(及第)가 보장되고 탁방(坼榜)을 기다리면 되는 것이다.

이에 공은 마침 1539년(중종 34)에 있은 기해별시(己亥別試)에 직부의 자격으로 응시를 하게 되었다. 이때 시험의 제목은 「진현퇴사(進賢退邪)를 송찬하다」라는 글이었다. 그 무렵 조정에서 권세를 함부로 농단하고 반대편을 무자비하게 탄압함으로써 원망을 일삼던 김안로·채무택(蔡無擇)·허항(許沆) 등 이른바 정유삼흉(丁酉三兇)을 몰아내고, 대신 회재선생(晦齋先生)과 같은 명현을 불러들여 정사를 바로잡도록 한 임금의 영단을 주제(主題)로 한 것이다. 공은 일찍이 숙부 월연공이 김안로 등 간당(奸黨)들로부터 굴욕과 박해를 당한 원혐(怨嫌)이 있었던지라, 신나게 글을 써내려가 사악한 무리들을 통렬하게 배척하였다. 반면에 어진 이를 다시 조정에 불러들인 임금의 은혜를 마음껏 송찬했으니 중종(中宗)이 이 글에 특히 주목한 것은 너무나 당연한 일이었다.

2. 김하서(金河西)와의 우정과 안타까운 하세(下世)

그러나 공의 안타까운 명운을 어찌 알았겠는가? 1539년(중종 34) 6월 15일에 그해 가을에 있을 기해별시의 영광스러운 방(榜)을 보지 못한 채, 한양의 객리(客裏)에서 30세의 아까운 나이로 세상을 떠날 줄이야. 당시 친지와 사우(師友)들은 공의 급서(急逝)를 애도하며 하늘이 그 양명(揚名)을 시기한 것이라 하였고, 안회(顏回)와 백어(伯魚)의 단명(短命)에 견주어 탄식하면서 공의 재화(才華)를 아까워하였다. 특히 태학(太學)시절에 자별한 우정을 나누었던 하서선생도 곡진한 만사(輓詞)를 지어 조문을 했으나, 그 글이 남아 있지 않아 아쉬운 마음 금할 수 없다.

다만 1536년(중종 31) 공의 나이 27세가 되는 해에 숙부인 월연공께서 위독하다는 병보(病報)를 받고 고향집으로 돌아갈 때에, 김하서가 지어 보낸 오언고시(五言古詩) 24절 한 수가 『하서집(河西集)』에 실려 있어 두 분 사이의 관계와 우정을 다시 한 번 되짚어보게 된다. 어쩌면 3년 뒤 공의 죽음을 예감이라도 한 듯 그 정곡(情曲)이 너무나 아름다워 후손으로서 감회가 새롭다. 여기에 그 전편을 실어 두 분 사이의 격의 없는 우정을 되돌아보면서 공의 깨끗한 기품(氣品)과 천재성을 다시 상상해본다. 시의 제목은 「이희은 광로가 영남을 향해 가는데 시로써 이별한다(李希殷光輅將向嶺南爲詩以別)」로 되어 있다.

희은의 성품은 깨끗하고 조용하여	希殷性蕭散
기상과 인격이 세속을 벗어났네	氣格出風塵
글씨는 종요와 왕희지를 따르니	筆翰追鍾王
가늘고 굳센 필치 신령과 통했네	瘦勁通靈神
못난 이 사람과는 동년이 되어	鄙夫忝一榜
서로 사귄 지도 여러 해가 되었지	相從曾累辰
글을 논하고 함께 시를 읊으며	論文與吟詩
대면하여 지낸 정이 나날이 친해	對面情日親

또한 같은 경오년이라 듣고 있어	又聞同庚午
달과 날의 돌아옴만 뒤라고 하네	月日後於巡
아우와 형으로서 서로 부르며	呼之弟與兄
맺은 관계 남보다 훨씬 달랐고	結契尤殊倫
차가운 밤 몇 번이나 등불을 끄고	寒燈幾共剪
마주 앉아 날 새는 줄 잊기도 했지	偶坐忘昏晨
좋은 술이 있으면 서로 좋아해	青尊有相就
밝은 달에 똑같이 맨 두건으로	皓月同岸巾
속된 말 섞어가며 떠들어대고	喧譁雜俚語
순진하게 어울려 장난질했지	戲劇任天眞
머나먼 영남 길은 뻗어 있는데	悠悠嶺路脩
갑자기 남과 북의 사람이 되네	忽爾南北人
하늘 멀어 나는 새는 사라져가고	天長滅征鳥
바다 넓어 물고기 돌아옴이 없구나	海濶無歸鱗
수심에 찬 이 밤을 함께 지새우면	沈愁共此夕
소식이라도 어찌 자주 듣겠나?	音問何由頻

　유유하게 영남으로 향하는 길은 뻗어 있는데 홀연히 남과 북의 사람으로 서로 갈리어, 먼 하늘로 사라지는 외로운 새와 같이 넓은 바다에서 돌아오지 못하는 물고기처럼, 기약 없이 떠나가려는 친구의 서글픈 사연이 담뿍 깃들어 있다. 또한 이 시에는 공의 인품과 필한(筆翰)을 찬양하는 구절이 있어 자손으로서 큰 감동을 받는데, 특히 "글씨는 종요(鍾繇)와 왕희지(王羲之)를 쫓는다" 하였고, "그 필력(筆力)의 힘치고 굳센 경지가 영신(靈神)에 통해 있다"고 격찬을 하였다.

　한 시대의 명필로서도 평판이 높았던 하서선생의 이러한 언급은, 다만 밀양의 주지(州誌)에 필화제일(筆畵第一)이라고만 전해지고 있는 생원공 글씨의 친경(眞境)을 새롭게 알려주는 자료가 되기도 하지만 그 유필(遺筆)이 보존되지 못하고 있는 것은 매우 안타까운 일이다. 공과 하서선생 두 분의 관계는 같은 경오생(庚午生)에다 생원시의 동년으로 학창(學窓) 생활을 함께했다는 깊은 인연을 빼놓을 수 없다. 시의 전편(全篇)을 읽어보면 알겠지만 공이 김하서와 같은 선철(先哲)과 더불어 도의(道義)와 지음(知音)을 교환(交驩)하고 지냈다는 사실은 후손으로서 마음이 흐뭇하기 이를 데 없다.

배위는 의인(宜人) 진양하씨(晉陽河氏)인데 문과에 급제하여 찰방(察訪)과 사헌부 감찰(監察)을 지낸 하수천(河受千)의 따님이다. 슬하에 자녀가 없어 아우 금시당공의 둘째아들 진사공 경승(慶承)을 후사로 삼았다. 공의 묘는 밀양시 용성리 사인당마을에 있는 추화산(推火山)에 모셨는데 배위와 쌍분이며 묘갈이 있다. 백형에 대한 선망(羨望)과 우애가 남달랐던 아우 금시당공이 애초에는 청천벽력과 같은 가화(家禍)에 망연자실했으나, 곧 심신을 수습한 후 한양으로 올라가 형의 체백을 모시고 내려와 향리의 선영 경역에 반장(返葬)을 한 유적이 지금의 산소이다.

제5장

금시당공(今是堂公)의 벼슬과 금시(今是)의 깨달음

금시당공의 휘는 광진(光軫)이고 자는 여임(汝任)이며 금시당(今是堂)은
그 자호이다. 문절공 기우자선생의 6대손으로 밀양 입향조이신 충순위공
휘 사필(師弼)의 손자이며 진사공 원(遠)의 둘째아들인데 백형은 생원공 광
로(光輅)이다. 1513년(중종 8)에 밀양 용성리(龍城里) 향제에서 태어나시니,
어머니는 의인(宜人) 남양홍씨(南陽洪氏)로 문과에 급제한 후 봉상시(奉常
寺)의 부정(副正)을 역임한 윤덕(潤德)의 따님이시다.

1. 태학(太學) 시절과 유생(儒生) 활동

타고난 재질이 영민하였고 어릴 때부터 몸가짐이 의젓하여 매양 연장자
와 어울려 놀기를 좋아했으며, 사물에 대한 궁리와 질의가 날카로워 주위
에서 탄복하는 일이 많았다. 나이 13세에 아버지를 여의고 백형과 함께 집
상했는데, 그 슬퍼하고 사모함이 너무나 곡진하여 이웃 사람들도 눈물을
함께 흘렸다 하며, 홀로 된 어머니의 시봉(侍奉)을 위해 온갖 정성을 바치
니 향당에서 그 몸가짐과 효행에 대한 평판이 높았다. 나이 15세에 어머니
의 간절한 내당에서의 교독(敎督)을 받고 숙부 월연공으로부터 가학(家學)
을 전수하여 약관 전후에는 이미 사서삼경(四書三經)의 지결(旨訣)을 터득

하여 문장을 짓는 실력이 정교하였고 후덕한 그릇을 갖춘 선비로서 널리 칭도되었다.

1536년(중종 31)에 월연공이 별세한 뒤를 이어, 또 3년 만에 백형 생원공이 30세의 젊은 나이로 세상을 등지니, 공은 믿고 의지할 곳을 한꺼번에 잃었다. 더구나 백형은 기해년(1539)에 별시문과(別試文科) 직부(直赴)의 은전을 입고 방방(放榜)을 기다리던 중에 갑작스럽게 요절하여 온 집안에 먹구름을 드리웠다. 무엇보다 어머니의 비탄과 절망을 수습할 길이 없었으나, 공은 자신의 공령(功令)과 출세로서 어머니를 위로하는 것만이 효(孝)의 지름길이라 믿었다. 그리하여 깊은 실의(失意)를 오로지 과거 공부로 전환하여 온 힘을 기울이기로 했다.

그해 겨울에는 사마시의 향시(鄕試)에서 무난히 합격한 데 이어 이듬해 1540년(중종 35) 봄에는 서울로 올라가 그 복시(覆試)에서도 우수한 성적으로 급제하기에 이르니, 당시 시관이었던 모재선생(慕齋先生)도 공을 특별히 인견하여 격려를 해주었다. 마침 그해에는 큰아들 근재공(謹齋公)이 출생하여 어머니에게 큰 기쁨을 안겨드렸으며, 이때부터 집안에는 점차 불행의 그림자가 사라져갔다. 이에 용기를 얻은 공은 다시 청운의 뜻을 가다듬고 30세가 넘은 나이에 한양으로 올라가 성균관에 유학을 했다.

공과 생원시의 동방(同榜)인 갈천(葛川) 임훈(林薰)도 이때 태학에서 함께 공부한 사이였는데, 비록 나이는 공보다 10여 세 많았지만 망년(忘年)의 교분이 남달랐고, 항상 고상한 담론과 도의(道義)의 교환으로 마음을 허락하는 사이가 되었다. 그러나 이 무렵 성균관에 시질(時疾)이 번지고 면학 분위기가 해이해지자 공은 다시 어머니의 시봉을 위해 일시 귀향을 했다. 한두 해 시골 산사를 전전하며 공부를 계속하던 공은 1543년(중종 38) 3월에 조정에서 흥학(興學)에 대한 정책을 새로이 수립하고 태학의 유생들을 불러들이자 다시 어머니 곁을 떠나 서울로 올라가 면학에 열중했다.

이듬해에는 중종(中宗)이 승하하고 인종(仁宗)이 즉위함에 따라 회재(晦齋) 이언적(李彦迪)·송암(松庵) 류관(柳灌) 등 명사들이 정부 고위직으로 중용되었고, 점차 조정의 분위기 쇄신과 함께 사림의 기세도 활기를 더해갔다. 성균관 유생들 또한 스스로 교화를 숭상하고 시습(士習)을 바로잡는 일에 앞장섰으며, 일부 관료의 반대에도 불구하고 상·하재(上下齋) 관생들의 좌석을 나이 차례대로 정함으로써 장소(長少)의 질서를 자율적으로 실천했는데 공은 늘 그 앞장에 섰다.

동시에 공은 생원 신백령(辛百齡)·진사 박근(朴謹) 등과 함께 기묘사화로 억울하게 죽음을 당한 정암(靜庵) 조광조(趙光祖)·충암(冲庵) 김정(金淨) 등 명현들의 신원(伸寃)을 청하는 상소 운동에도 참여했다. 그 상소의 내용은 "조광조가 성현의 학문하는 도리를 좇아 오직 한마음으로 나랏일에 종사함으로써 '지치의 왕도(至治王道)'를 구현하려 한 것인데, 간사한 무리들이 도리어 화를 꾸며 선량한 많은 선비들을 지하에서 피눈물을 흘리게 하고 있다"고 개탄한 것이다. 그리고 "현사(賢邪)의 구분이 흐리멍덩하여 정직한 기풍이 사라지고 염치의 도리가 없어진 탓으로 어느덧 사람들은 약고 모나지 않게 처신하는 것을 어질게 여기는 반면, 날카로운 비판과 행실이 분명한 것을 거짓이라 여기는 풍조가 만연한 것"을 통렬하게 비판하였다.

그러므로 이러한 풍조를 바로잡기 위해서라도 조광조 등 기묘명현(己卯名賢)들의 벼슬을 회복시켜 억울한 죄명을 풀어주어야 한다는 것을 간절히 호소하였다. 이러한 비판과 주장은 당시 태학 유생들의 일반적인 공론이기도 했거니와 공이 오랫동안 조광조 등 기묘명현에 대하여 마음속으로 품고 있었던 지론이기도 했다. 그럼에도 불구하고 공은 명분만 앞세워 과격한 언동을 일삼는 유생들과는 항상 일정한 거리를 두고 신중한 입장을 취했으며, 함부로 시류(時流)에 휩쓸려 편향된 이론이나 주장을 하는 것을 특히 경계하였다.

가령 이 시기에도 성균관 유생들 사이에는 도학(道學) 일변도의 사상에 젖어 학문 연구에 중요한 수단이 되는 사장(詞章)을 경시하는 풍조가 성했는데, 공은 이에 대하여 도학의 기본이 되는 덕행과 학문의 도구가 되는 문예의 수련은 비록 본말(本末)의 순서는 가려야 하겠지만 어느 한쪽을 경시할 수 없다는 주장을 폈다. 이때 공은 과문(科文)의 글을 지으면서 "덕행과 문예를 대립적인 시각에서 보는 일부 유생들의 견해를 바로잡는다"는 뜻에서 「문행선후설(文行先後說)」을 지어 온건하고 합리적인 반론을 편 바가 있다. 여기에서 그 핵심적인 공의 주장을 밝혀본다.

> 문예는 덕행을 근본으로 삼지 않을 수 없고, 학문은 문예로써 우선하지 않을 수 없다. 수레의 두 바퀴처럼 새의 양 날개처럼 어느 한쪽이 없는데 굴러가게 하고 날아가게 되는 이치가 없는 것이다. 그렇다면 학문을 하면서 실천하고, 실천하면서 학문을 하는 것은 공부자께서 가르쳐주신 대로 널리 학문을 연마하여 몸가짐을 예절에 맞도록 한다는 것과 같은 것이라. 양쪽을 다 힘써 공부함으로써 한쪽으로 치우치는 폐단이 없도록 해야 할 것이다.
> 文未嘗不以行爲本 學未嘗不以文爲先 如車兩輪如鳥兩翼 無廢一可行可飛之理也 然則講學而踐履 踐履而講學 如夫子之敎博文約禮 兩邊做工可以無偏重之失矣

공은 덕행과 문예, 그 어느 한쪽에 치중하거나 경시하기보다는 상호 보완적인 관계에서 발전시켜야 한다는 견해를 밝혔던 것이다. 이러한 공의 이론은 그 후 도학파와 사장파라는 종래의 대립적인 관념을 완화시켜 마침내 철학과 문학의 분립(分立)이라는 근대 학문적인 형태로 진화하는 데 상당히 기여했다고 생각한다. 그것은 16세기 후반에 도학파가 점차 문예의 기능을 인정하여 철학적 깊이와 사상적 내용에 충실한 사림파 문학으로 발전시킨 반면, 사장파도 문예 그 자체의 수식과 기술에만 머물지 않고 문학 내용에서 도학적인 지향과 세계관을 확충해나가는 방향으로 전환이 이루어진 것만 보아도 짐작할 수 있는 일이다.

2. 대과(大科) 급제와 한림원(翰林苑)의 활동

공의 또 하나의 논문인 「동방삭론(東方朔論)」도 「문행선후설」과 함께 젊은 시절의 작품으로 전해지고 있는데, 공의 문과 응시 때의 시권(試卷)이라는 일설도 있다. 동방삭은 중국 한(漢)나라 무제(武帝) 때 사람으로 조정에서 낮은 벼슬을 하면서도 항상 재담과 익살로 임금 앞에서 괴이한 행동을 하여 총애를 받았다. 문장에도 능했던 그는 때때로 황제의 과실을 농담처럼 지적했으나 황제 역시 익살쯤으로 받아들여 처벌하지 않았다. 당시 뜻 있는 사람들은 아무도 임금이 무서워 간할 수 없는 말을 익살로써 간하는 효과를 거두었다 하여 불간지간(不諫之諫) 또는 풍간(諷諫)이라 평하기도 했다.

「동방삭론」은 이러한 풍간의 효용을 평론함으로써 현명하지 못한 임금을 상대해야 하는 신하들의 국정 보좌 요령을 은근히 시사(示唆)한 이색적인 글이라 할 수 있다.

공은 유학 생활의 고초 속에서도 어머니에 대한 효성을 잠시도 잊지 않았으며, 각고면려한 보람이 있어 1546년(명종 1)에 마침내 문과 급제라는 영광된 홍패(紅牌)를 어머니께 안겨드렸다. 이 과거는 인종의 뒤를 이은 명종(明宗)의 즉위를 기념하는 증광별시(增廣別試)로서 공은 임금이 친히 임석한 시험에서 병과(丙科) 성적을 얻어 합격되었고, 바로 승문원(承文院)의 부정자(副正字)로 임명되어 중앙관원으로 첫 출발을 하게 된 것이다.

또한 이 과거에서는 약봉(藥峰) 김극일(金克一)과 옥계(玉溪) 노진(盧禛) 등 조행과 학문이 높은 영남 선비들이 함께 등과하여 나란히 관원이 됨으로써, 이후 오랫동안 경세관(經世觀)을 같이했으며 도의의 교환과 학문적인 교류를 활발히 했다. 1548년(명종 3)에 승문원의 정자(正字)가 되었으며 같은 해에 다시 통사랑(通仕郎)의 품계와 승문원 저작(著作)으로 특진되었다. 1549년에는 관계 기관의 천거와 임금의 낙점을 받아 한원(翰苑)의 사관(史官) 곧 한림(翰林)으로 발탁되었다.

처음에는 예문관의 검열(檢閱)로서 춘추관기사관을 겸임하여 사필(史筆)을 잡았는데, 점차 그 인품과 학문이 인정되어 한 해 동안에도 여러 차례 파격적으로 승차하며 청요한 관직에 임명되었다. 승문원의 주서(注書)와 예문관의 대교(待敎)에 이어 한림의 대표인 봉교(奉敎)로서 특별 승진이 되더니 『중종실록(中宗實錄)』과 『인종실록(仁宗實錄)』 편찬시에는 기사관을 예겸(例兼)하여 사관으로서의 소신과 직필로 그 임무를 다했다. 또한 이해 12월에는 승훈랑(承訓郎)으로 품계가 올라 성균관의 전적(典籍)이 되었고 남학(南學)의 교수로도 겸직되어 후진들을 양성했다.

1550년(명종 5)에 호조좌랑(戶曹佐郎)으로 전임되었다가 곧 홍문관의 부교리(副校理)에 제수되었으며, 다시 성균관의 전적이 되어 춘추관기사관을 관례대로 겸하였다. 홍문관에 있을 때 공은 고향에서 월연의 별업을 지키고 있는 종형 제헌공(霽軒公)에게 노모의 안부를 물을 겸 「한원에 있으면서 월영어옹에 부침(在翰苑寄月盈漁翁)」이라는 시를 지어 보냈다. 공은 이 시에서 고기를 낚으면서 한가로이 풍정(風情)을 즐기고 있는 종형의 생활을 한없이 부러워하였고, 옥당(玉堂)에 앉아 있으면서도 부질없는 벼슬살이에 얽매여 있는 자신의 처지를 오히려 부끄러워하였다.

이어서 공은 공조(工曹)·예조(禮曹)·병조(兵曹)의 좌랑을 차례로 역임하며 중앙관부의 행정 실무 책임자로 눈부신 활약을 했으나, 때마침 대비 문정왕후(文定王后)의 수렴청정으로 인해 소신 있는 직무 수행을 할 수가 없어 많은 고민과 갈등을 겪었다. 그 대표적인 사례로 당시 문정왕후의 권세를 등에 업은 승려 보우(普愚)가 불교 중흥을 획책하며 선교(禪敎)와 교종(敎宗)을 분리 설치하고, 승려 양성을 위한 승과(僧科)를 부활시키고, 중에게도 도첩(度牒)을 발행하여 사찰 주지를 임명하는 법을 제정하게 하니, 조정의 유신들은 물론 성균

금시당공(今是堂公)의 교지(敎旨) 금시당공의 유일하게 남은 교지로 '순천진관병마절제도위 겸 감목(順天鎭管兵馬節制都尉兼監牧)'이란 사령장이다(밀양시 용활동 582의1 금시당종가(今是堂宗家) 보존).

관 유생들도 모두 학관을 비우고 퇴거하는 사태가 발생했다. 당시 예조의 낭관(郎官)으로서 직무상 직접적으로 관련이 있던 공은 이의 부당성을 지적하는 한편, 궁중 출입을 빈번하게 하면서 국법을 어지럽힌다는 이유를 들어 보우를 탄핵하는 운동을 적극적으로 펼쳤다. 이에 공은 결국 문정왕후와 집권 세력의 눈 밖에 날 수밖에 없었다. 마침내 공은 1551년(명종 6)에 노모를 봉양한다는 핑계로 외직을 자청하여, 전라도 순천감목(順天監牧) 겸 진관병마절제도위(鎭管兵馬節制都尉)라는 직책을 받아 부임하였다.

3. 목민관(牧民官)의 체험과 출처(出處)의 고민

공이 시골로 내려간 뒤에 봉은사(奉恩寺) 주지로 있던 보우는 승려의 최고위직인 판선종사(判禪宗事)가 되었고, 잇달아 승과의 설치와 함께 불경시험을 치른 승려 400명에게 도첩을 내리는 등 불교가 활개 치는 사회로 변모되어갔다. 유학을 이념으로 하여 도학정치를 표방해온 조정의 관료들과 선비들은 그 언로(言路)가 막혀 활동이 위축된 반면, 권력의 비호를 받은 승려들의 횡포와 월권은 나날이 그 기세가 더해갔다.

그런 와중에 1552년(명종 7)에 공은 다시 전라도 흥양현감(興陽縣監)으로 전임되었다가 잇달아 경상도 사천현감(泗川縣監)으로 도임하였다. 고향으로 한 걸음 더 다가선 공은 재임시 종종 사람을 보내 가족에게 문안을 전하였고, 조정의 휴가를 얻어 직접 밀양에 왕래하면서 노모를 기쁘게 해드렸다. 당시 사천 출신의 학자이면서 다른 지방의 수령으로 근무하고 있던 귀암(龜巖) 이정(李楨)의 효행을 공이 천거, 품신한 것도 이때의 일이다.

공은 이귀암(李龜庵)과 평소에도 교계(交契)가 깊은 터에, 고을에 도임해 보니 그 어머니에 대한 탁이(卓異)한 효양(孝養)으로 평판이 높았으므로 수령으로서 묵과할 수가 없었던 것이다. 이에 그런 사정을 도백(道伯)을 통하여 상신한 것인데, 그 결과 1553년(명종 8) 9월에 조정에서 특별히 효행의 추장(推獎)과 함께 통정대부(通政大夫)의 가자(加資)를 내리게 하였다. 이로 인하여 공은 사천의 향사림(鄕士林)으로부터 많은 찬사를 받았으며 주인공을 비롯한 그의 문도들과도 더욱 교류가 긴밀하였다.

이해에 공의 나이 42세, 둘째아들 진사공 경승(慶承)이 뒤늦게 출생하여 가문의 큰 경사를 이루었다. 1554년(명종 9)에는 경상도 일대에 극심한 흉년이 들어 굶주리는 백성들이 줄을 이었으나, 공은 중앙정부에 구호를 요청하고 관내 부호(富戶)들의 협조를 얻어 구휼에 만전을 기하였다. 그 결과 관내에 백성들이 굶주려 죽은 자가 없었다 하여 그 공적이 조정에까지 알려져서 통덕랑(通德郎)의 품계와 함께 특별 포상이 내렸다. 이에 군민들은 공을 위해 유애비(遺愛碑)를 세웠으며, 1558년(명종 13)에 목민관 재임 6년 만에 다시 봉렬대부(奉列大夫)로 특진하여 향리의 이웃 고을인 창녕현감(昌寧縣監)으로 전근하였다. 이 무렵에도 공은 자주 임지와 고향집을 왕래했는데 그 길목인 수산(守山)의 남수정(攬秀亭)에 올라 낙동강을 내려다보며 읊은 시가 남아 있다.

오·초가 눈 가운데 들어와 평화로운데	入望吳楚眼中平
늦가을 모래톱엔 비가 갠 경색이 밝구나	秋晚汀洲霽色明
몸의 흔들거림은 학의 등에 탄 것 같고	身擬扶搖跨鶴背
옷깃에 응긴 이슬은 승로반에 쏟아붓네	襟凝沆瀣瀉金莖
강호의 천년 세월 달도 부질없이 늙는데	江湖千古月空老
하늘가엔 먼 따오기, 산만 가로놓였구나	霞鶩半天山獨橫
밤 되어 잠든 객이 취한 꿈을 깨고 나니	客枕夜來醒醉夢
십 년을 바쁘게 달린 헛된 이름 부끄럽다	十年奔走愧虛名

이 시기가 공에게는 관직 생활을 시작한 지 12년째가 되는 해이니, "십 년을 바쁘게 달린 헛된 이름 부끄럽다(十年奔走愧虛名)"라고 한 시구가 공의 처지를 더욱 잘 나타내주고 있지만, 고향의 아름다운 자연을 찬미하는 정조를 더욱 산뜻하게 느끼는 가작(佳作)이다. 이 시와 같은 시기, 같은 분위기에서 읊은 듯한 또 다른 칠언율시 「만흥(漫興)」이란 작품도 그 격조는

비슷한데, "망미서방(望美西方)"과 같은 표현에서는 경락(京洛)에서 멀리 떨어져 있으면서도 임금을 그리워하는 절절한 심정을 짙게 느낄 수 있다. 어떤 기록에는 이 시의 제목이 「제덕민정(題德民亭)」이라고 하며, 당시 수산현의 공해(公廨) 건물인 덕민정(德民亭)에서 읊은 것으로 되어 있다.

1561년(명종 16)에 조정의 부름으로 다시 서울에 올라가 춘추관기사관이 되어 사필을 잡았으며, 10월에는 병조좌랑에 임명되었고, 11월에 정랑(正郎)으로 승진하여 승문원의 교리(校理)를 겸해 봉정대부(奉正大夫)로 승차하였다. 1562년(명종 17) 2월에 사간원의 헌납(獻納)으로 발탁되었는데 당시 사관은 공을 두고 "사람됨이 솔직하고 성실하다(爲人愿慤)"고 인물평을 했다.

4. 이단(異端)의 배척과 왕권의 옹위

이어 사헌부의 지평(持平)을 거쳐 장령(掌令)으로 승진하였으며, 이때 백부(栢府)를 대표하여 당시 승려들의 불법과 횡포를 조장한 판선종사 보우의 죄를 다스릴 것을 주청하는 계사(啓辭)를 올렸다. 그러나 대비의 비호를 받은 보우를 단죄하기가 쉽지 않아 공은 사간원과 홍문관 등 삼사(三司)의 합세와 성균관 유생들의 호응을 이끌어내어 결국 보우의 직첩을 빼앗고 승려 계당(戒幢)이란 자를 남해(南海)의 외딴섬으로 귀양 보내고 말았다. 이 일로 인하여 공은 성균관의 전적으로 좌천되었으며, 잇달아 홍문관과 교서관(校書館)의 교리로 자리를 옮긴 끝에, 또다시 장령으로 복직됨에 따라 경연시강관으로서 임금의 조강(朝講)을 담당하였다.

근자에 전하의 옥체가 편치 못하고 정릉(貞陵)을 옮기는 일 등으로 국가에 일이 많았으므로 경연에서 공부하시는 일이 간혹 중단되는 일이 있을까 걱정스럽습니다. 옛날 송나라 때 신하인 정이(程頤)가 이르기를 "임금은 하루 사이에 어진 사대부를 접견할 때가 많은 반면, 환관이나 궁첩들을 가까이하는 때가 적다면 그 기질을 함양하고 덕성을 훈도할 수 있다"고 했습니다. 이제 전하께

서도 궁중에 계실 적에는 신명을 대한 듯, 깊은 못에 임하신 듯 하고, 경연에
납시었을 때는 경사(經史)를 토론하시고 착한 말 듣기를 좋아하셔야 합니다. 그
렇게 하시면 심지가 화평해지시고 잡념이 사라지게 될 것이니 진덕수업(進德修
業)하는 방법에는 이보다 더 좋은 방책이 없을 것입니다.

頃者上體未寧 遷靖陵國易多事 經筵學問之功 恐惑有所間斷 昔宋臣程頤曰 人
主一日之間 接賢士大夫之時多 親宦官宮妾之時少 則可以涵養氣質而薰陶德性 今
殿下居深宮 則如對神明如臨深淵 御經筵則討論經史樂聞善言 然則心志和平查滓
消融 進德修業之功 無過於此矣

이해 9월 21일 경연에서 공이 간곡히 아뢴 말이다. 당시 조정은 임꺽정
을 잡은 뒤에 조용할 법도 했지만, 이번에는 중종의 능묘를 옮기는 일로
다시 시끄러웠다. 19년 동안 아무 탈 없는 중종의 무덤을 옮기려 한 까닭
은 전처(前妻)와 멀리 떼어놓으려는 문정왕후의 투기 때문이라는 소문이
파다했다. 그런 상황에서 공이 오랜만에 경연에 참석한 명종에게 학업을
중단하지 말라고 경계한 것이다. 정자(程子)의 말을 인용하여 "어진 선비를
자주 만나고 내시(內侍)와 희첩(姬妾)을 멀리하라"는 당부는, 당시 조정의
병폐를 에둘러 말하면서도 날카롭게 지적한 간절한 진언이라 할 수 있다.

1563년(명종 18) 정월에 군자감(軍資監)의 부정(副正)이 되었으며 4월에
중훈대부(中訓大夫)의 품계를 받았는데, "사람됨이 맑고 단아하며 신중하고
과묵하여 사람들이 모두 그를 취하였다(淸雅愼黙 人皆取焉)"고 한 사관의
인물평과 인사기관의 추천으로 정3품 사복시정(司僕寺正)의 지위에 올랐다.
10월에는 또 인사기관에서 "여러 차례 지방 군현의 수령을 거치며 자못
자애를 끼친 바 있다(歷宰郡縣 頗有遺愛)"라는 공적(功績)의 평가를 인정하
여 또 사헌부의 장령으로 임명하였다. 취임 후 공은 곧 사간원과 양사(兩
司)의 합계(合啓)로 당시의 외척 이량(李樑) 등 "이른바 육간(六奸)의 사건
처리를 엄정하게 집행함으로써 국법의 존엄성을 지켜야 한다"는 것을 건
의하였다.

이 사건은 당시 윤원형(尹元衡)이 이끄는 소윤파(小尹派)의 득세로, 권력
이 한쪽으로 기우는 것을 내심 두려워한 명종이 또 다른 외척 이양(李樑)

에게 힘을 실어주어 대적하게 하려다 일으킨 사달이었다. 곧 이양에게 별안간 총애를 베풀어 낮은 벼슬에서 몇 해 만에 이조판서에까지 이르게 했는데, 갑자기 권세를 잡고 위세가 당당해진 그에게 아부하는 새로운 악(惡)이 조정에 넘쳐나게 되었다. 이에 지조 있는 사림(士林)들이 들고일어나 양쪽 외척에게 공척(攻斥)을 가한 결과 그들의 죄상이 낱낱이 드러나 그 일당들이 벌을 받게 된 것이다. 공은 이 사건의 공정한 처리를 위해 법사(法司)의 요직에 천거되었고, 선비들의 공론을 존중하여 간악한 자들을 징치하는 데 주도적 임무를 수행했다.

또 같은 해 11월에는 사헌부의 장령으로서 숭례문(崇禮門)과 흥인문(興仁門) 안에 있는 큰 종을 내수사(內需司)에 내려주어 절에서 사용하도록 하라는 임금의 지시에 반대하는 계사(啓辭)를 올렸다. 그러나 역시 대비의 압력을 받은 명종은 별수 없이 불윤(不允)의 비답을 내리고 말았다. 그리고 잇달아 교서관의 교리로 자리를 옮기게 되었고, 얼마 뒤에는 군자감정(軍資監正)의 보직을 받았으며, 1564년(명종 19)에는 통훈대부(通訓大夫)로 승차하여 군기시정(軍器寺正)의 직함을 받았다.

5. 사유(師儒)의 간택과 은대(銀臺)의 충언

그해 윤 2월에는 공부하는 유생들에게 새로운 기풍을 불어넣어 학문하는 풍습을 혁신하기 위해, 43인의 인망 높은 선비를 뽑아 사유(師儒)로 삼았는데 공이 그 수석(首席)에 간택되었다. 사유는 스승이 될 만한 선비를 말하는 것으로, 당시 학교에 공부하는 분위기가 해이해지고 사풍(士風)이 아름답지 못한 것을 걱정한 임금이 이를 바로잡고 학문하는 풍습을 일으키고자, 예조(禮曹)와 대신들로 하여금 학덕이 높은 유능한 관료 중에서 인재를 골라 중용(重用)한 제도이다.

그러므로 이들 사유는 학교와 강학 장소에 직접 나아가 교육을 전담하면서 선비들의 기강을 바로잡는 역할을 한 것이다. 따라서 임금의 특명으로 이루어진 사유의 선임은 매우 엄격한 규정을 적용하여 간택되었지만, 사후에 사헌부에서는 그 부적격자를 지적하여 교체를 건의하기도 했다. 가령 광주목사(光州牧使)를 지낸 김적(金適)은 성품이 탐학하여 선비들의 존경을 받을 수 없는 사람이고, 당윤문(唐允文) 등 5인은 나이 많고 병이 들어 사유의 직무 수행이 어렵다 하여 반대하였다. 임금은 이에 대하여 "비록 보통 직분이라도 이러한 사람은 채용하기가 곤란한 것을 하물며 사유의 반열이겠는가?" 하면서 주저 없이 교체함으로써 사유라는 직책의 중요성을 강조하였다. 이러한 사실만 보아도 43인 사유의 수석으로 뽑힌 공에게 당시 조야의 신망이 얼마나 두터웠던가를 헤아리기에 충분하다.

이해 5월에는 사유로서의 공적이 인정되어 사헌부의 집의(執義)에 올랐고, 9월에 종부시(宗簿寺)의 첨정(僉正)으로 보직을 옮겨 춘추관편수관과 승문원의 교감(校勘)을 겸직했다. 이어 10월에는 사간원의 사간(司諫)으로 기용되었고, 11월에는 홍문관의 응교(應敎)로 보임되어 경연시강관과 춘추관편수관을 다시 예겸했다. 공이 사간으로 재임시에는 대사간(大司諫) 강사필(姜士弼)과 의논하여 당시 동래부(東萊府) 관내 수령과 진장(鎭將)들이 왜구들과 짜고 부당한 상매(商買) 행위를 함으로써 백성들의 생리(生利)를 가로채고 있다는 정보를 입수하였다. 공이 이를 명백히 조사하여 관계 관원을 징벌함과 함께 이의 근절책을 건의하는 계사를 올렸는데, 이는 실상 윤원형과 관련된 비행이라는 사실이 확인되었다.

1565년(명종 20) 정월 공의 나이 53세 때에 통정대부(通政大夫)가 되어 비로소 당상관의 반열에 올라 승정원의 동부승지(同副承旨)가 되었고 곧 우부승지(右副承旨)로 자리를 옮겼다. 2월에는 또다시 좌부승지(左副承旨)가 되어 경연참찬관과 춘추관편수관을 겸직, 임금의 측근에서 왕명을 출납하는 추밀의 요직에 종사하였다.

승지 재임 중에 공이 수행한 몇 가지 소임 중에는 그해 2월 29일에 양화당(養和堂)에서 홍문록(弘文錄) 및 제술시험에 뽑힌 문관들을 임금이 시험하는 자리에서 어필로 된 시제를 받들어 글을 짓게 한 것을 들 수 있다.

그날 칠언과 오언의 율시 제목은 대개 공의 보좌로 정해졌는데, 그중 칠언 율시의 제목은 「삼강팔목을 읊다(詠三綱八目)」·「정일하게 중도 지킴을 읊다(詠精一執中)」·「중화 이룸을 읊다(詠致中和)」 등 3수이고, 오언율시의 제목은 「육절과 육문을 가르치다(教六節六文)」·「적선하면 여경이 있다(積善有餘慶)」 등 2수였다. 그리고 집춘문으로 가서 성균관 유생 중에 강경(講經)에 합격한 사람 6인에게 서책과 필묵 등 하사품을 전달했다. 이 일로 공은 임금으로부터 선온(宣醞)과 함께 상을 받았다.

또 이때 원각사(圓覺寺) 절터 안에서 발생한 화재로 인해 인명 피해가 난 것을 계기로 그곳에 거주하는 잔민(殘民)들을 남벌원(南伐原)으로 이주시키라는 왕명에 대하여, 공은 담당 승지로서 이재민들을 대책 없이 이주시키는 일은 옳지 않다 하면서 대신들과 다시 의논함이 좋다는 건의를 함으로써 임금의 허락을 받기도 했다.

그러나 이 무렵 명종은 순회세자(順懷世子)를 잃은 슬픔으로 심정이 울적해 있었다. 그런 가운데 임금의 총애를 등에 업고 악랄한 권모술수로 사림들에게 화를 입히려 한 이양(李樑)·이감(李戡)·권신(權信) 등 이른바 여섯 간신들의 죄가 가볍게 적용되었다 하여, 율(律)에 따라 엄벌할 것을 주장하는 여론이 들끓고 있었다. 특히 이들 가운데 윤백원(尹百源)과 이중경(李重慶)은 윤원형과 숙질간이요 좌의정 심통원(沈通源)과 사돈 관계라는 이유로 정실에 따라 죄를 덮으려 했다는 의심을 크게 받고 있었다. 그러므로 양사(兩司)는 물론 홍문관·예문관에서도 매일처럼 이들의 죄를 법에 따라 최고 형량대로 다시 다스려야 한다는 것을 논계(論啓)하여 임금을 압박했던 것이다. 조야의 연일 빗발치는 여론에 견디다 못한 임금은 마침내 승정원에 하교하여 승지들에게 공론의 무마를 요청하기에 이르렀다. "나는 세자가 죽은 뒤로 신열이 크게 일어나 지난 한 해 동안 조섭함으로써 겨우 안정을 되찾았다. 그러나 근일에 이양을 비롯한 육간(六奸)을 처벌하는 일로 논집(論執)이 한층 심해져, 심열이 다시 도지고 기운이 평안하지 못하니 당분간 시사(視事)를 권하지 말라"고 요청한 것이다.

이러한 하교에 대하여 당시 공은 도승지 이문형(李文馨)과 좌승지 박계현(朴啓賢) 등과 의논한 후 화계(回啓)하기를 "전하께서 심신의 안정을 조금이나마 되찾아 정무를 보살피게 된 것은 참으로 기쁘고 감격스러운 일입니다. 그러나 대간(臺諫)과 시종(侍從)이 일국의 공론을 가지고 간신들의 엄벌을 청했는데 전하께서 어렵게 여겨 처리를 늦추시니 답답하게 여기고 있는 것입니다. 그러므로 공론의 소재를 확실히 아시고 의심 없는 결단을 내리신다면 조정이 안정되고 성체(聖體)가 편안해지실 것입니다" 하고 도리어 임금의 과감한 결단을 촉구했다. 이에 임금의 마음도 크게 언짢아졌다.

이 계사의 뜻을 살펴보니 나는 그것이 과연 합당한 처사인지 알 수 없다. 죽이고 살리는 권한은 임금에게 있고 간신을 다스리는 것은 승정원의 소임이 아닌데 승지들마저도 번거롭게 논하여 임금의 마음을 동요시키려 하는가?
觀此啓意 予未知果當也 生殺在於君上 治奸非政院之任也 並爲煩論動搖君心乎

당시 좌부승지로 있던 공의 계사에 대한 임금의 비답은 곧바로 내려졌다. "간신들을 죽이고 살리는 권한은 임금에게 있는 것인데, 승지들마저 번거롭게 논하여 임금의 마음을 동요시키고 있다" 하고 다분히 감정 섞인 회답으로 대응하였다. 그러고는 승정원의 인사를 전면 개편하여 공을 갑자기 절충장군(折衝將軍)의 품계에다 용양위부호군(龍驤衛副護軍)이라는 종4품의 무보직 서반(西班) 관직으로 좌천시켜버렸다. 그리고 그 조치가 너무 심하다고 여겼던지 잇달아 정3품의 충무위상호군(忠武衛上護軍)으로 품계만 높이고 보직은 여전히 주지 않았다.

6. 귀향의 결심과 용호(龍湖) 위의 장수(藏修)

이러한 전격적인 조치는 말할 것도 없이 윤원형과 심통원 등 척신들의 뜻에 의해 단행된 것이지만 조야의 공론은 또 한 번 소용돌이쳤다. 당시

대사헌 이택(李鐸)과 대사간 박순(朴淳) 등 양사의 수장은 항의의 표시로 사표를 내던지고 직무를 거부했으며, 홍문관의 부제학 김귀영(金貴榮)은 차자를 올려 신랄하게 그 부당성을 지적하였다.

한 나라가 유지되는 것은 인심에 있고 인심은 공론에 의지하는 것입니다. 공론이 과격하게 일어난다 해서 억누른다면 인심은 기댈 곳이 없으니 이는 국가의 복이 될 수 없습니다. 언론의 책임을 맡은 자는 그 소임을 다해 직분을 지켜야 할 것이요, 임금에게 생각을 말하는 자는 그 잘못을 바로잡는 것도 또한 그 책임일 것입니다. 엄절한 말로 핍박만 하신다면 걱정만 하고 잠자코 물러날 수밖에 없을 것이니, 나라가 마침내 어떻게 될지 알 수 없습니다.

國家之所以維持者 人心也 人心之所以倚賴者 公論也 公論激發而沮抑之 則人心無所依賴 此非國家之福也 有言責者 盡其官守是其職也 在論思者 補其遺闕亦其責也 而迫於嚴切之辭 不免悶黙而退 不知國家之終何如也

위와 같이 과감하게 공론을 펼친 뒤에 예문관과 승정원의 충심에 찬 계사의 진의를 외면한 것에 대하여도 그 공동의 책임을 지겠다는 각오를 피력하였다. 따라서 느닷없는 승정원의 개편과 그 관원들에게 치명적인 불이익을 준 데 대하여 간접적인 불만을 토로하기도 하였다.

예문관에서 아뢴 일은 곧 신등이 아뢴 것이요, 승정원에서 논의한 것도 곧 신등이 논의한 것입니다. 만약 예문관에서 아뢴 일이 사특한 논의라 하고 승지들의 말씀드린 일이 옳지 않다고 한다면, 전하의 바른 것과 옳은 것은 과연 어떤 것입니까?

藝院之所陳者 卽臣等之所陳也 喉舌之所論者 卽臣等之所論也 若以藝院之所陳者 指爲邪議 喉舌之所論者 指爲不可 則殿下之所謂正所謂可者 果在何所耶

그러나 소용 없는 일이었다. 이는 공이 사헌부의 장령으로 있을 때 보우와 계당 등 승려 징계에 앞장선 일이 빌미가 되었다는 소문과 함께, 문정왕후가 당시 병석에 있으면서도 여전히 임금에 대해 겸제(鉗制)의 끈을 놓지 않았던 데에도 관계가 있었다. 그런 가운데서 그해 4월에는 문정왕후의 죽음을 계기로 또 담양도호부사(潭陽都護府使)로 출수(出守)를 당하였다. 공

금시당(今是堂) 전경 금시당의 본당(本堂)과 경내 백곡서재(栢谷書齋) 건물이 1996년에 경상남도 문화재자료 제238호로 지정되었다(밀양시 용활동 582-1번지).

은 곧 사표를 내던지고 고향으로 돌아갈 결심을 굳혔다. 도연명(陶淵明)이 오두미(五斗米) 때문에 허리를 굽힐 수 없다 하여 팽택(彭澤)의 고을살이를 그만두고 율리(栗里)로 돌아간 그 풍표(風標)를 본받고자 한 것이다.

공은 귀향하자마자 조금도 머뭇거리지 않고 평소에 눈여겨둔 용호(龍湖) 의 위쪽 백곡(栢谷)에다 별업을 지어 금시당(今是堂)이란 편액을 걸었다. "고향으로 돌아온 지금은 잘한 일이요, 벼슬살이에 얽매였던 어제까지는 잘못임을 깨달았다(覺今是而昨非)"라는 「귀거래사(歸去來辭)」의 뜻을 취한 것이다. 이때 향인들은 물을 건너 바라다보이는 숙부 월연공의 쌍경당(雙鏡堂)과 아울러, 물러나는 때를 알고 깨끗하게 처신을 잘한 한(漢)나라 때 소광(疏廣)·소수(疏受) 숙질의 지조에 비유하여 공의 숙질을 가리켜 '이소(二疏)의 풍절'이라 칭도하며 사모했다. 때때로 공은 찾아오는 친구들과 어울려 용호와 월연에서 소창(嘯唱)을 하며 한양을 바라보고 임금을 그리워하기도 했는데, 「월연에 배를 띄워 회포를 그린다(泛舟月淵寫懷)」라는 제목의 오언율시 한 수는 그러한 심정을 잘 나타내주고 있다.

해거름녘 푸른 강에 흥이 겨우면	落日滄江興
친구와 함께 작은 배로 노니는구나	携朋戲小舟
지난날엔 금마문의 손이 되더니	昔爲金馬客
오늘은 흰 갈매기와 짝하고 노네	今作白鷗儔
무봉산에 맑은 바람 저녁이 되면	鳳峀淸風夕
용호 여울에 가랑비 가을이 오지	龍灘細雨秋
비록 그윽한 정취는 많이 있으나	雖多幽情趣
도리어 님 그리는 시름이 있다네	還有戀君愁

1566년(명종 21) 8월 25일에 향년 54세를 일기로 고향집에서 별세하니 후일에 순암(順庵) 안정복(安鼎福)은 그가 쓴 공의 묘갈명에서 "일찍부터 효행이 드러났고 성품이 엄숙하고 과단성이 있어 세인의 칭송이 높았다. 문과를 거쳐 괴원(槐院)·옥당(玉堂)·한원(翰苑)·대각(臺閣)·은대(銀臺)에서 문한을 드날렸고, 청직한 뜻이 인정되어 임금의 신임이 두터웠다. 학문과 경륜이 넓고 깊어 당파싸움의 와중에서도 호간(豪奸)을 두려워하지 않았으며, 소인을 배척하는 선비의 지절(志節)을 지켰다"고 공의 깨끗한 한평생을 찬양하였다.

공의 배위는 숙부인 밀양박씨(密陽朴氏)로 참봉(參奉) 영미(英美)의 따님이다. 슬하에 2남 2녀를 두어 아들은 경홍(慶弘)·경승(慶承)이고 사위는 임진왜란 때 학자요 의병장인 대암(大庵) 박성(朴惺)과 사인(士人) 곽영길(郭英吉)이다. 후일 백곡서원(栢谷書院)에 향사되었다.

제6장

제헌공(霽軒公)의 지상(志尙)과 선업(先業)의 수호

공의 휘는 원량(元亮)이고 자는 영경(英卿)이며 호는 월영(月暎) 또는 월영어옹(月盈漁翁)·제헌(霽軒)이라고도 했다. 문절공 기우자선생의 후손으로 중화공 증석(曾碩)의 증손이고 입향조이신 충순위공 사필(師弼)의 손자이다. 아버지는 월연공 태(迨)이고 어머니는 숙인 전의이씨로 생원 명윤(明胤)의 따님이요 절제사 승간의 현손녀인데, 공은 1504년(연산 10)에 밀양 용성리 향제에서 4남 2녀의 장남으로 태어났다.

1. 과거 공부와 주지(州誌)에 실린 소담(笑談)

공이 태어난 해는 갑자사화로 연산군의 난정이 극에 다다라 중종반정의 기운이 무르익어갈 무렵이었다. 드디어 1506년 공이 세 살 되던 해에 반정이 성공하자 유생들은 다시 새 세상을 만난 듯 입신출세의 희망을 가다듬고 상경의 대열이 줄을 이었다. 당시 신진사류로서 높은 이상과 포부를 지녔던 아버지 월연공도 이러한 풍조에 힘입어 한양으로 진출한 것은 말할 필요가 없다. 그리하여 공이 네 살 되던 해에는 생원·진사 두 시험에서 합격한 데 이어 7세 때에는 대과 급제의 영예를 얻은 후 귀향하여 성대한 신은(新恩)의 잔치를 열었다. 가문으로서는 낙남(落南)을 한 후 처음으로 맞이하는 경사였고, 공으로서는 한창 감수성이 예민한 소년 시절의 일이었다.

본래 품성이 영민하고 기상이 출중했던 공에게 아버지의 그런 훌륭한 모습은 자연 마음속에 거울이 되어 비쳐졌으며, 혼자 고향집을 지키며 자녀를 양육해야 하는 어머니로서는 공의 교독(敎督)이 생활의 전부가 되다시피 했다. 공은 어린 시절 백부 진사공으로부터 동몽(童蒙)의 가르침을 받은 데 이어 지학(志學)의 나이에는 외부 스승에게 나아가 경사(經史)를 섭렵했으며, 1519년(중종 14) 아버지가 기묘사화를 예견하고 귀향한 다음부터는 직접 어른을 색양(色養)하면서 '추정(趨庭)의 시례(詩禮)'를 다하였다.

약관 전후에 공은 부모의 간절한 소망을 받들어 밀양 하동(下東)에 있는 천태산(天台山) 기슭의 부암(父庵)에 들어가 수년 동안을 기거하며 과거 공부에 열중하기도 했다. 이 시기에는 향중에서 과거를 보려는 선비들이 깊은 산사를 찾아 책과 씨름하는 일이 많았는데, 평소에 친분이 두터웠던 밀양부사 박아무개의 아들도 공과 이 절간에서 함께 공부하는 사이가 되었다. 부사의 아들 또한 재주와 풍류가 뛰어나 공과는 자연 의기가 투합했으나 성격이 호방하여 장난기가 심하였다.

하루는 그의 종조부가 되는 박별좌(朴別坐)라는 사람이 부사의 식객이 되어 아사(衙舍)에서 묵고 있었다. 박별좌는 성격이 괴팍하고 꾀가 많아 사람을 잘 속였는데, 그에게는 말(馬)을 몹시 좋아하는 버릇이 있었다. 그때에도 전 재산을 털어 사들인 갈기 하얀 명마(名馬) 한 필을 끌고 다니며 자랑하고 민폐를 끼치기도 했다. 평소에 이를 매우 아니꼽게 생각한 부사의 아들은 얕은꾀로 사람을 속이는 나쁜 버릇을 고쳐주어야 한다면서 공에게 응원을 요청했다. 공도 남을 속이거나 분수 없는 행동으로 민폐를 끼치는 벼슬아치들에 대하여 민감한 거부감을 가지고 있었다.

공은 부사의 아들과 함께 이심전심으로 밤중에 몰래 하인들을 시켜 박별좌의 명마를 끌고 나와 절 아래 민가에서 묵즙(墨汁)으로 말을 까맣게 칠해버렸다. 이튿날 아침 부사의 아들이 관아를 찾아가 밤새 애마(愛馬)를 잃어버린 줄 알고 상심하고 있는 박별좌를 위로하고는, 넌지시 안태(安台)

마을 민가에 새까만 명마 한 필이 있다는 것을 귀띔해주었다. 분수 없이 명마에 대한 욕심이 많았던 박별좌는 그 까만 말이 본래의 자기 백마인 줄도 모르고, 거금을 들여 말을 사들였다. 공과 부사의 아들은 박별좌를 통쾌하게 골려주는 데 성공을 한 것이다. 이 향중 소담(笑談)은 『밀주지(密州誌)』 「총담조(叢談條)」에 실려 먼 후대에까지 회자(膾炙)되었는데, 실속 없이 허장성세를 일삼는 위선자들에게 하나의 경종을 울린 것이다.

공의 아버지가 1534년(중종 29)에 김안로 등의 악랄한 용사(用事)를 견디지 못하고 벼슬을 그만둔 뒤에 고향으로 내려오자, 그 이듬해에는 공이 대신 한양 집으로 올라가게 되었다. 그리하여 아버지의 명에 따라 반궁(泮宮)에 유학했고 1536년(중종 31) 봄에는 사마시에도 합격하여 성균진사가 되었다. 그러자 곧 아버지의 병이 위중하다는 기별을 듣고 고향집으로 내려갔으며, 이해 5월에 아버지가 별세하자 아우들과 함께 애곡으로 나날을 보내며 가례(家禮)에 따라 거상(居喪)을 끝마쳤다.

2. 깨끗한 행의(行義)와 담박한 수양

그러나 3년간의 외간상(外艱喪)을 치르자마자 잇달아 1539년(중종 34)에는 또 어머니이신 숙인 전의이씨께서 세상을 버리셨고, 허망한 마음으로 3년의 상기를 마치니 공의 나이 이미 불혹을 바라보게 되었다. 이때부터 공은 아버지의 맑고 높은 풍절과 진퇴(進退)의 절도를 본받아 오로지 자기수양의 학문을 닦는 데 전념했다. 자연 공거(公車)의 문자를 정리하고 벼슬살이의 뜻을 거두었으며 오로지 선공의 별업을 지키는 데 마음을 기울였다. 향중 선비들과도 어울려 고을의 풍습과 기강(紀綱)의 진작(振作)에 모범을 보이는 한편, 시문(詩文)과 어조(漁釣)로 한가로이 여생을 보내기로 하였다.

공의 행의(行義)가 훌륭하고 인망이 높았다는 것은 당시 밀양 고을에서 향현(鄕賢)으로 추대된 사실만 보아도 알 수 있지만, 종제인 금시당공이 한림원으로 있을 때 지어 보낸 시에서 공의 깨끗한 행의(行誼)와 일흥(逸興)을 찬양하고 부러워한 데서도 그 면모를 엿보게 한다. 여기에 옮기는 칠언율시의 제목은 「한원에 있으면서 월영어옹에 부침(在翰苑寄月盈漁翁)」으로 되어 있다. 『동문선(東文選)』에도 게재된 여말선초(麗末鮮初)의 명신 설장수(偰長壽)가 지은 「어옹(漁翁)」이란 시와 운자(韻字)가 같을 뿐 아니라 시구까지도 비슷한 점이 많아, 아마도 금시당공이 그 시상(詩想)을 차용한 것으로 짐작된다.

헛된 이름에 매달려 분주함을 냉소하며	冷笑浮名役役忙
한평생 몸과 맘을 자연 속에 맡겼구려	百年身世水雲鄉
순채국과 농어회에 천고의 풍류 즐기니	蓴鱸逸興風千古
낚시질 고요한 정취 달도 함께 배를 탔네	漁釣閑情月一航
시정의 바람과 티끌 꿈결에도 없으리니	紫陌黃塵無夢寐
도롱이와 푸른 삿갓 이것만이 행장이라	綠簑青笠是行裝
머리 들어 회상하면 형님의 높은 취미	回頭緬憶阿翁趣
옥당에 앉은 이 몸 한없이 부끄럽소	深愧吳儂坐玉堂

한 편의 그림과 같은 시다. 도롱이와 삿갓으로 행장을 차리고 월영(月盈)의 물가에서 낚싯대를 드리우고 있는 공의 거룩한 모습이 신선처럼 다가온다. 벼슬길에 연연하지 않고 세속을 초월한 공의 고결한 풍도를 절로 느끼게 한다. 이 시 한 수로써 공의 모든 것을 미루어 알 수 있는데, 종제 금시당공이 서울에서 옥당(玉堂)에 앉아 있으면서도 항상 고향에서 선업(先業)을 지키고 있는 종형을 그리워하고 부러워하는 마음이 짙게 밴 좋은 시이다.

임진왜란 때 가문에서 전해오던 문적(文籍)이 불에 타 없어졌으므로 공에 관한 많은 시문과 사적을 알 길이 없으나, 향년 66세라는 공의 생애는 참으로 맑고 잔잔한 여울과 같다 할 것이다. 배위는 의인(宜人) 장수황씨(長水黃氏)로 통덕랑(通德郎) 신충(藎忠)의 따님이고 영의정을 지낸 방촌(厖

村) 황희(黃喜)의 현손이다. 슬하에 3남 3녀를 두었는데 위로 두 아들 교위 (校尉) 경함(慶涵)과 내금위(內禁衛) 경청(慶淸)은 젊은 시절에 별세하여 후사를 두지 못했다. 결국 셋째아들 정랑(正郎) 경옥(慶沃)이 형망제급(兄亡弟及)의 순리에 따라 공의 뒤를 이었다. 묘는 밀양 장선리(長善里) 선영 경역에 있으며 배위와 합폄이다. 후손들이 공의 고결한 인망을 기리고 선업을 잘 지킨 행적을 추모하여, 1956년(丙申)에 쌍경당 아래쪽에 집을 지어 제헌 (霽軒)으로 현판을 했다.

제7장

증참의공(贈參議公)의 분거(分居)와 치가(治家)

공의 휘는 원충(元忠)이고 자는 신경(藎卿)이며 호는 미상이다. 문절공 기우자선생의 후손으로 돈녕공 자(孜)와 재령군주의 현손이고, 중화공 증 석(曾碩)의 증손이며 충순위공 사필(師弼)의 손자이다. 아버지는 월연공 태 (迨)이고 어머니는 숙인 전의이씨로 생원 명윤의 따님인데, 공은 1506년 (중종 1)에 밀양 용성리 향제에서 4남 2녀의 둘째아들로 출생했다.

공이 태어난 시기는 연산군이 왕위에서 쫓겨나고 중종이 새 임금으로서 즉위하는 반정(反正)의 해로서 사림들은 새로운 세상에 대한 희망으로 활 기를 되찾았다. 아버지는 서울 집으로 다시 올라가 문과에 합격한 후 곧장 사환(仕宦) 생활을 시작하였고, 강보에 싸인 공은 백형과 함께 어머니의 슬 하에서 양육을 받으며 주로 시골집에서 유년 시절을 보냈다.

본래 재질이 영특하고 자태가 늠름했던 공은 10여 세에 이미 사서(四書) 를 통독하여 주위의 기대를 모았으며, 아버지 월연공이 기묘사화를 미리 내다보고 벼슬을 그만둔 채 귀향한 뒤에는 직접 추정(趨庭)의 가르침을 받 았다. 약관의 나이 전후에는 수년간 피나는 노력을 통하여 과거시험에도 대비했지만 몇 차례 향해시(鄕解試)에 등장한 다음에는 혼탁한 시류(時流) 에 휩쓸리지 않으려는 아버지의 맑고 깨끗한 지상(志尙)을 본받게 되어 과 환(科宦)에 대한 열의가 별무하였다. 대신 아버지의 뜻을 받들어 대구(大邱) 에 사는 중화양씨(中和楊氏) 가문에서 진사(進士) 양배선(楊拜善)의 따님을 배위로 맞아 바로 처가에서 거주하였다.

　이러한 공에게 음직으로 종6품 여절교위(勵節校尉)의 자급이 내리기도 했으나, 1536년(중종 31)에 외간상을 당한 데 이어 3년 후에 어머니마저 세상을 떠나니 공명(功名)의 부질없음을 더욱 뼈저리게 느꼈다. 전후 5년에 걸친 부모의 거상(居喪)을 향리 밀양에서 끝내고 중년에 이른 공은, 다시 처가마을로 돌아와 정착을 하니 곧 지금의 대구시 수성구 파동(巴洞)이 그곳이다. 그러나 1552년(명종 7) 공이 47세 때 초취(初娶)의 배위 양씨(楊氏)가 별세하자, 이어서 인천이씨(仁川李氏)를 계실(繼室)로 맞이했는데 사인(士人) 공겸(恭謙)의 따님이다.

　1563년(명종 18)에 향년 58세를 일기로 세상을 떠나니 맏이는 윤신(潤身)으로 일찍 사별하였고, 둘째아들은 윤수(潤壽)로 당시 나이 18세의 미성(未成)이며, 딸 하나는 유학(幼學) 박사립(朴斯立)에게 출가시키니, 3남매가 모두 양씨 소생이다. 독자로 남은 아들 윤수(潤壽)는 양친을 잃은 총각의 처지로 일찍 별세한 형을 대신하여 공의 가계를 이었다. 마침 대구인(大邱人)으로서 황해감사를 역임한 백진양(白震陽)의 배위가 된 고모(姑母)께서, 용궁현 무이리(武夷里)에 세거하며 가산이 유족했으나 후사를 두지 못하였다. 이에 외로운 처지가 된 친정 조카에게 혼인을 시키고 그 터전을 그대로 물려주게 되었다. 공의 자손들이 오늘의 무리실 이씨의 번성한 가문을 이루게 된 것은 실로 백씨 댁으로 출가한 고모 내외분의 은택(恩澤)과 배려 때문이라 할 수 있다.

　그로부터 약 80년이 지난 1640년경(인조 연간)에 공의 넷째손자인 호우공(湖憂公) 환(煥)이 대구 달성(達城)에 있었던 조부의 옛 집터를 돌아본 후 그 산소에 성묘하고 읊은 두 수의 시를 남겼다. 당시의 정황을 회상하면서 자손으로서는 그 감회가 매우 깊었을 것이다.

　　이 땅은 지난날에 우리 집이 있던 곳　　　　　此地前時卽我家
　　푸른 대나무 정원을 채워 아름답구나　　　　狺狺萊竹滿園嘉

| 지금 가보가 있다 한들 되돌릴 수 없으니 | 只今無復青氈在 |
| 오직 석양에 황폐한 자취만 보게 되네 | 惟見荒墟落日斜 |

위의 시의 제목은 「달성 옛 집터에 와서 느끼다(至達城舊基有感)」라고 되어 있다. 달성 옛 집터는 공이 이사하여 눌러 살던 처가를 말하는 것으로 호우공이 찾았을 당시는 푸른 대나무가 꽉 들어찬 황량한 집터만 남았던 것으로 짐작된다. 아래에 소개하는 칠언절구 한 수의 제목은 「할아버지 산소에 성묘를 하고 오랫동안 눈물을 흘리다(省拜祖父墓涕下久之)」로 되어 있다. 공이 세상을 떠나시자 대구부(大邱府) 남쪽에 있는 박곡(朴谷)에 땅을 얻어 장사지낸 유택으로, 뒷날 다른 산에 있던 초취 배위를 모셔와 합폄을 했다. 공에 대한 묘도(墓道)의 글은 소고(嘯皐) 박승임(朴承任)이 지었고 진사(進士) 양담(梁澹)이 그 글씨를 썼다. 묘소 아래에 후일 자손들이 영안재(永安齋)를 건립하여 묘각으로 삼았다.

산소에 재배하니 눈물이 옷에 젖어	再拜松楸淚滿衣
당시의 빛나는 가업 조금은 희미하다	當時赫業少依稀
돌짐승 황량한 곳임을 누가 알겠는가	誰知石獸荒凉處
늙어서 쇠잔한 손자 또 홀로 돌아가네	白首殘孫又獨歸

별세하신 지 57년 만인 1620년(광해 12)에는 공에게 통정대부(通政大夫)의 품계와 공조참의(工曹參議)의 증직이 내렸다. 따라서 전·후취(前後娶)의 두 배위도 부군의 품계를 쫓아 숙부인(淑夫人)의 호칭을 얻게 되었다. 이는 그 전해인 기미년(己未, 1619)에 큰 흉년을 만나자 집안에서 조정의 권유로 곡식을 헌납하여 보용(補用)하도록 했는데, 조정에서 공의 아들 창암공(蒼庵公) 윤수(潤壽)의 행덕(行德)을 기리어 가선대부(嘉善大夫)의 품계와 한성부우윤(漢城府右尹)을 증직하는 은전(恩典)을 내린 데 따른 것이다. 그러므로 그 이듬해에는 선공에게도 위와 같은 예우가 있었던 것이다.

제5부
각 파 자손들의 세거(世居)와 인물

■ ■ 응천(凝川)의 흐름에 둘러싸인 밀양시 일원(一圓)
각 파의 세거지(世居地)가 이 판도 안에 여러 곳 분포되어 있다.

제1장

밀양 사파(四派)의 성립과 임진왜란

　충순위공 사필(師弼)이 한양에서 낙향하여 용성리(龍城里)에 생활의 터전을 정하고 한 가문의 뿌리를 내린 후에도 4대에 걸쳐 약 100년 동안은 그 지엽(枝葉)이 그다지 무성한 편은 아니었다. 애초에는 충순위공의 두 아들 가운데 맏이인 진사공 원(遠)이 역시 두 아들을 두었고, 지차(之次)인 월연공 태(迨) 또한 4형제나 되는 아들을 나란히 둠으로써 장차 자손이 번성하여 가운이 융성할 것 같았다.

　그러나 세대가 바뀌자 장방(長房)에서 증손인 생원공 광로(光輅)가 나이 30세에 청운의 꿈을 거두고 후사도 없이 요절(夭折)하는 비운을 겪게 되니 집안의 비탄이 여간 아니었다. 설상가상으로 차방(次房)의 손자 4형제 중에 셋째인 충의위(忠義衛) 원회(元晦)와 넷째인 충순위(忠順衛) 원빈(元賓)이 또한 대를 이어줄 아들을 두지 못한 채 각각 젊은 나이에 세상을 버리게 되니 한때 가운(家運)의 비색(否塞)을 한탄하기도 했다.

　그 후 장방의 둘째손자 금시당공 광진(光軫)이 아들 형제를 두었지만, 아들이 없는 백형 앞으로 그의 차자(次子)를 입양시켜 큰집과 자기의 대를 겨우 잇게 되었다. 또 차방의 맏손자 제헌공 원량(元亮)이 세 아들 가운데 위로 형제가 나란히 조졸(早卒)의 불운을 당해 끝의 아들이 독신으로 남게 되었고, 둘째손자 증참의공 원충(元忠)은 큰아들의 요절로 큰 아픔을 겪은 끝에 겨우 한 아들만 그 대를 계승하였다.

결국 우리 입향조 충순위공은 증손의 대에 이르러서야 양방(兩房)에서 불과 두 집씩이 분가됨으로써 모두 네 줄기의 가지가 뻗어 영남에다 여주 이씨의 문벌을 여는 기초를 닦게 된 셈이다. 다시 말하면 진사공(進士公) 경승(慶承)이 조부 이래의 세거 마을인 용성리의 전장(田庄)을 지키며, 그 인근에 자손들이 분포됨으로써 오늘의 종파(宗派) 곧 용성파(龍城派)를 이루었고, 근재공(謹齋公) 경홍(慶弘)이 금시당(今是堂)이 자리잡은 백곡(栢谷)을 가꾸어 그 터전을 자손들에게 물려줌으로써 오늘의 금시당파(今是堂派)를 이루었다.

또 겸재공(謙齋公) 경옥(慶沃)이 월연(月淵)의 아름다운 별업(別業)을 지키며 자손들이 그 주변 마을에 집단적으로 살게 된 것이 오늘의 월연파(月淵派)를 이루었고, 창암공(滄庵公) 윤수(潤壽)는 백씨 고모가(姑母家)와의 인연으로 외가마을인 대구의 파동에서 용궁 무리실[茂李谷]로 이사 정착하여 오늘의 용궁파(龍宮派)가 된 것이다. 이 네 계파의 종지(宗支)는 대체로 임진왜란 훨씬 이전부터 자연발생적으로 생성된 것이지만 한 세대가 바뀌어도 그 후사는 여전히 외롭고 단조로웠다.

특히 종파를 이루게 된 진사공은 비록 두 아들 래(鑶)와 옹(壅)을 두었지만 백형 근재공이 또 후사가 없어 자신의 둘째아들 옹을 그 앞으로 출계시킴으로써 겨우 종파와 금시당파의 세대(世代)가 이어졌다. 또한 겸재공도 애초에는 아들을 5형제나 두어 슬하가 매우 든든하였으나 임진왜란(壬辰倭亂)으로 인해 참혹한 가환을 겪는 과정에서, 위로 장성한 네 아들을 한꺼번에 잃는 불행을 당한 끝에 결국 홀로 생존한 막내아들 유(瑜)가 간신히 한 집안을 붙들게 되어 오늘의 월연파를 계승한 것이다.

다만 용궁파에서 창암공이 여섯 아들을 두어 진진한 자황(慈況)을 누린 것은 참으로 다행한 일이었고, 후일 그 제3방(第三房)의 손자 장윤(長胤)을 종파의 주사(胄嗣)로 입계시켜 세계를 잇게 한 것은 큰 공헌이라 아니할 수 없다. 임진왜란은 우리 가문으로서는 참으로 가혹한 시련이었고, 엄청난 재난을 안겨다주었다. 유독 우리 가문만 그러했던 것은 아니지만 아침

저녁 밥 짓는 연기와 글 읽는 소리로 평화롭기만 했던 고향마을에 삽시간에 밀어닥친 왜적의 유린과 무차별한 전쟁의 불길은 차마 상상할 수조차 없었다.

이때 밀양부사로 있던 젊은 무인 박진(朴晉)은 먼저 동래성의 위급함을 구하고자 부병(府兵)들을 이끌고 전선으로 내달아 갔다. 그러나 파죽지세로 밀려드는 적세를 감당하지 못하고 밀양으로 되돌아와 삼랑진의 작원관(鵲院關)에서 제2의 방위 전선을 구축하였다. 왜적이 이 작전을 알아채고 양산 쪽에서 배후를 덮치니 작원관은 순식간에 무너지고 박진은 밀양성내의 무기고와 곡창에 불을 지르고 후퇴했다. 이 과정에서 당시 밀양성의 동문 밖 사인당리를 중심으로 그 인근 마을에 모여 살던 우리 일족들은 창황망조 속에서 모든 것을 포기하고 피난길을 재촉하지 않으면 안되었다.

그때 집을 지키고 있던 진사공은 북관(北關)으로 벼슬길을 떠난 백형을 대신하여 노모를 모시고 석동산(石洞山)으로 들어간 뒤에 곧 고을의 명사들과 호응하여 향병을 모집한 후 창의(倡義)의 깃발을 들었다. 근재공도 북관 임지에서 전화 속을 뚫고 밤낮을 달려 고향으로 돌아온 후엔 석동산에서 아우와 합류하여 창의를 도모했다. 한편 겸재공도 엉겁결에 가족을 거느리고 인근의 깊은 산으로 피난했으나 결국 화를 면하지 못하고 별세했는데, 이때 교수(敎授) 노개방(盧蓋邦)에게 출가한 공의 차녀(次女)도 동래성싸움에서 전사한 남편의 홍패(紅牌)를 안고 순절한 사건이 있었다.

이와 같은 창졸간의 화액으로 용성마을을 위시한 백곡과 월연의 전장(田庄)은 하루아침에 잿더미가 되고, 산원(山原)과 천택(川澤)이 무차별하게 황무지로 변한 것은 너무나 자명한 일이었다. 뿐만 아니라 겨우 몸만 빠져나오는 다급한 경황 속에서 조상 전래의 청전(靑氈)과 문적(文籍)은 미처 챙길 겨를이 없었다. 마침내 마을 앞 추내[推川] 가에는 부서진 가장집물과 산란한 문서 쪽지가 바람에 흩날렸고, 1만 권을 헤아리는 이씨 가문의 책 썩는 냄새가 3년간이나 코를 찔렀다는 말이 전해질 정도였다.

우리 가문의 역사와 전통은 이러한 와중에서 이지러지고 단절되는 액운을 만났고, 조상 전래의 문화(文華)와 소술(紹述)의 자료는 이러한 무망(無妄) 속에서 깡그리 소멸되었던 것이다. 참으로 안타깝고 한스러운 일이 아닐 수 없다. 그러나 전쟁의 비극과 참상은 이에 그치지 않았다. 사람들의 양심과 도덕이 또한 철저히 파괴되고 마비되기도 했다. 세상이 한번 바뀌자 기존의 모든 사회질서는 무너지고 음지가 양지로 뒤바뀌는 틈을 타서 공공연하게 남의 재산을 탈취하려는 음모와 작태도 예사롭게 벌어졌다. 더구나 노비와 토지 문서가 회신(灰燼)으로 돌아간 경우에는 그 정도가 더욱 심하였다.

우리 가문에서도 이러한 작태와 수난은 예외가 되지 않았다. 겸재공이 피난처에서 겨우 일신을 보전하고 돌아온 뒤, 평소 충직하던 노비들이 그 피붙이들과 짜고 주인집 재산을 탈취하고자 일으킨 사건도 그중에 한 사례로 들 수 있다.

당시 밀양에 주둔했던 명나라 원군의 장수에게 빌붙어 애첩(愛妾)으로 변신한 한 여종이, 허욕에 눈이 뒤집혀 명장(明將)의 위세를 업고 인륜에 반하는 끔찍한 만행을 저질렀다. 곧 재산권 주장의 꼬투리를 없애고자 섬기던 주인과 아직 나이 어린 아들 4형제에게 무서운 죄를 뒤집어씌워 희생시킨 무참하고 끔찍한 일을 벌인 것이다. 밀양부사의 적극적인 변호로 요행히 살아남은 끝의 아들 증참의공(贈參議公) 유(瑜)가 10세 때 당한 이 원한을 한시도 잊지 않고 부모 형제의 원수를 갚기 위해 평생 복수의 칼을 간 것은 너무나 당연한 일이었다.

그러나 이러한 혼돈과 암흑의 시대에 우리 가문이 당한 수모와 고초가 어찌 이것뿐이었겠는가. 조상의 음덕으로 그나마 가족과 신명(身命)이 보존된 것을 다행으로 여긴 나머지 감추어버린 다른 사건은 과연 없었겠는가.

외선조이신 류진사공과 입향조 충순위공 이래 우리 가문이 보유했던 광활한 전토와 산천이 미증유의 전란 이후 별다른 이유도 없이 시나브로 축소되고 기록도 없이 사라진 사실은 무엇을 말함인가. 난리 중의 무법과 만행을 떠올리면서 묘연한 자산의 행방을 한 번쯤 추구해보는 것도 무의미한 일은 아닐 것이다.

어떻든 임진왜란은 우리 가문으로서는 모질고도 긴 수난이었고 문운(門運)을 판가름한 전환기이기도 했다. 그럼에도 불구하고 우리 가문 네 파의 선조들은 그 형용할 수 없는 인고(忍苦)의 세월 속에서도, 굳건하게 선비로서 인간적인 지조를 지킬 수가 있었고 한 가문의 기둥으로서도 흔들림이 없었다. 또 그러한 선조들이 자손들에게 끼쳐준 음덕이 있었기에 우리 네 파의 가문은 물론 번성한 후손들의 오늘이 있게 된 것이다. 삼가 옷깃을 여미고 마음속에서 우러나오는 정성으로 선조들에게 추모와 감사를 드려야 할 것이다.

이에 임진왜란을 전후하여 자연적으로 나누어져 굳건하게 뿌리를 내린 네 갈래 우리 가문을 각각 한 단원(單元)씩 구분하여, 사·행적이 뚜렷한 인물을 중심으로 그 흘러온 자취와 내력을 엮어보려고 한다. 그러나 우리 문중 자체의 객관적인 문헌 자료가 턱없이 부족하고, 각 가정에 수장된 사찬(私撰)의 기록물 또는 지장(誌狀)의 문자 같은 주관적인 자료마저 매우 빈약한 실정이다. 다만 조상 한 분 한 분의 전기(傳記)와 자취를 최선을 다해 소술하다 보면, 그 글의 행간에서 만족하지는 않지만 그런대로 자연스럽게 한 가문 역사로서의 형태와 효과를 거둘 수 있을 것이라 믿는다.

그럼에도 불구하고 우리 상대 조상에 관한 비교적 다방면에 걸친 객관화된 1차 사료와는 달리, 지엽이 번성해진 하대(下代)의 가승(家乘)은 오히려 자료의 질량(質量) 면에서는 빈약하기 이를 데가 없다. 보다 종합적인 자료와 체계적이고 합리적인 서술이 필요한 단계지만 주어진 제반 여건과 집필자의 사정은 오히려 그 반대라는 뜻이다. 무(無)에서 유(有)를 창조한다는 말도 있지만 황당하고 막연한 생각에서 차라리 무모하다는 자괴감까지 들 정도이다. 그렇다고 이 일을 중도에서 그만둘 수 없는 처지라면 모든 노력을 기울여 최선을 다할 수밖에 없지 않겠는가.

오직 바라는 바, 각파 후손들이 간직한 건상(巾箱) 속의 귀중한 자료가 뜻밖에 나타난다면 더 바랄 나위가 없겠지만, 오랫동안 전해지는 구비(口碑)와 가전(家傳)은 물론 하찮게 생각되는 편언척자(片言隻字)의 문서 조각이라도 찾아 제공해준다면 두찬(杜撰)을 바로잡는 데 크게 유용할 것이다.

제2장

용성구장(龍城舊莊)을 지켜온
진사공(進士公) 자손들

1. 승벌(僧伐)과 사인당(舍人堂) 마을 이름

용성(龍城)은 우리 입향조 충순위공이 한양에서 내려와 생활의 터전을
이룩한 원래의 마을 이름으로 알려져 있다. 밀양 부성(府城)의 동문 밖에
위치하여 대체로 용두산(龍頭山)이 마을 앞을 휘둘러 품고 있는 형상에서
기인한 지명이라 한다. 그러나 『밀주구지(密州舊誌)』의 방리(坊里)조에는
용성리(龍城里)라는 마을 안에 승벌과 사인당이라는 두 뜸이 나란히 있는
것으로 표기하였다. 승벌은 용성으로 통칭되고 있어 일직손씨(一直孫氏)와
밀성손씨(密城孫氏)가 세거(世居)하는 마을이며 옛날에는 읍수정(挹秀亭)이
있었다고 하였다.

사인당은 마을 이름으로 진사(進士) 류자공(柳子恭)을 비롯하여 진사(進
士) 이원(李遠)·한림(翰林) 이태(李迨)·생원(生員) 이광로(李光輅)·승지(承旨)
이광진(李光軫)·생원(生員) 이경홍(李慶弘)·진사(進士) 이경승(李慶承)이 사
는 마을인데, "금시당의 앞 시대에 문벌이 번화하여(今是堂前門地華), 선공
의 시례를 남겨 가문에 전했더라(先公詩禮贍傳家)"라는 시구가 있고, 마을
동쪽에 깊이를 알 수 없는 죽담(竹潭)이 있다고 되어 있다. 이 기록으로 보
면 사인당리는 승벌의 서쪽에 위치한 우리 이씨의 마을임이 확실하다. 그

리고 당초의 용성리라는 큰 마을에서 별도로 사인당마을이 생성된 시기도, 진사 이경승의 소거 사실을 마지막으로 밝힌 점에 비추어 임진왜란 이전부터라는 추정이 가능하다.

다만 사인당이란 지명이 궁금한데 이에 대하여는 후일에 사찬으로 발간이 된 손병희의 「밀주승람」에서 그 유래가 암시되어 있다. 곧 "여덟 사인이 이곳에서 났으므로 이름 지어졌다(八舍人生于此故名)"라고 한 기록이 그것이다. '사인(舍人)'이란 원래 고려와 조선시대의 청요(淸要)한 관직인데, 시골의 한 작은 촌락에서 8인이나 배출되었다는 말은 비록 전설이라 하더라도 상식적으로 이해되지 않는 부분이다. 때문에 필자는 이것을 조선 전기에 이 마을 출신의 우리 선조 여덟 분이 생원·진사로 배출된 사실과 연관 지어 아전인수식 해석을 해본 일이 있다.

당시 우리 가문 여덟 분의 생원·진사는 앞에서 언급된 바와 같이, 우리 외선조 류진사공을 비롯한 여섯 분과 그 기록에서 누락된 성균진사 월영옹(月盈翁) 원량(元亮)의 한 분을 추가하면 부합된다. 입향조이신 충순위공으로서는 장인과 아들 형제 그리고 손자와 증손에 모두 해당된다. 이 마을

사인당리고가(舍人堂里古家)의 현판(밀양시 용활동 용평2리 333번지)

에 뿌리를 내린 후 겨우 4대 만에 소과(小科) 여덟 자리에 대과(大科) 두 자리가 첨가된 위에, 유족한 치산(治産)으로 대대로 덕망을 겸비한 장자(長者)의 가문을 이루었다면 아마도 향국(鄕國)의 평판과 부러움의 대상이 된 것은 자명한 일일 것이다.

자연 마을 한가운데에는 우뚝한 대하(大廈)에다 자손들의 공부하는 재사(齋舍)도 들어서서, 선비들이 들락거리며 글 읽는 소리도 끊이지 않았을 것이다. 이러한 분위기에서 붙여진 당호(堂號)가 '선비의 집(士人堂)' 또는 성균관의 거재(居齋)를 의미하는 여덟 분 '사인들의 집(舍人堂)'으로 표현된 것은 아닐까 유추해본다. 벼슬의 이름에 휘말려 지명의 유래를 혼동해서는 안 된다는 생각을 한 것이다.

그러나 임진왜란으로 '큰 멧돼지(封豕)'와 '큰 구렁이(長蛇)'같이 탐욕이 가득한 왜적이 한번 마을을 유린하자, 아름다운 전장(田庄)은 일조에 황량한 쑥대밭으로 바뀌었다. 따라서 맹각(甍角)이 맞닿은 크고 작은 집들도 혹은 불타고 혹은 부서진 채 오랫동안 방치되었던 것이다. 그나마 다행이었던 일은 그런 폐허 속에서도 건물 하나가 온존(溫存)했던 사실이다. 당시에 겨우 회신(灰燼)을 면한 뒤에 지금까지도 강당(講堂)으로 전해지는 건물인데, 그 명칭으로 보아 '강학하던 집' 곧 선비들이 공부하는 건물이 아니었던가 싶다. 또한 비록 '사인당'이란 호칭은 전쟁과 함께 사라졌지만 유일하게 이 집이 남아서 우리 이씨 마을의 터전과 전통을 계승하여 입증해주고 있는 것이 아니겠는가.

전쟁통에 집주인인 진사공과 근재공 형제분은 피난지에서 창의(倡義)로 동분서주하다가 불행을 당한 끝내 고향집을 찾지도 못했다. 그 뒤를 이은 선교랑공(宣敎郎公) 래(鋈) 형제분도 약관이 채 안 된 나이에 가업을 맡았지만 지난날의 전장(田庄)을 복구하는 데는 한계가 있었다. 이미 기울어진 자산과 중첩된 가환으로 후사(後嗣)마저 위기를 맞았던 것이다. 1623년 인조반정 후에 어린 나이로 종가의 주사(胄嗣)로 입계한 처사공 장윤(長胤)의 의젓한 처신과 근실한 치가(治家)로 장년기에 해당하는 효종 연간(1650~

1659)에 이르러서야 다섯 아들을 거느리고 어느 정도 종택과 마을의 옛 모습을 되찾게 되었다.

한때 마을을 떠났던 대소가의 친척들도 차례대로 옛집을 찾아 모여들고 다시 집과 전토를 되찾아 전란 후 약 100년 만에야 사인당리의 상재(桑梓)를 거의 복원한 것이라 할 수 있다. 그 과정에서 유일하게 보존된 강당 건물도 여러 차례 중건과 보수가 거듭되다가 이민족에게 나라를 빼앗긴 후, 강학과 독서의 기능이 폐쇄되었다. 그 대신 종중의 협의로 마을의 뒷산 추화산에 모셔진 역대 선영의 재숙소(齋宿所)로 사용하였다.

1969년(己酉)에는 본 건물 뒤 위쪽에 춘우정(春雨亭)을 건립한 것을 계기로 다시 전면적인 보수를 하고 영사재(永思齋)라는 편액을 걸어 조상을 추모하는 집으로 삼았다. 강당은 앞쪽으로 툇마루를 낸 5칸 건물로 한가운데 2칸의 마루를 중심으로 좌우에 1칸과 2칸의 욱실(燠室)을 각각 갖추었다. 그러나 1989년(己巳)에 재차 보수공사를 하면서 본래 사용한 재목을 일부 교체하고 벽체 처리 방식도 조금 달리하였다. 그로 인해 건물 원형이 일부 변경됨으로써 문화재 지정에서 소외된 것은 아쉬움으로 남아 있다.

춘우정은 충순위공과 맏아들 진사공 양대의 유덕을 추모하고 시거지(始居地)를 영구히 기념하기 위해, 처음 살던 집터에 창건하여 우리 가문 대종실로 삼고 있다. 조상의 음덕이 자손에게 미치는 것은 봄비가 만물을 윤택하게 하는 것과 같다 하여 '춘우(春雨)'로써 당호로 삼은 것이다. 그 규모는 좌우로 5칸 2열로 된 팔작지붕의 조선 후기 양식의 우람한 기와집이다. 한가운데 2칸 대청을 중심으로 그 양쪽에 각각 1칸과 2칸의 온돌방을 갖추었으며, 들보와 기둥은 모두 아름드리 춘양목(春陽木)으로 이루어져 있다. 전체적으로 중후한 건축미를 나타내는 대하(大廈)로서 멀리서 바라보아도 그 위용이 자랑스러울 정도이다.

비록 우리 일문의 후손들이 역사의 고비마다 생활의 형편을 좇아 하나둘씩 세거지를 떠나는 통에 지금은 거의 남의 마을로 변모되었지만, 그래도 영사재와 춘우정은 물론 최근에 건립한 종택 송월당(松月堂)이 함께, 우리 선조들이 끼쳐주신 그윽한 자취로 500년 옛 터전을 지켜주고 있는 것은 얼마나 다행한 일인지 모른다.

2. 진사공(進士公) 경승(慶承)과 임진왜란 창의(倡義)

진사공 휘 경승의 자는 숙긍(叔兢)이며, 호는 미상이다. 문절공 기우자선생의 후손으로 충순위공의 증손이며 진사공 휘 원(遠)의 손자이다. 아버지 생원공(生員公)이 일찍 세상을 떠나시자 아들이 없어 아우인 금시당공의 차자로서 뒤를 이으시니 이분이 곧 공이시다. 어머니는 의인(宜人) 진양하씨(晋陽河氏)로 조선 초기에 문과 급제하여 감찰(監察)과 찰방(察訪)을 역임한 수천(受千)의 따님이며, 생정(生庭)의 어머니는 숙부인(淑夫人) 밀양박씨(密陽朴氏)인데 참봉(參奉) 영미(英美)의 따님이다.

1) 소년 시절과 성균관에서의 학업

1553년(명종 8)에 사인당리의 옛집에서 2남 2녀의 차자로 태어났다. 위로 13세나 연장인 백형 근재공을 맏이로 그 사이에 대암(大庵) 박성(朴惺)과 사인(士人) 곽영길(郭永吉)에게 출가한 두 자씨(姉氏) 다음의 막내아들인데 금시당공이 41세 때에 얻은 만득의 아들이다. 공이 출생할 무렵 부친은 이른바 위친걸군(爲親乞郡)으로 외직인 경상도 사천현감(泗川縣監)으로 있었고, 바쁜 공무의 여가에도 휴가를 얻어 노모를 뵙고자 가끔 고향집을 왕래하였다. 당시 사인당마을 집에는 젊은 나이에 혼자 된 형수 진양하씨가 후사도 없이 시어머니 남양홍씨(南陽洪氏)를 모시고 있었으며, 숙부인은 3남매의 자녀를 키우면서 집을 지키고 있었다.

이러한 처지에서 금시당공은 멀리 임지에 떨어져 있으면서도 항상 어머님을 직접 시봉(侍奉)하지 못하는 안타까움과 백형의 후사를 세우는 일을 주야로 걱정하였다. 비록 아들 하나를 이미 두었지만 양가(兩家)의 독신 격이라 특히 노모의 조바심이 여간 아니었는데, 늦게나마 둘째아들인 공이 태어난 것은 한 집안에 더할 수 없는 기쁨이었다.

때문에 혼자 된 형수 하의인(河宜人)도 강보에 싸인 소후(所後)의 아들 진사공을 데려다가, 바로 기출(己出)처럼 정을 붙여 양육했으며 훌륭한 어머니로서 가정교육의 소임을 다했다. 때문에 공은 처음부터 자기가 생원 공의 과방자(過房子)라는 사실을 모르고 자라난 셈이며, 어머니 하의인의 지극한 사랑과 엄격한 훈도(薰陶) 속에서 소년기를 보냈다.

본래 타고난 재질이 영특하여 5세 때에 능히 글을 읽었으며, 자리에 나아가고 물러나는 법과 절하고 꿇어앉는 몸가짐을 어른처럼 의젓하게 했다고 한다. 10세 전후에는 어머니의 교독(敎督) 아래 『소학』을 세 번이나 읽고 그 행신을 법도에 좇아 했으며, 14세에 생정의 아버지 금시당공의 상(喪)을 당하자 백형 근재공을 따라 그 집상 예절에 조금도 흐트러짐이 없었다.

지학(志學)의 나이가 되자 스스로 깨닫기를 "선비로서 이 세상에 태어나 해야 할 사업이 많은데 한가롭게 마음이 들떠서 세월을 보내서야 되겠는가?" 하고는 곧 백형의 독려 아래 촌음을 아끼며 학업에 열중했다. 돌아가신 아버지 금시당공의 엄정한 처신과 가르침을 거울로 삼고 경전(經典)과 제자백가(諸子百家)를 닥치는 대로 읽었으며, 그 결과 약관 전후에는 이미 문학(文學)과 행의(行誼)가 크게 드러났다.

공령(功令)을 바라시는 두 분 어머니의 권고를 좇아 몇 차례 고을의 장옥(場屋)을 드나들더니, 1588년(선조 21) 무자식년(戊子式年)에는 한양으로 올라가 사마방에 올랐으며 곧 진사(進士)가 되어 나이 26세에 성균관에 입학했다. 이해의 사마시는 봄이 한창 무르익은 2월 24일에 장악원(掌樂院) 뜰에서 시행되었는데 100명의 진사를 뽑는 제2소의 주시관은 호조판서 홍성민(洪聖民)이고 부시관은 참판 이제민(李齊閔)이었다.

시험의 제목은 "옥 같은 모습이신데 포위된 성중에서 오랫동안 머물렀다(玉貌久居圍城之中)"라는 『사기(史記)』의 고사를 논하는 글이었다. 그 과

제는 중국 전국시대 때 위(魏)나라의 장군 신원연(新垣衍)이, 제(齊)나라의 변론가 노중련(魯仲連)을 조(趙)나라의 한단성(邯鄲城)에서 만나 나눈 대화의 첫마디를 인용하여 두 사람의 인물됨을 다루는 논문이다.

당시 조나라의 한단성은 이웃 강대국인 진(秦)나라에 의해 오랫동안 포위되어 있었다. 이에 조나라가 동맹국인 위나라에 구원을 청했는데 장군 신원연이 파견되어, 도리어 조나라 왕에게 진나라에 화해할 것을 종용하였다. 마침 고결한 인품과 의리에 투철하다고 평판이 난 노중련이 조나라의 공자(公子) 평원군(平原君)의 손님이 되어 거기에 와 있었다. 그는 신원연이 화해를 권한다는 말을 듣고 '그것은 의(義)가 아니라'고 하면서 평원군을 위해 신원연을 만나 설득을 한 끝에 화의를 중지시켰다. 그런 다음에 위나라의 공자 신릉군(信陵君)으로 하여금 많은 문객을 거느리고 와서 계략을 세워 진나라 군사를 물리치고 한단성의 포위를 풀게 해주었다.

이 글의 제목은 그때 신원연이 노중련과 성중에서 처음으로 대면하여 나눈 대화의 첫마디다. 노중련의 모습이 옥처럼 깨끗하여 마치 신선을 대하는 것처럼 존경하는 마음이 저절로 생겼던 것이다.

> 내가 이제 선생의 옥 같은 풍모를 뵙게 되니, 평원군에게 따로 구할 것도 없을 것 같은데 어째서 이렇게 포위된 성중에 머물러 떠나시지 않으십니까.
> 今吾視先生之玉貌 非有求於平原君者 曷爲久居此圍城之中而不去

신원연이 진나라에 포위된 조나라에서 노중련을 처음으로 만나 불쑥 이렇게 물었다. 위의 시험 제목은 이 물음을 요약한 것으로, 평소에 『사기』를 섭렵하여 꿰뚫어 본 논리가 있었을 것이다. 필경 이 고사를 주제로 하여 아름다운 문장과 정연한 이론을 전개하여 구성한 훌륭한 과문(科文)이 있었을 것이다. 하지만 지금 그 글을 대하지 못하는 것은 후손으로서 참으로 안타까운 일이다.

공이 성균관에 입학한 뒤에는 후일 관료와 학자로서 대성한 매호(梅湖) 조우인(曺友仁)·수은(睡隱) 강항(姜沆)·묵재(黙齋) 오백령(吳百齡)·호산청은

(湖山淸隱) 이상신(李尙信)과 같은 소과의 동년과도 어울려 두터운 교분으로 학문과 맑은 의리를 서로 토론하였다. 또한 비록 동방은 아니라 해도 그 무렵 태학에서 함께 공부하던 창석(蒼石) 이준(李埈, 1560~2635)과도 뜻이 통하여 시문을 주고받으며 우선(友善)을 도탑게 하였다. 「이숙긍이 약속을 하고도 오지 않음을 조롱하다(嘲李叔兢有約不來)」라는 창석의 시를 보면 두 분 사이의 허물없는 교분을 짐작하기에 넉넉하다.

정원수에 가을바람, 홀로 문을 닫아걸고　　　　庭樹秋聲獨掩門
보이지 않는 그대 생각, 가만히 마음 졸여　　　思君不見暗消魂
온 하늘에 구름비는, 아침인가 저녁인가　　　　滿空雲雨朝仍夕
차라리 그대 따라, 약속을 뒤집어버릴까　　　　無奈從君手覆飜

조금은 화가 난 듯한 심정의 토로이지만 깊은 우정이 아니면 교환할 수 없는 정서가 묻어 있다. 그러나 공은 청운의 뜻을 얻지 못하자 곧 명리(名利)를 단념하고 고향으로 내려와 율기(律己)와 구도(求道)의 학문에 전념하면서 세월을 보냈다. 1592년(선조 25) 4월에 임진왜란이 일어나고 며칠 만에 밀양성이 함락되면서 함경도 임지에 있는 백형의 소식도 두절되었다. 공은 경황이 없는 가운데서도 노모인 숙부인을 모시고 산골짜기로 우선 위난을 피했다. 간신히 밀양부 동쪽의 석골동(石骨洞) 안전지대에 노모를 모시고는 한숨을 돌려 백형을 기다렸다.

2) 석동산(石洞山)의 창의(倡義)와 최후

그러나 다소간 정신을 가다듬은 다음에는 충효를 숭상하는 선비로서 국난을 외면할 수는 없었다. 마침 골짜기에 함께 피난해 온 오한(聱漢) 손기양(孫起陽)과 의사(義士) 박경전(朴慶傳)과도 뜻을 같이하여 창의의 군사를 일으키기로 하였다. 우선 각기 인솔해 온 가동(家僮)과 고을 사람을 중심으로 원근에 격문을 돌려 주민들을 규합한 후 향병(鄉兵)을 편성하고는 산내

(山內) 일원의 방위에 나섰다.

이때 밀양부사 박진(朴晉)도 작원관에서 왜적을 방어하다가 군대가 무너지자 실의에 빠졌는데 때마침 석동산에서 의병이 일어났다는 소문을 듣고 남은 고을 병사를 인솔하여 합류했다. 공은 손공과 함께 박진의 주둔군과 합세하여 의병을 다시 편성하여 먼저 산내 어구에 있는 대암(臺岩)의 요충을 지키면서 왜적의 동쪽 진로를 차단했다.

대암은 밀양에서 울산, 경주로 가는 교통상의 험새(險塞)인데 한쪽은 깎아지른 절벽이고 또 한쪽은 낭떠러지 아래로 운문천(雲門川)이 흐르는 좁다란 외길 위에 있다. 문자 그대로 "한 사람이 막아서면 만 사람이라도 깨뜨릴 수 없다(一夫當關萬夫莫開)"는 병법상의 이점이 있는 곳이라 왜적도 함부로 침범하지 못하였다. 여기에서 사기를 진작한 박부사는 이윽고 경상도 좌병사(左兵使)가 되어 떠나가고 손기양 또한 벼슬을 얻어 부임하니, 공이 홀로 석골동 진지를 지킬 수밖에 없었다. 이 무렵에 공은 북관(北關)에서 밤낮을 가리지 않고 고향으로 달려와 천신만고 끝에 이곳을 찾아온 백형과 눈물의 상봉을 하였다. 그리하여 잇달아 노모와 가족을 돌보는 한편으로 형제가 함께 의병을 지휘하며 방위에 임하였다.

그러나 공은 외롭고 힘없는 군사로 언제까지 이곳에서 버티기가 어렵다고 생각하여 백형에게 의논하였다. 충효의 도리를 한꺼번에 다할 수 없다는 뜻을 아뢰고는 백형에게 노모를 부탁하고 자기는 남은 의병을 인솔하여 더 큰 군진으로 달려가 합세하기로 했다. 그리하여 사잇길로 망우당(忘憂堂) 곽재우(郭再祐)의 의려(義旅)가 주둔하고 있는 정진(鼎津)의 진중으로 나아가 그 명성과 위세에 호응하여 치열하게 왜적과 싸웠으나 불행히도 난중에 별세한 듯하다.

그러므로 공의 몰년은 알 수가 없는 채 그 기일만 8월 20일로 전해지고 있으며, 모부인과 백형의 최후 또한 알려진 것이 없으나 아마도 공과 비슷한 시기가 아닌가 여겨진다. 공은 별세 후 유해를 거두어 밀양 엄광리에 있는 재궁동(齋宮洞) 선영 아래에 장사를 지냈으며 후일에 배위를 합장하여 모셨다.

배위는 현풍곽씨(玄風郭氏)로 문과 급제 후 함양군수를 역임한 황(趪)의 따님이며 슬하에 2남 2녀를 두었다. 아들은 선교랑(宣敎郎) 래(鋆)와 통덕 랑(通德郎) 옹(瓮)인데 옹은 백형 근재공의 뒤를 이었다. 딸은 사인(士人) 김용익(金龍翼)과 안동영장(安東營將)을 지낸 광주인(廣州人) 김수겸(金守謙) 에게 각각 출가했다. 특히 김수겸은 임진왜란 때 각지의 의사(義士)들을 모 아 창의의 동맹을 맺고 여러 차례 큰 전공을 세웠다. 지중추부사(知中樞府 事)의 직함과 양무공(襄武公)의 시호를 받은 박연(博淵) 김태허(金太虛)의 아 들로서 그도 아버지와 함께 선무원종이등훈(宣武原從二等勳)에 기록되었다.

공의 행적에 대한 구체적인 문헌 기록이 인멸된 것은 유감이지만 가전 (家傳)을 통하여 공의 효우와 충군우분(忠君憂憤)에 대한 사실이 지금까지 자손들 간에 회자되고 있다. 또한 공의 창의에 대한 자취는『밀주지』를 비 롯하여 곽망우당(郭忘憂堂)의 「동맹록(同盟錄)」과 낙재(樂齋) 서사원(徐思遠) 의 「연보(年譜)」 등에도 약간의 기록이 발견되어 공의 충효대절을 대강 짐 작할 수가 있게 되었다.

3. 선교랑(宣敎郎) 래(鋆)의 결혼과 배위의 유한(遺恨)

선교랑공의 휘는 래(鋆)이고 자는 여옥(汝玉) 또는 여옥(如玉)이라 했다. 입향조 충순위공의 현손이고 진사공 원(遠)의 증손이며, 생원공 광로(光輅) 의 손자이다. 아버지는 진사공 경승(慶承)이고 어머니는 의인(宜人) 현풍곽 씨(玄風郭氏)인데 군수를 지낸 황(趪)의 따님이다.

공의 생년에 대하여는 임진왜란이란 참혹한 전쟁을 겪는 동안 기록이 인멸되어 입증할 길은 없다. 그러나 4남매 형제자매의 터울과 초취 배위와 혼인한 시기를 요량해보면 대략 1575년(선조 8, 乙亥)경으로 추정이 된다. 2남 2녀의 맏이로 바로 아래에 사인(士人) 김용익(金龍翼)에게 출가한 여동 생을 두었고, 또 그 아래에 1580년(선조 13, 庚辰)에 태어난 아우 통덕랑

옹(甕)을 두었으며, 막내로 영장(營將) 김수겸(金守謙)에게 출가한 매씨의 출생 순서가 그것을 말해주고 있다. 또한 임진왜란이 일어난 해 초봄에 공이 초례를 치렀다면 당시의 나이가 17세 전후로 짐작되기 때문이다.

자손이 귀한 집안에서 아버지가 약관을 넘긴 나이에 태어난 첫 아들이었고, 특히 생·양가의 두 분 할머니께서 "우리 가문의 금지옥엽"이라 할 만큼 그 애정과 무육(撫育)이 남달랐다는 것을 알 수 있다. 천품이 너그럽고 온화한 기질은 우리 문성(門性)에 기인된 바 크지만 자라는 과정에서 절로 몸에 밴 공손한 예절과 효우로 어릴 때에 이미 향린(鄕隣)에서 총명하고 의젓하다는 평판을 들었다.

나이 10여 세에 아버지 진사공이 사마시에 합격하여 성균관에서 유학 생활을 시작하자, 공은 할머니와 어머니의 가사를 도우면서 열심히 학업에 종사했다. 처음에는 백부 근재공 슬하에서 동몽(童蒙)의 학습을 게을리하지 않았고, 나중에는 이웃 마을로 향선생(鄕先生)을 찾아 경적(經籍)을 섭렵했으나 공은 과업(科業)에는 그다지 뜻을 기울이지 않았다고 전해진다.

공의 초취 배위는 당시 초계군(草溪郡) 도방리(道坊里)에 거주하는 명문 사족 완산전씨(完山全氏) 가문의 규수였다. 공의 장인은 찰방(察訪)을 지낸 수족당(睡足堂) 전우(全雨, 1548~1616)이고 처조부는 탁계(濯溪) 전치원(全致遠)이다. 부자가 다 명망이 높은 학자로 임진왜란 때는 이호민(李好閔)·박성(朴惺)·곽재우(郭再祐) 등과 함께 의병을 일으켜 많은 가산을 바쳐 공적을 세웠으며, 사후에는 지평과 이조판서로 각각 증직되었다.

공이 결혼한 연조인 1592년(선조 25)은 바로 임진왜란이 일어난 해이다. 그해 초봄의 좋은 날을 가려 초계고을에 있는 신부 댁으로 가서 성대한 혼례를 올렸지만, 신부가 우귀(于歸)의 예를 치르기도 전에 그만 전쟁의 참화를 입게 되었다. 당시 사대부가의 혼인 풍습에 따라 신부 집에서 '해묵히기'를 하며 신행(新行)의 절차를 기다리고 있던 전씨가의 신부도 창졸간에 속절없이 그 변고를 받아들이지 않으면 안 되었다.

따라서 공 또한 신랑의 처지로 겨우 재행(再行) 또는 삼행(三行)의 나들이를 하는 동안 서방(西房)의 손님 노릇을 했으나, 곧 왜적에게 길이 막혀 인륜의 도리까지 저버려야 하는 기막힌 비극을 당했다. 그런 와중에서 친가는 물론 처가에서도 불시에 들이닥친 환난 속에서 피난을 하랴? 창의를 하랴? 창황망조한 과정을 겪으며 두 가문에서는 서로 안부를 물을 방도조차 찾지 못했다.

그러나 신부는 엄연한 출가외인이라, 친정집에서 시댁으로 돌아갈 날을 일구월심의 심정으로 기다렸다. 그러던 중에 몽매에도 잊지 못할 시댁에 대한 환상과 부군을 향한 그리움을 안은 채 마침내 병을 얻어 자리보전을 하게 되었다. 전쟁의 아비규환 속에서 온 나라에 번진 시질(時疾) 때문이었다. 근친들의 정성 어린 간병에도 불구하고 그 보람을 등진 채 한 많은 세상을 떠나게 된 것이다. 친정에서는 그 체백(體魄)을 거두어 초계 도방(道傍)에 있는 선산 기슭에 장사 지내고 그 혼령을 위로했다. 친정의 부모형제들은 불쌍한 딸과 누이의 한을 되새기며 한없이 슬퍼하였고, 관곽(棺槨)과 수의(襚衣)를 정성스럽게 갖추어 송사(送死)의 아픔을 가까스로 달랬다.

이때가 1593년(선조 26, 癸巳)의 늦은봄으로 여겨지는데, 우리 보첩상에는 그 기일만 3월 6일로 기록되어 있다. 그러나 어찌 사랑하는 부군과의 재회도 이루지 못하고, 꿈속에 그리던 시댁 마을의 산천도 보지 못한 채 불편하고 차가운 구천(九泉)에서 편안하게 잠을 이룰 수 있었겠는가. 그러나 시댁에서는 온 가족이 신산(辛酸)한 피난살이 속에서 소조(所遭)까지 겹쳐, 우귀를 미루고 있던 신부의 안위를 살필 겨를조차 없었다.

그럼에도 불구하고 친정집에서는 그 무덤을 대대로 전설처럼 보존해왔다. 언제라도 때가 되면 고혼이나마 시댁으로 갈 수 있게 잘 살피라는 친정 근친들의 유명(遺命)이 있었기 때문이다, 오히려 우리 직계 후손들이 그런 사정을 진작 알지 못한 채 선조비(先祖妣)의 유한(遺恨)을 망각 속에 파묻고 지냈던 것이다. 하지만 할머니의 통한이 하늘에 닿았던지 유명을 달리하신 지 380년 만인 1973년(癸丑)에, 후손들은 우연한 기회에 풍문을 통해 초계 도방리(道傍里)에 할머니의 고혼이 잠들어 계시다는 사실을 알게 되었다. 즉시 문중에서는 사람을 보내 그 무덤을 확인하고 엄광리 재궁동의 우리 대종산에 모셔진 부군(府君)의 유택 왼편에다 면례(緬禮) 합장을 하게 되었다. 혼례식을 올린 후 근 400년 만에 비로소 초계의 친정에서 밀양의 시댁으로 신행을 하게 된 셈이다.

면례장사를 치르기 위해 종중에서 임사원(任司員)을 파견했는데, 당시 친정 측의 기록을 참고하여 조심스럽게 구묘(舊墓)를 열어보니, 관곽과 수의가 썩지도 않고 애초의 모습 그대로 깨끗하게 보전되어 있었다고 한다. 얼마나 한이 깊었으면 400년 세월에도 새것처럼 깨끗한 관과 수의로 후손들의 손길을 기다리며 사랑하는 부군 곁에 함께 묻히기를 소망하고 있었을까. 자손들은 뒤늦게나마 회한의 눈물을 흘렸다. 또한 부군의 무덤 왼편에 장례 당시에 미리 준비해둔 초취 배위의 광중(壙中) 위치도 매우 정확하였다. 마치 부군께서 전공인(全恭人)의 신행 행차를 명계(冥界)에서 기다리고나 있었던 것처럼 느껴졌다고 한다.

지금에 와서 회상해보면 임진왜란이 일어남에 공은 초취 배위와의 신혼의 단꿈도 이루기도 전에 감당할 수 없는 시련과 불행을 당해야 했다. 때문에 공은 어린 아우 통덕랑공과 함께 선공을 도와 할머니를 모시고 산중으로 피난길을 떠나지 않으면 안 되었다. 피난지 석동산에서도 선공 형제분의 의병 활동을 도와야 했을 것이고, 두 어른이 불행을 당한 뒤에는 한 집안의 어린 가장으로서 그 고초가 형용할 수 없었을 것이다.

전쟁이 소강 국면에 들어선 뒤에는 왜적이 우글거리는 전장 속을 누비고 다니면서, 처가 곳으로 달려가 배위의 무덤 앞에서 한없이 눈물도 흘렸을 것이다. 그러나 다시 한 가문의 존속을 위해 경주박씨(慶州朴氏)와의 재혼을 서두르지 않으면 안 되었을 것이다. 재취부인 박씨는 찰방 관직을 역임한 박문효(朴文孝)의 따님으로 치산 범절과 현숙한 부덕을 갖추었으나, 아들을 얻지 못하고 딸 하나만 두어 사인(士人) 배경의(裵敬儀)에게 출가시켰다. 박공인(朴恭人)도 공과 마찬가지로 생졸 연대는 알 수 없지만 그 기일은 2월 22일이고 무덤은 공의 묘소 아래 묘좌(卯坐)이다.

전쟁 후 공의 행적에 대하여는 아무런 기록이 없어 알 길이 없고 다만 보첩상에만 동반(東班)의 품계로 종6품에 해당하는 선교랑의 품계가 수여 되었음을 알 수 있다. 이는 아마도 임진왜란이 종식된 다음에 각종 제도의 정비와 사회적인 안정 시책에 따라 공에게 사대부 자손으로서의 신분을 보장해주기 위한 나라의 은전(恩典)으로 해석된다. 따라서 전·후취의 배위 에게도 부군의 품계를 쫓아 각각 공인(恭人)으로서 외명부(外命婦) 품계를 내린 것이다.

전씨와 박씨 두 배위에게 모두 아들이 없어 월연공 둘째아들의 증손인 물헌공(勿軒公) 경(熲)의 아들 가운데 한 분을 입계시켜 한 가문의 주사(胄 嗣)로 삼았다. 공의 졸년은 미상이지만 사자(嗣子)의 입양 시기 등 전후 사 정으로 미루어 대개 40대 중반에 해당하는 1620년 이후가 아닌가 한다.

4. 처사공(處士公) 장윤(長胤)의 승종(承宗)

처사공 휘 장윤의 자는 선계(善繼)이고 호는 알 수 없다. 진사공 휘 원 (遠)의 현손이고 생원공 광로(光輅)의 증손이며 진사공 경승(慶承)의 손자 이다. 아버지는 선교랑공 래(鼕)이고 어머니는 공인(恭人) 완산전씨(完山全 氏)와 경주박씨(慶州朴氏)이다. 생정(生庭)의 아버지는 물헌공(勿軒公) 경(熲) 이고 어머니는 의인(宜人) 안동권씨(安東權氏)인데, 1616년(광해 8)에 용궁 무이리 생가에서 태어나 어린 시절에 밀양 종가의 사손(嗣孫)으로 입계하 였다.

종가의 소후자(所後子)로 입계하기 전 선교랑공과 공의 혈연은 9촌(九寸) 에 해당하는 삼종(三從) 숙질 관계였다. 언뜻 생각하면 촌수가 좀 더 가까 운 유복친을 제쳐두고 굳이 면복(免服)이 된 삼종질을 양자로 선택한 것 같은 인상을 받을 수가 있다. 그러나 당시의 가족 관계를 살펴보면 혈연의 순서상 자연스러운 선택임을 쉽게 이해할 수 있다.

우선 선교랑공에게는 무난하게 대를 이어줄 종자(從子)가 없었다. 다만 백부 앞으로 출계한 아우의 아들인 조카 하나가 있었으나, 자신의 계통을 비워두고 큰집으로 입계할 처지가 아니었다. 그러므로 종자·종질·재종질 등 근친 가운데에서는 입양 대상자를 물색할 수가 없었던 것이다. 이에 부득이 다음 혈연 순서에 따라 종증조부인 월연공의 각 방 현손 중에서 대상자를 선정하게 된 것이다.

그러나 장방(長房)인 월영옹(月盈翁) 원량(元亮)은 아들과 손자 양대가 독신인 데다 증손을 아직 두지 못하였고, 다만 차방(次房)인 증참의공 원충(元忠)의 외아들 창암공(滄庵公) 윤수(潤壽)가 네 아들을 두어 그 손자가 또한 여럿이었다. 창암공의 장자인 순(焞)은 세 아들을 두었지만 모두 성가(成家)한 처지였고, 차자인 휘 찬(燦)은 아들이 없었으며, 삼자(三子)인 경(烱)이 4형제를 두었는데, 그중 막내아들인 공이 종가의 주사(胄嗣)로 선택된 것이다.

때문에 공이 9촌의 면복친으로 입양된 것도 혈연의 차례에 따라 자연스럽게 이루어진 것이지 결코 근친을 초월한 파격적인 선택이 아니었다. 더구나 당시 용궁에 거주했던 물헌공 경(烱)은 월연공으로부터 분재된 조부 증참의공 원충(元忠) 몫의 전토(田土)를 관리하기 위해 수시로 밀양에 왕래했던 인연도 있었다. 때문에 누구보다도 밀양 종가 사정에 정통하였고 여러 종원과 함께 주손(胄孫)의 입후(立后)를 걱정하던 처지에 있었다.

증참의공에게 분재된 전토는 주로 지금의 밀양 산내면과 산외면 일원에 산재해 있었는데, 물헌공 사후에는 공이 현지에서 용궁 생정(生庭)을 대신하여 관리를 맡은 일이 있다고도 한다. 그 후에는 생가 중형(仲兄)인 장배(長培)의 아들 지규(之奎)에게 인계되어 주거를 밀양에 옮기기까지 하면서 관리했다고 전해진다.

공은 본생의 선공(先公) 4형제가 번갈아 하회(河回) 외가에 의탁한 바가 있고, 외숙부인 겸암(謙庵)·서애(西厓) 두 선생의 문하에서 학업을 닦았으므로 그 영향을 받아 자연 그 몸가짐과 효우가 남달랐다. 때문에 이 지역 향촌 사회에서는 선공 형제를 가리켜 '하회마을의 네 생질(河回村宅相四

子)’ 또는 ‘무리실의 우애 깊은 형제(茂李谷金昆玉季)’라 칭도하여 부러워하였다.

따라서 공도 그런 가정적인 분위기에서 어린 시절을 보내는 동안 아버지로부터는 의방(義方)의 가르침이 엄중하였고 어머니는 자애와 내훈(內訓)이 저절로 몸에 배어 있었다. 소년 시절에 종가에 입양된 후에도 양부모로부터의 보살핌이 극진했지만 공 자신도 한 가문 주손으로서의 처신을 더욱 자각하였다. 특히 소후가(所後家)의 뜻을 받들어 자기의 초명인 장재(長栽)를 장윤(長胤)으로 개명했는데, 이는 “내 조상의 뒤를 잇는다(予乃胤保)”고 한『서경(書經)』의 글귀에서 따온 것이다. 아울러 관례를 올리면서 아버지가 지어준 ‘선계(善繼)’로 표덕(表德)을 삼아 종손으로서 한 가문을 잘 이어가겠다는 결의를 굳건히 했다.

공은 약관에 혼인하자마자 장인인 국담(菊潭)선생 박수춘(朴壽春)의 문하에 들어가 다시 본격적으로 학업을 닦았다. 국담선생은 당시 고을에서 숭정처사(崇禎處士)로 존경받고 있는 성리학자로 그 문하에는 항상 원근의 수재들이 자리를 메웠으며, 명사들의 출입도 잦아 향론을 주도하기도 했다. 공은 이 강석에서 다 같이 선생의 사위로 손위 동서이기도 한 불온당(不慍堂) 성창원(成昌遠), 택은(澤隱) 신시망(辛時望), 죽파(竹坡) 이이정(李而楨) 제공과도 자연스럽게 어울려 경전(經傳)과 예설(禮說)을 토론하며 도의를 강마(講磨)하였다. 때문에 당시 향중에서는 ‘국정(菊庭)의 네 옥윤(玉潤)’이란 평판으로 옹서(翁婿) 간의 의리를 부러워했다고 한다.

또한 조경암(釣耕庵) 장문익(蔣文益)도 이때 밀양의 동·서 두 곳에다 학숙(學塾)을 설치하여 향중 선비들을 상대로 학문을 장려하고 풍습을 이끌었는데, 공도 이곳에 왕래하면서 죽파 이공 및 남회당(覽懷堂) 이이두(李而杜), 죽계(竹溪) 손작(孫綽) 등과 함께 독서를 했다. 이 무렵에 공과 교유한 분들은 모두 당대의 훌륭한 인재들이라 강학과 수행을 통하여 서로 성취(成就)를 보좌하니 공도 그 덕기(德器)가 보통 사람과는 다르다는 평판을 들었다. 처음에는 양친의 소망을 받들어 과업(科業)에 뜻을 둔 일도 있으나 당파싸움과 관로(官路)의 부패로 세상이 어지러워지자 대문을 닫아걸고 문달(聞達)을 멀리한 채 오로지 위기(爲己)의 학문에만 열중했다.

공의 나이 불혹(不惑)에 이르자 고을 선비들의 천망(薦望)으로 향선생(鄕先生)의 좌목(座目)에도 올랐지만 스스로 겸손하고 사양하여 나서지 않았다. 만년에는 오직 사인당마을에 파묻혀 선장(先庄)을 지키면서 자제들의 교육에만 전념하였다. 1664년(현종 5, 甲辰) 5월 5일에 세상을 버리시니 향년이 겨우 49세로 밀양 추화산 선영 경역에 안장되었다.

배위는 밀성박씨(密城朴氏)로 국담선생의 넷째 따님이다. 슬하에 5남 1녀를 두어 선대의 외로운 사속(嗣續)을 번성하게 했으며, 훌륭한 내정(內庭)의 가르침으로 자녀들을 양육하니 온 문중이 그 현숙한 부덕을 기리었다. 배위의 생년은 알 수 없고, 졸년은 부군보다 몇 해 뒤의 9월 2일이 기일이다. 김해 중북면 외본산(外本山)에 유택을 모셨으나 1973년(癸丑)에 후손들이 부군의 산소 곁으로 이장하였다.

아들은 무과에 급제하여 부사과(副司果)에 오른 만용(萬容)과 만성(萬宬)과 만최(萬寂)와 만시(萬蒔)와 문학(文學)으로 중망(重望)이 있는 자유헌(自濡軒) 만백(萬白)이고, 딸은 사인(士人) 이통(李通)에게 출가했다. 세상에서 공의 아들 5형제가 모두 덕행이 높고 효우가 뛰어나 나란히 향안(鄕案)에 올랐다 하여, '용성마을의 다섯 학(龍城五鶴)'으로 기리며 향중에서 본보기로 삼았다.

5. 사과공(司果公) 만용(萬容)의 자손들

사과공 만용(萬容)의 자는 여관(汝寬)이고 호는 알려져 있지 않다. 생원공 광로(光輅)의 현손이고 진사공 경승(慶承)의 증손이며, 선교랑공 래(鋆)의 손자이다. 아버지는 처사공 장윤(長胤)이고 어머니는 밀성박씨로 국담선생 수춘(壽春)의 따님이다.

1) 문무(文武)가 겸전한 생애

공은 본래 위로 형 한 분과 누님 한 분이 있었다. 형의 이름은 만중(萬重)이라 했는데 관례(冠禮)를 앞둔 총각으로 조몰(早歿)하여 그 무덤이 추화산(推火山) 선영 기슭에 아직도 남아 있다. 누님은 후일 사인(士人) 이통(李涌)에게 출가하여 아들 이석유(李石維)를 낳은 분이다. 그러므로 공은 출생 순서로는 세 번째인데 선공의 나이 28세 때인 1643년(인조 21)에 용성 마을 집에서 탄생하시었다.

당시 우리 일문은 입향조 이래 자손이 귀하여 큰집과 작은집 사이에 서로 양자를 주고받는 등 외롭게 그 사속(似續)을 유지했다. 그러나 선공의 대에 이르러 6남 1녀나 되는 자녀가 태어나 가문의 기틀이 탄탄해지는가 싶었는데, 장성한 첫아들을 잃은 충격은 참으로 컸던 것이다. 다행히 5형제나 되는 기라성 같은 아들이 뒤를 튼실하게 받쳐주어 선공은 상명(喪明)의 고통을 쉽게 딛고 일어설 수 있었다. 따라서 공은 죽은 큰아들의 뒤를 이어 문절공의 10대 봉사손이요, 입향조의 6대 종손으로서 그 소중한 지위를 물려받고 한 가문의 기둥이 되었다.

공은 어릴 때부터 그 모습이 단중(端重)하고 기상이 헌걸찼으며 총명이 또한 빼어났다고 한다. 그러므로 부모님은 항상 그 타고난 재질을 아끼면서도 귀한 집 자손을 귀하게만 키울 수 없다 하여 엄격한 훈도로 자만과 방종에 빠지지 않도록 늘 매서운 경책(警責)을 하였다. 동관(童卝)의 나이에 아버지의 명으로 이웃 마을에 사는 죽계(竹溪) 손작(孫綽)의 문하로 들어가 경전(經典)을 통독하고 문사(文詞)를 익히니 그 재주가 널리 전파되었다. 관례를 올린 뒤에는 일찍부터 부모의 소망을 받들어 향중의 장옥(場屋)에 출입하면서 시부(詩賦)를 겨루기도 했는데, 그때마다 공령(功令)에 대비하는 선배들에 비하여 실력이 뒤지지 않았다는 평판을 들었다.

스무 살이 되는 해에 효령대군(孝寧大君)의 후손인 충의위(忠義衛) 이유전(李惟詮)의 따님을 배필로 하여 장가를 들었으며, 3년 만인 1664년(현종

5)에는 아버지가 48세 장년의 나이로 세상을 떠나시니 그 실망과 슬픔이 말할 수가 없었다. 하늘이 무너지는 것 같은 비탄에 잠긴 어머니를 위로하며, 어린 네 아우들을 거느리고 상장(喪葬)의 예를 다하였으므로 그 아름다운 행의(行儀)와 효우를 모두 한결같이 칭도하였다.

이로부터 공은 한 집안의 가장으로서 또한 미성(未成)의 아우들을 거느린 부형의 처지에서 무거운 책무를 깨달았다. 어머니의 색양(色養)에 정성을 기울이는 한편, 자신의 학업은 잠시 접어둔 채 차례대로 아우들의 학업을 독려하고 그 혼취(婚娶)와 분가를 하나하나 성취시켜나갔다. 그리하여 사인당리 옛 마을에다 담장을 나란히 하고 대문을 이웃하여 그 담락(湛樂)과 훈지(壎篪)의 정을 아름답게 하니 향당에서는 '용성마을의 다섯 학(龍城五鶴)'이라 기리면서 그 우애를 부러워하였다.

공은 형제들이 모두 성장하여 일가를 이루고 자립한 뒤에는 자신의 못다 한 학업을 위해 다시 면학의 길에 들어섰다. 30이 다 된 나이에 척장(戚丈)인 죽파(竹坡) 이이정(李而楨)의 강석에도 빈번하게 출입하면서 경의(經義)에 출중한 재주를 보였으며, 글을 지음에 문체가 전아(典雅)하여 스승의 찬탄을 받았다고도 한다. 그러나 정작 목표로 정한 과시(科試)에서는 한두 차례 향해시(鄕解試)에만 합격이 되었을 뿐 한성복시(漢城覆試)에서는 번번이 고배를 마시었다. 공이 30세가 되는 해인 1672년(현종 13) 봄에도 사마시(司馬試) 복시에 응하기

사과공이 혼주로 된 혼간(婚簡) 공이 35세 때인 1678년(숙종 4, 戊午) 12월에 계제(季弟) 만백(萬白)의 재취 혼사 때 한 가정의 혼주(婚主)로서 보낸 혼서지 내용이다(밀양시 부북면 퇴로리 자유헌공종가(自濡軒公宗家) 소장).

위해 남회당(覽懷堂) 이이두(李而杜)를 비롯한 손석보(孫碩輔)·이명징(李命徵)·이명휘(李命徽) 등의 향우와 함께 한양으로 올라가 그해의 임자식년(壬子式年) 복시에 응거한 일도 있다.

이때에도 결국 낙방은 하였지만 시험장소인 성균관에서 밤에 두견새 우는 소리를 듣고 동행한 선비들과 서로 시를 주고받으며 시름을 달래었다. 일행 중에 가장 연장자였던 남회당이 「반관에서 여러 친구들과 함께 두견새 소리를 듣다(泮館與諸益聽鵑)」라는 제목으로 운자(韻字)를 내었는데 공도 다음과 같이 화답하였다.

봄 산의 밤 고요하여 두견새 울어 예고	春山夜靜子規啼
시인은 읊조리지만 달은 이미 기울었다	騷客吟詩月已西
그림 같은 집에 기대어도 실의에 빠진 곳	畫棟徒倚怊悵處
대궐로 머리 돌리니 나무숲이 가지런하네	鳳城回首樹雲齊

비록 4행의 짧은 절구지만 당시 공의 참담한 심정을 읽을 수 있을 것 같다. 공은 몇 차례 문반(文班) 과거시험에 실패하자 마침내 30대 중반에 이르러서는 방향을 바꾸어 무과(武科)에 응시하여 합격했다. 평소에 공의 자질이 문무가 겸전했다는 평판이 있었으므로 당연한 결과라고 생각할 수도 있으나, 공이 호방(虎榜)에 오른 데에는 그만한 사정도 있었다.

1680년(숙종 6) 경신대출척(庚申大黜陟) 이후 노론 집권기에 남인계에 속했던 영남 선비들에게는 사마시 한 자리도 차례가 오지 않을 만큼 사진(仕進)의 기회가 불리했다. 이에 공도 그동안의 학문적인 공고(攻苦)는 아쉬웠으나, 문반 과거시험에 응시하는 것을 단념한 채 차라리 무반을 선택하지 않을 수 없었던 것이다. 공은 무과 급제 후에도 진작 직책을 얻지 못하고 오랫동안 '출신(出身)'이라는 호칭이 따라다녔다. 불혹을 넘긴 나이에 겨우 부사과(副司果)라는 종6품의 보직을 얻었는데 이는 오위(五衛)에 속했던 무관직으로 당시 183인의 정원이 있었고 녹봉을 받는 실직이었다.

2) 밀양 향사림(鄕士林)의 지도자 역할

40대 이후에 공은 아예 벼슬길을 단념하고 주로 밀양에서 향사림의 지도자로서 많은 활동을 했다. 공은 이미 27세 때인 1669년(현종 10) 기유향회(己酉鄕會)에서 향원으로 천거되었으며, 그 이후 네 아우들도 차례대로 향원 입참(入參)이 된 바 있다. 이 무렵에 향안(鄕案)에 오른다는 것은 향중에서 그 가격(家格)을 높이고 학문과 행의(行誼)가 출중한 선비로서 인정받기 위한 하나의 관문으로 작용하였다. 곧 향안에 등록되는 것은 훌륭한 가문의 자제로서 선비의 자격을 공인받는 것과 다름이 없었다.

따라서 자격 심사와 입참 가부(可否)의 결정은 매우 까다로운 절차와 요식이 필요했다. 매회 그 기준이 조금씩 다르기는 했지만 대체로 밀양의 향헌(鄕憲)에는 '십준구가일부(十准九可一否)'라는 엄격한 원칙이 적용되었다. 곧 열 사람 총원 중에 한 사람 이상의 부표(否票)만 생겨도 그 입참은 허락되지 않았다.

그러므로 경우에 따라서는 7, 8회의 거듭된 천거에도 실패하는 수가 많고 끝내 향원에 입참이 거부되는 사례도 허다했다. 이러한 엄격한 향원 자격에도 불구하고 공의 5형제분은 모두 단번에 전가(全可) 또는 일부(一否) 정도로 향원 입참이 수월하게 결정되었다. 당시 우리 가문의 향중에서의 지위를 가늠할 수 있는 증거가 될 뿐 아니라 향중 지도자로서의 위치를 알게 해주는 자료가 되기도 했다.

1679년(숙종 5)에는 공이 사례(師禮)로서 존경했던 죽파 이이정(李而楨)이 세상을 떠남에 그 영결(永訣)의 마당에서 제문을 지어 조상했다. 그 글에서 "사문(斯文)을 바로 세워야 할 분이 가시었고, 학인(學人)이 의심나는 곳을 물을 곳이 없어졌으니, 어찌 다만 선생의 죽음이 한 가문의 아픔이요, 애석함이겠습니까?(斯文之扶植無人 學者之稽疑無處 豈但爲一家之痛惜哉)"라고 하면서 배울 곳을 잃은 학인의 안타까운 소회를 애타게 부르짖기도 했다.

모부인께서 일찍이 병석에 드시자 공은 네 아우들과 함께 가슴을 졸이며 번갈아 시탕(侍湯)에 임했는데, 특히 어머니를 위해 의방(醫方)까지 공부한 막내아우 자유헌공(自濡軒公) 만백(萬白)의 시진(侍診)과 정성으로 큰 효험을 얻어 10년간의 고질병이 나은 일도 있었다. 그러나 끝내 노환을 극복하지 못한 채 모부인의 상(喪)을 당했을 때는 공도 이미 기력이 쇠잔하였다. 주위에서 모두 일신의 훼상(毁傷)이 되지 않도록 권고했지만, 공은 그 애통의 정성이 더욱 간절하여 몸을 돌보지 않았으며, 네 아우와 나란히 끝끝내 여막(廬幕)을 지켰다.

1680년(숙종 6)에는 예림서원(禮林書院)을 부북면 사포리(鈒浦里)로 이건하는 청원 운동을 일으켜 성취시키었고, 1688년(숙종 14)에는 점필재 김종직 선생의 애초의 시호인 문간공(文簡公)을 문충공(文忠公)으로 개시(改諡)하는 일에 주동적인 역할을 담당했다. 1691년(숙종 17) 가을에는 성은당(星隱堂) 손석좌(孫碩佐)와 함께 향중의 장로로서 나란히 신미향회(辛未鄕會)의 고좌(高座)에 앉아 강신(講信)을 주재한 일이 있고, 이후 해마다 유능한 선비들을 향원으로 직접 천거하여 고을의 풍속과 사풍의 진작(振作)에 기여한 행적이 많다.

1710년(숙종 36) 4월에 공이 사랑하는 셋째아우 용성처사(龍城處士) 만시(萬蒔)가 공에 앞서 환갑의 나이로 세상을 등짐에 그 비통을 견디지 못하다가 마침내 병을 얻어 그 이듬해 1711년(숙종 37) 8월 13일에 고향집에서 별세하니 향수 69세이다. 그 유택을 용성리 대종실 뒤편 자좌(子坐)에 모셨으나 오랜 세월에 황폐하여 2009년(乙丑)에 후손들이 그 경역을 수치(修治)한 후 묘표(墓表)를 세웠는데 그 글은 10대손 운성(雲成)이 지었다. 공인(恭人) 전주이씨(全州李氏)와의 사이에 3남 3녀를 두었는데, 아들은 지술(之述)·지연(之延)·휘 지달(之達)이고, 딸은 박상현(朴尙玄)·안명천(安命天)·손운걸(孫雲杰)에게 각각 출가했다.

맏사위 박상현은 자가 태소(太素)이고 관향은 밀성(密城)인데, 현감(縣監) 담(燂)의 아들이고 한성우윤(漢城右尹) 선승(善承)의 증손이다. 일찍이 무과 급제하여 벼슬이 훈련원첨정(訓練院僉正)을 거쳐 덕천군수(德川郡守)에 이르렀다. 아들은 계만당(戒滿堂) 박한규(朴漢圭)로 문행(文行)이 있었고 그 자손은 아직도 상동면 가곡리(佳谷里)에 세거한다. 둘째사위 안명천은 자가 성중(聖仲)이고 호는 백화재(白華齋)이며 관향은 광주(廣州)인데, 서암(西庵) 한휘(漢徽)의 아들이고 문송당(聞松堂) 수관(守寬)의 5대손이다. 아들은 수인(壽仁)이고 손자는 기와(箕窩) 안경기(安景器)인데 그 자손은 부북면 사포리와 청운리에 거주하고 있다.

또 처사공 지술(之述)에게는 세 분의 이복 남매가 있었다. 지연(之延)과 지달(之達)의 두 아우, 그리고 경주인(慶州人) 손운걸에게 출가한 매씨(妹氏)가 그분이다. 지연은 1686년(숙종 12)생으로 아들 택주(宅周)와 익주(翊周) 형제를 두었으나, 일찍 향리를 떠났으므로 소식을 알지 못하다가 근년에 그 자손들이 대구(大邱) 일원에 산거(散居)하고 있다는 것을 확인한 바가 있다. 지달(之達)은 무후이다.

3) 처사공(處士公) 지술(之述)의 생평

처사공 지술의 자는 술보(述甫)인데 1673년(현종 13)에 용성 옛집에서 나시어 1738년(영조 14)에 향수 66세로 세상을 떠나셨다. 기록이 없어 그 사행(事行)을 자세히 알 수가 없으나 입향조 이래 6대에 걸쳐 승종(承宗)을 한 가문의 주손(胄孫)으로서 어릴 때부터 엄격한 의방(義方)의 가르침을 받고 성장하였다. 위로는 '용성오학(龍城五鶴)'으로 칭도된 제부(諸父)의 효우하는 모습을 지켜보면서 수하 여러 종반들과 함께 가문의 명예와 화목을 도모하는 데 정성을 다했다.

특히 월연공의 주손으로서 공과는 서로 처지가 비슷한 한 살 위의 족형 월암(月庵) 지복(之復)과는 촌수를 떠나 그 우의가 돈독했으며, 선정(先亭) 복원 등 위선(衛先) 사업과 일문의 번영을 위해 서로 협력이 많았다. 공은 관례를 올리자마자 약관의 나이에 달성군 유가면(瑜迦面)의 명문 창녕성씨

(昌寧成氏) 가문에서 규수를 택하여 장가를 들었다. 공의 장인은 선비 세영 (世瑛)인데 상당한 문한이 있었으며, 부용당(芙蓉堂) 성안의(成安義)의 증손 이고 계서(溪西) 성이성(成以性)의 손자이다. 그러므로 공은 이러한 부용당 가문에 출입하면서 새롭게 학문적인 분위기에 젖어들었고 다시금 청운의 꿈을 가다듬어 몇 차례 향해시(鄕解試)에도 응한 바가 있었다.

그러나 공은 이립(而立)의 나이에 접어들자 집안에 소조(所遭)가 겹쳐 마음껏 학업에 열중하지 못한 채 가무(家務)에 얽매이는 일이 많았다. 셋째숙부 처사공 만최(萬㝡)가 장년으로 별세한 데 이어 그 큰아들 휘 지규(之逵)가 21세로 요절(夭折)하였고, 잇달아 셋째아들 지일(之逸)이 또한 27세의 청년으로 세상을 떠났다.

1711년(숙종 37)에 아버지의 별세로 여막을 지키며 그 상담(祥禫)의 예절을 다하자 공도 어느덧 중년을 훌쩍 넘었으며 일문을 대표한다는 처지에서 향중 일과 대소 가간사를 주관하느라 영일이 없었다. 비록 그동안 3남 3녀를 슬하에 두어 자복이 진진하였고, 둘째아들 태주(泰周)가 호방(虎榜)에 올라 벼슬길에 들어서는 등 가문의 경사가 있기도 했으나, 또다시 환난의 먹구름이 집안을 휩쓸었다.

넷째숙부 용성처사 만시(萬時)와 계부(季父) 자유헌공 만백(萬白)의 별세에 이어 1718년(숙종 44)에는 또 장래가 촉망되던 종제 지유(之逌)가 23세의 젊디젊은 나이로 세상을 떠났고, 제4방의 종제 지수(之邃)마저 35세로 불숙(不淑)의 비운을 만났다. 하지만 한 가문의 불행은 그것으로도 끝난 것이 아니었다.

1731년(영조 7)에는 이미 노경에 접어든 공에게 실로 엄청난 충격이 다가왔다. 자기의 뒤를 이어야 할 큰집의 대들보가 허무하게 쓰러지고 만 것이다. 큰아들 기주(起周)가 이름 모를 병에 시름시름 앓다가 나이 불과 35세에 부모를 등지고 세상을 떠나버리고 말았다. 문자 그대로 청천벽력의 큰 충격 앞에서 공은 망연자실한 채 모든 희망을 잃어버렸다. 이미 환갑을 눈앞에 두고 꿈결처럼 큰아들을 앞세운 쇠잔한 아버지. 춘추시대(春秋時代)

공자(孔子)의 제자인 자하(子夏)가 서하(西河)에 있을 때 장성한 아들을 잃고 너무 슬피 운 나머지 소경이 되었다는 고사가 결코 남의 일이 아니었다.

이로 인하여 심신이 지칠 대로 지친 공은 효성이 지극한 둘째아들 태주(泰周)와 셋째아들 용주(龍周)의 시탕(侍湯)을 받으며 몇 해 동안 병석에 있었다. 다만 장방(長房)의 두 손자 혐(馦)과 복(馥) 형제의 성장과 학업을 조용히 지켜보면서 두 아들에게 집안일을 잘 돌보라 유계하고는 눈을 감으셨다. 공은 평소에 그 소장(所長)이 아니라 하여 문자의 초고를 거의 남기지 않았으나 유일하게 망모암(望慕庵) 신명윤(申命胤)의 죽음을 애도하는 만시(輓詩) 한 편과 족숙인 영장공(營將公) 만전(萬全)의 영정에 올린 제문 한 편이 각각 상대방 유고집 속에 전해지고 있다. 중년 이후 연속된 불운을 견디며 한평생을 살다 가신 공의 거룩하고 희귀한 자취가 아닐 수 없다.

공의 묘소는 밀양 상동면 모정리(茅亭里) 윗마을 기슭에 있으며 갑좌(甲坐)인데 배위 성씨와 합폄이다. 공의 슬하에는 기주·태주·용주 3형제 외에 신필증(辛必增)·조춘경(趙春慶)·안경현(安景賢)에게 각각 출가한 세 딸이 있다. 맏사위 신필증은 영산(靈山) 사족(士族)으로 가산이 부유했는데 덕감(德鑑)·덕련(德鍊)·덕종(德種)·덕성(德成) 등 4형제를 두어 그 후손이 번창하였다. 둘째사위 조춘경(1714~1786)은 자는 일여(一如), 호는 승와(升窩), 본관은 함안(咸安)인데 사인(士人) 헌익(憲益)의 아들이고 어계(漁溪) 조려(趙旅)의 후손이다. 1753년 사마시에 합격, 진사가 되었고, 재예(才藝)와 도량이 컸으나 어머니의 봉양을 위해 대과(大科)를 포기하였다. 1762년(영조 38)에 장헌세자(莊憲世子)가 죽었다는 비보를 접하고 관청에 들어갔으나 조상하는 분위기가 아니어서 부리(府吏)를 엄하게 질책하고는 그 길로 집에 돌아와 공영문(功令文)을 불사른 채 방랑 생활을 했다. 시문에 능하여 남긴 작품이 많고 아들은 택규(宅奎)와 진규(鎭奎)인데 그 자손이 대구 원대(院垈)에 집단촌을 이루고 살았다. 셋째사위 안경현은 자가 계첨(季瞻)이고 호는 동아(東阿)이며 광주인(廣州人)이다. 사인 여인(汝仁)의 아들이요, 옥천(玉川) 여경(餘慶)의 6대손인데 일찍이 성호(星湖) 이익(李瀷)의 문하에서 학업에 정진했다. 천성이 진실 순수하고 모선(慕先)의 정성과 돈족(敦族)의 정의가 남달라 사람들에게 경중(敬重)을 받았으며, 특히 순암(順庵) 안정복(安鼎福)과의 교분이 두터웠다. 그 자손들은 밀양 초동면 성만리(星万里)에 세거하고 있으며 아들은 생원(生員) 이중(彝重)이다.

4) 처사공(處士公) 기주(起周)의 조몰(早歿)

처사공 지술(之述)의 맏아들인 기주(起周)의 자는 백초(伯初)이고, 1686년(숙종 22)에 나시어 1731년(영조 7) 6월 16일 36세의 젊은 나이로 세상을 떠나셨다. 타고난 자질이 청순(淸純)하고 재사(才思)가 뛰어났으나, 어릴 때부터 공령(功令)에 대한 학업보다는 옛 가문의 주손(胄孫)으로서의 교양을 익히는 데 주력하였다.

약관의 나이 전후에 이웃 마을 죽원(竹院)의 명문인 밀성손씨(密城孫氏) 가문에서 배위를 택하여 장가를 들었다. 장인이신 문암(門巖) 손석관(孫碩寬)은 당시 영남 일원의 명류 석학으로서 평판이 높았으며, 오한(聱漢) 손기양(孫起陽)의 증손이 된다. 젊은 시절부터 문장으로 이름을 얻어 생원시(生員試)에 합격한 후로는 과거를 단념하고 마을 어귀에다 문암초려(門巖草廬)를 짓고 원근의 내학자(來學者)를 모아 교육을 시키고 있었다. 백년지객이 된 공도 자연스럽게 문암서당에 출입하면서 학문적인 분위기에 젖었고, 상당한 수준의 문학적 소양을 갖추기도 했다. 그리하여 한때는 벼슬길에 뜻을 두고 거업(擧業)에도 열중한 바가 있으나 곧 시세가 부질없음을 깨닫고는 도리어 수기(修己)의 학문에 마음을 쏟았다.

27세 때에 큰아들 혐(馦)이 출생한 데 이어, 30세 때 차자(次子) 복(馥)이 태어났으며, 1728년(영조 4) 공의 나이 33세 때는 아우 휘 태주(泰周)가 무과(武科) 급제로 사환(仕宦)의 길에 들어서는 등 한동안 침체했던 가운이 열리는 듯했으나 부모에 앞서 36세로 원서(寃逝)의 비운이 기다리고 있을 줄 어찌 알았겠는가? 공의 무덤은 밀양 상동면 모정리(茅亭里) 선영 아래

갑좌(甲坐)이며 배위와 합폄이다.

5) 선비의 품위를 갖춘 무관 도정공(都正公) 태주(泰周)

처사공 지술(之述)의 둘째아들 도정공 태주(泰周)의 자는 중래(仲來)이고 호는 미상이다. 1698년(숙종 24) 밀양 용성리 구제(舊第)에서 3남 3녀의 차자로 태어났다.

어릴 때부터 기골이 헌앙하고 처신이 신중했으며 총명도 뛰어났다. 소년 시절에는 백형과 함께 문암 손석관의 문하에 나아가 『소학(小學)』과 『효경(孝經)』을 전수했으며 아버지의 명을 따라 과거 공부에도 열중했다. 성년이 된 후에는 한양으로 올라가 수차 사마시에 응시했다. 이때 공은 과유(科儒)로서 일가 어른인 성호선생이 한양의 남쪽에서 강도(講道)를 열었다는 말을 듣고 찾아가 가르침을 청하였다. 선생이 깊이 허여하고 왕래와 문질(問質)이 끊이지 않았다고 한다.

1728년(영조 4)에는 드디어 문반의 진출을 포기하고 31세의 나이로 무과에 합격했다. 곧이어 서반(西班)으로 출사하여 여러 요직을 거친 끝에 훈련원(訓練院) 판관(判官)으로 승진하여 종5품의 품계를 받았다. 그리고 오래지 않아 병마우후(兵馬虞候)로 자리를 옮긴 뒤에 잇달아 어모장군(禦侮將軍)으로서 정3품의 품계에 오르는 한편, 훈련원의 정(訓練院正)을 거쳐 마침내 당상관(堂上官)으로서 훈련원 도정(都正)에까지 승진하였다.

40대 후반에는 경상좌도(慶尙左道) 수군우후(水軍虞候)로 좌천되었는데 이를 두고 공을 아끼는 많은 사람들이 "당로(當路)한 권세가들의 비위를 맞추지 않았다 하여 유자(儒者)의 풍도를 갖춘 걸출한 무인을 함부로 폄하한 처사이다"라고 하며 당시 노론 정권에 의한 인사의 난맥을 지적하였다. 공은 결국 원래의 관위(官位)를 회복하지 못한 채 재야(在野)에서 세상을 떠나니 향년은 겨우 51세였다.

스승인 성호선생은 만시(輓詩)를 지어 공을 애도했는데, "선비의 품위를 갖춘 무반(儒行戎衣)"이라 칭도했으며, 강좌옹(江左翁) 권만(權萬)은 뇌사(誄詞)에서 "남을 원망하거나 뉘우칠 일을 하지 않았으니 이는 사군자의 조행이었고(不怨不悔 此士君子之行也), 머지않아 전원으로 돌아온 뒤에는 유림으로서 어른의 자리를 지키고 처신했다(早晩歸田園 以儒林丈席處之)"고 공을 추모했다. 후일에 묘도문(墓道文)을 지은 진사(進士) 오응운(吳應雲)은 그 명(銘)에서 "문무가 겸전했으니 세상에서 가벼이 여기지 않았고, 그 시대를 조획(措畫)함에 조금도 비굴하지 않았다(武而儒世所無 小不卑措其時)"고 공을 찬양했다.

초취부인은 숙인(淑人) 재령이씨(載寧李氏)인데 사인(士人) 태로(台老)의 따님이고, 재취부인은 숙인 용성송씨(龍城宋氏)로 무관 호군(護軍) 천주(天柱)의 따님이다. 슬하에 1남 2녀를 두어 아들은 휘 국(稤)이고 맏딸은 사인 정유인(鄭惟寅)에게 출가했으며 둘째딸은 사인 안서중(安瑞重)에게 출가했으나 순절(殉節)로 복호(復戶)의 은전을 입었다. 공의 묘소는 밀양 상동면 고답리(高踏里) 중촌마을 뒷산 진좌(辰坐)에 두 배위와 함께 모셨다.

6) 향속 순화(鄕俗醇化)에 앞장선 처사공 용주(龍周)

처사공 지술(之述)의 셋째아들 용주(龍周)의 자는 계유(季猶)이고 호는 미상인데 1701년(숙종 27) 용성리 옛집에서 3남 3녀의 막내아들로 태어났다. 나이 6, 7세에 조부 슬하에서 말과 글을 배우기 시작했는데, 그 총명이 남달랐고, 11세가 되는 해에 할아버지의 상을 당하자 어린 나이에도 애통이 지극하여 보는 이들이 모두 갸륵하게 여겼다. 소년 시절에 이웃 마을에 사는 스승을 찾아가 학업에 기틀을 세웠으며, 이후 독학으로 사서삼경을 두루 통독하니 향당에서 "고가(故家)의 자손은 어딘지 모르게 다른 구석이 있다"는 칭찬을 받았다.

약관에 현풍곽씨(玄風郭氏) 문중에서 배위를 택하여 결혼한 후에는 한때 거업(擧業)에 열중하기도 했으나, 과거의 운은 따르지 못했다.

공이 31세 때 백형이 젊은 나이로 세상을 떠나자 실의에 빠진 양친을 봉양하는 한편 어린 큰집 조카를 돌보면서 기울어져가는 가정을 붙들기 위해 정성을 다하였다. 공의 나이 38세 때에 아버지가 별세하시니 어린 장질인 병한공 혐(隰)의 승중상(承重喪)을 도와주면서 3년의 예제(禮制)를 다한 뒤에는 진취의 부질없음을 깨닫고는 사우(士友)들과 함께 향중에서 풍속을 순화시키는 운동에 특별한 관심을 가지고 활동했다.

그 대표적인 사례로 1742년(영조 12)에 밀양 향중에서 『속향안(續鄕案)』을 작성한 일이 있는데, 공은 당시 삼종숙인 백곡공(栢谷公) 지운(之運)과 족숙인 월암공(月庵公) 지복(之復)의 지시로 문중을 대표하여 그 『청금록(靑襟錄)』을 만드는 데 참여하였다. 그러나 3년 뒤에 당시 노론 정권의 심복인 회덕인(懷德人) 송문상(宋文庠)이라는 자가 밀양부사로 도임하여 『청금록』에 등재된 인물이 마음에 들지 않는다 하여 이를 빼앗아 불질러 버린 사건이 있었다. 이에 공은 여러 향중 인사와 협력하여 송부사의 부당한 처사에 항의하고 사태를 수습하는 데 앞장서기도 하였다.

공의 문예물의 초고는 모아둔 바가 없으나 친지간에 주고받은 시문이 간혹 향중 문집에서 발견되고 있다. 그중에서 특히 1750년(영조 26)에 당시 향선배의 한 분이었던 해남(海南) 손만래(孫萬來)의 별세로 인해 지어 보낸 만시(輓詩) 3수와 역시 그 무렵 족숙 월암공(月庵公)의 팔순경수연(八旬慶壽宴)의 축하시 2수는 공의 문학적인 정감이 잘 표현된 작품이라고 할 것이다.

추천선생의 풍표를 백세에 끼쳤으니	鄒老風猷百世遺
한 가문의 시와 예가 절로 법이 됐네	一家詩禮自成規
세상사 얻고 잃은 것 말해서 무엇하리	世間得喪何須說
훌륭한 자제 뜰에 가득 뒤가 넉넉한데	蘭玉盈庭裕後宜

해남 손공(孫公)을 위한 만시의 세 번째 절구인데, 추천(鄒川) 손영제(孫

英濟)의 자손으로서 시례(詩禮)의 끼침이 아름다운 유복한 가문의 분위기를 평이하고 간결하게 나타낸 구절이다. 공은 슬하에 2남 3녀를 두었으나 위로 세 따님이 있었고 두 아들은 공의 37세 때와 40세 때에 각각 출생하였으니 늦은 나이에 연달아 득남한 셈이다. 1778년(정조 2) 5월 24일에 향제에서 세상을 떠나니 향수 78세였다. 공의 묘소는 밀양 산외면 엄광리 대종산(大宗山) 좌측에 있는 앵암(鶯巖) 사좌(巳坐)이다.

두 아들의 휘는 도(棻)와 미(麋)이고 세 딸은 하산인(夏山人) 조명구(曺命九)와 함안인(咸安人) 조이진(趙以晋)과 밀성인(密城人) 손극희(孫克禧)에게 각각 출가했다.

7) 병한공(病漢公)의 생애와 그 후사(後嗣)

처사공 기주(起周)의 맏아들 병한공의 휘는 혐(馦)이고 자는 군방(君芳)이며 병한(病漢)은 그 자호인데, 1722년(경종 2)에 용성리 구제에서 출생하였다. 공은 어려서부터 재주가 뛰어나 나이 5, 6세에 이미 천자문(千字文)을 외웠고, 할아버지의 슬하에서 동몽의 교육을 받으니 주위에서 모두 그 영특함을 기리었다. 그러나 10세 때 아버지를 여의게 되자 모부인 밀성손씨의 엄격한 훈도 아래 3년상을 어른처럼 잘 치르고, 결복(闋服)을 한 뒤에는 세 살 아래인 이우 졸와공(拙窩公) 복(馥)과 함께 외조부이신 문암 손석관의 강석에 나아가 본격적인 경학(經學)의 수련을 쌓았다.

공과는 외육촌의 척분이면서 문암초려에서 함께 수학한 죽포(竹圃) 손사익(孫思翼)이 공의 별세에 즈음하여 지은 제문(祭文)에 이 무렵의 정곡(情曲)을 회고한 구절이 있다.

> 그대는 더벅머리 총각 때부터　　　　　君於總卝日
> 책을 끼고 아우를 손 잡고 와선　　　　挾笈携季方
> 마침내 나의 형제들과 어울려서　　　　遂同我仲昆
> 소리 내어 글 읽고 뛰어놀았지　　　　咿唔爭踉蹡

대숲 사이에 몸을 나란히 하여	聯翩竹林間
서로 도와 학술과 시문을 닦았네	麗澤風騷場

편모 슬하의 형제가 나란히 손을 잡고 용성에서 물을 건너 이웃 마을에 있는 문암초려를 찾아, 외조부의 알뜰한 보살핌 속에서 학업을 닦는 모습이 완연히 떠오른다. 또한 죽포 손공 형제들과 글을 읽고 시문을 겨루는 광경도 신선하게 다가오는 대목이다.

17세 때에는 할아버지의 별세로 그 애훼(哀毁)가 극진했으며, 승중상의 예절을 다한 뒤에는 다시 잇달아 조모상과 어머니의 상을 입고 전후 12년 간을 어린 나이로 여막(廬幕)을 지키는 몸이 되었다. 자연히 혼기(婚期)도 놓치고 공령(功令)에 대한 뜻마저 접지 않을 수 없었다. 이러한 당시의 정황을 죽포는 다시 제문에서 되새기게 해주고 있다.

착실하게 오랫동안 다녔더라면	如能着跟久
그 진보를 예측하지 못했을 것을	其進不可量
타고난 자태 비록 채우지 못해도	天姿縱未充
비단 같은 글로 문장을 이루었지	文錦猶成章
글 짓는 일은 여가 보아 하는 일	詞華卽餘事
명예와 이익 서로 잊어야 하는 것	名利乃相忘
가문에서 칭찬받는 아이가 되고자	堪爲稱家兒
과거 보는 일도 달가워하지 않았다	不屑觀國光

공이 명문가의 종손으로서 그 체통과 권위를 지키고자 행유여력(行有餘力)으로 진정한 학문을 추구한 선비다움의 자질을 이로써 충분히 읽을 수 있다. 그러나 훌륭하게 타고난 학문적인 바탕과 공부할 수 있는 좋은 여건에도 불구하고 착실히 오랫동안 그 진보를 추구하지 못한 것은 참으로 안타까운 일이 아닐 수 없다.

그리하여 공은 20여 세가 되는 늦은 나이로 인동(仁同)에 사는 옥산장씨

(玉山張氏) 가문에서 규수를 취하여 늦장가를 드는 처지가 되었으나, 진작 뒤를 이을 아들을 얻지 못한 채 줄줄이 여섯이나 되는 딸을 낳았다. 이에 공은 나이 50줄에 들어서서야 부득이 종중의 권고로 종제(從弟)인 도(𡐔)의 맏아들 휘탁(輝琢)을 후사로 삼아 입향조 이래 11대의 종통(宗統)을 간신히 잇게 되었다.

병한공은 젊은 시절부터 "문예(文藝)가 숙성(夙成)했다"는 정평과 함께, 부질없이 읊은 것이라 겸손하게 제목을 단『만영(謾詠)』이라는 시집이 있다는 족보상의 기록이 보인다. '만영'이란 마음에 구애됨이 없이 자유롭게 시를 읊는다는 뜻이겠지만 필경 자연 속에서 쓴 깨끗한 시 작품이 많았다는 것을 말해주는 듯하다. 다만 그 시집의 존재를 확인하지 못하는 것이 아쉽고 유감스러울 뿐이다.

그런 가운데서 유일하게 전해지는「천작경수운(天爵慶壽韻)」두 편이 있어 공의 시문의 수준을 어느 정도 가늠해볼 수 있다는 것은 참으로 다행한 일이 아닐 수 없다. '천작'이란 하늘이 준 벼슬이라는 뜻으로 나라에서 수직(壽職)의 은전을 받은 것을 말한다. 그러므로 이 시는 1752년(영조 28) 공의 나이 31세 때 족조인 월암(月庵) 지복(之復)이 80세의 고년(高年)으로 종2품 가선대부(嘉善大夫)의 품계와 동지중추부사(同知中樞府事)의 관직을 받은 것을 송축하는 칠언절구 2수를 말한다.

화창한 가운이 넘치는 흘룽한 잔치 자리	佳氣瀜瀜玉座時
남녘에 신령한 봄빛 천시와 함께 만나니	南靈春色與天期
첩첩이 쌓인 경사가 먼 후손에게 흘렀네	九重餘慶流遐裔
연세와 덕이 높은 선비 천작은 당연한 일	齒德高人爵乃宜

구김살 없이 간결한 언어로 문중의 연세 높은 어른의 경사를 마음껏 송축한 글이다. 공의 만년(晩年)은 '병중의 사나이'라는 뜻을 지닌 '병한(病漢)'이란 자호가 말해주듯 허약한 체질 때문에 병석에 드는 일이 잦았다.

그런 가운데서도 늙으신 어머니에 대한 효양(孝養)의 정성이 남달라 주변에서는 노래자(老萊子)의 모습을 공에게서 본다는 칭도가 끊이지 않았다.

안질이 나빠 안경주머니를 차고 다니면서도 거실에 가득한 도서(圖書)를 빠짐없이 읽었고, 때로는 패가잡설(稗家雜說)과 역서(易書)에도 관심을 기울여 통하지 않음이 없었다. 술잔을 들면 그 지론이 격앙되었으나 항상 시비(是非)가 분명하였고, 모습은 가녀린 부녀와 같았으나 그 의기(意氣)는 출중하였다.

특히 바둑을 잘 두어 기력(棋力)이 인구에 회자되었으며, 노는 재주가 활달하여 좌석을 압도했다. 또한 노경에는 화훼(花卉)와 분재(盆栽)에 취미가 많아 여러 가지 진귀한 화초를 가꾸어 친지들에게 나누어주어 임원(林園)의 정서를 장려하기도 했다. 죽포 손공이 공에게 지어 보낸 세 마리의 칠언절구는 국화의 분(盆)을 받은 데 대한 고마운 마음을 읊은 것으로 친지간에 많이 애송되었다.

그러면서도 공은 문중을 대표하는 위치에서 향중의 활동에도 빠짐없이 참여했다. 영조(英祖) 연간(1725~1776)에 작성된 『속향안』에 공의 명단이 있는 것만 보아도 짐작이 되는 일이다. 1783년(정조 7)에 용성 종가에서 조용히 세상을 떠나니 향년 62세였다.

8) 대종가(大宗家)의 사속(嗣續)

병한공의 뒤를 이은 종손 휘탁(輝琢)은 비록 1남 6녀의 많은 자녀를 두었으나, 가계(家系)를 이어야 할 외아들 장석(章錫)이 불과 23세로 요절(夭折)하면서 당시 네 살배기인 어린 독자 휘 상곤(尙坤)으로 하여금 겨우 가문의 대를 잇게 하였다. 그러나 겨우 승종(承宗)이 된 상곤(尙坤) 역시 1남 1녀의 자녀를 두기는 했지만, 43세의 젊은 나이로 세상을 떠나는 통에 외아들인 택구(澤九) 말고는 달리 아들을 두지 못했다.

그런 가운데서 설상가상으로 불행이 겹쳐 26세(世)의 종통을 이은 택구

(澤九) 마저 또한 21세의 약관으로 후사도 없이 세상을 등지고 말았다. 어렵사리 이어져 내려온 정당공(政堂公)·문절공(文節公)·충순위공(忠順衛公)의 종계(宗系)가 하루아침에 단절되는 위기에 봉착한 것이다. 거듭된 환난을 겪은 과정에서 사람과 함께 가산도 기울어지는 것은 지극히 당연한 추세였다. 장차 큰집이 무너지려 하는데 종중에서도 남의 집 불구경하듯 방치할 수는 없었다. 무엇보다도 종손을 입양시키는 문제를 걱정했으나, 본래 항렬(行列)이 낮은 알맞은 나이의 대상자를 물색하는 일이 쉽지가 않았다.

밀양 본향(本鄉)에서는 그 후보자를 찾을 수 없어 부득이 동항(同行)의 후손이 많은 용궁(龍宮) 무리실(茂李谷) 집안에서 소후(所後)의 자손을 물색할 수밖에 없었다. 이에 용성·활천 양파(兩派)의 종론을 받들고 당시 문내 중진의 한 분이었던 물연공(勿淵公) 장유(章綏)가 용궁의 생정(生庭)을 찾아가 탄원하기에 이르렀다.

그 결과 무리실 종중 원로들의 전폭적인 협조를 얻어 매원공(梅園公) 순(焞)의 9세손이요, 진사공 창련(昌璉)의 증손이며 주구(周九)의 둘째아들인 필영(弼永, 초휘 東祐)을 충순위공 14대의 사손(嗣孫)으로 맞아들이게 된 것이다. 제천공(霽川公) 승구(承九)의 저서인 『제천일고(霽川逸稿)』에 실린 「위종실기(爲宗實記)」라는 글에는 이때의 정황이 비교적 자세하게 그려져 있다. 곧 이 기록자의 할아버지 농아공(聾啞公)이 용궁 종중을 방문하여 밀양 대종가의 사속(嗣續)에 협조해줄 것을 간절히 청하는 내용인데, 농아공은 물연공의 또 다른 호이다.

> 종가에서 종중의 제사를 받드는 양자(養子)를 정하는 일이 급하게 되어, 400리 길을 멀다 하지 않고 성심을 다해 노력을 기울였는데, 대여섯 달 동안이나 자리를 깔고 부탁하는 수고를 아끼지 않았다.
> 急於宗宅爲宗祝螟 不遠四百里殫心竭力 不勞五六朔席薰

아무리 대종가의 명사(螟嗣)를 정하는 일이라 하더라도 그 입양의 노력이 얼마나 힘든 일이었던가를 짐작하기에 충분하다. 그리하여 물연공은 종가의 생계를 위해 약간의 종물(宗物)을 장만한 다음 자기가 거주하는 사연리(泗淵里)에다 종가를 옮겨 종손을 성취(成娶)시키고는 생활의 터전을 만들어 돌봐주기까지 하였다. 이것이 1860년(철종 11)경의 일이었으니 입향조의 14대 종손 휘 필영(弼永)의 나이 불과 15세쯤에 이루어진 대종가 입계(入系)의 전말이라 할 수 있다.

기실 필영 종손은 충순위공의 사손(嗣孫)이 될 뿐 아니라 5세조이신 정당공(政堂公) 수룡(秀龍)의 연면한 가계(家系)를 이어온 대종손(大宗孫)이기도 했다. 정당공의 가계는 12세조인 중화공(中和公) 증석(曾碩)의 대(代)까지는 비록 단조롭고 외롭기는 했으나 그런대로 무난하게 계통을 이을 수가 있었다. 더구나 13세조인 우리 입향조의 대에 이르러서는 4형제가 각기 분파가 됨으로써 그 자손이 매우 번성하였다. 그러나 연산군(燕山君)의 난정(亂政)으로 경중거실(京中居室)로서의 명예를 지켜온 우리 가문은 또다시 불행한 시대를 겪지 않으면 안 되었던 것이다.

맏집인 침류당공 사준(師準)이 먼저 농장이 있던 경상도 진양(晉陽)으로 낙향한 데 이어, 둘째집인 별좌공(別坐公) 사연(師衍)은 어렵게 시골 생활을 유지하다가 마침내 무후(无后)가 되었고, 셋째집인 충순위공이 당시 재지호족이었던 진사 류자공(柳子恭)의 무남독녀의 사위로서 밀양으로 낙남(落南)을 한 처지가 되었다. 넷째집인 직장공(直長公) 사진(師鎭) 또한 황해도 해주(海州) 쪽으로 낙향했지만 몇 대를 잇지 못하고 그 대를 비우게 되었다.

다만 진양으로 낙향한 침류당공은 아들과 손자 양 대를 근친 입양(入養)으로 승종(承宗)을 하였고, 그 증손이 되는 생원공 욱(郁)이 임진왜란 때 진주성 싸움에서 순국함으로써 창렬사(彰烈祠)에 배향되는 등 5대손까지의 존재는 확인되었으나 그 이후 자손들의 종적은 묘연하다.

그러므로 형망제급(兄亡弟及)이라는 세대 계승의 관례를 좇아 충순위공의 종손이 정당공파와 문절공파의 종계(宗系)를 계승한 것은 너무나 자연스러운 처지라 하겠다. 따라서 당시 용궁 종중에서 입양된 필영(弼永)은 정당공의 22대 종손이면서 문절공 기우자선생의 18대 주손이 되는 것이다. 어찌 문중 전체의 관심사가 아니라 할 수 있으며, 소중한 존재가 아니겠는가?

다행히 어렵게 승종한 필영 종손도 사연리에 정착한 15년 뒤에는 이미 장년으로서 종가의 기반을 착실히 다졌으며, 대종손으로서의 위치와 권위를 세우는 데도 상당한 노력을 기울였다. 그러한 지각을 가다듬은 어느 날 "대종가는 마땅히 입향 시거지의 선적(先蹟)을 지켜야 한다"고 하면서 용성리 사인당마을로 환고를 결심했다. 그러나 호사다마의 운명이 자신의 앞길을 가로막고 있는 줄을 어찌 알았겠는가?

불과 2년 뒤 1877년(고종 14)에 어처구니없게도 필영 종손이 33세의 한창 나이로 일점혈육도 남기지 못한 채 또 조몰(早歿)을 하는 불행을 당하였다. 어렵게 맞아들인 대종손의 자리가 다시 비게 되자 종중에서는 다시 대책을 강구하지 않으면 안 되었다. 이번에는 대종가의 근친으로서 종로(宗老)의 한 분인 성암공(星巖公) 종엄(鍾儼)이 종중의 논의를 받들고 용궁에 가서 또 한 번 양자를 빌게 되었다.

이때에도 매원공의 후손인 동기(東璣)의 맏아들 수형(守衡)으로 하여금 대종손으로 입후하는 절차를 갖추었다. 이것이 1890년(고종 27)경으로 당시 수형 종손의 나이 불과 16세 때의 일이다. 그러나 거의 기울어진 가세에다 잇달아 흉년이 들어 대종가의 살림을 유지하기가 매우 어려운 환경에 처해 있었다. 그럼에도 종중에서는 대종가의 생활을 안정시킬 수 있는 별다른 대책을 세우지 못한 채 차일피일하고 있었다. 이에 어렵게 맞아들인 수형 종손은 그 가난을 견디다 못해 다시 생정인 용궁으로 되돌아가버리는 난감한 사태가 벌어졌다.

당시 대종중에서도 수년 이래 종물의 고갈로 선대 묘소와 제향을 받들기조차 어려운 처지라 대종손의 생계 조치에까지 힘이 미치지 못했기 때문이다. 그런 가운데서 1900년(庚子)에 활천(活川)의 종로 제천공(霽川公) 승구(承九) 등 몇몇 분의 발의로 대종가의 생계와 유지를 위한 종계(宗契)

를 설치하고 살내(活川)마을에다 새로 종택을 마련한 후 1903년(癸卯)에 수형 종손은 밀양으로 다시 되돌아오게 되었다. 그 이후 수형은 아들 4형제를 두어 대종가의 기틀을 견실하게 다졌는데, 다시 맏아들 태성(泰成)이 슬하에 2남 4녀를 두었고 지차(之次)에서도 많은 자녀를 두게 되었다. 또한 30대째 승종(承宗)을 한 희영(熙榮)도 슬하에 3남 1녀를 두어 누대에 고단(孤單)하기만 했던 대종가의 자손이 매우 번창하게 되었다. 현재의 대종손은 시조공으로부터 31세손인데 문절공 기우자선생과 입향조 충순위공의 봉사손이기도 하다.

9) 졸와공(拙窩公)의 사행(事行)

처사공 기주(起周)의 차자인 졸와공 복(馥)의 자는 언방(彦邦)이고 노년에 호를 졸와(拙窩)라 했으며, 1725년(영조 1)에 용성 향제에서 나시어 1795년(정조 19) 6월 16일에 별세하시니 향수 71세이다. 공의 사·행적에 대하여도 행장(行狀)과 금석의 글이 갖춰지지 않아 자세한 줄거리를 알지 못한다. 다만 7세에 아버지가 별세하였고, 백형 병한공과 함께 모부인의 자훈(慈訓)을 받들어 어린 나이에도 어른처럼 상청(喪廳)을 떠나지 않고 애훼(哀毀)의 정성을 다했다는 가전이 있을 뿐이다.

공의 외육촌이 되는 죽포 손사익이 백형 병한공의 별세를 애도하는 글 속에서, 공의 형제가 편모슬하에 있던 소년 시절에 외조부 문암 손석관의 문하로 나아가 수학했다는 사실을 밝히고 있다. 그 기록으로 미루어보면 공은 약관의 나이를 훨씬 넘길 때까지 손죽포공의 여러 형제 종반들과 어울려 외조부의 문암초려에서 학문과 문장에 정진했음을 알 수 있다. 또한 청년기를 지난 이립(而立)의 나이에는 당시 중건된 금시당에서 문내의 자제들과 함께 기거하면서 경전을 읽고 시례(詩禮)를 닦았던 사실도 공이 지은 백곡공(栢谷公)의 제문에서 밝혀지고 있다.

가을과 겨울 공부에 힘쓰게 하니	秋冬做課
젊은이와 늙은이 함께 모였더라	少長咸集
정성을 다해 타일러 가르치시고	諄諄敎誨
힘을 기울여 학업을 닦게 했도다	努力肄業
보잘것없는 저를 가엾게 여겨	悶余無似
깨우쳐주심이 더욱 간절했으니	誨諭丁寧
외람되이 어른을 가까이에 모시고	叨陪杖屨
매양 장수하심을 축원했습니다	每祝遐齡
공께서 병환으로 누워 계실 때는	公病臥床
소자는 먼 길을 떠나 있었고	小子遠程
미처 돌아와 문병도 하기 전인데	未及歸診
중도에서 부음을 듣고 달려왔으니	中路奔哭
속절없고 아득하기만 한 이 한이	悠悠此恨
어찌 그 끝 간 데를 알겠습니까	曷其有極

　위의 글은 비록 백곡공을 향한 기정(記情)의 한 구절이지만, 공이 지난
날 문내의 자질들과 함께 금시당 함석(函席)에서 백곡공으로부터 가르침을
받던 때의 정경이 잘 드러나는 대목이다. 백곡공이 돌아가신 해가 1763년
(영조 39)이라 그때 공의 나이는 39세에 해당한다. 이미 많은 세월이 흐른
뒤이지만 미처 문병도 하기 전인데 집을 떠나 먼 길의 중로에서 부음을
받고 달려온 안타까운 정곡이 그대로 배어 있다. 당시 공에게 부·조(父祖)
가 다 계시지 않은 처지에서 백곡공은 친조부와 다름없는 문중의 어른이
요, 또 존경하는 스승으로서 그 의지함이 남달랐다는 것을 짐작하기에 충
분하다.

　1783년(정조 7) 공의 나이 59세의 노경에 믿고 의지하던 백형 병한공이
당시 구십에 접어든 노모와 두 미성(未成)의 딸을 남겨둔 채 세상을 떠나
자 공의 비탄은 형용할 수 없었다. 공이 지극히 애통해한 정황을 죽포 손
공이 병한공의 제문을 빌려 다음과 같이 표현한 부분이 있다.

실의에 빠져 외롭게 우는 아우	零丁獨阿季
지독한 아픔이 큰 종기와 같은데	至痛猶鉅瘡
늙으신 어머니 위로할 말이 없어	無辭慰老慈
오직 눈자위엔 눈물만 가득하네	有淚輒盈眶

"실의에 빠져 외로이 우는 아우"는 말할 것도 없이 병한공이 별세한 뒤에 홀로 남겨진 아우 졸와공을 가리키는 말이다. 백형의 별세에 대한 절망과 비통, 그리고 90세 노모의 위로와 봉양에 대하여 애간장이 녹도록 노심초사하는 공의 우애와 효성을 여실히 그려주고 있는 대목이다. 공도 또한 칠십 평생에 적지 않은 문사(文詞)를 남겼으나, 그 초고를 모아두지 않았는데, 간혹 척당 간에 왕래한 문자가 산견되고 있어 이의 수집이 매우 긴요한 것 같다.

10) 처사공 휘철(輝轍)의 자손

졸와공은 슬하에 2남 4녀를 두었는데 아들은 휘철(輝轍)과 휘근(輝根)이다. 맏아들 휘철은 딸만 셋을 두고 아들이 없어 재종제인 각산공(覺山公) 휘 정섭(廷燮)의 제3자를 취하여 대를 이었으니, 장규(章圭)가 그분이다. 용성리 본제에서 생정(生庭)이 있는 단장면(丹場面) 사연리(泗淵里)로 한동안 옮겨 살았으나, 그 아들 형제 곧 종상(鍾常)과 종엄(鍾儼)이 다시 무안면(武安面)으로 우거(寓居)한 후 그 자손들은 성덕리(城德里)와 중리(中里) 등지에서 살았다.

특히 둘째아들 종엄은 자를 치관(致寬), 호를 성암(星巖)이라 했는데 조행이 있었고 위선(衛先) 사업과 화수(花樹)의 발전에 열성을 기울였으며, 대종손 수형(守衡)의 입양을 추진하여 종가를 부지하는 데 큰 공헌을 했다.

11) 처사공 휘근(輝根)과 장봉(章琒) 부자

졸와공의 둘째아들 휘근은 자를 경회(景晦)라 하였고, 1780년(정조 4)에 사인당리 옛집에서 나시어, 1824년(순조 24) 4월 3일에 밀양읍 평리마을 집에서 세상을 떠나시니 나이 불과 45세였다. 슬하에 일점혈육이 없어 백곡공의 증손인 족형 휘집(輝集)의 셋째아들 장봉(章琒)을 취해 사자(嗣子)로 삼았다.

처사공 휘 장봉의 자는 군서(君瑞)이고 호는 알 수 없다. 1801년(순조 1) 밀양읍 평리(坪里)에서 나시어 1849년(헌종 15) 6월 28일에 별세하시니 향년 49세이다. 공도 또한 기록상에 드러난 뚜렷한 사·행적은 없으나 1827년(순조 27) 28세 때 족숙 앞으로 사후 양자가 되어 입계한 후 어려운 가운데서도 홀로 되신 양모 장수황씨(長水黃氏)에 대한 효양(孝養)이 지극하여 향당에서 칭도가 매우 높았다.

장년에 이르러서도 행유여력(行有餘力)으로 학업에 매진하는 한편, 가색(稼穡)이 근면하여 노년에는 가산도 유족했는데 공의 거실에는 항상 원근의 빈객들이 좌석을 메웠다. 공의 외종형(外從兄)으로서 순조(純祖) 때 문과 급제하여 헌종(憲宗) 때 사간원의 사간(司諫)으로 명성을 떨친 바 있는 귀원(歸園) 황기원(黃起源)이 공의 죽음을 애도한 글이 있다.

> 슬프다. 사람이 오래 살고 일찍 죽는 것은 진실로 하늘이 정한 것이나, 그대 같이 순실(淳實)한 성품과 행의, 넓고 큰 도량과 그릇, 마음 놓이지 않는 처지에서도 넘어져가는 집을 일으켜 온전하게 할 수 있었다면 마땅히 수명을 얻어 후일의 복록을 얻어 누릴 수가 있었건만 마침내 지명(知命, 50세)도 아닌 나이에 하늘은 어찌 그대의 타고난 능력은 두텁게 해주면서 그대를 빼어가기는 그리도 급했던고
>
> 嗚呼 人生壽夭 固有天定 以君性行之淳實 器量之恢廓 處於難安之地 能全旣覆之巢 則宜其得享遐算 以綏後祿 而竟不得古人知非之年 天何賦君之厚 而奪君之速也

공의 순실한 성품과 행의(行誼) 그리고 크고 넓은 기량(器量)을 찬양함으로써 공의 의표(儀表)를 잘 나타내주고 있다. 또 이 글에서는 "내가 남호(南湖)에 이사를 하니 그대 또한 광산(光山)의 추리(楸里)에 집을 지었다(自余移卜南湖 君亦築室于光山之楸里)"는 구절이 있고, "내가 벼슬을 그만두고 백수(白首)로서 남쪽에 돌아오니 정분과 자취가 외롭고 괴로웠는데 그대는 이미 가족을 이끌고 깊은 골짜기로 들어간 지 여러 해가 되었다(白首南歸情踪孤苦 君已挈累入深 亦有年矣)"라는 사연도 남기고 있다.

외종형인 황귀원(黃歸園)이 표종제(表從弟)인 공의 하세를 추도하면서 회상한 구절이지만, 그것은 두 내외종 간에 생활의 자취를 더듬어보는 데 유용한 자료가 되었다. 황기원은 1844년(헌종 10)에 그의 세거지인 부북면 수동(壽洞)에서 지금의 밀양시 가곡동 귀창(耳倉)에 해당하는 남호(南湖)로 이사한 사실을 적었다. 동시에 그 무렵 공도 엄광산(嚴光山) 아래 선영이 있는 마을에 새로 집을 지어 옮긴 사정을 전해주고 있다.

그리고 황공이 백수(白首)가 되어 남쪽으로 돌아왔을 때, 공은 이미 가족을 이끌고 깊은 곳에 들어간 지 여러 해가 지났다고 회상했다. 이는 바로 공이 임종에 다다라 평리의 옛집으로 돌아왔다가 상기(喪期)가 끝나자 아들 농은공이 다시 단장면 승학동(乘鶴洞) 깊은 골짜기로 이사한 것을 두고 하는 말이기도 하다. 슬하에는 외아들 농은공(農隱公)을 두었을 뿐이며 공의 묘소는 생가 마을인 단장면 무릉리 지소동(紙所洞)에 있다.

12) 농은공(農隱公)의 생애와 그 자손

농은공의 휘는 종곤(鍾崑)이고 자는 여진(汝鎭)이며 농은(農隱)은 그 만년의 자호이다. 아버지 처사공 장봉(章琫)과 어머니 밀성손씨(密城孫氏) 사이에 외아들로 1826년(순조 26) 밀양읍성 동문 밖 평리 옛집에서 태어나 1890년(고종 27) 9월 4일에 향수 65세로 세상을 떠나셨다.

타고나신 천품이 어질고 중후했는데 소년 시절에 내객(來客)이 늘 사랑

채에 가득 찼으나 그 응대와 주선이 민첩하여 아버지의 친구들이 모두 선공의 자함(字啣)을 가리켜 '군서의 어진 아들(君瑞之賢胤)'이라 칭찬했다. 18세에 벽진이씨(碧珍李氏)를 배위로 맞아 공은 장인인 원방옹(圓方翁) 이근회(李根晦)의 문하에서 『논어(論語)』의 깊은 뜻을 체득했다.

1849년(헌종 15) 24세 때 아버지의 별세로 3년상의 예제(禮制)를 마친 후 뜻한 바가 있어 과거(科擧)를 단념하고 궁벽한 동쪽 산골짜기로 이사했다. 아버님이 세상에 계실 때에도 "평리는 성문(城門)이 가까워 자손 교육에 마땅한 곳이 못 된다" 하여 일시 엄광산 아래 선영마을 곧 지금의 산외면 엄광리에 집을 지어 이사한 일이 있었다. 그 후 선공의 임종에 다다라 그 집상(執喪)을 위해 다시 평리 옛집으로 되돌아왔으나, 이에 또 동협(東峽)인 단장면 승학동(乘鶴洞)과 용회동(龍回洞)을 거쳐 수년 만에 단정리(丹亭里)에 정착했던 것이다.

공은 우선 야박한 마을의 풍속을 교화하는 한편 농토를 확장하고 촌민들에게 근농(勤農)하는 기풍을 심었다. 그리하여 10여 년에 걸친 자립갱생(自立更生)으로 공은 부호(富戶)의 소리를 들었으나 한말(韓末)의 난국으로 인한 민심 혼란에다 잇따른 흉년으로 도적이 날뛰고 기근과 역질(疫疾)이 창궐했다. 공은 곧 동약(洞約)을 만들어 환난(患難)의 상구(相救)를 호소하고 창고를 열어 구제에 나서는 한편 병막(病幕)을 설치하고는 돌림병 환자를 돌보았다. 각처에서 걸인들이 몰려와 끼니를 구함에 오랫동안 산야의 초근목피를 캐 보태어 죽을 쑤어 이들을 구하였고, 두령(頭領)을 정해 질서를 잡게 하니, 지금도 마을에는 '도걸뱅이 집터(都丐家址)'라는 자취가 지명으로 남아 있다.

이 소문을 들은 고을 원이 찾아와 그 시혜(施惠)를 찬양하고 부자들의 희사금 초령(抄令)에서 빼주었는가 하면, 한밤중에 칼을 들고 침입한 비적(匪賊)들이 공의 선행을 알고는 도리어 감복하고 돌아갔다는 일화가 전해온다. 수년에 걸친 이러한 노력으로 인근 삼동(三洞)은 안정을 되찾았다. 1882년(고종 19)경에 공은 마을에 단구이숙(丹丘里塾)을 세워 후진 교육을 도모하였고, 춘궁에 대비하여 이창(里倉)을 설치 강화하니 향촌사회의 한 본보기가 되었다.

이 무렵에 금주(錦洲) 허채(許埰)·포헌(苞軒) 허대(許坮) 형제가 김해(金海)에서 이주해 오니 공은 진심으로 환영하여 "내가 이 마을에서 노력한 일을 맡길 사람이 왔다" 하고 기뻐하였다. 그 후 공의 이숙(里塾)은 이씨·허씨 양가 자제들에 의하여 조양서당(朝陽書堂)으로 발전했고, 동약과 이창도 오랫동안 그 전통을 유지했다.

만년에는 스스로 인지(仁智)의 낙을 찾아 만회(晚晦) 이승덕(李承德)·만파(晚坡) 손종태(孫鍾泰)·소려(小廬) 안효식(安孝寔)·긍재(肯齋) 안효구(安孝構) 등의 벗들과 함께 양덕(養德)하며 창화(唱和)를 즐기었다. 자손들에게는 항상 "근본을 도타이 하고 진실한 일에 힘쓸 것(敦本務實)"과, 다른 사람을 대할 때 "한결같은 마음을 기울일 것(一輪赤心)"을 것을 강조하였다. 이는 "효도와 우애를 인륜의 근본으로 삼고, 검소와 부지런함을 생활의 방편으로 삼아 남들과도 잘 사귀어야 한다"는 가르침인데, 후일에는 자연스럽게 일문의 가훈(家訓)이 되었다.

1886년(고종 23) 큰아들의 죽음으로 크나큰 슬픔과 아픔을 견디다가 마침내 병을 얻어 수년을 견디지 못하고 별세하였다. 슬하에 7남 1녀를 두어 자황(慈況)이 진진했는데 후손들은 공이 손수 지어 거처하던 단구정사(丹丘精舍)를 보존하면서 유덕을 추모하고 있다. 저서로 『농은유고(農隱遺稿)』 1책을 간행한 바가 있다.

공의 자녀 7남 1녀 가운데 맏아들 원구(元九)는 일찍 세상을 떠나셨고, 제2자 완구(完九)는 안분(安分)과 낙도(樂道)로 정양하다가 67세의 수를 누리었다. 제3자 좌구(佐九)는 호를 묵와(黙窩)라 했는데 향시(鄕試)에 합격한 후 수차의 응과(應科)로 많은 문사(文詞)를 남겼고, 제4자 정구(貞九)는 조부의 생정(生庭)의 숙부 장호(章湖)의 뒤를 이어 출계했으며, 제5자 인구(仁九)는 호를 묵은(黙隱)이라 하여 부지(父志)를 받들어 돈본(敦本)의 가풍을 세웠다.

그 밖에도 맏손자 우강공(宇岡公) 병래(炳來)는 장인인 내암(耐庵) 정연박(鄭淵博)의 문하에서 경전을 섭렵한 후 어질고 도타운 인망(人望)으로 한평생을 보냈다. 제2방의 손자 단수공(丹叟公) 병욱(炳郁)은 손수 익힌 의방(醫方)으로 촌민을 구제했으며, 물재공(勿齋公) 병렬(炳烈)은 종제인 계동공(桂東公) 병년(炳年)과 함께 소눌(小訥) 노상직(盧相稷)의 문하에서 학업을 닦은 단아한 선비인데 근래 그 손자 운성(雲成)에 의하여 『물재거사연보체실기(勿齋居士年譜体實記)』라는 책자가 간행되었다.

공의 자손들은 단정(丹亭)이라는 한 마을에 대소가의 담장을 나란히 하여 누대를 세거함으로써 지금은 여주이씨 밀양파의 한 소종(小宗)을 이루고 있다. 공의 묘소는 밀양 단장면 사연리 호정산(虎頂山) 정상에 있으며, 호석(護石) 허섭(許涉)이 행장을 지었고, 손암(遜庵) 신성규(申晟圭)가 묘갈명을 썼으며, 족후손인 벽사(碧史) 이우성(李佑成)의 묘지명이 있다.

13) 죽엄공(竹广公)의 생애와 교유(交遊)

공의 휘는 국(穊)이고 자는 윤성(允成)이며, 죽엄은 그 자호이다. 아버지는 도정공(都正公) 태주(泰周)이고 어머니는 재령이씨(載寧李氏)와 용성송씨(龍城宋氏)인데, 공은 송씨의 소생으로 1744년(영조 20)에 밀양 용성리 구제에서 1남 2녀의 외아들로 태어났다.

공은 겨우 말을 배우기 시작한 다섯 살 어린 나이에 아버지를 여의었으며, 편모 슬하에서 절도 있는 가정교육으로 소년기를 보냈다. 본래 자질이 순후하고 근칙(勤飭)하여 착실히 가학(家學)을 이어받았으나 약관을 넘긴 나이에도 과거에 대한 향념보다는 수제(修齊)의 도리를 궁구하는 데 주력하는 한편 어머니의 봉양에 오로지 정성을 다했다.

1767년(영조 42) 24세 때에 내간상을 당하니 공은 어릴 때 아버지를 여읜 유한이 겹쳐 그 시묘(侍墓)와 예제(禮制)가 매우 극진했는데 향당에서 "이 사람이야말로 참된 효성의 본보기"라고 칭도했다.

공은 중년에 아들 형제를 둔 후에는 그 교육과 치산(治産)을 위해 복잡한 성시(城市)를 떠나 동협(東峽)의 별구(別區)인 사연리(泗淵里)에다 생활의 터전을 정하고 이사했다. 촌민을 덕행으로써 교화시키는 한편 근면과 절검(節儉)을 통하여 이룩한 가산으로 가난한 이웃과 어려운 친족을 돕기도 했다. 특히 1808년(순조 8)부터 수년간 대종가의 잇따른 환난으로 종손이 곤경에 처하자 이를 돕는 일에 솔선 수범하여 가문을 보존하게 하니, 지금까지도 아름다운 구비(口碑)로 향당과 가문에 전해지고 있다.

고희(古稀)를 넘긴 나이에 배위를 잃은 슬픔과 맏아들을 잃은 통탄을 함께 맛보았지만 공은 의연한 풍표(風標)로서 그 고통과 시련을 극복하였고, 88세 미수(米壽)의 고령으로 차자의 집에서 세상을 떠났다. 양례(襄禮)에 운집한 향사림들은 공을 강좌선사(江左善士)요 일향대로(一鄕大老)로서 기리며 개명정(改銘旌)을 하려 했으나 자손들은 선인(先人)의 뜻이 아니라 하여 사양했다. 배위는 고령박씨(高靈朴氏)로 슬하에 2남 2녀를 두어 아들은 방섭(邦燮)과 정섭(廷燮)이다.

14) 각산공(覺山公)과 물연공(勿淵公)

죽엄공 둘째아들의 휘는 정섭(廷燮)이고 자는 경욱(景郁)이며 정각산(正覺山) 아래에 살았다 하여 만년에 호를 각산(覺山)이라 하였다. 1781년(정조 5)에 사연리 집에서 2남 2녀의 차자로 태어나 1844(헌종 10)에 세상을 떠나니 향년 64세였다.

각산공 또한 지장(誌狀) 등의 기록이 남아 있지 않아 그 구체적인 생애를 알 수 없다. 그러나 백형인 방섭(邦燮)이 장년의 나이로 후사도 없이 세상을 버림에 맏아들 휘 장유(章綏)로 큰집의 대를 잇게 하여 부모의 지체(志體)를 편안하게 모셨으며 위선(衛先)과 돈족(敦族)에도 남다른 열성을 기울인 자취가 많이 남아 있다. 또한 월연정·금시당·반계정 등 선정(先亭) 시축(詩軸) 등에 공의 작품이 남아 있는 것으로 보아 문학에도 상당한 소양이 있었음을 짐작하게 한다. 1836년(헌종 2)에는 밀양부에서 「병신향약(丙申鄕約)」을 입의(立議)했는데 공은 당시 단장면의 약정(約正)으로 추대되어 향중의 지도층 인사로서 인망이 두터웠음을 그 기록이 전해주고 있다.

배위는 광주김씨(廣州金氏)로 진권(振權)의 따님인데 슬하에 3남 3녀를 두어 맏아들 장유(章綏)는 백형 방섭(邦燮) 앞으로, 셋째아들 장규(章圭)는 재종형(再從兄) 휘철(輝轍) 앞으로 출계했다.

각산공의 출계자(出系子)로 죽엄공의 주손(胄孫)이 된 물연공의 휘는 장유(章綏)이고 자는 덕용(德容)이며 물연(勿淵)은 그 호인데, 만년에는 스스로 귀머거리와 벙어리를 자처하여 농아자(聾啞子)라고도 했으며 사연(泗淵)의 서쪽에 살았다 하여 연서(淵西)라는 다른 호를 쓰기도 했다. 1806년(순조 6)에 나시어 1881년(고종 18)에 별세하시니 향수 76세이다.

타고난 천품이 맑고 우아하여 어릴 때부터 효(孝)와 예(禮)에 밝아 "사군자(士君子) 가문의 자손다운 데가 있다"는 평판을 들었다. 지학(志學)의 나이에 죽엄공 슬하에서 가학(家學)을 전수함에 그 공고(攻苦)가 너무나 근실하여 서탑(書榻)이 닳아 무릎 흔적을 남겼다는 소문이 날 정도였다.

사람을 대하고 사물을 접할 때는 항상 화평한 기운이 감돌았고 남을 돕고 종사(宗事)를 처리할 때는 자기의 이해관계를 초월하였다. 공이 50여 세 때 대종가의 사속(似續)이 끊어지려 함에 자진하여 용궁 종중을 찾아가 석고(席藁)로 양자를 빌고 적지 않은 사재를 던져 종가의 생계를 도모한 일은 너무나 아름다운 위종(爲宗)의 사업으로 후손들의 기림을 받고 있다.

구한말에 발간된 『밀주지(密州誌)』 유행(儒行)조에는 공의 인망(人望)을 가리켜 "타고난 자질이 청수(淸粹)하고 몸가짐이 공손 검소하였다. 말을 할 때는 꼭 요긴한 것을 신중히 나타내었고 행동을 할 때는 법도에 맞도록 좇았다(賦質淸粹 持身恭儉 出言而愼樞機 制行而循繩墨)"라고 했다. 공의 훌륭한 풍의(風儀)를 그대로 드러낸 말이다.

배위는 김해김씨(金海金氏) 창묵(昌黙)의 따님인데 슬하에 세 아들을 두었으니, 종흡(鍾洽)·종식(鍾植)·종렬(鍾烈)이다. 맏아들 종흡은 자가 원일(元

一)이고 호가 만비당(萬非堂)인데 문학(文學)과 조행(操行)이 있었다.

15) 학산공(鶴山公)과 그 후손

각산공의 손자이며 장수(章秀)의 외아들인 학산공 상석(尙碩)의 초휘는 종우(鍾遇)이고 자는 이관(而寬)이며 승학산(乘鶴山) 아래에 살았다 하여 호를 학산(鶴山)이라 했다. 또 1844년(헌종 10)에 밀양 사연리 옛집에서 태어나 1907년(순종 1)에 향년 64세로 세상을 떠났다.

3세의 어린 나이에 아버지를 여의었으나 편모 슬하에서 알뜰하고 엄한 교독(教督)을 받고 자라났으며, 어린 나이에도 그 양지(養志)가 고인(古人)에게 견줄 만했다. 소년 시절에 이미 가정(家政)을 이어 수제(修齊)에 법도가 있었으며, 백부인 물연공으로부터 가학(家學)을 전수했다. 약관 이후 날로 세도(世道)가 문란해지자 홀연 문달(聞達)을 단념한 채 농상(農桑)에 마음을 기울였으며 가산을 할애하여 가난한 친족과 촌민을 구제하는 일에 많은 공헌을 했다.

공은 평소에 언론이 정대(正大)하고 기국(器局)이 넓어 항상 좌중을 이끌었는데 특히 당시 향중의 명사인 대눌(大訥) 노상익(盧相益)·간려(澗廬) 손익현(孫翼鉉)·군수(郡守) 손용헌(孫瑢憲) 그리고 족질 항재공(恒齋公) 익구(翊九)와는 서로 도의(道義)로써 왕래하며 학문과 시사를 활발하게 토론했다.

공의 양례(襄禮)에는 사림들의 회장(會葬) 행렬이 길을 메웠으며, 수많은 만장(輓章) 깃발이 숲을 이루었다. 특히 금주(錦洲) 허채(許埰)는 그 글에서 "벗들이 많아 인의(仁義)로써 도왔고, 친족과 화목함에 성내는 일이 없었으며, 풍류를 한 고을에 기울여 그 기상이 높은 언덕과 같았네(多友仁爲輔 敦宗怒不藏 風流傾一郡 氣宇等高岡)"라고 하여 추모했다.

배위는 광주안씨(廣州安氏)로 효순(孝淳)의 따님인데 슬하에 2남 2녀를 두어 아들은 준구(準九)와 경구(卿九)이다. 맏아들 준구는 42세의 장년으로 세상을 떠났고, 둘째아들 경구는 자를 달부(達夫), 호를 송암(松庵)이라 했는데, 문학과 행의(行誼)가 높아 향당의 추중(推重)을 받았다. 그 자손은 큰집인 만비당(萬非堂)의 후손과 함께 대대로 사연리의 고장을 지키며 여주이씨 용성파의 한 소종(小宗)을 이루고 있다.

16) 처사공 도(燾)와 미(糜) 형제, 그리고 그 후손

처사공 용주(龍周)의 맏아들 도(燾)의 자는 재성(載成)인데 1737년(영조 13)에 나시어 1815년(순조 15)에 돌아가시니 79세의 장수를 누리었다.

지장(誌狀)이 없어 그 사행(事行)을 간추릴 수 없으나, 문학(文學)과 인망이 있는 위에 노년에는 종족 간에 치항(齒行)이 높아 매양 일문을 대표하는 종로의 위치와 권위를 지켰다. 향중에서도 사림의 한 원로로서 추중(推重)되어 향촌사회 교화에 선도적인 역할을 담당했다.

1797년(정조 21)에 오한(聱漢) 손기양(孫起陽)의 사당 건립의 청원이 있었는데, 공이 밀양 향사림을 대표하는 위치에서 종제인 죽엄공과 함께 통두(通頭)로서 본부(本府)와 도백(道伯) 그리고 암행중인 수의어사(繡衣御使)에게 각각 정소(呈訴)한 일이 있다. 공의 당시 향중에서의 위치와 소임을 미루어 짐작할 수가 있다.

그러나 공의 가정과 자손은 그리 유복하지 못했다. 배위이신 분성배씨(盆城裵氏)와의 사이에 4남 1녀를 두었으나, 맏아들 휘탁(輝琢)은 종가의 주사(冑嗣)로서 출계하였고, 셋째아들 휘박(輝璞)은 아우 미(糜)의 뒤를 이었으며, 둘째와 넷째아들이 공의 뒤를 받쳤다. 손자(孫子) 증항(曾行)의 대에서도 자손이 귀하여 겨우 대를 잇게 되었으며, 현손대(玄孫代)에 이르러서는 다소간 지엽(枝葉)이 번성했지만 한정된 마을에 단취세거(團聚世居)하지 못하고 후손들이 그 생업을 좇아 각지에 산거(散居)하였다. 근대(近代) 이래 공의 자손들은 군내 하남면·상남면·무안면의 중리(中里)·부산 등지에 분거하고 있는 형편이다.

처사공 도(濤)의 아우인 미(麋)는 자가 재등(載登)인데 1740년(영조 16)에 나시어 1781년(정조 5) 장년의 나이로 세상을 버리니 42세였다. 배위는 함안조씨(咸安趙氏) 시걸(始杰)의 따님인데 슬하에 자녀가 없어 백형의 제3자 휘박(輝璞)을 계자로 삼았으나, 또 혈육이 끊기어 그 종질(從姪)인 장로(章老)로 뒤를 이었다. 공의 후손들은 대개 대종산(大宗山) 선영이 있는 산외면 엄광리(嚴光里)에서 오랫동안 터전을 지키며 거주하고 있다.

6. 처사공(處士公) 만성(萬成)과 자손들

처사공 만성의 자는 여대(汝大)이고 호는 알려져 있지 않다. 진사공 휘 경승(慶承)의 증손으로 아버지는 처사공 장윤(長胤)이고 어머니는 유인(儒人) 밀성박씨(密城朴氏)인데 숭정처사(崇禎處士)로 명망이 드러난 국담선생 수춘(壽春)은 곧 친정아버님이시다.

1) 처사공의 짧은 생애와 조카 지적(之迪)의 입계(入系)

처사공은 이른바 '용성오학'의 둘째 분으로 1645년(인조 12, 乙酉)에 사인당리 구제에서 태어났다. 누대에 걸쳐 외로운 대물림으로 자손이 귀한 가문에서 비로소 지차(之次)의 반열을 차지한 공은 부모님의 각별한 애정과 훈도 속에서 어린 시절을 보냈다.

선공께서는 아들들을 슬하에 앉혀놓고 "우리 집이 근래에 와서 과거에 합격한 사람이 없어 가문을 떨치지 못하고 있다. 조상의 빛나는 덕업을 계승하지 못할까 두렵구나. 모름지기 면려하여라(吾家近不振非擧業 恐不以紹前烈 須勉之)" 하고 타일렀다. 이에 공은 백형과 함께 이웃 마을에 있는 향선생(鄕先生)에게 나아가 경전(經典)과 문사(文詞)를 익히며 몇 차례 향중의 장옥(場屋)에도 출입하였다.

그러나 어찌 뜻하였으랴. 선공께서 그 아들들에 대한 기대와 희망을 저버린 채 지명(知命)도 채 안 된 나이에 세상을 버리신 것이다. 그 실망과 슬픔을 안고 비탄에 잠긴 어머니를 위로하는 한편 다섯 형제가 나란히 상장(喪葬)의 예(禮)를 다한 후 공은 "어른도 계시지 않은 터에 누구를 위해 공령(功令)을 위해 힘쓰겠는가?"라고 하면서 그 부질없음을 한하였다.

그리하여 어머니의 명으로 약관이 넘은 나이에 하서면(下西面) 내진리(來進里)의 벽진이씨(碧珍李氏) 가문에서 규수를 맞아들여 혼인하게 되었다. 공의 장인 이이상(李而相)은 성산군(星山君) 식(軾)의 후손으로 사빈(泗濱) 계윤(繼胤)의 아들인데 죽파(竹坡) 이정(而楨)은 그 중형(仲兄)이고 남회당(覽懷堂) 이두(而杜)는 그 아우이다. 공의 장인도 일찍부터 학문과 명망이 있어 향당의 기대를 모았으나, 장년의 나이에 한양의 과거 길에서 뜻을 펴지 못하고 애석하게 요절하고 말았다. 이때에 공은 백형을 도와 아우를 거느리고 어머니의 색양(色養)과 수제(修齊)의 도리를 다하는 한편 후사가 적적한 처가를 돌보는 일에도 무심하지 않았다.

공의 행적에 대하여는 별다른 기록이 없어 알 수 없으나 유일하게 29세 때인 1673년(현종 14)의 을축향회(乙丑鄕會)에서 이명린(李命麟)의 추천에 따라 향원(鄕員)들의 압도적인 찬성으로 향안(鄕案)에 입참(入參)이 된 사실이 있다. 향안의 입참은 곧 향선생안(鄕先生案)에 오른다는 것을 말하며, 이는 향중의 지도자로서 그 학문과 인품을 인정받는 것을 의미한다.

당시 공의 가문에서는 백형인 만용(萬容)이 이미 1669년(현종 10) 기유향회(己酉鄕會) 때 향선생에 오른 바가 있고, 공의 입참 이후에도 1685년(숙종 15) 을축향회(乙丑鄕會)를 통해 바로 아래 아우인 만최(萬寂)가 뒤를 이어 그 영광을 누리었고, 넷째 아우인 만시(萬蒔)와 막내아우인 만백(萬白)이 또한 1691년(숙종 17) 신미향회(辛未鄕會) 때 나란히 추가로 입참이 되었다.

이와 같이 다섯 형제가 모두 차례대로 향안에 올랐다는 것은 당시 향촌 사회에서 매우 드문 일일 뿐 아니라 향중에서의 가문의 지위를 가늠해볼 수 있는 주목할 만한 사례라 할 것이다. 아마도 '용성오학'이라는 향내의 평판도 이러한 사실이 뒷받침된 것이라 할 수가 있다.

그럼에도 불구하고 공이 중년에 접어들자 가정에는 점차 불행의 먹구름이 드리우기 시작하였다. 공의 나이 45세 때에는 바로 아래의 아우 만최가 객리를 전전하다가 오랜 신양 끝에 마침내 장년의 나이로 세상을 버리는 불행을 당하게 된 것이다. 우애가 남달랐던 아우의 죽음으로 그 비탄이 매우 컸으나, 공도 역시 슬하에 일점혈육을 얻지 못한 채 배위와 함께 여생이 고단하고 적적하였다.

그러나 뒤를 이어줄 양자를 얻기란 그리 쉬운 일이 아니었다. 결국 공의 생전에는 후사를 얻지 못하고 사후에 이르러서야 죽은 아우 만최의 둘째 아들 지적(之迪)으로 하여금 공의 뒤를 잇게 하였다. 이러한 사후 입양의 사실은 공의 사자(嗣子) 지적(之迪)이 그 계부(季父) 자유헌공이 별세했을 때 영전에 올린 제문에서 그 애절한 사연을 읽을 수 있다.

> 불행하게도 우리 집안은 10여 년 이래 상고(喪故)와 화란(禍亂)이 중첩되어 백부(伯父)께서 먼저 돌아가신 데 이어 중부(仲父)께서도 잇달아 돌아가셨습니다. 오직 우리 계부(季父)께서 모형나무가 거듭 꺾인 것을 슬퍼하면서 무리를 잃은 외로운 기러기처럼 쓸쓸하게 재미없는 세상을 사셨습니다.
> 不幸十餘年來喪亂荐疊 伯父先逝仲父繼隕 唯我季父悼荊樹之重摧 哀獨雁之無群 忽忽無樂於世:

처사공 지적은 그 생부가 장년의 나이로 별세한 뒤를 이어 1710년(숙종 36)에 숙부 휘 만시가 돌아가시었고, 1711년(辛卯)에 또다시 백부의 뒤를 이어 중부마저 세상을 버린 정황을 잘 설명하고 있다. 그러고는 다섯 형제 중에 오직 계부가 계시어 친부형처럼 의지했다고 당시 집안의 사정을 술회하였다. 따라서 이 제문을 지은 당시에는 후일의 소후부(所後父)가 되는 휘 만성을 여전히 중부라 호칭함으로써 아직 그 입계가 이루어지지 않았다는 사실을 말해주고 있다.

또한 족보상에 만성(萬成)의 졸년이 미상인 채 기일만 3월 9일로 기록되어 있다. 이에 대하여도 위의 제문에서 "백부가 먼저 돌아가시고 중부께서 잇달아 세상을 버렸다"는 구절이 있을 뿐 아니라 역시 자유헌공의 별세에 즈음하여 족제 묵헌공(黙軒公) 만재(萬材)가 올린 제문에서도 비교적 소상하게 언급되고 있다.

> 지난해에 백씨공을 곡한 데 이어 수년 만에 중씨공을 또 곡하게 되었으니
> 전후 5, 6년 동안인데 공이 또한 혹독한 병으로 갑자기 세상을 버리었다.
> 前年哭伯氏公 後數年哭仲氏公 首尾五六年間 公又以毒厲遽作千古

이 글을 미루어보면 백씨인 사과공의 졸년이 1711년이므로 그 후 수년 만에 별세한 중씨공 만성의 몰년은 대개 1713년(숙종 39, 癸巳) 전후로 추정되고 자유헌공의 몰년인 1716년(숙종 42, 丙申)까지는 앞뒤 5, 6년간에 해당되는 셈이다.

그러므로 중부 사후에 가문의 공론에 따라 셋째집의 조카로 하여금 그 가계를 이었음이 거의 분명한 것 같다. 처사공 지적의 자는 규중(達仲)인데 1677년(숙종 3, 丁巳)에 출생하여 1741년(영조 17, 辛酉)에 별세하니 향년 65세이다. 생정의 아버지는 만최이고 어머니는 광주이씨(廣州李氏)인데 3남 2녀 가운데 둘째아들로 태어나 나이 35, 6세경에 무후가 된 중부 앞으로 입계한 것이다.

공도 또한 사·행적에 대한 기록이 없으나 젊은 시절에는 경전의 독서와 상당한 문사(文詞)의 공부가 있어 향당 간에 주고받은 간찰과 뇌·제문이 몇 편 남아 있다. 그 대표적인 것으로는 앞서 밝힌 계부 자유헌공 제문 외에 족숙 순천영장(順天營將) 첨헌공(忝軒公) 만전(萬全)의 별세를 조상한 제문을 들 수 있다. 이 두 편의 글은 모두 문중 기숙(耆宿)에 대한 간곡한 추모의 정곡을 담은 것이지만. 짜임새 있는 문체의 구성과 간결한 표현 방식이 공의 문장 수련의 바탕을 충분히 엿보게 하는 좋은 작품이라 할 만하다.

배위로 그 초취는 분성배씨(盆城裵氏)이나 무육(無育)으로 일찍 세상을 버리었고, 재취는 평산신씨(平山申氏)로 슬하에 남매를 두어 아들은 반계공

(盤溪公) 숙(潚)인데, 공의 44세 때에 처음으로 얻은 귀한 주사(胄嗣)였다. 나머지 한 아들은 휘가 필(泌)이고 자는 익청(益淸)이다.

2) 삼달존(三達尊)을 누린 반계공(盤溪公)과 후손들

반계공 숙(潚)의 자는 유청(幼淸)이고 반계(盤溪)는 그 자호인데 선교랑 공 휘 래(錖)의 현손이고 처사공 장윤(長胤)의 증손이며 처사공 만성(萬成)의 손자이다. 1720년(숙종 46, 庚子)에 용성 옛집에서 태어나니 품성이 총명하고 의젓하였다.

소년 시절에 당시 향중의 학자인 문암(門巖) 손석관(孫碩寬)의 문하에 나아가 사서(四書)를 읽었는데 문리의 깨침이 빠르고 교독(敎督)에 걱정을 끼치지 않으니 스승은 매양 "이 아이는 스스로 자기의 길을 열어가는 학인(學人)의 자질을 갖추었다"고 칭찬했다. 처음에는 부모의 소망을 받들어 과업(科業)에도 뜻을 둔 바 있으나 당쟁의 회오리 속에서 정국이 혼탁하고 분경(奔競)으로 인한 사습(士習)의 문란이 도를 더해가자 일찌감치 과환을 단념한 채 위기(爲己)의 학문에 전념하기로 했다.

공이 겨우 약관을 넘긴 나이에 외간상을 당하자 상장(喪葬)의 예절과 곡읍(哭泣)의 슬픔이 지극했던 것은 말할 것도 없고, 매달 초하루 보름의 삭망전배(朔望展拜)는 원거리 묘소에도 불구하고 3년간 하루도 거르는 일이 없었다. 편모에 대한 색양(色養)에도 널리 그 효문(孝聞)을 드러내었지만 1759년(영조 35, 己卯) 내간상을 당했을 때는 이미 불혹의 나이인데도 그 수제(守制)에 조금도 흐트러짐이 없었다.

공은 중년 이후 '용성의 근후장자(謹厚長者)'라는 칭송을 들었는데 어려운 이웃과 친척 간의 구휼을 위해 많은 가산을 희사했으며, 성품이 엄정하여 마을에 다툼이 있을 때는 의리로써 타일러 시비곡직을 가려주니, 주변에 쟁송(爭訟) 사건이 근절되었다는 평판도 있었다.

공이 노경에 접어들자 고을에도 당쟁의 소용돌이가 일어 향풍이 크게 어지러워졌다. 이에 공은 "깨끗한 처신으로 인간의 도리를 다하는 것은 시류(時流)를 좇아 헛된 이름을 얻는 것에 비할 수 없다" 하면서 성중에 인접한 혼잡한 마을을 벗어나기로 마음을 굳혔다. 드디어 1775년(영조 51, 乙未)에 고을의 동협(東峽)인 정각산(正覺山) 아래 맑은 시내가 여울이 되어 흐르는 반석 지대에 은거의 터를 정하고, 그 반석 위에 아담한 별서(別墅)를 지어 편액을 반계정(盤溪亭)이라 했다.

이는 혼탁한 세속을 멀리하여 산수 간에서 인간세상의 참된 근원을 탐구하는 것으로 낙을 삼고, 그 속에서 고상한 풍절을 가꾸겠다는 공의 의지이기도 했다.

10년을 경영하여 작은 집을 이룩하고	十載經營小屋成
헌함에서 낚시질하니 석양이 비쳤더라	憑欄垂釣夕陽生
영산에서 약을 캐며 신선들을 손짓하니	靈山採藥招仙侶
고야의 근원 이어져 세속의 정 멀었구나	姑耶連源遠俗情
눈은 흐려도 바둑 길 오히려 분간이 되니	眼暗猶分碁局道
귀가 먹어도 여울물 소리 들을 수 있네	耳聾能聽石灘聲
숨어 사는 이 계산이 좋다는 말 하지 말라	幽人莫說溪山勝
곧 어초꾼이 되었으니 벼슬과 바꾸지 않아	直爲漁樵不換卿

이 시는 반계정을 완공한 후에 공이 직접 지은 원운(原韻)이다. 영산(靈山)은 영정산(靈井山)의 줄인 이름으로 여러 가지 약초가 많은 재약산(載藥山)의 별칭이고, 고야(姑耶)는 신선이 사는 마을을 뜻하는데 지금의 고례리(古禮里)를 일컫는다. 공은 그 속에서 바둑 두고 물소리를 들으면서 신선처럼 사는 즐거움이 벼슬살이와는 비교도 되지 않는다는 심정을 읊고 있다.

그리하여 공의 별업을 찾아온 당대의 명류(名流)들과 함께 어울려 창화(唱和)를 즐기었고, 성리(性理)의 진원(眞源)을 탐구하기도 했다. 강좌(江左) 권만(權萬)·죽포(竹圃) 손사익(孫思翼)·치암(癡庵) 남경희(南景羲)·태을암(太乙庵) 신국빈(申國賓) 등은 그 대표적인 선비들인데 공의 은일(隱逸)을 칭송

반계정(盤溪亭) 전경 1995년에 정자 건물과 주변 경색을 경상남도 문화재자료 제216호로 지정하였다. '반계정(盤溪亭)' 3자의 현판 글씨는 표암(豹菴) 강세황(姜世晃)의 글씨이다 (밀양시 단장면 범도리 181번지).

한 글귀와 함께 장구(杖屨)의 자취를 남기기도 하였다.

1800년(정조 24) 공의 나이 80세가 되는 해에는 나라에서 우로(優老)의 은전이 내려 통정대부(通政大夫) 첨지중추부사(僉知中樞府事)의 영화로운 직품을 받았다. 또 그 8년 뒤에는 미수(米壽)의 하령(遐齡)으로 거룩한 생애를 맞이하니 세인들은 공을 '천작(天爵)을 누린 사람'이라 했고, 공의 덕망과 명예와 장수를 일컬어 삼달존(三達尊)의 복을 온전히 했다고 찬양했다.

공의 행장을 지은 항재공(恒齋公) 익구(翊九)는 "공의 진실한 효목(孝睦)과 인애(仁愛), 명철한 자기 수양과 교유 관계로 보아 만약 세상의 쓰임을 구했다면 입신양명을 했겠지만 도리어 현달(顯達)의 꿈을 접고, 산수 간에서 초연하고 깨끗하게 보냈으니 한 오라기 티끌도 없는 삶이다"라고 공을 추모했다. 공의 저서에는 『반계유고(盤溪遺稿)』 2권이 전한다.

배위는 숙부인(淑夫人) 월성최씨(月城崔氏)로 사인(士人) 귀석(龜碩)의 따님인데 슬하에 6남 2녀를 두었다. 맏아들 후(稛)는 처음 중평리(中坪里)에 생활의 터전을 잡고 누대의 자손들이 고장을 지켰으나 일제에 국권을 빼앗긴 뒤로는 세거의 터전을 잃고 각지에 산거하였다. 특히 그 종가(宗家)는 1930년대에 생업을 위해 중국 심양(瀋陽) 땅으로 가서 그곳에서 교거(僑居)한 지 70년이 넘었다.

둘째아들 구(秋)의 자손들은 일찍이 단장면 아불마을(阿佛村)에 생계의 터전을 잡았다가, 시대의 변천에 따라 1900년대 초엽에 창녕 길곡(吉谷)의 하내리(大川里)와 무안의 신법(新法)·초동면 등지에서 흩어져 살고 있다.

셋째아들 무(穖)는 지금으로부터 240여 년 전인 1760년대에 용성리 큰집에서 이웃 마을 장선리(長善里)로 분가하여 근검과 절약으로 상당한 부를 이룩하였다. 처음에는 노비 4명만을 데리고 황무지인 이곳에 초가삼간을 지어 개간을 시작했다. 조반석죽(朝飯夕粥)으로 끼니를 때우며 하인들을 독려하고 기와를 굽고 길쌈을 함으로써 재산을 모으기 시작했는데, 40세 전후에는 이미 중소지주의 규모를 갖추게 되었다.

그 후에도 자손들은 대를 이어 선조의 뜻을 받들어 살림을 늘려나갔으며 가문의 기틀을 세웠다. 그러나 자손이 귀한 편이었는데 손자대에는 5남매를 두었고, 증손대에는 7남매나 되는 자손을 두어 번창했으며, 그중에 특히 반구공(盤邱公) 장근(章瑾)과 만회당공(晚悔堂公) 소구(韶九)와 같은 인후(仁厚)한 후손이 배출되어 그 가통(家統)을 빛내었다.

넷째아들 유(穛)는 부형의 뜻을 가장 잘 받들어 항상 선공의 곁을 지키며 고장을 떠나지 않았으나, 그 자손들은 세상의 변천에 따라 그중의 일족은 만주(滿洲)로 가서 교거하였고, 그 밖의 자손들은 밀양 퇴로리(退老里) 등 향내 각지를 전전하면서 가문을 이어오고 있다. 다섯째아들 우(祐)는 그 뒤가 없다.

또 공에게는 한 아우가 있었으니 휘는 필(泌)이고 자는 익청(益淸)인데 밀양 활성리 구서원(舊書院)에다 처음 생활의 터전을 정했으나, 그 후 자손이 점차 번성함에 따라 산내면 또는 산외면의 금천(琴川)과 다죽(茶竹) 일원에 산거하였다. 특히 그 현손 승지공(承旨公) 연구(演九)의 출세로 이 집안은 한때 그 가성(家聲)을 향도에 떨쳤다.

3) 만회당공(晚悔堂公)의 위선(衛先) 활동

공의 휘는 소구(韶九), 자는 순서(舜瑞)이고 만회당(晚悔堂)은 그 자호이다. 반계공 휘 숙의 5세손이고 처사공 장용(章瑢)의 손자이다. 아버지는 처사공 종복(鍾復)이고 어머니는 광주이씨(光州李氏) 기영(箕永)의 따님과 밀성박씨(密城朴氏) 치묵(致黙)의 따님인데 공은 이씨의 소생으로 1840년(헌종 6, 庚子)에 태어났다.

어릴 때부터 재능이 뛰어나고 모습에서 인덕(仁德)이 넘쳤는데, 주위에서 모두 장자(長者)의 풍모를 갖추었다고 했다. 11세의 어린 나이에 어머니가 별세했으나 그 통절한 애호(哀號) 속에서도 상장(喪葬)의 예절을 어른스럽게 치렀으며, 상기가 끝난 뒤에는 계모를 섬기기에 정성을 다하니 향당에서 "과연 시례고가(詩禮古家)의 주사(胄嗣)는 다르다"고 칭찬하였다.

지학(志學)의 나이에 아버지의 명으로 과문(科文)을 공부하여 향중의 장옥에서 몇 차례 재기(才氣)를 드러낸 일도 있으나, 문란해지는 세도(世道)에 뜻을 잃고 일찌감치 공령(功令)을 단념했다. 1877년(고종 14)에 아버지가 별세하자 3년간의 거려(居廬)를 끝낸 후에는 향중 명사들과 어울려 나날이 타락해가는 시세(時世)를 걱정하고 사림들의 공론을 이끌었다. 그러나 이미 기울어진 나라의 운명을 탄식하고는 한때 두문각소(杜門却掃)로 향중 출입조차 하지 않았다.

다만 항재공(恒齋公) 익구(翊九)·수당공(睡堂公) 종상(鍾庠)·소호공(小湖公) 종호(鍾昊)·학산공(鶴山公) 상석(尙碩)·도은공(桃隱公) 민구(敏九) 등 문내 제현과 함께 월연정과 금시당 그리고 반계정 등 가문의 선정을 중심으로 위선(衛先)과 종족 간의 돈목을 위한 수계(修契)를 주도하는 데 앞장을 섰다. 이 무렵 한 살 위의 만한당(晚恨堂) 종각(鍾珏)의 별세에 즈음하여 공이 지은 만장(輓章) 한 수는 이때 친족 간의 화목한 분위기를 잘 나타내주고 있다.

친척으로 백 대에 같고 나이는 한 살 차이 親同百世齒差一
이 특수한 정분에 매양 위선을 강론하더니 得此情殊每講先
금시당의 밤 촛불과 월연대의 달빛이라 今堂宵燭淵臺月
술잔을 주고받음이 앞과 뒤로 분명하네 酬勸分明後又前

공은 누대로 가산이 넉넉했는데 자용(自用)은 매우 절약하면서도 남에게 시혜(施惠)하는 일에는 아끼는 바가 없었으며, 사람을 사귀되 모(稜)를 세우지 않고 신의로써 대하였다. 만년에는 선인들의 연거지실(燕居之室)인 장선리 고택에서 화죽(花竹)을 가꾸며 양진(養眞)을 도모했으나, 1894년의 갑오동학란에 이어 국모(國母)가 시해당하는 을미사변(乙未事變)을 겪었고, 마침내 을사조약(乙巳條約)으로 왜적에게 국권을 빼앗기는 비운을 맞게 되었다. 공은 곧 반계선정(盤溪先亭)을 크게 수리하고는 그곳에 몸을 숨긴 채 두문불출하면서 5대조 반계공에 대한 『유사기문(遺事記聞)』을 저술하였다.

이윽고 1910년 경술국치(庚戌國恥)를 눈앞에 두고 장선리 고택으로 다시 돌아가 그해 5월 28일에 별세하니 향수(享壽) 71세였다. 공보다 6세 연장이었던 족숙 소호공(小湖公) 종호(鍾昊)는 '순서대로 죽자' 하고 노경을 서로 위로하다가 느닷없이 먼저 간 족질의 자함(字啣)인 순서(舜瑞)를 애타게 부르면서 슬퍼했다는 일화를 남겼다. 소호공은 그 만장에서 이렇게 공을 애도하였다.

반계옹이 끼친 규범 우리 문중에 드러나니 盤翁遺範闡吾門
아름다운 가풍을 따라 다시금 보존을 하네 趾美家聲賴復存
성품과 도량 자상하고 효도와 우애를 했고 性度慈詳能孝友
풍류가 아름다우니 절로 어질고 따스했노라 風流儒雅自仁溫
일흔 해를 함께 임천 집에서 늙음을 보냈고 七旬共老林泉屋
다섯 밤을 매양 월연정에서 술을 마셨도다 五夜常酬月榭樽
함께 놀았다는 기록에 지금 하나가 모자라 曾錄同遊今少一
해마다 이 그리움 말을 어떻게 하리 年年其奈此懷論

공이 아름답게 지켜낸 가풍은 물론 선비가 갖추어야 할 격조 높은 풍류까지 이 한 수의 율시 속에서 떠올릴 수 있을 것만 같다. 배위는 서원정씨(西原鄭氏)로 주석(柱錫)의 따님인데, 슬하에 3남 1녀를 두어 아들은 병숙(炳璹)·필우(弼雨)·병희(炳禧)이다. 맏아들 병숙은 자를 화욱(和旭)이라 했는데 선공의 가업을 잘 계승하여 효우를 숭상하였고, 고택에 별도로 죽림재(竹林齋)를 지어 대소가의 자질들을 가르치는 서재로 이용했다. 맏손자 진형(鎭衡)은 자가 경수(景叟)이고 호를 교옹(郊翁)이라 했는데, 누대에 걸쳐 채집한 6대조 반계공에 대한 유고(遺稿)를 정리하여 『반계유고(盤溪遺稿)』 2권을 인간(印刊)하였다.

4) 승지공(承旨公) 연구(演九)의 출세

공의 자는 인겸(仁兼)이고 호는 알려져 있지 않다. 처사공 각(㙯)의 현손이고 휘 장순(章淳)의 손자이다. 아버지는 휘 종만(鍾晩)이고 어머니는 밀성박씨(密城朴氏) 정성(鼎成)의 따님인데, 1869년(고종 6, 己巳)에 밀양 산외면 다원(茶院) 집에서 태어났다.

어릴 때부터 용모가 준수하고 기우(氣宇)가 훤칠했으며, 약관이 안 된 나이에 이미 문예가 숙성했다. 1894년(고종 31) 갑오경장(甲午更張) 이후 재래의 문물제도 혁신을 계기로 인재 등용의 기회가 넓어지자, 공도 청운의 뜻을 품고 한양으로 올라가 열심히 학업을 닦았다.

1900년(고종 37) 공의 나이 32세 때에 비로소 판임관(判任官) 8등의 서품(叙品)과 순릉참봉(純陵參奉)의 보직을 받고, 함경남도 함주(咸州) 임지로 부임했다. 다음 해에는 정9품 종사랑(從仕郎)의 자급(資級)에다 주임관(奏任官) 6등으로 승진하여 중추원의관(中樞院議官)에 임명되어 서울로 돌아왔다.

이어 1905년(고종 42)에는 정6품 승훈랑(承訓郎)으로 승계되었으며, 이듬해에는 태조(太祖)의 고조부 목조(穆祖)의 능침인 덕릉(德陵)에 비각과 표석을 영진(營進)하는 감독관이 되어, 함경남도 신흥군(新興郡) 가평(加平) 임지에 부임하여 소임을 완수했다. 조정에서는 그 공적으로 일약 정3품 통정대부(通政大夫)로서 당상관 특진을 시켰다.

이듬해 12월에는 다시 주임관 3등의 서품에다 비서감승(秘書監丞)의 요직으로 임금을 측근에서 보필하며 왕명을 출납했으나, 다음 해 1907년 7월에 일본의 강압으로 고종 황제가 양위를 하게 되자, 공도 "주권을 빼앗긴 한 나라의 시종신(侍從臣)으로서 하늘을 바라볼 면목이 없다" 하면서 벼슬을 버리고 귀향하였다.

마침내 1910년(순조 4)에 경술국치를 당한 후에는 문을 닫아걸고 그 울분을 달랬으며, 1919년(己未) 고종 황제가 승하하자 인산(因山)에 참례하여 통곡하고는 나라의 앞날을 걱정하다가 68세를 일기로 고향집에서 세상을 떠났다. 배위는 숙부인 일직손씨(一直孫氏)로 통덕랑 양칠(亮七)의 따님인데 슬하에 아들 5형제를 두었으니 필달(弼達)·필성(弼聖)·필언(弼彦)·필형(弼衡)·필승(弼承)이다.

7. 처사공 만최(萬寂)와 그 자손들

1) 처사공 만최(萬寂)의 형우제공(兄友弟恭)

처사공 휘 만최의 자는 여원(汝元)이고 호는 미상이다. 용성오학(龍城五鶴)으로 칭도된 5형제 중에 셋째 분으로 위로 만용(萬容)과 만성(萬宬) 두 형이 있고, 아래로 만시(萬蒔)와 만백(萬白) 두 아우를 거느렸다. 1648년(인조 26, 戊子)에 사인당리 옛집에서 출생했으나 지장(誌狀) 등의 사행(事行) 기록이 별무하여 공의 성장 과정은 알 길이 없다.

다만 효우로 이름난 가문의 자제답게 소년 시절부터 문사(文詞)가 뛰어나고 조행(操行)이 훌륭했다. 선공께서 평소에 다섯 형제간의 우애를 타이르면서 형우제공(兄友弟恭)을 늘 강조하였다. 형은 아우들에게 우애의 정을 다하고, 아우는 형들에게 공경함을 다해야 하는데, 특히 안행(雁行)의 중간에 끼인 너의 역할이 중요하다는 말씀을 마음에 새겨 실천하였다. 때문에 공은 용성 가문의 효우와 오학(五鶴)의 기림을 지키는 것이 자신의 사명이라 생각하여 도리를 다했다.

그러나 17세 미성의 나이로 아버지 처사공 장윤이 수(壽)를 누리시지 못하고 갑작스럽게 세상을 떠나시자 특히 공의 비탄은 형용할 수가 없었다. 극도의 슬픔과 실의에 빠진 어머니 밀성박씨를 위로해드리는 한편, 어린 나이에도 아우들을 다독거리며 백씨와 중씨를 도와 상장(喪葬)의 예절을 다하는 데 앞장을 섰다.

약관의 나이에 이르러선 달성(達城)의 명가인 광주이씨(光州李氏) 가문에서 배위를 맞이했는데, 분가를 한 후에도 형제들과 한 마을에서 지붕을 나란히 하여 효우(孝友)를 돈독하게 하니 향당에서 그 평판이 자자했다. 어머니의 명에 따라 한때는 향중의 과장(科場)에도 출입했으나, 3남 2녀의 자녀를 두고 일가를 이룬 뒤에는 "사군자(士君子)의 길이 반드시 과거에만 있는 것은 아니다"라고 하여 오로지 수기(修己)의 학문에 몰두하면서 기울어진 가세(家勢)를 일으키는 데 진력하였다.

공의 그러한 행검(行儉)이 향촌사회에 알려지면서 공은 향속(鄕俗)의 순화와 실천에 솔선수범하는 향중 지도자로서 부각되기도 했다. 이는 공의 나이 38세 때인 1685년(숙종 11) 5월 14일에 시행한 밀양의 을축향회(乙丑鄕會)에서 그 여망과 공론에 따라 향원(鄕員)에 입참되는 사실에서도 뒷받침되고 있다.

하지만 공은 본래 타고난 체질이 약한 데다 중년 이후에는 병치레가 잦았다. 그로 인해 가산이 기울어진 것은 말할 것도 없고, 마침내 30대 후반에 이르러서는 고질병이 깊어져 그 요양을 위해 마을을 떠나 각지를 전전하는 생활을 하게 되었다. 그것은 후일 공의 중형 앞으로 출계한 바 있는 둘째아들 지적(之迪)이 쓴 계부(季父) 자유헌공(自濡軒公)의 별세를 애도하는 제문에서도 언급이 되고 있다.

아버님께서 수 년째 깊은 병으로 여러 곳을 전전하면서 우거(寓居)하고 있을 때, 우리 계부께서는 심력을 다해 의방(醫方)의 치료를 해주시면서 잠시도 곁을 떠나지 않았습니다.

先考數年沈痼 轉寓諸處 我季父盡心醫治 頃刻不離

이것은 공의 출계자가 선대 형제분들의 우애를 회상하면서 언급된 사연의 일부지만, 특히 막내 숙부 자유헌공이 그 숙형(叔兄)을 위해 손수 의방의 치료까지 했다는 것은 문자 그대로 형우제공의 한 본보기라고 할 만하다. 또 자유헌공의 가장(家狀) 가운데 나오는 다음과 같은 사연도 흘려들을 수 없는 우애의 한 단면이 아닐 수 없다.

네 분 형님들과 우애가 매우 두터워 서로 즐거워함이 늙도록 하루 같았다. 서로 좋아함이 이러했으니 비록 우애가 독실했던 옛 사람이라도 여기서 더하지 않았을 것이다. 숙형께서 살림살이가 여의치 못해 곤궁하게 되면 부군(자유헌공)께서는 반드시 걱정을 하면서 도와주고 재물도 여러 번 나누어주었다.

與四兄友于深篤怡愉湛樂 至老如一日 其求好之情 雖古人之篤於悌者 殆無以過焉 叔兄拙於治生無以自保 則府君必憂勤左右 累傾囊以與之

이와 같이 자유헌공이 그 숙형의 깊은 병과 어려운 살림살이를 늘 걱정하고 도와주었다는 사실이 눈물겹게 다가온다. 따라서 공은 병든 몸으로 가솔을 이끌고 객지를 전전하다가 마침내 1687년(숙종 15, 己巳)에 42세 장년의 나이로 세상을 떠났다. 그 유해를 산외면 엄광리(嚴光里) 선영 곁으로 모신 후에는 그 아들들도 다시 용성리 옛 마을과 엄광리 등지로 되돌아와 살게 된 것이 오늘까지 이 집안이 이어져 내려온 근거라 할 수 있다.

그러나 맏아들 지규(之逵)는 21세의 젊디젊은 나이로 2남 1녀의 자녀를 남겨두고 요절하였고, 둘째아들 지적(之迪)은 삼십이 훨씬 넘은 나이로 중부 만성 앞으로 사후 입양이 되었으며, 셋째아들 지일(之逸) 또한 26세의 아까운 나이로 슬하에 일점혈육도 없이 세상을 버렸다.

공의 맏손자 흡(瀅)과 둘째손자 협(浹)이 장성하여 일가를 계승하고 집안을 일으키는 기틀을 세운 것은 참으로 다행한 일이었다. 위의 두 형제에 대한 행적도 자세히 알 길은 없으나 『청금록(靑襟錄)』 등 향안(鄕案) 기록에도 명단이 올라 있고, 창녕 영산(靈山) 출신의 임진왜란 의병장인 문암(聞巖) 신초(辛礎) 장군의 서원(書院) 향사 청원 운동 때는 밀양 사림의 대표 서명자로서 기록된 것을 보면, 당시 향촌사회에서 중망(重望)을 얻은 인물임을 짐작할 수가 있다.

2) 처사공 진(穦)의 시문(詩文)과 선필(善筆)

공의 자는 백륜(伯綸)이고 호는 알려져 있지 않다. 생정(生庭)의 아버지는 처사공 협(浹)이고 어머니는 성산배씨(星山裵氏)인데 공은 그 맏아들로 태어났으나, 백부인 처사공 흡에게 아들이 없어 그 뒤를 이어 만최의 주증손(冑曾孫)이 되었다. 본가의 어머니는 밀성박씨(密城朴氏)로 당시 향중의 부유한 가문이면서 이름난 선비인 일신당(日新堂) 운구(雲衢)의 따님인데, 당시 공의 집안 가세 역시 비교적 넉넉한 편이었다. 그러나 공의 사·행적은 필법(筆法)이 뛰어나고 시문(詩文)에 능했다는 족보상의 짤막한 기록 이외에는 별다른 자료가 없다.

1725년(영조 1, 乙巳)에 용성 옛집에서 태어나 1756년(영조 32, 丙子)에 32세의 짧은 생애를 마감하기까지 공도 또한 어린 두 딸을 두었을 뿐 뒤를 이을 아들이 없었다. 또 가화가 중첩된 상황 속에서 단편적인 문자라도 보관하기가 어려웠던지 전해지는 자료가 거의 없다.

공의 글씨는 당시 향중과 가문에서 월연선생과 생원공 광로 이래의 가학적(家學的)인 전통을 계승하여 그 필력이 기건(奇健)했다는 높은 평가를 받았다. 그러므로 향중의 정대(亭臺)와 명소(名所)에 공의 글씨가 많이 걸려 있었다고 전해지고 있지만 지금까지 보존된 작품은 매우 드물다. 다만 현재에도 걸려 있는 금시당의 삼대자(三大字) 편액 1점과 금시당공의 시판(詩板) 하나를 들 수 있는데, 두 가지가 모두 공의 족대부(族大父)이신 백곡공(栢谷公) 지운(之運)의 청에 의하여 이루어진 것이다. 그 두 점의 작품이 말해주듯 공의 글씨는 행서(行書)에 능했는데 그 필치의 단정함과 굳세기가 종요(鍾繇)와 왕희지(王羲之)의 경지에 다다랐다는 평이 있었다.

또한 공은 그 시문이 뛰어나 역시 명필이었던 삼종형 병한공(病漢公) 혐(馦)과 함께 '이씨의 쌍벽(雙璧)'이란 호칭을 들을 정도로 향중에서도 그 수준이 인정되었다. 특히 당시 고을 사림의 장로로서 공에게 족조(族祖)가 되는 월암공(月庵公)과 백곡공의 상찬(賞讚)이 매우 두터웠다고 한다. 다만 애석한 것은 그 글씨와 마찬가지로 많은 유고(遺稿)가 전하지 않는다는 점이다. 다만 월암공이 80세에 즈음하여 나라의 은전으로 수직(壽職)을 받았을 때 그 천작(天爵)을 축하한 세 수의 칠언시(七言詩)가 남아 있다는 것이 그나마 다행한 일이다.

성스러운 절기가 다시 돌아온 정초에	聖節循環鳳曆時
'남산의 수' 빌던 기약 어긋나지 않았네	南山方有不騫期
겹겹이 쌓인 봄빛은 하늘 아래 가득하고	九重春色滿寰宇
장수를 누린 천작 백성 또한 아름답구려	介壽天民亦得宜

처사공의 **금시당시판(今是堂詩板)** 글씨 1744년(영조 20) 2월에 금시당 중건공사를 마치고 본당의 편액과 함께 쓴 금시당공의 시판 글씨(밀양시 용활동 582의1 금시당 본당).

세 수 가운데 첫 번째의 절구이다. 그 시어(詩語)가 깨끗하고 간결한 것은 물론 경수(慶壽)의 상징성을 선명하게 드러낸 것은 그 재주가 번득이고 있었다는 증거이다. 그러나 어찌 뜻하였으랴. 천재는 단명(短命)하다고 했던가. 1756년(영조 32, 丙子) 4월 7일에 선공의 졸곡제(卒哭祭)가 끝나자마자 이름 모를 병으로 시름시름 앓다가 그해 6월 21일에 그만 한 많은 세상을 하직하고 말았다. 공의 사람됨과 재주를 유독 아끼고 사랑하던 월암공은 후일 그가 운명하던 날 밤에 젊은 족손이 반기며 맞아주는 꿈을 꾸고 후일 '백륜을 조상(軥伯綸)'하는 오언절구 두 수를 지어 추억을 남겼다.

꿈속에서 용호의 집에 들어갔더니	夢入龍湖舍
반겨 맞는 두 푸른 눈동자가 있어	逢迎兩碧眸
소스라쳐 놀라 깨니 들보에 달이 밝고	飜驚樑月白
다만 나는 한낱 뱃사공이었더라	唯我一橫頭

아비는 아들이 죽은 줄도 모르는데	父不知兒夭
아이가 어찌 어미의 죽음을 걱정하나	兒何慮母亡
가련하다! 낳고 기른 부모의 은혜여!	可憐生養澤
홀로 남은 한 청상과부만 외롭겠구나	孤獨一靑孀

월암공은 공보다 48세나 연상으로 실제 정분으로도 조손간(祖孫間)이나 다름없는 문중의 어른이다. 그럼에도 이와 같이 직정(直情)이 넘치고 슬프고도 슬픈 만사(輓詞)를 지어 애척(哀慽)하는 심정을 드러낸 것을 보면, 공을 평소에 애지중지하던 심정이 어느 정도인가를 짐작할 수 있다. 두 번째 시의 "아비는 아들이 죽은 줄도 모르는데, 아이가 어찌 어미의 죽음을 걱정하는가"라는 구절은 가슴이 절로 미어지는 것 같은 정감을 일으킨다.

그 사연은 곧 공이 죽기 74일 전에 아버지 처사공 흡이 별세하였고, 공이 죽은 지 꼭 30일 만에 어머니 밀성박씨가 잇달아 돌아가신 것을 말한다. 따라서 먼저 별세한 아버지가 두 달 반 뒤에 죽은 아들의 일을 알지 못하고,

아들의 죽음을 슬퍼하다가 한 달 만에 별세한 어머니의 일을 아들이 생각할 수 없었다는 것은 너무나 원통하고 애절한 사연이 아닌가.

아들을 두지 못한 공도 또한 가까운 친족에게는 후사를 구할 수가 없어 용궁파의 족숙인 래(梾)의 셋째아들 휘찬(輝纘)을 계자(系子)로 삼았다. 따님 두 분은 그 맏사위가 영양인(英陽人) 남경희(南景羲)이고, 둘째사위는 서하인(西河人) 임급(任級)이다. 남경희는 자가 중은(仲殷)이고 호는 치암(癡庵)인데 활산(活山) 남용만(南龍萬)의 아들로 진사시에 합격한 후 정조(正祖) 때 문과에 급제하였고, 벼슬이 사간원의 정언(正言)에 이르렀다. 일찍이 대산(大山) 이상정(李象靖)의 문하에서 배워 이학(理學)과 문장에 뛰어난 학자이며 문필가로서 이름을 얻었다. 만년에는 밀양에 자주 왕래함으로써 교유(交遊)가 두터웠고 우리 가문의 선정(先亭)과 금석(金石)에는 그의 글이 많다.

3) 우연공(愚淵公)과 소호공(小湖公) 부자

우연공은 휘가 장간(章幹)이고 자는 행련(荇蓮)이며 우연(愚淵)은 그 호이다. 처사공 휘 만최(萬寂)의 셋째아들인 지일(之逸)의 현손이고 그 손자인 중번(重蕃)의 맏손자이다. 아버지는 휘태(輝泰)이고 어머니는 광주김씨(廣州金氏)인데, 공은 1800년(정조 24, 庚申)에 용성리 집에서 태어났다. 공도 또한 장갈(狀碣) 등의 문자가 전무하여 사·행적을 간추리기가 어렵다. 다만 유일하게 만장 1수가 남아 있는데 무과 급제 후 부사과(副司果)에 올랐다가 30세의 나이로 애석하게 요절한 족제 병와공(兵窩公) 양섭(良爕)을 조상하는 짧막한 시이다.

그대를 보내고자 남포로 가니　　　　　　　　送君南浦去

뿌리는 눈물, 강물처럼 흐르네　　　　　　　揮淚若傾河

다만 그대 집의 일일 뿐 아니라　　　　　　　不獨君家事

가문이 쇠잔해짐을 어찌하리오　　　　　　　門衰可奈何

한 가문이 촉망해 마지않았던 젊은 무관을 멀리 보내는 슬픈 정곡이 진하게 배어 있는 작품으로 공의 문학적인 감수성이 절로 엿보인다. 공은 1855년(철종 6, 甲戌) 불과 56세의 나이로 별세했으며 배위 밀성박씨(密城朴氏)와의 사이에 1남 2녀를 두었다.

공의 외아들의 휘는 종호(鍾昊)이고 자는 맹흠(孟欽)이며 호를 소호(小湖)라 했으니, 1834년(순조 34, 甲午)에 용성 옛집에서 태어났다. 천품이 순수하고 어릴 때부터 의방(義方)의 가르침이 몸에 배어, 비록 집이 가난했으나 영리(榮利)에 급급하지 않았으며 오로지 학문을 좋아하고 고가(古家)의 풍습을 지키는 데 진력하였다.

아버지가 별세한 후 편모의 색양(色養)에 지성을 다해 효문(孝聞)이 널리 퍼졌으며, 한때 과거 공부에도 전심(專心)한 바가 있었으나 세도(世道)가 문란해지자 공명의 부질없음을 깨닫고는 전원에서 안빈낙도(安貧樂道)로 수양했다. 그러면서도 때때로 향사림에 출입하여 공론을 주도했고, 학교의 진흥과 풍속의 순화에 협력했다. 그 한 예로 1883년(고종 20)에는 밀양에 온 암행어사(暗行御史)의 요청으로 공은 부내면의 보민계(補民契)를 주도했다. 보민계란 당시 암행어사가 고을의 전결(田結)과 각종 민생 조사에서 얻어진 돈을 민폐를 줄이는 데 사용하는 일종의 관리 기금이었다.

만년에 공은 용성 옛터에 남아 있던 선재(先齋)를 서숙(書塾)으로 삼아 문중 자제와 마을 수재들에게 글을 가르치고 충효의 도리를 일깨우니, 향당에서는 '세도(世道)를 걱정하는 진정한 선비'로 찬양되었다. 또 몇몇 종로들과 함께 월연정과 금시당을 찾아오는 경향간의 명사들을 접반하면서, 시문을 교환하고 시사(時事)를 걱정하기도 했다. 이 무렵에 공이 지은 시문이 향중 제가(諸家)의 문집 속에서 산견되고 있는데, 모두 수집을 하면 상당한 분량의 유고가 될 것이며 그 내용 면에서도 문학적 가치를 인정할 만한 격조 높은 작품도 있다.

1902년(고종 39, 壬寅) 고종이 기로사(耆老社)에 든 것을 경축하는 우로(優老)의 은전에서 통정대부(通政大夫)의 수계(壽階)를 받았으며, 이후 향중

기숙(耆宿)으로서 존경을 받다가 82세의 장수로 용성 집에서 별세했다. 배위는 창녕조씨(昌寧曺氏)로 사인(士人) 경항(慶恒)의 따님이고 슬하에 두 아들은 진구(鎭九)와 인구(仁九)이다. 공의 자손들은 처음 용성에서 살았으나 세태의 변천에 따라 그 생업을 위해 경향 각처에 흩어져 살고 있다.

8. 용성처사(龍城處士) 만시(萬蒔)와 그 자손들

이른바 용성리의 이씨오학(李氏五鶴)의 넷째분인 만시(萬蒔)의 자는 여후(汝厚)이고 용성에서 터를 지키고 살았다 하여 용성처사로 불리었다. 1650년(효종 1, 庚寅)에 사인당리 향제에서 아버지 처사공 장윤(長胤)과 어머니 밀성박씨 사이의 넷째아들로 태어났다.

1) 용성처사의 우애와 행의(行誼)

공은 어릴 때부터 자질이 총명하여 나이 10세에 이미 부형으로부터 시례(詩禮)와 의방(義方)의 가르침을 받아 『통감(通鑑)』과 『효경(孝經)』을 막힘없이 읽었다고 한다. 15세에 아버지가 별세하자 위로 네 형을 받들고 아래로 당시 9세밖에 되지 않은 아우를 돌보면서 그 집상(執喪)의 예절이 성인처럼 의젓하였다. 3년의 거우(居憂)를 끝내자 문득 "아버님이 계시지 않는데 누구를 위해 내 소심(素心)을 저버리겠느냐" 하고는 학업을 단념하고 가색(稼穡)에만 힘을 기울이려고 하였다. 그러나 모부인의 타이름과 네 분 형님의 간곡한 독려로 처음에는 향선생의 문하에서 명경(明經)에 잠심하며 거업(擧業)에도 게을리하지 않았다.

이립(而立)의 나이에 이르러서는 사랑하는 아우 자유헌공과 함께 남회당(覽懷堂) 이이두(李而杜)의 문하에서 경전(經典)을 손에서 놓지 않고 과거 공부에 열중했으나, 당쟁의 와중에서 점차 출세에 대한 혐오를 느끼었다. 드디어 "공명(功名)과 세리(勢利)를 쫓는 데는 나의 성정(性情)이 허락하지 않는다" 하고는, 오직 자연 속에 마음을 붙이고 상마(桑麻)의 벗들과 어울려 시문으로 자적(自適)하며 세월을 보냈다.

중년 이후에는 향중의 벗들과 함께 향속의 순화와 사풍(士風)의 진작(振作)에도 일정한 역할을 담당했다. 공의 나이 42세 때인 1691년(숙종 17) 신미향회(辛未鄕會)에 향선생 열두 분의 전원 찬성으로 향원(鄕員) 입참(入參)이 된 사실이 그것을 잘 말해준다. 또한 향중 선비들과의 시문의 교환과 아름다운 교유의 자취도 산견된다. 그 대표적인 기록으로 공과 자별했던 향중 선배인 성은당(星隱堂) 손석좌(孫碩佐)의 수록(手錄)을 들 수 있다.

> 갑신년(甲申, 1704) 섣달 그믐날에 나와 홍희천(洪希天) 및 대은(大隱, 문암(門巖) 손석관(孫碩寬)의 자) 족제가 엄광사(嚴光寺)에 갔는데 이만시(李萬蒔)와 만백(萬白) 형제도 또한 와서 만났다. 내가 반월(半月) 정식(鄭湜)의 제석시(除夕詩)를 외웠더니 이에 감회가 생겨 잇달아 모두 시를 읊게 되었다.
> 甲申歲際日 余與洪希天大隱族弟往嚴光寺 李萬蒔萬白兄弟亦來會 余誦半月鄭湜之除夕詩 仍有感繼皆爲吟

위의 글로 미루어보면 홍희천이란 인물은 알 수 없으나, 공의 형제분은 성은당·문암과 같은 향중 인사들과 종종 어울려서 수창(酬唱)을 했다는 사실이 입증된다. 또 이때에 지은 훌륭한 시도 있었을 것이지만 전해지지 않는 것은 유감이다. 공의 유작(遺作)으로서 지금까지 전해지는 것은 매우 희귀하다. 유일하게 스승인 남회당의 별세에 즈음하여 지은 만시(輓詩) 한 편이 공의 문예적인 수준을 잘 보여주고 있어 여기에 옮겨본다.

공을 곡함에 어찌 홀로 사사롭게 울겠는가	哭公奚獨哭吾私
향중엔 선생이 없고 선비는 스승을 잃었네	鄕沒先生士喪師
물려받은 몸과 마음 마침내 최후를 맞았고	愛體孝心終啓手
뜰을 거닐던 어진 아들, 일찍 시를 들었다	趨庭賢子早聞詩
급제의 영광과 경사, 외로이 바라시더니	登龍榮慶曾孤望
심은 덕으로 좋은 징조 만날 수 있었도다	種德休徵會有時

혼탁한 세상의 시끄러움, 싫어한 지 오래더니　　濁世囂謹久已厭
응당 마음 두지 않는 채 백세를 누렸으라　　故應無意盡期頤

남회당은 효우가 독실하여 양친의 사후에도 6년간이나 시묘(侍墓)를 했
으며, 율기(律己)에 엄격하여 학문의 강마가 심오하였다. 나이 많았어도 향
당 후진의 교육과 학풍 쇄신에 주력하여 사림들이 그 학덕을 추모했다.
"급제의 영광과 경사 외로이 바라시더니, 심은 덕으로 좋은 징조 만날 수
가 있었도다"라는 위의 시구는 그 아들인 청옹(聽翁) 명기(命夔)가 나이 61
세 때 문과에 급제한 사실을 언급한 것으로 보인다.

공은 숙형 만최가 42세의 한창 나이로 일찍 세상을 떠난 것을 항상 안
타깝게 생각해왔는데, 공 또한 5형제 중에 차례를 어기고 두 번째로 1710
년(숙종 36, 庚寅) 4월 19일 회갑(回甲)의 나이로 별세하였다. 배위 광주노
씨(光州盧氏)와의 사이에 아들이 없어 족숙 만휘(萬徽)의 둘째아들 지수(之
遂)로 사자(嗣子)를 삼았다.

공의 따님 두 분은 벽진인(碧珍人) 이의명(李宜明)과 밀성인(密城人) 손수
민(孫壽民)에게 각각 출가했다. 이의명은 청옹(聽翁) 이명기(李命夔)의 아들
이다. 만향재(晚香齋) 손수민(孫壽民)은 자손의 귀(貴)로 호조참판(戶曹參判)
의 증직을 받았으며, 그 아들은 죽포(竹圃) 손사익(孫思翼)·처사(處士) 사석
(思奭)·월포(月圃) 사준(思駿) 등 3형제를 두었다.

2) 처사공 지수(之遂)의 계대(繼代)

처사공 만시(萬蒔)의 계자(系子) 지수(之遂)는 자가 인보(仁甫)이다. 공의
생가는 월연파의 종가로서 월연선생은 공의 6대조이고 겸재공(謙齋公) 경
옥(慶沃)은 고조부이며, 번수공(樊叟公) 장화(長華)는 조고(祖考)가 되신다.
번수공의 둘째아들 통덕랑공 만휘가 곧 공의 본생의 아버지이고 생모는
공인(恭人) 밀성박씨인데 2남 1녀 중에 둘째아들로 태어났다.

선공의 5형제에게는 모두 아들이 귀하여 겨우 외롭게 대를 이은 처지라, 유복(有服)의 근친 가운데는 양자를 들일 만한 대상자가 없었다. 공과 같은 항렬의 촌수를 따져보면 무려 12촌이나 되는 면복(免服)의 친족이지만, 한 가정의 대를 잇는 것을 인륜의 근본으로 삼았던 당시의 풍습과 정황으로 보면 생·양가 두 집의 각별한 이해와 협조가 있었던 것 같다.

그러나 그 출계의 시기가 언제였는지는 알 길이 없었는데, 공의 사위로서 후일 문과에 급제한 후 예조좌랑(禮曹佐郎)을 역임한 냉와(冷窩) 안경점(安景漸)이 공의 묘지문(墓誌文)에서 자세히 밝혀주고 있다. 곧 1689년(숙종 15, 己巳) 2월 9일에 공이 부내면 활천리(活川里) 집에서 출생하였고, 22세 때인 1710년(숙종 36, 庚寅) 3월에 병중에 있던 족숙 만시 앞으로 출계한 사실을 적고 있다. 그리고 그해 4월 19일에 외간상을 당하였고, 같은 해 10월 27일에 잇달아 내간상을 당하였다.

이는 선공께서 후사를 걱정하던 끝에 병을 얻어, 그 병이 위중할 때 병석에서 사자(嗣子)를 맞아들이었고, 그때까지만 해도 비교적 넉넉했던 용성리의 가산을 물려주고는 뒷일을 맡긴 채 내외분이 잇달아 편안히 눈을 감았던 것을 의미한다. 따라서 공의 나이 22세라 하면 이미 배위를 맞아 결혼했을 때이므로 말하자면 일가를 창립한 뒤에 성인으로서 입계한 셈이다.

그러나 본시 체질이 허약했던 공은 2년 만인 1712년(숙종 38, 壬辰) 4월에 또다시 본생 아버지의 상사를 당하는 통에 전후 5년간의 거우(居憂)로 인하여 이번에는 공이 중병을 얻었다. 신양을 안고도 수기(修己)와 치산(治産)에 수년간 골몰하다가 마침내 병을 다스리지 못한 채 1723년(경종 3, 癸卯) 4월 20일에 나이 겨우 35세로 요절하였다. 공의 묘지문에서 그 사위 냉와 안공은 또 말하였다.

지나간 경신년(庚申年, 영조 16, 1740)에 내 나이 19세로 공의 집에 장가드니, 공이 돌아가신 지 18년이었다. 경해(警欬) 소리는 이미 아득하고 오직 손수 쓰신 책자 몇 권이 서상(書床)에 남아 있기에 글씨를 받들어 살펴보니 금석(金石)에도 새길 만하였다. 조금 더 오래 사셨다면 그 성취(成就)가 어찌 이만하고 말았을까.

奧在庚申 余年十九贅公家 距公之土勿十八年矣 警欻已邈 惟有手寫冊子數卷 留在塵笥 奉玩心畫 可鐫金石 假之以年其所成就 豈止於是耶

이 구절을 보면 공의 글씨가 금석에도 새길 만하다고 했는데 그 필적이 남아 있지 않다는 것은 매우 유감스러운 일이다. 배위는 월성손씨(月城孫氏)로 통덕랑(通德郎) 여지(汝智)의 따님인데 슬하에 1남 2녀를 두었으니 아들은 철(澈)이고 딸은 뒷날 안경점과 밀성인(密城人) 박상빈(朴尙彬)에게 각각 출가했다.

공이 세상을 떠날 때 아들은 겨우 6세였고, 큰딸은 겨우 5세였으며, 둘째딸은 복중(腹中)에 있었다. 손부인(孫夫人)께서 세 어린 자녀를 무육하고 가업을 유지하여 제사를 성심으로 받들었으며 시댁 식구들을 화목으로 대접하여 부도(婦道)를 훌륭히 닦고 돌아가시니 향수 71세였다.

독자 철(澈)은 그 어머니 손씨의 무육과 교독(教督) 아래 글을 읽고 글씨를 공부하여 일찍부터 선비의 자질이 드러났으나 역시 35세의 젊은 나이로 노모를 등지고 세상을 떠나고 말았다. 손자 희(羲)는 선공이 28세 때 태어난 만득자로 조모인 손부인의 지극한 애정 속에서 어린 시절을 보냈다. 1762년(영조 38, 壬午) 18세 때 혼사(婚事)를 며칠 앞두고 조모가 돌아가시면서 "자손을 많이 두어 집안을 크게 일으키라"는 유명(遺命)이 있었으나 공도 또한 48세의 단명(短命)으로 별세하였고 슬하에는 일점혈육이 없었다. 하는 수 없이 반계공의 둘째아들인 재종숙 구(秌)의 차자 휘오(輝五)를 데려다가 그 뒤를 잇게 하였다.

3) 만취정공(晩翠亭公) 휘오(輝五)의 호구단자(戶口單子)

만취정공은 초휘(初諱)가 경오(慶五)이고 자가 이범(而範)이며 만취정(晩

翠亭)은 그 자호이다. 1778년(정조 2, 戊戌)에 용성리 생정에서 태어난 후 8
세 때 재종숙 앞으로 입계하여 1799년(정조 23, 己未)에 21세의 총각으로
밀양 부내면 용성리 제8통(統) 5호(戶)의 호주가 되었다. 이와 같은 사실은
공의 7세 주손 원기(遠起)가 보관 중인 '가경사년 팔월일 밀양부고무오성
적(嘉慶四年八月日密陽府考戊午成籍)'이란 호구단자로서 확인되었다.

이 단자에는 경오(慶五)라는 공의 초명이 그대로 등재되어 있다. 친계(親
系)로는 4대에 걸친 부·조와 생부(生父)가 기록되어 있고, 외조(外祖)의 휘
함 등이 호구 성적(成籍)의 일반적인 관례에 따라 등재되어 있다. 특히 당
시 34세의 어머니(養母) 조씨(趙氏)를 모시고 있었으며, 그 어머니가 거느
린 노비의 명단이 주목을 끌고 있다. 거기에는 남자종 명돌(名乭) 외에 모
반비(母班婢)인 윤단(允丹)의 여종(婢)으로서 화심(花心)과 말질심(末叱心)의
이름이 보이고 있어 '모반비' 또는 '비(婢)의 비(婢)'라는 존재가 특이하다.

공도 역시 장갈(狀碣) 등 기록이 남아 있지 않고 전해진 문자도 없어 그
행적이 불분명하지만 1822년(순조 22, 壬午) 7월에 오한 손기양(孫起陽)에
대한 서원 향사를 청원하는 수의어사(繡衣御史)의 정문(呈文)에 공이 밀양
사람을 대표하여 통두(通頭)로서 서명한 사실이 있다. 당시 향중에서 공의
인망을 헤아려보는 근거가 될 것이다. 말년에 공은 산동(山東)의 정각산(正
覺山) 아래에 있는 본생조고(本生祖考) 반계공의 별업을 단장하고 그 동편
에 따로 유거(幽居)를 정하여 임천(林泉)의 낙을 즐기면서 여생을 보냈다.

1844년(헌종 10, 甲辰) 7월 14일에 반계유거에서 별세하니 향년 67세인
데 배위 용성송씨(龍城宋氏)와의 사이에 1남 1녀를 두었다. 상장(喪葬)에는
향성(鄉省)의 선비들이 운집했는데, 그중 광주안씨(廣州安氏)로 출가한 손
녀의 시아버지인 안철순(安哲淳)의 만시(輓詩) 한 수는 공의 의표(儀表)를
잘 드러내고 있다.

여주이씨 고택에서 어지신 공을 얻게 되니   驪江古宅得賢公
교남의 선비들이 다투어 만취옹을 일컫네   嶠士爭稱晚翠翁

아름다운 시문에다 항상 모습이 담담했고	符彩常持儀淡淡
고상한 인품은 뜻을 평범하게 펴지 않았다	標高不設志庸庸
별업을 반석과 계곡 위에 꾸며왔으니	粧來別業盤溪上
괴로움 많은 인간세상 배격하여 물리쳤네	排却塵冗苦海中
수명은 고희에 가까워 한 아들이 뛰어났고	壽近稀岭多一子
향을 피워 부끄럼 없이 남풍으로 보내노라	香辦無愧送南豊

4) 추남공(推南公) 장한(章漢)의 문행(文行)

추남공 휘 장한은 만취정공의 외아들이다. 자는 문로(文老)이고 호는 추남(推南) 또는 소계(小溪)라고 했다. 용성리를 의미하는 추화산 남쪽에서 태어나고 반계옹의 아랫대라는 뜻으로 스스로 붙인 호인데, 공은 1800년(정조 24, 庚申)에 선공의 옛집에서 태어났다.

자질이 매우 영특하고 부지런하여 8, 9세에 이미 고을의 한묵장(翰墨場)으로 나아가 선배들로부터 글을 배웠으며, 10여 세 때는 시문(詩文)을 지을 줄도 알았다. 약관이 넘어 아버지의 명으로 문중의 사자(士子)들과 절간에 들어가 과거 공부에 열중하기도 했으나 몇 차례 향해시(鄕解試)에 응거(應擧)한 후로는 사진(仕進)의 꿈을 버리었다. 그리하여 위기지학(爲己之學)에 마음을 기울여『소학』을 비롯하여 사서삼경의 뜻과 요령을 터득하여 책마다 독서하는 목적을 시(詩)로써 나타내기도 했다.

공은 젊은 시절 낙동강 변에 우거(寓居)한 처가에 출입하면서 장인인 해우(海右) 곽덕녕(郭德寧)의 영향으로 김해(金海)·영산(靈山)·함안(咸安) 등지의 사우(士友)들과도 교류가 빈번했는데 공의 시문에 대한 평가가 높았다. 특히 1832년(순조 32)에 가려움으로 밤잠을 설치며 지었다는 40행 측운(仄韻)의 오언시는 그 간절한 내면의식과 사실적인 표현이 돋보이는 수작으로 꼽히고 있다.

1835년(헌종 1)에는 밀양 고을 동쪽 골짜기에 있는 선업(先業) 반계정으로 우거했으며, 조용히 계산운물(溪山雲物)을 벗하면서 아버지의 노후를 지켜드리고 자신의 양성(養性)에 힘을 기울였다. 우거한 지 2년째 되는 1837년(헌종 3, 丁酉) 섣달 그믐달에 지은 칠언절구 3수는 이 무렵에 공이 병중의 아버지를 걱정하는 심사를 여실히 읽게 하고 있다. 그 첫째 수를 옮겨 보면 이러하다.

산재에 외로이 앉아 또 한 해를 보내고 맞네	孤坐山齋且餞迎
남자 나이 사십인데 과연 무엇을 이루었나	男兒四十果何成
새해에 축원하는 일 다른 것이 아니라네	新年所祝非他事
다만 부모의 병이 나아 태평하기 바랄 따름	但願親瘳得太平

나이 불혹(不惑)에 가깝도록 이루어놓은 것이 아무것도 없는 산중 생활을 답답해하면서도 아버지의 환후(患候)만을 걱정하고 있는 당시의 정황과 효심(孝心)을 절로 느끼게 한다. 그러면서도 틈틈이 글을 읽고 시문을 즐기는 여가에 이웃 마을 정촌(貞村, 골마)에 있는 도연서당(棹淵書堂)을 손질하고 촌수(村秀)들을 불러 교육을 시키기도 했다. 1838년(숙종 4, 戊戌) 2월 15일은 공의 아버지 만취옹의 회갑 날이었다. 선정(先亭)의 우거에서 여러 가지 군색한 처지로 친지들을 널리 초청하여 큰 잔치를 열어드리지 못하는 자식으로서의 심정을 다음과 같이 읊었다.

우리 집 큰 경사인 무술년이 다시 돌아왔는데	吾家大慶戌重回
자식 된 도리로 큰 잔치 열지 못해 부끄럽구려	子職慙無盛宴開
어찌 동해바다 신선이 빚은 봄 술을 얻어	安得滄溟春酒作
해마다 이날을 축수하며 한잔 술 올리겠나	年年是日壽單盃

가난 때문에 비록 감지봉양(甘旨奉養)은 할 수가 없었지만 그 탄성(殫誠)은 지극했는데, 드디어 아버지께서 동협(東峽)의 우거에서 세상을 떠나시니 그 비통함은 이루 말할 수가 없었을 것이다. 선공의 상장(喪葬) 예절을 끝내자 공은 다시 용성 옛집으로 환고하여 상마(桑麻)의 벗들과 어울려서

활발히 문필 활동을 하였다.

1843년(헌종 9)에 영남루를 중수(重修)할 때는 당시 밀양부사를 대신하여 그 상량문(上樑文)을 지었고, 그 밖에도 「반계정중수상량문(盤溪亭重修上樑文)」·「서암기(西巖記)」·「한거설(閑居說)」·「제두시후(題杜詩後)」 등의 산문도 있는데 대개 이 무렵의 작품이다.

1850년(철종 1, 庚戌) 8월 8일 향년 51세로 용성리 집에서 별세하니 배위 현풍곽씨(玄風郭氏)와의 사이에 1남 2녀를 두었다. 추남공의 외아들 종진(鍾震)은 6대조인 처사공 만시(萬蒔) 이래의 고단(孤單)한 가계를 이어오다가 자신의 대에 이르러선 슬하에 4남 1녀를 두어 그 후대에는 자손이 수십 호의 가정을 이루게 되었고, 한 종파(宗派)로서의 기틀을 세웠다.

종진의 맏손자인 병관(炳觀)은 자가 경빈(敬賓)이고 호를 도연(道淵)이라 했으며, 1870년(고종 7, 庚午)에 나서 1915년(己卯)에 생을 마친 분이다.

도연공은 증조부 추남공의 가학(家學)을 계승하여 약관에 이미 경전을 섭렵하였고 청운의 꿈과 포부도 있었지만 이미 기울어진 국운 앞에서 그 쓰일 곳을 잃었다. 장년기에는 이민족의 노골적인 침탈 행위를 체험하고 분통을 터트렸으며, 명성황후가 시해당한 을미사변 때는 양심적인 조선의 젊은 선비로서 외로이 비통한 눈물을 흘렸다. 일인(日人)들에 의한 토지 측량 행위를 목격하고는 숙부 휘 제구(濟九)와 함께 고을 원을 찾아가 그 부당함을 항의하기도 하였으나 도리어 국사에 해를 끼친다 하여 위협을 당한 일도 있었다.

드디어 1905년 을사보호조약이 체결된 뒤에는 읍내 거리를 횡행하는 왜인들이 보기 싫다고 행장을 챙겨 단장면 정촌(貞村) 골짜기에 숨어버렸다. 그곳에는 증조부 추남공이 촌동(村童)들을 모아 글을 가르치던 도연서당(棹淵書堂)이 있어 공은 그 집을 중수하여 도연정사(道淵精舍)라는 현판을 걸고 당호(堂號)로 삼았으며, 가끔 표충사 승려들과 어울려 시국을 담론하기도 했다. 그러면서도 간혹 용성리 집으로 출행할 때는 야행(夜行)을 하며 일인들의 행패와 나라를 빼앗겼다는 사실을 애써 보지 않으려 하였고 세상일을 들으려고도 하지 않았다.

이와 같이 공은 비록 조직에 가담하여 반일(反日)과 애국운동은 하지 못했으나 소극적인 가운데서도 망국의 선비로서의 지조와 양심을 저버린 일이 없었다. 추남공의 자손들은 용성 옛 터전을 끝까지 지키다가 해방을 전후하여 그 생업을 찾아 각처로 산거했는데, 그 종가는 상남면 동산리(東山里)에 새로운 터전을 이룩하였다. 2010년(庚寅)에 공의 6대손 원기(遠起)가 그의 5대조 용헌공(慵軒公) 종진(鍾震)이 편집해둔 『추남유고(推南遺稿)』 2권 1책을 국역하여 간행하였다.

9. 자유헌공(自濡軒公) 만백(萬白)과 그 자손들

근대 이후 밀양 부북면 퇴로리에 정착하여 집단촌을 이루고 있는 일문(一門)과, 근래에 활성리 살내마을(箭川里)에 우람한 경춘당(景春堂) 재사를 지어 화수(花樹)의 낙을 기리고 있는 일족들이 모두 자유헌공의 직계 혈손들이다. 이 두 집안은 자유헌공의 현손인 교(穚)와 표(穮) 형제 대에서 갈리어 지금은 그 자손이 매우 창성하다.

1) 두 갈래 자손들의 세거지(世居地)

그러나 자유헌공 몰후에는 가화(家禍)가 빈번하여 외아들 지유(之迪)는 24세의 청년으로 후사도 없이 별세하여, 백곡공 지운(之運)의 둘째아들 섭(涉)을 사자(嗣子)로 맞아들였다. 또 섭(涉)이 비록 아들 형제를 두기는 했으나 몰후 1년 만에 그 맏아들 교(穚)가 19세의 나이로 요절하는 비운을 겪게 되었다.

그러므로 자유헌공 이후 4대에 걸쳐 약 80년 동안은 이러한 거듭된 불행으로 말미암아 장방(長房)에서는 한때 가문의 대를 잇는 데도 매우 어려움이 많았다. 그런 가운데서도 다행히 명문가 출신의 현숙한 주부(主婦)들

自濡軒公子孫世系略圖

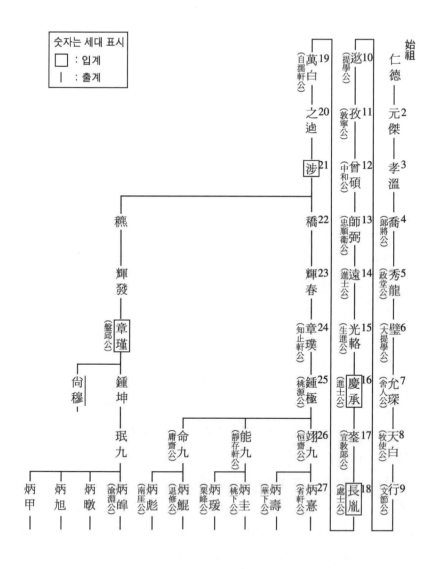

이 대대로 치가를 잘 하여 기울어져가는 집안을 붙들었는데, 교(穚)의 아들 처사공 휘춘(輝春)의 대에 이르러, 비로소 훌륭한 경기(經紀)로 다시 가운이 트이기 시작하였다.

잇달아 학행이 출중한 지지헌공(知止軒公) 장박(章璞)이 나시어 조업(祖業)을 빛내었고, 도원공(桃源公) 종극(鐘極)이 그 뒤를 이어 훌륭한 행의와 함께 세 아들을 두어 가문의 융성을 꾀하게 되었다. 그 아들 항재공(恒齋公) 익구(翊九) 3형제는 퇴로리에 삶의 터전을 다진 후에 덕행과 효우로 향당에 칭송이 높았으며, 다시 성헌공(省軒公) 병희(炳憙) 여러 형제 종반이 기라성처럼 뒤를 이어 학문과 저술(著述)로 명성을 떨치니 전통 명가의 뿌리를 더욱 튼튼히 한 것이다.

한편 지차(之次)인 표(穮)도 선려(先廬)가 있는 평리(坪里)에 분가한 후 일가를 창립하여 그 아들 휘발(輝發)이 가업의 기초를 다졌으나, 후사가 없어 사종숙(四從叔) 휘익(輝翼)의 차자인 반구공(盤邱公) 장근(章瑾)을 계자(系子)로 삼았다. 반구공은 근칙한 성품으로 위기(爲己)의 학문을 닦아 집안을 잘 다스렸고 아들 형제를 두었으나, 맏이인 종곤(鐘坤)의 조몰(早歿) 등 불행을 겪는 가운데 외아들인 민구(珉九)가 장성하여 네 아들을 낳았다. 맏이인 창주공(蒼洲公) 병호(炳皥)가 세 아우를 거느리고 돈독한 우애로서 부·조(父祖)의 뜻을 받들어 한 소종(小宗)으로서 그 지엽(枝葉)을 무성하게 가꾸었던 것이다.

더구나 퇴로 맏집에서는 근대 개화기에 세상이 바뀌고 나라를 빼앗기는 상황에서 민족적인 자주의식을 고취하여 실사구시(實事求是)와 이용후생(利用厚生)의 실천 운동을 전개하였다. 또 동종(同宗)의 선현(先賢)으로 우리나라 실학의 큰 스승인 성호(星湖)선생의 방대한 문집을 간행함으로써 그 학풍을 숭상한 것을 비롯하여, 민족 사학(私學)인 정진학교(正進學校)를 설치 운영하여 경세제민(經世濟民)의 창학(創學) 정신을 널리 구현하였다. 특히 인쇄문화·농업 개량·수리사업·직조(織造) 및 조와(造瓦)·측량 기술·축산 장려 등 다방면에 걸친 신지식과 기술 보급에도 진력하여 근대 개화기에는 영남 일대에서 모범이 되는 사족(士族) 가문으로 선망을 받기도 했다.

자유헌공과 그 아들 지유(之逌) 양대는 입향촌 사인당리 옛집에서 출생한 기록이 있으나, 그 하대부터는 이웃 마을 내평리(內坪里)로 이사하여 살았다는 사실을 알 수가 있다. 퇴로 가문의 가승(家乘)의 하나인『유사기문(遺事記聞)』가운데 자유헌공의 현손인 휘춘(輝春)에 관한 다음과 같은 기사가 있기 때문이다.

> 처사공 휘춘은 가정을 다스리는 일이 세밀하여 생활이 만년에 더욱 풍족하였다. 대대로 살아온 집이 부성(府城)의 동쪽 내평리에 있었는데, 선대의 집이 부서지고 허물어졌으므로, 기와집 10여 간을 새로 세우니, 사치하지도 누추하지도 않게 하여 선대의 뜻을 잘 이룩하였다
>
> 處士公輝春 治家綜密 生事晩益豊裕 世家在城東內坪里 先廬頹剝 創立瓦舍十數架 不侈不陋 以遂其肯搆之志

아마도 백곡공의 둘째아들 섭(涉)이 지유(之逌)의 소후자(所後子)로 입계를 한 뒤에, 사인당리에서 이웃 마을인 평리에다 새로 집을 장만하여 이사를 한 사실이 짐작된다. 따라서 처사공 휘춘이 말한 선려(先廬)는 그 할아버지 섭과 아버지 교, 양대가 거처한 집을 말하는 것이다. 때문에 사치하지도 누추하지도 않게 지은 기와집 10여 간에 거처한 주인공은 바로 휘춘 자신이고 뒷날 그 아들 지지헌공(知止軒公) 장박(章璞)에게 물려준 것임을 알 수 있다.

그러다가 1831년(순조 31)에 지지헌공이 산수가 좋은 단장면 태동(台洞)에서 3년간 우거한 일을 제외하고는, 대체로 도원공이 1844년(헌종 10) 겨울에 단장면 무릉동(武陵洞)으로 이사를 하기까지 적어도 5대에 걸쳐 약 150년을 넘게 내평리의 선려를 지켜왔음을 알 수 있다. 그리고 사인당리는 우리 입향조께서 복거(卜居)한 후 누대로 그 자손들이 생활의 터전으로 삼아온 고장(故庄)일 뿐 아니라, 자유헌공 여러 형제 또한 나란히 지붕을 이웃하여 살던 마을이라는 것도 주지의 사실이다.

도원공은 무릉동으로 옮겨 산 지 15년 만에 그곳에서 세상을 떠났으며, 아들 항재공 3형제가 선인의 유업을 이어받아 다시 30년을 넘게 살았다. 그리하여 1890년(고종 27)에는 새로운 터전을 장만하여 3형제가 함께 퇴로리에 정착한 것인데, 이미 한 세기를 지나 수년 전에는 자손들이 그 복거 100주년을 기념하여 『퇴로지(退老誌)』를 편찬한 바도 있다.

한편 처사공 표(穮)는 애초에 큰집이 있는 내평마을에서 분가하여 살았다. 그러나 아들의 대를 지나 그 손자 반구공 장근(章瑾)에 이르러선 평소에 큰집 재종질 도원공과 함께 당시 은거지로 알려진 단장면 바드리(所月里)로 들어가 나란히 이웃해 살며 고야(姑射)에다 전장(田庄)을 장만하자는 약속을 한 바가 있었다. 결국 그 약속과 계획은 뜻을 이루지 못하고 만년에 동문(東門) 밖 큰 내(大川) 위쪽에 터를 닦아 집을 마련하여 산 일이 있었다.

그 집에는 동아(東阿) 이제영(李濟永)으로부터 「반구재기(盤邱齋記)」라는 글까지 받아두었으나, 1856년(철종 7)에 큰 수해를 만나 건물이 유실된 후에는 다시 평리마을 집으로 옮겼다. 불행하게도 그해에 반구공이 별세했으므로 그 아들 종곤(鍾坤)이 평소 동협(東峽)의 선경에서 살기를 원한 선공의 뜻을 헤아려, 빈소(殯所)를 받들고 고예리로 일시 우거했다.

그곳에서 3년상을 끝낸 후 이번에는 자신이 고장에 다니러 와서 급병을 얻어 사망하였다. 그 아들 민구(珉九)가 아버지의 장례를 치르고는 재차 평리로 환고하였고, 1897년(고종 34)에 이웃 마을 선불로 이사하였다. 잇달아 그 맏아들 병호는 장선리(長善里)로 거처를 옮겼으나 마을 앞으로 철도가 부설되는 통에 1903년(고종 40)에 다시 지금의 살내마을(活川里)에 최종적으로 정착한 것이다.

다른 집안과는 달리 자유헌공 자손들에 대한 기록과 자료들은 비교적 풍부한 편이다. 『자유헌문집』을 비롯하여 도원공의 『우모록(寓慕錄)』과 항재공의 『우모속록(寓慕續錄)』과 같은 가승(家乘)의 기록이 있고, 『항재집』·『정존헌집』·『성헌집(省軒集)』·『화하유고(華下遺稿)』·『퇴수재집(退修齋集)』·

『일정집(一亭集)』등 이미 인간(印刊)된 자료만으로도 이 글을 쓰는 데 유용한 길잡이가 되었다. 또 경춘당 집안에도 창주공이 필사본으로 정리한 『선고부록(先稿附錄)』이란 가승이 있고, 지난 1992년(壬申)에는 이 집안에 전래하는 『가사집(歌辭集)』을 간행했는데, 그중에 반구공의 손부인 광주안 씨(廣州安氏)가 지은 가사가 있어 이 집안 역사의 편린을 엿볼 수 있었다.

2) 천연(天淵)의 지취(志趣)가 고상한 자유헌공의 학행(學行)

자유헌공 휘 만백(萬白)의 자는 여백(汝白)이고 자유헌은 그 호이다. 선교랑공(宣敎郎公) 래(鿏)의 손자이며 아버지 처사공 장윤(長胤)과 어머니 밀성박씨 사이의 5남 1녀 중 막내아들로 1656년(효종 7)에 사인당리 마을 집에서 태어났다. 어릴 때부터 재능이 뛰어나 9세에 아버지의 상을 당하자 어린 나이에도 슬피 울부짖으며 여막을 지켰고, 성복(成服)을 한 후 거적자리에서 잠을 자면서도 거친 음식으로 어른처럼 상주 노릇을 잘 하니 이 소문을 들은 사람들이 모두 탄복했다.

상복을 벗게 되자 어머니께서는 어린 나이에 아버지를 잃고 배울 곳조차 잃은 막내아들을 애처롭게 여겨, 당시 향중의 명사인 남회당(覽懷堂) 이이두(李而杜) 선생에게 나아가 글을 배우게 하였다. 그리하여 공은 정성을 다해 독서를 하면서 선생의 가르침을 번거롭게 하지 않았는데, 15, 6세 때는 이미 구경(九經)과 사자서(四子書) 및 정주학의 여러 서책에 이르기까지 궁리하고 탐색하지 않는 것이 없었다.

글 짓는 재주도 민첩하여 별로 생각하지 않아도 문사(文詞)의 조리를 넉넉하게 갖추었으니 당시의 선비들이 모두 두려워하고 존중할 만한 글벗이라고 지목하였다. 모부인의 명을 받들어 과거 공부를 시작했는데 향시(鄕試)의 장원을 비롯하여 두 차례의 동당시(東堂試)에 합격했으나, 남성시(南省試)에서는 끝내 성공하지 못하였다.

이에 공은 문득 "얻고 잃는 것은 명운(命運)에 있는 것이니 순리를 받아들임이 마땅하겠다. 하물며 사군자(士君子)의 처신과 도리가 어찌 공명(功名)에만 관계가 있겠는가?" 하고는 곧 과업(科業)을 폐지한 채 애초의 마음으로 돌아가 위기(爲己)의 학문과 수양에 전념하였다. 혹 주변에서 공의 문장과 학문에 비추어 벼슬길에 뜻이 없는 것을 원통하게 여기기도 했으나 공은 초연한 마음으로 독서와 양성(養性)에만 힘을 기울이니 마음은 물처럼 고요하였다.

타고난 효심이 지극하여 홀어머니를 섬기는 일에 온갖 성심을 다 기울였다. 일찍이 모부인께서 중한 병을 앓으시자 공이 밤낮으로 애태우며 잠을 자지 않고 간호에 임하기를 오랫동안 한결같이 하였다. 이에 차도가 나타나지 않자 공은 몸소 의방(醫方)을 공부하여 병의 근원을 헤아려 직접 치료하기도 했는데, 신명(神明)이 감동을 했던지 10여 년 만에 어머니의 오랜 병이 씻은 듯 나은 일도 있었다.

어머니가 별세했을 때는 공도 이미 그 기력이 노쇠했으나 슬퍼하고 사모하는 정은 더욱 간절하였고, 상제(喪祭)의 의례를 법도에 따라 정중하게 하니 온 고을에 그 소문이 널리 퍼졌다. 또한 평소에 엄친께서 일찍 돌아가심을 애통하게 여겨 아버지에 대한 언급이 있을 때마다 눈물을 흘리었고, 기일(忌日)을 만나면 백형을 도와 손수 제물을 두루 갖추어 봉사(奉祀)하는 일을 종신토록 거르지 않았다.

위로 네 형님들과 우애가 두터워서 서로 즐거워함이 늙도록 하루와 같았다. 특히 숙형(叔兄)께서 병이 들어 살림살이가 군색하게 되자, 재물을 나누어주고 그 조카들을 기출(己出)의 자식같이 거두어 보살펴주었으며, 어려운 일가와 벗들에게도 많은 혜택을 베풀었다는 사실이 공에게 보낸 친지들의 편지와 제문 등에서 발견되고 있다.

공은 매양 선조께서 남기신 유업이 임진왜란 이후로 황폐된 채 버려져 있는 것을 안타깝게 여겨왔다. 이에 1710년(숙종 27)에는 월연정(月淵亭)의 옛터를 둘러보고 정자를 중건할 것을 결심하여, 먼저 하당(荷塘) 권두인(權斗寅)에게 기문(記文)을 받아 간수하였다. 잇달아 종질인 백곡공(栢谷公) 지운(之運)에게 수간의 기와집을 주어 금시당(今是堂)을 복원할 것을 당부했는데 이 일이 기틀이 되어 그 후 20여 년 만에 오늘의 금시당을 완공하게 된 것이다.

공은 향론(鄕論)을 주도하는 일과 함께 어진 이를 높이 받들고 유도(儒道)를 숭상하는 일에도 정성을 다 기울였다. 외조부이신 국담(菊潭) 박수춘(朴壽春)이 별세하자, 사림에서 선생을 추존하려는 의논이 있었는데 공이 남보다 먼저 그 일을 주창하여 풍각현(豊角縣)에다 남강사(南岡祠)를 세우고 위패를 봉안하였다.

이 고을 출신으로 임진왜란 때 나라를 위해 순절한 승지(承旨) 노개방(盧盖邦)과 판서(判書) 손인갑(孫仁甲)의 충절을 선양하고자 그 향리에 사당을 지어 향사하는 데 앞장을 섰다. 또한 점필재선생의 시호(諡號)를 바로잡아 예림서원(禮林書院)의 향사를 올바르게 하도록 향론을 모아 그 예성제문(禮成祭文)을 남기기도 하였다.

만년에는 월연정 오른쪽 기슭에 수간의 집을 짓고 천연(天淵)이라는 편액을 걸었다. 이는 솔개가 하늘에서 날고 물고기가 연못에서 뛰노는 자연의 이치를 그 뜻으로 취한 것이다. 공은 날마다 거기에 머물러 밝은 창가에서 책상을 대하고 단정한 모습으로 경서(經書)와 사기(史記)의 참 뜻을 궁구했던 것이다.

가끔 산수를 대하여 흥취가 일면 유연한 마음으로 시문을 짓고, 먹을 갈아 글씨를 쓰면서 호연지기를 가꾸었다. 그 시와 문체(文體)가 깨끗하여 속기(俗氣)가 없었고 당대의 명사들이 모두 그 풍치(風致)의 고상함을 칭찬하여, 이태백(李太白)의 음율(音律)을 쫓을 만하다고 하였다. 이것은 아마도 공의 휘함(諱卿)과 자함(字卿)에 우연히 백(白) 자가 들어 있기도 하거니와 실지로 공의 시를 대해보면 그 격조에 부합됨이 많기도 하다.

가령 「죽오사(竹塢詞)」·「삼오칠언(三五七言)」·「세시가행(歲時歌行)」과 같은 공의 작품은 이태백 시의 운율과 형식을 그대로 실험한 가작이라고도 볼 수 있다. 그러나 대체적으로는 세상의 영욕과 득실을 멀리하고 천지조

자유헌공을 추모하는 천연정(天淵亭) 전경(밀양시 부북면 퇴로리 구 보본당(報本堂))

화의 이치에 순응하면서 초연한 정서를 읊은 것이 많다.

관동(冠童)이 멱 감던 옛일을 사모함에	冠童澡浴慕前修
기수(沂水)의 봄바람, 쉬지 않고 부는구려	沂水春風吹不休
흥이 나면 홀로 왔다 홀로 돌아가나니	乘興獨來還獨去
개중에는 참된 낙을 혹시 알아주지 않을까	個中眞趣倘知不
세상 사람들 온통 명리(名利)에 시달리지만	人世滔滔役利名
재주껏 다 해보았자 모두가 헛것이라	機關用盡摠成空
산과 물에서 얻는 즐거움이 가장 좋은데	最是登山臨水樂
맑은 바람 갠 달은 자연 가운데 있구나	光風霽月自然中

위의 작품 첫 수에는 「늦은 봄(暮春)」, 다음 것에는 「봄날에 부질없이 흥이 일다(春日漫興)」라는 제목을 달았다. 모두 공이 가슴에 품었던 본래의 취향을 상상할 수 있는 대표적인 절구로, 후대의 명류들도 한결같이 공의 고상한 지취(志趣)를 후련히 드러내었다고 상찬하였다.

공의 글씨도 옛 법을 본받아 획의 힘이 바르고 굳세어 저절로 일가를 이루었다고 하였다. 그 유묵은 「소상팔경첩(瀟湘八景帖)」의 초서와 「선현찬산첩(先賢贊散帖)」의 행서 등 몇 점에 지나지 않으나, 후대의 평가들은 "마음이 발라야 글씨도 바르다(心正筆正)"라는 유공권(柳公權)의 말을 진실로 드러낸 귀한 글씨라 칭찬하였다. 그 밖에도 공은 음양과 풍수·산수(算數)와 의방에도 연구가 깊어 두루 통하지 않는 것이 없었다.

함께 어울려 사귄 분들도 모두 한 시대의 명류이니 창설(蒼雪) 권두경(權斗經)·옥천(玉川) 조덕린(趙德鄰)·일암(一菴) 신몽삼(辛夢參)·매촌(梅村) 송명기(宋命基) 등이 그 대표적인 분들이다. 이분들과는 지향하는 도(道)가 서로 같아 그 아름다운 풍류가 남의 부러움을 샀을 뿐 아니라 함께 갈암 선생(葛庵先生) 문하에도 종유(從遊)하면서 군자의 큰 도리에 대한 가르침을 받았다.

그러므로 중년 이후 공은 향중에서 우뚝한 사림의 모범으로 칭도되어 사인당리의 집에는 그 학덕을 흠모하여 글을 배우러 찾아온 수재들이 항상 좌석을 메웠는데, 당시 이웃 마을 다죽리(茶竹里)에 거주한 청천(靑泉) 신유한(申維翰)도 그중 한 사람이다.

그러나 '용성의 다섯 학(龍城五鶴)'으로서 그 아름다운 우애와 가문의 장래를 기리던 공의 집안에도 점차 불행이 찾아오기 시작하였다. 숙형인 처사공 만최(萬㝡)가 42세의 젊은 나이로 세상을 떠난 데 이어, 숙형의 아들 형제인 지규(之逵)와 지일(之逸)이 차례대로 요절하였고 잇달아 모부인의 상을 당하였다. 공이 50대의 중반에 접어들자 넷째 형과 백형 그리고 중형이 불과 5, 6년 사이에 모두 별세하시니 다섯 분의 안행(雁行)에서 공이 홀로 한 가문의 기둥으로 남았다.

크고 작은 가환(家患)을 다스리는 가운데서도 대소가의 어린 조카들을 기르고 거두어 조업(祖業)을 계승하는 데 심신을 기울이는 한편, 가난하고 어려운 종족들을 돌보며 이끌었다는 사실이 후일 공을 추모하는 많은 글에서 언급되어 전해지고 있다.

공은 자기를 다스리는 일에 한없이 엄격하면서도 남을 응대하는 일에는 더없이 관대했다. 조행이 단정하고 신중하여 마치 장님이 지팡이를 짚고 길을 더듬어 찾아가는 것과 같이 처신을 잘 했다는 기록도 여기저기 산견되고 있다. 이는 공의 맑은 수양과 힘써 행한 공부가 이미 향당의 한 본보기로 일컬어졌다는 후인들의 평판으로도 뒷받침되는 사실이다.

또한 공을 아는 많은 사람들은 그 풍부한 문사(文詞)와 폭넓은 언론, 그리고 해박한 학식과 치밀한 처사를 두고, 세상에 나가 큰일을 하게 했다면 그 도모함이 누구보다 못하지 않았으련만 운수가 닿지 않아 포부를 펴보지 못한 것을 매우 애석하게 여겼다고도 한다.

1716년(숙종 42) 3월 29일에 사인당리 집에서 공이 별세하시니 향년은 61세이고, 원근에서 많은 선비들의 조사(弔詞)과 제전(祭奠)이 답지한 가운데서 양례를 치렀다. 그 무덤을 밀양 단장면 감물리(甘勿里) 왼쪽 산기슭 간좌원(艮坐原)에 모셨다.

전배(前配)는 성산이씨(星山李氏)로 외재(畏齋) 후경(厚慶)의 현손녀이고 낙빈처사(洛濱處士) 시장(是樟)의 따님인데 슬하에 딸 한 분을 두어 곽의구(郭儀九)에게 출가했다. 후배(後配)는 덕산이씨(德山李氏)로 처사 지(贄)의 따님인데 1남 2녀를 두었으니 아들은 지유(之逌)이고 딸은 박증태(朴增泰)와 이의설(李義栭)에게 출가했다.

공의 저서로는『자유헌집(自濡軒集)』4권 2책이 있으며 정헌(定軒) 이종상(李鐘祥)·긍암(肯庵) 이돈우(李敦禹)·해창(海蒼) 강난형(姜蘭馨) 등이 각각 그 서문을 지었다. 공의 행장(行狀)은 계당(溪堂) 류주목(柳疇睦)이, 묘갈명(墓碣銘)은 성재(性齋) 허전(許傳)이, 묘지명(墓誌銘)은 운산(雲山) 이휘재(李彙載)와 도담(道潭) 이상억(李象億)이 지었다.

그 밖에도 만성(晩醒) 박치복(朴致馥)은「자유헌설(自濡軒說)」을, 단계(端磎) 김인섭(金麟燮)은「천연정설(天淵亭說)」을, 신암(愼庵) 이만각(李晩慤)과 우전(雨田) 정현덕(鄭顯德)은 문집의 발문을, 석림(石林) 이계로(李啓魯)는 유묵첩(遺墨帖)의 후기를 각각 지어 공의 한평생의 훌륭한 덕업은 물론 깊은 학문과 예술의 경지를 극구 찬양하였다. 후손들의 세거촌인 밀양 부북면 퇴로리에는 공의 거룩한 지취(志趣)를 숭상하여 천연정(天淵亭)이란 건물을 세워 추모하고 있다.

3) 처사공 지유(之逌) 이하 4대의 가계

①

1696년(숙종 22)에 아버지 자유헌공과 어머니 덕산이씨 사이의 외아들로 태어난 처사공 지유(之逌)의 자는 달도(達道)이다. 어려서부터 성품이 의젓하고 효행이 남달랐다. 약관에 이미 문사(文詞)가 출중하고 특히 예서(隸書)에 뛰어났는데 그 필법이 선공의 경지를 따랐다고 한다. 향당에서는 그 문행(文行)으로 보아 세상에 크게 쓰일 인재로 기대를 모았으나, 아버지의 상을 당해 지나친 애통으로 상기(祥朞)를 넘기자마자 1718년(숙종 44) 6월 25일에 별세했으니 때에 나이 겨우 24세였다.

배위 옥산장씨(玉山張氏)는 여헌(旅軒) 현광(顯光)의 후손으로 사인(士人) 대연(大衍)의 따님이다. 청천벽력처럼 슬하에 일점혈육도 없이 부군과 사별하자 처음에는 여러 차례 목숨을 끊어 부군의 뒤를 따르려고 하였다. 그러나 곧 정신을 가다듬어 시어머니의 봉양과 가계(家系)를 이어야 한다는 절박한 소임을 깨닫고는, 삼종시숙인 백곡공(栢谷公) 지운(之運)과 의논하여 우선 그 둘째아들 삼종질(三從姪) 섭(涉)을 아들로 맞아들였다. 그리하여 한 가문의 기둥으로서 법도가 엄정한 자애 넘치는 어머니로서 아들의 훈육에 온갖 정성을 다 기울였다.

중년에는 가정을 잘 다스린 보람이 있어 금지옥엽과 같이 귀여운 두 손자를 얻게 되었다. 유인은 매양 철이 바뀔 때마다 밤에 두 개의 등잔에 불을 밝힌 채 새벽에 이르도록 어린 손자의 수명장수를 빌었다. 누가 그 까닭을 물으니 "미망인(未亡人)으로 이승에서 목숨을 부지하고 있는 것은 오로지 이 두 손자 때문인데 쌍등(雙燈)의 휘황한 불빛을 보게 되면 기뻐서 잠이 오지 않는다"라고 하였다.

그러나 가혹한 시련이 다시 올 줄 누가 알았으랴. 유인의 노경에는 애지 중지하던 맏손자가 별안간 미관(未冠)의 나이에 죽고, 그 10년 뒤에는 한 가문의 대들보인 외아들마저 자기에 앞서 세상을 떠났다. 그 애통함이 쌓이고 쌓여 마침내 병을 얻어 세상을 떠나시니 80세의 장수를 누리었다. 그 무덤을 감물리 선영 아래에 부군과 함께 합장했으며, 유헌(游軒) 장석룡(張錫龍)이 지은 묘지(墓誌)와 7세손 성헌공(省軒公) 휘 병희(炳憙)가 지은 묘표문이 있다.

②

처사공 섭(涉)의 자는 계통(季通)인데 1709년(숙종 35)에 통정대부(通政大夫) 첨지중추부사(僉知中樞府事) 백곡공 지운(之運)과 숙부인(淑夫人) 벽진이씨(碧珍李氏) 사이의 둘째아들로 태어났으나, 삼종숙 지유(之逌)에게 후사가 없어 10세 소년으로 입계를 하였다. 공은 본래 성품이 엄격한 백곡공으로부터 독실한 의방(義方)의 가르침을 받아, 입계 후에는 홀로 된 어머니에게 색양(色養)의 정성을 쏟았으며 집안을 잘 다스려 향당 간에 평판이 높았다.

특히 중년에 맏아들이 19세의 청년으로 요절하자, 노모 앞에서 비통한 심정을 드러내지 않으려고 애를 쓴 끝에 도리어 공이 병을 얻어 자리에 눕고 말았다. 병석에 누운 공은 당시 유행처럼 번진 천묘(遷墓)의 폐습을 걱정하면서 주위에 이르기를 "세속에서는 지관(地官)의 말에 현혹되어 조상의 묘를 함부로 옮겨 후손들의 복을 구하려 한다" 하고 이를 매우 비난했으며 이어 「풍수설(風水說)」이란 글을 지어 자손들에게 감계(鑑戒)를 삼도록 하였다.

자손이 귀한 집안에서 3대 만에 두 아들을 두어 그 교육에 특히 심혈을 기울였는데 장자 교(穚)에게는 인근 마을의 명사인 농은(聾隱) 이상즙(李相楫)과 죽포(竹圃) 손사익(孫思翼)에게 나아가 문학을 공부하도록 명하였다. 1761년(영조 37) 1월 14일 향년 52세로 용성리 옛집에서 세상을 떠났으며 그 무덤은 밀양 엄광리(嚴光里) 내당골(內堂谷)에 배위와 쌍분으로 모셨는데, 단계(端磎) 김인섭(金麟燮)의 묘지와 6세손 퇴수공(退修公) 병곤(炳鯤)의 묘표문이 있다.

배위 함안조씨(咸安趙氏)는 사인(士人) 형규(亨圭)의 따님이고 삼백당(三白堂) 영혼(英混)의 현손녀로 53세 때 부군과 사별한 후 시어머니의 뜻을 잘 받들어 한 가정의 화목과 치산(治産)의 도리를 다하였다. 슬하에 4남매를 두었으니 아들은 교(稿)와 표(穮)이고 따님은 조경탁(曺景鐸)과 안제중(安濟重)에게 출가했다.

③

처사공 교(稿)의 자는 백영(伯穎)인데 1733년(영조 9)에 태어나서 1751년(영조 27) 12월 27일에 용성 옛집에서 세상을 떠나니 나이 겨우 19세였다. 성동(成童)에 이미 재명(才名)을 얻어 향중에 이름난 선비들과 종유하여 학업을 닦았는데 죽포 손사익이 선공에게 보낸 편지에는 "그 문리(文理)가 아건(雅健)하여 후생가외(後生可畏)라 할 만하다"고 하였다. 결혼한 후에는 부형(婦兄)인 경주(慶州)의 큰 학자 제암(霽巖) 최종겸(崔宗謙)이 그 재주를 기리어 함께 절차탁마했으나 아깝게 요절함으로써 불행히 그 기대가 꺾이고 말았다.

배위 월성최씨(月城崔氏)는 정무공(貞武公) 진립(震立)의 후손으로 사인(士人) 승조(承祖)의 따님이다. 어릴 때부터 재주가 있어 궁체 글씨를 잘 쓰고, 어두운 방에서 바느질을 해도 그 정교한 솜씨가 밝은 곳에서 한 것과 다름이 없었다고 한다. 이와 같이 출중한 견식과 여공(女工)으로 여중군자의 자질을 갖추었는데, 입문을 한 후에는 시어머니에 대한 지극한 효성과 부군에 대한 정성스러운 내조로 더욱 그 칭도가 자자하였다. 1752년(영조 28, 辛未)에 25세의 나이로 청천벽력처럼 부군과 사별하자, 하늘이 무너지는 듯한 절망과 애통 속에서 몇 차례나 혼절하면서도, 간신히 목숨을 부지하여 위로 시조모와 시부모를 모시고 아래로 태어난 지 겨우 여섯 달밖에 되지 않는 외아들을 품에 안은 채, 한 가문의 주부로서 그 소임과 도리를 다하였다.

1761년(영조 37, 辛巳)에는 또 시아버지가 세상을 떠나시니 시조모 장씨(張氏)께서는 손자와 아들을 차례대로 잃은 혹독한 상변(喪變)에 상심한 나머지 마침내 병을 얻게 되었다. 당시 칠순 고령에다 모진 병을 얻어 한걸음도 문 밖 출입을 못하게 되자 유인께서는 무려 10년 동안이나 시조모를 등에 업고 뒷간에 드나들기를 하루와 같이 하였다. 이에 세인들은 "최효부(崔孝婦)는 시조모 봉양을 시부모보다 더욱 정성스럽게 했다"고 하였다.

유인의 친정 오라버니가 되는 제암공은 그 누이의 고초를 헤아려 당시의 돈 4천 꿰미(緡)를 장만하여 보냈으나, 유인은 "나에게는 아들 하나가 있고 시댁의 유산만으로도 자급자족하기에 충분합니다. 오히려 오라버니께서 누대로 풍족했던 가산이 근래에는 점점 기울어져간다 하니, 이것이라도 작은 도움이 되었으면 합니다"라고 하면서 정중하게 돌려보냈다. 이에 제암공을 비롯한 친정의 종족들은 쉽지 않은 일이라 탄복하면서 그 대범한 출가외인의 처사를 칭송하였다. 그 뒤 제암공의 자손들은 그 돈을 별도로 저축하여 친정 곳인 경주(慶州) 개무덤마을에다 전답을 장만하여 오래도록 보존했는데 지금도 최씨 집안에서는 '밀양할머니 깨묵밭'이라는 지명이 남아 있다고 한다.

5세손 퇴수공(退修公)은 유인의 묘표문에서 "자유헌공 이래 우리 선조는 누대로 수명을 누리지 못해 좌절한 것을 두고 당시의 문친(門親)과 지구(知舊)들이 모두 통탄스럽게 여겼으나, 실로 우리 할머니께서 끼치신 효경(孝敬)과 적선(積善)의 음덕이 있어, 오늘 우리 자손들은 그 창성과 자급(自給)의 은혜를 누리게 되었다"고 추모하였다. 묘는 부군과 쌍분으로 엄광리 내당곡 선영 아래에 모셨는데 수당(修堂) 이남규(李南珪)의 묘지가 있다.

④

처사공 휘춘(輝春)의 자는 개숙(開叔)인데 1751년(영조 27)에 아버지 휘교와 어머니 월성최씨 사이에 외아들로 밀양 성동(城東)의 평리 집에서 태어났다. 여섯 달 만에 아버지를 여의고 어머니께서 온갖 정성으로 돌보고 가르친 은덕을 입어, 소년 시절에는 이미 주변에서 그 순수한 덕기(德器)를 기리어 인인장자(仁人長者)의 풍이 있다고 하였다.

효성도 남달라 11세에 할아버지의 승중상(承重喪)을 법도대로 마치었고, 중년에 당한 내간상 때는 지난날 어머니의 신산(辛酸)한 세월을 떠올리며 애통함을 견디지 못하니 보는 사람들이 모두 눈물을 흘리었다. 일찍부터 학문에 뜻을 세워 경사(經史)를 송습(誦習)하는 데 열의를 기울였으나, 어릴 때 겪지 않은 두역(痘疫)을 염려하여 약관 이후 해마다 백곡(柏谷) 또는 언광리(嚴光里) 등 궁벽한 산간으로 피접을 하는 통에 그만 과업(科業)의 기회를 놓친 것을 매양 한스럽게 여겼다. 그런 가운데서도 월연공과 자유헌공 이래 선대의 뛰어난 필법(筆法)을 계승하여 그 글씨가 향당에 널리 알려졌으나 다만 전해지는 유묵이 희귀하여 애석한 일이다.

또한 위선하는 정성이 지극하여 오랫동안 문중의 숙원이었던 문절공을 비롯한 월연공·금시당공·근재공 네 선조를 향사하는 사당을 백곡에다 짓는 일을 앞장서 주장하고 많은 연재(捐財)와 함께 직접 감동(監董)까지 맡아 이를 완공시켰다.

공은 평소에 과묵한 가운데서도 생업에 근검하고 치가(治家)에 경륜이 있어, 만년에는 세전(世傳)의 가산을 더욱 불렸는데 평리에 있는 옛집이 퇴락했으므로 10여 채의 기와집을 개축하여 사치하지도 누추하지도 않게 선대의 사업을 잘 계승 보존하였다.

1802년(순조 2) 9월 9일에 향년 52세로 별세하였고 그 묘는 숭진리 함하동(含霞洞) 유좌(酉坐)에 배위와 상하분이다.

배위 영양남씨(英陽南氏)는 주서(注書) 제만(濟萬)의 따님이고 우암(寓庵) 구명(九明)의 증손이다. 여사(女士)의 자질을 갖추어 부군을 받들고 자녀를 훈육하는 일에 한 치의 빈틈도 없었다. 특히 기억력이 비상하여 담설(談說)이나 고사(故事)를 인용한 구절까지 빠뜨림 없이 외우는 재주가 있었다. 유인의 종형(從兄)이 되는 치암(癡庵) 남경희(南景羲)는 매양 그 종매의 훌륭한 부덕을 남에게 자랑하였다.

슬하에 1남 2녀를 두었는데 아들은 장박(章璞)이고 따님은 이수운(李樹運)과 조준철(趙浚喆)에게 출가했다.

4) 지지헌공(知止軒公)의 인망과 학행

지지헌공의 휘는 장박(章璞)이고 자는 옥여(玉汝)이며 만년에 『대학(大學)』에서 말한 '지지(知止)' 두 자로 당호를 삼았는데, "머무를 데를 안 뒤라야 안존(安存)할 수가 있고 얻을 수도 있다(知所止而能安能得)"라는 뜻을 취한 것이다. 아버지 처사공 휘춘과 어머니 영양남씨(英陽南氏) 사이의 외아들로 1779년(정조 3) 평리 옛집에서 태어났다.

일찍이 경사(經史)에 통달하여 약관의 나이에 장인인 북파(北坡) 이광리(李光理)로부터 많은 가르침을 받은 데 이어, 치암(癡庵) 남경희(南景羲)의 장석(丈席)에도 나아가 그 절차탁마가 더욱 깊었다. 부모를 섬김에 효성을 다하는 한편 몸가짐이 검약하고 위의를 갖추었으며, 행의(行誼)에 규범이 있어 당시 동향의 큰 선비인 몽수(矇叟) 박정원(朴鼎元)·행남(杏南) 손갑동(孫甲東) 등이 모두 추천하고 장려하여 '후진 가운데 제일류(第一流)'라고 하였다.

금시당과 추화산 선영(先塋) 수호에 남다른 성의를 기울였으며 종족 가운데 어려운 사람들을 많이 구제하기도 하였다. 특히 가난한 문중 수재(秀才)들의 배움을 잃게 할 수 없다 하여, 직접 슬하에 불러들여 의식(衣食)과 지필묵을 제공하면서 교육시킨 사례도 적지 않다. 후일 공의 가장(家狀)을 쓴 사종손(四從孫) 만성공(晚醒公) 용구(龍九)는 그중에 대표적인 문인인데 태산북두와 같은 존재로 공의 은덕을 기리고 있다.

공의 인망에 대한 평판도 당시 고을에는 널리 회자되었다. 공이 노경에 접어든 1824년(순조 24)경 밀양부사 김희신(金熙臣)에 얽힌 일화가 그중의 한 예이다.

한 마을에 사는 백성이 어느 날 빚을 갚기 위해 관청에 쌀을 팔러 왔는데 당시 부사인 김희신이 이를 보고 "잘 찧은 쌀이 아니라" 하여 나무라면서 퇴짜를 놓으려고 하였다. 그 사람은 엉겁결에 "올 때에 아무 어른께서 보시고 가지고 가면 받을 것이라 했습니다" 라고 하자 김부사가 깜짝 놀라면서 아전들을 돌아보고는 "이 사람이 무슨 말을 하는 것이냐" 하고 물었다. 이때 아전들이 한 목소리로 대답하기를 "아무 동네에 모공(某公)이 있는데 일찍부터 옳은 일만 실천하여 평소에 정직하고 꾸미지 않는 성품으로 유명한 분입니다. 이 사람이 아마도 모공의 말을 빙자하여 받아들일 것을 요구한 것 같습니다" 하고 대답했다. 이 말을 들은 김부사도 새삼 얼굴 표정을 고치면서 "모공이 이미 받아들일 것이라 했다면 나도 당연히 받아야지" 하고는 그 쌀을 거두어들였다.

村有一氓 負還至糴所 時主倅金公熙臣 詰其粒子未精 將欲却之 其人猝爾對曰 來時某公見之云持此可納 金公愕然顧諸吏曰 其言何也 吏同聲對曰 某里有某公 嘗以行義 素著以不欺不飾爲心 故想托其言而要納 金公乃斂容曰 某公旣云可納吾當受之

여기에서 말한 모공(某公)이란 물론 지지헌공을 일컫는 것이지만, 이는 공의 평소의 덕화(德化)가 사람들에게 두루 미치었고 아전들이 또한 칭송하게 되어 고을 사또에게까지 감동을 준 일화가 아닐 수 없다. 1832년(순조 32)에는 고을에서 『주지(州誌)』를 간행했는데 향인(鄕人)들이 한결같이 공을 그 감수자(監修者)로 추대하였다. 말할 것도 없이 공이 추호도 사사로운 정에 얽매이지 않고 말썽 없이 공정하게 잘 처리할 것이라는 믿음 때문이었지만 그 결과 훌륭한 책을 편찬하는 데 크게 기여한 것이다.

그해에 산수가 아름다운 단장면 천태산(天台山) 아래에다 한 간 소실(小室)을 빌려 한가로이 여생을 보내다가, 이듬해 1833년(순조 33) 3월 4일에 태동우사(台洞寓舍)에서 향년 55세로 세상을 떠나셨다. 임종에 다다라 유명(遺命)하기를 "장례를 조촐하게 치르되 평리 옛집으로 돌아가 빈소를 차리도록 하라"고 하였다. 묘소는 추화산 선영 아래 해좌원(亥坐原)이다. 공의 사후 60년 만인 1893년(고종 30)에 경상도 사림이 공의 학행을 조정에 천거하여 동몽교관(童蒙敎官) 조봉대부(朝奉大夫)로 포증(襃贈)되었다.

배위는 영인(令人) 전의이씨(全義李氏)로 북파(北坡) 광리(光理)의 따님인데 슬하에 1남 4녀를 두었으니, 아들은 종극(鐘極)이고 따님은 손이교(孫彝

지지헌공의 분암(墳庵)인 풍수암(風樹庵)(밀양시 용활동 용평2동)

敎)·정수기(鄭壽祺)·이하모(李夏模)·안황원(安璜遠)에게 각각 출가했다. 공
의 저서로는 『지지헌유고(知止軒遺稿)』 1권이 있는데 아들이 저술한 『우모
록』에 수록하였다. 밀양읍 용성 묘소 아래에는 후일 자손들에 의하여 풍수
암(風樹庵)이라는 추모의 재실이 세워졌다.

5) 도원공(桃源公)의 위선(衛先)과 교육

도원공의 휘는 종극(鐘極)이고 자는 처음 희도(希道)라 했다가 뒤에 건오
(建五)로 고쳤으며 호는 도원거사(桃源居士)이다. 아버지는 지지헌공 장박
이고 어머니는 영인 전의이씨인데 공은 1811년(순조 11)에 부내면 내평리
(內坪里) 옛집에서 1남 4녀의 외아들로 태어났다.

공은 어려서부터 총명이 뛰어나 10세 이전에 이미 「희우시(喜雨詩)」라는
글을 지어 사람들을 놀라게 하였다. 지극한 효성이 있어 11세에 모친상을
당하여 집상하는 범절을 어른처럼 의젓하게 하니 보는 이로 하여금 탄성
을 자아내게 하였고, 22세 때 부친이 태동 우거지에서 병석에 드시자 목욕
재계하여 지극정성으로 하늘에 빌었으며, 그 거상(居喪)에도 예제(禮制)에
추호도 어긋남이 없었다.

당시에 집안 살림이 기울었는데 상자 속에는 전해 내려오는 채권(債券)이 있었다. 돈을 빌려간 자들이 거짓말을 하며 빚을 갚지 않자 공은 "이런 종잇조각을 남겨두어 무엇에 쓰리요. 이런 것은 차라리 없애버리고 선인(先人)께서 은혜를 베푼 것으로 한 것만 같지 못하다"고 하여 모든 문건을 불태워버렸다. 그리하여 공은 다른 방법으로 재산을 늘려 궁핍한 일가와 친지들을 힘닿는 대로 도와주었으며, 향중 일에도 문중을 대표하여 솔선수범하고 가난한 향민(鄕民)들을 구제하는 데도 앞장을 섰다.

1844년(헌종 10)에는 단장면 무릉동(武陵洞)으로 솔권 이사하여 그곳에 새로운 생활의 터전을 마련했으며, 이때부터 세속적인 모든 명리(名利)를 초월한 채 오로지 독서와 수제(修齊)의 도리에만 전념하였다. 무릉동이란 지명에 따라 스스로 자호를 삼은 것만 보아도 당시 공이 세속을 초월한 깨끗하고 편안한 심경을 읽을 수가 있다.

그런 가운데서도 학문을 장려하기 위해 가숙(家塾)을 설치하고, 일문(一門)과 향리의 자제들을 불러 모아 글을 가르쳤는데, 교육의 과정을 엄격히 세워 아침 일찍부터 밤늦게까지 열성을 다해 이끌어주었다. 공은 후진을 양성함에 있어 지나치게 과거 공부에만 매달리지 않게 하고, 독서의 선후를 가려 자기 수양을 위한 공부를 우선하도록 계도하였다. 그것은 공이 연이은 집안의 상고(喪故)로 일찍 과업(科業)을 폐하고 다만 독서와 궁리에만 몰두하면서, 스스로 태평성대의 일민(逸民)임을 자처했기 때문이다.

만년에는 고야리(姑射里) 박산(博山)의 아름다운 골짜기와 임천(林泉)을 사랑하여 이곳에 정자를 지어 여생을 마치고자 하였으나, 뜻을 이루지 못하고 뒷날 후손들에 의하여 별업(別業)이 이루어졌는데 지금의 도원정(桃源亭)이 그것이다.

1859년(철종 10)에 급작스러운 병을 얻어 끝내 일어나지 못하고 그해 1월 13일에 세상을 떠나셨는데, 임종에 다다라서도 몸을 부축하게 하여 가묘(家廟)에 마지막 참배를 한 후 선종(善終)하시니 향년이 49세였다. 묘소는 추화산 선영 아래에 모셨다. 별세 후 34년 만인 1893년(고종 30)에 사림

도원공을 추모하는 도원정(桃源亭)(밀양시 단장면 범도리)

에서 공의 행의(行誼)가 탁이(卓異)하다 하여 천거되어, 동몽교관(童蒙敎官)
조봉대부(朝奉大夫)로 추증되었다.

공의 5대조 이하 누대에 걸친 선세 유고와 뇌제문(誄祭文), 그리고 유사
기문(遺事記聞) 등을 수집하여 『우모록』이란 제목으로 가승을 엮었으며, 공
의 유문(遺文)과 사적을 모은 유고집은 후일 맏아들 항재공이 『우모속록』
으로 간행하였다.

배위는 영인(令人) 밀성손씨(密城孫氏)로 추천(鄒川) 영제(英濟)의 후손이
며 사인(士人) 승규(承圭)의 따님이다. 슬하에 익구(翊九)·능구(能九)·명구
(命九) 3형제를 두었고 묘는 추화산 선영 아래에 공과 동원(同原)에 모셨
다. 면우(俛宇) 곽종석(郭鍾錫)은 공의 행장(行狀)을 지었고, 정헌(定軒) 이종
상(李鍾祥)과 신암(愼庵) 이만각(李晩愨)은 묘지명을 지었으며, 승지(承旨)
정관섭(丁觀燮)은 묘갈명을 지어 공의 학행을 기리었다.

6) 고야리(姑射里)의 이거(移居)와 가숙(家塾)의 운영

도원공의 아들인 항재공(恒齋公) 익구(翊九)·정존헌공(靜存軒公) 능구(能九)·용재공(庸齋公) 명구(命九) 3형제는, 단장면 무릉동 집에서 1859년(철종 10)에 외간상을 당하여 겨우 상복을 벗게 되자, 1863년(철종 14)에는 어머니가 또 세상을 떠나셨다. 49세 초로의 나이에 아버님이 별세한 뒤를 이어, 어머님마저 당시 창궐했던 시질(時疾)로 말미암아 미처 시탕(侍湯)에 정성을 기울일 틈도 없이 창졸간에 세상을 떠나시게 되자 3형제는 그것을 평생의 유한으로 되새겼다.

당시 항재공은 26세의 왕성한 나이였으나 두 아우는 아직 18세와 12세의 총각과 동몽(童蒙)이었다. 주야의 호곡 속에서 가례(家禮)에 따라 상담(祥禫)의 의절(儀節)을 다하자마자, 항재공은 평소에 부모가 소망하는 바를 이루어드리는 것이 효도의 첩경이라 생각하고, 자신의 강학은 물론 두 아우의 독서에 각별한 심혈을 기울였다. 그리하여 1865년(고종 2)에 당시 기호실학(畿湖實學)의 큰 학자로 명성이 높았던 성재(性齋) 허전(許傳)이 김해부사(金海府使)로 왔다는 소문을 듣고, 곧장 그의 공여당(公餘堂)으로 나아가 배움을 청하였다.

항재공은 "안으로 어진 부형이 없고 밖으로 엄한 사우가 없다면 학업의 성취란 있을 수 없다(內無賢父兄 外無嚴師友 而有成者未之有也)"고 하는 신념이 있었기 때문에, 먼저 자신이 외부의 엄한 스승을 통해 학문의 깊이를 더한 다음, 스스로 어진 부형이 되어 아우들을 가르치겠다는 평소의 포부를 실천한 첫걸음이라 할 수 있다. 그런 다음 2년이 지난 1871년(고종 8) 겨울에는 골짜기가 깊고 계산(溪山)이 아름다운 고야마을(姑射村)에 이사하여 우선 조촐한 대로 조그마한 가숙(家塾)을 마련했다. 이는 오로지 고요하기 선경과 같은 마을에서 자신은 물론 두 아우의 학업에 진력하기 위함이었다.

이때 마침 족숙인 학산공(鶴山公) 상석(尙碩)·족제인 아산공(啞山公) 동구(東九)·족질(族姪)인 졸와공(拙窩公) 필상(弼商)도 잇달아 한 마을에 우거하였다. 항재공은 두 아우 및 친족 제공(諸公)과 함께 날마다 경전(經典)을 궁리하고 고금의 역사를 강론하다가, 마침내 학습의 효과를 높이기 위해 강회(講會)의 절목(節目)까지 만들었다. 5일마다 강회를 열었는데 참여한 강원들은 옷깃을 여미고 단정히 앉아, 차례대로 진강(進講)을 하면서 질의와 문답을 거듭하니 그 면학이 자못 진지하였다.

그러나 1876년(고종 13)에 심한 흉년이 들고 그 이듬해 봄에 전염병이 크게 유행한 데다 이후에도 해마다 굶어 죽는 사람과 병자가 늘어났다. 그 참상을 목격한 항재공 3형제는 자신들의 학업을 제쳐두고 가산을 기울여 그 구제 활동에 최선을 다하였다. 이러한 마을 환경에서는 학업의 성취가 어렵다고 판단한 3형제는 고야리로 이사한 지 8년 만인 1879년(고종 16) 봄에 다시 옛 마을 무릉리로 돌아갔다.

돌아간 뒤에도 그전처럼 독서와 강마에 열중했는데 마침 그 이듬해에 한양에서 과거(科擧)가 있자, 항재공은 아우 정존헌공과 함께 응거(應擧)를 위해 상경하였다. 하지만 국운이 이미 기울어가는 혼탁한 세도(世道)에 온통 회뢰(賄賂)가 춤추는 판국이라, 유경(留京) 수개월 만에 실망을 안고 과거를 단념한 채, 결연히 귀가한 후에는 진로를 바꾸어 오직 학문의 탐구와 치가(治家)에만 전념하였다.

7) 항재공 삼곤계(三昆季)의 퇴로(退老) 복거(卜居)

1887년(고종 24)과 그 이듬해 양년에 걸쳐 또 혹독한 흉년이 들어 인심은 흉흉하고 촌민들의 기아(飢餓)가 늘어가자, 항재공 3형제는 솔선하여 이의 구제에 나서는 한편, 동민들을 설득하여 상부상조하는 미풍을 뿌리내리게 하였다. 그러나 마을이 너무 피폐해지고 궁벽하여 자라나는 자손들의 양육에 불편한 점이 많았으므로, 오랫동안 점지해두었던 새로운 터전을 찾아 다시 이사하게 되었다. 1890년(고종 27) 봄에 무릉리를 떠나 부북면 퇴로리(退老里)에 복거를 한 일이 바로 그것이다.

퇴로리는 고을의 진산(鎭山)인 화악산(華岳山)을 배경으로 그 남서쪽에는 평평한 들판이 펼쳐진 아늑한 명지였으나, 물이 부족하고 토양이 척박한 데다 당시에 연달아 흉년이 들어 마을의 양상이 말이 아니었다. 항재공 3형제가 여러 자질들을 거느리고 입촌한 후에는, 먼저 흩어진 마을 사람들이 다시 돌아와 함께 편안히 살 수 있도록 사재를 기울여 그들을 구제하는 데 힘을 다하였다. 그 결과 수년 후에는 호구가 회복되고 촌민의 생활도 점차 안정되면서 완동(完洞)이란 칭호를 듣기에 이르렀다.

그리하여 마을의 호구가 회복되고 생활이 안정되자 종래 향약(鄕約)을 바탕으로 수정을 가한 '퇴로동약(退老洞約)'을 만들었으며, 그 끝에 '본리편의(本里便宜)' 15조(條)를 붙여 촌민들의 상부상조와 마을의 발전을 도모하였다. 그 내용은 주로 착한 일을 권장하고 나쁜 일을 징계하는 것을 골자로 한 것이지만, 그 밖에도 부지런히 농업 개량을 장려하고 산림 녹화에 힘쓰며 도적을 막아 마을의 평화를 지키는 일에 중점적인 배려를 하였다.

또 항재공 3형제는 '마을의 계[里契]'를 조직하여 그 기금으로 곡식을 사들였다가, 춘궁기에는 전량 농가에 대여해주고 추수가 끝난 뒤에 약간의 이식을 붙여 거두어들였다. 이로 인해 당시 퇴로마을에서는 가난한 농민을 상대로 고리대금을 하는 자들의 부당한 횡포를 막을 수가 있었다. 이러한 '마을의 계'는 주자가 제창한 사창(社倉)의 이치를 따른 것이지만, 다만 그 규모를 한 마을을 단위로 한 것이기 때문에, 항재공은 '이창(里倉)'이라 이름을 붙이고 그 경위와 취지를 「이창설(里倉說)」을 통해 설명하였다.

1891년(고종 28) 봄에는 서고(西皐) 언저리에 있는 작은 집을 사들여 자질(子姪)들의 교육 장소로 삼았는데 곧 석음재(惜陰齋)가 그것이다. 항재공은 정존헌공·용재공 두 아우와 함께 매일같이 이곳에서 만나 수하들의 학업을 독려했음은 물론, 자질들도 빠짐없이 모여 예의(禮儀)의 강습과 경사(經史)의 토론으로 문자 그대로 일촌광음(一寸光陰)도 허비하지 않았다. 작게는 가정의 일상사로부터 크게는 성현의 학문하는 방법과 고금 인물의 현부(賢否)에 이르기까지 학문의 범위를 정하고, 혹은 시작(詩作)으로 혹은 훈지(壎篪)의 창화(唱和)로 즐거운 일과를 보냈다.

항재공은 만년에 그 자손들에게 가문의 법도를 명시한 가계(家誠)를 남겼다. 그 내용은 행의(行義)·학문(學問)·언어(言語)·사수(辭受)·거관(居官)·치가(治家) 등 여섯 부문에 걸쳐 모두 백수십 조(條)에 달하는 교훈으로 이루어져 있다. 효우돈목(孝友敦睦)을 가도(家道)의 기본으로 삼고 당시 밀양 향중이나 경상도 내 명가의 가법(家法)과 평판을 예로 들어 모범을 삼도록 일러주기도 하였다. 가령 학문에 있어 "무릇 배움에는 모름지기 실사(實事)에 힘써야 한다(凡學 須是務實)"라고 하여, 실학정신에 치중할 것을 내세웠으며, 벼슬살이를 하거나 가정을 다스리는 데에도 반드시 무실역행(務實力行)의 태도로 임해야 한다는 것을 강조하였다.

1898년(광무 2) 봄에 항재공이 서고정사(西皐精舍)를 지어 편액을 항재(恒齋)라 하였고, 1904년(광무 8)에 용재공이 삼은정(三隱亭)을 지었으며, 1908년(융희 2)에는 이미 세상을 떠난 정존헌공의 맏아들 도하공(桃下公) 휘 병규(炳圭)가 선공의 뜻을 좇아 용현정사(龍峴精舍)를 지었다. 이로써 항재공 3형제와 자질들의 살림집이 온 마을에 그 맹각(甍角)을 맞닿아 즐비한 가운데서, 그 변두리에는 삼정(三亭)의 별서(別墅)를 갖추게 되니, 비로소 한 문중으로서의 터전이 완성된 셈이다. 이에 3형제의 약전(略傳)을 차례대로 옮겨 본다.

8) 실학(實學)에 바탕을 둔 항재공의 학문과 교육

항재공 휘 익구(翊九)의 자는 능백(能伯)이고 호는 항재 외에 서고산인(西皐散人)이라고도 했다. 1838년(헌종 4)에 밀양 부내면 내평리에서 출생하여 1912년(壬子)에 별세하니 향수 75세였다. 공은 어려서부터 총명이 뛰어나 5, 6세의 어린 나이에 100여 자(字)에 달하는 글자를 해독하였으며, 도원공이 무릉리로 이주하여 가숙(家塾)을 설치하고 가문과 향리의 자제에게

항재공의 강학처인 서고정사(西皐精舍)(밀양시 부북면 퇴로리)

글을 가르쳤는데, 공은 이곳에서 수업하면서도 언제나 두각을 나타내었다.

공은 선대 이래로 동종(同宗)인 근기실학(近畿實學)의 종사(宗師)인 성호(星湖) 이익(李瀷)의 가문과는 밀접한 관계가 있었다. 특히 성호의 조카 혜환(惠寰) 이용휴(李用休)와 성호의 제자인 순암(順庵) 안정복(安鼎福) 등 명사들과는 문자의 왕래가 잦았는데, 이러한 연유로 공은 일찍부터 성호의 학풍을 존모하게 되었고, 곧 이어 성호학파의 적전(嫡傳)인 성재(性齋) 허전(許傳)을 찾아가 스승으로 섬기게 되었다.

이와 동시에 항재공은 정헌(定軒) 이종상(李鍾祥)·지헌(止軒) 최효술(崔孝述)·긍암(肯庵) 이돈우(李敦禹)·계당(溪堂) 류주목(柳疇睦)·신암(愼庵) 이만각(李晚慤) 등 당대 선배 명현의 장석(丈席)에도 원근을 불문하고 방문함으로써 그 학문의 깊이를 더했는데, 그때마다 선배들의 기대와 허여(許與)가 대단하였다. 그러나 조선 왕조의 쇠운(衰運)과 더불어 공은 젊은 시절의 꿈과 포부를 펼쳐볼 기회를 얻지 못하고, 한평생 오직 독서궁리와 수신제가, 그리고 향촌사회를 위한 활동으로써 그 경륜을 한정시키고 말았다.

공은 비록 가슴속에 품었던 포부를 펼쳐볼 기회는 없었으나, 시대적 변화에 따라 선비들이 지녀야 할 사명과 역할에 대한 인식을 뚜렷하게 자각하고 있었다. 「원사(原士)」라는 글은 한평생을 재야에서 보낸 공의 선비(士)로서의 처지를 밝힌 중요한 글이라 할 수 있다. 곧 "오늘의 변화된 시대에 선비라 하여 유학적 교양만으로 고립을 자초해서는 안 되며, 마땅히 농·공·상(農工商)의 전문지식 보급에도 관심을 가져야 한다"는 견해를 나타내었다. 그러면서도 선비는 부질없이 시속(時俗)에 동화되어 자기의 정체성을 잃어서는 안 된다는 것도 함께 주장하였다.

결국 종래의 서당식 자제 교육만으로는 변화하는 시대에 대처해 나갈 수 없다는 것을 깨닫고 후일 서고정사 건너편에 화산의숙(華山義塾)을 설치한 데서도 공의 사상적 단면을 엿볼 수가 있다. 이 의숙에는 당시 일본인 교사 2명을 고용하여 근대적 교과에다 측량(測量) 등의 기술 교육을 실시하기도 했으나, 1910년에 경술국치를 당하자 원수에게 밥을 먹여줄 수 없다고 하여 일인들을 내보내고, 결국 학당의 문을 닫아버린 일은 유명한 일화이다.

공의 이러한 실학적 사상은 조선조 말엽에 가장 큰 정치사회적 문제가 된 삼정(三政)에 관한 책문(策文)에서도 여실히 나타나고 있다. 당시 공은 국왕의 구언(求言)에 응하여 올린 삼정책(三政策)에서, 토지·군사·환곡(還穀) 등 제도상으로 오랫동안 쌓인 폐단의 실상과 원인을 가차 없이 지적한 뒤에, 그 시급한 대응 조치와 제도 개혁을 통한 해결책을 열거하였다. 요컨대 공은 당시의 절박한 상황을 감안하여 탁상공론이 아닌 실천 가능한 현실적 방법으로 해결할 수 있는 정책을 건의했던 것이다.

공은 유학의 경전 중에서 『대학(大學)』과 『중용(中庸)』에 가장 주력하였다. 이 두 책에서 문제를 잡아 독자적인 견해를 밝힌 논설도 있지만, 특히 『대학강의(大學講義)』와 『중용강의(中庸講義)』는 그 원문은 물론 「주자장구(朱子章句)」까지도 조목조목 들어서 연구하고 부연한 것이 많다. 여기에서도 진부한 유자(儒者)로서의 태도가 아닌 경세치용적(經世致用的)인 입장에서, 경전을 대하고 해석하려는 학자로서의 진지한 면모를 읽을 수가 있다.

공의 저술 가운데 특히 주목을 끄는 것은 『독사차기(讀史箚記)』이다. 이 책은 중국 역사에서 전국시대로부터 당말(唐末)의 오대(五代)에 이르기까지, 1,300여 년의 역대 군주와 여러 인물의 전기를 읽고 기록한 해설서라고 할 수 있다. 공은 이 책에서 군주들의 치란(治亂)과 그 득실은 물론, 역사상 인물들의 성공담과 실패담, 그리고 그 화복에 이르기까지 두루 살펴서 하나하나 명석한 분석과 엄정한 변별을 통하여 비평을 덧붙인 방대한 사론(史論)을 제공한 것이다.

이 저술은 공의 생존시에 출판하여 당시 학계에 널리 반포됨으로써 많은 인사들의 호평이 있었는데, "호씨(胡氏)의 『정당관견(政堂管見)』과 여씨(呂氏)의 『동래박의(東萊博議)』에 비해 손색이 없다"고 하였다. 다만 공의 당초 계획은 우리나라 역사도 삼국시대로부터 고려 말까지 같은 방법으로 다루어서 그 후편(後篇)으로 삼으려고 했으나, 만년의 병환 때문에 착수를 못 하고 별세한 것은 매우 애석한 일이다.

공의 이러한 실학적 사상의 기반과 그 글들은 19세기 후반의 진보적 유학자의 자세와 선비로서의 기본 입장을 이해하는 데 유용한 자료가 되고, 당시의 학자 지식인으로서의 양심을 읽게 하는 것이라 할 수 있다. 공의 저서로는 『항재집(恒齋集)』 9권 5책과 『독사차기』 10권 4책이 있는데, 1977년 정진문화사(正進文化社)에서 모두 1책으로 압축, 영인본으로 간행한 바 있으며, 그중 『독사차기』는 이엽산방(二葉山房)에서 출판되었다가 1985년 여강출판사에서 재차 영인본으로 간행했다.

배위(配位) 오천정씨(烏川鄭氏)는 쌍봉(雙峰) 극후(克後)의 후손으로 처사(處士) 유검(儒儉)의 따님이며 슬하에 2남 1녀를 두었다. 아들은 병희(炳憙)·병수(炳壽)이고 따님은 영산인(靈山人) 신영귀(辛泳龜)에게 출가했다. 묘는 엄광산(嚴光山) 내당곡(內堂谷) 자좌(子坐)로 부군과 합폄(合窆)이다. 청산(晴山) 권상익(權相翊)은 공의 행장(行狀)을 지었고, 대사헌(大司憲) 윤헌(尹瀗)은 묘지명(墓誌銘)을 지었으며, 면우(俛宇) 곽종석(郭鍾錫)은 묘갈명(墓碣銘)을 지어 공의 학문과 사상을 기렸다.

9) 정존헌공(靜存軒公)의 우애와 치가(治家)

정존헌공 휘 능구(能九)의 자는 익중(翊仲)이고 정존헌(靜存軒)은 그 당호(堂號)이다. 1846년(철종 12)에 단장면 무릉리 집에서 도원공의 둘째아들로 태어났다. 어릴 때부터 재질(才質)이 남달라 선공은 매양 '우리집 천리구(千里駒)'라 하면서 귀여워했는데, 7세 때 글을 배움에 독학(篤學)과 강기(强記)가 뛰어나니, 고금(古琴) 손휘수(孫彙秀)가 그 재기(才器)를 크게 칭찬하였다. 14세에 부친상을 당하고, 4년 후 전염병으로 모친상을 당했는데, 그 성복(成服) 전에 백형 항재공 내외 또한 한꺼번에 전염되어 자리에 눕고 말았다.

공은 창황망조한 통곡 속에서도 집상은 물론, 백씨의 간병에 온갖 정성을 다 바쳤다. 그 결과 백씨 내외의 병이 완쾌되어 4개월 후에는 형제가 나란히 어머니의 장사를 치르고, 함께 여막(廬幕)을 지키니 향당에서 '천출의 효우(天出孝友)'라 하여 기리었다. 이와 같이 공은 양친의 상을 당한 뒤로 평생 동안 백씨를 어버이처럼 섬기며 공경하였다.

1871년(고종 8) 26세 때 백형을 따라 지금의 고례리(古禮里)로 이사하여 학문에 열중하였다. 그때 3형제가 초가집 사립문을 마주하여 조석으로 백형에게 문안을 드리며 가르침을 받았는데, 마침 족형 동구(東九)와 족질 필상(弼尙)과도 함께 이웃에 살아 공부하는 분위기가 매우 좋았다. 이때 백형은 강회의 절목을 정하여 손수 서문을 짓고 두 아우와 친척 자제들의 학업을 독려했으며, 짬짬이 경전(經典)에서 어렵고 의심나는 곳을 찾아 문답하고 강론을 하였다.

1878년(고종 15)에 백씨가 무릉동 옛집으로 환고하자, 공과 아우 용재공은 한때 이웃 마을 진주동(進舟洞)으로 옮겼다가, 이듬해에 다시 무릉동에서 합류하였다. 1880년(고종 17)에 공은 백형과 함께 서울로 올라가 과거에 응시했지만, 시세(時世)의 불리함을 깨닫고 과거를 포기하고 돌아온 후에는, 독서와 치가(治家)를 자신의 임무로 여겼다.

정존헌공을 기리는 용현정사(龍峴精舍)(밀양시 부북면 퇴로리)

1890년(고종 27)에 공은 형제들과 함께 무릉리로부터 퇴로리로 이사했
는데, 그때 연이은 흉년으로 마을이 가난해지고 주민들도 의지할 곳을 잃
었다. 공은 백형 항재공의 뜻을 받들어 고을 아전들의 부당한 수탈의 폐단
을 막고, 주민들의 생활을 향상시켜 몇 해 안 가서 마을이 안정되고 모든
질서가 회복되었다. 또 공은 자질들의 교육을 위해 세운 석음재에 매일처
럼 나가 학업을 독려하는 한편, 백형을 모시고 가문의 융성과 치가하는 일
을 자신의 소임으로 삼았다.

1893년(고종 30)에 금시당에서 문중 자제들을 위한 흥학계(興學契) 창설
을 주도하여 그 절목(節目)을 만들었다. 또 백불암(百弗庵) 최흥원(崔興遠)의
「보본절목(報本節目)」을 본받아 보본계(報本契)를 창설했는데, 이는 모두 돈
종(敦宗)과 위선(衛先)의 도리에서 나온 것으로 지금까지도 그 성효(誠孝)를
기리고 있다. 공은 말년에 집안일을 모두 장남 병규(炳圭)에게 맡긴 뒤 백
형과 함께 정자를 짓고 독서와 수양에 전념하려 했으나, 돈독한 우애의 꿈
을 이루지 못하고 향년 51세에 세상을 떠났다.

배위 광주안씨(廣州安氏)는 감찰(監察) 경열(景說)의 증손으로 사인(士人) 정달(鼎達)의 따님인데, 슬하에 아들 병규(炳圭)·병원(炳瑗) 형제를 두었다. 묘는 삼랑진의 함하동(含霞洞) 신좌(辛坐)이며, 만구(晚求) 이종기(李鍾杞)가 지은 묘지명과 유헌(遊軒) 장석룡(張錫龍)이 지은 묘갈명이 있다. 저서로 『관규쇄록(管窺瑣錄)』『황년기사(荒年紀事)』 등이 있는데 다른 시문들과 합편하여 『정존헌집(靜存軒集)』 2책으로 묶어 간행하였다. 그리고 공을 추모하여 지은 용현정사(龍峴精舍)가 잘 보존되어 있다.

10) 용재공(庸齋公)의 제공(弟恭)과 양한(養閒)

용재공 휘 명구(命九)의 자는 명숙(命叔)이고 용재(庸齋)는 그 자호이다. 1852년(철종 3)에 밀양 무릉리 옛집에서 도원공의 셋째아들로 태어났다. 선공이 불혹의 나이를 넘겨 얻은 아들이라 특별히 사랑을 독차지했으나, 공은 어려서부터 성품이 침착하여 말을 함부로 하거나 가벼이 웃음을 흘리지 않았다. 8세에 아버지를 여의었고 12세에 또 어머니를 잃었으나, 두 분 형님을 따라 거상(居喪)의 예절이 한결같았다. 매양 조실부모한 것을 한스럽게 여기며 위로 두 분 형님을 부모처럼 섬겼다. 특히 백형 항재공은 공보다 14세나 많은 어른이라, 아침저녁의 문안과 출입 시의 고면(告面)을 늙을 때까지도 마치 엄부(嚴父)를 대하듯 하였다.

약관 후 대구(大邱)에서 실시한 과장(科場)에 나간 일이 있으나, 청탁이 공공연하게 행해지고 세도(世道)가 옛날 같지 않음을 목도하고는 공령(功令)으로 출세하는 뜻을 버렸다. 대신 부모를 일찍 여의는 통에 학업에 심혈을 기울이지 못한 것을 후회하고는, 수천 권의 서적을 모아 두 아들의 면학에 힘을 다하였다. 후일 석학(碩學)으로 칭송되며 영남 사림(士林)의 존경을 받은 장남 퇴수재공(退修齋公)의 출현은 결코 우연한 일이 아니다.

1904년(광무 8)에 장릉참봉(莊陵參奉)으로 배명되어 출세의 길이 열렸으나, 이미 국운이 쇠망 일로에 있어 "큰 집이 넘어지고 있는데 나무 기둥

용재공의 별업인 삼은정(三隱亭)(밀양시 부북면 퇴로리)

하나로 버틸 수 없다"라고 하며, 퇴로리 화악산 기슭에 삼은정(三隱亭)을
짓고 은거하였다. 그리하여 스스로 말하기를 "고기를 낚으며 숨고, 나무를
하며 숨고, 술을 마시며 숨는다"라고 삼은(三隱)의 뜻을 풀이하면서 오로지
자제 교육에만 전념하였다. 경술국치 후에는 다리 병을 핑계로 더욱 세상
과 인연을 끊고, 15, 6년 동안 두문불출하여 74세를 일기로 별세하였다.

배위는 안인(安人) 함평이씨(咸平李氏)로 죽담(竹潭) 유근(惟謹)의 후손인
처사 욱서(頊緖)의 따님이다. 슬하에 병곤(炳鯤)·병표(炳彪) 두 아들을 두었
다. 묘소는 삼은정 동쪽 고개에 배위와 합장했다가 고례리 소월산(所月山)
갑좌(甲坐)로 이장했는데, 염암(恬庵) 유윤귀(柳潤龜)의 묘지명과 청산(晴山)
권상익(權相翊)의 묘갈명이 있다.

11) 성헌공(省軒公) 여섯 종반이 이룩한 퇴로마을의 명성

성헌공·정존헌공·용재공 3형제가 퇴로마을에 정착하여 이룩한 튼튼한
일문의 가업(家業)과 산업은, 그 아랫대에 성헌공을 필두로 한 여섯 종반에

의하여 각각 그 자질과 능력대로 계승되어 눈부신 발전을 가져왔다. 성헌공의 여섯 종반은 항재공의 아들 형제인 성헌공 병희(炳憙)와 화하공(華下公) 병수(炳壽), 정존헌공의 아들 형제인 도하공(桃下公) 병규(炳圭)와 율봉공(栗峰公) 병원(炳瑗), 용재공의 아들 형제인 퇴수재공(退修齋公) 병곤(炳鯤)과 남애공(南厓公) 병표(炳彪)를 말한다.

1890년(고종 27)에 퇴로마을에 처음 들어올 때 아랫대에서 가장 연장이던 성헌공의 나이가 32세였고, 가장 연소한 남애공의 나이는 불과 6세의 동치(童穉)였다. 그러나 그로부터 10년 뒤인 1900년(광무 4) 전후에는 입촌 후 3대째로 세대를 이룩한 일정공(一亭公) 세형(世衡)과 벽암공(碧巖公) 기형(璣衡)을 아울러 백(伯)·중(仲)·계(季) 세 대소가에서 분가한 호수가 이미 예닐곱 집이나 되었다. 마을 한가운데 종가와 가묘(家廟)를 중심으로 저마다 윤택한 살림집의 맹각(甍角)이 맞닿아 즐비했으니, 향당에서는 이름다운 한 집안의 단취(團聚)를 옛날 중국의 종명정식지가(鐘鳴鼎食之家)에 비유하여 '진실로 어진 조상의 여택(餘澤)을 입은 복된 가문'이라 칭탄하였다.

이 무렵에 이미 정존헌공이 별세하고 항재공도 연로했으므로 마을의 산업과 가업은 자연 성헌공을 위시한 여러 종반들에게 계승되었다. 1899년(광무 3)에 성헌공은 석음재(惜陰齋)에 화산의숙을 설치하여 신구병진(新舊竝進)의 교육이념을 표방한 학당(學堂) 운영을 시작했다. 이는 구한말(舊韓末)에 쇠퇴해가는 국운을 만회할 수 있는 길이 오로지 시대에 부응하는 새로운 교육에 있다고 인식하여, 그 교과내용을 종래의 유교 경전 이외에 산술·지리·역사·측량 기술 등으로 개편한 것이었다. 그와 함께 항재공은 일제의 침탈 행위에 대한 저항운동의 수단으로, 여러 동지들을 규합하여 향리에다 단연회(斷煙會) 지부(支部)를 조직하고, 국채보상운동을 전개한 것도 이 무렵의 일이었다.

한편 성헌공의 종제인 도하공은 수리 시설과 잠업(蠶業)의 개량·기와의 제조·직조 기술·양돈 양계 사업 등 산업 전반에 걸친 신기술을 도입하여, 향리 주민들에게 근대적 산업의 기틀을 도모하였다. 또 여러 종반들은 서로 협력하여 활자 인쇄술을 도입하여 마을에 활자소(活字所)를 설치한 후, 각종 서적을 출판 보급하기도 했는데, 이를 계기로 동문사(同文社)·이엽산방(二葉山房)과 같은 출판사를 운영하기도 하였다.

이와 같은 사업은 시대 변화에 따른 생활 갱신의 개화운동이라고도 할수가 있으나, 다른 한편에서는 민족 산업과 문화의 창달 또는 항일운동의 일환이라는 측면에서 향중과 일반 사회에 많은 영향을 준 것이다. 그러나 일제에 의한 민간인 사학(私學)에 대한 탄압 정책으로 인해, 화산의숙은 끝내 부활되지 못한 채 야학(夜學)을 통해 겨우 그 학당의 명맥이라도 이어나가기를 소망했다. 그러다가 1919년 3·1운동 이후 일제 총독(總督)이 형식적으로 문화정책을 시행하자, 성헌공의 주도하에 화하공·도하공·율봉공·퇴수재공이 서로 협력하여 지난날 화산의숙의 설치 이념에 따라, 1921년에 사립정진의숙(私立正進義塾)이 정식으로 발족하게 되었다.

정진의숙은 명륜(明倫)·정덕(正德)·이용후생(利用厚生)을 교시(校是)로 표방하고, 애국정신의 고취와 신지식의 함양에 교육목적을 두었는데, 개숙(開塾) 당시에 경영진은 교주에 이병규(李炳圭), 교장에 이병원(李炳瑗), 학감에 이병곤(李炳鯤), 교감에 이기형(李璣衡), 서무에 이세형(李世衡)으로 하였다. 이 학숙이 문을 열자 향리는 물론 영남 각처에서 향학에 뜻을 둔 학생들이 모여들어 성황을 이루었고, 교명 그대로 민족의 바른 길을 찾아 나아간다는 교육이념 때문에, 일제는 특히 감시의 대상으로 삼았다. 마침내 1921년에 항일 교육이 문제가 되어 교장 이하 전 교직원이 구금되는 사태가 벌어졌고, 그 후 1932년에는 정우회(正友會) 사건으로 또 수난을 당하다가 1939년 4월에는 강제 폐교의 비운을 겪고 말았다.

이와 같이 성헌공 여러 종반에 의하여 이룩한 퇴로리의 명성과 여주이씨 일문의 가성(家聲)에 대하여는, 다른 시각에서 바라본 또 다른 평가가 있다. 1931년에 밀양읍에 거주했던 일본인 미야모토(宮本寅吉)라는 사람이 간행한 『밀양물어(密陽物語)』라는 소책자 속에서 퇴로리를 가리켜 '본도(本道) 제일의 모범촌'이라 찬양한 기사가 바로 그것이다. 참고 삼아 우리말로 번안(飜案)하여 소개하면 다음과 같다.

밀양군 부북면 퇴로리의 여주이씨 일문은 옛날부터 문학(文學)의 명문으로 알려져 있다. 덕업(德業)을 권장하고, 예속(禮俗)을 숭상하며, 학문을 장려하고, 산업을 일으키는 대신에 기박(碁博)을 멀리하여 공익(共益)을 도모하는 등 절목(節目)이 35개 조(條)에 이르는 항재선생(恒齋先生)의 가헌(家憲)이 있다. 자손들이 그것을 지켜 일문의 명예와 후손의 번영을 꾀한 결과, 퇴로에 사는 여주이씨 일문 중에는 한 사람도 가난한 사람이 없어 밀양군내에서 모범촌으로 일컫는다. 사회학적으로도 가장 참고가 될 만한 가족제도를 유지하고 있으며, 자제 교육의 근본과 기초를 윤리 도덕의 실천과 산업개발의 경제적 교양을 함양하는 데 두고 있다. 널리 중국·일본·조선의 고전에 관한 양서(良書) 수만 권을 모았으며, 혹 인쇄기를 구입하여 옛날 문헌을 간행 보급하기도 하였다. 1907년에는 일본인을 초빙하여 양잠을 장려하고 정미업(精米業)을 일으켜 산미(産米)의 개량을 도모하였다. 1919년에 일반 공립보통학교(公立普通學校)에서 윤리교육이 철저하지 못한 것을 개탄하고, 수만 금의 사재를 투입하여 한 고을의 자제들을 위해 덕교(德敎) 중심의 교육을 하는 학교를 설립하였다. 또 양잠 제조소를 설치하여 우량한 잠종(蠶種)을 생산하였고, 일본 기계를 구입 견직물을 제조함으로써 다른 마을 부인들에게도 그 기술을 전수하여 널리 생산의 방도를 열어주었다. 스스로 모범을 보여가며 온 힘을 다해 산업의 발달을 장려하고 있는 곳으로는, 아마도 조선 13도 중에서 그 예를 찾아볼 수 없는 본도(本道) 제1의 모범촌이라 할 수 있다.

비록 시각과 가치관이 판이한 일본인이지만 비교적 객관적인 관찰에 의한 양심적인 기록이라 할 만하다. 이에 당시 퇴로마을의 융성과 일문의 번영을 이룩함으로써 우리 밀양의 여주이씨 대종중의 명예까지도 드높인, 성헌공 이하 여러 종반과 그 자질들의 약전(略傳)을 『여주이씨역대인물지(驪州李氏歷代人物誌)』의 기록을 토대로 재차 수정하여 싣기로 한다.

12) 성헌공의 학문과 저술

성헌공 휘 병희(炳憙)의 자는 응회(應晦)이고 성헌(省軒)은 그 호이다.

1859년(철종 10)에 아버지 항재공과 어머니 오천정씨(烏川鄭氏)의 아들 형제 중 장남으로 단장면 무릉동에서 탄생하여 1936년(丙子)에 향수 80세로 퇴로리에서 세상을 떠났다.

공은 어린 시절 항재공의 가르침을 받아 10세에 이미 한문을 읽어 문장을 엮을 줄 알았으며, 11세에는 당시 경복궁(景福宮) 공사로 인한 부당한 대민수탈(對民收奪)에 대하여 상소문 형식의 글 1만여 자를 기초하기도 하였다. 22세에 입지(立志)·궁리(窮理)·거경(居敬)·개과(改過) 등을 덕목으로 정한 십잠(十箴)을 지어 좌우명으로 삼았다.

31세에 부친을 따라 퇴로리로 이주했는데 당시 거듭된 흉년으로 민생이 도탄에 빠져 있어, 공은 항재공의 명에 따라 마을 사람들의 계도(啓導)와 상호 부조에 앞장섰다. 32세에 과거에 응시하기 위해 상경했으나 세상이 크게 변하고 과장(科場)에 부정부패가 만연함에 낙담하여 응시를 포기하고 귀향하였다. 그 이후 공은 과거를 보아 관인으로 출세할 것을 단념하고 오로지 학자로 일생을 보낼 것을 결심하였다. 이때 「원사(原士)」라는 글을 지어 '선비(士)'의 특징을 분석했는데, 조선조 말엽의 커다란 시대적 전환 속에서 '사(士)' 곧 지식인의 자각과 자기의 위치 설정이 중요한 때였던 만큼 매우 의미가 있는 글이었다.

1892년(고종 29) 33세부터 공은 영남 일대의 명유(名儒)들을 두루 심방했는데, 만구(晩求) 이종기(李鍾杞)·면우(俛宇) 곽종석(郭鍾錫) 두 선배와 학문적 접촉이 잦았다. 이때 예설(禮說) 및 태극설(太極說)에 대한 문답은 학문적으로 매우 중요한 것이며, 특히 태극설의 논변에서 공의 진지한 체험과 정밀한 견해, 명석한 논리에 대하여 곽면우는 감탄과 찬사를 연발하였다.

공은 시문 가운데 율시(律詩)에 능하지만 특히 오언고시(五言古詩)가 가장 뛰어나, 그 부드럽고 결백한 의취(意趣)가 한·위인(漢魏人)의 구기(口氣)를 닮았다는 평이 있고, 문장은 전아하고 정치함이 남향(南鄉) 수백 리 안에는 견줄 만한 사람이 없었다고 한다. 그러나 공 자신은 물론 남들도 공을 시인이나 문사(文士)로 생각한 적이 없었고 오직 성리학(性理學)의 학자로 기대하였다.

한편 공은 부친 항재공으로부터 성호학파(星湖學派)의 실학사상을 전수받아 경세치용(經世致用)의 학풍을 익히게 됨으로써 학문은 더욱 해박하게 되었다. 국무(國務)를 총괄하는 대신(大臣)의 정치적 방략을 논술한 「대신론(大臣論)」과, 일선 행정의 책임자인 수령들에게 행정의 요체를 설명하고 그 귀감을 전하고자 한 「이치(吏治)」 등의 글은, 국정이 실패를 거듭하여 파산 상태에 이르고 지방행정의 문란으로 민생이 도탄에 빠지는 현실을 목도하면서, 그것을 개혁하려는 실학적 견지에서 나온 글이었다.

1899년(광무 3) 40세에는 석음재에 화산의숙을 설치하여 유가(儒家)의 전통적 교육이념을 바탕으로 산술·지리·역사·측량 기술들을 가르치기 시작했다. 또한 종제 도하공으로 하여금 직조 기술과 조와(造瓦) 기술 등을 도입하여 향리 주민에게 가르쳐 근대적 산업기술을 적극적으로 일으키도록 하였다.

조선조 500년 왕조가 쇠진해가고 외세 침략에 대한 국권 수호와 민족적 저항의 의지가 고조될 무렵, 공은 향리에서 문산(聞山) 손정현(孫貞鉉)과 함께 국채보상운동의 일환으로 단연회 지부를 조직하고, 직접 장문의 취지서를 작성하여 향중은 물론, 영남 일대에 배포하여 적지 않은 자극을 주기도 했다. 그러나 자신의 허약한 체질에서 오는 좋지 못한 건강과, 자식으로서 직분을 다해야 한다는 유가의 전통적 도리 및 영남 사림의 보수적 분위기로 인하여 시대의 격류 속으로 뛰어들지 못하고 말았다.

공은 가사를 장남에게 맡겨버리고 자기의 학문 세계에 침잠했으며, 부친 항재공의 별세 후 3년의 복상(服喪)을 마치고 나서는 아예 별서(別墅)인 서고정사(西皐精舍)로 거처를 옮겼다. 창송과 녹죽 속에서 사립문을 닫아걸고 일제의 무단정치(武斷政治)의 폭력과 소음을 피하는 한편, 강학과 저술에 온 정력을 기울였다. 공은 항상 "나라는 한때 망할 수 있어도 겨레와 문물은 망할 수 없다"라고 하면서 우리나라 옛 문헌의 정리와 후진 양성을 자기의 사명으로 여겼다.

성헌공이 기거하던 퇴로종택 청덕당(淸德堂)의 전경 1985년에 퇴로리이씨고가(退老里李氏古家)로서 경상남도 문화재자료 제112호로 지정되었다(밀양시 부북면 퇴로리).

공은 자기 학문의 연원(淵源) 관계로서 성호학파의 문적(文籍)을 중시하여 다방면으로 수집하고, 영남 일원을 비롯하여 경기·호서(湖西)의 여러 인사들과도 연합하여 『성호집(星湖集)』의 발간을 적극 추진함으로써, 마침내 많은 어려움에도 불구하고 1916년(丙辰)에 출판을 완료하여 세상에 보급시켰다. 이때 위암(韋庵) 장지연(張志淵)이 밀양을 찾아와 공과 상면하고 『성호집』 발간의 문화적 의의를 높이 찬양하였다.

또한 우리나라 역사와 아울러 동·서양의 사서(史書)를 더욱 섭렵하여 『조선사강목(朝鮮史綱目)』의 집필에 착수하였다. 조선 왕조의 건국에서부터 기초(起草)하여 열조(列朝)의 정치·문화를 강목체(綱目體)로 기술하고, 조선의 기년(紀年) 밑에 중국·일본 및 서양 각국의 중요한 사실(史實)들을 간추려 실었다. 다시 말하면 조선을 중심으로 한 세계사(世界史)인 것이다. 당시 호남의 거유(巨儒)가 "대명(大明)의 역사를 조선의 기년 밑에 싣는 것은 사체(史體)에 틀리다"고 주장했는데 공은 그 말을 전해 듣고 미소를 지었을 뿐 답하지 않았다고 한다. 위정척사론(衛正斥邪論)의 아류들 중에 그릇된 존명사상(尊明思想)과 중화주의의 헛된 꿈에서 깨어나지 못했던 사람들이 적지 않았지만, 성호학파의 조선중심주의 사론(史論)이 다산(茶山) 정약용(丁若鏞)을 거쳐 공에 이르러 유감없이 구현된 셈이다.

1919년 공의 회갑을 맞이하여 지방 인사들은 별도로 이날을 기념하여 관선계(觀善契)를 조직하고, 이후 몇 년 한 차례씩 회합하여 공의 학덕을 기렸는데 현재까지 계속 이어지고 있다. 3·1운동 뒤에 일제의 탄압이 약간 완화되자 곧 종제들과 상의한 끝에 한일합병과 더불어 문을 닫았던 화산의숙을 복구하여, 이름을 정진의숙(正進義塾)으로 고치고 많은 사재를 투입하여 규모를 확장시켰다. 정진의숙은 뒤에 정진학교(正進學校)가 되어 한 지방의 유서 깊은 사학으로 발전하였다.

그러나 공은 학교 경영을 종제들에게 맡기고 자신은 서고정사에서 오로지 연구와 저술 활동을 계속하였다. 이때 경성제대(京城帝大)의 교수인 다카하시(高橋亨)는 공을 밀양으로 찾아와 저술 중인 『조선사강목』을 빌려보고, 일본이 '적(賊)'으로 표현된 것을 '적(敵)'으로 고쳐줄 것을 청하고 자기가 『조선사강목』의 출판을 주선하겠다고 했으나 공은 모두 거절하였다.

그러나 말년에 불행하게도 아우 화하공과 큰아들 일정공이 먼저 별세하자, 공은 비통함을 이기지 못하고 숙환으로 눕게 되어 『조선사강목』의 완성을 종제인 퇴수재공에게 맡기고, 서고정사에서 본가로 돌아온 지 7년 만에 세상을 떠났다. 장례는 영남 유림의 협의로 유림장(儒林葬)으로 지냈다. 공이 작고한 지 몇 해 안 되어 일제의 학정이 날로 가혹해지더니, 마침내 정진학교를 폐쇄하고 공의 사초(史草)와 함께 문집고본(文集稿本)을 압수해 가는 한편, 둘째아들 후강공(厚岡公) 재형(載衡)과 종제 퇴수재공을 구속하는 등 갖은 박해가 있었다.

저서로 『조선사강목』 14책과 문집인 『성헌집(省軒集)』 18권 9책, 그리고 『성헌요언별고(省軒堯言別稿)』가 전한다. 『성헌집』은 1946년 목판본으로 간행된 데 이어 1998년에 영인본 3책으로 압축하여 중간하였다. 『조선사강목』은 1981년에 아세아문화사에서 3책으로 압축하여 영인 반포되었다.

배위는 옥산장씨(玉山張氏)로 처사 두식(斗植)의 따님이고 슬하에 2남 5

녀를 두었으니, 아들은 세형(世衡)과 재형(載衡)이다. 차자인 재형은 자가 덕부(德夫)이고 후강(厚岡)이 그 호인데, 시례(詩禮)의 가르침을 입어 훌륭한 행적과 아름다운 술작(述作)이 많으나 아직 그 유고(遺稿)를 간추리지 못하였다. 성헌공의 묘는 밀양 엄광리 내당곡(內唐谷)에 있는데, 채산(蔡山) 권상규(權相圭)의 묘지명과 종정원경(宗正院卿) 이명상(李明翔)의 묘갈명이 있다.

13) 화하공(華下公)의 생애와 문학(文學)

화하공 휘 병수(炳壽)의 자는 경기(景箕)이고 화하(華下)는 그 호이다. 1861년(철종 12)에 항재공의 둘째아들로 무릉리 옛집에서 태어나 1930년(庚午)에 향수 70세로 퇴로리에서 세상을 떠났다. 타고난 자질이 총명하고 빼어나 4세 때에 이미 백형 성헌공이 독서하는 것을 곁에서 지켜보며 가만히 그것을 외워버리니, 항재공이 수세(需世)의 인재로 키워야 하겠다고 마음속으로 다짐하였다.

고례리의 가숙(家塾)에서 아버지로부터 경전과 시문을 수업한 후, 젊은 시절부터 과환에 뜻을 두고 여러 차례 경사(京師)에 출입하면서, 응과(應科)를 하였다. 그러나 나라가 이미 기울어져가고 날로 심해지는 과장(科場)의 난맥상을 보고는 과거를 포기한 채 여러 명사들과 사귀는 일을 즐겨 하였다. 연재(淵齋) 윤종의(尹宗儀)와 같은 석학을 비롯하여 위암(韋庵) 장지연(張志淵)·단재(丹齋) 신채호(申采浩)·육당(六堂) 최남선(崔南善) 같은 진보적인 계몽사상가들과도 접촉을 가지면서 시국에 대한 견해를 들었다.

1901년에 남행(南行)으로 원릉참봉(元陵參奉)이 되었으나, 이때는 국운이 기울어질 대로 기울어져 미관말직의 처지로서는 아무 일도 할 수 없다는 것을 깨달았다. 결국 자신의 무력을 한탄하면서 미련 없이 벼슬을 버리고, 표연히 밀양 향리로 돌아와서는 노친(老親)의 봉양과 가사에 정성을 기울였다. 마을이 화악산 아래에 있었으므로 '화하소옥(華下小屋)'이라는 편액을 거실(居室)에 걸고 전원 생활에 낙을 붙였던 것이다.

얼마 안 되어 조선 왕조가 망하고 항재공이 돌아가시자, 3년의 복상(服喪)을 마친 뒤에는 백형 성헌공과 함께 선친의 별서(別墅)인 서고정사로 거처를 옮겼다. 사립문을 닫아걸고 독서를 하며 우애를 나누는 가운데서 때때로 시국에 대한 탄식과 평소의 소회를 시문에 담아 풀기도 하였다. 그러므로 이 무렵의 공의 시는 언뜻 보아 산수 자연과 전원 풍경을 읊어 생활의 취미를 즐기는 것 같지만, 그 속에는 서산낙조(西山落照)를 바라보며 눈물을 흘리는 망국의 슬픔과 도탄에 빠진 동포를 생각하는 애절한 염원이 서려 있다 평을 하고 있다.

그런 가운데서도 공은 성헌공이 주도하는 각종 간행 사업과 『조선사강목』의 편찬을 적극적으로 도왔다. 영남 일대는 물론 기호(畿湖) 지방 인사들까지 찾아오는 이가 많았는데, 그때마다 시문으로 응대하면서 두터운 우정을 곡진하게 교환하였고, 이에 감사한 내방객들이 한결같이 형제분의 우애와 풍류문채(風流文彩)의 깨끗함을 찬탄하면서 모두 '난형난제'라고 칭송하였다.

공은 위선(衛先)하는 도리를 다하는 데도 남다른 성효(誠孝)가 있었는데, 조상의 유문(遺文) 간행과 묘갈의 정비는 물론 도원선정(桃源先亭)의 낙성과 엄광재사(嚴光齋舍)의 중건에는 직접 현장에서 공사를 기획하고 감독하였다. 특히 1901년(辛丑)에 관인으로 서울에 있으면서, 족숙인 만천공(彎川公) 정구(鼎九)와 함께 양주군 덕소리(德沼里)에 있는 11세(世)의 조비(祖妣) 재령군주(載寧郡主) 묘소의 위토(位土)를 되찾은 일은 큰 공헌으로 기록될 만한 일이다.

공은 성헌공에 앞서 세상을 떠나니 온 문중이 애통해하였고 사람들의 조문이 끊이지 않았다. 배위는 안인(安人) 광주안씨(廣州安氏)로 진사(進士) 민중(珉重)의 따님인데, 슬하에 1남 1녀를 두었다. 아들 기형(璣衡)은 자를 성제(聖齊), 호를 벽암(碧巖)이라 했는데 종숙인 퇴수재공·남애공 형제 및 종제 일정공과 나란히 학업을 함께 닦아 그 문한(文翰)이 뛰어났다.

공의 묘소는 밀양 장선동 뒷산 선영 아래에 배위와 쌍분으로 되어 있고,

종제 퇴수재공의 묘지명과 회봉(晦峰) 하겸진(河謙鎭)의 묘갈명이 있다. 저술은 아들 벽암공이 필사본으로 『화하유고(華下遺稿)』 1책을 엮어 남겨둔 것을, 공의 증손 희문(熙文)이 1998년에 국역본으로 『화하시집(華下詩集)』이라 개제(改題)하여 간행을 하였다.

14) 도하공(桃下公)의 계몽운동과 산업 활동

도하공 휘 병규(炳圭)의 자는 경용(景容)이고 도하(桃下)는 그 호이다. 1868년(고종 5)에 단장면 무릉리에서 아버지 정존헌공과 어머니 광주안씨(廣州安氏)의 장자로 태어났다. 소년기를 고례리에서 보내는 동안 가숙(家塾)에서 백부 항재공으로부터 배움을 받았다. 타고난 성품이 응중(凝重)하고 풍채가 좋았으며, 젊은 시절부터 사리 판단이 분명하고 소절(小節)에 구애되지 않는 풍도(風度)가 있었다. 22세 때 퇴로리로 이사한 뒤에는 학업을 닦는 여가에서도, 집안 안팎의 이용후생(利用厚生)에 관계되는 일과 경제 문제를 스스로 계발 추진함으로써, 특히 실사구시(實事求是)의 정신에 투철했던 백부 항재공의 인정과 기대가 매우 컸다.

1902년(광무 6)에 남행(南行)으로 경기전참봉(慶基殿參奉)이 되어 6품의 관직에 올랐다. 잇달아 고을 수령(守令)이 되는 기회도 있었으나 날로 기울어져가는 국운을 탄식하고 사환(仕宦)의 길을 포기하였다. 그 대신 향리에서 일제의 교묘한 농촌 침탈에 대한 경각심을 백성들에게 일깨우는 한편 그 대응을 위해 진력하였다. 1908년에 일본인들이 '동척(東拓)'을 만들어 전국 각지의 민간 토지를 사술(詐術)로서 무차별하게 강제 매집하자, 공이 향중 유지들과 규합하여 밀양식산조합(密陽殖産組合)의 창설을 주도한 일 등이 그 최초의 사례이다.

1910년 경술국치를 겪고, 주권을 잃은 통분한 심정과 나약한 국력을 개탄하고는, 신문화의 보급과 근대 산업 개발을 통한 자력갱생(自力更生)의 의지를 몸소 실천하였다. 마을에 많은 뽕밭을 일구어 양잠(養蠶)을 독려하는 한편, 직조기(織造機)와 해사기(解絲機)를 구입한 후 먼저 과감하게 마을에다 견직(絹織) 공업을 장려하였다. 그 결과 퇴로 일문은 물론 인근 마을과 인아척당 간에도 기술이 파급되어, 한때 수백 필을 생산하는 퇴로명주(退老明紬)는 한 지방의 특산물로 이름을 얻었을 정도이다.

3·1운동 이후 공은 종백형 성헌공의 명으로 항재공 3형제가 세운 화산의숙의 창학(創學) 정신을 계승하고자, 사립정진의숙의 설립을 위해 중심적 역할을 담당했으며, 드디어 1921년에 정식으로 학당의 문을 열고 그 교주(校主)가 되었다. 그 밖에도 잠종 제조소의 설치·개량 기와의 제조와 보급·미곡의 품질 개선과 증산·양돈과 양계 등 축산 기술의 보급·인쇄 문화의 장려와 측량 기술의 교육 등 경제·산업·교육·문화 전반에 걸쳐, 여러 종반과 수하 자질들의 협력을 얻어 이룬 공적이 참으로 크다.

특히 1935년을 전후한 시기에 큰아들 대형(大衡)으로 하여금 부북수리조합(府北水利組合)을 창설케 하여, 광활한 부북면 일대의 농토를 관개(灌漑)가 편리한 옥토로 바꾼 것은, 모두 공의 수완과 대인다운 지도력이 뒷받침된 결과라 할 수가 있다. 공은 말년에 막내아들 주형(周衡)이 제헌국회의원으로 당선됨에, 평소 자기가 못다 한 위국(爲國)의 포부를 대신해줄 것으로 자못 기대가 컸으나, 1950년 6·25동란으로 북한에 납치되는 통한의 슬픔을 당하였다. 원근의 친지들이 위로를 하면 공은 "국운임을 어찌하랴" 하고는 태연히 속마음을 감추다가 끝내 병을 얻어 1951년에 세상을 떠나니 향수 84세였다.

배위는 영산신씨(靈山辛氏)로 처사 윤일(潤一)의 따님이며 슬하에 4남 2녀를 두어 아들은 대형(大衡)·태형(泰衡)·만형(晩衡)·주형(周衡)이다. 공의 차자 태형(泰衡)은 자를 성등(聖凳), 호를 소은(小隱)이라 했는데, 명륜학원(明倫學院)의 창설 등 육영의 업적과 많은 시문을 남겨『소은집(小隱集)』2책을 필사본으로 남겼다. 공의 묘소는 밀양 부북면 퇴로리 새청등(鳥廳嶝)에 배위와 합폄(合窆)으로 되어 있다.

15) 율봉공(栗峰公)의 효우와 의술(醫術)

율봉공 휘 병원(炳瑗)의 자는 경지(景之)이고 율봉(栗峰)은 그 자호이다. 1876년(고종 13)에 아버지 정존헌공과 어머니 광주안씨의 차남으로 단장면 고례리 우거(寓居)에서 태어나, 1951년(辛未)에 퇴로 옛집에서 향수 76세에 별세하였다.

백부 항재공의 문하에서 수업(受業)하여 문식(文識)과 술작(述作)이 일찍 성취되었고, 효우와 근검으로 향당(鄕黨)의 모범이 되었다. 가문에 일이 있으면 항상 앞장서서 추진과 해결을 보았으며, 특히 선조의 사적을 천양(闡揚)하는 일에는 솔선하여 정성을 다하였다. 항재공이 서고정사의 앞동산에 석음재(惜陰齋)를 창건할 때에 공이 책임을 맡아 필역을 하였고, 뒷날 보본당(報本堂)을 중건할 때에도 공이 그 역사를 주관하였다.

3·1운동 직후에 종백형 성헌공의 주도하에 여러 종반이 힘을 모아 정진의숙을 설립하는 데 공의 노력이 컸으며, 개교할 때는 공이 초대 교장을 맡아 후진 양성에 진력하였다. 당시 『동아일보』를 위시한 중앙 각 신문에 해마다 졸업식 광경과 함께 공이 교장으로서의 포부를 싣기도 하였다.

또 공은 평소에 몸이 허약하여 그 병을 다스리기 위한 의술 공부에 관심이 많았는데, 만년에는 100세에 가까운 모부인의 구료(救療)를 위하여 본격적으로 한의학을 깊이 연구하였다. 비록 한의원(韓醫員)으로 행세를 하지는 않았지만, 나중에는 집안 자제들은 물론 향리 사람들에게까지 널리 인술(仁術)을 보급하였다.

배위는 광주안씨(廣州安氏)로 처사 익원(翼遠)의 따님인데 슬하에 3남 3녀를 두어 아들은 우형(瑀衡)·동형(東衡)·도형(道衡)이다. 묘는 밀양 퇴로리 새청등(鳥廳嶝) 위쪽에 배위와 합폄으로 되어 있다. 『율봉일고(栗峰逸稿)』라는 필사본 시문집 1책이 본가에 보존되어 있다.

16) 퇴수재공(退修齋公)의 학문과 육영(育英)

퇴수재공 병곤(炳鯤)의 처음 휘는 병준(炳駿)이고 자는 경익(景翼)이며 퇴수재(退修齋)는 그 호이다. 1882년(고종 19)에 아버지 용재공과 어머니 함평이씨(咸平李氏)의 장남으로 단장면 무릉리에서 태어났다. 어릴 때부터 골격이 비범하고 용의(容儀)가 장중했으며, 6세에 이미 백부 항재공에게 나아가 『효경(孝經)』을 읽었는데 글 읽는 소리가 청랑하고 명백하여 듣는 사람들이 모두 "장차 학덕(學德)을 갖춘 큰 인재가 될 아이"라고 칭찬하였다.

14세에 대눌(大訥) 노상익(盧相益)의 사위가 되어 그 아우인 소눌(小訥) 노상직(盧相稷)의 자암서당(紫岩書堂)에서 한때 시문을 익힌 일이 있으나, 곧 종백형 성헌공을 사사(師事)하여 본격적으로 경학(經學)의 궁리에 들어갔다. 이 무렵 백부 항재공이 자질들의 학업을 위해 심재(深齋) 조긍섭(曺兢燮)을 서고정사에 초빙하여 머물게 했다. 공은 조심재와 상종하면서「팔가분류서(八家分類序)」「전우서(錢愚序)」 등의 글을 지어 보이니, 그는 탄복하여 "꽃이 피었으므로 반드시 열매를 맺을 것이다(華當結實)"라고 칭도하였다.

1905년(광무 9)에 망국을 재촉하는 을사조약(乙巳條約)이 체결되자. 나라를 위해 아무것도 할 수 없다는 자괴감(自愧感)에 사로잡혔으나, 연로한 부형들의 간곡한 권유로, 연배가 비슷한 종질 벽암공과 일정공 그리고 아우 남애공을 거느리고, 선정인 월연정·금시당에 들어앉아 경전을 읽으면서 망국의 울분을 달래었다. 그럼에도 마음을 다스릴 수 없었던 공은 곧 종형 화하공을 따라 상경하여, 당시의 명사로서 애국계몽운동을 주도하던 위암 장지연·육당 최남선 등과 만나 열띤 토론을 하기도 하였다.

1910년 경술국치를 당하자 "비록 나라는 빼앗겼지만 조선 사람으로서의 근본과 도리를 잊지 말고 은인자중하여 힘을 길러야 한다"는 부형들의 당부를 실천하는 일에 노력하였다. 그리하여 안동(安東)과 봉화(奉化) 일대를 여행하면서 서파(西坡) 유필영(柳必永)·청산(晴山) 권상익(權相翊)·기암(起巖) 이중업(李中業) 등 사문(斯文)의 선배를 찾아 경사(經史)를 논하고 나라를 걱정하면서, 각처 유림들의 의거(義擧) 활동에도 많은 관심을 기울이고 의견을 교환했다.

1917년(丁巳)에는 성헌공의 주도하에 성호학파에 속하는 경향 각지 학자들의 협력을 얻어 퇴로리에서 『성호집』 간행의 거역(巨役)을 일으켰다. 공은 성헌공의 명으로 이 일의 실무를 맡아 먼저 충청도 아산(牙山)으로 가서 그 초고본 27책을 인수하였다. 그러나 향중에서 이를 시기하는 일부 인사의 책동 때문에, 공은 경상우도와 기호 지방을 두루 다니면서 동지들에게 그 진상을 설명하는 한편, 협조해줄 것을 호소한 결과 마침내 그 귀중한 문헌이 세상에 빛을 보게 되었다.

1921년(辛酉)에 항재공이 세운 화산의숙이 문을 닫은 지 10여 년 만에 다시 정진의숙으로 문을 열자, 공은 초대 학감(學監)으로 취임하여 학교의 이념과 교육계획을 수립하는 데 주도적인 역할을 담당하였다. 명륜정덕(明倫正德)과 이용후생(利用厚生)을 교시(校是)로 삼고 과도기적인 시대에 맞도록 학교의 운영을 도모하였다. 말하자면 신문명의 풍조가 무조건 옛것을 버리고 새것만을 추구하려는 경향에 제동을 걸어, 신구(新舊)를 적절하게 조화시켜 점진적으로 해나가도록 교육의 방향을 정한 것이다.

공은 정진의숙이 정진학교로 규모를 갖추면서 다시 학감에서 교장으로 있었으나, 손에서는 언제나 사서삼경과 역사책을 놓은 일이 없었으며, 단기(檀紀) 연호의 사용을 고집하면서도 일본어의 사용을 철저히 금지하였다. 이로 인해 일제 경찰의 집요한 문책과 감시를 받다가 1930년(庚午)에는 수하 종질들에게 학교의 자리를 물려주고 다시 학문 연구에 몰두하였다.

일제 말기에 정진학교가 강제 폐교당하고 공은 반일인사로 지목되어, 종질 후강공과 함께 일경에게 체포되어 밀양에서 경남 경찰부(警察部) 고등과(高等課)에 의하여 부산 감방(監房)으로 이송되어 갖은 고초를 겪었다. 이때에 건강이 나빠져서 해방 직후인 1948년(戊子)에 향수 67세로 퇴로리 집에서 별세하였다.

저서로 『퇴수재집(退修齋集)』 2책을 1998년에 활자본으로 간행하였고,

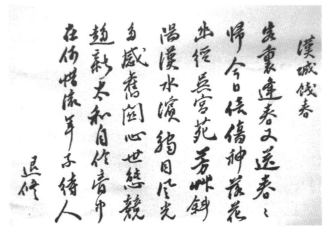

『위득록(爲得錄)』『위사록(爲思錄)』등 다양한 이름을 지닌 일기(日記) 수십 책이 필사본으로 남아 있었다. 이 일기는 2007년에 국사편찬위원회에서 『퇴수재일기(退修齋日記)』로 다시 편집하여 한국사료총서 51집으로 간행하였다.

전배(前配)는 광주노씨(光州盧氏)로 시강(侍講) 상익(相益)의 따님이고, 후배(後配)는 벽진이씨(碧珍李氏)로 사인(士人) 의일(義一)의 따님인데, 슬하에 3남 1녀를 두어 아들은 상형(象衡)·국형(國衡)·건형(建衡)이다. 큰아들 상형은 자를 성관(聖觀), 호를 도산(棹山)이라 했는데, 어린 시절부터 성헌공과 선공의 훈도를 입어 술작(述作)에 능하였다. 향당과 문중에 기문·장갈(狀碣) 등의 많은 문자를 남겼다. 공의 묘는 퇴로리 삼은정 뒷산에 후배 이씨와 합폄으로 되어 있고, 공으로부터 가르침을 받은 재종손 우성(佑成)이 그 묘갈명을 지었다.

17) 남애공(南厓公)의 우애와 무실(務實)

남애공 병표(炳彪)의 자는 경진(景珍)이고 남애(南厓)는 자호이다. 1885년

(고종 22)에 아버지 용재공과 어머니 함평이씨의 차자로 무릉리에서 태어났다. 자질이 총명하여 어릴 때부터 백부 항재공의 문하에서『소학』을 배웠는데, 글 읽는 소리가 낭랑하여 부형들의 귀여움을 독차지했다. 부모의 명으로 오랫동안 백형 퇴수재공과 함께 선정에서 공부하다가, 21세 때 문득 백형에게 말하기를 "나는 형님보다 재학(才學)이 부족하니 집안일은 나에게 맡기시고, 형님은 오로지 학업에만 정진하여 부모님의 기대를 저버리지 마십시오"라고 했다.

그리하여 몸소 두 집 살림을 알뜰히 챙기면서 틈틈이 왕희지(王羲之)와 동기창(董其昌)의 서법(書法)을 공부하여, 해서체(楷書體) 글씨를 단정하게 잘 썼다. 또 당시 화산의숙에 고용된 일본인 교사로부터 측량 공부를 하여, '구고(句股)의 산법(算法)'에 통달함으로써 새로운 측량의 방법과 제도(製圖)의 기술을 익혀 향도에 상당한 평가를 받았다. 27세 때인 1911년(辛亥)에는 양주 덕소리 선영에 위토로 인한 쟁송(爭訟) 사건이 있어, 문중에서 공을 급히 파견하여 소송을 낸 사람으로 하여금 법적으로 이의(異意)를 달 수 없도록 사건을 원만히 수습한 일이 있었다.

공은 모부인의 오랜 병석에서도 백형과 함께 잠시도 곁을 떠난 일이 없으며, 마침내 상을 당하자 3년상을 마칠 때까지 형제가 하루도 빠짐없이 묘소의 참배를 거르지 않았다. 1917년(丁巳)에 퇴로에서『성호집』의 간역 사업을 할 때는 상당한 출자와 함께 간고(刊稿)를 직접 정사(精寫)하는 등, 힘닿는 데까지 조력을 아끼지 않았다. 그러나 불행하게도 1919년(己未)에 나이 불과 35세의 장년으로 세상을 떠나니, 소눌(小訥) 노상직(盧相稷)은 지난날 공의 위도(衛道)의 정성을 칭찬하면서 "어지러운 세상에 실로 단인군자(端人君子) 한 사람을 잃었다"고 슬퍼하였다.

배위는 광주안씨(廣州安氏)로 사인(士人) 종렬(鍾烈)의 따님이며, 슬하에 2남 4녀를 두었는데 아들은 택형(宅衡)·식형(寔衡)이다. 공의 장자인 택형은 자가 인보(仁甫)이고 호를 화정(華亭)이라 했는데, 선정 수호 등 위선 사업에 공적이 많았다. 공의 묘는 퇴로 삼은정 뒤편 기슭 건좌(乾坐)이고 배위와 합폄하였다. 종자(從子) 상형(象衡)의 가장(家狀)과 우인(于人) 조규철(曺圭喆)의 묘갈명이 있다.

18) 일정공(一亭公)의 면학(勉學)과 치가(治家)

일정공 휘 세형(世衡)의 자는 혁부(奕夫)이고 일정(一亭)은 그 호이다. 1883년(고종 20)에 아버지 성헌공과 어머니 옥산장씨(玉山張氏)의 2남 5녀 중 장남으로 무릉리 옛집에서 태어났다. 어려서 효성이 지극하여 『소학』을 수업하고부터는 내칙(內則)에 따라 부모에게 정성(定省)의 절차를 지키려 하였으나, 어른들이 나이가 너무 어리다 하여 그만두게 하였다.

1905년(광무 9)에 후릉참봉(厚陵參奉)에 제수되었으나 일제의 침탈이 노골화되고, 경술국치를 겪게 되어 명리(名利)와 세사(世事)에 인연을 끊고 오로지 향리에 숨어 칩거하였다. 공은 일찍부터 성헌공을 대신하여 한 집안의 장손으로서 번잡한 가문의 일을 담당했는데, 치가(治家)와 가난한 일가들의 구휼뿐 아니라, 일찍이 항재공이 동민의 빈곤을 구제하기 위하여 조직한 휼빈계(恤貧契)를 충실히 운영함으로써 지방민의 존경을 받았다. 또한 모든 일상사에서 그 처사가 분명하고 자상했으며, 언어와 문자가 간소하고 정확하다는 평판을 들어, 공을 한번 대해본 원근의 선비들은 누구라도 그 후덕함과 장자(長者)다운 기풍을 칭송하지 않는 이가 없었다.

일찍이 부조(父祖)의 명으로 종숙 퇴수재공과 함께 심재(深齋) 조긍섭(曺兢燮)을 좇아 문장을 공부했는데, 가무(家務)를 담당하면서 학업에 전념할 수 없음에도 불구하고, 경전에 대한 조예와 시문이 출중하다는 평판이 있었다. 때문에 영남의 사림들 간에는 항재공과 성헌공 양대의 뒤를 이어 또 한 분의 대성(大成)을 기대했으나, 뜻밖의 병으로 인하여 1931년(辛未)에 49세를 일기로 퇴로리에서 별세하였다. 저서로 『일정집(一亭集)』 1책이 전하는데 이는 친구인 의암(宜庵) 배병한(裵炳翰)이 공의 별세 후에 여러 해 동안 각처에서 채집하여, 엮은 것으로 1946년 『성헌집』과 함께 간행되었다.

　배위는 안인(安人) 광주안씨(廣州安氏)로 군수 장원(璋遠)의 따님이다. 묘는 밀양 엄광리 내당곡 선영 아래에 있으며, 손당(遜堂) 이상희(李相羲)의 묘지명과 홍승균(洪承均)의 묘갈명이 있다. 사자(嗣子)는 아우인 후강공의 장자 익성(翼成)으로 삼았는데, 자를 성서(聖瑞), 호를 소정(素丁)이라 했으며 풍부한 한문학의 소양(素養)으로 『실학사상독본(實學思想讀本)』 등 많은 역서(譯書)를 남겼다.

19) 처사공(處士公) 표(穮)의 분가(分家)와 그 자손

　자유헌공의 손자인 처사공 섭(涉)의 둘째아들 표(穮)가, 결혼 후 읍성의 동문 밖 내평리에 있었던 큰집 근방에 분가함으로써, 한 문호(門戶)를 이루었다는 것은 이미 언급된 바가 있다. 그러나 공이 태어난 지 수개월 만에 단 한 분의 동기인 백형 교(穚)가 유복자를 둔 채 19세의 나이로 요절(夭折)한 데 이어, 공의 나이 12세 때는 부친이 또 별세하였다. 그리고 1802년(순조 3)에는 유복자로 태어난 한 살 아래의 큰집 조카 휘춘(輝春)이 자기에 앞서 세상을 떠났다. 자유헌공 이래 4대에 걸쳐 홀로 한 가문을 지탱하게 된 공은 먼저 세상을 하직한 조카를 위해 지은 제문에서, 당시 혈혈단신(孑孑單身)이 된 자신의 처지를 다음과 같이 술회하였다.

　　네가 태어난 해가 신미년(1751)인데 나의 백씨가 곧 그해에 세상을 버렸다. 지난 신사년(1761)에는 우리 아버님께서 별세하시니, 너와 나의 나이가 겨우 10여 세라 복상(服喪)의 정상이 참으로 고독하고 가련하여 의지할 데가 없었다. 옛날에 창려(昌黎) 한유(韓愈)가 말한 '한씨양세(韓氏兩世)에 아들과 손자가 오직 우리 두 사람'이라 한 것이 천 년의 후대에도 부합된다고 말할 만하구나.
　　汝生年辛未 而吾伯氏卽以其歲捐世 粤在辛巳吾先考下世 吾與汝纔十餘 其承喪之狀 怜仃孤子無所依庇 昌黎氏 所謂韓氏兩世 在子在孫 惟吾二人者 可謂千古同符矣

이 제문의 구절은 공이 아버지가 별세했을 때, 3대를 내려오면서 다만 어린 나이의 숙질 두 사람만 남아서, 암담하고 외로운 가정의 앞날을 걱정하던 기억을 회고한 것이다. 그러나 불행 중 다행으로 공의 조모 옥산장씨(玉山張氏)와 어머니 함안조씨(咸安趙氏), 그리고 형수 월성최씨(月城崔氏)로 이어지는 3대의 현숙한 부인이 3대나 가장을 잃은 가운데서도, 흔들림 없이 가계를 꾸리고 문호를 지켜왔다.

이러한 환경 속에서 공은 10여 세 어린 나이에도 불구하고 할머니와 어머니의 명으로, 여섯 살이나 나이가 많은 광주안씨(廣州安氏)를 부인으로 맞아들였다. 뿐만 아니라 거의 같은 시기에 조카인 휘춘도 영양남씨(英陽南氏) 가문에 장가를 들어, 일곱 살이나 나이가 많은 주서(注書) 남제만(南濟萬)의 따님을 배위로 맞아들이고 한 가문의 주사(胄嗣)가 되었다. 이러한 일은 모두가 단절의 위기에 처한 가문의 장래를 위해, 홀로 된 할머니와 어머니의 간절한 염원 때문에 이루어진 일이었다.

이렇게 조혼(早婚)을 하고 조모와 모친의 간절한 정성으로 1남 3녀의 자녀를 두어 큰집과 한마을에서 지차 집의 가정을 이루었다. 아들 휘발(輝發)은 자를 광지(光之)라 하였고, 세 딸은 광주인(廣州人) 이이규(李以奎)·밀성인(密城人) 박춘번(朴春蕃)·아산인(牙山人) 장준형(蔣俊馨)에게 각각 출가했다. 그러나 외아들인 휘발이 또 대를 잇지 못하자, 사종제(四從弟) 휘익(輝翼)의 둘째아들 장근(章瑾)으로 소후자(所後子)로 삼으니 곧 반구공(盤邱公)이다.

20) 반구공(盤邱公)의 돈친(敦親)과 낙육(樂育)

반구공 휘 장근(章瑾)의 자는 내유(乃諭)이고 반구(盤邱)는 그 자호이다. 1807년(순조 7)에 밀양 장선리 생가에서 3남 2녀의 차남으로 태어나니, 생부(生父)는 처사공 휘익(輝翼)이고 생모는 밀성박씨(密城朴氏)이다. 나이 11세에 족숙 휘발의 양자로 입계를 하니 어머니는 광주안씨(廣州安氏)인데, 어린 나이인데도 효우의 참된 도리를 알아 양부모와 과고(寡孤)가 된 세자매를 지성을 다해 섬겼다.

공이 자유헌공의 자손으로 입계를 함으로써 유복친(有服親)이 된 도원공은 공보다 네 살 연하의 재종질이다. 소년 시절부터 학업을 함께 닦고 나란히 과장(科場)에도 나아갔으며, 30여 년을 친숙질처럼 친밀하게 지냈다. 그런 과정에서 두 분의 합심으로 종계(宗契)를 창설하여 선대 묘소에 의물(儀物)과 위토(位土)를 장만하였다.

가난한 친족의 딱한 일에는 자기가 당하는 것처럼 그 구제에 최선을 다하였고, 이웃을 위한 시의(施義)에도 솔선수범하니, 향린(鄕隣)에서 감복하지 않는 이가 없었다. 평소에 생각이 깊고 조행이 신중하다 하여 향당 선비들의 칭송이 자자하더니, 도린(陶隣) 이휘영(李徽永)·동아(東阿) 이제영(李濟永)·만파(晩坡) 손종태(孫鍾泰)·벽오(碧梧) 김희부(金禧夫)·죽애(竹崖) 손양서(孫亮緖) 등 당시 근읍의 명사들이 공을 막역(莫逆)한 지우(知友)로 삼아 서로 도의를 교환하고 학문을 닦았다.

매양 금시당과 월연정 등 선정에서 재종형인 우연공 장간(章幹)과 함께, 문중의 자제들을 모아 강학하는 일을 최대의 낙으로 삼았는데, 이때 배움을 받은 삼종질(三從姪)인 농은공(農隱公) 종곤(鍾崑)이 공을 추모한 제문의 한 구절은 그런 사실을 잘 말해 주고 있다.

하물며 저는 재주가 없으면서도 유독 사랑을 많이 받았는데, 금시당과 월연정에서는 책상을 짊어지고 스승으로 따랐습니다. 아드님은 왼편 자리에 있었고 저는 오른편 자리에 있었으니, 공이 늘 관심을 가지고 찾아주시어 자상하게 가르침을 받았습니다.

矧余不佞偏蒙眷愛 今堂月淵負笈從師 允從在左小子在右 公來源源垂誨娓娓

위의 구절은 농은공이 선정에서 반구공으로부터 교독(敎督)을 받은 구체적인 기록이라 할 수가 있다. 그 밖에도 공의 재종질인 소호공(小湖公) 종호(鍾昊)·종질 종문(鍾聞)·족질 종로(鍾魯) 등이 올린 제문에서도, 당시 우연공과 함께 가숙(家塾) 또는 두 선정을 무대로 문중 수재들을 모아 가르

반구공을 추모하는 경춘당(景春堂) 전경(밀양시 용활동 살내마을)

첬다는 기록이 있다. 물론 경전(經典)의 전수나 술작(述作)의 지도 등 직접 교수에 임했다는 근거는 희박하지만, 재주 있는 문중 자제들을 선정에 모아 독서를 하도록 주선하고 지도를 했다는 것은 매우 중요한 사실이다.

만년에는 동문 밖 큰 냇가 반석 언덕에 터를 닦아 집을 짓고는 반구재(盤邱齋)라 편액을 했는데, 역시 후진들을 가르치면서 여생의 정양(靜養)을 도모하고자 한 살림집 겸 재실이라 할 수가 있다. 그러나 1856년(철종 7)에 이른바 병진대수(丙辰大水)에 반구신택(盤邱新宅)이 유실되어 공은 다시 그전처럼 평리마을로 거처를 옮겼다. 공은 평소에 도원공과 함께 세상을 피해 은거하기 좋은 '산상(山上)의 별구(別區)' 바드리(所月里)에서 나란히 이웃하여 살기를 약속하고, 고야리(姑射里)에다 집을 장만할 것을 계획한 일이 있었다. 병진년에 물난리를 당한 뒤에 심신이 피로하고 거처할 만한 집도 마땅하지 않자, 공은 다시 고야리의 은거를 간절히 소망했다. 도원공이 공을 추모하여 지은 제문에도 그러한 공과의 약속을 지키지 못한 것을 누누이 한탄한 기록이 있는데, 실지로 공과의 약속을 지키기 위해 세 차례나 고야리로 들어가 현지 답사까지 했지만, 끝내 그 소망은 이루어지지 못한 채 공이 먼저 별세한 것이다.

배위는 밀성손씨(密城孫氏)로 사인(士人) 승두(承斗)의 따님인데 슬하에 아들 형제는 종곤(鍾坤)과 상목(尙穆)이다. 묘소는 밀양 감물리(甘勿里) 연화동(蓮花洞)에 있다. 1984년(甲子)에 후손들이 공의 유덕을 추모하고 자손들의 효우를 숭상하기 위하여 밀양 활천리(活川里) 종택(宗宅) 자리에 경춘당(景春堂)을 세웠다.

21) 종곤(鍾坤)·민구(珉九) 양대(兩代)의 학업과 가화(家禍)

반구공의 장자인 종곤(鍾坤)의 자는 순도(順道)이고, 1837년(헌종 3)에 평리 향제(鄕第)에서 아버지 반구공과 어머니 밀성손씨의 장자로 태어났다. 타고난 자질이 빼어나 6, 7세에 이미 성인의 법도를 익혔으며, 용모가 준수하고 성품이 또한 온화하였다. 10세 전후에 선정(先亭)에서 문중 제자(諸子)와 함께 재종숙인 우연공으로부터 사서삼경과 글씨를 배웠는데 그 문재(文才)가 늘 수위를 다투었다.

자손이 귀한 집안이라 13세에 8년이나 연상인 밀성손씨를 배필로 맞아들이었고, 겨우 약관의 나이에 부친이 별세하자 한 가정의 부지(扶持)를 위하여 일찍 가무(家務)에 종사하였다. 그러나 효성이 지극했던 공에게는 한 가지의 유한(遺恨)이 있었다. 그것은 부친이 평소에 고야선경(姑射仙境)에 들어가 은거할 뜻을 세웠으나 그 꿈을 이루지 못한 데다가, 만년에 정양을 위해 겨우 장만한 반구재마저 수마(水魔)에 유실되어 마침내 병을 얻어 별세한 일이었다.

그리하여 양례(襄禮)를 치른 다음 해에, 공은 부친의 혼백을 받들고 선공이 그렇게 소망하던 고야마을로 이사하여 자리를 잡았다. 지나친 애통 속에서 병을 얻은 공은 3년의 상기를 마치자, 1859년(철종 10) 봄에 평리 고장(故庄)에 다니러 왔다가 지병이 악화되어 갑자기 세상을 떠나고 말았다. 이때 나이 겨우 23세, 청천벽력처럼 큰아들을 잃은 충격과 슬픔을 이기지 못한 채 모부인 밀성손씨마저 3개월 뒤에 아들을 따라 세상을 하직하였다.

창졸간에 청상(靑孀)의 처지에서 시모(媤母)와도 사별한 공의 배위 밀성손씨는 어린 딸 하나와 복중(腹中)의 태아를 안고, 같은 날에 모자(母子)를 선산에 안장하고 평리 집에 두 빈소를 차려 천신만고 끝에 3년상을 마쳤다. 구곡간장이 녹아나는 듯한 아픔과 절망 속에서도, 다행히 복중의 태아가 아들이 되어 탄생하니, 곧 처사공 민구(珉九)를 얻게 된 것이다. 다시 정신을 수습한 배위 밀성손씨는 금지옥엽으로 아들을 키우면서도, 오로지 문호의 보전과 최소한의 의식과 전장(田庄)을 장만하기 위해 몸과 마음을 다 바쳤다. 실로 한 문호의 소생과 보전을 위한 가냘픈 여인의 희생적인 노력이라 할 수 있었다.

공의 사후에 답지한 추모의 글이 모두 수십 통에 이르렀다. 만파 손종태·도린 이휘영과 같은 명사들이 만사(輓詞)를 보내어 공의 요절(夭折)을 통탄하였고, 항재공은 그 제문에서 "인품과 재주가 세상에서 크게 쓰일 만했는데 마침내 쓰이지 못했다" 하고 한없이 비통해하였다. 또 공에게 10여 년을 따라다니며 글을 배워 접하생(接下生)이라 자칭한 장봉구(張鳳述)라는 사람은, 공을 추모한 긴 글에서 "공은 당당한 사족이요 나는 처지가 낮고 한미한 사람(公則堂堂士族也 生則卑卑地微也)"이라 자신의 처지를 밝히면서 사람을 알아주고 대접해준 공의 덕성(德性)을 그리워한 것을 보면, 공의 신분을 초월한 넉넉한 금도(襟度)를 헤아릴 수가 있다.

반구공의 유복자인 처사공 민구(珉九)의 자는 경휘(景徽)인데, 1859년(철종 10)에 단장면 고례리(古禮里) 우거에서 태어났다. 성품이 온화하고 검약한 가운데 효우(孝友)와 충신(忠信)이 천성에서 우러나 지우(知友) 간에 신망이 두터웠다. 매양 청춘에 홀로 되어 온갖 희생과 고초를 감수하면서도, 끝내 문호(門戶)를 유지하고, 자기를 있게 해준 어머니의 은공을 한시도 잊지 않았다.

그러나 1903년(고종 7)에 어머니가 별세하자 지나친 곡읍(哭泣)과 상심으로 병을 얻어, 집상 두 달 만에 공이 또한 어머니의 뒤를 따라 세상을 하직하였다. 향당에서는 이효상효(以孝傷孝)로 선대에 이은 일실이빈(一室二殯)의 불행이라 하면서도, 공을 출천지효(出天之孝)라 칭송하였다. 금주(錦洲) 허채(許埰)·간려(澗廬) 손익현(孫翼鉉)·참봉(參奉) 안휘원(安徽遠) 등과 특히 우선(友善)이 깊었다.

배위는 광주안씨(廣州安氏)인데 소려(小廬) 효식(孝寔)의 따님이다. 슬하에 5남 1녀를 두어, 자칫 대가 끊길 뻔한 가문에 창성의 기틀을 세웠다. 배위 광주안씨는 특히 문호의 보전과 자손의 번성을 간절히 염원하던 시어머니를 추모하여, 성주(星州) 한개[大浦]의 성산이씨(星山李氏) 가문으로 출가한 딸에게 보낸 편지 형식을 빌려, 정곡이 넘치는 긴 가사를 지어 화제를 남겼다. 공의 묘는 용성리 추화산에 배위와 합폄으로 되어 있다. 네 아들은 병호(炳皥)·병돈(炳暾)·병욱(炳旭)·병갑(炳甲)이다.

22) 창주공(蒼洲公)의 교유(交遊)와 치가(治家)

창주공 휘 병호(炳皥)의 자는 회원(晦元)인데 1882년(고종 19)에 평리 옛집에서 처사공 민구(珉九)의 장자로 태어났다. 어릴 때 할머니의 각별한 사랑과 선공의 엄한 교독 아래 글을 읽었고, 13세 어린 소년으로 7년이나 연상인 광주이씨를 배위로 맞이하여, 한 문호의 주사로서 교양을 쌓았다.

1903년(고종 7) 할머니의 상중에 부친이 병을 얻어 세상을 떠나니 그때 공의 나이 22세였다. 선대에 이어 두 번째로 모자(母子)의 초상이 겹치게 된지라, 공은 또 일실(一室)에 이빈(二殯)을 설치함으로써 외간(外艱)에 승중상(承重喪)을 치렀다. 복상을 마친 공에게는 이제 홀로 된 모부인을 봉양하면서, 연소한 4남매의 가취(嫁娶)와 생활을 책임져야 하는 가장으로서의 소임이 기다리고 있었다.

이 무렵에 공은 평리 옛집을 떠나 생가 마을인 장선리(長善里)에 살고 있었다. 일제의 침탈이 노골화하는 세태에 마을을 관통하는 철도공사가 완성되어, 아침저녁 시끄러운 기적 소리에 안온한 생활을 할 수가 없었다.

이에 공은 이사할 집을 물색한 끝에 1911년(辛亥)에 강 건너 살내마을(活川里)에 큰 집을 구하여 새 생활의 터전을 마련했다. 그러나 가족이 늘어난 위에 세태가 변천하여 자질들의 교육과 살림살이가 그전 같지 않았다.

1928년(戊辰)경에 공은 솔권하여 항도(港都) 부산으로 내려가 객지 생활을 하였고, 3년 만에 모친이 고향집에서 별세하자 양례를 치르고는 다시 항도 생활을 계속하였다. 배위 광주이씨가 1933년(癸酉)에 지은「남주상감가(南州想感歌)」라는 긴 내방가사는 이 무렵 객지 생활의 정곡을 매우 사실적으로 그리고 있다. 시어머니인 광주안씨가 딸에게 보낸 긴 편지와 함께 이 집안의 역사 기록물이라고도 할 만한 규방문자이다.

만년에 공은 모든 집안일을 장자 순형(淳衡)에게 맡기고 고향집으로 돌아와 여생을 보내게 되었다. 살내(活川)를 가운데에 두고 "시초에는 강 서쪽에서 생장하였고, 나중에는 강 동쪽에서 늙음을 마치게 된 것(始生長于川之西 後終老于川之東)"이다. "항상 뒤로 청산을 짊어지고 앞으로 활수(活水)를 보며 산다(所居常後背青山 而前臨活水)"고 하여 푸른 산빛과 흐르는 물가의 섬이라는 뜻을 취해 '창주(蒼洲)'를 자호로 삼았던 것이다. 1943년(癸未)에 족제 퇴수재공은 퇴계선생의 유명한 시조 "청산은 어찌하여 만고에 푸르고, 유수는 어찌하여 주야로 그치지 않는고(青山何以兮萬古蒼然 流水何以兮晝夜不息)"라는 구절을 인용하여 공의 호설(號說)을 지어주기도 하였다.

1950년(庚寅)에 향년 59세로 활천리 옛집에서 세상을 떠났으며 배위 광주이씨와의 사이에서 5남 2녀를 낳아 그 지엽(枝葉)을 무성하게 함으로써 오늘의 경춘당(景春堂) 가문을 번창하도록 하였다. 아들은 순형(淳衡)·두형(斗衡)·교형(敎衡)·완형(完衡)·효형(孝衡)이다. 묘는 활천리 뒷산 기슭에 있는데 배위와 쌍분이다. 공의 유편(遺編)으로 증조부인 반구공의 행적(行蹟)과 이하 3대를 추모하는, 뇌제문(誄祭文)을 모아 엮은『선고부록(先稿附錄)』1책이 전한다. 또 1992년(壬申)에는 공의 어머니 광주안씨 외에 그 자녀들의 편지와 가사를 모은『남주상감가』1책을 경춘당에서 간행하였다.

제3장

백곡(栢谷)의 선업을 가꿔온
근재공(謹齋公) 자손들

1. 아름다운 별서의 수호와 자손들의 복거(卜居)

백곡은 500년 전 여주이씨가 밀양으로 입향하여 정착한 용성리(龍城里)에서, 강을 건너 바라다 보이는 동남쪽 언덕배기를 일컫는 지명이다. 운문산(雲門山)과 재약산(載藥山)에서 흘러내려온 동·북의 두 내가 월영연(月盈淵)에서 합수되어 질펀한 강물이 도도하고, 그 강물은 남쪽으로 굽이치면서 범여울(虎瀨灘)을 이루었다. 거센 여울물은 다시 서쪽으로 아늑하게 휘감아 들면서 깊고 푸른 연못을 이루었으니, 백곡은 바로 그 연못에 해당하는 용호(龍湖) 벼랑 위에 펼쳐진 용두산(龍頭山) 자락의 별구이다.

옛날부터 골짜기 사이에 짙푸른 잣나무가 빽빽하게 숲을 이루어 잣골(栢谷)이라 했는데, 아무래도 푸름이 감도는 용호를 지긋이 내려다보는 정취와 함께, 그윽한 산수의 묘미를 두루 갖춘 경승지라 하겠다. 이곳은 본래 금시당공께서 만년에 벼슬을 그만두고 고향으로 돌아와 장수(藏修)하는 집을 지으려고 진작부터 점지해둔 장소였다.

드디어 1565년(명종 20) 4월에 문정왕후(文定王后)가 죽고 윤원형(尹元衡) 일당의 소윤파(小尹派)가 실각하자, 당쟁의 급류 속에서 선생도 관직 생활에 혐오를 느낀 나머지, 전라도 담양부사(潭陽府使)로 내침을 당하자 곧 벼슬을 그만두고 고향으로 돌아오게 되었다. 선생은 귀향한 후 줄곧 이곳으로 찾아와 좌향을 잡아 집터를 정하고는, 이듬해 1566년 봄부터 역사(役事)를 시작하고 수개월 만에 백곡별업(栢谷別業)을 완성하였다.

"벼슬을 버리고 고향으로 돌아온 오늘은 잘한 일이요, 벼슬살이에 얽매였던 지난날은 잘못이었음을 깨달았노라(覺今是而昨非)"라고 한 도연명(陶淵明)의 「귀거래사(歸去來辭)」 구절을 취하여 '금시당(今是堂)'이란 편액을 걸었던 것이다. 이때 강물을 사이에 두고 건너다보이는 숙부 월연공의 쌍경당(雙鏡堂)을 오가며 깨끗한 지조와 학문이 높은 선비들을 초대하여 월연강에 배를 띄워 맑고 고요한 생활을 스스로 즐겼다.

그러나 그해 여름이 다 갈 무렵에 공은 갑자기 병석에 드시었다. 걷잡을 수 없이 병세가 악화되자 공은 아들 근재공과 진사공 형제를 병석으로 조용히 불러 여러 가지 뒷일을 휴계(遺戒)하시었다. 백곡의 별서를 완공한 지 몇 달도 채 안 되었는데 공이 별세하시자 근재공 형제분은 그 유한이 뼈에 사무쳤다.

상기가 끝난 뒤에 근재공은 이곳으로 거처를 옮기고 백곡의 솔바람 속에서 선공을 추모하면서 끼치신 유업을 받들었다. 근재공으로부터 배움을 받으려는 인근의 학구(學究)들이 이곳으로 모여들었고, 평소에 교분이 두터웠던 원근의 학자들도 이 아름다운 별서를 찾아 학문을 논하고 도의(道義)를 교환하였다. 그중에서도 특히 한강(寒岡) 정구(鄭逑)·동강(東岡) 김우옹(金宇顒)·존재(存齋) 곽준(郭䞭)·대암(大庵) 박성(朴惺)·옥천(玉川) 안여경(安餘慶)과 같은 당대의 명유 석학들이, 이곳에서 자리를 함께하며 수창(酬唱)한 것으로 전해지고 있지만 유감스럽게도 관련된 자료가 남아 있지는 않다.

다만 같은 시기에 밀양 출신의 수재로서 평판이 있던 생원 박열(朴悅)이, 금시당의 원운(原韻)을 따라 지은 시구가 절묘하다 하여 『밀주구지』에 전해지고 있는 것은 매우 주목할 만한 일이다. "범여울의 물소리 아침저녁으로 급한데(虎瀨灘聲朝暮急), 용두산의 대나무 빛깔 예나 지금이나 차갑네(龍

戀竹色古今寒)"라는 칠언시의 대구(對句)가 그것이다. 작품의 전모를 알 수 없어 유감이지만, 이 두 줄의 대구(對句)만으로도 한자(寒字)의 압운(押韻)으로 된, 칠언율(七言律)의 원시와 함께 당대 명류들의 주옥과 같은 차운(次韻)의 시가 연상이 된다.

1592년(선조 25)에 일어난 임진의 병화로 이 아름다운 별업은 불타버리고, 근재공과 진사공 형제분은 창의(倡義)의 진중에서 세상을 버리시니 거룩한 선조의 자취는 오랫동안 황량한 쑥대밭으로 방치되었다. 그러나 자손들은 선조의 해타(咳唾)와 장구(杖屨)의 흔적이 남아 있는 거룩한 터전을 무작정 버려두지는 않았다.

1743년(영조 17)에 공의 5대손인 백곡공(栢谷公)은 종숙 자유헌공의 당부와 모든 자손들의 성효를 가다듬어 드디어 복원의 뜻을 세웠다. 그리하여 수개월의 공역을 끝낸 다음 1744년(영조 18) 늦은 여름에 준공을 고유하기에 이르렀다. 실로 백곡공의 반생에 걸친 노사(勞思)의 결과이며 선정이 회신(灰燼)으로 돌아간 지 152년 만의 성사였다. 83세의 천수를 누리기까지 이 선정에서 연식(燕息)의 나날을 보내신 백곡공이 세상을 떠나시자, 그 자손들은 한동안 건너 마을 사인당리(舍人堂里)의 고장(故庄)을 지켰으나, 점차 생업을 따라 인근 취락으로 자리를 잡아 하나둘 산거(散居)하기 시작하였다.

애초에 금시당공은 슬하에 3남 2녀를 두었다. 아들은 맏이가 근재공 경홍(慶弘)이고, 지차(之次)가 진사공 경승(慶承)인데 백부 생원공(生員公) 앞으로 입계하였고, 측실의 아들 경준(慶浚)은 일찍 세상을 떠났다. 따님 두 분은 문과 급제로 정랑(正郎) 벼슬을 역임한 큰 학자 대암(大庵) 박성(朴惺)과 사인(士人) 곽영길(郭永吉)에게 각각 출가하였다.

그러나 근재공이 세 딸을 두었을 뿐 아들이 없어 큰집으로 출계한 아우 진사공의 둘째아들 통덕랑(通德郎) 옹(壅)을 취하여 그 뒤를 이었다. 통덕랑은 1녀와 외아들 선교랑(宣敎郎) 창윤(昌胤)을 두었고, 선교랑은 다시 3녀 1남을 두었으나 아들 만종(萬種)이 나이 40세에 또 외아들 백곡공을 남겨두고 세상을 떠났다. 이와 같이 금시당공의 직계자손은 5대에 걸쳐 외로운 가계를 이어오면서 사인당리의 고장을 지켜왔다.

그러다가 백곡공의 대에 이르러 슬하에 4남 4녀를 두어 비로소 자손이 번창하게 되었다. 맏아들 수(洙)는 슬하에 3형제를 두었고, 둘째아들 섭(涉)은 재종숙 자유헌공의 손자로 출계하여 슬하에 2남 2녀를 두었으며, 셋째아들 서(緒)는 3형제를, 넷째아들 침(沉)은 2남 2녀를 두었던 것이다. 그러므로 백곡공 재세시에는 아들이 4인이요 손자가 10인이며 증손이 6인이나 배출되어, 한 가정에 4대에 걸친 20인의 유복한 대가족을 이루었다.

따라서 한 마을에서 대가족의 생활을 감당할 수가 없게 되자, 종가를 제외한 나머지 자손들은 차츰 분가하여 고장을 벗어나게 되었다. 출계한 둘째아들이 맨 처음 이웃 마을 평리(坪里)로 생활의 터전을 옮긴 데 이어, 백곡공 사후에 증·현(曾玄)의 세대에 이르러서는 자손들이 차례대로 생활의 형편을 쫓아 사인당리의 보금자리를 떠난 것으로 보아야 할 것이다.

그중에 대표적인 사례가 백곡공 장방(長房)의 둘째손자 급제공(及第公) 거(秬)의 손자 처사공 유정(攸珵)이, 사인당리 옛 마을을 떠나 단장면 무릉리(武陵里)에 새 보금자리를 만들어 정착한 일이라 할 수 있다. 특이한 재략과 웅대한 포부를 지녔던 아버지 휘연(輝淵)의 품성을 이어받아, 매사에 진취적이었던 공은 대략 1800년 전후에 아우 죽와공(竹窩公) 유수(攸秀)를 거느리고, 진주산(進舟山) 아래에다 터를 정하여 불과 수년 만에 유족한 생활의 터전을 마련했던 것이다.

이를 계기로 제종숙질(諸從叔侄)들도 잇달아 향리 사인당리에서 동협(東峽)의 복지를 찾아 하나둘씩 모여들었다. 어느새 마을은 무릉도원(武陵桃源)의 이름이 붙어 백곡공 자손들의 세거촌(世居村)으로 탈바꿈되어갔다. 뿐만 아니라 거의 때를 같이하여 인근 사연리(泗淵里)에도 죽엄공(竹广公) 국(稤)과 각산공(覺山公) 정섭(廷燮) 부자가 생활의 터전을 잡았고, 범도리(泛棹里)에는 반계공(盤溪公) 숙(潚)이 별서(別墅)를 지어 명구(名區)를 차지하였다.

또한 얼마 뒤에는 도원공(桃源公) 종극(鍾極)이 평리(坪里)에서 무릉리에 합류하였고, 잇따라 농은공(農隱公) 종곤(鍾崑)도 평리를 떠나 단정리(丹亭里)에서 새로운 보금자리를 이룩했으며, 구한말에는 무릉공(武陵公) 종원(鍾元)의 조카인 묵산공(黙山公) 경구(景九)의 자손들이 안법리(安法里)에 생활의 터전을 잡기도 했다. 때문에 18세기 말엽부터 최근세에 이르기까지 무릉리는 말할 것도 없고, 고야리·범도리·사연리·안법리·단정리 등이 모두 '백곡의 별업'을 첨망(瞻望)하는 금시당공 후손들이 안거(安居)하는 마을로 발전되어갔다.

그러나 일제강점기와 조국의 해방을 맞이하는 동안 급격한 세태의 변천으로 생활의 터전을 지키는 데는 한계가 있었다. 후손들이 생업의 처지와 환경을 쫓아 경향 각처로 흩어져 살게 됨에 따라 종래 이씨 일족들의 집단촌의 모습과 성격은 점차 변모되어갔다. 이에 비록 남아 있는 자취는 보잘것이 없으나, 훌륭한 사·행적으로 가문을 빛내신 역대 선조들의 약전(略傳)만이라도 서술하여 지난날의 거성(家聲)을 되새겨보고자 한다.

2. 근재공(謹齋公)의 생애와 학행

근재공 휘 경홍(慶弘)의 자는 백긍(伯兢)이고 근재(謹齋)는 그 자호이다. 진사공 원(遠)의 손자로 아버지는 금시당공 광진(光軫)이고 어머니는 숙부인(淑夫人) 밀양박씨(密陽朴氏)인데, 공은 1540년(중종 35)에 밀양 용성리 옛집에서 3남 2녀의 맏아들로 태어났다.

1) 사마시(司馬試)의 합격과 그 교우 관계

겨우 말을 할 줄 아는 나이에 백수문(白首文)을 읽었다 하여 주위에서 기특하게 여겼으나, 선공은 오히려 숙성(夙成)이 지나치면 자만하고 경솔해지기 쉽다 하여 열 살이 넘어서야 입학을 하게 했다. 공이 15, 6세에 접어들자 당시 양친(養親)을 위해 걸군(乞郡)을 한 아버지의 임지인 사천(泗川)을 왕래하면서 가사와 학문을 이어받았고, 할머니와 어머니의 시봉(侍奉)에 정성을 다하여 그 효문(孝聞)이 향당에 널리 퍼졌다.

20세 전후에 이미 몇 차례나 향해시(鄕解試)와 공도회(公都會)에 나가 시문(詩文)으로 두각을 나타내었으나, 남성시(南省試)에는 연결되지 못하였다. 1565년(명종 20)에 아버지가 벼슬을 그만두고 귀향한 후 이듬해에 금시당을 짓고, 수양하다가 별안간 병을 얻어 돌아가시니 이때 공의 나이 이미 27세였다. 공은 아버지의 못다 한 뜻을 가슴에 새기고 "이미 어른이 이 세상에 계시지 않는데 공령(功令)에 무슨 미련을 둘 것인가" 하고는 과업(科業)을 단념한 채, 오로지 아버지가 남긴 별업에서 문을 닫아걸고 심학(心學)으로 도(道)를 구하는 데 마음을 기울였다.

이러한 사실을 알게 된 모부인은 조용히 공을 불러 "슬픔과 실의를 마음속에 오래 담아두는 것은 선공이 바라는 바가 아닐 것이다" 하고 질책함에, 공은 다시 과업에 마음을 가다듬어 1569년(선조 2)에 사마시 초시(初試)에 이어, 다음 해 가을 경오식년(庚午式年) 회시(會試)에 합격하였다. 이 과거는 그해 음력 2월 18일에 시행되었는데, 일소(一所)와 이소(二所)에서 나누어 치르게 되었다. 일소의 생원시는 한성부(漢城府)에서 시행하였고, 이소의 진사시는 성균관(成均館)에서 주관하였다.

공이 참여한 일소의 주시관은 예조판서 박순(朴淳)이고, 부시관은 이조참판 윤의중(尹毅中)이며, 전한(典翰) 윤근수(尹根壽)·사예(司藝) 신희남(愼喜男)·수찬(修撰) 홍성민(洪聖民)·감찰(監察) 유사규(柳思規)가 각각 고시관을 담당하였다. 이 과방(科榜)의 합격자는 생원과 진사를 각각 100인씩 뽑았고 양시(兩試)에 동시 합격자도 23인이나 나왔다.

「융경경오사마방목(隆慶庚午司馬榜目)」에는 이때에 동년(同年)으로서 후일 고관대작을 지낸 서경(西坰) 유근(柳根)·나헌(懶軒) 김전(金詮)·만취(晚翠) 오억령(吳億齡) 등과 같은 인사가 올라 있고, 특히 임진왜란 때 나라를 위해 순국한 천곡(泉谷) 송상현(宋象賢)·준봉(隼峰) 고종후(高從厚)와 같은 기개 높은 선비들의 이름도 보인다. 또한 동향의 친구로서 박유(朴瑜)·손의갑(孫義甲)·손겸제(孫兼濟)·이경운(李慶雲)·손기서(孫起緒)·안여경(安餘慶)과 같은 인사들의 명단도 실려 있는데, 이분들과는 함께 한양을 오르내리면서 성균관에서 수년 동안 학업을 닦고 침식을 같이한 사이였다.

그러나 당시 나이 이립(而立)을 넘긴 처지에 평소 효행이 지극했던 공은, 노모를 시봉하기 위하여 곧 대과 급제의 희망을 거두고 낙향함으로써, 스스로 선정인 백곡별업의 주인이 되었다. 당시에 공은 이미 경학(經學)은 물론 제자백가(諸子百家)에 이르기까지 모든 분전(墳典)을 두루 섭렵한 학인으로서, 덕망을 갖춘 군자인(君子人)이라는 칭도를 얻고 있었다. 공의 학문과 덕망을 존중하여 배우려는 수재들이 원근에서 모여들자 자연 금시당은 향중의 대표적인 강학의 장소가 되어 그 소문이 사방으로 번져갔던 것이다.

이에 공은 향중과 문내의 자제들을 교육하는 가운데서 스스로 영리(榮利)를 멀리하고, 오로지 선업(先業)을 지킬 것을 다짐하고는 시례(詩禮)의 전수와 학문 연구에만 전념하기로 하였다. 그리하여 공과는 비슷한 처지로 영남 일원에서 후진들을 가르치며 학덕과 명망이 높았던, 한강(寒岡) 정구(鄭逑)·동강(東岡) 김우옹(金宇顒)·존재(存齋) 곽준(郭趪)·대암(大庵) 박성(朴惺) 등 당대의 명현 석학들과 금란(金蘭)의 교유로서 서로 왕래하며 도의를 강마하니, 예학(禮學)의 정적(正嫡)과 성리(性理)의 진원(眞源) 아님이 없었다.

중년 이후에는 향사림의 요청으로 점필서원(佔畢書院)에서 경전(經傳)을 강론했으며, 고을 수령의 요청으로 객관인 공신관(拱宸館)에 나아가 사명(使命)들과 어울려 학술을 토론하기도 하였다. 이러한 사실은 공의 사후에 천장(遷葬)을 할 때, 공의 문인인 오한(聱漢) 손기양(孫起陽)이 쓴 제문 가운데서 "점필서원에선 신명서(神明書)를 강론하였고 공신관에선 양복도(陽復圖)를 토론했다(佔畢院中 講神明書 拱宸館裏 討陽復圖)"라고 한 구절에서 뒷받침이 되고 있다.

2) 나라의 징벽(徵辟)과 임진왜란 창의(倡義)

1591년(선조 24)에는 공이 학덕을 겸비하고 효행이 드러남에도 벼슬이 없는 것을 조야가 모두 아쉽게 여겨, 나라의 천거로 공에게 준원전참봉(濬源殿參奉)이란 낮은 벼슬을 제수하였다. 이에 공을 기리는 많은 선비들이 "학덕이 높은 데 비하여 그 벼슬의 지위가 낮다(德隆位卑)" 하여, 그 행공(行公)을 만류한 이들이 있었으나 공은 "임금의 징벽(徵辟)에 벼슬이 낮다 하여 불응하는 것은 명분이 될 수 없다" 하면서, 노모에게 허락을 받고는 지체 없이 북관(北關)으로 달려가 부임했다.

그러나 이듬해 4월 임진왜란으로 밀양성이 삽시간에 함몰되고 온 고을이 잿더미로 화했다는 소식을 접하게 되었다. 이미 북관에도 왜적이 침입하여 창황망조한 가운데서 공은 노모와 가족들의 안위를 걱정한 나머지, 밤낮 없이 수천 리 길을 달려 고향집으로 돌아왔다. 그러나 천신만고 끝에 귀향했으나 노모와 가족의 행방은 묘연하였다. 수소문 끝에 호거산(虎踞山) 아래 석골동(石骨洞)으로 피란을 갔다는 소문을 듣게 되자, 공은 다시 왜적의 눈을 피해 그곳으로 달려가 노모와 가족들을 상봉하였다.

그때 공이 노모를 모시고 먼저 피난을 한 아우 진사공 경승(慶承)을 붙들고, 눈물의 재회를 했다는 바위굴이 지금도 형제굴(兄弟窟)이란 이름으로 그곳에 남아 있다. 공은 정신을 수습하여 아우와 함께 그곳에 먼저 피난 와 있던 문제(門弟) 오한(聱漢) 손공(孫公)과 함께 모의하여, 세 집의 가동(家僮)과 동민을 중심으로 향병(鄕兵)을 모집하여 창의의 깃발을 들었다.

마침 이곳으로 후퇴하여 군진을 가다듬고 있는 밀양부사 박진(朴晉)의 군사와 합세하여 산내(山內) 어구에 있는 대암(臺巖) 등의 요새를 지키면서 왜적의 진로를 차단하여 함께 싸웠다. 그러나 얼마 후 박진은 경상도병사로 승진하여 더 큰 전투를 위해 떠나갔고, 아우 진사공과 오한 손공은 사이 길로 망우당(忘憂堂) 곽재우(郭再祐)의 진지로 달려가 다시 종군하였다.

이에 홀로 노모를 모시게 된 공은 전세가 불리해지자 또다시 노모를 업고 더 깊은 산골짜기를 전전하다가, 생사의 기로를 넘나드는 험한 고비를 몇 차례나 넘겼다. 마침내 공의 이러한 지성 어린 시양(侍養)에도 불구하고 몇 년 후 공은 다른 전지에서 죽음을 맞은 아우의 뒤를 이어, 학발(鶴髮)의 노모를 홀로 피난지에 남겨둔 채 별세했는데, 처음 임시로 정한 무덤은 이 골짜기 안에 있었다고 한다.

전란이 평정된 뒤 1610년(광해 2) 정월에 계자(系子) 통덕랑 옹(甕)과 사위들이 뜻을 모아 무덤을 다시 추화산(推火山) 선영 아래로 모시었다. 이때에도 오한 손공은 그 유족들을 도와 면례(緬禮)를 주선하면서 스승을 깊이 추모하였다. 정곡이 넘치는 그 제문의 말미에는 당시 공의 집안 형편이 비교적 사실적으로 그려져 있어 자손으로서 눈물을 자아내게 하는 바가 있다.

> 공과 우리 부모는 산골짜기에서 함께 살아 서로 왕래하며 방문하였고, 집안에는 학발이 된 어머니와 슬하에 두 딸이 있었습니다. 하늘이 어찌 돌보지를 아니하시고 거듭 불행을 내리십니까. 양자를 간 아우님이 잇달아 요절하시니 집안은 무너지고 고을은 황량해졌습니다. 뒤를 이은 아들이 아직도 어린 처지에 초상 장사를 누가 도울 수 있었겠습니까. 당시 무덤을 쓸 때는 관곽이 두텁지가 못했습니다. 거듭 세월이 흐르는 동안 추모하는 마음이 매우 간절했는데, 사위들이 힘을 보태고 뒤를 이은 아들이 마땅히 주관함에, 온 가문이 정성을 합하여 묘소를 받들어 옮기게 되었습니다. 추화산 남쪽 기슭 선공이 잠들어 계시는 곳에 유택을 잡으니, 돌아갈 때는 인간의 정이 고향을 그리워하는 법이라, 신령의 이치로서도 편안하시리라 생각합니다. 산이 높고 물이 깊어 기운이 울창하게 지세를 감돌았습니다. 옛 곳을 버리고 새로운 곳으로 옮겼으니 부디 놀라지 마시기 바랍니다.
>
> 公與吾親 同住山間 鞋杖相尋 說盡悲歡 高堂鶴髮 庭下雙蘭 天胡不諒 荐降禍殃 季元繼夭 家敗邑荒 嗣胤在幼 喪葬首邱 營窆當時 棺槨不厚 荏苒星霜 追感已極 東林連袂 繼體宜業 全家合誠 奉遷塋域 推火南麓 先魄攸宅 人情首邱 神理想安 山高水深 氣鬱勢蟠 舍舊遷新 庶無震驚

위의 글로 미루어보아 공이 피난지에서 학발이 된 어머니와 두 딸을 남겨두고 별세한 후 잇달아 백부 앞으로 입양된 아우 진사공마저 불혹의 나이가 되기 전에 일찍 세상을 떴음을 알 수 있다. 전술한 바와 같이 진사공은 공이 북관(北關)에서 돌아와 석동산 피난지에서 눈물의 형제 상봉을 하고, 곧 화왕산에 있는 망우당 곽재우 진영으로 떠나간 뒤라 오래지 않아 전장에서 불행을 당한 것으로 짐작된다. 그러므로 진사공은 백형이 살아 계실 때에 별세하였고, 백형의 손으로 엄광 재궁동 선영 아래에 장사를 지낸 것으로 보아야 할 것이다.

3) 신후(身後)의 천장(遷葬)과 추모

공이 별세할 당시에 슬하에 있었던 미가(未嫁)의 두 따님은 후일에 현감(縣監)을 지낸 노헌(魯軒) 권응생(權應生)에게 출가한 둘째딸과, 사인(士人) 최경지(崔敬止)에게 출가한 셋째딸을 가리키는 듯하고, 맏따님은 그때 이미 주부(主簿) 신려(辛膂)에게 출가한 뒤여서 슬하에 있지 않았음을 알 수 있다. 결국 이 세 따님의 부군(夫君)들은 그로부터 7, 8년 뒤 나란히 서로 힘을 합하여, 어린 처남인 옹(饔)을 도와 장인의 면례를 주관했다는 것을 '동상연메 계체의업(東牀連袂 繼體宜業)'이란 문자로서 입증하고 있는 셈이다.

또 오한 손기양은 위의 제문 외에도 공의 천장(遷葬) 때는 칠언율시로 된 만시(輓詩) 두 수를 지어 스승을 추모했다. 그중에 한 수는 후반부의 네 구절이 결실(缺失)된 채로 전해지고 있는데, 여기에 그 두 수를 차례대로 옮겨본다.

금시당의 앞 시대에 문벌이 화려하여	今是堂前門地華
선공의 시례가 넉넉히 전해진 가문	先公詩禮贍傳家
인품은 기우자 후손임을 더럽히지 않아	風聲不忝騎牛冑
이름자를 서로 이어 사마과에 올랐지	名字相連司馬科
지극한 효성에도 쌍조학은 못 보았는데	誠孝未看雙弔鶴
세월 운수는 끝내 양두사의 빌미를 입네	流年終祟兩頭蛇

여생에 외람되이 용성 늙은이가 되어 　　　餘生猥作龍城老
황산에 상여 잡고 파도처럼 눈물 흘린다 　　　執紼荒山淚似波

　위의 시에서 "지극한 효성에도 아직 쌍조학을 보지 못했다(誠孝未看雙弔
鶴)"라고 한 것은, 평소에 정성스러운 효성에도 불구하고 노모가 아직 계
신데 상주 노릇을 하지 못하고 먼저 세상을 하직한 공의 딱한 처지를 말
한 것이다. 쌍조학의 고사는 중국 진(晉)나라 사람 도간(陶侃)이 강하(江夏)
의 태수로 있다가 어머니 상을 당해 집상하는데, 두 사람의 조문객이 찾아
와 문상을 하고는 물러나면서 별안간 두 마리 학이 되어 하늘로 날아갔다
는 고사이다. 지극한 효성을 말할 때 인용하는 말이다.
　양두사(兩頭蛇)는 몸체 양쪽에 머리가 하나씩 달린 뱀을 말하는 것으로
이 뱀을 보는 사람은 죽는다고 하는 전설에서 나온 말이다. 흐르는 세월의
운기가 사나워 끝내 학발의 노모를 두고 먼저 세상을 떠나신 공의 불행을
말한 듯하다. 오한 손기양은 또 다른 칠언율시 한 수를 남겨 스승인 공을
조상하였다. 다만 후반부에 해당하는 경·미(頸尾) 두 연(聯)이 없어져 시의
전체적인 분위기를 파악할 수 없으나, 수·함(首頷) 두 연의 전반부만으로
도 스승을 기리는 정감과 존경심이 잘 나타나 있다.

우리 고을에 복이 없어 어진 스승을 잃었으니 　　弊鄕無祿失蓍龜
후학들은 어디에서 의심 나는 것을 물어보랴 　　後學何從質所疑
간직한 덕을 세상에선 도가 있다 칭도했고 　　蘊德世皆稱有道
사람을 가르침에 누가 선각자라 하지 않으랴 　　誨人誰不謂先知

　비록 시의 전모를 알 수 없어 유감이지만 시귀(蓍龜)와 후학(後學)의 관
계로 자신을 대비하여, 공을 깍듯한 스승의 예로 추모하고 있는 기정(記情)
의 글이다. 오한 손공 자신도 앞에서 인용한 제문에서 "가문끼리는 숙질의
관계이고 의리에선 스승과 문인 사이인데, 10년이나 추종하는 가운데서
내 마음속에 어두움을 밝혀주신 분(門連叔姪 義實師生 追隨十載 發暗中明)"

이라 하여 스스로 공과의 관계를 스승과 제자 사이로 밝히고 있다.

그러나 후대에 손공의 자손들은 그 문집과 행적을 정비 간행하면서 이러한 관계를 얼버무리고 부인한 채, 오한 손공의 사생(師生)의 관계를 다만 한강(寒岡) 정구(鄭逑)와 지산(芝山) 조호익(曺好益)의 문인으로서만 설명하고 있다. 감수성 많은 어린 시절에 10년 동안이나 배움의 감화를 준 은사의 존재를 부정하고, 정한강(鄭寒岡)과 조지산(曺芝山) 두 명석(名碩)만을 내세운 것이, 그 인물의 화명(華名) 때문이라면 아무래도 구차하고 자연스럽지 못하다는 느낌을 금할 수가 없다.

다행히 후일 치암(癡庵) 남경희(南景羲)가 공의 묘지명(墓誌銘)에서 공을 천양(闡揚)하기를 "금시당(今是堂)의 아들이요, 문목공(文穆公)의 친구이며 오한옹(聱漢翁)의 스승이니, 우리는 세상의 칭도가 반드시 까닭이 있음을 알겠다(今是堂子 文穆公友 聱漢翁師 吾知其必 有以是稱)"라고 하여 해명해준 것은 그나마 자손으로서 위안이 된다.

전배(前配)는 고성이씨(固城李氏)이니 충순위(忠順衛) 도(都)의 따님인데 3녀를 두어 신려·권응생·최경지에게 각각 출가했으며, 후배(後配)는 창원황씨(昌原黃氏)로 무육(无育)이다. 아들이 없어 아우 진사공 경승의 차자인 옹을 후사로 삼았다. 공의 행장을 죽포(竹圃) 손사익(孫思翼)이 지었고, 묘갈문을 순암(順庵) 안정복(安鼎福)이 지었으며, 묘지명을 치암 남경희가 지었다. 1800년(정조 24)에는 금시당 뒤편 경역에 백곡서원(栢谷書院)을 세워 문절공·월연공·금시당공·근재공 네 명현을 나란히 모셔 향사를 받들었다.

3. 통덕랑(通德郎) 옹(甕)과 향사림(鄕士林) 활동

통덕랑공의 자는 자옥(子玉)이고 호는 알려져 있지 않다. 입향조이신 충순위공 사필(師弼)의 현손이고 진사공 원(遠)의 증손이며 금시당공의 손자이다. 아버지는 근재공이고 어머니는 안인(安人) 고성이씨(固城李氏)와 안인 창원황씨(昌原黃氏)인데, 이씨는 도사(都事)를 지낸 도(都)의 따님이시다.

생정(生庭)의 아버지는 진사공 경승이고 어머니는 의인(宜人) 현풍곽씨(玄風郭氏)인데 군수(郡守)를 지낸 황(趪)의 따님이다.

공은 1580년(선조 13)에 사인당리 옛집에서 진사공과 현풍곽씨의 지차로 탄생하여 10세 전후에, 백부인 근재공 앞으로 입계하여 금시당공의 봉사손이 되었다. 백형인 선교랑공 래(鶒)와 함께 자손이 귀한 명가의 금지옥엽으로 자라나면서, 특히 조모이신 숙부인 밀양박씨의 사랑과 정성스러운 가르침을 받았다.

어린 시절부터 조모의 주선으로 외부의 스승을 집안에 불러들여 글을 읽게 하였고, 조금 성장한 다음에는 아버지의 강석(講席)으로 나아가 가학(家學)을 전수하니 소년 시절에는 이미 그 재성(才聲)이 향당에 널리 퍼졌다. 그러나 1592년(선조 25) 공의 나이 불과 13세에 임진왜란이 일어남에, 창졸간의 병화로 모든 가산은 하루아침에 회신(灰燼)으로 돌아가고, 공도 또한 북관(北關)의 임지에서 미처 돌아오지 못한 아버지를 대신하여, 할머니와 생·양가의 두 어머니를 모시고 피난을 떠나야 하는 처지가 되었다.

오래지 않아 아버지께서 천 리 길을 달려 피난지에 당도하여 할머니를 모시게 되었으나, 오래지 않아 생가 부친께서 전장에서 별세하시었고 잇달아 아버지가 또 피난지에서 세상을 떠나셨다. 공은 생가 백형과 미성인 두 누이와 함께 이미 학발이 된 할머니와 두 어머니를 모시고, 산간벽지를 전전하다가 천신만고 끝에 겨우 향리로 돌아와 불탄 옛집을 겨우 수습하여 자리를 잡게 되었다.

공의 나이 18세 전후에는 배위 성산이씨(星山李氏)를 맞아 혼례를 올리고 한 집안의 가장이 되었으나, 이내 할머니인 숙부인 박씨께서 돌아가시자 그 어려운 처지 속에서도 예법을 쫓아 승중(承重)의 상장(喪葬)을 정성껏 치름으로써 금시당공의 봉사손으로서의 도리를 다하였다.

공은 가장 감수성 많은 시절에 한 가문의 명운을 책임진 소년가장으로서, 온갖 어려운 곡경과 불행을 겪으면서 정작 공령(功令)을 얻기 위한 학업은 엄두도 내지 못할 형편이었다. 다만 사대부가의 주손으로서 가문을 지키는 일과 자기 수양을 위한 공부에 심신을 다 기울였다. 마침 이 무렵 조정에서는 임진왜란 후 어지러운 민심 수습의 일환으로, 전쟁의 논공행상과 함께 각 지방 양반들에게도 사기를 진작시키는 여러 가지 은전을 베풀게 되었다. 그 일환으로 전쟁 중에 과거를 보는 기회를 얻지 못한 사자(士子)들을 위해, 양반의 낮은 품계를 주어 대우하는 조치가 내려졌다. 이에 공에게는 금시당공의 봉사손으로서 한 가문을 계승하는 세록(世祿) 가문의 자손이라 하여 동반(東班)의 정5품 통덕랑(通德郎)의 품계를 내리었고, 백형 래에게는 종6품의 선교랑(宣敎郎)의 품계를 하사하였다.

따라서 이 시기부터 공은 자잘한 가간사(家間事)에서 벗어나 향중의 한 젊은 지도자로서 활동하기 시작하였다. 『밀주지』와 『예림서원사적(禮林書院事蹟)』에서는 1606년(선조 39) 공의 나이 26세 때에 향중의 전후(戰後) 복구사업의 하나로 당시 덕성서원(德城書院)을 재건하여 향사(享祀)를 다시 받드는 일에 공이 주동적인 역할을 담당했다는 기사가 실려 있다.

덕성서원은 점필재선생을 향사하는 사당으로 지금의 예림서원의 전신인데, 애초에는 중동면 자씨산(慈氏山) 아래의 덕성동(德城洞) 곧 지금의 밀양시 활성동 구서원 터에 있었다. 다행히 임진왜란의 참화에도 서원의 사우(祠宇)만은 겨우 보존되었으나 여러 해 동안 제향을 받들지 못하였다. 때문에 이해 봄에 당시 향중의 원로인 오한 손기양이 밀양 사림들 앞으로 통유문(通諭文)을 직접 지어 서원을 다시 그전처럼 보수 정비하여 향사를 계속할 것을 제안하였다. 이에 그해 3월 초 4일에 손기양을 필두로 박종민(朴宗閔)·손시명(孫諟命)·박안세(朴安世) 등 향중 인사들이 회동하여 복향(復享)에 따른 회문(回文)을 발송하고, 같은 달 16일에 하곤(河鯤)·손기후(孫起後)·유광윤(柳光胤)·박수춘(朴壽春)·유진간(柳震幹)·이옹(李罋)·김익(金瀷) 등의 선비들을 추가로 불러 모아 복향(復享)에 대하여 입의(立議)를 하고, 원중절목(院中節目)을 제정하여 시행했다고 하는 기사가 그것이다.

이를 기화로 하여 덕성서원은 예전처럼 엄숙하게 다시 향화를 받들게 되었고, 후일 1633년(인조 11)에는 오졸재(迂拙齋) 박한주(朴漢柱)·송계(松

溪) 신계성(申季誠) 등 두 분을 동·서로 배향한 데 이어, 이듬해에는 부남면 운례리(運禮里) 곧 지금의 상남면 예림리(禮林里)로 사우를 이건하여 예림서원으로 원호를 바꾸게 된 것이다.

1610년(광해 2) 공의 나이 31세 때는 피난지에서 돌아가신 아버지 근재공의 무덤을 추화산 선영 아래로 모시기 위해, 주부(主簿) 신려(辛膂)·현감(縣監) 권응생(權應生)·최경지(崔敬止) 등 세 분 자형의 조력과 대소가의 협조로 그해 10월에 면례를 하였다. 그 이장 행사에는 오랫동안 스승의 무덤을 옮길 것을 소망해오던 근재공의 문인 오한 손기양이 각별히 주선하고 보살핀 것은 물론 정곡(情曲)이 넘치는 제문과 두 수의 만시(輓詩)까지 지어 조문을 하였다.

공의 나이 30대 후반부터는 본격적으로 향중의 풍속 교정과 교화 사업에도 활발한 참여를 했다. 1616년(광해 8)에는 밀양향교의 강신(講信)과 석전(釋奠) 행사를 주관하는 향중의 지도자로서 그 위치가 자리매김되었다. 또한 그해 봄에 향교 대성전(大成殿)의 대들보가 부러져 석전 행사의 거행이 어려워지자, 이때에도 향중 원로인 오한 손공이 그에 관한 원만한 처리를 공에게 위탁할 정도로 향중 사림들 간에 두터운 신망을 얻었다.

공의 나이 38세가 되는 1618년(광해 10)부터는 향약(鄕約)의 운영에도 적극적으로 관여했다는 기록이 『밀양향안(密陽鄕案)』에 잘 나타나 있다. 가령 1619년(광해 11) 12월에 개최된 기미향회(己未鄕會)에서는 선배 향원인 이귀생(李貴生)의 천거로 10인의 가표(可票)와 1인의 부표(否票)로서 당당히 향원에 입참하는 영광을 얻었고, 그 이후 1635년(인조 13)까지 수 차례에 걸친 향회에서는 선배 향원의 자격으로 천거권(薦擧權)을 행사하여 그중 손흘(孫紇) 등 후배 향원을 입참시키기도 하였다.

공의 몰년은 알 수가 없으나 1635년을 마지막으로 향약 활동을 한 것으로 보아, 대체로 공이 누린 수명은 55세 전후가 아닌가 짐작해볼 수가 있을 따름이다. 기일(忌日)은 7월 25일로 되어 있고 묘소는 지금의 삼랑진읍 용성리(龍星里) 인구리[印轉]에 있는 현랑산(玄浪山) 을좌원(乙坐原)이다.

배위는 공인(恭人) 성산이씨인데 문과로 장령(掌令)에 오른 이(儞)의 따님이고 정무공(靖武公) 호성(好誠)의 후손이다. 생졸의 연대를 알 수 없고, 슬하에 1남 1녀를 두어 아들은 선교랑 창윤(昌胤)이고 딸은 오천인(烏川人) 정아(鄭埡)에게 출가하여 아들 시함(時銘)을 두었다. 묘는 공과 쌍분이고 계하에는 측실(側室)의 무덤도 있다.

4. 선교랑(宣敎郞) 창윤(昌胤)과 그 배위

선교랑공 휘 창윤의 자는 계보(繼甫)이고 호는 전하지 않는다. 금시당공의 증손이고 근재공의 손자이며 통덕랑공의 외아들로 어머니는 공인 성산이씨인데 문과장령(文科掌令) 이(儞)의 따님이다. 1615년(광해 7)에 사인당리 옛집에서 선공의 나이 35세에 태어나니, 고조부 이래 4대 동안 겨우 외롭게 사속(似續)을 이어오던 가문에 귀한 아들이 태어났다 하여 큰 경사로 여겼다.

아버지의 엄격한 교독 아래 어릴 때부터 경전을 익혔으며 과거 공부에도 뜻을 두었으나, 향해시(鄕解試)에 겨우 붙었을 뿐 공도회(公都會)나 회시(會試)에서는 실패를 거듭하였다. 약관을 넘긴 나이에 금시당공과 근재공의 봉사손이라 하여 은전을 입어, 동반의 종6품인 선교랑의 품계를 받았고, 배위에게도 외명부 종6품인 의인(宜人)의 직첩을 얻어 사대부가의 명맥을 당당히 계승하였다.

공의 나이 30세 전후에는 선공의 행적을 계승하여 향중 활동에 적극 참여하였는데, 예림서원의 강석과 향중 집회에는 어김없이 참석하여 고을의 풍속 순화와 교화에 선도적인 역할을 담당하였다.『밀양향안』의 기록에 의하면 1644년(인조 22) 갑신향회 이후 여러 차례 향원 천거에 올랐으나 입참이 되지 못하다가, 1650년(효종 1) 경인향회에서 비로소 선배 향원 박선숭(朴善承)의 천거로 입참이 되어 정식으로 향안에 오르는 영광을 입었다.

그러나 시름시름 앓던 병이 더하여 2년 후인 1652년(효종 3) 6월 초 8일,

공의 나이 38세의 젊은 나이로 강보에 싸인 아들 하나를 남겨두고 아깝게 세상을 버리시니, 향당에서 모두 "금시당 가문의 추녀가 내려앉는 불행"이라 하여 애석하게 여겼다. 공의 무덤은 추화산 선영 동쪽 기슭 자좌원(子坐原)에 모시었다.

배위는 의인(宜人) 밀성손씨(密城孫氏)로 찰방(察訪) 분(盼)의 따님인데 추천(鄒川) 영제(英濟)의 증손녀이다. 1618년(광해 10)에 나시어 1698년(숙종 24) 8월 18일에 세상을 떠나시니 81세의 천수(天壽)를 누리었다. 평소에 내훈(內訓)과 부공(婦功)이 몸에 배어 여사(女士)의 언행을 갖추었는데, 나이 35세에 부군과 사별하여 청상(靑孀)이 되었으나, 하늘이 무너지는 듯한 비통함을 억누르고 의연히 슬하의 교육과 치산(治産)을 담당하여 한 가문의 기틀을 세웠다.

고희(古稀)를 넘긴 노쇠한 나이에 또 외아들 만종(萬種)을 앞세우는 참척을 당하여, 곡기를 끊고 절명을 기도한 일도 있었지만, 어리고 외로운 손자 백곡공의 장래를 위하여 기운을 차렸다는 일화는 유명하다. 그로 인해 당시 향당에서는 의인 손씨를 두고 "기울어지는 금시당가를 붙들어 일으킨 강인한 여군자(女君子)"라는 칭도가 끊이지 않았다.

의인의 무덤은 부군의 묘와 합폄(合窆)이다. 슬하에 1남 3녀를 두었는데 아들 외에 세 따님은 광주인(光州人) 노시영(盧時泳)과 월성인(月城人) 손여기(孫汝夔)와 평산인(平山人) 신이효(申以孝)에게 각각 출가하였다.

5. 백곡공(栢谷公)과 그 자손들

백곡공 휘 지운(之運)의 자는 휴중(休仲)이고 호는 백곡옹(栢谷翁)이다. 문절공 기우자선생의 후손으로 근재공의 현손이요 통덕랑공의 증손이며 선교랑공의 손자이다. 아버지는 사인(士人) 만종이고 어머니는 성주이씨(星州李氏)로 처사(處士) 원발(元發)의 따님인데 이조판서 순(淳)의 후손이다. 1681년(숙종 7)에 사인당리 옛집에서 무녀 독자의 외아들로 태어나니, 명가의 외로운 주사(胄嗣)의 탄생이라 하여 온 가문이 소중하게 여겼다.

1) 총명한 자질과 지극한 효행(孝行)

어릴 때부터 성품이 침착하고 숙성하여 나이 겨우 8세에 아버지가 세상을 떠나자, 애호(哀號)를 극진히 하며 의젓하게 집상을 했는데, 할머니 밀성손씨가 70세가 넘은 고령으로 아들의 죽음을 애통해하면서 식음을 전폐한 채 절명을 결심하였다. 이에 어린 공은 집상 중에서도 할머니의 머리맡을 주야로 지키면서 자신도 음식을 완강하게 물리쳤다. 그러고는 "할머니가 상심하여 미음도 입에 대시지 않는데 하물며 자손 된 도리로 내가 어찌 음식을 입에 대겠는가" 하고 울면서 고집을 꺾지 않았다. 난감해진 할머니는 "금지옥엽 같은 내 귀여운 손자의 몸을 내가 상하게 하는구나" 하고는 마음을 돌려 억지로 미음을 마시고 기운을 차렸다는 일화는 유명하다.

공의 모부인 성주이씨는 일찍 아버지를 여읜 어린 외아들을 바르게 키워 가문의 명예를 지켜야 한다는 일념에서, 지극한 자애 속에서도 항상 매운 훈도(薰陶)와 엄한 예절을 가르쳤다. 11세 때에는 이웃 마을에 사는 성은당(星隱堂) 손석좌(孫碩佐)의 문하로 보내어 먼저 『소학』을 공부했는데, 쇄소응대(灑掃應對)와 진퇴의 범절이 어른과 같았고, 수업의 진도도 매우 빨랐다. 스승이 대견하게 여겨 공의 재종숙 자유헌공에게 "그대의 가문에는 드러나지 않게 군자(君子)의 조행(操行)을 갖춘 아이가 있다"라고 하면서 그 깨끗한 천성과 절도 있는 언행을 극구 칭찬했다.

1698년(숙종 24) 공의 나이 18세 때는 할머니 밀성손씨가 81세로 천수를 다하고 별세하시자, 곡진한 애통 속에서 3년 동안 상복을 벗지 않고 예절을 다하였다. 공은 상담(祥禫)의 절차를 모두 마친 뒤에도 과거 공부를 하지 않았다. 대체로 공은 당시 홍진(紅疹)도 겪지 않은 나이에 함부로 명리(名利)를 구한다는 것을 부끄럽게 여겨, 문을 닫고 수신(修身)하는 데 치중했던 것이다.

공은 오로지 사서삼경(四書三經)을 읽고 궁리를 일삼는 가운데서도 아버지를 일찍 여의고 자식이 된 도리를 다하지 못한 것을 한스럽게 여겨, 매양 그 기일이 돌아오면 추모의 정이 더욱 간절하여 이웃을 감동시켰다. 또 홀로 된 어머니를 섬기는 일을 일상사로 삼아 항상 그 마음을 기쁘게 해 드리는 데 온갖 노력을 기울였으며, 병이 들어 자리보전을 했을 때는 몸소 간병을 함으로써 남에게 시탕(侍湯)을 대신하게 하는 일이 없었다.

이렇듯 평소에 지극한 정성으로 효양을 다하던 어머니께서 1727년(영조 2) 공의 나이 47세에 세상을 떠나시자, 주야로 호곡(號哭)하다가 몇 차례나 정신을 잃었으며 장사를 마친 뒤에는 공사 간 일체의 잡무에서 손을 떼고, 27개월간 오로지 문공가례(文公家禮)를 쫓아 어머니를 추모하는 일에만 마음을 기울였다.

2) 『철감록(掇感錄)』의 자료 수집과 계술(繼述) 사업

일찍이 공은 20대 후반에 접어들자 어머니에게 공령(功令)의 부질없음을 아뢰고는 과거 공부를 아예 단념한 채, 어머니의 분부를 쫓아 선대의 흩어진 문적(文籍)을 수집하는 일을 시작했다. 임진왜란의 참혹한 전란을 겪는 동안 거의 인멸된 선조의 유고와 사적의 편린이라도 찾아 모아 보존해야 하겠다는 의도에서이다. 그리하여 수년간 조야의 기록을 섭렵하고 지나간 자취를 조사하며 선조들의 문자를 모아 간추리는 일에 매달리게 되었다.

그 결과 공의 나이 회갑이 넘어서야 드디어 5권 2책의 문헌을 완성시키니, 『철감록(掇感錄)』이란 우리 문중 최초의 세고(世稿)가 바로 그것이다. 이 세고는 공이 직접 경향 간을 오르내리면서 선조들의 장구(杖屨)의 자취가 남아 있는 연고지는 물론, 세의(世誼)가 두터웠던 거실고가(巨室故家)를 방문하여 얻어낸 한평생의 노작(勞作)이라 할 수 있다. 그러므로 비록 편언

금시당에서 바라본 백곡서재

척구(片言隻句)에 지나지 않는 자료라 할지라도 거기에는 공의 눈물과 땀
이 배어 있고 선조를 기리는 갸륵한 성효(誠孝)가 아로새겨져 있다 할 것
이다.

　책의 내용은 1권에 문절공 기우자선생의 유고와 유사(遺事)가 실려 있
고, 2권에 제학공 척(逖)을 비롯하여 부훤당공 적(迹)·중화공 증석(曾碩)·
진사공 원(遠)의 유고와 유적이 게재되어 있으며, 3권에는 월연공 태(迨)
의 유고와 유사 기문(記聞) 등이 수록되었다. 4권에는 금시당공 광진(光軫)
의 유고와 유사, 그리고 5권에는 근재공의 실기(實記)와 유적이 실려 있
다.

　2책 5권으로 된 이 책은 1744년(영조 20)에 영정(英正) 시대 실학파의 대
학자인 순암(順庵) 안정복(安鼎福)이 그 서문을 지었고, 백곡공은 자서(自序)
의 형식으로 편집의 경위를 밝히고 있으며, 후일 치암(癡庵) 남경희(南景羲)
가 발문(跋文)을 써 붙였다. 공의 재세시에는 진작 이 책을 간행하지 못하
고, 그 뒤 후손들에 의하여 자료를 더욱 보충하여 내용을 풍부하게 하였는
데, 128년이나 지난 1872년(고종 9)에 이르러서야 비로소 세상에 간행된
것이다.

『철감록』이 세상에 모습을 드러내자 학계에서는 "한 문중의 세고를 넘어선 국학(國學)의 한 중요한 문헌"으로서 그 가치를 인정해주었다. 뿐만 아니라 후일 자손들은 그 책을 바탕으로 『기우집(騎牛集)』『월연집(月淵集)』『금시당집(今是堂集)』을 엮어내어 한 가문의 계술(繼述)을 더욱 값지게 하기도 하였다. 실로 백곡공으로 인해 자칫 역사의 뒤안길에 영영 묻힐 뻔한 조상의 훌륭하고 아름다운 행적과 자취가 세상에 빛을 보게 되었으며, 평생에 걸친 술선(述先)의 보람이 함께 피어난 것이라 할 수가 있다.

3) 금시당의 복원 사업과 후진 교육

한편 5대조인 승선공(承宣公)의 별업인 금시당이 전란 중에 불타버린 이후 황량한 폐허로 방치되어 있는 것을 공은 늘 가슴 아프게 생각하였다. 마침 재종숙인 자유헌공이 또한 이를 안타깝게 여겨오던 차에 1710년(숙종 36)에 기와집 몇 간을 백곡공에게 주면서 당우(堂宇)의 중건을 당부하였다. 이에 공은 더욱 금시당의 복원을 마음속에 다짐하고 있다가 1738년(영조 14) 봄에는, 우선 옛터의 동쪽에다 몇 간 초옥(草屋)을 세우고 승려와 가복(家僕)으로 하여금 지키게 하였다.

1743년(영조 19)에는 종중의 의논을 모아 재목과 기와를 준비한 다음, 드디어 그 이듬해 정월 13일에 공사에 착수하여 축대를 쌓고 부지를 다듬었다. 그해 2월 4일에는 먼저 정당(正堂)을 세우고 차례대로 부속 건물 4동과 담장 및 도기(塗墍) 공사까지 마무리 짓고는, 6월에 완공하여 금시당의 편액을 걸게 되었다. 복원 공사를 경영한 지 33년 만의 일이요 선업이 전쟁의 화를 당한 지 실로 150년 만의 경사였다.

공은 재건이 된 선세의 별업(別業)에 우선 연거지실(讌居之室)을 마련하고는 따로 백곡서재(栢谷書齋)의 건립을 도모하면서, 그곳에서 이웃 마을과 문중 수재들을 불러 모아 교육시키는 것으로 여생의 낙을 삼았다. 이 시기에 가까운 문중 자제들로 금시당에서 공부한 인물은, 공의 주손인 직(稙)

을 비롯하여 삼종질인 반계공 숙(潚)과 삼종손인 병한공 혐(馦)·졸와공 복(馥) 형제분 및 처사공 진(稹)을 들 수 있다.

특히 그중에 졸와공은 공의 장례에 즈음하여 지은 제문에서 백곡공의 희생적인 노력의 결과 재건된 금시당이 교육의 장소로서 활용된 정황을 표현하고 있다. 그리고 그곳에서 공으로부터 직접 교육을 받은 추억을 절절한 심정으로 다음과 같이 나타내고 있다.

금시당의 옛터가 황폐한 지 몇 해던가	今是舊墟 荒廢幾春
경영한 지 반세기에 집을 새로 증건했네	經營半世 棟宇重新
위로 선조의 뜻을 좇아 후손에게 끼치고자	上追先志 下貽後昆
선구로 치장하고 꽃과 수석으로 꾸몄더니	粧點仙區 品題花石
소요하던 곳은 어느덧 공허하게 바뀌었네	於焉逍遙 永矢蘪軥
밝은 창에 고요한 안석 좌우에는 도서였고	明窓靜几 左右圖書
이끼 낀 버들 물가에서 물고기를 보면서	苔磯柳岸 泝洄觀魚
가을 겨울에 공부하니 어른 아이 다 모였고	秋冬做課 少長咸集
알뜰하게 가르치고 배우는 일에 노력하니	諄諄敎誨 努力肄業
재주 없는 나에게도 친절히 타일러주셨도다	悶余無似 誨諭丁寧

졸와공은 당시 나이가 38세의 장년으로 백곡공은 그 연세나 처지로 보아 조손간이나 다름이 없었다. 선공의 권유로 몇 차례나 과거시험을 보았지만 번번이 실패하였고, 이 무렵까지도 과거 공부를 단념하지 않았던 것으로 보인다. 앞 제문 가운데 "공이 병석에 계실 때 소자는 먼 곳에 가 있어 문병을 하지 못했는데, 돌아오는 중로에서 부음을 듣고 달려와 곡을 했다(公病臥床 小子遠征 未及歸診 中路奔哭)"는 구절이 그런 사실을 은연중 시사해주고 있다. 원정(遠征)이라는 단어에는 과거를 보기 위해 멀리 떠나 있었다는 의미가 있기 때문이다. 그렇다면 문중 자제로서 백곡공의 문하에서 공부했다는 사실은 당시의 금시당이 곧 문중의 교육 장소로서 자제들의 과거 준비를 위하여 개방되었다는 것으로도 해석된다. 어떻든 졸와공

의 이 제문은 당시 백곡공이 금시당에서 육영을 했다는 사실을 간접적으로나마 뒷받침해주는 새로운 자료라 할 수가 있을 것이다.

한편 이와는 별개로 새로 지은 금시당에서는 원근의 명사와 학자들을 초청하여 학문을 토론하고 도의를 교환하기도 하였다. 기호(畿湖) 출신인 동종(同宗)의 학자 혜환재(惠寰齋) 이용휴(李用休) 같은 이는 공의 장수(藏修)하는 풍도를 두고 '교남의 은일(嶠南隱逸)'이라 칭도하였고, 이 무렵 양산군수(梁山郡守)로 도임한 강좌(江左) 권만(權萬)은 공의 명성을 듣고 방문한 후, 만나는 사람마다 공을 가리켜 "인품이 훌륭하고 지취(志趣)가 고상한 군자인(君子人)이라" 칭송한 사실이 그것을 잘 말해주고 있다.

이 밖에도 활산(活山) 남용만(南龍萬)·송와(松窩) 안명하(安命夏)·소암(笑庵) 조하위(曺夏瑋)·매죽당(梅竹堂) 신동현(申東顯)·자운(紫雲) 이의한(李宜翰) 등 향성의 명사들이 잦은 왕래를 통하여 한결같이 공의 덕행을 기리면서 서로 창화(唱和)를 교환하기도 하였다.

백곡공이 83세의 하수(遐壽)를 누린 1763년(영조 39)에 나라에서 사작(賜爵)의 은전이 내려, 통정대부의 품계와 첨지중추부사(僉知中樞府事)의 직첩이 제수되었으나, 그 영광도 잠시 이해 7월 27일에는 사인당리 옛집에서 고종명(考終命)을 했다. 공은 평소에 사람을 대할 때 성신(誠信)으로 일관하여 표리가 없었고, 언행이 분명하며 성품이 방엄(方嚴)했으므로 따르는 사람들이 모두 존경과 두려움을 함께 느꼈다. 그러면서도 얼굴과 말소리에 화기(和氣)가 넘쳤고 좌정한 모습이 바르고 곧았는데, 비록 나이가 많고 기운이 쇠약할 때도 무엇에 함부로 몸을 기대거나 자세를 흐트러뜨리는 일이 없었다.

공의 배위는 숙부인(淑夫人) 성산이씨(星山李氏)로 사인 명재(命載)의 따님이고 남회당(覽懷堂) 이두(而杜)의 손녀인데, 1680년(숙종 6)에 나시어 1721년(경종 1) 4월 23일에 향년 42세로 공에 앞서 세상을 떠났다. 슬하에 4남 4녀를 두었는데 근재공 이래 4대를 독신으로 내려오다가 공과 숙부인에 이르러 8남매를 두게 되어, 비로소 한 가문이 번성하는 기틀을 세웠다.

아들은 수(洙)·섭(涉)·서(㵦)·침(沉)인데, 둘째아들 섭은 재종숙 자유헌공의 요절한 아들 지유(之逌)의 사자(嗣子)가 되어 출계하였다. 따님은 광주인(光州人) 노수일(盧守一)·월성인(月城人) 최승간(崔承侃)·현풍인(玄風人) 곽영세(郭榮世)·월성인(月城人) 최상준(崔尙峻)에게 각각 출가했다.

공의 묘는 밀양 삼랑진읍 용성리(龍星里) 인구리[印轉]에 있는 현랑산 선영 아래 간좌원(艮坐原)으로, 2001년(辛巳)에 무안면 양효리(良孝里)에 있던 배위의 무덤을 이장하여 공과 합폄하였다. 묘지명을 긍암(肯庵) 이돈우(李敦禹)가 지었고 묘갈명은 정헌(定軒) 이종상(李鍾祥)이 지었다. 저서는『철감록』외에『백곡집(栢谷集)』1책을 목판본으로 간행하였다.

4) 처사공 수(洙)와 아들 혁(㮒)의 가업(家業)

①

처사공 휘 수(洙)는 처음 휘를 급(汲)이라 하였고 자를 심원(深源)이라 했으며 호는 전하지 않는다. 1701년(숙종 27)에 백공공의 맏아들로 사인당리 옛집에서 태어났다. 5, 6세에 이미 글자를 깨쳐 선공으로부터 가학을 이어 학업에 전심했으나, 나이 18세에 이웃 마을 다죽리의 밀성손씨 가문으로 장가를 든 후에는 부옹(婦翁)인 사인(士人) 손석래(孫碩來)의 권고로 그곳 문암초려(門巖草廬)로 나아가 손석관(孫碩寬)의 문하에서 사진(仕進)에의 꿈을 키웠다.

몇 차례 향시의 과장에서 문재(文才)를 드날려 해액(解額)에 들기도 했으나, 남성시(南省試)와 반관시(泮館試)에서는 번번이 고배를 마시었고, 30대 이후에는 끝내 진취에 대한 꿈을 접지 않으면 안 되었다. 불혹으로 접어든 나이에는 선업(先業)의 복원과 술선(述先) 사업에 골몰하는 선공을 도와 명가의 주손으로서 가무(家務)를 전담하는 한편 향당의 공론을 주도하는 일에도 일정한 역할을 담당하였다.

1940년(영조 16)에『밀양향안』의 후속편이라 할『청금록(靑襟錄)』을 중수할 때는 선공인 백곡공을 위시하여 소암(笑庵) 조하위(曺夏瑋)·송와(松窩) 안명하(安命夏)·남당(南塘) 박증현(朴增絢) 등 당시 향중 원로들의 명을 받들어 은밀하게 그 실무를 추진하였다. 그런 가운데서도 선공의 뜻을 받들어 문중 자제들을 위한 흥학(興學)에도 특별한 관심을 가지고 뒷받침했는데, 금시당이 한때 인근 향촌사회 수재들의 과업(科業) 장소로서 개방된 것만 보아도 공의 노력을 미루어 짐작할 수가 있다.

그러나 1751년(영조 27)에 뜻하지 않게 가정적으로 큰 불행을 겪지 않으면 안 되었다. 그해 10월에 둘째아들 칭(秤, 후일 秬로 개명)이 호영(湖營)에서 치른 무과에 급제하여 첫 벼슬을 얻었으나, 방방(放榜)이 된 지 열흘 만에 청천벽력처럼 죽음을 당한 것이다. 말하자면 잠깐 동안의 행운이 눈 깜짝할 사이에 돌이킬 수 없는 불행으로 바뀌어 온 가정에 먹구름을 드리운 것이다. 28세의 젊디젊은 나이로 푸른 꿈을 펴지 못한 채, 불쑥 객중의 고혼(孤魂)이 되어 고향으로 돌아온 억울함이야 말할 수조차 없는 일이지만, 온 가족이 겪어야 하는 비통함이 또한 형용할 수가 없었다.

상명(喪明)의 아픔을 견뎌야 하는 51세 아버지의 통곡은 물론, 이미 고희(古稀)를 넘겨 노쇠해진 할아버지 백곡공마저도 사랑하는 손자의 홍패를 안고 자리보전을 할 지경이 되었다. 당시 맏아들 직(稙, 후일 穧으로 개명)은 이미 향당에서 문재(文才)를 드러낸 선비로서 촉망이 있었고, 둘째아들 또한 기우(氣宇)가 헌앙(軒昻)하여 큰 그릇의 바탕을 갖추었다는 평판이 높았는데, 어찌 하루아침에 종마루가 무너지고 들보가 꺾이고 말았단 말인가.

그런 가운데서도 공은 자신의 고통은 뒤로한 채, 위로는 백곡의 연거지실(讌居之室)에서 상신(傷神)으로 나날을 지새우는 선공을 위하여 사인당리 고제에서 별서까지 매일 왕래를 하면서 색양(色養)의 정성을 다하였고, 아래로 하늘이 무너진 비탄 속에서 세월을 보내는 며느리 밀성박씨를 위로하였다. 이러한 공의 성효는 마침내 1763년(영조 39)에 그 열매를 맺게 됨으로써, 83세의 하수(遐壽)를 누린 선공에게 나라에서 달존(達尊)의 은전(恩典)을 내려, 통정대부 첨지중추부사(僉知中樞府事)의 직함을 받게 되었다.

그러나 그 영광도 잠시 그해 7월에 선공이 돌아가시자 예제(禮制)를 다하여 3년상을 마쳤는데 마침내 병을 얻어 1766년(영조 42) 12월 29일에 향년 66세로 세상을 떠나셨다. 공의 배위는 밀성손씨로 사인 석래(碩來)의 따님이며 오한 기양의 현손녀이다. 1696년(숙종 22)에 나시어 1775년(영조 51) 향수 80세에 한 많은 세상을 하직하였다. 공의 무덤은 단장면 무릉리 황사곡(黃蛇谷) 유좌(酉坐)인데 배위와 합폄으로 표석이 있다. 슬하에 혁(爀)·거(秬)·억(穩) 3형제를 두었다.

②

처사공 수의 맏아들 혁(爀)의 처음 휘는 직(稙)이었으나 그 뒤에 다시 직(稷)으로 바뀌었고 자는 유성(幼成)이다. 1720년(숙종 4)에 사인당리 옛집에서 태어나 어릴 때부터 할아버지 백곡공의 슬하에서 동몽 교육을 받았다. 조금 장성한 다음에는 금시당에서 당시 문중의 수재들이라 하여 정평이 나 있던 반계공 숙(潚)·병한공 혐(馦)·졸와공 복(馥)·처사공 진(稹) 등 제종반과 함께 외부에서 스승을 초빙하여 문사(文辭)의 수련은 물론 과거시험을 보기 위해 열심히 공부하였다.

향시와 공도회의 장옥으로 나아가 나란히 문명을 드날린 일도 있었으나, 예조(禮曹)와 한양에서의 회시에서는 번번이 실패를 거듭하였다. 32세가 되는 해에 호방(虎榜)에 오른 아우가 급서하는 통에 가정적인 실의가 겹쳐 마침내 과환에 대한 꿈을 접고 집안일에 전념하였다. 40대 이후에는 할아버지 백곡공이 벌여놓은 위선 사업의 마무리를 위해 경향 각처를 힘닿는 대로 순유하면서 조상의 사적과 자료 수집에 열과 정성을 다하였다.

더구나 1763년(영조 39)에 할아버지가 별세한 데 이어 그 3년 후에 선공마저 타계하시니, 막막한 환경에서도 명가의 대를 이어야 할 주손으로서 그 책임을 통감하고 양대의 유업을 계승하는 일에 더욱 열중하였다. 무엇보다도 편집만 해두었을 뿐 간행에 이르지 못한 『철감록』의 누각(鏤刻)과 반질(頒帙)을 위해 동분서주하는 나날을 보냈다. "나의 자손 된 자 나의 술선을 위한 정성을 본받아, 수시로 자료를 얻어 기록하고 널리 추심하여 증보하라(爲吾子孫者 體吾述先之誠 隨得隨書 推廣而增補)"는 할아버지 백곡공의 유계(遺戒)와 당부를 한시라도 잊을 수 없었기 때문이다.

그리하여 문헌의 체재와 가치를 높이기 위해 경기도 광주에 사람을 보내 순암 안정복에게 정중하게 편지를 올리고 책의 서문을 부탁하는 한편, 종제 이(穤)를 시켜 치암 남경희에게 발문을 위촉하기도 하였다. 한편 이웃 마을에 가까이 사는 외종형 죽포 손사익을 찾아가 원고의 전반적인 교정과 편집을 부탁하였고, 겸하여 금시당공·근재공 부자분의 가장(家狀)을 다시 손질하기도 하였다. 또한 그것을 토대로 병필가(秉筆家)에게 지갈(誌碣)의 글을 받기로 했는데, 안순암으로부터는 양대의 묘갈명을 남치암에게는 양대의 묘지명을 각각 받아두게 되었다.

그 밖에도 경주의 옥산서원(玉山書院)과 현풍의 도동서원(道東書院) 등에도 문중을 대표하여 그 개좌(開座)에 참여한 기록들이 남아 있고, 비록 당대에 인쇄와 반질이 되지는 못했으나,『철감록』 간행 준비를 위하여 만반의 준비를 갖추었던 것은 실로 공의 정성과 노력으로 이루어진 것이었다.

공은 1785년(정조 9) 11월 5일에 향년 66세로 세상을 떠났는데 배위는 해주정씨(海州鄭氏)로 사인(士人) 태(泰)의 따님이고 신당(新堂) 붕(鵬)의 후손이다. 슬하에 4남 3녀를 두어 자손이 번성했으니, 아들로서 맏이는 휘악(輝岳)이고 둘째는 휘연(輝淵)인데 조몰(早歿)한 아우 사과공 거(秬) 앞으로 입계하였으며, 셋째는 휘집(輝集)이고 넷째는 휘경(輝絅)이다. 딸은 최주곤(崔柱崑)·권달환(權達煥)·허동규(許東奎)에게 각각 출가하였다.

5) 죽관공(竹館公)의 효우와 위선 사업

죽관공의 휘는 장련(章璉)이고 자는 군옥(君玉)이며 죽관(竹舘)은 그 자호이다. 1765년(영조 41, 乙酉)에 아버지 처사공 휘악(輝岳)과 어머니 야성송씨(冶城宋氏) 사이의 맏아들로 밀양 사인당리 구제(舊第)에서 태어났다. 금시당공으로부터 9대를 승종(承宗)하여 백곡공의 현손으로 태어난 공은 이름 있는 사대부가의 주사로서 금지옥엽처럼 귀하게 자라날 수 있는 처지였다. 그러나 공의 나이 7세 때 어머니 송씨와의 사별로 감수성이 예민한 소년기를 주로 할머니 해주정씨의 지극한 사랑과 보살핌 속에서 자랐다.

어머니 송씨의 친정은 당시 경북 칠곡군 매원(梅院)에서 일컫는 명문으로, 아버지는 진사(進士)인 남촌(南村) 송이석(宋履錫)이고 할아버지는 생원(生員)인 매헌(梅軒) 송명기(宋命基)이다. 이른바 양대사마(兩代司馬)의 명예를 누리면서 문학과 덕행으로 가문을 빛냈으며, 많은 문하생을 길러 후일 그곳 매양서원(梅陽書院)에 향사된 혈식군자(血食君子)이다. 어머니는 그러한 문화적인 환경 속에서 생장하여 여사(女士)로서의 규범과 부공(婦功)을 갖추었는데, 우귀(于歸)를 한 뒤에는 전통적인 가문의 한 종부로서 그 곤범(壼範)이 더욱 두드러졌다.

그러나 어찌 뜻하였으랴. 1771년(영조 47)에 셋째아들 시영(是瑛)을 생산한 뒤에 그 산후 후유증으로 병을 얻어 그해 11월 29일 30세의 젊음으로 훌쩍 세상을 떠나고 말았다. 하루아침에 편부(偏父) 슬하가 된 공의 나이는 그때 겨우 일곱 살, 한 살 터울의 동생인 시림(是琳)과 강보에 싸인 동생 시영(是瑛) 등 어린 3형제를 남겨두고 어머니는 멀리 하늘나라로 가신 것이다. 한창 어머니의 애틋한 품속에서 동몽 교육을 받으며 재롱을 떨어야 할 시기에, 너무나 창졸간에 비탄과 절망이 아닐 수 없었다.

다만 그러한 불행 속에서도 의지가 된 것은 당시 초로를 넘긴 할머니의 건재였다. 비록 어머니는 계시지 않았지만 할머니의 측은하고 애틋한 사랑 속에서 과독(課讀)에 열중하면서 어렵지 않게 소년기를 보낼 수 있었다. 그리하여 공은 어머니 송씨의 상기(喪期)가 끝나자 할아버지의 명에 따라 아우 시림을 데리고, 칠곡 외가를 찾아 외조부 송남촌의 문하에서 경전을 공부했으며, 명가의 주손으로서의 교양을 쌓았다. 공이 9세에 접어들자 이웃 마을 다원(茶院)의 일직손씨(一直孫氏) 가문에서 새어머니를 맞아들였다. 계모 손씨 또한 부덕을 갖춘 집안의 규원이라 현숙한 성정으로 전취 소생의 두 아들을 기출(己出)처럼 거두었고, 이에 감화를 받은 공도 정성을 다해 부모에게 효행을 게을리하지 않았다.

나이 18세에 접어들자 무안 내진리(來進里)의 벽진이씨(碧珍李氏) 가문으로 장가를 들었는데, 두 살 위인 부인 이씨는 내산(萊山) 만견(萬堅)의 따님으로 남호(藍湖) 홍의(弘毅)의 손녀이다. 부·조 양대가 모두 당시 향중의 성망 있는 학자로서 그 가범(家範)이 훌륭하였다. 때문에 천품의 효성을 지닌 층층시하의 종부(宗婦)로서 부군의 내조는 물론 시부모와 시조부모 섬기기를 하늘과 같이 하였다. 또한 부군을 도와 어린 시동생의 성취(成娶)와 우애에도 몸과 마음을 아끼지 않았다. 그런 가운데 1785년(정조 9)에 한 가문의 대들보로서 믿고 의지하던 할아버지께서 별세하시자, 비탄 속에서도 그 상장(喪葬)의 예제(禮制)를 극진히 하였고, 결혼 근 10년 만에 아들 상규(尙奎)를 낳아 삼종(三從)의 도리를 다하였다.

그러나 허약한 몸에 노산(老産)의 후유증이 겹친 데다 1792년(정조 16) 4월 10일에, 시동생 시림이 27세의 나이로 요절하는 뜻밖의 가화가 생기자, 심신의 고통과 과로가 겹쳐 초상 중에 그만 불귀의 객이 되고 말았다. 때에 부인의 나이 겨우 30세! 참으로 하늘을 원망해야 할 어처구니없는 화액(禍厄)이었다. 이로 인해 공은 주위의 권고에도 불고하고 재혼을 물리친 채 평소 부인의 효우하는 정성을 기리면서, 부모에 대한 변함없는 효양과 형제간의 돈독한 우애를 위해 일신의 희생을 돌보지 아니하였다.

오랫동안 병석에 계신 아버지의 구약(求藥)과 시탕(侍湯)은 물론 계모의 색양(色養)을 하루도 거르는 일이 없었으며 한 집안의 치산(治産)을 몸소 챙겼다. 이러한 평판이 향당으로 번져나가자 유림에서는 그 효우와 선행을 장려하고자 방백에게 천장(薦狀)을 올리려 했으나, 공은 이를 극구 사양하여 응하지를 않았다.

1515년(순조 15)에 공은 향년 51세로 세상을 하직하면서도 노경의 부모가 아직 계신데, 두 아우를 앞세운 것도 모자라 이제 자신마저 부모 곁을 떠나게 되는 불효의 죄를 어떻게 할까 통탄하면서 눈을 감지 못했다고 한다. 슬하에는 외아들 상규(尚奎)가 있고 손자 용구(龍九)와 붕구(鵬九) 형제를 두었다.

6) 만성공(晚惺公)의 문학과 선업(先業)에 대한 성효(誠孝)

만성공의 휘는 용구(龍九)이고 자는 이용(而用) 또는 이견(而見)이라 했으며 만성(晚惺)은 그 호이다. 백곡공의 6세손으로 죽관공(竹舘公) 장련(章璉)의 손자이며 처사공 상규(尚奎)의 맏아들이다. 어머니는 밀성손씨로 사인 식로(栻魯)의 따님이고 오한 손기양의 후손인데 공은 1812년(순조 12, 壬申)에 아버지 대에 옮겨 거주했던 밀양 내평리(內坪里) 집에서 태어났다.

천품이 총명하여 5세 때에 육갑(六甲)을 한 자도 틀리지 않게 외웠고 7세에 문장을 지어 사람들을 놀라게 하니 주위에서 모두 신동(神童)이라 일렀다. 11세에 아버지가 별세한 후 어머니의 명으로 족대부(族大父) 지지헌공(知止軒公)의 문하에서 경술을 익히고 수신제가(修身齊家)의 도리를 배웠다. 약관이 채 안 된 나이에 공은 수천 구절의 문장을 막힘없이 풀었으며, 잠깐 사이에 문체에 들어맞는 훌륭한 글을 지으니 웬만한 선비들은 미칠 수가 없다고 했다.

1832년(순조 32)에 공이 결혼하여 일가를 이룬 뒤에는 평리(坪里)에서 엄광리(嚴光里)로 이사를 하였으며, 그 15년 뒤인 1847년(헌종 13)에는 논밭을 다소 확장 보충하여 밀양 부동(府東)의 무릉동(武陵洞)으로 다시 거주를 옮겼다. 그곳에는 이미 20년 전에 공의 재종조 유정(攸玎) 유수(攸秀) 형제가 용성리에서 옮겨와 세거의 터전을 닦은 데 이어, 그 아들 무릉옹(武陵翁)과 무초공(武樵公) 형제가 일대에 상당한 전토(田土)를 장만하여 마을의 주인이 되어 있었다. 또 잇달아 족숙 도원공(桃源公)도 평리에서 이사를 옴으로써 종가(宗家)까지 합류하게 되니 이 마을은 자연 이씨의 종촌(宗村)으로 탈바꿈된 것이다.

때문에 가까운 일가끼리 서로 이웃하여 화목하며 화수(花樹)의 낙을 함께한 것은 매우 당연한 일이었다. 그러나 공이 이사를 한 다음 해에 뜻밖에도 우애가 독실했던 아우 붕구(鵬九)가 말질(末疾)에 걸려 죽음에 이르렀고, 그 상심 끝에 어머니마저 세상을 떠나시니, 공은 그 지극한 애통을 견디며 성효(誠孝)로서 의절(儀節)을 다했다.

그럼에도 공의 나이 불혹에 다다르자 자신의 진취(進取)는 포기한 채 문중과 마을의 거자(擧子)들을 모아, 그 재주대로 과정(課程)을 달리하여 교독(敎督)을 게을리하지 않으니 향중에서도 빈빈(彬彬)한 선비들이 그 문하에 모여들었다. 특히 빈한한 일문의 수재들을 상대로 과거 공부를 시킬 목적으로 과계(科契)를 설치하여 그 절목을 제정한 일 등은 주목할 만한 업적이다. 공이 직접 지은 그때 절목의 서문을 읽어보면 재기(才器)를 갖춘 훌륭한 문자제(門子弟)의 발굴을 통해 한 가문을 빛내보려는 공의 노심초사를 충분히 이해할 수가 있다.

과계절목(科契節目)에 대한 서문

과계(科契)로 이름을 지은 것은 후진들에게 과거에 응할 수 있도록 계를 설치하기 위함이다. 옛날부터 우리 여러 일가들은 가문이 대대로 청한(淸寒)하여 해마다 음력 7월 홰나무 꽃이 누르스름할 무렵에 과거를 치를 때가 되면, 혹 재주가 있어도 비용을 저축한 것이 없어 응과를 하지 못하는 자가 있었다. 선부형들이 일찍이 이를 개탄하여 재물을 모아 계를 설립한 후 여러 해 동안 이식을 불린 결과, 지금은 과거에 응하도록 하는 자산이 느긋하게 여유가 있게 되었다. 그러나 헛되이 그 자산이 있다고 하여 그 실속이 없어서야 되겠는가. 오직 학문이 넓고 글을 잘 지을 줄 아는 재목과 그릇을 가려 뽑은 뒤라야 드러내기를 바랄 수 있을 것이다. 만약 그렇지 않고 평소에 빈들빈들 놀기만 하고 재주와 배움이 한 가지도 없는 자가, 과거를 보는 날이 되어서야 산 밖으로 돌아오는 것을 달콤하게 여긴다면, 이 어찌 선부형들이 계를 설립하여 후손들에게 끼쳐주려는 본의가 되겠는가. 이에 공부하기를 권면하고 재물을 불려야 하는 뜻을 대략 절목으로 성안하여 오래도록 규칙으로 삼고자 하는 바이다.

科契節目序

契以科名 爲後進應科而設也 昔吾諸族 家世淸寒 每於槐黃之節 或有 有才無資蘊 而未售者 先父兄嘗慨歎 於斯鳩財立契 積年滋息. 於是乎應擧之資 綽然有餘裕

矣 然徒有其資 而無其實可乎 唯能博學宏詞 材器拔萃 然後闡揚可冀 若不然 而
平居悠泛 才疎學蔑無一能焉 至於應擧之日 甘作山外之歸 則是豈先父兄立契貽後
之本意哉 玆以勸課殖財之意 略成節目 以爲永久之規云

1860년(철종 11)에는 금시당의 보수공사와 아울러 그때까지 터만 있고
집이 없었던 백곡재(栢谷齋)의 건립을 도모하여 수개월 만에 완공하고는
백곡서재(栢谷書齋)로서 현판을 했다. 당시 기문을 지은 정헌(定軒) 이종상
(李鍾祥)이 공의 군자다운 인품에 접하고는 "그 훌륭한 유자(儒者)로서의
재망(才望)이 우리 당(黨)의 명사가 되었다(其儒雅才望 爲吾黨名士)"라고 칭
도하였다.

공은 평소에 맑고 높은 행의(行誼)와 풍부한 문사(文辭)로 평판이 높았지
만, 특히 글씨에 조예가 깊어 전·예·해·행·초(篆隷楷行草)에서 모두 그
필체가 우아하고 수경(瘦勁)하다는 평을 들었다. 또 만년에는 음양과 수리,
의약(醫藥)과 풍수에 이르기까지 통하지 않음이 없었고, 기억력이 강하여
신라 시대 이래 수천 년 동안의 기문이적(奇聞異蹟)과 유현(儒賢)에 대한
사실들을 거침없이 외웠다. 공은 비록 생활이 청빈했으나 구차한 재물을
탐하지 않았다. 의(義)가 아니면 천금이라도 돌처럼 여긴 선비의 기질을
간직한 채 1867년(고종 4)에 향년 56세로 세상을 떠나니, 많은 친지들은
"그 박아(博雅)한 지식과 통민(通敏)한 재기(才器)를 어찌할꼬" 하면서 눈물
을 흘리고 탄식하였다.

배위는 광주안씨(廣州安氏)로 사인 정보(鼎寶)의 따님이고 참의(參議) 후
개(後凱)의 후손인데, 슬하에 아들 형제는 필상(弼商)과 필한(弼漢)이다. 묘
는 삼랑진 용성리 현랑산(玄浪山) 선영 동쪽 기슭에 있으며, 족제 항재공(恒
齋公)이 행장을 지었고, 척암(拓庵) 김도화(金道和)가 묘갈명(墓碣銘)을 지었다.
저서로 『만성문집(晩惺文集)』 2권 1책을 1914년(甲寅)에 인간(印刊)하였다.

맏아들 필상(弼尙)은 자를 여즙(汝楫)이라 하였고 호를 졸와(拙窩)라 하였
다. 1839년(헌종 5, 己亥)에 엄광리(嚴光里) 집에서 태어나 어릴 때 선공으
로부터 가학을 전수했다. 1871년(고종 8) 겨울에 족숙 항재공 3형제가 산

수가 아름다운 유심한 곳에서 조용히 경전을 읽기 위해 동협(東峽)의 고야촌(姑射村)으로 일시 우거하였다. 공도 공부할 목적으로 그 이듬해에 뒤따라 고야촌에 이거(移居)했는데, 그곳에서 항재공 3형제를 비롯하여 족조 학산공(鶴山公) 상석(尙碩)·족숙 아산공(啞山公) 동구(東九) 등 제공과 함께 과정(課程)을 정하여 경전을 토론하면서 한동안 본격적인 수업을 했다. 만년에는 공의 유문(遺文)을 모아 필사(筆寫)한 다음 그 간행을 위해 편집을 완료하였다.

손자 좌형(佐衡)은 초휘(初諱)를 두형(斗衡)이라 하였고 자를 정중(正中)이라 했으며, 1874년(고종 11, 甲戌)에 무릉리 집에서 태어났다. 유소 시절부터 동몽 교육을 받았으나 12세 어린 나이에 아버지가 돌아가시자, 금시당공 12대 승종의 맏손자로서, 어린 나이에도 불구하고 이미 가무(家務)와 종손으로서의 역할을 다하였다. 나이 18세 때 국화정(菊花田)에 있는 숙부 필한(弼漢)의 묘역에 투장(偸葬)을 한 자가 있어 관청에 소(訴)를 올려 해결한 일이 있고, 1903년(癸卯)에는 일본인들이 경부선 철도 공사를 하면서 현랑산(玄浪山) 선영 위토의 흙을 파가는 일을 법에 호소하여 막아낸 일도 있다.

증손 성로(成魯)는 1947년(丁亥)에 『철감록(掇感錄)』의 보유판(補遺版)을 간행하면서 그 발기(跋記)를 썼다. 또 현손 중기(中起)는 2000년(庚辰) 3월에 문중의 협찬을 얻어 처음으로 『국역판금시당집(國譯版今是堂集)』 1책을 현대판으로 간행하여 누대에 걸친 계술(繼述)과 가문의 숙원사업을 완성하기도 하였다.

7) 무초공(武樵公)과 묵산공(黙山公)

①

무초공 휘 종룡(鍾龍)은 스스로 '무릉(武陵)의 초부(樵夫)'임을 자처하여 무초(武樵)로서 호를 삼았는데, 자는 내견(乃見)이라 하였다. 1812년(순조

12, 壬申)에 생정(生庭)의 아버지 유정(攸珵)과 어머니 현풍곽씨(玄風郭氏) 사이의 둘째아들로 단장면 무릉리 생가에서 태어났다. 출생하자마자 공은 큰집 종조부인 처사공 휘악(輝岳)과 백종숙(伯從叔)인 죽관공(竹舘公) 장련 (章璉)의 간절한 요망에 따라 종숙 시림(是琳)의 뒤를 잇게 되었다. 공이 당 시 작고한 지 20년이나 되는 종숙 앞으로 사후 입양을 하게 된 까닭에 대 하여는 정확한 기록이 없다. 그러나 공의 생가 조부 휘연(輝淵)이 증조부인 혁(䄹)의 둘째아들로서, 28세의 나이로 요절한 그 숙부 거(秬)의 뒤를 이은 처지였다. 때문에 늦게나마 아들 형제를 두게 된 생정의 부모로서는 비어 있는 큰집 둘째종형의 가계를 비워둘 수가 없었던 것 같다.

그리하여 공은 27세로 일점혈육을 남기지 못하고 별세한 처사공 시림의 아들이 되어 한 가정의 사속(似續)을 이루었는데, 나이 5세에 어머니 강진 안씨(康津安氏)가 별세하여 초츤(齠齔)의 애처로운 집상을 하게 되었다. 소 년기에는 족숙 지지헌공(知止軒公)의 문하에 나아가 수업을 하였고, 18세 때에는 상남면 내금리(內今里)에 거주하는 밀성박씨 가문에서 배위를 맞이 했는데, 부옹은 사인 담수(聃壽)이고 국담(菊潭) 수춘(壽春)의 후손이다. 약 관 이후에는 위기(爲己)의 학문에 전심하는 한편 현숙한 부인의 내조를 받 아 가색(稼穡)에 힘쓴 나머지, 백형 무릉공(武陵公)과 함께 비교적 유족한 가산의 토대를 이룩하기도 하였다.

1836년(헌종 2) 25세 때에 대망하던 아들 병구(秉九)를 낳아 가계를 튼실 하게 하고, 생가의 부모에게 크나큰 기쁨을 안겨드렸으나 그 기쁨도 잠시 2년 뒤에 생부가 별세함으로써 다시 망극한 슬픔에 사무쳤다. 그러나 그 이듬해에 둘째아들 동구(東九)를 생산하였고, 그로부터 10년의 터울을 두 고 다시 셋째아들 영구(榮九)를 얻었으며, 45세 노경의 나이에는 만득자 경 구(景九)를 또 얻으니, 두 딸과 아울러 모두 6남매의 자녀가 슬하를 지키면 서 그 자황(滋況)이 자못 진진하였다. 이로써 공은 자칫 무후(无后)가 될 법 했던 당숙의 뒤를 이어 한 가정의 번연(蕃衍)한 기틀을 세우게 된 것이다.

공은 만년에 접어들어 향중 출입을 하면서 상마(桑麻)의 벗들인, 죽애(竹

厓) 손양서(孫亮緒)·만파(晚坡) 손종태(孫鍾泰)·벽오(碧塢) 김봉희(金鳳憙)·
북정(北亭) 손회수(孫晦秀) 제공들과 어울리면서, 시사(時事)를 담론하고 문
사(文詞)를 교환하면서 향내 곳곳에 그 장구(杖屨)의 자취를 남기기도 하였
다. 1872년(고종 9) 중춘(仲春)에 공이 회갑을 맞이하여 슬하 자질들이 베
푼 수연(晬宴)에는, 많은 향중명사와 친척들이 모여 창화(唱和)를 즐기고
아름다운 헌수(獻壽)의 자리를 만들었다.

공의 자손들이 보전하고 있는 『도원수일시첩(桃源晬日詩帖)』에는 당일
주인공의 소감의 말과 원운(原韻)이 그 첫머리에 실려 있다. 시첩의 제목을
'도원수일(桃源晬日)'이라 한 것은 곧 '무릉동에서 수연(晬宴)을 베푼 날'을
의미한다. '도원'이란 지명이 무릉도원(武陵桃源)에서 파생한 이칭(異稱)이
되기 때문이다.

나는 본래 문사(文詞)에 서투른 사람이다. 오늘 회갑을 맞이한 날에도, 도리
어 나를 낳아 키워준 부모에 대한 감사만 있을 뿐 창화(唱和)를 즐기고 싶은
생각은 전혀 없다. 다만 이날을 맞이하여 아이들이 낳아준 은덕을 생각하고 즐
거워서 춤추고 노래하며 '헌수(獻壽)의 가사'를 지어 읊어주었다. 나는 아이들
의 그러한 정성이 사랑스럽기는 하나, 그 취지를 볼 때 장수를 기리고 축원하
는 일이 위주가 되어 경책(警責)을 다짐하는 것은 없었다. 나는 이러한 것을 아
쉽게 여겨 그 운자로 시를 지어 스스로를 경계하고자 한다.
余本拙於文詞者 當此回甲之日 還有劬勞之感 而全無唱和之念矣 徒迎是日 家
豚輩念生恩 樂蹈而舞而 作獻壽詞歌而詠之 余愛其誠 而觀其旨 則主頌禱而無告
戒者 余是惜因其韻 以爲自警焉

아이들이 두 손으로 회갑의 잔을 올릴 제	兒曹雙擎甲朝觴
내 마음속으로 장수와 건강을 두려워하네	戒懼余心壽且康
아버지를 바꾼 허물도 효도라 할 수 있나	改父之愆方爾孝
하늘의 명을 따른 것이 나의 상서로움일세	聽天所命是吾祥
부모를 그리워하다 우러러 사모하게 되었고	詠莪還有羹墻慕
생계에 매달리다 보니 기나긴 세월 허송했다	食粟虛過歲月長
경사를 기리어 처자를 갖추었다 말을 하지만	稱慶雖云妻子合

늘그막에 형제간 우애 있음이 더욱 기뻤다네 　　晩年尤喜棣聯床

　공이 스스로 겸손해하듯 문장의 구성과 시구에는 다소간 엉성한 데가 있는 것이 사실이다. 그러나 자신의 회갑을 맞이하여 스스로의 기쁨 대신 돌아가신 부모를 그리워하는 정감을 앞세운 것은, 자손들에게 효(孝)의 참모습을 시범한 것이고 선비의 고결한 기품을 보인 교육적 거울이라 할 만하다.

　더욱 공의 원운시에는 태어나자마자 자기를 낳아준 생정의 부모를 이별하고, 젊디젊은 시절에 작고한 종숙의 사후 양자로 입계를 한 여한(餘恨)이 절절히 배어 있다. "아버지를 바꾼 허물(改父之愆)도 효도가 될 수 있나"라고 한탄하면서도, "하늘의 명을 쫓아 양부모의 혼령을 모신 것이 오늘의 경사를 맞이했다" 하고 스스로를 달래는 대목에 이르러선 참으로 숙연한 생각까지 들게 한다. 그러나 공은 회갑연을 치른 지 불과 다섯 달 만인 1872년(고종 9, 壬申) 8월 15일에 향년 61세로 세상을 떠났다.

　맏아들 병구(秉九)의 자는 이경(彝卿)이고 호는 농산(聾山)이라 했으며 1836년(헌종 2, 丙申)에 무릉동 옛집에서 태어났다. 어릴 때 한 마을에 거주한 족숙 도원공의 문하에서 수학했는데, 그 비범한 총명과 응사(應事)에 능란한 처결 솜씨를 두고 재종형 만성공은 매양 "우리 가문의 들보가 될 만한 재목이다" 하고 칭찬을 아끼지 않았다. 약관 전후에는 향당에서 그 문명을 누리었고, 향해시(鄉解試)에서도 몇 차례 그 해액(解額)에 올랐으나 곧 공거(公車)를 단념하고 향·도(鄉道)의 이름 있는 사림들과 도의의 교환을 통해 자기를 연마하였다. 1904년(광무 9, 甲辰)에 향년 69세로 세상을 떠나니 동문의 족제 항재공이 기정(記情)의 글을 그 여막에 보냈다.

　둘째아들 휘 동구(東九)는 자가 국경(國卿)이고 호는 아산(啞山)이라 했으며 1839년(헌종 5, 己亥)에 무릉리 고제(故第)에서 출생하였다. 어릴 때부터 안모(顏貌)가 단정하고 자질이 총명했으며 성품이 또한 청개(淸介)하여 가문의 장로들로부터 "우리 집안을 일으킬 준재(俊才)"라는 칭찬을 들었다.

소년기에 재종형 만성공의 문하로 나아가 공부했는데 경적(經籍)에 통하지 않음이 없었고, 1871년(고종 8) 33세 때에는 고야리(姑射里)로 우거하여 한 살 위의 족형 항재공을 비롯하여 족숙 학산공 상석·족질 졸와공 필상 등과 함께 일반 경전(經典)과『주자서절요』등을 정독하면서 학구에 열중했다. 공은 또한 필법이 정묘하여 1872년(고종 9)에『철감록』을 간행할 때는 그 목판의 세필(細筆)을 직접 썼다. 1874년(고종 11)에 36세로 세상을 하직하니 항재공은 애사(哀詞)를 지어 그 학문과 재주를 애석해하였다.

셋째아들 휘 영구(榮九)는 자가 준경(駿卿)이고 1849년(헌종 5, 己亥)에 선공의 나이 38세에 무릉리에서 태어났다. 연령차가 많은 두 형공(兄公)에게서 동몽서와『소학』을 이수하였고, 금시당에서도 문중 수재로서 학업을 닦았으나 1879년(고종 16)에 31세의 젊은 나이로 세상을 떠났다.

②

묵산공(黙山公)의 휘는 경구(景九)이고 자는 찬경(贊卿)이며 호는 목산(沐山) 또는 묵산(黙山)이라고도 했다. 아버지는 무초공 종룡이고 어머니는 밀성박씨로 사인 담수(聃壽)의 따님인데, 공은 1856년(철종 7, 丙辰)에 무릉리 향제(鄕第)에서 선공 45세 때에 낳은 만득자로 4남 2녀의 넷째아들이다.

나이 7세에 아버지로부터 글을 배우기 시작했는데, 10여 세에는 이미 사서삼경을 거듭 읽었고, 문의(文義)를 해석하여 암송하니 주위에서 신동이라 칭찬했다. 17세에 선공이 별세한 후 향중 사림의 촉망이 높던 중형·숙형이 차례로 죽고, 어머니마저 하세하는 비운을 겪으면서도 그 의절(儀節)을 다해 효제를 실천하니 향당의 평판이 더욱 높았다. 중년 이후 이웃 마을 갓실(蘆谷)로 이사하여 목산정(沐山亭)을 짓고 학동들을 불러 모아 교육했는데, 산등성이를 사이에 두고 이웃한 소눌(小訥) 노상직(盧相稷)의 자암서당(紫巖書堂)을 왕래하며 강석(講席)을 번갈아 열었다.

한때 밀양 수산의 동호리(東湖里)에 우거하면서 시국의 변천으로 구학(舊學)이 점차 쇠퇴하는 것을 안타까워하면서 후진들을 가르쳤고, 족질인 성헌공 병희(炳熹)와 동모하여 문중 흥학(興學)의 방책과 종약(宗約)을 창설했으며, 금주(錦洲) 허채(許埰)와도 친교가 두터워 그의 주산서당(珠山書堂)에서 강론과 시문으로 급변하는 시국을 한탄하기도 하였다.

마침내 경술국치를 당한 후 1913년(癸丑) 동호리의 우거에서 환고(還故)한 후에는, 한동안 나라를 잃은 사문(斯文)의 처지에서 두문불출로 세월을 보내기로 마음을 먹었다. 그러나 주위의 권고로 다시 망국의 울분을 달래면서 유학의 진흥을 위해 문중 자제와 향리 소년들을 모아 경사(經史)를 가르치고 나라와 민족의 주체의식을 고취하였다. 이때 공의 강론과 교육에 대한 소문이 퍼져나가자 멀리 다른 고을에서도 내학(來學)의 선비가 몰려들어, 1917년(丁巳) 여름에는 장소를 금시당으로 옮겨 강학을 계속했는데, 나중에는 수십 인에 이르는 인원을 모두 수용할 수가 없어 곤경을 치르기도 하였다.

그럼에도 불구하고 이듬해 가을 맏손자 연형(年衡)의 갑작스러운 죽음으로 참척(慘慽)을 당하니, 그 비탄과 실의(失意)를 끝내 이기지 못하였다. 마침내 책을 덮어버리고 강석을 폐한 채 그만 자리보전을 하고 말았다. 그로부터 3년 만인 1921년(辛酉)에 향년 66세로 세상을 하직하니, 노소눌(盧小訥)은 만사(輓詞)에서 "의표(儀表)는 깨끗하고 깨끗했으며 그 마음은 공손하고 공손했도다(其儀皎皎 其心肫肫)" 하고 공을 기리며 추모했다. 이는 공이 평소에 몸가짐이 청근(淸謹)하고 고금의 학문에 능통하여 추종한 선비들이 한결같이 "한 고을의 장덕군자(一鄕之長德君子)"라 칭송한 것과 무관하지 않은 듯하다.

배위는 여흥민씨(驪興閔氏)로 사인 상호(象鎬)의 따님인데, 슬하에 2녀를 두었으나 아들이 없어 종형 도은공(桃隱公) 민구(敏九)의 넷째아들 필규(弼揆)를 후사로 삼았다. 따님은 밀성인(密城人) 박희순(朴熙淳)과 평산인(平山人) 신택균(申澤均)에게 각각 출가하였다. 묘는 무릉동 뒷산에 있고 배위와 합분이다. 셋째아들 직형(直衡)이 지은 가장(家狀)을 토대로 족질인 퇴수재(退修齋) 병곤(炳鯤)이 행장(行狀)을 지었고, 호석(護石) 허섭(許涉)이 묘갈명

(墓碣銘)을 지었다. 저서로『묵산유집(黙山遺集)』2책이 필사본으로 전한다.

아들 필규(弼揆)는 슬하에 4남 3녀를 두었다. 큰아들 연형(年衡)은 24세로 요절하였고, 둘째아들 수형(秀衡)은 중부 아산공(啞山公) 동구(東九) 앞으로 출계하였으며, 셋째아들은 이헌공(而軒公) 직형(直衡)이고 끝의 아들은 권형(權衡)이다. 또한 제3자 직형은 혼인으로 인해 1920년(庚申)경에 무릉리의 옛집에서 그 처가마을인 단장면 안법리(安法里)로 이거하여 새로운 생활의 터전을 마련했는데, 이를 계기로 4형제가 차례대로 한 마을에 단취(團聚)함으로써 그 자손이 번성하였다. 연형의 아들 성연(成淵)은 주손 중기(中起)와 함께 오랫동안 종의(宗議)를 모아 금시당을 수호 관리하는 데 각별한 정성을 기울였다.

8) 처사공 종탁(鍾卓)과 치헌공(癡軒公) 문구(聞九)

①

처사공 휘악(輝岳)의 셋째아들 시영(是瑛)의 자는 영옥(英玉)인데 1771년(영조 47, 辛卯)에 용성리에서 태어나 성인이 된 후에는 같은 마을에 분가하여 일가를 이루었다. 그러나 나이 불과 30세의 청년으로 어린 남매를 두고 배위 밀성박씨와 사별을 했는데, 1799년(정조 23, 己未)에 태어난 외아들 종탁(鍾卓)은 아직 강보에 싸인 두 살짜리 어린 아기였다. 어머니의 지성 어린 양육과 보도(輔導)로 얼마간 성장한 뒤에는 생업의 방도를 찾아, 한때는 단장면 사연리(泗淵里)로 이사했으며 또 얼마 후에는 일족들이 모여 사는 무릉동으로 그 생활의 터전을 옮겼다.

그곳에서 배위 창녕조씨(昌寧曺氏)를 맞이하여 일가를 이루고 가색(稼穡)에 힘쓰는 한편, 위기(爲己)의 학문과 자녀 교육에 혼신의 노력을 기울였다. 노경에는 문중의 한 장로로서 돈친(敦親)과 위선(衛先)에도 각별한 관심을 가지고 성효를 다하였다. 특히 1873년(고종 10) 8월에 한산이씨소호문중(韓山李氏蘇湖門中)과 선조에 관계되는 문자(文字)의 시비로 인해, 몇 차례

통문이 오고 간 일이 있었다. 이때 공은 문중의 최고 원로의 한 분으로 종의(宗議)를 주도하여 그 일을 원만히 수습함으로써 가문의 명예를 지키는 데 힘썼다.

1875년(고종 12, 乙亥)에 향수 77세로 별세했으며, 슬하에 2남 2녀를 두어 아들은 문구(聞九)와 진구(瑨九)인데, 둘째아들 진구는 다시 종제인 종언(鍾彦) 앞으로 입계를 시켰다.

②

맏아들 치헌공(癡軒公)의 휘는 문구(聞九)이고 자는 사용(士用)이며 치헌은 그 자호이다. 1832년(순조 32, 壬辰)에 무릉리 집에서 태어나 어릴 때부터 이웃집에 거주한 재종형 만성공에게서 동몽의 교육을 받은 데 이어 조금 자라서는 족형 도원공의 문하에서 수업했다. 또한 재질이 뛰어남에도 가계가 빈한하다 하여 무릉동에 거주하는 10여 호의 지정(至情)들이 공의 학업을 위해 서로 도움을 주고 권면을 아끼지 않았다는 미담이 전해지기도 한다.

공도 또한 생평의 이력을 정리한 지장(誌狀)의 글이 없는 것은 유감이지만, 공이 남겨놓은 약간의 술작(述作)이 그 아들 동형(東馨)의 필사(筆寫)에 의해 엮어져 전해지고 있는 것은 참으로 다행한 일이다. 그 유고는 오언절구 1수와 칠언율시 12수의 작품을 비롯하여 6편의 제문(祭文)으로 구성되었고, 말미에 공을 추모한 타인의 제문 2편이 부록으로 실려 있다. 하나의 유고집(遺稿集)으로서는 빈약하다는 인상을 지울 수는 없지만, 그래도 공의 체취가 묻어 있는 작품집이라는 점에서 그 가치를 결코 폄하할 수는 없다.

그 가운데 13수의 시는 거기에 담겨진 내용과 시적(詩的) 분위기로 보아 대개 공의 만년의 작품으로 짐작이 된다. 특히 '신미(辛未)'라는 작품 연도가 표시된 「입춘운(立春韻)」과 함께 나란히 정리된 「천거운(遷居韻)」이라는 율시를 주목할 필요가 있다. 그것은 신미년 곧 1871년(고종 8) 전후에 공

이 무릉동에서 옛 성동(城東)으로 다시 이사한 사실을 그 내용으로 담고
있기 때문이다. 이에 그 시의 전문을 여기에 옮겨본다.

이사할 집 새로 정한 곳, 옛날의 성동이라	移居新卜古城東
봉이 춤추고 용이 날아 기운이 모였구나	鳳舞龍飛氣萃中
촌민들이 두터운 풍속 많았던가 물으면	爲問村民多厚俗
우리 조상 남긴 풍절 있음을 생각하노라	却思吾祖有餘風
꾀꼬리를 불러내니 큰 나무를 옮겨다니고	幽鸎喚出遷喬木
낙엽이 바람에 나부끼니 옛 뿌리가 그립네	落葉飄回戀故叢
집집마다 일가 간이라 봄빛이 두루 미치고	花樹家家春色遍
반평생을 이곳에서 무궁하게 즐기리라	半生從此樂無窮

성동은 밀양읍성의 동쪽을 뜻하는 것으로 용성리와 평리 일원이 이에
해당하는 마을이라 볼 수가 있다. 두 마을이 모두 우리 이씨의 종촌이지만
위의 시는 바로 옛날 우리 일가들이 지붕을 맞대고 담장을 나란히 하여
오순도순 살았던 옛날 사인당리의 마을 풍정(風情)을 그대로 옮겨놓은 듯
하다. 특히 "촌민들이 마을 풍속이 두터웠던가" 물음이 있게 되면, "옛날
우리 조상들의 끼친 풍운(風韻)이 생각난다" 대답하고, "집집마다 일가 간
이라 봄빛이 두루 미치는 곳에서 반평생을 여기에서 무궁한 낙을 누릴 수
있겠다"고 한 표현은 지정(至情)들이 모여 사는 용성리의 아름다운 분위기
를 재현한 듯한 느낌이다. 이 무렵의 용성리의 풍경을 나타내주는 또 하나
의 공의 율시가 있다. 바로 「중수용호재실운(重修龍湖齋室韻)」이 그것이다.

우리 선조 이름난 동산, 집은 다시 새로워지고	吾祖名園屋復新
섬돌의 꽃 문 밖 버들, 춘삼월을 만났구나	階花門柳適三春
말고삐 붙들어 매고 반가운 손님 머물게 하니	歸駒繫櫪留嘉客
재비도 둥지를 찾아와 주인을 알아본다	玄鳥尋巢識主人
널찍한 재실의 방은 성묘하기에 편리하고	廣置齋房宜省墓
비로소 서당을 여니 이웃 사귀기에 좋구나	始開書塾好交隣

마을 모습 이제부터 얼굴빛을 보탰으니 　　　　村容自此添顏色
사는 곳에 낙이 있어 순진한 대로 맡기리라 　　　樂在攸居一任眞

　제목을 풀이하면 "용호재실(龍湖齋室)의 중수(重修)를 읊는다"고 해야 할
것이다. '용호재실'은 용호(龍湖) 위에 있는 재실이라는 점에서 흔히 금시
당을 연상할 수 있다. 그러나 신미(辛未) 곧 1871년에 크게 중수한 재실은
금시당이 아니고 용성에 있는 재실이다. 따라서 종래 강당(講堂)이라는 이
름으로 전래해온 지금의 영사재(永思齋) 건물을 가리키는 것이며 '용성재
실'이라고 해야 옳을 것 같다. 시의 내용을 보더라도 "재실의 방이 성묘하
기에 편리하다(廣置齋房宜省墓)"라든지 "마을 가운데에 있는 재숙소(齋宿
所)"라고 한 점에서 더욱 그러하다.

　또 "비로소 서숙(書塾)을 열게 되어 이웃 사람과 사귀기에 좋다(始開書塾
好交隣)"라는 시구가 주목된다. 용성재실 곧 선불강당은 오래전부터 마을
서당으로서 문중의 수재와 촌수(村秀)들의 교육을 담당해온 장소이다. 때
문에 면모가 일신된 건물에서 서당을 다시 열게 된 기쁨을 그와 같이 노
래한 것이다. 뿐만 아니라 당시 공의 집이 이 마을에 있었고 공이 직접 이
서숙에서 문중과 마을 자제들의 교육을 담당했음을 이 시구는 은연중에
시사하고 있다.

　1873년(고종 10, 癸酉)에 공의 나이 불과 40세로 세상을 떠난 다음에는
족숙 소호공(小湖公) 종호(鍾昊)에 의하여 오랫동안 용성강당(龍城講堂)이라
는 이름으로 문중 자제들의 교육 장소가 되기도 했다. 공의 배위는 밀성박
씨로 사인 겸공(謙恭)의 따님이고, 슬하에 2남 1녀를 두어 아들은 동형(東
馨)과 동석(東錫)이고 딸은 참봉(參奉) 민중호(閔仲鎬)에게 출가하였다. 공의
자손들 역시 이민족에게 나라를 빼앗긴 뒤에는 각기 생업을 찾아 산거(散
居)했는데, 항도 부산을 위시하여 멀리 전라도 정읍(井邑)으로 혹은 하남면
파서리(巴西里) 등지에서 각기 생활의 터전을 잡아 오늘에 이르렀다.

9) 사과공(司果公) 거(秬)와 처사공 휘연(輝淵)

①

처사공 수(洙)의 둘째아들 사과공 휘 거의 처음 휘는 칭(秤)이고 자는 국평(國平)이다. 1724년(경종 4)에 태어나서 1751년(영조 27) 10월 27일에 세상을 떠나니 나이 불과 28세의 짧은 생애였다. 족보상에 "무과에 급제했다"는 짧막한 기사가 있을 뿐, 공에 관하여 달리 전해지는 기록은 없다. 그러나 최근 신국빈(申國賓)의『태을암집(太乙庵集)』에서 공을 추모한 만사(挽詞) 8절(絕)을 발견함으로써, 당시 공의 갑작스러운 죽음과 그로 인한 가정적인 정황을 미루어 알 수 있게 되어 다행이다.

우선「이사과 칭을 애도한다(挽李司果秤)」라는 글제목이 말해주는 바와 같이 공은 백두(白頭)의 신분이 아니라는 사실을 확인할 수가 있다. 곧 당시 무과 급제자에게 주는 서사(筮仕)의 절차에 따라 공에게 종6품에 해당하는 오위(五衛)의 부사과(副司果)라는 직책과 봉록이 주어졌음을 알 수 있게 된 것이다. 그리고 이때에는 칭(秤)이라는 이름자로 응과(應科)하였고 역시 그 이름으로 첫 벼슬이 내려진 사실도 확인된다. 우선 그 만장 글의 제1연을 읽어보도록 하자.

10일 동안 이승에서 과거에 오른 이름	十日人間科第名
구대골 산 아래의 혼령으로 끊어졌네	九臺山下斷魂靈
산 밖에 뉘 집에서 옥피리를 불어대나	山外誰家吹玉笛
그대와 나는 동방에다 또한 동갑일세	與君同榜又同庚

10일 동안 인간으로서 과제(科第)에 이름이 기록되었다는 것은 무과 급제 후 10일 만에 이승을 하직했다는 것과 통하는 말이다. "구대산하(九臺山下)의 혼령이 되어 단절되었다"는 말도, 실지로 공의 무덤이 지금까지 밀양시 동문 고개 너머 구대골(九垈谷)에 존재한다는 사실로 입증된다. 또한 이 만장의 작자가 스스로 밝혔듯이 동갑내기를 의미하는 동경(同庚)은 두

분의 생년간지가 다 같이 갑진생(甲辰, 1724)으로 일치되지만, 다만 과거에서 함께 합격했음을 의미하는 동방(同榜)에 대하여는 그 근거가 애매하다. 아마도 공의 무과 급제 이전의 어느 향시(鄕試)에서 두 분이 나란히 합격했으리라는 것을 짐작할 수 있을 따름이다. 제2연과 제3연의 시구는 당시의 정황과 슬픔을 더욱 사실적으로 드러내주고 있다.

아북산 머리에는 새벽달이 비치는데	衙北山頭曉月輝
상여는 삐걱거리며 부모의 집 등지고 간다	靈車軋軋背庭闈
할아버지는 홍패를 안고 누워서 통곡하며	大爺臥抱金牌哭
신은잔치 금의환향하는 너를 기다리셨다	待汝新恩畫錦歸
신은잔치 금의환향하는 너를 기다리면서	待汝新恩畫錦歸
어머니는 술을 빚고 아내는 옷 마름질했지	阿孃釀酒婦裁衣
어찌 알았겠는가? 기쁜 잔치 사흘 전 일을	何知喜宴前三日
홍패와 붉은 명정 서로 짝하여 나는구나	紅桂丹旌相伴飛

상여가 부모의 집이 있는 사인당리를 떠나 장지인 구대골(九岱谷)로 향하는 전방에 아북산(衙北山)의 새벽달은 참으로 슬프고 싸늘하였다. 사랑하는 손자가 무과에 급제하여 고향집에서 '신은의 잔치'를 열 것이라 그 준비로 부산했는데, 느닷없이 주검이 되어 돌아온 혼령 앞에서 대야(大爺, 할아버지)는 망연자실한 끝에 마침내 손자의 홍패를 안고 자리보전을 한 것이다. 어머니는 아들의 경사를 위해 잔치에 쓸 술을 빚었고, 젊은 아내는 금의환향하는 남편의 새옷을 마름질하기에 눈 코 뜰 새 바빴거늘 이 무슨 청천벽력인가. 잔치날을 사흘 앞두고 아들과 남편이 죽음으로 돌아왔으니, 참으로 하늘이 무너지고 땅이 꺼지는 비통이요 아픔이 아닐 수 없었다. 제5연의 사연은 또 다른 각도에서 가슴을 저리게 한다.

고운 얼굴에 소복이라 가련한 청상과부	紅顔素帕可憐孀

생이별 얼마나 길었는데 사별이 바쁘구나	生別何長死別忙
핏덩이 어린 여식의 보육을 어찌 하라고	一塊女孩如可保
후일에 시집보내 집과 낭군 지키게 하랴	他時嫁與守家郞

이때 공에게는 아들을 두지 못하고 다만 갓 낳은 딸 하나가 있었음을 이 구절은 잘 말해주고 있다. 지면상 전문을 옮기지 못하는 것이 아쉬운 점은 있으나 사실과 연결되는 구절만을 읽어 전체적인 맥락을 짚어볼 때, 공은 1751년(영조 27, 辛未) 10월 15일 전후에 무과에 방방(放榜)이 있은 다음 불과 열흘 뒤쯤에 불의의 죽음을 당한 것으로 해석할 수 있다. 말하자면 과거 급제의 '신은 잔치'와 죽음에 대한 장례 의식이 겹친 격이라 할까, "축하를 하러 왔다가 곡을 하며 돌아간다(來時賀客哭而迴)"고 표현한 이 만사 제7연의 한 구절이 당시의 정경을 애달프게 전달해주고 있다.

공의 배위는 밀성박씨로 사인 윤창(胤昌)의 따님이고 병사(兵使) 진한(振翰)의 증손녀이다. 부군의 몰후에 큰집의 둘째조카 휘연(輝淵)을 계자로 삼아 모자의 천륜이 돈독하였고, 일점혈육의 딸 하나를 잘 키워 완산인(完山人) 전택원(全宅源)에게 출가시킨 후, 부군이 가신 지 30년 만인 1780년(정조 4) 9월 18일에 세상을 하직하였다.

②

처사공 휘연(輝淵)의 자는 숙장(叔莊)이고 호는 알려져 있지 않다. 1755년(영조 31, 乙亥)에 용성리 옛집에서 생부인 처사공 혁과 생모 해주정씨 사이의 둘째아들로 태어나 숙부 사과공(司果公) 거(秬)의 사후 양자로 입계한 사실은 앞에서 이미 언급하였다. 공의 사·행적(事行蹟)에 대하여도 체계적인 기록이 없기는 마찬가지다.

다만 "타고난 성품이 호방 상쾌하고 기우가 밝고 활달하여 나이 7, 8세에 이미 거인의 법도를 갖추었다(天賦豪爽 器宇明達 甫齔已有巨人法度)"는 평판이 있어왔고, 당시의 문중 장로들이 "금시당 가문에 다시 이러한 기특한 아이가 태어났다(今是堂家中 復生如此奇兒)"고 기뻐했다는 가문의 구비(口碑)도 있다. 또한 그러한 가전(家傳)은 1958년에 간행한 우리 문중의 『무술파보(戊戌派譜)』에 "훌륭한 재목으로 경륜이 웅대했으나 방도가 막혀 여러 차례 뜻이 꺾이었다(瑰材雄經 道窮屢屈)"는 기록으로 표현되었으며, 1978년에 간행한 『무오파보(戊午派譜)』에서도 "특이한 재략(才略)과 웅대한 포부가 있었으나 뜻을 펴지 못했다" 하고 전보(前譜)의 기사를 답습하였다.

인물 평가에 유독 엄격한 잣대가 적용되는 우리 문중 보첩(譜牒)상에 이만한 기록을 남기고 있는 것을 보더라도, 공에 대한 당시 향당 간의 평가가 어떠했는가를 단적으로 요량할 수가 있다. 또한 공이 약관 이래 동당시(東堂試)에서 책문(策文)으로 장원(壯元)을 했다든지, 화산부(花山府)에서 시행한 공도회(公都會)에서도 두각을 나타내었다는 구전이 전해지고 있다. 그런 가운데서 최근에 내산(萊山) 이만견(李萬堅)의 문집(文集)에서 발견된 다음 만시(輓詩)는 공의 행적을 알리는 데 요긴한 자료가 되고 있다. 시의 제목은 「이숙장을 애도한다(輓李叔莊)」로 되어 있다.

버들잎에 마음 상하던 파교 다리 위에서	傷心柳色灞橋頭
책과 검으로 해마다 한양에서 놀았구려	書劍年年洛下遊
말씨가 온순하여 사람들이 함께 사랑했고	辭氣溫順人共愛
가문이 창대하기로 자식 걱정도 없었더라	家門昌大子無憂
황금방에 이름이 빠졌으니 어찌된 일이었나	如何名漏黃金榜
아마도 일신이 백옥루에 올라간 것이겠지	大抵身登白玉樓
나부끼는 상여 깃발에 엉성한 금박의 글자	寬旆翩翩疎粉字
용성의 넘어진 나무 무릉 언덕으로 향하네	龍城落木茂陵丘

이 글을 지은 이내산(李萊山)은 벽진인(碧珍人)으로 무안면 내진리(來進里) 출신인데, 당시 향중 학자로 이름이 있는 남호(藍湖) 이홍의(李弘毅)의 아들이다. 나이는 공보다 11년이나 연장이지만 '재약동유계(載藥同遊契)'를 맺는 등 평소에 교분이 매우 긴밀한 사이었다. 공의 구전적인 자료가 시사

하고 있는 바와 같이 이만견(李萬堅)도 또한 향해시(鄕解試)에서 삼첩(三捷)의 성적을 거두기도 하였고, 공령(功令)에 대한 강한 집착에서는 공과 흡사한 이력을 지니고 있는 듯하다.

위의 만시는 그 사실과 행간(行間)에서 읽혀지는 사연으로 인해 공의 행적을 보다 사실적으로 파악할 수 있는 반갑고 중요한 자료이다. 가령 제5구의 문과방(文科榜)을 의미하는 '황금의 방'에 당연히 올라 있어야 할 공의 이름이 빠진 것을 안타까워하고 있다. 그러면서 제6구에서는 문인이 죽은 다음에 간다고 하는 천상(天上)의 누각, 곧 백옥루(白玉樓)에 일신이 오른 것을 오히려 위로하고 있는 것이 이채롭다. 옛날 당(唐)나라의 시인 이하(李賀)가 죽을 때 천사가 찾아와 "상제(上帝)의 백옥루가 완공되었으므로 너를 불러들여 그 기문을 짓도록 정하였다"고 말한 고사(故事)와 같이 아마도 공의 문재(文才)를 탐한 상제가 부른 것으로 공의 죽음을 미화하고 있는 것이다.

공은 1797년(정조 27, 丁巳)에 실로 그 기우(器宇)와 웅대한 경륜에도 불구하고 43세의 아까운 나이로 세상을 하직했는데, 그 무덤은 단장면 무릉리의 지소동(紙所洞)에 위치한다. 공의 죽음을 두고 '용성의 넘어진 나무(龍城落木)'에 비유하면서, 그 상여(喪輿)가 향하는 곳을 '무성한 무릉의 언덕(茂陵丘)'으로 표현한 이만견의 만사 구절이 실제와 일치하고 있는 것도 흥미로운 일이다.

배위는 광주안씨(廣州安氏)로 사인 인식(仁植)의 따님이며 참판 엄경(淹慶)의 후손이다. 슬하에 아들 형제를 두었는데 맏이 유정(攸楨)은 아름다운 가업을 이어받았고, 둘째아들 유수(攸秀)는 문과에 급제하여 진취(進取)에 성공함으로써 부형이 이루지 못한 뜻을 선양하여 가문을 빛내었다.

10) 무릉동(武陵洞)의 단취(團聚)와 무릉옹(武陵翁) 종원(鍾元) 부자

18세기 말엽까지 약 300년 동안 옛 사인당리에 해당하는 용성리(龍城里)

를 중심으로 전천(箭川)·장선(長善)·평리(坪里) 일대에, 집단촌을 이루고 살았던 우리 일족들은 19세기에 접어들면서 하나둘씩 새로운 생업의 터전을 마련하여 이동을 시작하였다. 그것은 응천강(凝川江) 상류의 하천을 중심으로 그 연안에 펼쳐진 제한된 농토가, 해를 거듭할수록 늘어나는 인구의 수용을 감당하지 못할 뿐 아니라, 마을이 읍성의 동문(東門)과 너무 가까워 자제 교육상 환경이 좋지 못하다는 것도 하나의 요인이 되었다.

그런 가운데서 비교적 직접적인 계기가 된 것은 1815년(순조 15) 7월에 이 고장을 덮친 이른바 을해대홍수(乙亥大洪水)가 아닌가 한다. 당시 강변 마을이던 이 일대에는 특히 수해가 심하여 많은 전답과 민가가 유실되었고, 적지 않은 인명의 희생까지 감수하지 않으면 안 되었다. 그리하여 한번 밀어닥친 수마(水魔)는 거의 매년 상습적으로 마을을 휩쓸었고, 수해에 대비하는 항구적인 방책을 세우지 못한 상태에서 유서 깊은 이곳은 생리(生利)와 가거지(可居地)로서의 매력을 나날이 잃어갔다. 때문에 이 마을에 수백 년 동안 발붙이고 살던 우리 일족들은 기회가 닿는 대로 점차 고장을 떠나가게 되었고, 19세기 말엽에 이르러서는 추화산의 선영을 보존하기 위한 재사와 강당, 그리고 일부 위토와 종택을 제외하고는 사실상 마을을 비우다시피 하였다. 그것은 우리 가문 복거(卜居)의 중심지 격인 용성리는 말할 것도 없고, 인접한 평리까지 거의 남의 손으로 넘어가고 말았다. 다만 장선마을의 일부와 살내(箭川)마을이 그나마 종촌(宗村)으로서의 규모와 체통을 유지하고 있을 정도였다.

우리 일족들이 용성리와 평리마을에서 새로운 터전을 찾아 떠나간 곳 역시 군내를 벗어난 곳은 아니었지만, 주로 동협(東峽)이라 일컫는 단장면(丹場面) 일원이 많은 편이었다. 그중에서도 기록상 그 자취가 뚜렷한 것은 1800년(정조 24)을 전후한 시기에 죽엄공(竹广公) 국(稤)이 사연리(泗淵里)에다 그 삶의 터전을 마련하여 이주한 것이 그 최초의 사례라 할 수 있다. 잇달아 지지헌공 장박(章璞)은 일시 태동(台洞)으로 우거(寓居)한 바가 있고, 거의 같은 시기에 처사공 유정(攸珵)이 또한 무릉리(武陵里)에다 제법 유족한 전토를 장만하여 새로운 보금자리를 정하였다. 지지헌공이 태동에서 별세한 후에는 그 아들 도원공 종극(鍾極)이 금시당공의 주손인 만성공 용구(龍九)와 함께 앞서거니 뒤서거니 잇달아 무릉동으로 입촌했는데, 거기에 소속된 대소가를 합쳐 한때 수십 호가 단취(團聚)함으로써 이 마을은 자연스럽게 우리 일족들의 집단촌이 되었다.

①

사실상 무릉동의 동주(洞主)라고 할 수 있는 처사공 유정(攸珵)은 자를 군헌(君獻)이라 하였고 그 호는 알려져 있지 않다. 1773년(영조 49, 癸巳)에 아버지 처사공 휘연(輝淵)과 어머니 광주안씨(廣州安氏) 사이의 맏아들로 용성리 구제(舊第)에서 태어나 1838년(헌종 4, 戊戌)에 향년 66세로 세상을 떠났다. 처사공 유정(攸珵)에 대한 사적도 기록이 없기는 마찬가지이다. 선대의 경우와 같이 그 가장이나 지갈(誌碣)의 글이 있었더라면 하는 아쉬움이 간절할 뿐이다. 다만 삼종제 도원공이 공의 죽음을 애도한 글을 통하여 공의 행검(行檢)과 사적의 편린을 읽어볼 수 있을 따름이다.

> 오로지 한가로운 명구(名區)에서 세월을 보내면서도 유유자적한 즐거움을 언제까지나 마음속으로 다짐하였고, 험한 세상의 풍상 속에서도 조상이 끼치신 덕업을 떨어뜨리지 않았습니다. 비록 아우님이 한양에 유학하여 문과 급제로 용문에 올랐으나, 아들을 가르침에 있어서는 가정을 지키는 덕의(德義)와 선대의 사업을 계승시키는 뜻을 이루게 하였으니, 누가 공의 훌륭한 덕을 말하지 않겠습니까.
> 惟是 閒區日月永矢考槃之樂 劫界風霜不墜箕裘之業 縱弟遊學而獲忝龍門之榜 教子義方而克遂肯堂之志 孰不日公之德哉

이 구절을 보더라도 공이 시끄러운 시정(市井)을 가까이에 둔 용성리에서 아름답고 그윽한 동쪽 골짜기 무릉동으로 삶의 터전을 옮긴 이유와 취지를 알 수 있을 것 같다. 고요한 자연과 더불어 살면서도 조상이 끼친 훌륭한 업적을 결코 손상시키지 않겠다는 결의가 엿보인다. 여기에서 "아우님이 용문의 방(龍門之榜)을 얻었다"고 한 것은 11세 연하인 아우 죽와공(竹窩公) 유수(攸秀)의 문과 급제와 출사(出仕)를 말한 것이다. 공은 그것을 한 가문의 경사로 여기면서도 결코 그것이 인생의 전부가 아니라는 신조를 이 구절에서도 내비치고 있다. 곧 아들에게는 의방(義方)의 밝은 가르침으로 조상의 유업을 계승시키겠다는 의지가 그것이다. 또한 애초에 입촌(入村)할 당시의 야박한 마을 풍속을 교정하는 데 기울인 정열과, 촌민들을 두터운 인정으로 교화시킨 풍모를 넉넉히 짐작할 수 있을 것 같다.

②

무릉동주(武陵洞主)의 아들 무릉공(武陵公) 종원(鍾元)의 자는 선여(善汝)이고 노년에 그 호를 무릉옹(武陵翁)이라 했다. 백곡공의 5세손이고 처사공 휘연(輝淵)의 손자이다. 선공인 유정(攸珵)과 어머니 현풍곽씨(玄風郭氏) 사이의 2남 3녀 중 맏아들로 1805년(순조 5, 乙丑)에 용성 옛집에서 태어났다.

본래 부·조(父祖) 양대의 기상을 닮아 성품이 관대하고 활달했으며 어릴 때 부모를 따라 고을 동쪽의 무릉협(武陵峽)으로 이사한 후 그곳에서 아우 무릉초부(武陵樵夫)와 함께 소년 시절을 보냈다. 애초에 이 마을은 촌민들이 무지하고 어리석어 마을 풍속이 다소 거칠었으나, 선공 형제가 정성을 들여 마을을 잘 다스리고 교육과 계몽을 통하여 발전을 이루었다. 먼저 마을 뒤편에 무릉서당(武陵書堂)을 세워 문중 자제와 촌수(村秀)들을 가르쳤는데, 공의 형제도 이곳에서 사서삼경(四書三經)을 완독하는 한편 한때 과거 공부에도 열중한 바가 있다.

그러나 본래 효행으로 칭송이 있던 공은 1838년(헌종 4)에 아버지가 별세하자 그 상담(祥禫)의 예제(禮制)를 다한 후에는 공명(功名)의 부질없음을 깨닫고 과거 보는 일을 단념했으며, 오로지 어머니의 시봉에만 정성을 다 바쳤다. 또한 지역사회의 부농(富農)으로서 굶주리는 백성들의 구제와 가난한 수재들의 교육을 자신의 본분으로 삼아 의장(義庄)의 설치와 서당의 확충에도 많은 힘을 기울였다. 만년에는 서당 옆에 무릉재(武陵齋)를 세워 원근 고을의 선비들을 초빙하여 수창(酬唱)을 즐겼으며, 도원공·만성공 등 제종(諸從)들에게도 이사를 권유하여 한동안 동한단취(同閈團聚)의 즐거움을 누리기도 하였다. 이 마을에서 태어나 어린 시절을 보낸 족손 성헌공(省軒公)이 회고한 기록에 의하면, 당시 일가 간의 단취를 위해 애쓴 공의 자취를 어느 정도 짐작할 수 있다.

> 옛날에 우리 할아버지 도원공께서도 처음 무릉협으로 우거하였다. 선대부 무릉옹께서 실지로 일가들의 단취를 위해 그 일을 경영하여 다스렸으니, 앞서거니 뒤서거니 하여 옮겨온 우리 일가들이 10여 집이나 되었고, 그들은 모두 겨우 복(服)을 면한 친족들이었는데 거리(巷)를 나누어 거주를 하였다.
>
> 昔吾王考 桃源公之始寓峽也 先大父武陵翁 實經理 而先後之吾族黨 十餘家 俱以祖免之親 分巷而居

위에서 말한 '단문지친(祖免之親)'이란 이미 복(服)을 면한 8촌(八寸) 이상의 친족들을 말하는 것으로, 흔히 대소가를 지칭하는 공시(功緦) 이상의 유복친(有服親)을 합할 경우에는 한때 적어도 수십 호에 이르는 금시당의 자손들이 이 마을에서 집단촌을 이루었음을 미루어 알 수가 있다. 그러므로 근세에 이르러 금시당공과 백곡공 자손들이 사는 마을을 흔히 무릉동으로 바로 칭하는 까닭이 여기에 있다 할 것이다.

공은 1860년(철종 11) 백곡 선조를 위한 재실 건립을 주도한 바 있으나 1868년(고종 5)에는 금시당을 중수하여 직접 그 경과에 대한 기사(記事)를 짓기도 하였다. 1874년(고종 11, 甲戌)에 향년 70세로 세상을 떠나니 경향 각처에서 회장(會葬)한 인사가 수백 인에 이르렀다. 특히 공에게 시혜(施惠)와 교육을 받은 동민들은 정성을 모아 견전(遣奠)의 제물을 장만하고 제문을 지어 공을 추모하였다.

> 삼가고 조심스러웠던 그 모습이여, 곡진하게 타이르던 그 덕성이여. 가난함을 구제해주시니, 모두가 그 혜택을 입었습니다. 이제 무릉마을을 되돌아볼 때, 누가 있어 이런 일을 주장하겠습니까. 우뚝하게 새로 지은 배움터며, 날아갈

듯 산뜻한 그 창고하며, 마음속으로 깊이 느끼고 있는 감사를, 세상을 떠나신다 한들 어찌 잊을 수 있겠습니까.

抑抑其儀 諄諄其德 賑恤貧窮 咸蒙其澤 顧玆武陵 孰主張是 奪然新塾 翼如其 庫 感佩在心 沒世何忘

친족이나 인친 관계도 아닌 한갓 동민들이 마음속에서 우러나는 감사와 정리를 담아 영전에서 올린 순수한 기정(記情)의 글이다. 평소에 공이 촌민들을 얼마나 아끼고 사랑했기에 이러한 때 묻지 않은 감사의 말이 있었겠는가.

배위는 김해김씨(金海金氏)로 사인 시택(時澤)의 따님이고 서강(西岡) 계금(係錦)의 후손인데, 슬하에 2남 2녀를 두어 아들은 민구(敏九)와 술구(述九)이다. 따님 두 분은 밀성인(密城人) 손진휘(孫振彙)와 창녕인(昌寧人) 성보근(成輔根)에게 각각 출가하였다. 묘는 단장면 지소동(紙所洞) 선영 아래에 있다.

③

무릉옹(武陵翁)의 맏아들 휘 민구(敏九)의 자는 경눌(敬訥)이고 호는 도은(桃隱)이다. 어머니는 김해김씨 시택의 따님인데 1838년(헌종 4, 戊戌)에 무릉동 마을 집에서 태어났다. 나이 5, 6세에 이미 선공으로부터 천자문을 익혔고, 7세 때에는 마침 족숙 도원공이 평리에서 무릉협으로 입촌하여 설치한 가숙(家塾)에서 그 맏아들 항재공과 함께 도원공을 스승으로 하여 경사(經史)를 섭렵했다. 이러한 사실은 족질 성헌공이 공을 추모한 제문에서도 확인되고 있다.

공과 우리 어른(항재공)은 나이가 같고, 같은 학숙(學塾)에서 공부했으며, 같은 스승을 섬긴 동문이었다. 공과 우리 어른은 어릴 때부터 노경에 이르기까지 서로 마음이 맞아 즐거워하였다. 경인년(庚寅年, 1890, 고종 27) 봄에 우리 어른이 가족을 이끌고 부북면(府北面)으로 이사하자 공은 매양 늘그막에 서로 헤어져 다른 곳에 사는 것을 한스럽게 여겼다.

公與我先人 齒同庚也 遊同塾也 贊同門也 自幼至老 相得甚歡 歲庚寅春 我先
人挈家而北 公每以衰暮分離爲恨

공과 항재공이 같은 나이, 같은 학숙, 같은 스승 밑에서 공부한 시기에
학숙의 설립자 도원공의 육영 방침과 교육 과정은 자못 엄격하였다. 주로
문중의 자제와 인근 마을의 수재들을 수학의 대상자로 삼았는데, 당시로서
는 원근에서 상당한 인원이 학생으로 참여한 것 같고 교수진 또한 도원공
이외에도 문중과 향내의 문사(文士)들이 번갈아 초빙되었다는 기록이 전해
지고 있다. 학습의 과정도 엄격하게 정해져 『소학』과 『통감강목(通鑑綱
目)』을 먼저 배우고 능력에 따라 차례대로 사서삼경을 공부하도록 하였다.
이로 미루어보면 공의 학업은 소년 시절부터 비교적 체계적인 과정을
통해 상당한 수준에까지 도달한 것으로 보이지만, 그 사행(事行)에 대한 기
록이 단절되어 알 수 없는 것이 매우 유감이다. 다만 성헌공의 다음 제문
구절은 미흡하나마 공의 훌륭한 생평의 의표(儀表)와 편린을 어느 정도 전
해주는 것이어서 의미가 크다고 할 것이다.

공은 자질이 중후(重厚)하여 꾸밈이 적었고, 참되고 정성스러웠으나 경박함
이 없었습니다. 남에게 잘 보이려고 본 모습을 감추려 하지 않았고, 세상 사람
들에게 영합하고자 얕은꾀를 쓰지 않았습니다. 평소에 조용히 숨어 살면서 잘
나다니지를 않았는데, 비록 전원 속에 종적은 감추었어도 문 밖에는 근후(謹厚)
한 장자(長者)들의 왕래가 많았습니다.
公質厚而少文 悃愊而無華 未嘗梔蠟以媚人 未嘗桔橰以諧俗 深居簡出 雖晦迹
畎畝 而門外多長者車轍

비록 공의 유사와 지갈(誌碣)의 글이 없어 그 생평의 대강이라도 간추릴
수는 없으나, "한 줌의 고기로써 온 솥의 국 맛을 안다"고 한 옛말과 같이
짤막한 한 토막의 이 글로써 공의 거룩한 모습을 우러러보게 된다. 공은
1912년(壬子)에 향수 75세로 세상을 떠났는데 배위는 오천정씨(烏川鄭氏)이
고 슬하에 4남 1녀를 두었다. 맏아들 필식(弼寔)은 개제인후(愷悌仁厚)한 성

품으로 81세의 천수를 누렸는데, 선공의 뜻을 잘 받들어 선정(先亭)의 수호
와 종족 간의 화목을 도모하는 일을 솔선수범함으로서 문당(門黨)의 신망
을 얻었다.

둘째아들 필은(弼殷)은 성품이 호방했으나 32세의 젊음으로 세상을 하직
했으며, 셋째아들 필담(弼湛)은 종숙 농산공(聾山公) 앞으로, 넷째아들 필규
(弼揆)는 종숙 묵산공(黙山公) 앞으로 각각 입계하였다. 따님은 함안인(咸安
人) 조현욱(趙炫郁)에게 출가했으나 원서(寃逝)하였다. 장방(長房)의 셋째손
자 재형(宰衡)은 1964년(甲辰)에 『철감록(掇感錄)』을 추가로 보유(補遺)할 때
그 발기(跋記)를 붙여 경위를 밝힌 바가 있다.

11) 죽와공(竹窩公)의 과환(科宦)과 그 자손

①

죽와공의 휘는 유수(攸秀)이고 자는 근지(瑾之)이며 죽와는 그 호이다.
백곡공의 현손이고 사과공 거(秬)의 손자이며 처사공 휘연(輝淵)의 둘째아
들이다. 어머니는 광주안씨로 사인 인식(仁植)의 따님인데 공은 1784년(정
조 8, 甲辰)에 용성리 옛집에서 태어나 장성한 다음에는 백형 처사공 유정
(攸珽)을 따라 무릉리로 이거했다.

어릴 때부터 기골이 준수하고 총명이 특출하여 문중 장로들로부터 그
기상이 아버지를 닮았다고 하였다. 공은 6세에 어머니를 여읜 후 14세에
아버지마저 웅대한 재략과 포부가 있음에도 그 뜻을 펴지 못한 채 세상을
떠나시자, 꼭 입신출세하여 부모님의 유한을 풀어드려야 하겠다고 굳게
다짐하였다. 그리하여 11세 연장인 백형을 아버지처럼 의지하여 오로지
면학에만 매달렸다.

독훈장을 초빙하여 독서와 궁리에 여념이 없었고, 재약산(載藥山)의 절
간과 백곡서원 등에서 과거 공부에 열중하였다. 그 결과 여러 차례 향해시
(鄕解試)에서 그 재질을 드러내기도 하였으나, 한양의 남성시(南省試)에서

는 번번이 고배를 마시었다. 그것은 당시 치열한 정쟁의 와중에서 당색이 다른 남사(南士) 자제들의 등과는 그야말로 하늘의 별 따기와 같았기 때문이다.

그러나 선공의 뜻을 가슴속에 새긴 백형 처사공 유정의 적극적인 격려와 지원 속에서, 한양으로 올라가 서검(書劍)을 갈았고 권문세가의 자제들과도 어울려 등룡(登龍)의 첩경을 모색하기도 했다. 머릿속에는 만 권의 경전(經典)과 사책(射策)을 간직한 채 반평생 낙방의 쓴잔을 마시면서도 끝까지 뜻을 꺾지 않았던 것이다. 마침내 나이 48세가 되는 1831년(순조 31) 신묘식년문과(辛卯式年文科) 정시(庭試)에서 드디어 급제의 영광을 안았다. 그리하여 그해에 바로 승문원(承文院)의 권지부정자(權知副正字)로서 서사(筮仕)의 절차를 밟게 되었으며, 이어 부정자(副正字)와 정자(正字)를 거쳐 효릉(孝陵)의 별검(別檢)으로 승진했다.

1834년(순조 34)에는 성현도(省峴道) 찰방(察訪)으로 승차하여 외직으로 나갔다가, 임기를 채우고는 1837년(헌종 3)에 성균관전적(成均館典籍)이 되어 다시 내직으로 들어갔다. 이윽고 공의 청렴과 능력이 알려져 양사(兩司)의 천거로 사간원정언(司諫院正言)에 발탁되었으며, 오래지 않아 통훈대부(通訓大夫)의 품계와 사헌부감찰(司憲府監察)의 행직(行職)을 맡았다. 정언·감찰과 같은 대장(臺長)의 직분은 중앙정부의 핵심적인 요직으로 나라의 언론과 백관(百官)의 규찰(糾察)을 담당하는 관원이다. 그러므로 가문의 명성과 남의 모범이 되는 청망(淸望)이 있어야 임명이 되는 자리로 당시 공의 문벌적 위치와 의범(儀範)의 정도를 알 만한 것이다.

그러나 공이 노론 집권기에 어려운 관문을 뚫고 대과(大科)에 올라, 7년 동안이나 중앙 사법기관의 요직 등을 역임할 수 있었던 것은 당시 영남 남인계(南人系) 가문 출신의 선비로서는 매우 이례적인 일이었다. 따라서 공으로서는 그러한 환경에서 벼슬살이를 하는 동안 정신적인 갈등과 회의가 말할 수 없었을 것이다. 그리하여 1838년(헌종 4)에 아버지와 같이 믿고 의지하던 백형이 별세하자, 기다렸다는 듯 벼슬을 그만두고 귀향한 후

동화전(桐花田) 옛집에 칩거하면서 세월을 보내게 된 것이다.

공이 이해에 귀향 은퇴를 하면서 읊은 「귀전운(歸田韻)」이라는 칠언율시 1수는, 이때의 공의 심사를 잘 나타내주는 것으로 공의 유일한 유작(遺作)이라 할 수 있다.

칠 년을 분주하게 헛된 이름에 빠졌다가	七年奔走沒虛名
돌아와 띠집에 누웠더니 하룻밤 꿈이었네	歸臥茅廬一夢醒
처자가 서로 의지하니 참으로 즐거운 일	妻子相依眞樂事
어초가 섞여 앉았으니 이것이 한가로운 정	漁樵雜坐是閑情
창문을 열어 푸른 산빛 받아들여서 좋고	開牕好納靑山色
베개에 기대면 맑은 물소리 들려서 맑구나	倚枕淸聞澗水聲
책상에서 배운 말에 많은 손님 헷갈리는데	案語迷津多少客
어찌 얻지도 못할 영리를 다시 구하려는가	何求不得更營營

1840년(헌종 6)에 세상을 떠나니 향년 57세이다. 배위는 숙인(淑人) 벽진 이씨(碧珍李氏) 원견(元堅)의 따님과 숙인 박견(博堅)의 따님인데 두 분이 모두 성산군(星山君) 식(軾)의 후손으로 같은 일가였다. 슬하에 3남 4녀를 두어 아들은 종달(鍾達)과 종오(鍾五)와 종협(鍾協)인데 다 통덕랑(通德郎)의 품계를 받았다. 딸은 고성인(固城人) 이승귀(李承龜)·함안인(咸安人) 조성존(趙性存)·오천인(烏川人) 정치각(鄭致珏)·밀성인(密城人) 손진기(孫振琪)에게 각각 출가하였다. 묘는 단장면 소월리(所月里) 뒷산에 있으며, 족제인 추남 공(推南公) 장한(章漢)이 지은 묘지명(墓誌銘)이 있다.

②

맏아들 통덕랑공 종달(鍾達)의 자는 삼언(三彦)이다. 아버지는 조선조 후 기에 사헌부감찰을 역임한 죽와공이고, 어머니는 숙인 벽진이씨 원견의 따님과 숙인 벽진이씨 박견의 따님인데, 공은 후취(後娶)의 소생으로 1826 년(순조 26, 丙戌)에 단장면 동화전(桐花田) 우거에서 태어났다.

타고난 품성이 응중(凝重)하여 나이 겨우 12, 3세에 그 언동이 이미 노성(老成)한 사람처럼 진중했는데, 이 무렵 성현도찰방(省峴道察訪)으로 있던 선공에게 두 어린 아우를 거느리고 가끔 문안을 올렸다. 효우가 몸에 배어 행동이 진심에서 우러나고 사람을 대하는 법도가 의젓한 것을 보고, 아전들이 한결같이 탄복하고 두려워했다고 한다.

15세에 아버지를 여의자 편모(偏母)를 모시고 거상(居喪)의 절차를 옛 법도에 따라 빈틈없이 행하였고, 결복(闋服)이 되자 재사(才士)로 이름이 있던 재종질 붕구(鵬九)와 함께 금시당에서 본격적으로 경사(經史)를 공부하였다. 이때 공은 재종질과 사는 곳이 서로 멀고, 집을 무릉동 큰집 가까이에 옮기라는 선공의 유명(遺命)도 있어, 먼저 동화전에서 태동(台洞)으로 이사하였고 뒤미처 무릉동으로 다시 집을 옮겼다. 그리하여 1847년(헌종 13, 丁未)에 재종질 만성공 형제까지 성동의 옛 마을에서 무릉동으로 옮겨오자, 아래위로 서로 이웃하여 한 마을 화수(花樹)의 정이 매우 진진하였다.

공이 약관의 나이를 넘기자 두 아우 종오·종협과 함께 선공의 유음(遺蔭)으로 관례에 따라 정5품 통덕랑의 품계를 받았다. 공의 체계적인 이력은 자료가 없어 밝힐 수 없으나 평소의 인품과 사상에 대하여는 만성공이 공을 위하여 지은 다음 제문의 구절에서 잘 나타나 있다.

> 넓은 도량으로 작은 일에 구애되지 않는 큰 뜻이 있었다. 재물을 기울여 어려운 사람을 구제함에 있어 사람을 가엾게 여기면서도 사람을 편안하게 하였다. 꾸밈이 없고 대범하며 엄숙하고 의지가 굳어서 남이 함부로 그 마음을 엿보지 못했는데, 그 사람을 만나 무릎을 맞대고 몇 마디를 하게 되면 쓸 만한 사람을 얻어 열복(悅服)시키니, 비록 옛날에 특별히 뛰어난 선비라도 아마 이 정도에는 미치지 못할 것이다.
> 磊磊有大志 傾財恤窮 憂人樂人 簡重嚴毅 人不敢窺 其際而及促膝數語 得人之悅服 雖古特達之士 殆不過也

글이 다소간 윤색된 경향은 엿보이지만 만성공이 이 정도로 공을 찬양했다면, 그 인물됨의 실상(實相)을 충분히 요량할 수가 있다. 공은 1857년 (철종 8, 丁巳)에 나이 겨우 32세에 세상을 떠나니 향당에서는 "금시당 가문의 선명한 별 하나가 떨어졌다" 하고 애석해하였다. 배위는 공인(恭人) 광주이씨로 사인 경운(敬運)의 따님이고 대사헌(大司憲) 원록(元祿)의 후손이다. 슬하에 아들 한구(漢九)와 면구(冕九)를 두었다. 공의 자손은 주로 단장면 무릉리에 세거하여 오늘에 이르렀다.

공의 중제(仲弟) 통덕랑 종오(鍾五)는 자가 극중(極中)이고 자손은 처음 무릉리에 살다가 생업의 형편에 따라 하남면 파서리(巴西里) 등지로 흩어져 살고 있다. 또 막내아우 통덕랑 종협(鍾協)의 자는 치현(致顯)이고, 그 자손은 멀리 기호(畿湖) 일원과 경북 각처에도 흩어져 살았다.

제4장

월연(月淵)의 청풍을 기려온
겸재공(謙齋公) 후예들

1. 교위공(校尉公)과 내금공(內禁公) 경청(慶淸) 형제

①

월연공의 장자인 제헌공(霽軒公) 원량(元亮)은 슬하에 3남 3녀의 자녀를
두었다. 그 맏이는 교위공 경함(慶涵)인데 배위인 공인(恭人) 밀성박씨(密城
朴氏)와의 사이에서 따님 세 분을 두었다. 맏딸은 현풍인(玄風人) 곽소(郭
紹)에게 출가하여 아들 안기(顔期)를 두었으나 임진왜란 때 외가의 재산을
탐내어 위해를 가한 일이 있어 후일 두 집안의 세의(世誼)도 자연 단절되
었다. 차녀는 안동인(安東人) 권발(權撥)에게 출가했으나 그 가계와 인적사
항을 자세히 알 수가 없다. 3녀는 벽진인(碧珍人) 이도자(李道孜)에게 출가
했는데 그의 자는 지지(至之)이고 호는 복재(復齋)이다. 덕암(德巖) 이석경
(李碩慶)의 아들로 숙부인 외재(畏齋) 이후경(李厚慶)과 함께 한강(寒岡) 정
구(鄭逑)에게 배워 학행이 드러났으며 사후에 덕봉서원(德峰書院)에 함께
향사된 명현이다. 이 밖에도 공에게는 측실에서 조광(造光)이라는 아들 하
나를 두었으나 가계를 잇지는 못하였다.

공의 사·행적에 대한 자료는 족보상에도 다만 교위(校尉)를 지냈다는
기록만 있을 뿐, 자·호(字號)와 생졸의 연대 및 묘소 등의 소재지를 전혀

알 길이 없다. 교위라는 것은 당시 양반 자제에게 주어진 특수 병종으로 오위(五衛)의 장교로 종사한 이력을 말하는 것이지만 그 소속조차 명확하지 않다. 그러나 밀양향교에 보존되고 있는『구향안(舊鄕案)』에 '가정갑진 이래향원(嘉靖甲辰以來鄕員)' 171인 중 유학(幼學) 이경함(李慶涵)이라는 공의 휘함이 들어 있다. 이 자료는 임진왜란이 끝난 1601년(선조 34) 봄에 전부사(前府使) 손기양(孫起陽) 등 당시 밀양 출신의 전직 관료들이 중심이 되어 작성한 것으로, '가정갑진' 곧 1544년(중종 39)부터 1601년까지 57년간에 걸친 향원 명부이다.

일반적으로 한 고을의 지도자격인 향원으로 천거되어 향안에 오를 수 있다는 것은 그 가문과 인망으로 보아 향촌사회의 모범이 된다는 것을 의미한다. 또한 그 나이는 특수한 경우를 제외하고는 대개 40대에서 50대가 주축을 이룬다. 그러한 점을 감안하여 유추해보면 공은 1525년(중종 20) 전후에 사인당리 향제에서 태어나 1545년(인종 1)경에 결혼을 하였고, 40대에 해당하는 1565년(명종 20)에서 1575년(선조 8) 사이에 향원에 올랐다는 것을 짐작할 수 있다.

그러므로 공은 이 시기에 월연공의 장손으로서 아버지에 이어 선정을 지키면서 향중 활동에도 관여했음을 알 수 있다. 또한 슬하 세 따님의 생육(生育)과 혼가(婚嫁)의 시기를 요량해보면 공의 몰년은 아마도 50대 초반에 해당하는 1575년 전후가 아닌가 여겨진다. 공은 생전에 적실(嫡室)의 아들이 없어 후사 문제로 고민을 했으나, 중제(仲弟) 경청(慶淸)에게도 딸만 셋 있었고 계제(季弟) 경옥(慶沃)은 20세 가까운 연령 차이로 아들을 늦게 두어, 결국 생전에는 사자(嗣子)를 들이지 못한 것으로 되어 있다. 다만 당시 집안의 소처로 보아 소실(小室)에서 난 유일한 아들 조광(造光)으로 하여금 혈연을 잇게 한 것으로도 생각할 수 있지만 그 또한 입증할 만한 근거는 없다. 따라서 공은 한 가문의 맏이이면서도 결국 그 대를 받쳐주지 못한 채 무후(无后)가 되는 처지를 면할 수가 없었다.

　제헌공의 둘째아들 내금위공 경청(慶淸)에 대한 족보상의 기록 또한 '내
금위의 교위'라는 직함이 그 기록의 전부이고, 자·호는 물론 생졸의 연대
와 묘소의 표시가 없기는 형공과 마찬가지이다. 다만 배위는 공인(恭人) 벽
진이씨(碧珍李氏)로 참의(參議) 이엄(李儼)의 따님이고 조선 초기에 청백리
로서 임지인 제주도에 많은 미담과 일화를 남기기도 한 평정공(平靖公) 이
약동(李約東)의 현손녀라는 명문의 가계를 밝히고 있다. 그러나 적실에서
는 일점혈육이 없었고 후일 측실에서 두 딸을 두었는데 그중 맏이는 영천
인(永川人) 황보준(皇甫峻)에게 출가하였고 둘째는 김해인(金海人) 김극해(金
克諧)에게 출가하였다. 김극해는 부사(府使) 김일준(金逸駿)의 아들로 뒷날
음직으로 좌랑(佐郎)의 벼슬을 얻었고 향중 활동이 활발하여 향안에도 올
랐는데 여생(麗生)·명생(命生)·후생(後生) 등 아들 3형제를 두었다.

　공도 역시 백형과 나란히 '가정갑진이래향원'으로 추대되어 향안에 올
라 있는 정황에 비추어 백형과의 터울 두 살 내지 세 살을 감안해보면, 대
개 그 출생 연도는 1527년(중종 22) 전후로 추정되고 향중 활동의 시기도
비슷하다. 그러나 공에게는 『밀양향안』 외에도 최근 또 다른 자료 하나가
발견되어 공이 당시 거주한 마을과 사속(嗣續) 관계에 중요한 사실을 제공
해주고 있는 것은 주목할 만한 일이다. 그 자료는 『귀령동안여수정기(龜齡
洞案與秀亭記)』라는 1604년(선조 37)에 작성된 문서로서 내용은 '귀령동안
(龜齡洞案)과 남수정(攬秀亭)에 관한 기록'으로 이루어져 있다.

　귀령동(龜齡洞)은 대고말(大高旨)이라고도 하는 춘정(春亭) 변계량(卞季良)
의 향리로서 지금의 행정구역으로는 초동면 성만리 일대가 해당된다. 그
러나 이 '동안'에 등재된 인물들의 출생 향리를 살펴보면 귀령동을 중심으
로 그 인근 마을은 물론 옛 수산현의 공해(公廨)인 남수정으로 대표되는
하남면과 무안면 일부까지도 포괄한 넓은 지역이다. 그러므로 이 문서는
'밀양부' 전체를 아우른 『밀양향안』과 대비되는 것으로 고을의 서부 지역
출신의 '양반 명부'라 할 수가 있다.

공은 이 『귀령동안』 첫머리에 '가정이래동원(嘉靖以來洞員)'으로서 26인 명단의 맨 마지막에 등재되어 있다. 가정(嘉靖) 이후인 1545년(인종 1)을 기점으로 1591년(선조 24)에 작성된 '신묘동원(辛卯洞員)'과의 연관성을 고려해볼 때, 공은 임진왜란 직전인 1585년(선조 18)경 곧 공의 나이 50대 후반까지 귀령동 또는 그 인근 마을에 거주했음이 드러난다. 동시에 "내금위 이경청은 충순위 원빈의 대를 이은 아들(內禁李慶淸 忠順元賓之嗣子)"이라는 12자의 주기(註記)가 있어 공에 대한 사속(似續) 관계를 밝히고 있다는 점에서 매우 주목을 끈다.

'내금위 교위'란 충순위(忠順衛)·충의위(忠義衛)와 함께 당시 사대부가의 자제들을 특수 병종에 편입시켜 병역의 의무를 마치게 한 특전으로 해석되지만, 공이 아들이 없는 막내숙부 충순위 원빈에게 출계했다는 것은 전혀 새로운 사실에 속하기 때문이다. 아마도 공은 젊은 시절에 생정(生庭) 부모의 명을 받들어 일점혈육이 없었던 계부의 사자(嗣子)가 되어 외가마을로 전사(轉徙)한 듯하며 그 사실이 이로써 입증이 된 셈이다.

소후부(所後父) 원빈은 약관 시절 공인(恭人) 밀양박씨(密陽朴氏)와 혼인하였고, 그 뒤 곧장 처가마을인 상서면 신곡리(新谷里)에 생활의 터전을 마련했는데, 그때 처가로부터 상당한 전장(田庄)을 물려받은 것으로 알려져 있다. 따라서 공의 양부모가 기출(己出)의 아들로 자기 대를 이을 것을 단념한 후 입계한 아들을 맞아들이게 되자, 공은 향리를 떠나 외가마을인 이 지역의 주민으로서 거주하게 되었고 사족의 신분으로 자연스럽게 『귀령동안』에도 오를 수가 있었던 것이다.

다만 먼저 입동(入洞)한 양부의 휘함이 '동안'에 없는 것은 가정 연간 이전의 인물이기 때문이지만, 사후에 그 무덤이 상서면 신곡리 뒷산 기슭에 모셔졌다는 것만으로도 이곳에 거주한 사실이 충분히 뒷받침된다. 동시에 족보상 실묘 처리되어 있는 아들 휘 경청(慶淸)의 무덤도 또한 필경 선영 경내에 있었으리라는 추정은 의심할 나위가 없다. 그러나 20여 년 전 살내 일가 자손들에 의하여 아버지 휘 원빈의 무덤을 장선리 종산(宗山)의 선영 경역으로 이장함으로써, 신곡마을과의 연고를 깡그리 지워버린 것은 다소간 아쉬운 생각도 없지 않다. 그와 함께 어렵게 이룬 사속에도 불구하고 아들 경청에게도 끝내 뒤를 이어줄 후사가 없어 대가 끊겨진 것이 안타까울 따름이다.

2. 겸재공(謙齋公)의 생애와 불행한 최후

겸재공의 휘는 경옥(慶沃), 자는 계원(季源)이고 겸재(謙齋)는 그 자호이다. 아버지 제헌공과 어머니 의인(宜人) 장수황씨(長水黃氏)의 막내아들로 1541년(중종 36)에 사인당리 옛집에서 출생하였다. 위로 두 형님에 이어 사인 강사의(姜士義)·사인 박해(朴海)·생원 김천수(金天授)에게 각각 출가한 세 분 누님을 이어 선공의 나이 37세에 태어난 만득자이다. 품성이 명수(明粹)하고 근칙했으며 아버지로부터 가학을 이어받아 문재가 뛰어났다는 평판을 얻었으나, 시세(時世)의 어지러움을 보고 과환에는 그다지 열의를 기울이지 않았다.

더구나 공의 소년기에는 중부(仲父) 원충(元忠)이 처가향인 대구 가창(嘉昌)으로 이주하여 일가를 이룬 데 이어, 막내숙부 원빈 또한 입계(入系)한 아들 경청과 전후하여 상서면 귀령동의 이웃 마을인 신곡리에 생활의 터전을 일구었다. 따라서 자연 고장 마을에는 아버지 월영옹(月盈翁)이 큰아들 경함(慶涵)과 막내아들인 공을 거느리고 셋째아우 원회(元晦)와 함께 그 터전을 지키지 않으면 안 되었다.

1567년(명종 22) 공의 나이 27세 때는 아버지의 별세에 이어 얼마 뒤에는 백형마저 후사를 두지 못한 채 세상을 떠났다. 이미 중형이 출계한 마당이라 형이 없으면 아우가 차례대로 아버지의 대를 계승해야 하는 이른바 형망제급(兄亡弟及)의 도리를 지키지 않을 수 없었다. 따라서 역시 아들이 없던 숙부 원회가 일직손씨(一直孫氏) 가문으로 출가한 무남독녀를 의지하여 이웃 마을로 생활의 터전을 옮긴 뒤에 텅 빈 고장을 홀로 지키지 않으면 안 되었다. 그리하여 할아버지 월연공의 별업을 지키고 가꾸면서 정훈(庭訓)을 실천하는 데 온 정성을 기울였다. 자연 문중을 대표하는 처지에서 고을 출입을 하게 되었고 점차 향중의 인망 높은 지도자로서 유회(儒會)와 문회(文會)를 주도하는 등 사풍(土風)의 진작(振作)에도 일정한 역할을 담당하였다.

임진왜란이 끝난 뒤에 향중사림들이 작성한 『밀양향안』 '가정갑진이래 향원'에는 공의 백형 경함과 중형 경청 그리고 재종형인 근재공 경홍(慶弘)과 함께 공의 휘함이 나란히 등재되어 있다. 이는 1544년(중종 39) 이래 작성 당시인 1624년(인조 2)까지 80년 동안 이미 작고한 향원들의 명단으로서, 당시 향토 사회에서 존경을 받거나 향중 활동에서 두드러진 공적을 남긴 지도자를 엄선하여 올린 일종의 '향선생명부'라 할 수 있다. 따라서 이는 우리 문중의 당시 위치와 공의 존재를 알려주는 귀중한 자료라 할 것이다. 이와 관련하여 들 수 있는 공의 대표적인 행적으로는 1576년(선조 9)에 전직 관료인 추천(鄒川) 손영제(孫英濟)와 함께 향론을 일으켜 '송계신계성여표비(松溪申季誠閭表碑)' 건립을 주관함으로써 향중 명현의 학덕을 기렸다는 것이 기록상으로 남아 있다. 또 그 일을 계기로 재종형인 근재공과 교유가 두터웠던 한강 정구(鄭逑)·동강 김우옹(金宇顒) 등과도 도의의 교환이 있었고, 그 얼마 후에는 문음(門蔭)으로 형조정랑(刑曹正郎)의 벼슬을 얻었다는 가전의 기록도 있다.

공의 만년에는 연로하신 어머니 의인(宜人) 장수황씨(長水黃氏)의 봉양에 정성을 다하는 한편, 백형을 대신하여 일문의 기둥이 되어야 한다는 마음가짐 아래 실질적으로 치가(治家)의 책임을 자담하였다. 이 무렵 특히 효성이 지극했던 공은 모부인 황씨가 친정 곳으로 이사하여 살기를 소망했으므로 그 뜻을 받들어 외가마을인 부북면 한목(大項)에서 일시 우거한 일도 있었다. 그 과정에서 모부인 황씨는 장방(長房)에서 후사가 없는 것을 은근히 걱정하고는 유독 총명하게 생긴 어린 손자 유(瑜)를 향해 "우리 집을 일으킬 놈은 반드시 이 손자이다(興我家者 必此孫也)" 하고 특별히 아끼고

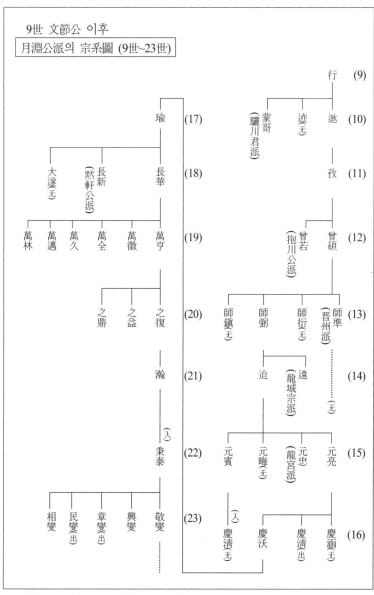

9世 文節公 이후
月淵公派의 宗系圖 (9世~23世)

行 (9)

逖 (10)
迹(无)
蒙哥
(驪川君派)

孜 (11)

曾碩 (12)
曾若
(抱川公派)

瑜 (17)

長華 (18)
長新
(黙軒公派)
大逢(无)

萬亨 萬徽 萬全 萬久 萬邁 萬林 (19)

師準
(晉州派) 師衍(无) 師弼 師鎭(无) (13)

之復 之益 之鼎 (20)

遠
(龍城宗派) 迶 (14)
(无)

瀚 (21)

元亮 元忠(无)
(龍宮派) 元晦(无) 元賓 (15)

秉泰
(入) (22)

慶涵(无) 慶淸(出) 慶沃 慶淸(无)
(入) (16)

敬燮 興燮 章燮(出) 民燮(出) 相燮 (23)

월연공파(月淵公派)의 종계도(宗系圖) 15세 휘 원량(元亮)의 제2자 휘 경청(慶淸)이 그 계부 휘 원빈(元賓)에게 출계한 것으로 작성한 종가 중심의 세계도. 편의상 시조공으로부터 8세까지의 세계는 생략하고 9세 문절공(文節公)으로부터 23세까지만 약식으로 작성하였다.

귀여워했다는 일화도 전해진다.

그곳에서 모부인이 돌아가시자 5, 6년 후에는 다시 고향마을로 돌아왔는데 잇달아 임진왜란이 일어났으니, 바로 1592년(선조 24) 4월 13일의 일이었다. 불과 며칠 만에 밀양성이 함락되었고, 숨 돌릴 사이도 없이 삽시간에 밀어닥친 왜적을 피해 공은 배위와 다섯 아들을 데리고 집 근처 산골짜기로 부랴부랴 숨어들었다. 그러나 병약했던 공은 4월 20일에 피난했던 산골짜기에서 결국 숨을 거두고 말았으니 공의 나이 52세였다. 왜적의 날카로운 감시 속에 당한 조난(遭難)이라 창황망조한 가운데서 배위 김씨와 어린 상주들은 그 무덤조차 옳게 조성하지 못하고 가매장 상태에 두었다.

결국 공의 무덤은 전쟁이 끝나고 유일하게 살아남은 아들 휘 유(瑜)에 의하여 배위와 함께 초계군(草溪郡)에 안장되었으나 현재까지 그 소재는 알 길이 없다. 다만 후일 현손인 월암공(月庵公)이 별묘(別廟) 봉사를 하다가 그 사손인 임고공(林皐公)이 사대봉사(四代奉祀)의 대진(代盡)에 따라 월연곡 내에 양위분 신주를 매혼(埋魂)함으로써 무덤을 대신하고 있다. 1690년(숙종 16)에 증손 영장공(營將公) 만전(萬全)의 귀현으로 3대 추증의 은전을 입어 통훈대부(通訓大夫) 사복시정(司僕寺正)의 증직이 있었다.

배위 증숙인(贈淑人) 금천김씨(衿川金氏)는 사인 희윤(熙胤)의 따님인데 슬하에 5남 2녀를 두었다. 위로 네 아들이 1594년(선조 27, 甲午) 전란 중에 참혹한 죽음을 당하게 되자 그 참상을 목격한 나머지 피를 토하고 그해 12월 20일에 마침내 세상을 떠나니 계자(季子) 유(瑜)가 홀로 살아남아 뒤를 이었다. 두 딸은 사인 이원복(李元福)과 교수(敎授) 노개방(盧盖邦)에게 각각 출가했다. 특히 둘째딸은 임진왜란 때 동래성을 지키다가 최후를 마친 남편을 따라 순절함으로써 부부가 함께 충신과 열녀로서 국정(國旌)이 내려 무안 삼강동(三綱洞)에 모셔지고 있다.

3. 전화(戰禍)를 딛고 일어선 증참의공(贈參議公)의 가업(家業)

참의공 희유(瑜)의 자는 군보(君寶)이다. 아버지는 겸재공 경옥(慶沃)이고 어머니는 금천김씨로 사인 희윤(熙胤)의 따님인데, 공은 1583년(선조 16) 9월 30일에 사인당리 향제에서 태어났다. 어릴 때부터 지혜와 기국(器局)이 남달라 조모 장수황씨는 늘 사람들에게 "우리 가문을 일으킬 손자"라 하여 매우 귀여워하고 자랑했다.

나이 겨우 두서너 살 때 아버지를 따라 할머니의 친정 곳인 부북 한목마을(大項里)로 이사하여 5, 6년 동안을 살다가 조모가 돌아가시자 다시 고향마을로 돌아왔다. 1592년(선조 25) 4월 임진왜란이 일어나 왜적이 창졸간에 밀양읍성을 함락하니 당시 어린 나이로 양친과 위로 네 형을 따라 황급히 집 근처 산골짜기에 피난했다. 그러나 지병이 있던 아버지께서 며칠 뒤 별세하자 창황망조한 애통 속에서도 형들과 함께 우선 시신을 수습하여 임시로 장사를 치렀다.

1, 2년 동안 갖은 고초를 참으며 이리저리 떠돌아다니던 공의 가족들은 전쟁이 다소 새로운 국면에 접어든 1594년(선조 27) 가을에, 전전긍긍한 마음을 달래며 몰래 마을 집으로 찾아 들어갔다. 그러나 거기에는 세상이 바뀐 틈을 타고 새로운 위협이 기다리고 있었다. 원군으로 온 명나라 장수 송호한(宋好漢)이 밀양에 주둔하고 있었는데, 공의 집 노비로 있던 옥기(玉岐)와 무화(武華) 등이 짜고 안나(安儺)와 연춘(妍春)이란 계집종을 그의 교첩(嬌妾)으로 바치고는 그 위세를 믿고 거들먹거리고 있었던 것이다.

그들은 옛집으로 찾아온 주인을 해하려는 마음을 품고 중국 장수에게 "자기들의 상전인 모모가 명나라 군사의 애마(愛馬)를 훔쳐갔다"고 거짓으로 무고하였다. 그리하여 그들은 공의 네 형인 근(瑾)·우(瑀)·거(琚)·진(璡)을 잡아들이고는 노비문서를 빼앗고 차례대로 죽이고 말았다. 창졸간에 이러한 강상(綱常)의 대변(大變)을 당하게 된 어머니 김씨도 그 참상 앞에서 그만 실신한 채 피를 토하고 세상을 떠났다. 이날이 갑오년(1594) 12월 20일, 그 자손으로서는 잊으려야 잊을 수 없는 한 맺힌 날이 되었다.

나이 불과 10세로 이러한 망극지변을 당한 공은 다만 기가 막혀 어안이 벙벙할 뿐이었으나 일은 그것으로 끝난 것이 아니었다. 당시 장성한 종생질(從甥姪)이었던 곽안기(郭顔期)란 자가 '명나라 장수의 양자'라 자칭하면서, 유일하게 생존한 공을 죽여 멸족시킨 다음 외가의 재산을 모조리 빼앗고자 하였다. 이런 사실을 알게 된 당시 밀양부사 이방좌(李邦佐)는 명장 송호한을 찾아가 "어린아이가 무엇을 알겠는가. 살려주어야 한다" 하고 여러 차례 간청한 끝에 공은 겨우 죽음을 면할 수가 있었다.

사지를 빠져나온 어린 공은 그길로 어머니의 시신을 짊어지고 곧장 초계(草溪) 땅으로 달아나 장사를 치르고는 남의 집에 얹혀살게 되었다. 처음으로 글을 읽고 문리를 깨치는 가운데 점차 학문이 숙성해지자 다시 가정을 일으키는 일에 노심초사하게 되었으며, 무엇보다도 원통하게 죽은 부모형제의 원수를 갚겠다는 일념으로 눈물이 마를 날이 없었다.

드디어 1605년(선조 38) 23세의 늦은 나이로 고향마을 농장으로 돌아가 땅을 파고 집을 지었으며 밭을 갈고 밤나무를 심어 생계의 터전을 일구어 나갔다. 그 몇 년 뒤에 산동 금곡(金谷)에 사는 전현감(前縣監) 박이문(朴而文)이 공에 대한 소문을 듣고 명가의 후예이면서 늦도록 장가를 들지 못한 공을 사위로 삼으려 하였다. 그러나 어떤 사람이 공을 곱사등이(佝僂)라 하여 혼인하기를 만류했으므로 박현감이 직접 찾아와 확인한 결과, 공이 피난 중에 항상 가승(家乘)을 보자기에 싸서 등에 붙이고 그 위에 옷을 입고 다녔기 때문에 그런 오해가 생겼다는 것을 알게 된 일화도 전해진다.

늦은 나이로 어린 신부를 맞이하여 결혼을 하게 된 공은 월연(月淵)의 옛 터전을 복원하고 가산을 수습하는 일에 오로지 주력하는 한편, 부모형제를 죽인 원수를 찾아 설원(雪冤)하는 일을 한시도 잊지 않았다. 그리하여 중년에 처가마을인 금곡리에 집을 옮겨 생활의 토대를 마련한 뒤에는, 경향 각처를 수소문하여 달아난 노비를 혹은 붙잡기도 하고 혹은 놓쳐버리기도 하면서 추적했으나 끝내 쾌설(快雪)에는 이르지 못했다.

만년에는 한때 문음(門蔭)의 혜택을 입어 평구도찰방(平邱道察訪)을 배명(拜命)한 일도 있었지만, 광해군(光海君) 때 어수선하고 어려운 시국에서, 벼슬을 그만두고 귀향을 하고는 다시 생업에 종사하였고 치가(治家)하는 일에 오로지 마음을 기울였다. 또한 전쟁의 참화 속에서 비명에 돌아가신 부모를 위해, 그때까지 임시로 모셔두었던 아버지의 무덤을 초계(草溪)에 있는 어머니 산소 곁에 이장하여 그 한을 달래고 억울한 넋을 위로했다.

1648년(인조 26) 1월 26일에 병으로 고향집에서 세상을 떠나니 향년 66세이고 묘를 처음 단장면 소태동(小台洞)에 모셨으나 근년에 월연 선영 경내로 면례를 했다. 1720년(숙종 46)에는 손자인 영장(營將) 만전(萬全)의 귀현으로 통정대부(通政大夫) 호조참의(戶曹參議)로 증직되었다. 배위는 증숙부인(贈淑夫人) 밀양박씨로 봉사(奉事)와 현감을 지낸 양재(讓齋) 박이문의 따님이요, 문과 정랑(正郎)을 역임한 채지당(採芝堂) 박귀원(朴龜元)의 5세손이다. 슬하에 3남 2녀를 두었는데 아들은 호조참판에 증직된 장화(長華)와 장신(長新) 그리고 대수(大邃)이고 따님은 이즙(李葺)과 정옥(鄭砡)에게 각각 출가했다.

4. 병자호란 때 의기(義氣)를 떨친 번수공(樊叟公)

번수공(樊叟公)의 휘는 장화(長華), 자는 군실(君實)이고 번수(樊叟)는 만년의 자호이다. 아버지는 증참의공 유(瑜)이고 어머니는 증숙부인 밀양박씨로 1621년(광해 13) 5월 23일에 부동(府東)의 금곡리 외가마을에서 태어났다. 비록 선공이 38세 때 늦게 얻은 아들이었으나, 타고난 자질이 수미(粹美)하고 기상이 걸출했으며 소년 시절에 이미 시문에도 능하여 문무가 겸비했다는 평판을 들었다. 16세에 백씨(白氏) 가문으로 장가를 든 후에는 더욱 경사(經史)에 전념하여 언행이 마치 숙유(宿儒)와 같이 의젓하였고 함부로 희롱하기를 좋아하지 않았다.

1636년(인조 14) 12월에 병자호란이 일어나자 불과 16세의 소년이었던 공은 분연히 의기를 떨치고 일어섰다. "서울이 오랑캐의 말발굽 아래 짓밟히고 임금이 궁궐을 비운 채 몽진(蒙塵) 길에 올랐는데 세록(世祿) 가문의 후예로서 어찌 안연히 좌시할 수 있겠는가? 한번 죽어 나라에 보답하는 것이 도리일 것이다"라고 하면서 곧 부모에게 하직을 고하고 향중의 장정 수십 인을 규합하여 북쪽을 향해 길을 떠났다.

　이때 경주(慶州)의 무반 신상뢰(辛尙賚)와 박홍원(朴弘遠) 등도 같은 뜻으로 궐기했는데 공과는 중로에서 합세하여 서로 의기투합했다. 각기 거느리고 온 장정들로 의병을 편성하고는 원주진(原州鎭)으로 향하려다가, 공의 주장을 채택하여 진로를 바꾼 다음 임금의 행재소가 있는 남한산성을 향해 밤낮 없이 행군을 재촉했다.

　그러나 1637년(인조 15) 1월에 공이 인솔하는 군대가 문경 새재(鳥嶺)에 이르자 임금이 이미 오랑캐와 회의를 맺고 삼전도(三田渡)로 나아가 청나라 황제에게 항복했다는 소식이 날아들었다. 공은 하는 수 없이 군대를 해산하고 돌아오면서 그 울분을 이기지 못한 채 우회(寓懷)의 시 한 수를 읊으니 당시 사람들은 그 의분(義奮)의 격렬함에 절로 공감했다.

　공은 약관에 문음(門蔭)으로 종6품 선교랑(宣敎郞)의 품계를 받았으나 사환에는 뜻이 없었고, 오로지 자제들에게 자신이 펴지 못한 포부와 지기(志氣)를 전수하려 했다. 그리하여 숙종(肅宗) 때 무과의 응시를 망설이던 셋째아들 만전(萬全)에게 "성명(聖明)한 때를 만났는데 어찌 문(文)과 무(武)를 차별하여 무반이 되는 것을 주저하는가?" 하고 독려하여 입신(立身)을 하게 한 것은 유명한 일화이다.

　공은 또한 효성이 지극하여 매양 손수 낚은 물고기와 사냥감으로 감지지공(甘旨之供)을 게을리하지 않았으며, 아버지가 별세한 후에는 유림과 관부의 출입도 삼간 채 오로지 어머니의 봉양에만 정성을 기울였다. 1682년(숙종 8) 1월 4일에 향년 62세로 세상을 떠나니 후일 셋째아들 영장공의 귀현으로 가선대부(嘉善大夫) 공조참판 겸 동중추부사(同中樞府事) 오위도

총부부총관(五衛都摠府副摠官)으로 증직되었다.

배위는 증정부인(贈貞夫人) 달성백씨(達城白氏)로 주부(主簿) 겸(謙)의 따님인데 96세의 상수를 누리었고 슬하에 모두 3남 3녀를 두었다. 아들은 증참판(贈參判) 만형(萬亨)과 통덕랑 만휘(萬徽)와 동중추(同中樞) 만전(萬全)이고, 딸은 채지침(蔡之琛)·권태주(權泰柱)·배세경(裵世經)에게 각각 출가했다. 또 측실에서도 3남 2녀를 두어 아들은 무과 만구(萬久)와 통덕랑 만매(萬邁)와 통덕랑 만림(萬林)이고 딸은 안세원(安世元)과 박의중(朴宜中)에게 각각 출가했다. 공의 묘는 밀양 부동의 동화전(桐花田)에 있으며 배위의 무덤은 그 아래쪽에 있다.

5. 증참판공(贈參判公) 만형(萬亨) 형제와 환고(還故)의 염원

번수공(樊叟公) 장화(長華)는 28세 때 선공이 돌아가신 뒤에도 아우인 장신(長新)과 함께 금곡리 외가마을의 집을 지키며 집상하였고, 모부인 박씨를 역시 그곳에서 모시며 생활의 근거지를 삼은 듯하다. 따라서 번수공 형제분의 아랫대에 만형(萬亨)·만휘(萬徽)·만전(萬全)·만재(萬材) 등 네 종반은 물론, 지복(之復)을 비롯한 손항(孫行)의 제 종반에 이르기까지도 금곡리 집에서 태어나 성장기를 보낸 것으로 보아야 할 것이다.

1) 금곡리(金谷里)의 우거(寓居)와 고토(故土)의 회복

비록 전쟁 중에 부득이한 일로 선공인 휘 유가 처가마을에 자리를 잡은 후 대를 이어가며 우거하는 처지가 되었으나, 번수공 형제분은 지척에 버려둔 고향마을의 전장(田庄)과 선조의 얼이 깃든 별업의 터전을 한시도 잊지 않았다. 이미 전쟁통에 많은 재산이 남의 손에 넘어가 그 환수가 쉽지 않음을 알면서도 불타다 남은 장적(帳籍)을 들추어가며 우선 율전(栗田)과 산택(山澤)을 되찾는 일에 골몰하였다.

그 결과 얼마간의 선허(先墟)를 수습하기는 했으나 월연정의 복구는 뜻만 간절했을 뿐 힘이 미치지 못하여 안타까운 마음 금할 수가 없었다. 그러던 중 1670년(현종 11)경에는 이 고을 유림들의 주창으로 월연 옛터에 월연공을 비롯한 향현(鄕賢)들을 받들고자 서원을 건립하자는 논의가 대두되었다. 번수공 형제분도 이러한 향론에 편승하여 서원 부지를 제공하는 일이 있더라도 월연정의 복구를 함께 도모하는 일이 급선무라 생각하고 적극 협조한 일도 있었다. 그러나 당시 서원 남설(濫設)로 인한 폐단 때문에 밀양부사가 이를 만류하는 통에 그마저 뜻을 이루지 못하였다.

만약 월연 선조의 옛터에 서원 창설이 이루어진다면 그것은 곧 자연스러운 환고(還故)가 될 것이라 기대하던 번수공 형제는 한때 실망이 매우 컸다. 그런 가운데 모부인 밀성박씨의 별세 등 집안의 크고 작은 가화(家禍)가 잇달았고, 마침내 1680년(숙종 6)에는 번수공이 믿고 의지하던 아우 장신마저 52세의 한창 나이로 세상을 하직하였다. 이미 회갑을 맞은 노경에 할반(割半)의 아픔을 당한 번수공은 당시 장년에 접어든 만형·만휘·만전 등 아들 3형제를 불러 조용히 유명(遺命)을 하였다. "임진왜란 때 비복들에게 당한 배신을 잊지 말고 조상의 얼이 밴 옛 터전을 하루 빨리 회복할 것"을 당부한 것이다.

그러나 가운이 뒤따르지 않았던지 2년 후 번수공 자신이 그만 병을 얻어 세상을 버리었고, 1684년(숙종 10)에는 둘째아들 통덕랑 만휘(萬徽)가 또 37세의 젊은 나이로 세상을 떠났다. 이에 선공의 사무친 유명을 가슴에 품은 만형과 만전 형제는 무엇보다 옛 고장으로 되돌아가 선조의 고토(故土)를 회복하는 일에 매달렸다. 다행히 셋째아들 만전(萬全)이 27세에 호방(虎榜)에 오른 후 선전관(宣傳官)과 도사(都事) 등 요직을 역임함에 따라 선부형들의 못다 한 과업을 성취하는 데 큰 희망이 되었다.

2) 영장공(營將公)의 제택(第宅) 조성과 살내(箭川)마을

첨헌공(忝軒公) 만전(萬全)은 1705년(숙종 31)에 믿고 의지하던 백형 만형(萬亨)이 선공의 유명 실현을 보지 못한 채 66세의 향수로 별세한 것을 통탄하였다. 동시에 아버지와 백형의 소망을 더욱 가슴에 새기고 그 뜻을 받들기 위해, 먼저 선영의 위토를 장만하고 잇달아 선정의 자취가 바라다 보이는 살내마을(箭川里)에 집터를 정하였다. 사대부가의 제택으로 어울리는 큰집을 지어 옛 가문의 위의를 되찾고자 한 것이다.

제택이 완공된 시기는 확실하지 않으나 전후 사정으로 보아 첨헌공이 첨지중추부사(僉知中樞府事)로 승진된 1711년(숙종 37) 전후가 아닌가 한다. 그것은 공이 벼슬살이로 객지 생활을 하는 동안 늘 그 치가(治家)의 책임을 맏아들 운암공(雲庵公) 지관(之觀)에게 맡겼는데, 당시 이를 뒷받침할 수 있는 기록이 있기 때문이다.

만천공이 지은 「운암공유사(雲庵公遺事)」에 의하면 공이 당시 30세 전후의 장년으로 일찍 과업을 단념하고 시골에서 모부인 밀성박씨를 모시는 한편, 아버지의 명으로 제법 유족한 치산(治産)을 하면서 이 무렵에 새집의 가역(家役)을 거의 끝낸 것으로 추정이 되고 있다. 여러 해 경영 끝에 완공된 첨헌공 부자의 새집은 그리 화려하지도 웅장하지도 않으면서 그래도 사대부가의 규모를 갖추고 마을의 중앙에 우뚝하게 자리를 잡았던 것이다. 그리하여 살내(箭川) 위의 새집에서 다음 해 1712년(숙종 37)의 이른바 임진대황(壬辰大荒)을 만나 구휼 활동을 했다는 사실도 다음과 같은 유사에 남기고 있다.

> 임진년에 온 나라에 큰 흉년이 들어 굶주려 죽은 사람이 골짜기를 메웠다. 부군은 자진해서 재물을 희사하고 빈민들을 구제했는데 특히 일가들이 공을 의지하여 끼니를 때운 사람이 수십 집에 이르렀다.
> 歲之壬辰 擧世大饑 人多塡壑 府君自捐己財 以脤貧竂 至於宗族 賴而炊之者 數十家也

또 이 소문을 듣고 찾아온 밀양부사가 공을 만나 치하하고 돌아간 뒤에 사람들에게 말하기를, "내가 살내마을을 방문하여 한 높은 선비를 만났는데 안색이 온아하고 체모가 조용하여 외관과 내실을 함께 갖춘 것이 진실로 군자다운 사람이었다(余訪箭川村 見一高士 顏色溫雅 體貌雍容 望實具存 眞個君子人也)"라고 한 기록으로 당시 운암공이 살내마을의 주인 격으로 남에게서 높은 평판을 얻고 있음을 알 수가 있다.

이러한 사실들은 1712년을 전후한 시기에는 이미 살내마을에 친족들이 수십 호나 들어와 단취를 하고 있었음을 은연중 내비치고 있다. 따라서 첨헌공의 종제인 묵헌공 만재(萬材)도 이 무렵에는 살내마을에 집을 장만하여 정착했음을 암시하는 또 다른 자료도 있다. 구한말의 학자 지헌(止軒) 최효술(崔孝述)이 지은 묵헌공의 행장(行狀)에, 공이 만년에 한양에서 유학을 하다가 과거를 단념하고 귀향한 뒤에, "월연의 종쪽 활천 위에 집을 짓고 그 문 위에 쓰기를 묵헌(黙軒)이라 했으니, 대개 세상에 나아가 출세하는 일을 사절하고 경사(經史)에 잠심해서 성정을 함양할 심산이었다(卜居于 月淵東活水上 題其楣曰黙軒 蓋欲謝其世路 沈潛經史 爲涵養性情之計也)"라고 소개한 구절이 그것이다.

묵헌공이 한양에서 귀향할 때의 나이를 대략 40대 초반으로 추정해보면 그 시기는 1715년(숙종 41) 전후로 짐작이 되고, 이때는 종형 첨헌공 부자의 살내 제택이 완성된 지 수년 후에 해당된다. 따라서 첨헌공의 성취(成娶)한 자질들인 지익(之益)·지정(之鼎)·지항(之恒)·지갑(之甲) 등도 살내마을에 들어와 신접살림을 꾸려 각기 담장을 사이에 두고 옹기종기 단란한 생활을 했을 것이다. 그리하여 살내마을은 어느덧 짜임새 있는 일가마을로 변모되었고 분가(分家)에 분가를 거듭함에 따라 우리 이씨의 종촌(宗村)으로서 집단촌을 이룬 것이다.

한편 월연공의 6세 봉사손으로서 한 가문의 지주(支柱)가 되는 월암공(月庵公) 지복(之復)은, 그 계부(季父) 영장공의 특별한 배려와 권유로 1701년(숙종 27)의 내간상과 1705년(숙종 31)의 외간상을 연달아 치른 후에야 금곡리 우거를 청산하고, 월연곡 내에다 종택을 짓게 한 후 선정 터를 지키게 한 듯하다. 그 터전은 종손 이외에 지손(支孫)들이 함부로 점거할 수 없는 곳인 데다가 지형적으로 마을을 이루기에는 협소했기 때문일 것이다. 그 시기가 대개 1715년(숙종 41) 전후 곧 월암공의 나이 45세쯤으로 추정되지만 그 집터의 위치와 규모는 확인할 길이 없다.

6. 월암공(月庵公)의 합경(合慶)과 그 자손

월암공 휘 지복(之復)의 자는 복초(復初)이고 월암(月庵)은 그 만년의 자호이다. 아버지는 증참판공 만형이고 어머니는 증정부인 초계정씨(草溪鄭氏)로 사인 우신(又新)의 따님인데, 공은 1672년(현종 13)에 3남 2녀의 맏아들로 금곡리 선공의 옛집에서 태어났다. 타고난 품성이 진중하고 기골이 헌앙했으며 의방(義方)의 교훈과 가학을 충실히 받들어 약관에 이미 문사(文詞)가 출중하다는 평을 들었다.

몇 차례 향해시에 올라 중앙의 복시(覆試)에도 응시했으나 번번이 고배를 마시었고, 때문에 혼기도 자연이 늦어 25세에 서흥김씨(瑞興金氏) 가문에 장가를 들어 29세에 이르러서야 겨우 맏아들 한(瀚)을 낳게 되었다. 중년 이후에는 아예 과환을 단념한 채 다만 위기(爲己)의 학문에 전념하면서, 한 가문의 주사(胄嗣)로서 선정인 월연정의 복원을 주도하는 데 여러 종반들과 함께 열의를 기울였다.

1725년(영조 1)에는 집안에 액화를 끼치고 도망을 한 노속의 행방을 찾아 경기도 교하(交河)에 간 일이 있는데, 공은 그곳에서 우연히 용산(龍山)에 사는 선비 이우해(李友瑎)를 만나게 되었다. 그의 권유로 그 집을 방문하여 동석한 이웃 선비 이태명(李台明)·허원(許遠) 등과 여러 날을 함께 지내면서, 서로 남초(南草)를 즐기고 문학과 시사를 토론함으로써 오랫동안 교유를 맺었다는 일화도 남기고 있다. 노년에 접어든 후에는 향사림에 출입하여 공론을 주도하였고 그 염아(恬雅)하고 깨끗한 풍의(風儀)로 인해 많은 선비들의 지우(知遇)를 얻었는데, 특히 문암(門巖) 손석관(孫碩寬)·강동 (江東) 권경명(權慶命)·송와(松窩) 안명하(安命夏) 등과는 그 추허(推許)가 각별했다.

1728년(영조 4)에는 맏며느리 안동권씨(安東權氏)와 사별한 후 그 이듬해 에 재취며느리 고성이씨(固城李氏)를 맞이했으나, 이씨에게 딸 셋을 얻었을 뿐 아들을 두지 못한 가운데서 1740년(영조 16)에는 독자인 한(瀚)이 또한 세상을 떠나고 말았다. 70세의 고령으로 견디기 힘든 상명(喪明)의 아픔을 당한 공은, 명가의 주손으로서 그 처지와 책임을 저버릴 수 없었다. 주위 의 권고를 받아들여 처음에는 종질 종(淙)을 입계시켜 아들을 삼고 종통을 이으려고 하였다. 그러나 다시 항렬(行列)과 후일의 소목(昭穆)을 반듯하게 해야 한다는 종론을 받아들이지 않을 수 없어 종(淙)의 차자 병태(秉泰)로 하여금 망자(亡子) 한(瀚)의 양자로 삼아 공의 사손(嗣孫)으로서 입계 승종 을 시켰다.

1752년(영조 28) 81세 때 나라에서 조선조 개국 6주갑을 경축하여 베푼 우로(優老)의 은전을 입고, 가선대부(嘉善大夫)의 품계와 동지중추부사(同知 中樞府事)의 직함을 받았다. 동시에 특례로서 선부군에게도 동계동직(同階 同職)의 추증이 내려 자손들은 천작(天爵)의 경연(慶筵)과 함께 그 선영에도 분황(焚黃)의 향화를 받드는 영광을 입었다. 이때 원근의 고을에서 많은 명 사들이 찾아들어 축하의 자리를 베풀었고「천작경석운(天爵慶席韻)」이라는 시축(詩軸)을 남기기도 하였다. 그 가운데 기은(碁隱) 손명일(孫命一)이 지 은 칠언절구 1수를 여기에 옮긴다.

쌍경당 앞에 달이 몇 번이나 둥글어서	雙鏡堂前月幾圓
옛 가문의 풍절을 맏손자에게 전했네	古家風節胃孫傳
남쪽 하늘 어젯밤엔 별이 더욱 빛났고	南躔昨夜星增采
대궐의 은혜로운 빛 호연에도 찼구려	鳳沼恩光滿虎淵

비록 복원되지는 않았지만 맑은 물과 밝은 달로 상징되는 쌍경당(雙鏡堂)은 이때에도 늘 이 가문의 표상으로 여겨지고 있었다. 제2구에서 말한 곤손(昆孫)은 월암공이 어렵게 맞이한 사손(嗣孫) 병태(秉泰)를 이름인데, 당시 나이 불과 15세의 소년으로서 돌아가신 아버지를 대신하여 조부를 위한 우로연(優老宴)의 주인 노릇을 했음을 말해주고 있다. 호연(虎淵)은 살내 앞을 흐르는 '범머리 여울'을 말하며 호분탄(虎噴灘) 또는 호두탄(虎頭灘)으로도 표기되어 지금도 그 지명이 남아 있다.

1755년(영조 31)에는 84세의 고령으로 선업(先業)인 쌍경당 터 바깥에 조그마한 집을 얽어 영월암(迎月庵)이라 현판한 후 자호로 삼고 주로 그곳에서 정양했다. 이는 자손들의 오랜 염원인 선정의 복원을 위해 아예 그곳에다 자리를 잡고 그 촉진을 독려하고자 한 뜻에서였다고 한다. 공은 이 무렵 그 연식(燕息)의 여가에 문절공·월연공·금시당공 등 3세 선조께서 남긴 시를 친필로 써서, 「제열세시병후(題列世詩屛後)」라는 발기(跋記)를 붙인 병풍을 만들어 보관했으나 전해지지 않는 것이 유감이다. 1756년(영조 32, 丙子) 12월 17일에 공은 결혼 60주년을 기념하는 회혼례를 가선대부 수직연(壽職宴)과 함께 베풀었는데 향성(鄕省)의 명사들이 많이 참집하여 공을 위해 '중추중뇌합경연운(中樞重牢合慶宴韻)'의 시를 지어 그 시축이 『월암유고(月庵遺稿)』에 실려 있다.

또 그 이듬해에는 86세라는 대질(大耋)의 나이에도 불구하고 종질인 오호공(午湖公) 홍(泓)과 재종질 자락공(自樂公) 예(澧)의 협력을 얻어 우선 쌍경당의 중건 공사를 마치니, 선정이 불타 없어진 지 165년 만에 자손들의 숙망을 성취한 쾌거였다. 1759년(영조 35) 12월 3일 88세 미수(米壽)로 조용히 고향집에서 세상을 떠나니 향중에서는 "노성한 시귀(蓍龜)를 잃었다"하며 공의 유덕을 기리었다.

배위 정부인(貞夫人) 서흥김씨는 사인 시호(是瑚)의 따님으로 한훤당(寒喧堂) 굉필(宏弼)의 후손인데, 생졸의 연대는 알 수 없으나 부군과 회혼례를 올린 점으로 보아 역시 천수를 누린 것으로 보인다. 슬하에 1남 3녀를 두어 외아들 한(瀚)은 부모에 앞서 조몰(早歿)하였다. 공의 묘는 월연정 뒷산 선영 경내에 있으며 배위와 합폄이다. 저서로 『월암유고』 1책이 있으나 미간(未刊)이다.

1) 쌍경당(雙鏡堂) 중건의 염원과 내력

첨헌공 자질들의 환고에 이은 묵헌공 일가의 입촌으로 살내마을은 위아래 뜸으로 나누어 자리를 잡음으로써 드디어 아늑한 종촌(宗村)으로 변모되어갔다. 선인들이 임진왜란 때 창졸간에 고장(故庄)을 잃은 뒤 실로 120여 년 만에 돌아온 삶의 보금자리라 할 수가 있었다. 그러나 살내 곧 활천(活川)을 건너 바라다 보이는 월연의 선업은 여전히 황량한 언덕으로 방치되어 자손들의 마음을 쓸쓸하게 하였고, 원래의 그윽한 모습을 되찾는 일이 큰 과제로 남았다.

때문에 1716년(숙종 42)에 순천영장(順天營將)을 지낸 첨헌공이 가선대부 동지중추부사의 직함을 끝으로 향리로 돌아온 후, 종제 묵헌공과 함께 맨처음 도모한 일도 쌍경당의 복원 사업이었다. 그러나 그 소망이 무르익기도 전에 1720년(숙종 46) 묵헌공이 그만 세상을 등지고 말았으며, 그 2년 뒤인 1722년(경종 2)엔 첨헌공이 또한 위선의 성효를 다하지 못한 한을 남기고 별세하였다. 다만 큰집 조카인 월암공이 경역에 작은 집을 얽어 선허(先墟)를 지키고 있었으나 큰 역사를 감당할 만한 힘이 미치지 못한 채 30여 년의 세월이 흐르고 말았다.

그런 가운데서 1744년(영조 20)에 활천의 하류 용호(龍湖) 위에 자리 잡았던 금시당이 백곡공 지운(之運)에 의해 먼저 중건되자, 월암공은 큰 용기와 함께 다시금 선정 복원에 대하여 무한한 책임을 느끼고 그 계획을 차근차근 세워나갔다. 그러나 가문의 경제적 형편으로 보아 마음만 간절할 뿐 매우 어려운 과제였다. 우선 월암공은 1755년(영조 31)에 옛 쌍경당 언저리에 적당한 터를 잡아 조그마한 집을 얽어 '영월암'이란 현판을 걸었다.

이는 그 당호가 암시하고 있는 바와 같이 '월연정을 맞이하는 집'으로 선정이 있던 자리에 기거하고 지키면서 사업을 촉진한다는 의지를 보인 것이기도 하지만, "선정의 복원을 보기 전에는 결코 눈을 감을 수 없다"고 한 평소의 신념을 실천하는 방법이기도 하였다. 이에 문내의 자질들도 큰 격려와 자극을 받았다. 특히 당시 한양에서 관직 생활을 하던 종질 오호공(午湖公) 홍(泓)은 평소에도 위선(衛先)에 대한 관념이 높았지만 큰집 종숙(宗叔)의 이러한 성효에 직접 감화를 받게 되었다.

그리하여 문중 종원들에게 늘 말하기를, "내가 만약 외직으로 나가기만 한다면 반드시 우리 선정을 중수할 것이다(若得外官 必重修吾先臺閣)"라고 하였다. 월암공도 이 말을 전해 듣고 은근히 기대해 마지않았는데 마침 1756년(영조 32)에 오호공이 철산부사(鐵山府使)로 나가게 되자 크게 기뻐하여 그 소회를 시로 남긴 일도 있다.

황량한 정대로 머리를 돌리는 한 늙은이   翹首荒臺一老耆
십 년의 경영에도 끝내 기약이 없었는데   十年經業竟無期
우리 집 종질 고을살이 하려는 계책이   吾家從姪專城計
예사로울 뿐인데도 홀로 즐거운 나일세   不啻尋常獨樂私

선정 복원의 소망이 얼마나 간절하고 답답했으면 이렇게 소회를 읊었겠는가. 하지만 북관(北關)의 변두리에 위치한 임지가 너무 멀어 그 희망을 접어야 했다. 다행히도 그 이듬해에 오호공의 임지가 나주영장(羅州營將)으로 바뀌게 되었다. 드디어 1757년(영조 33) 봄에 월암공은 86세의 노구를 무릅쓰고 당내(堂內) 여러 자질들을 독려하여 개연히 쌍경당의 중건 역사를 시작하였다. 오호공은 녹봉을 희사하여 건축의 자금을 마련하는 한편 바쁜 공무의 여가를 짬내어 직접 지리산(智異山)의 재목을 사들여 뗏목으로 운반하였고, 재종제인 처사공 지표(之標)는 공사의 설계와 모자라는 재원 조달을 위해 동분서주했으며, 재종질인 자락공(自樂公) 예(澧)는 직접 그 공역을 감독하여 착공 불과 5, 6개월 만에 준공의 감격을 안게 되었다.

복원된 쌍경당의 규모는 정면이 5간이고 측면이 2간으로 건물의 공법이 치밀해서 전일의 정당(正堂)으로서 그 면모가 확연하게 드러났다. 월연대(月淵臺)를 비롯한 경내 부속 건물은 재원이 모자라 미처 재건하지 못했지만, 선업이 전화를 입은 지 165년 만에 이룩한 가문의 큰 경사였다. 월암공은 이 산뜻한 선정에서 이태 동안을 연식(燕息)하다가 세상을 떠났으며, 그 뒤를 이어 오호공도 1764년(영조 40)에 전라우수사(全羅右水使)를 끝으로 벼슬을 버리고 은퇴한 후 이곳에서 장수(藏修)의 나날을 보내다가 여생을 마쳤다.

쌍경당 정면에 걸려 있는 편액에는 '숭정기원후이갑신중추 홍 우수영이임시 소간(崇禎紀元後二甲申仲秋 泓 右水營莅任時 所刊)'이란 19자의 협서(夾書)가 있는데, 이는 오호공이 전라우수사로 있다가 귀향한 그해 가을에 이 현판의 글씨를 직접 써서 새겨 건 것이다.

이와 같이 월연정과 금시당이 거의 같은 시기에 복원되어 우뚝하게 자리를 잡음으로써, 우리 이씨는 '밀양의 대성(大姓)'으로 다시 그 명예와 문지(門地)를 되찾게 되었다. 따라서 이 시기부터 두 선정은 밀양의 대표적인 명승지로서 원근 명사들의 아회(雅會)와 상영(觴詠)의 장소로서도 이름을 얻었다. 동시에 월연공과 금시당공 숙질분의 깨끗한 풍절을 저 한(漢)나라 때 소광(疏廣)·소수(疏受) 숙질의 고상한 행장(行藏)에 비유하여 고을 선비들은 '이소의 풍절(二疏之風節)'이라 칭송함을 마지않았다.

월암공과 오호공 사후에 월연정의 보존과 관리는 자연 그 주손인 임고공(林皐公) 병태(秉泰)의 소임으로 돌아갔다. 월연곡 내에 있던 선조고의 옛집을 손질하고 월연 선조의 봉사손으로서 또는 쌍경당의 주인으로서 그 수호 관리는 물론, 그곳으로 찾아오는 향·도(鄕道)의 선비들을 맞이하여 공부하고 접빈(接賓)하면서 선세의 덕업을 선양하는 일에 힘을 기울이지 않으면 안 되었다.

2) 임고공(林臯公)의 종통(宗統) 수호와 그 의지

임고공 휘 병태(秉泰)는 자를 성언(誠彦)이라 하였고 1739년(영조 15)에 초려공(草廬公) 지관(之觀)의 둘째아들인 생부 통덕랑 종(淙)과 생모 공인(恭人) 벽진이씨(碧珍李氏)의 차자로 살내 생정(生庭)에서 태어났다. 어릴 때부터 가학(家學)으로 문학적 재질을 드러내어 수재란 소리를 들었으나, 생모 벽진이씨가 별세한 직후 곧 공의 나이 12세 전후에 큰집 재종조인 월암공의 주선으로 그 사손(嗣孫)이 되어 재종숙 앞으로 입계하였다. 이때 아버지 휘 한(瀚)과 전취의 어머니 안동권씨(安東權氏)는 이미 세상을 떠난 뒤였고, 후취의 어머니 고성이씨(固城李氏)만 생존하여 77세까지 생존함으로써 공의 효양을 받았다.

공은 입계를 하자마자 1752년(영조 28) 월암공의 가선대부 우로연에서 당시 14세의 어린 몸으로 의젓하게 조부의 슬하를 빛낸 데 이어, 4년 뒤 1756년(영조 32) 12월에는 천작(天爵)과 회혼(回婚)을 겸한 합경연(合慶宴)에서도 주인으로서 접빈의 소임을 다하였다. 약관을 겨우 넘긴 1759년(영조 35)에는 월암공이 미수(米壽)의 고령으로 세상을 떠나시자, 승중손(承重孫)으로서 장례와 상담(祥禫)의 예절을 모범적으로 잘 하여 효손의 도리를 다하였다.

이 무렵 관례에 따라 공에게도 정5품 통덕랑의 동반 품계가 주어졌는데, 이는 대개 사대부가 자손으로서의 명예와 문지(門地)를 지키게 하기 위한 나라의 은전이라 할 수 있다. 따라서 공은 더욱 세록(世祿) 가문의 주사(胄嗣)로서 품위를 지키는 데 힘쓰는 한편 과환을 통하여 출세하는 데도 그 꿈을 접지 않았다.

그리하여 25세 전후에는 향시와 공도회에 나아가 몇 차례나 해액(解額)에 들기도 했으나 복시(覆試)에서는 번번이 낙방의 고배를 마시었다. 그러나 공은 이 무렵 잇달아 일어나는 가화에 일시 학업을 접고 오로지 선업의 수호에 매달리기도 하였다. 27세 때 생가 백씨 통덕랑 병한(秉翰)이 31

세로 요절한 데 이어, 34세 때인 1772년(영조 48)에는 배위 현풍곽씨(玄風郭氏)가 어린 자녀들을 남겨둔 채 세상을 버리는 취구(炊臼)의 아픔을 당하였다. 또 그 6년 뒤인 1778년(정조 2)에는 생부이신 통덕랑 종(淙)이 별세하게 되어 그 집상을 끝내자 어느덧 공의 나이도 불혹을 넘겼다.

그사이 본생의 백부이신 오호공은 종질(宗侄)의 연달은 소조(所遭)에 많은 걱정을 하다가, 마침내 한 집안의 문로(門老)로서 종중 일을 챙기지 않을 수 없다 하여 쌍경당을 휴양 장소로 삼고 문중의 기강을 바로세우는 데 힘썼다. 그러다가 1786년(정조 10)에 오호공이 별세에 다다르자 그 임종하는 자리에 공을 비롯한 여러 자질들을 불러, 가간사(家間事)를 당부하고는 제가(齊家)와 위선(衛先)의 모든 일을 공에게 유언으로 위촉하였다.

「오호공유사(午湖公遺事)」의 기록에는 임종시의 생생한 모습이 잘 그려져 있다. "공이 가족들을 불러 명령하기를 '나는 오늘 죽을 것이다. 염습하는 여러 도구들을 미리 갖추어 들이도록 하라'고 하였다. 또 조카 병태에게 붓을 잡게 하고는 집안을 다스리고 종족을 구제하는 몇 가지 일을 써서 교훈으로 남겼다. 받아쓰기를 마치자 이윽고 미련 없이 고종(考終)을 하였다(公招家人命之 日吾將今日死矣 襲殮諸具預爲俱進 又使從子秉泰 執筆書遺訓飭 以齊家恤族數事 書訖踰時 儵然考終)." 이때가 임고공의 나이 48세였는데 아마도 선정과 가문의 모든 책임이 공에게 돌아간 시기가 아닌가 한다.

하지만 1788년(정조 12)에 후취의 모부인 고성이씨(固城李氏)가 별세함으로 인하여 그 집상을 끝내자 또다시 흉흉한 가화가 뒤를 이었다. 1791년(정조 15)에 훌륭한 관인(官人)으로 대성이 기대되던 아우 장기현감(長鬐縣監) 병성(秉晟)이 장년의 나이로 불숙(不淑)을 당하였고, 그 비탄이 채 사라지기도 전에 그 이듬해에는 설상가상으로 큰아들 경섭(敬變)이 34세로 또 요절하는 청천벽력의 변을 겪게 되었다. 할반(割半)의 슬픔과 상명(喪明)의 아픔을 창졸간에 함께 당한 공은 한동안 망연자실한 심정으로 만사에 의욕을 잃기도 하였다.

그러나 한 가문의 주인으로서 그 소임을 저버릴 수는 없었다. 쌍경당이 중건된 지 40년을 넘기게 되자 여기저기 손볼 곳이 비일비재하였다. 공은 1798년(정조 22)에 전 종원의 협찬으로 많은 예산을 확보한 다음 건물을 수리하고 경내를 미화하여 경관을 새롭게 가꾸는 한편, 종중의 다음 과제인 월연대(月淵臺)와 부속 건물의 중수 계획을 적극적으로 주도하기도 하였다. 하지만 이해에도 둘째아들 흥섭(興燮)이 또 31세의 한창 나이로 요절함에 공은 회갑을 앞둔 노경에 깊은 좌절에 휩싸였다.

공은 월연 선조의 봉사손으로서 『신사보』와 『을축보』 간행시에 주사자(主事者)의 잘못으로 6대조 겸재공이 출계한 것으로 오류를 범하는 통에 그 종통에 오해가 생긴 것을 항상 유한으로 생각해왔다. 마침 1800년(정조 24) 봄에 왕세자(후일의 순조[純祖])의 즉위를 축하하는 경신경과(庚申慶科)가 있어 상경한 김에 『을축보』 관계자를 찾아가 항의하고 책임을 추궁하였다.

그분이 바로 『을축보』 간행의 주인공인 산곡공(山谷公) 휘 수항(壽沆)의 종제로 전승지(前承旨) 안한당공(安閒堂公) 수함(壽咸)이었다. 공은 그의 서울 집을 방문하여 후손들의 유한(遺恨)을 전하고 그 잘못을 수정한다는 글을 받아 내려왔는데, 후일에 간행된 파보와 대동보에서는 그 문건을 근거로 수정이 이루어졌다.

공은 자기 하대에 이르러 내리 3대에 걸쳐 종통을 잇기조차 어려울 만치 자손이 귀하였으나, 공의 대에 이르러선 전·후취를 통하여 무려 5남 2녀의 자녀를 생산함으로써 그 승종(承宗)의 터전을 확실하게 하였다. 그러나 본생 형제 중에서 아들이 없어 대를 잇지 못하게 되자 셋째아들 장섭(章燮)을 셋째아우인 장기공 병성(秉晟) 앞으로 출계시켰고, 넷째아들 민섭(民燮)을 생가 백형인 통덕랑공 병한(秉翰) 앞으로 들여놓았다. 자기가 빠져나온 본생가의 가계를 다시 이어줌으로써 정신적인 보상을 한 셈이다.

1809년(순조 9) 12월 28일에 향수 71세로 별세하니 무덤은 월연선정의 뒤쪽 조부 월암공 묘의 아래기슭 신좌(申坐)이다. 배위는 공인 현풍곽씨(玄風郭氏)로 사인 윤구(潤九)의 따님과, 공인(恭人) 광주안씨(廣州安氏)로 사인 명적(命迪)의 따님인데 전취의 무덤은 장선리 선영 아래 자좌(子坐)이고 후취의 무덤은 공의 무덤 왼쪽 유좌(酉坐)이다. 공의 아들은 경섭(敬燮)·흥섭(興燮)·장섭(章燮 : 출계)·민섭(民燮 : 출계)·상섭(相燮)이고, 따님은 밀성인(密城人) 박정구(朴鼎珣)와 벽진인(碧珍人) 이극양(李克讓)에게 각각 출가했다.

3) 처사공 경섭(敬燮) 이후 종손(宗孫)의 승계

임고공의 큰아들 경섭(敬燮)은 처음 휘가 경섭(景燮)이고 자는 춘경(春卿)인데, 배위 순흥안씨(順興安氏)와의 사이에 1남 1녀를 두어 외아들 시룡(是龍)으로 대를 잇게 한 후 나이 34세에 요절하였다. 시룡의 자는 희서(羲瑞)인데 배위로 하산조씨(夏山曹氏)와 밀성손씨(密城孫氏)를 전·후취로 맞이했으나, 슬하에 두 딸만 두고 선대에 이어 나이 31세에 또 요절하였다. 승종할 아들이 없자 종중의 협의로서 그 조부인 임고공 생가로 출계한 숙부 민섭(民燮)의 장손이요 종제 시하(是夏)의 장자인 종질 휘 종증(鍾增)을 사후양자로 입계시켜 월연공의 11대 봉사손으로 삼았다.

종증의 자는 사진(士進)인데 배위로 광산김씨(光山金氏)와 밀성손씨(密城孫氏)를 차례로 맞이했으나 슬하에 네 따님만 두었을 뿐, 뒤를 이을 아들이 없자 오호공의 현손인 수당공(睡堂公) 종상(鍾庠)의 배려로 그의 넷째아들인 족질 겸구(謙九)로 하여금 승종하도록 하였다. 종증은 비록 기출(己出)의 아들을 두지는 못했으나 생전에 월연공의 봉사손으로서 그 소임에는 조금도 흐트러짐이 없었다. 1866년(고종 3)에는 족숙인 일성공(日省公) 장오(章五)와 족제인 수당공의 주도로 문중의 오랜 소망이던 월연대를 중건했는데, 늘 그 중심에서 황폐한 옛터를 정비하고 준공 후에는 별필가(別筆家)에게 기문(記文)을 청해 다는 등 활동이 많았다. 향수 72세로서 별세했다.

겸구의 자는 도경(道卿)이고 호는 월곡(月谷)이다. 약관 시절인 1904년(고종 41)에 경부선(京釜線) 철도 공사로 인해 월연 선정이 그 부지로 편입됨에, 본생의 아버지 수당공의 지시를 받들어 종손으로서 그 반대 투쟁을 주도함으로써 선업을 보존하였다. 또 이 무렵부터 제헌공 원량(元亮)의 유덕을 선양하고자 재실의 건립을 도모했으며, 일제 치하인 1932년(壬申)에는 종중의 힘을 모아 쌍경당의 보수 공사와 월연대에 원장(垣墻)을 설치하는 데 선도적인 역할을 담당했다. 향년 68세에 별세했으며, 배위 광주안씨(廣州安氏)와의 사이에 1남 5녀를 두었는데 아들은 병조(炳朝)이다.

병조(炳朝)의 자는 원여(元汝)인데 월연공 13대 주손이다. 일제 말기인 1942년(壬午)에 족형인 병영(炳榮)·병화(炳華) 형제와 함께 종중의 명으로 오랜 숙망사업이었던 제헌(霽軒) 건립을 위해 건축 자재를 확보해두었다가, 1955년(乙未)에 이르러 종원들의 단합된 의지로 건물을 착공함으로써 그 이듬해에 완공을 보기까지 늘 주체적인 처지에서 종손의 책무를 완수하였다. 배위 광주안씨(廣州安氏)와의 사이에서 5남 5녀의 자녀를 두어 종통을 더욱 튼실히 하였다.

숙형(夙衡)은 병조의 맏아들로서 자는 이흥(而興)이고 월연공의 15대 주손이다. 평소 모선(慕先)에 대한 성효가 남달라 선조의 장원(莊園)을 새로운 모습으로 가꾸기 위해 여러 가지 공적을 남겼다. 그중에서도 쌍경당과 월연대의 보수 공사를 비롯하여 천연기념물인 '밀양의 백송(密陽白松)'을 보존 관리하는 데 많은 열의를 기울였다. 특히 1982년(壬戌)에는 족형 갑형(甲衡)과 족형 인형씨(仁衡氏)의 협찬을 얻어 『월연선생문집(月淵先生文集)』을 국역판으로 중간(重刊)했으며 『월연정요람(月淵亭要覽)』을 동시에 간행하였다. 또 1985년(乙丑)에는 월연정(月淵亭)이 경상남도 지방유형문화재 제243호로 지정받는 데 주도적인 역할을 함으로써, 이후 당국으로부터 보존 관리상 많은 혜택을 받고 있다.

7. 월연공 손자 경옥(慶沃)의 출계 사실 오류와 그 시정

월연공의 손자 겸재공 경옥(慶沃)의 사·행적을 서술함에 있어 그 출계 사실의 잘못과 거기에 따른 시정 경위를 다시 한 번 밝혀두지 않을 수 없다. 그것은 지난날 족보 수단(修單)상의 착오로 인해 발생한 잘못이 그 자손들에게 두고두고 마음의 상처를 주었을 뿐 아니라, 그 교정 과정에서도 얼마나 큰 어려움을 겪었는지 반성의 거울로 삼아야 했기 때문이다.

1) 두 번에 걸친 합동보(合同譜)의 수단(修單) 착오

우리 여주이씨가 최초로 발간한 1701년(숙종 27)의 『신사보(辛巳譜)』와 그 뒤 45년 만인 1745년(영조 21)에 다시 발간한 『을축보(乙丑譜)』 등 두 차례의 합동보에는, 겸재공 경옥(慶沃)이 막내숙부 원빈(元賓)의 사자(嗣子)로서 출계한 것으로 되어 있다.

이 사실은 앞에서 밝힌 바와 같이 공의 중형인 내금공 경청(慶淸)의 출계 사실을 입증하는 새로운 자료가 나타남으로써, 이제 두 족보에서 공에 대한 기록이 오류였다는 사실을 결정적으로 뒷받침해주고 있다. 그것은 중형의 출계 사실을 그 아우인 공으로 혼동 기재했다는 것으로도 자연스럽게 해명된다. 동시에 이런 사실은 처음 기록의 잘못이 후손들 간에 두고두고 얼마나 큰 오해와 폐단을 안겨주는 것인지 단적으로 말해주는 셈이다.

사실 널리 알려진 대로 1701년의 『신사보』는 수원파에서 경헌공(敬憲公)의 후손인 성재공(省齋公) 진휴(震休)가 충청감사 재직시에 그 감영(監營)에서, 자파(自派) 위주의 조직과 인원으로 수단하고 편집한 족보이다. 따라서 당시 교통 통신이 극도로 불편한 상태에서 팔도에 산재한 타파 종족들의 단자를 광범위하게 수집하여 편집한다는 것은 여간 어려운 일이 아니었을 것이다. 성재공 자신이 그 서문에서 밝히고 있는 바와 같이 "내가 보고 들은 것이 적으니 또한 그르치고 빠트린 실수가 없을 줄을 어찌 알겠는가(余謏聞寡見 亦安知無舛訛疏漏之失也)" 하고 실토한 것만 보아도 그 사정은 충분히 이해가 간다. 공의 황당한 출계 사실의 기재는 바로 그 그르치고 빠트린 실수로 기인한 것이다.

그러나 한번 목판에 새겨져 책으로 간행되면 그 잘못된 곳을 시정하기란 책을 회수하여 재간하기 전에는 거의 불가능한 일이다.『신사보』의 경우에도 반질(頒帙)이 된 다음에 자손들이 뒤늦게 그 오류를 발견하고, 당시 관직에 있던 증손 첨헌공(忝軒公) 만전(萬全)과 묵헌공(黙軒公) 만재(萬材)가 현손인 지복(之腹)을 앞세워 보소에 편지를 띄워 항의했지만 이미 때를 놓친 뒤였다.

그 후 1745년(영조 21)에 두 번째 합동보인『을축보』역시 같은 수원파에서 이번에는 학사공(學士公)의 후손인 산곡공(山谷公) 수항(壽沆)이 함경 감사로 있으면서, 먼 북관(北關)의 더욱 열악한 여건에서 오류를 찬찬히 살펴 바루지도 못한 채 전보(前譜)의 기록을 그대로 답습한 것에 지나지 않았다. 때문에 45년 전 발간시에 자손들이 제기한 오류 시정의 근거와 자료가 그대로 묵살된 채, 조상의 엉뚱한 출계 사실도 그 수정의 기회를 재차 놓치고 말았던 것이다.

이러한 사실은 후일 겸재공의 10대손 만천공(彎川公) 정구(鼎九)가 그 오류를 지적한 변정(辨正)의 문건에서 "이는 충청감영의 잘못된 원본에서 기인한 오류를『을축보』에서 그대로 답습한 것이다(是起因錦營之誤本 而乙譜之襲謬者也)"라고 지적한 것에서도 입증된다. 이에 자손들은『을축보』의 반질을 거부하면서 종통과 선조에 대한 중대한 오류 사실에 대한 수정을 다시 강력히 요청하기에 이르렀다. 또한 그 수정 요구는 기회 있을 때마다 여러 차례에 걸쳐 끈질기게 이어졌다.

2) 수원파 이수함(李壽咸)에 의한 보첩 수정의 서문(序文)

그 대표적인 사례로는『을축보』간행으로부터 55년 만인 1800년(정조 24)에 겸재공의 6대손인 임고공 병태가, 경과(慶科)에 응시하기 위해 한양으로 올라갔다가『을축보』관계자로부터 받아낸 약속의 문건을 들 수 있다. 그것은 그 족보의 주관자인 산곡공의 종제 안한당공 수함을 그의 서울 집으로 방문하여 가지고 간 호적을 내어놓고 족보의 개정을 강력히 요구한 끝에 받아낸 「수정보첩서(修正譜牒序)」이다.

제목을 보면 보첩을 수정하고 첫머리에 실은 글쯤으로 해석되지만 실은 기존 족보의 내용을 개정한 것 같지는 않다. 다만 당시에 이미 작고한 『을축보』 간행의 주역인 수항씨(壽沆氏)를 대신하여, 그 수단(收單) 과정에서 빠뜨리고 착오가 된 실수를 솔직히 인정하는 한편, 처음부터 겸재공의 출계 사실이 존재하지 않았다는 것을 여러 가지 사실을 들어 해명하는 문건이다.

또 이 문건을 작성하게 된 경위도 내용에 담겨 있는데 당시 임고공은 종중을 대표하여 강력한 어조로 책임을 묻고 이 글을 써줄 것을 요구하였다. 그 부분을 인용하면 다음과 같다.

> 이는 우리 파 종중의 인륜기강에 크게 관계되는 곳입니다. 함경감사 종장(宗丈)께서 이미 돈목하는 도리로서 보첩을 간행해내었고 원근의 일가들에게도 분명하게 시달했는데, 그 잘못 기록한 실수를 그대로 시골에 있는 종친들에게 멋대로 통보했다면 참으로 일을 주관한 사람의 책임이 아니겠습니까. 종씨(宗氏)가 북백영감(北伯令監, 함경감사)과 종형제 간이 된다면 그 족보책 가운데에 잘못된 곳을 어찌 일필(一筆)로 논변(論辯)하여 공안(公案)의 설 자리를 확립함이 없을 수 있겠습니까.
> 此乃吾派中 大關倫紀處也 北伯宗丈旣以敦睦之誼 刊出譜牒 昭示遠近 而其所誤書之失 專在鄕宗漫報之致 固非主事者之責也 宗氏於北伯令監 爲從兄弟間 則其於譜册中誤了處 烏可無一筆論卞 以立公案之地也

이에 대하여 수함씨(壽咸氏)는 "이미 간행한 종중의 족보를 얄팍한 소견으로는 외람되이 입증할 수는 없지만, 명백한 증거가 있다면 피하지 않고 이를 대략 기술하여 후일 보첩 수보하는 때를 기다려야 하지 않겠느냐" 하면서 특히 임고공의 6대조 휘 유(瑜)가 호주로 되어 있는 당시의 호적을 확인하고는 자신 있게 언급하였다.

"유(瑜)의 아버지 경옥(慶沃)과 조부 원량(元亮)과 증조부 태(迨) 등 연달아 3대가 뚜렷하게 실린 호적인데 처음부터 경옥이 원빈(元賓)이란 분에게 출계한 사실이 없었다(瑜考慶沃祖元亮曾祖迫 連三代 班班載籍 而初無慶沃之出繼於元賓者)"고 증언하면서, "나는 이때 비로소 원량이 과연 끝의 아들 경옥(慶沃)으로 그 형 경함(慶涵)을 대신하여 뒤를 잇게 함으로써 형망제급의 의리를 얻게 된 것을 깨달았다(余於是始覺元亮之果以末子慶沃 代其兄慶涵 系后 而以得兄亡弟及之義也)"고 술회한 대목도 눈길을 끈다.

다만 이때 겸재공의 중형 경청(慶淸)이 이미 그 계부 앞으로 출계한 사실을 들먹였다면, 더욱 확실한 해명이 될 수도 있는 것을 하는 아쉬움은 있다. 그러나 안한당공이 말한 '형망제급'의 언급 속에 그 사유가 내포된 것인지, 아니면 당시에는 '귀령동안'과 같은 향중 자료의 존재를 몰랐던 것인지, 그것은 의문으로 남겨둘 수밖에 없다.

이 글은 후일 밀양파에서 간행한 『병진파보(丙辰派譜)』에 그 전문이 실렸다. 비록 이미 인쇄와 반질이 끝난 『을축보』를 전량 회수하여 수정을 받지는 못했지만 이 문건으로 인하여 후일의 보사(譜事)에서는 상당한 경계가 되었고 그때마다 우리 밀양파에게는 시정한다는 약속이 되풀이되었다. 가령 1832년(순조 32)에 구보에 함께 참여한 선천파(宣川派)·수원파(水原派)·문절공파(文節公派)·문순공파(文順公派)·경주파(慶州派) 등 5개 파에서 정식으로 세 번째 합동보인 『임진보(壬辰譜)』를 간행하자는 발의가 있었다.

당시 보청(譜廳)을 서울에 두었는데 그 주관자는 승지(承旨)로 있던 홍주(洪州) 종인 진화씨(鎭華氏)와 교리(校理)로 있던 수원(水原) 종인 시련씨(是鍊氏)였다. 발의의 통문을 접수한 밀양파에서는 이번에야말로 구보의 오류를 수정할 수 있는 좋은 기회라 생각하였다. 그리하여 후손들은 이번에도 당시의 호적과 전일 수함씨가 작성한 「수정보첩서」 등 그동안 찾아 모은 자료를 제시하고는 마땅히 "그릇된 것을 고치고 잘못된 곳을 바루어야 한다(誤者改之 謬者正之)" 하고 정중하게 종찰(宗札)을 보냈다.

그 결과 그해 2월 초 9일에 밀양첨종(密陽僉宗)으로 보낸 「임진경중보첩회통(壬辰京中譜牒回通)」이라는 답신을 접수하기에 이르렀다. 약간의 윤문을 가하여 그 전문을 옮겨보면 다음과 같다.

이는 회답하는 글이고 통유(通諭)하는 일도 된다. 보내신 통문의 글 뜻을 살펴보면 귀 종중의 종통에서 아직도 잘못된 곳이 바루어지지 않고 있다 하니 참으로 매우 민망한 일입니다. 이번에 족보를 새로 할 때에는 이미 장적(帳籍)이 명백하고 또 선배들이 논단한 바가 있다면 우리들이야 어찌 감히 그간의 이동(異同)을 말하겠습니까. 이에 개정할 것을 약속하고 회고(回告)하오니 양해하시기 바랍니다. 밀양 첨종 시좌하 임진 이월 초구일 종말(宗末) 진화·시련 등

右回文爲通論事 觀此通文辭意 則貴宗宗通之尙此謬錯 未得歸正者 誠甚可憫 今當修 譜之時 旣有帳籍之明白 又有前輩之論斷 則鄙等何敢異同於其間哉 玆以 釐正 回告俯 諒焉 密陽僉宗 侍座下 壬辰 二月 初九日 宗末 鎭華 是鍊 等

이것은 「수정보첩서」에 이어 겸재공 출계 사실의 오류를 개정하겠다는 두 번째의 확실한 문건이었으나, 이때에도 흐지부지되고 말았다. 마침 기호(畿湖) 지방에 혹독한 흉년이 들어 재정을 감당할 길이 없었고, 당시에 이미 수원파에서는 독자적인 파보를 간행한 뒤여서 적극적인 참여 의사가 없는 데다가, 일부 종인들은 보청의 방침에도 불구하고 무조건 구보의 예(例)에 따라야 한다는 반대 의견도 있어 시시비비를 거듭하다가 마침내 5개 파의 대동보는 철회되고 말았다.

그렇게 되자 경주파·문순공파 등 다른 파에서도 이왕 수집된 단자를 근거로 각기 차례대로 자기들만의 족보를 만들어 반질을 하게 되었다. 이와 같은 정황 속에서 밀양과 용궁에서도 1850년(철종 1)에 합보의 논의가 이루어져 밀양파의 종로 장호(章瑚)와 시국(是國), 그리고 용궁파의 종로 상범(尙範)과 기락(基洛) 등이 주동이 되어 밀양 백곡재(栢谷齋)에다 그 보청을 설치하였다. 하지만 이때에도 구보에 대한 오류 시정을 매우 당연한 것으로 여기는 밀양파에 맞서 용궁파에서는 여전히 거부 의사를 나타내어 결국 양파의 합보는 성사가 되지 못하였다.

3) 오류 수정 후 정당한 족보 간행

그리하여 1856년(철종 7)에는 용궁을 제외한 밀양의 3개 지파만으로 『병

진파보』를 간행하면서 공의 출계 사실에 대한 오류를 처음으로 시정했다. 아울러 경진년(1800) 수함씨의 글과 임진년(1832) 경중보청의 통문을 그 서두에 게재하는 한편, 범례(凡例)에다 특별히 항목을 설치하여 겸재공 출계 사실의 오류를 정식으로 개정하였다. 하지만 용궁파에서는 그 3년 뒤인 1859년(철종 10)에 단독으로 『기미파보(己未派譜)』를 간행하면서도, '구보의 예'를 존중해야 한다는 이유로 끝내 그 기재 사실의 잘못이 바루어지지 않았다.

공의 출계에 관한 구보의 오류 시정이 여주이씨 전체의 대동보에서 정식으로 이루어진 것은 1904년(광무 8)에 간행된 14권의 『갑진대보(甲辰大譜)』부터이다. 이때에는 아예 공의 10대손인 만천공(彎川公)이 서울에서 대동보 간행 역사에 직접 관여함으로써 상당한 변정(辨正) 자료를 준비한 후 적극적으로 대처한 보람이 컸다고 할 것이다. 우선 당시 용궁에서 파송된 종인 동석(東錫)과 함께 교정(校訂)하는 일을 맡아 서로 '누대에 걸쳐 엇갈린 실마리(屢世有牴牾之端)'를 풀기 위해 많은 노력을 기울였다. 그러나 일부 종인들의 완강한 오해에 부딪혀 몇 차례나 난관에 봉착하기도 했다.

그럼에도 불구하고 만천공은 "선대의 증거가 되고 근거를 삼을 만한 문건을 찾아 지참하고, 노소 간에 여러 일가들을 가서 만나고는 조상을 받들어 종족 간에 공경하는 대의를 누차 설득(搜持先世可證可據之文 而往會老少諸族 屢言尊祖敬宗之大義)"하는 노력을 마다하지 않았고, 전국의 종친대표들에게 일일이 서신을 띄우거나 직접 찾아가 면대를 통하여 사정을 피력하기도 하였다. 그 결과 『갑진대보』 범례에는 "월연공 휘 태(迌)의 장자 휘 원량(元亮)의 셋째아들 휘 경옥(慶沃)은 구보에 출계를 했다 하여 그릇 기록되었으므로 이번에 개정했다(月淵公諱迌之長子諱元亮之季子諱慶沃 舊譜誤書出系 故今改正)"는 조항이 특별히 신설되었다.

그리하여 '옛날 『신사보』를 만들 때에 잘못된 선조의 계보와 종통의 문란(昔於辛巳譜時 訛誤先系 紊亂宗統)'에 대한 시정 사실을 전국의 종친들에게 명백히 선포하는 성과를 거두기도 한 것이다. 『갑진대보』가 완성되어 반질이 이루어진 날 용궁 무리(茂里)의 종로(宗老) 휘 수린(守麟)이 만천공에게 보낸 편지가 있었는데 "대동보의 일은 백 년에도 이루지 못하는 거사인데, 오늘에야 비로소 우리나라에서 우리 가문이 있게 된 것이다. 누구인들 좌하에게 축하의 뜻을 바치지 않겠는가(譜書百歲未遑之擧 今有始海東之爲吾宗者 孰不獻賀於座下也)" 하고 치하한 일도 있었다.

이는 말할 것도 없이 수백 년 동안 잘못되어 내려온 종통의 오류 기록을 개정한 쾌거를 용궁의 종로도 함께 기뻐했다는 것을 의미한다. 그럼에도 불구하고 아직도 일부에서는 '구보의 예'를 고집하면서 수백 년을 지켜내려오고 있는 엄숙한 종통에 오해를 풀지 못하고 있는 것은 차라리 딱하기만 한 일이다.

만천공의 당시의 자료와 문건이 일일이 보존되지 않아 앞에서 인용한 『귀령동안(龜齡洞案)』이란 향중 자료가 그 속에 포함되어 있었는지는 확실하지 않다. 아마도 결정적인 해명 자료가 될 수도 있는 이 문건을 거증 자료로 제시했다는 기록이 없는 것을 보면 당시에는 그 문건의 존재를 알수 없었는지 모르겠다. 하지만 현대에 이르러 비록 그 의미는 감소되었다할지라도 그 문서는 충의위(忠義衛) 원빈(元賓)의 계후를 자연스럽게 입증하고 있다는 점에서 종통의 오해를 확실히 씻는 데 결정적인 기여를 한것이라 인정할 수가 있다. 동시에 임고공이 구보 관계자에 대한 과감한 대처로 얻어낸 성과와 함께 만천공의 조상을 위하는 성효와 자료 수득(搜得)의 노력에 대하여도 새삼 존경심이 인다.

8. 첨헌공(忝軒公) 만전(萬全)의 출세와 그 아들

첨헌공 휘 만전(萬全)은 5세조인 월연선생 이후 140년 만에 과거를 통한 사환으로 출세한 최초의 혈손이다. 다만 월연 선조가 문과로 등룡이 되어 동반에서 한림(翰林) 등 여러 추밀(樞密)한 관직을 거쳐 옥당(玉堂)의 전한(典翰)으로서 청명(淸名)을 얻었다면, 첨헌공은 무과 출신으로 서반(西班)의 요직을 거쳐 진영장(鎭營將) 등 지방 군대의 장군이 되었고 마침내 종2품 가선대부(嘉善大夫)의 품계를 받았다는 벼슬길의 차이가 있을 뿐이다.

1) 문무(文武)에 구애되지 않는 입신관(立身觀)

따라서 월연 선조가 처음 닦아놓았던 가정적인 토대가 임진왜란과 병자호란 등 미증유의 국난을 겪는 근 100년 동안 거의 오유(烏有)로 돌아간 것을, 첨헌공이 관인으로 출세하여 그 지위와 경제적인 뒷받침으로 어느 정도 가세(家勢)를 회복하고 명예도 되찾았다고 할 수가 있다. 이러한 사실은 첨헌공 자신의 입신양명에 대한 강한 욕구와 함께 부모를 기쁘게 해드리고 변변한 벼슬자리 하나 없는 영락한 가문을 꼭 자신의 힘으로 일으켜 세우겠다는 의지와 신념의 소산이라 말할 수 있다.

애초부터 공은 우선 입신양명하는 방도를 고민하기 시작하였다. 과거 공부를 통하여 문과 급제를 하는 것이 가장 확실하고 정상적인 길이었으나, 동시에 그것은 너무나 어렵고 비현실적인 방법이기도 했다. 차라리 자기 소질과 능력에 맞추어 출세의 첩경을 찾는 것이 보다 현명하다는 것을 깨달았다. 공이 무반(武班)으로 출세하겠다는 결심을 굳힌 직접적인 동기가 아닌가 여겨진다. 그것은 공이 나이 27세 때 아버지의 명으로 무과에 응시하면서 붓을 던지고 하는 말에서 그 각오를 읽을 수 있다. "남자가 세상에 태어나 입신양명을 함에 있어 안으로는 부모에게 현시(顯示)를 하고 밖으로는 임금과 윗사람을 섬겨야 하는 것이니 어찌 구차하게 문무에만 매달릴 수 있겠는가(男兒生世 當立身揚名 入而顯父母 出而事君上 何苟爲繫文武哉)." 참으로 마음에 맺힌 포부라 할 수가 있다.

그러나 공의 청년기에는 이러한 각오를 바로 실천에 옮기지는 못하였다. 앞의 글에서 밝힌 바와 같이 아버지 번수공이 별세하였고 그 상기(喪期)가 끝나자마자 부모가 안 계신 허무감을 이기지 못한 몇 해 동안의 공백기가 있었기 때문이다. 그런 다음에 마음을 가다듬어 처음의 뜻을 살려 바로 무과에 급제하였고, 잇달아 벼슬길에 올라 경제적인 여유가 다소 생기게 되자 차츰 아버지의 유명(遺命)을 받들게 되었다. 여러 형제 종반들과 힘을 합쳐 먼저 선영(先塋)의 위토(位土)를 장만하는 일을 도모하였고, 관직 생활의 여가를 틈타 고향에 내려올 때마다 옛 마을로의 이사와 폐허가 된 선정의 복구에 심혈을 기울였다.

그 결과 1711년(숙종 37)경에는 살내 옛 마을에 제법 규모를 갖춘 제택(第宅)을 마련하여 부동(府東)의 우거에서 환고함으로써 오매불망 누대의 소망을 이룩하였다. 그러므로 첨헌공의 과환은 실로 100년 이래 한 가문의 부흥에 결정적인 계기를 제공한 셈이다. 그 후 맏아들 운암공은 아버지의 간절한 뜻을 계승하여 가문의 토대를 더욱 굳혔으며, 장손인 오호공(午湖公)이 또한 현달(顯達)함으로써 부·조(父祖)의 소망은 자연스럽게 전개되었다. 드디어 한 고을에 그 가성(家聲)을 떨치게 되자 산동(山東)의 여러 골짜기와 이웃 마을에 이리저리 흩어져 살던 근친들도 불러들여 이때부터 살내마을은 단취(團聚)하는 종촌(宗村)으로서 그 모습을 가꾸고 지켜가게 된 것이다.

첨헌공의 자는 안숙(安叔)이고 첨헌(忝軒)은 그 자호이다. 아버지 번수공과 어머니 증정부인 달성백씨(達城白氏)의 셋째아들로 1650년(효종 1) 12월 13일에 밀양부 동쪽 금곡리(金谷里) 옛집에서 태어났다. 어릴 때부터 용모가 준수하고 기골이 헌칠하여 주위에서 모두 늠름한 용사의 풍도가 있다고 하였다. 나이 겨우 7세에 어머니가 돌아가셨으나 마치 어른처럼 호곡하며 위로 두 형을 따라 집상의 예절을 의젓하게 잘 지켰다. 자라나면서 향중의 스승에게 나아가 경전을 익혀 문사(文詞)가 숙성했지만 특히 기사(騎射)에도 취미가 있어 그 기량과 용기가 매우 뛰어났다.

1675년 숙종이 등극하자 조정에서 훌륭한 무재(武才)를 선발한다는 소문을 들은 아버지가 어느 날 공을 불러 타이르기를 "성명(聖明)한 시대를 만났는데 남아가 굳이 출세를 하는데 문무를 가릴 것이 있겠는가? 너의 소질과 기량을 십분 살려 포부를 펴도록 하라" 하고 격려를 하였다. 이에 공은 아버지의 뜻을 알아차리고 기꺼이 무과에 응시한 결과 이듬해 봄에 바로 병과(丙科)로 급제하니 공명(功名)을 추구하는 주변 사람들이 출세하는 방도를 빠르게 얻었다고 부러워하였다.

2) 풍수(風樹)의 한과 무반으로서의 출세

그러나 이 무렵 아버지가 병석에 들어 공은 바로 임관되지 못한 채 수년간 시탕(侍湯)에 온갖 정성을 다 바쳤지만, 1682년(숙종 8)에 끝내 돌아가시자 3년간 여막을 지키면서 풍수의 한을 달래었다. 그 이후에도 허망한 정감이 가라앉지 않아 독서로 마음을 달래는 한편 위선(衛先)과 치가(治家)에 골몰하다가 근 10년의 세월을 허송했는데 어느 날 문득 아버지의 간절한 유촉(遺囑)을 떠올리고 출사를 결심하게 되었다.

1696년(숙종 22) 12월에 비로소 조정의 부름으로 나아가 선략장군(宣略將軍)의 품계에다 무겸선전관(武兼宣傳官)의 직책을 얻으니 출신한 지 20년 만의 일이었고 공의 나이 47세였다. 다음 해에는 같은 직책에 정4품 소위장군(昭威將軍)의 품계를 받았고 1698년(숙종 24)에는 정3품 어모장군(禦侮將軍)에 승차되더니 이듬해 2월 참상선전관(參上宣傳官)의 보직을 받았다.

1702년(숙종 28) 12월에 도총부도사(都摠府都事)로 옮겼고 다음 해 7월 사도진수군첨절제사(蛇渡津僉節制使)로 외직에 나갔으며, 1706년(숙종 32) 8월에는 절충장군(折衝將軍)이 되어 당상관(堂上官)의 반열에 오른 데 이어 용양위부호군(龍驤衛副護軍)의 행직을 받았다. 이듬해 7월에는 다시 충무위부사용(忠武衛副司勇)이 되었다가 1711년(숙종 37) 5월에 부호군겸오위장(副護軍兼五衛將)의 실직을 배수하였다.

이어 같은 해에 첨지중추부사(僉知中樞府事)로 승진하여, 충좌위(忠佐衛)에 배속된 데 이어 1712년(숙종 38) 1월에는 순천진영장(順天鎭營將)으로서 다시 전성(專城)의 책임자로 나갔다. 이때 그 치성(治聲)이 내외에 크게 떨쳤는데 특히 도적을 없애고 백성들의 생활을 안정시켰다 하여 백성들이 자진하여 송덕비를 세웠다. 1716년(숙종 42)에 평안도 위원군수(渭原郡守)를 배명하여 풍속이 야비한 북방 고을에서 치적을 크게 드러내었다. 이어 조정에서 특명으로 종2품 가선대부(嘉

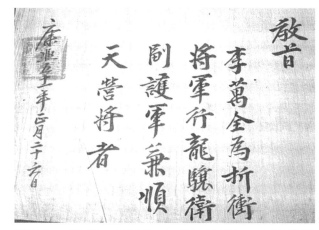

善大夫)의 품계와 동지중추부사(同知中樞府事)로 승진시키는 한편 3대의 부·조에게 추은(推恩)의 증직을 내렸다.

벼슬을 그만두고 귀향한 뒤에는 다시 경서(經書)에 침잠하여 거실에다 첨헌(忝軒)이라는 현판을 걸었는데, 이는 대대로 동반(東班) 사대부의 가문에서 서반(西班)이 되어 조업(祖業)을 욕되게 했다는 스스로의 겸양을 나타낸 것이라 한다. 향년 73세에 별세하니 밀양 동쪽 평릉촌(平陵村) 뒷산에 안장하였고 배위의 무덤은 그 뒤쪽에 있다. 긍암(肯庵) 이돈우(李敦禹)가 묘갈명을 지었다.

공은 평생에 그 기량(器量)이 출중했으나 그 재기(才氣)를 좀처럼 드러내지 않았는데 공을 잘 아는 조야의 인사들은 "조정에서 간성(干城)의 큰 재목을 몰라보고 크게 쓰지 않았다" 하고 개탄했다. 배위는 정부인(貞夫人) 밀성박씨(密城朴氏)로 사인 동위(東緯)의 따님이며 슬하에 4남 5녀를 두었다. 아들은 운암공(雲庵公) 지관(之觀)·통덕랑(通德郎) 지갑(之甲)·통덕랑(通德郎) 지간(之艮)·통덕랑(通德郎) 지태(之兌)이다.

3) 운암공(雲菴公)의 가업(家業)

운암공의 휘는 지관(之觀)이고 자는 광백(光伯)이며 호는 운암 외에 초려(草廬)라고도 했다. 아버지는 첨헌공 휘 만전이고 어머니는 정부인 밀성박씨인데 1682년(숙종 8)에 아버지의 옛집인 금곡리(金谷里)에서 태어났다.

타고난 기질이 맑고 준수하여 나이 7세에 능히 글을 알아 아무리 어려운 말이라도 한번 스쳐본 것은 기억하였다. 조금 성장하자 종형인 월암공 지복(之復)의 서사(書舍)에서 경전을 읽었는데 촌음을 아껴 공부를 하였다. 일찍부터 작시(作詩)가 능하여 달밤에 시를 읊으면 그 음성이 옥을 가는 듯했고, 가끔 친구들과의 논과(論課)가 있을 때도 성적이 빼어나 족형인 백곡공 지운(之運)이 늘 "제배(儕輩) 가운데는 따를 자가 없다" 하고 칭찬하여 마지않았다.

애초에는 과업에 뜻이 자못 간절하여 여러 차례 응거도 했으나 21세 때 배위이신 청송심씨(靑松沈氏)가 요절하자 그만 뜻을 접고 과장에 나가지 않았다. 그리하여 재취부인 안동김씨(安東金氏)를 맞이한 후에는 출사로 인해 집안일을 돌보지 못하는 아버지를 대신하여 치가(治家)에 전념하면서 오로지 어머니의 효양에 정성을 쏟았다. 또한 여러 숙부들을 섬기고 형제자매들과의 우애를 돈독히 하는 한편, 친족과 향린(鄕隣) 간의 화목에도 힘을 기울이며 한 가문 기둥으로서의 역할을 자담했다.

1712년(숙종 38)에 영남 지방에 큰 흉년이 들자 공은 창고를 열어 동민들은 물론 이웃 마을에 사는 종족들을 수십 집이나 불러들여 구제 활동을 하였다. 이 소문을 전해들은 당시의 밀양부사가 친히 마을을 방문하여 치하한 뒤에 돌아가서 향중 선비들에게 말하기를 "살내마을에서 참된 군자인(君子人)을 만났다"고 공을 칭도했다는 일화가 전한다.

그러나 1714년(숙종 40)에 어머니 밀양박씨가 돌아가시자 그 상기를 끝내고는 초취부인의 무덤을 찾아 처가향인 호서(湖西) 목천군(木川郡)에 한동안 눌러앉은 일도 있었고, 그 2년 뒤인 1718년(숙종 44) 봄에는 내친김에 한양으로 올라가 대궐을 망배한 후 「축수강릉(祝壽岡陵)」이라는 시를 남기기도 했다. 다시 고향집으로 돌아온 공은 1722년(경종 2)에 아버지의 별세로 상기를 치른 후 잇달아 1727년(영조 3)에는 재취부인 안동김씨마저 세상을 떠나자 인생의 허무를 뼈저리게 느꼈다.

그리하여 어느 날 문득 말하기를 "남자가 이 세상에 태어나서 천하를 두루 볼 수 있다면 한이 없겠다. 한번 중원(中原)을 밟아본 다음 우리나라 산천을 두루 관광할 수 있다면 또한 내 소원을 충분히 갚는 일이다(男兒生此 偏邦恨無 由一蹴中州 若周觀我國山川 則亦足以償吾願也)"라고 하였다. 그리하여 공은 한 마리 나귀를 타고 속리산의 문장대(文藏臺), 지리산의 화개동(花開洞), 관동팔경과 금강산의 만폭동(萬瀑洞) 등 여러 명승지를 돌아보고 가는 곳마다 산천의 찬미(讚美)와 소회를 읊은 『주유록(周遊錄)』이라는 저서를 남겼다. 비록 중국을 돌아보지 못한 아쉬움은 있었지만 그래도 우리나라의 대표적인 경승지를 주유했다는 것은 그만큼 공의 풍류가 다채로 웠다는 것을 말해준다.

1740년(영조 16)에 원유(遠遊)에서 돌아와 선영을 참배하고는 고향집에서 세상을 떠나니 향년 59세이다. 일찍이 아버지의 영달로 통선랑(通善郎)과 통덕랑(通德郎)의 품계를 받았는데 1756년(영조 32)에 맏아들 홍(泓)의 귀현(貴顯)으로 가선대부(嘉善大夫) 호조참판(戶曹參判)의 증직을 받았다.

배위로 초취 청송심씨(靑松沈氏)는 사인 유흥(惟興)의 따님이고, 재취 안동김씨(安東金氏)는 사인 서정(瑞鼎)의 따님이며, 삼취 문화류씨(文化柳氏)는 사인 진후(震厚)의 따님이다. 슬하에 오호공 홍(泓)·통덕랑 종(淙), 죽헌공(竹軒公) 속(涑)은 김씨 소생이고 통덕랑(通德郎) 위(渭)는 류씨 소생이다. 공의 묘소는 밀양 상동면 평릉촌 선영 아래에 있으며 판서(判書) 조종필(趙鍾弼)의 묘갈명이 있다. 심씨의 묘는 충남 부여(扶餘) 호암촌(虎巖村)에 있고 김씨의 묘는 공의 무덤 뒤편에 있으며 류씨의 묘는 살내 남쪽 백곡(栢谷) 기슭에 있다.

9. 무중군자(武中君子) 오호공(午湖公)의 건절(建節)과 자손

오호공의 휘는 홍(泓)이고 자는 사범(士範)이며 호는 오호(午湖) 외에 유유헌(唯唯軒)이라고도 했다. 1707년(숙종 33)에 밀양 부동(府東)의 옛집에서 아버지인 운암공 지관(之觀)과 어머니인 증정부인 청송심씨 및 증정부인 안동김씨 사이에서 맏아들로 태어났는데 공의 4형제는 모두 김씨의 소생이다.

1) 박송당(朴松堂)에 비유한 문무의 겸전

어릴 때부터 모습이 단정하고 체구가 헌칠했으며 재주가 뛰어나 글을 배움에 스승을 번거롭게 하지 않았다. 성장함에 따라 용력이 더욱 출중했는데 일찍이 뜻을 세워 이르기를 "대장부가 세상에 태어나서 어찌 한평생을 붓놀림에 매달릴 수 있겠는가?" 하고는 할아버지 첨헌공의 무업(武業)을 이어 학문을 연마하고 기사(騎射)의 수련에 열중했다.

드디어 1734년(영조 10)에 무과에 급제하니 시관(試官)은 공의 늠름한 풍채를 보고 "오늘에야 과연 장재(將材)를 얻었다"고 칭찬했으며 이듬해 9월에 바로 선전관(宣傳官)으로 임명했다. 이어서 1739년(영조 15)에는 참상 선전관으로 승진하였고 그 다음 해에 도총부도사(都摠府都事)로 옮겼으나 얼마 후 아버지의 별세로 귀향했다.

벼슬 때문에 부모의 임종을 지키지 못한 유한을 되새기며 예제(禮制)에 따라 3년상을 곡진하게 치른 공은 "부모가 다 돌아가셨는데 누구를 위해 출세를 하고 아세(阿世)를 한단 말인가" 하고는 벼슬살이를 단념했다. 그러나 조정에서는 초관(哨官)·종사관(從事官)·무겸선전관(武兼宣傳官) 등의 직첩과 어모장군(禦侮將軍)의 품계를 계속 내려 불렀으나 끝내 병을 칭탁하고 취임을 하지 않았다. 그리고 향중의 선비들과 어울려 다시 경사(經史)를 연마하는 한편 때때로 사냥과 병서(兵書)에도 침잠하기 거의 10년의 세월을 보냈다.

1754년(영조 30)에 조정에서는 훈련원(訓練院)과 어영(御營)에서 인사 개편이 있었다. 이때 병조판서가 임금에게 나아가 계(啓)하여 이르기를 "이모(李某)는 본래 용력과 지략이 뛰어나 쓸 만한 인재인데 벼슬을 버리고 귀향한 후 세로(世路)를 사절한 지 벌써 여러 해가 되었습니다. 인재가 아쉬운 때에 유능한 무관을 전원에서 늙게 하는 것은 매우 애석한 일이니 잡아와서라도 벼슬을 시키는 것이 어떠하겠습니까?"라고 아뢰었다.

이에 임금은 "이 사람이 박송당(松堂, 박영[朴英])을 본받으려 하는구나. 요새 세상에 벼슬을 못해 안달인데 고향에 파묻혀 있는 것을 보니 과연 쓸 만한 인재로구나. 즉시 불러오도록 하라"고 재촉했다. 공이 상경하자 그해 12월에 금부도사(禁府都事)에 제수되고 3일 만에 다시 어모장군이 되어 무겸선전관으로 옮겼으며 이듬해 3월에는 또 도총부경력(都摠府經歷)으로 승진되더니 두 달 뒤에 참상선전관에 승진되는 파격적인 인사 이동을 단행하였다.

1756년(영조 32) 3월에 훈련원부정(訓練院副正)에 제수되었고 6월에 문관 품계인 통훈대부로서 철산부사(鐵山府使)가 되어 외직으로 나갔다가 이듬해 정월에 임금의 특명으로 절충장군(折衝將軍)에 올라 용양위부호군겸나주영장(龍驤衛副護軍兼羅州營將)에 제수되었다. 그러나 임기를 채우고는 재차 고향집으로 내려가 종숙인 월암공과 함께 월연 선조의 별업(別業)을 복구하는 일에 자기의 녹봉을 털어가며 정성을 다 바쳤다. 이 기간 중에도 공은 계속 진영(鎭營)에 머물면서 군무에 협조하라는 금위대장(禁衛大將)의 전령(傳令)을 몇 차례나 받았지만 일체 응하지 않은 채 쌍경당(雙鏡堂)의 중건에만 매달리다가 공사가 완료되자 거기에 거처를 정하고 다시 소요자적(逍遙自適)하는 생활에 들어갔다.

2) 무반(武班)의 군자인(君子人)이라는 평판

오호공은 할아버지 첨헌공의 출세로 어렵게 닦아놓은 기반 위에서 부·조(父祖)의 뜻을 계승하고 월연선생 이래의 가문의 전통과 명예를 다시 옛날 상태로 되돌려놓은 중흥조(中興祖)라 할 수 있는 분이다. 공은 일찍이 번암(樊庵) 채제공(蔡濟恭)이 "참으로 무반 가운데 군자인(眞武中君子人)"이라 칭도할 만치 학식과 행덕(行德)을 두루 갖춘 무관으로 당시 영조도 특별한 관심을 가지고 지켜본 인물이다. 『영조실록』 33년(1757) 1월 14일자의 다음 가록도 그러한 사실을 은연중 시사하는 것으로, 임금이 특별히 지목한 문관과 무관을 당상관(堂上官)으로 임명할 것을 좌의정과 우의정을 불러 명령한 내용이다.

임금 된 자의 정사란 마땅히 한 사람을 옳게 기용하여 백 사람에게 용기를 북돋는 것이다. 문관·무관의 당하관 중에 침체된 사람에 대하여 첩지(帖紙)를 만들어 써서 들이도록 명한 것은 한편으로는 항상 눈여겨보는 자료로 삼으려는 것이고, 다른 한편에는 권면하여 기용(起用)을 하려는 의도이다. 어찌 일반적인 사례를 따르려고 하는 것이겠는가. ……무신 가운데서는 3품으로 아직 영장(營將)을 거치지 않는 부사 이홍(李泓)을 나주영장에 임명토록 하고 전 찰방 이인백은 과거에 급제한 지가 이미 46년이 되었으니 특별히 도총부도사로 임명하도록 하라. 아아! 30년 동안 왕위에 있으면서 나이 지금 70을 바라보는데 어찌 지켜보기만 하고 그치겠는가. 인사를 다루는 관청의 신하들은 이러한 나의 뜻을 깊이 유념하여 침체된 사람을 거용(擧用)하고 적합한 사람을 가려서 뽑기를 급선무로 하라.

王者之政 其宜用一而聳百 文武堂下沈滯人 命作帖書入者 一則爲常目之資 一則爲勸用之意 豈循常例 …… 武臣三品之未經營將者 府使李泓羅州營將 前察訪 李寅白登科已四十六年 特除都摠都事 噫! 卅載臨御 年今望七 豈爲觀瞻而止 否! 銓曹之臣 體此意而擧沈滯 以擇人爲先務

한 나라의 임금이 특정한 인물을 두고 이와 같이 관심을 보인 예는 그리 흔치 않을 것이다. 유능한 인재인데도 불구하고 제대로 빛을 못 보고 있는 문·무관을 조사하여 그 명부를 올리라고 명한 영조가, 그중에서도 공을 특별히 거명하여 당상관의 반열에 올리는 한편 남도 국방의 요직을 맡기라는 전교를 내린 것이다. 동시에 영조는 "오늘 내가 좋은 정사를 했다(今日予將爲善政矣)" 하고 스스로 만족해한 것만 보아도 평소에 이들 인물을 얼마나 주목해왔는지 알 수가 있고, 관료로서의 공의 인물됨과 능력을 단면적으로 입증해주는 자료라고도 할 수가 있다.

그러나 1760년(영조 36) 4월에 또 영조의 특명으로 공에게 용양위부호군 겸사복장(龍驤衛副護軍兼司僕將)을 제수하여 불렀다. 하는 수 없이 공이 조정으로 나아가 입시하니 임금은 공의 흰머리를 안쓰럽게 내려다보며 이조(吏曹)와 병조(兵曹)의 장관에게 분부를 내렸다. "이모(李某)는 영외(嶺外)의 이름난 무관인데 이처럼 늙었구나. 속히 곤수(閫帥, 사령관)의 직책을 맡기도록 하라"고 말했다.

이에 일부 세력의 반대가 있어 진작은 임명되지 못하고 같은 해 10월에 강화(江華)의 중군겸수성장(中軍兼修城將)으로 부임했다가 두 달 만에 통정대부로서 창성부사(昌城府使)에 임명되었다. 이때 창성부사는 국경 방비의 거점으로서 평안도 좌방어사(左防禦使)를 겸직하여 우방어사를 겸하고 있는 강계부사(江界府使)와 함께 한 방면(方面)의 병사(兵使)에 버금가는 지위였음으로 사실상의 곤수라 할 수가 있었다.

오호공에게 내려진 임금의 유서(諭書) 1761년(영조 37) 1월에 평안도좌방어사 임명 시에 내려진 영조 임금의 유서(諭書)(첨헌공 종가에서 보존하고 있는 『역대교지첩』에 있음).

따라서 제도상으로도 겸직한 부사에게 병권과 함께 종2품의 품계가 주어졌으며, 임명과 동시에 임금이 부절(符節)을 내리도록 되어 있었다. 그러므로 이때 창성부사는 공에게 국경 고을의 특수 행정과 함께 북방 요새의 병권을 전담하여 외침을 막는 군 지휘관으로서 사실상의 건절(建節)을 의미하는 직책이었다. 영조의 배려에 부합되는 가히 파격적인 예우라 할 만한 것이다. 실지로 1761년(영조 37) 1월 7일에 공에게 내려진 다음 유서(諭書)가 그런 사정을 잘 뒷받침해주고 있다.

> 평안도좌방어사 창성부사 이홍에게 유시(諭示)를 내리노라.
> 경에게 맡긴 한 방면 체찰(體察)의 임무를 수행함에 있어 그때그때의 사정과 형편에 따라 군사를 일으키되 가볍게 행동하지 말라. 백성을 편안히 하고 적을 제압하는 것은 항상 하는 일이라 옛 제도와 규칙이 있지만 혹 나와 경이 함부로 처리하는 일이 있을까 염려가 되노라. 은밀한 부절(符節)을 별도로 내리지 않으면 시행하지 말아야 하고, 또한 뜻밖에 간사한 모반이 있을 때는 미리 막지 않을 수가 없으니 비상명령 같은 것이 있을 것이다. 부절을 맞추어보아 의심이 없는 뒤라야 명령을 쫓아야 함으로 '제이십이부(第二十二符)'로서 서명하여 내리니 경은 이것을 받아라. 때문에 유시를 하노라.
> 諭 平安道左防禦使 昌城府使 李泓
> 卿受委一方體任 非輕凡發兵應機 安民制敵 一應常事 自有舊章 慮或有予與卿 獨斷處置事 非密符莫可施爲 且意外奸謀 不可不預防 如有非常之命 合符無疑 然後當就命 故賜押第二十二符 卿其受之 故諭

창성부사로서의 임기를 마친 공은 다시 1762년(영조 38) 12월에 절충장군으로서 선전관·상호군·병조당상관(兵曹堂上官)·당상군관(堂上軍官) 등으로 여러 차례 직첩이 내려졌으나 취임하지 않았다. 하지만 이듬해 4월에 경기감사(京畿監司)가 보낸 전령을 통해 전라우도수군절도사(全羅右道水軍節度使)의 교지(敎旨)가 하달되어 다시 건절을 하게 되었는데 이때의 유서에는 '제팔부(第八符)'로 임금의 사압(賜押)이 있었다.

3) 퇴임 후 월연선정(月淵先亭)에서의 장수(藏修)

우수사 재임시에는 여러 가지 치적이 많았으나 그 가운데 특히 물이 귀한 성중에 가뭄에도 마르지 않는 깊은 우물을 몇 군데나 파서 백성들로부터 오래도록 칭송을 받았다. 그러나 임기가 거의 끝나가는 1765년(영조 41)에 홀연 깨닫기를 "시골 무반으로 두 번이나 건절의 영예를 안았다면 분수에 족하다"라고 하면서, 물러나 고향으로 돌아가 조용히 여생을 보내고자 결심하였다.

그 대신 자기가 아끼던 시임우후(時任虞侯)의 가자(加資)를 위해 성지(城池)와 군기(軍器)의 수선 등, 재임 중 자기가 이룩한 모든 공적을 그에게 돌려 조정에다 포상을 받을 수 있도록 계(啓)를 올렸다. 그러나 그해 8월 전라도 암행어사 김재순(金載順)이 순행 중에 그런 사실을 전해 듣고는 "사(私)를 따른 불공(不公)의 죄가 된다" 하여 조정에다 복명을 하였다. 임금은 "자기의 공적을 부하에게 양보한 것은 오히려 상을 줄 일이나 조정을 속인 죄에 해당된다면 벌하지 않을 수 없다" 하면서 공을 고향과 가까운 언양(彦陽)에 유배토록 조치하였다. 그러나 공이 귀향할 무렵에는 그마저 해제되어 자기가 힘써 복원한 월연의 선정에서 장수(藏修)를 하는 나날을 보내게 되었다.

> 높다란 월연의 집, 반공(半空)에 솟아 있고　　　　雲甍月戶半天通
> 주렴 밖엔 강과 산이 한 빛으로 산뜻한데　　　　　簾外江山霽色同
> 장군은 할 일이 없어 한가로이 누웠으니　　　　　將軍高臥閒無事
> 다만 용천검이 있어 칼집에서 우는구나　　　　　　只有龍泉吼匣中

위의 시는 종형인 월암공과 주고받은 시 가운데 칠언절구 한 수로 당시 공의 회포를 짐작하기에 충분한 작품이다. 유유헌(唯唯軒)이라는 공의 아호(雅號)도 역시 이 무렵 선정에 기거하면서 스스로 붙인 것으로 여겨지는데, 아마도 좋은 것도 싫은 것도 멀리하고 얽매임 없는 마음으로 오직 아름다운 강산을 벗하면서 자유스럽게 여생을 보내겠다는 심상(心象)을 그대로 드러낸 것이라 할 수 있다.

1786년(정조 10) 4월에 나이 80세에 이르자 조정에서 특전으로 가선대부로 품계를 올려주었고 6월에는 용양위부호군(龍驤衛副護軍)의 행직이 주어졌으며 이어 동지중추부사(同知中樞府事)의 직책이 내려졌다. 그해 8월에 자손들을 모아놓고 유명(遺命)을 하는 자리에서 특히 큰집 종질 임고공 병태(秉泰)에게 모든 집안일을 부탁하고 평소처럼 편안히 세상을 하직하니 사람들은 '신선으로 돌아간 죽음'이라 애도했다. 이에 나라에서는 법전에 따라 배위이신 숙부인(淑夫人) 원주김씨(原州金氏)에게 정부인(貞夫人)의 증직을 내렸고, 3대에 걸친 부·조에게도 추은(追恩)의 증직이 있었다.

공은 평소에 출처(出處)가 분명하고 공사가 엄정하여 거관(居官)에 많은 일화를 남기었다. 고을살이를 할 때 외아들이 사치스런 옷을 입고 내근(來覲)을 했다 하여 공청(公廳)에 세워놓고 관원들이 보는 앞에서 야단을 쳤는가 하면, 철산부사 재임시에는 학교를 세워 고을을 치화(治化)한 공으로 송덕비가 세워졌다. 나주영장 때는 소를 훔친 도둑을 감화시켜 관내에 절도를 없앴다고 하며, 강화중군으로 있을 때는 평소 절친한 사람의 죄를 가차없이 징치하여 공사(公事)의 모범을 보이기도 했다.

공의 묘는 창원(昌原) 남면(南面) 봉림산(鳳林山)에 배위와 동원(同原)에 있는데 후일에 그 묘갈명을 영의정 채제공이 지었으며, 만년에 교분이 두터웠던 강좌(江左) 권만(權萬)·문암(門巖) 손석관(孫碩寬)·파남(巴南) 김제윤(金濟潤) 등은 한결같이 공을 "청렴하고 지조 높은 제세(濟世)의 재목"이라 기리었다. 슬하에 1남 3녀를 두어 아들은 현감(縣監)을 지낸 병덕(秉德)이다.

4) 모포공(慕圃公)의 사환(仕宦)과 효군자(孝君子)

여주이씨의 제4세 중랑장공 교(喬)가 고려 시대 중기에 개경(開京)에 진출하여 문벌을 이룬 이래, 우리 선대들은 대체로 문관 벼슬을 하여 경중거실(京中巨室)의 전통을 이어왔다. 그러던 중에 낙향한 우리 밀양파에서는 숙종(肅宗) 때 첨헌공이 우연한 기회에 무과(武科)에 급제함으로써 출세한 것이 계기가 되어, 그 손자 오호공이 또 절모(節旄)의 깃발을 세우는 건절(建節)의 영예를 안게 되었다. 따라서 살내(箭川)에 세거한 이 집안은 자연스럽게 향중에서 서반(西班) 명문으로 그 토대를 이룩하였다.

그러므로 오호공의 맏아들 모포공 병덕(秉德)이 또 증조부와 아버지의 뒤를 이어 무반이 된 것은 어쩌면 당연한 가문의 추세라고도 할 수 있다. 다만 모포공의 아들 함헌공(涵軒公) 윤섭(胤燮)이 문과 진출을 위해 주력하다가 서반 출세의 기회까지 놓치기는 했으나 그 아들 병와공(兵窩公) 장원(章遠)이 다시 호반(虎班)으로 출세하여 누대로 무반 가문의 전통을 잇게 되었다.

병와공의 아들 수당공(睡堂公) 종상(鍾庠) 또한 그 자질과 기우(氣宇)로 보아 만약 뜻을 세웠다면 간성(干城)의 큰 재목으로 대성할 수도 있었겠으나, 처음부터 공명에 연연하지 않고 오히려 가난한 선비로 자족하며 문사(文詞)의 추구로 한평생을 마쳤다. 그 대신 맏아들 만천공(彎川公) 정구(鼎九)가 문무의 재주를 겸하고 있었으므로 가문을 빛낼 큰 재목이라 여겨 그 학업을 뒷받침했으나, 결국 시대를 잘못 만나 정시무과(庭試武科)로 급제한 후 첨헌공 이래 조업(祖業)의 대미(大尾)를 장식한 셈이다.

한편 오호공의 둘째아우 처사공 종(淙)의 제3자 병성(秉晟)이 무과 급제로 장기현감(長鬐縣監)이 되었고, 셋째아우 죽헌공(竹軒公) 속(涑)의 증손자인 해산공(海山公) 시철(時哲)이 또한 무과를 통해 구한말 추밀(樞密)의 요직에 오른 것도 역시 첨헌공과 오호공이 끼치신 이 가문의 무반적인 기상(氣像)의 발로이며 전통이라 할 수도 있겠다.

모포공의 휘는 병덕이고 자는 이대(彝大)이며 모포는 자호이다. 아버지는 오호공이고 어머니는 정부인 원주김씨로 사인 몽형(夢衡)의 따님인데 1743년(영조 19)에 밀양 살내마을 향제(鄕第)에서 1남 3녀의 외아들로 태어났다. 8세에 아버지로부터 동몽의 학업을 닦아 소년기에 이미 예양(禮讓)

의 도리를 깨쳤으며 선대에서 물려받은 무예의 수련으로 19세에 이르기까지 여러 차례 향시(鄉試)에서 실력을 과시했다.

공이 젊었을 때는 출사한 아버지 대신 가산을 돌보면서 어머니를 정성껏 받들다가 장년에 이르기까지 벼슬길에서 은퇴한 아버지를 시봉(侍奉)하느라 자신의 장래와 출세에는 미처 관심을 둘 겨를이 없었다. 1773년(영조 49)에 어머니가 세상을 떠나고 1786년(정조 10)에 아버지가 별세하자 전후 54개월이나 되는 긴 집상(執喪)에 공은 양친의 산소가 있는 창원(昌原)의 봉림산(鳳林山)까지 100리 길을 달마다 몇 차례씩 왕곡(往哭)을 빠짐없이 했다고 한다.

부모의 상을 모두 끝낸 다음에 공은 "남자의 한평생에 비록 큰 출세는 못하지만 어찌 초목처럼 시들 수야 있겠느냐" 하면서 1792년(정조 16)에 드디어 50세의 나이로 비로소 무과에 합격하니 공을 아는 사람들은 "선대 장군의 풍표(風標)가 완연하다" 하면서 그 늦은 입지(立志)를 찬양했다.

이어서 공은 1794년(정조 18)에 비변사(備邊司)의 낭청(郎廳)이 되었고 1795년(정조 19)에는 군기시주부(軍器寺主簿)에 올랐으며 1796년 6월에 사헌부감찰(司憲府監察)에 제수되었다가 11월에 훈련원주부(訓練院主簿)로 옮겼다. 1797년(정조 21) 3월 부사과(副司果)가 되었고 8월에 도총부도사(都摠府都事)로 승진했으며 1799년(정조 23)에 도총부 경력(經歷)으로 전임했다. 1801년(순조 1) 선전관(宣傳官)으로 옮겼다가 훈련원의 부정(副正)이 되었으며 1802년 1월에는 전라도 함평현감(咸平縣監)이 되어 외직으로 나갔다.

함평은 여러 해 동안 고을이 피폐하고 흉년이 들어 백성들이 많이 흩어졌으나 공이 부임한 후, 행정을 혁신하고 아전들을 단속하여 고을의 면모를 일신하니 그 호구가 배나 늘었다. 마침 당시 어사(御使) 정래백(鄭來百)이 이 사실을 알고 조정에 공을 포상할 것을 상주했는데 이해 12월에 전라감사의 미움을 사서 방해를 받고 곧 사직을 하고 귀향했다.

1805년(순조 5) 6월 정순왕비(貞純王妃)의 승하로 인산(因山)에 참례하기 위해 상경했다가 다시 벼슬을 하라는 옛 동료들의 권고를 받았으나, 이를 뿌리치고 돌아온 후 친산(親山)의 묘역 수호에 정성을 기울였다. 번암(樊巖) 채제공(蔡濟恭)에게 묘갈명을 받아 묘비를 세우는 한편 묘역에다 수간의 집을 지어 그 편액을 성소재(省掃齋)라 하였다. 또 재실 둘레에 소나무와 대나무를 심어 그 밭을 모포(慕圃)라 하고 자호로 삼았다.

당시 창원에 귀양 와 있던 정언(正言) 윤제홍(尹濟弘)은 이 집을 찾아와 공을 가리키며 '참된 효군자(眞孝君子)'라 하면서 경의를 표하였고, 평소 교분이 두터웠던 칠실옹(漆室翁) 최화진(崔華鎭)은 "공의 풍도와 기개는 세상에서 그리 흔하게 볼 수 있는 것이 아니다" 하고 아쉬워했다. 1808년(순조 8)에 향년 66세로 고향집에서 고종(考終)을 하니 배위는 숙인(淑人) 순천박씨(順天朴氏)인데 사인 성연(聖淵)의 따님이고 취금헌(翠琴軒) 팽년(彭年)의 후손이다. 슬하에 1남 6녀를 두어 아들은 장사랑(將仕郎) 윤섭(胤燮)이다. 묘소는 밀양 남포리 조관곡(朝官谷)에 모시었고 배위와 쌍분이다. 성재(省齋) 허전(許傳)이 묘갈명을 지었다.

5) 서반(西班) 가문의 유사(儒士) 함헌공(涵軒公)의 근학(勤學)

함헌공의 초휘는 양섭(良燮)인데 후일 윤섭(胤燮)으로 고쳤고 자는 평숙(平叔)이며 함헌(涵軒)은 그 호이다. 오호공의 장손으로 모포공의 외아들이다. 어머니는 숙인 순천박씨로 사인 성연의 따님인데 1782년(정조 6)에 살내(箭川) 향제에서 1남 6녀의 외아들로 태어났다.

유년 시절부터 한 마을에 사는 당숙(堂叔)의 서당에서 문자를 익혔고 13세 때는 어머니의 분부로 대구 팔공산(八公山) 아래에 살던 칠실옹 최화진의 문하에 나아가 학업을 닦았는데 근독(勤讀)과 질문이 왕성하여 매양 스승으로부터 칭찬을 들었다. 성인이 된 후에는 과거 공부를 위해 선공의 함평(咸平) 임지까지 따라가 면학을 했으나 별반 진도가 없자, 1803년(순조 3) 봄에는 부모의 간곡한 독려로 밀양 영정사(靈井寺)에 입산하여 과거 공부에 열중했다.

이때 문득 『논어(論語)』를 읽다가 "아침에 도를 듣는다면 저녁에 죽어도 좋다(朝聞道夕死矣)"는 구절에 깊이 깨친 바가 있어, 사람에게는 공명(功名)보다 강상(綱常)이 근본이라는 생각으로 과거를 포기한 채 하산하고 말았다. 그리하여 병중에 있는 아버지의 병간호와 어머니의 감지(甘旨)에 정성을 기울이다가 마침내 두 해 사이에 부모가 모두 돌아가시니 그 지나친 애통으로 일신을 지탱하기조차 어려웠다.

만년에는 월연의 선정에서 정양하며 『가례문답(家禮問答)』 1권을 편집했고, 지헌(止軒) 최효술(崔孝述)과 함께 스승인 칠실옹의 유문(遺文) 편찬을 기획했으나 뜻을 이루지는 못했다. 1824년(순조 24) 43세 장년의 나이로 별세하니 주위에서 모두 "애석한 군자인의 조몰(早歿)"이라 탄식했다. 음보(蔭補)로 장사랑(將仕郎)의 품계를 받았다.

배위는 단인(端人) 영양이씨(永陽李氏) 연죽와(然竹窩) 현발(玄發)의 따님과 단인(端人) 광주안씨(廣州安氏) 사인 경호(景浩)의 따님인데 이씨는 아들 장원(章遠)을 두었고 안씨는 딸 하나를 두었다. 공의 묘소는 창원 봉림산 선영 아래에 있으며 전취는 부좌(祔左)이고 후취는 살내 남쪽 산기슭에 있다. 해초(海樵) 정관섭(丁觀燮)이 지은 묘갈명이 있다.

6) 담대(膽大)한 무인 병와공(兵窩公)의 억울한 조세(早世)

병와공 본래의 휘는 장원(章遠)이고 무과에 응거(應擧)할 때 몽호(夢虎)라는 휘를 사용했으며 자는 경도(慶覩)이고 병와(兵窩)는 그 호이다. 모포공의 손자이고 함헌공의 외아들로 어머니는 단인 영양이씨와 단인 광주안씨인데 공은 이씨의 소생으로 1813년(순조 13)에 살내 옛집에서 태어났다.

3세에 어머니를 여의고 계모 슬하에서 자라났으나 12세에 또 아버지가 별세하니 공은 항상 그 계모에게 효순(孝順)을 다하면서도 "나는 천지간에 부모 잃은 죄인이다" 하고 한탄했다. 문무를 겸한 누대 선인들의 풍도와 기상을 이어받아 공은 젊어서부터 도량이 관대했고 병서(兵書) 읽기를 좋아했으며 말 타고 활 쏘는 기예도 뛰어났다.

1839년(헌종 5) 4월에 무과에 합격하여 다음 해 6월에는 훈련도감의 초관(哨官)으로 발탁되었다. 이 무렵에 공은 매사에 담대하고 무서움이 없는 사람으로 정평이 나 있었다. 어느 음침한 날 밤에 혼자서 관청 숙직을 하게 되었는데 동료들이 괴이한 장난으로 몰래 공을 시험하였다. 보통 사람 같으면 혼비백산하여 넋을 잃을 만한 일인데도 공이 아무 일 없었다는 듯 태연히 대처하는 것을 보고, 모두들 담력에 탄복했다는 일화도 전해진다. 이 소문은 시임 병조판서(兵曹判書)에게도 전해져 "무인의 기질이 그만하면 되었다" 하고 공을 기특하게 여겼으며 정규군의 사맹(司猛)과 사정(司正)을 거쳐 종6품 부사과(副司果)에까지 잇달아 승진시키는 특전을 베풀었다.

그러나 1842년(헌종 8) 7월에 어떤 자로부터 억울한 모함을 받아 벼슬을 그만두었고 억울한 심정으로 폭염(暴炎) 속에서 천 리 길을 달려 고향으로 돌아왔다. 그로 인해 공은 병을 얻어 한 달 남짓 신음하다가 세상을 떠나니 나이 불과 30세라, 특히 모부인 안씨의 비통이 이루 형언할 수 없었다. 배위는 공인(恭人) 의성김씨(義城金氏)로 사인 진강(鎭綱)의 따님인데 평소 『내칙편(內則篇)』과 『시경(詩經)』의 구송(口誦)에 능하였고 글씨를 잘 써서 여중유사(女中儒士)라는 칭도가 있었다. 슬하에 1남 2녀를 두어 아들은 종상(鍾庠)이다. 공의 묘소는 밀양 남포리 조관곡(朝官谷)에 있고 수당(修堂) 이남규(李南珪)가 지은 묘갈명이 있다.

7) 수당공(睡堂公)이 종사(宗事)에 끼친 업적

수당공 휘 종상(鍾庠)은 할아버지 함헌공이 46세의 장년으로 별세한 데 이어 아버지 병와공이 30세의 젊은 나이로 하세하게 되자 나이 불과 6세에 한 가정의 어린 주인이 되었다. 더구나 잇따른 환난으로 가세가 기울기 시작한 환경에서 10세 때 할머니 광주안씨마저 돌아가시자 가정 형편은 창졸간에 영체(零替) 상태를 면하기가 어려웠다. 그러나 모부인 의성김씨의 독려로 학업의 정진을 게을리하지 않았는데, 관례를 올리자마자 붓을 내던지고 부·조의 뜻을 이어 포부를 펼치기 위해 무업(武業)의 수련에 몰두했다.

향시(鄕試)에 세 번이나 합격한 데 이어 한양으로 올라가 무과의 정시(庭試)에서도 몇 차례나 방(榜)을 기다렸지만 분경(奔競)이 판을 치는 세태에서 마침내 사환의 꿈을 접었다. 고향으로 돌아온 후에는 노모를 시양(侍養)하는 여가에 문사의 공부에 전념하는 한편 월연 선조 이래 11대를 이어오는 조상의 사적을 정비하는 일에 정성을 다 바쳤다.

특히 족숙 일성공(日省公) 장운(章雲)과 함께 문중의 두 기둥으로서 종의(宗議)를 모으고 구재(鳩財)를 한 뒤에, 월연대를 복구한 일은 그 대표적인 업적이라 할 만하다. 동시에 월연대 아래쪽 반석 위에 '한림이공대(翰林李公臺)' 5자와 기암(妓巖)에 '월연(月淵)' 2자를 각자(刻字)하여 현철하신 선조의 자취를 아름답게 꾸미기도 하였다. 또한 일가 선조인 백곡공 지운(之運)이 편집해 남긴 『철감록(掇感錄)』을 바탕으로 일부 보유(補遺)를 하여 꾸민 『기우자집(騎牛子集)』과 『월연집(月淵集)』 등 두 세고(世稿)를 간행하는 데 주도적인 역할을 담당하였다.

그 과정에서 성재(性齋) 허전(許傳)·낙파(洛坡) 유후조(柳厚祚)·해창(海蒼) 강난형(姜蘭馨)·긍암(肯庵) 이돈우(李敦禹) 등 당대 병필가(秉筆家)들에게 방문과 간찰을 통해 변미(弁尾)의 글을 청탁하여 빛낸 것은 물론이다. 이 밖에도 7대조 첨헌공을 비롯한 역대 선조들의 묘소에 위의가 허술한 것을 아쉽게 여겨 명망가들에게 글을 빌려 묘갈과 석물을 갖추었고, 일제 초기에 경부선 철도 터널 공사로 인해 월연정 경역이 훼손당했을 때 이를 막기 위해 선두에서 활약한 공로도 빼놓을 수가 없다.

수당공의 처음 휘는 종술(鍾述)인데 나중에 종상(鍾庠)으로 개휘(改諱)를 했으며, 자는 양길(養吉)이고 수당(睡堂)은 그 자호이다. 1837년(헌종 3)에 아버지 병와공 장원(章遠)과 어머니 공인 의성김씨 사이의 1남 2녀 가운데 외아들로 살내 향제에서 태어났다.

유년 시절에 아버지가 돌아가시자 어머니의 엄한 과독(課讀)과 경책(警責)으로 학업과 수신(修身)에 남다른 진취가 있었다. 9세 때 당시 경상좌수사(慶尙左水使)가 영남루에서 떠들썩하게 벌인 잔치에 공이 구경하러 갔다가 군졸들의 제지를 받았다. 그러나 공은 거침없이 누에 올라가 자리를 잡고 수사에게 아랫것들의 무례를 따졌다. 수사가 당돌한 아이라 생각하며 공을 불러 물었다. "네가 누구 집 자손인가?" 하고 묻는 말에 공은 "동문 밖 옛날 이수사(李水使)의 현손(玄孫)이다" 하고 당당하게 대답하니 수사가 껄껄 웃으며 "과연 장종(將種)이라 기상이 다른 데가 있구나" 했다는 일화는 유명하다.

공은 겨우 약관에 서울에 올라가 무과 정시에 응시한 일이 있었다. 신체가 장대하고 기상이 호쾌하며 활솜씨가 뛰어나 합격에 문제가 없었으나 문득 출세에 회의를 느꼈다. "홀로 된 어머니의 연세가 높은데 다른 형제도 없으면서 공명에만 매달려 멀리 집을 떠나 있어야 되겠는가?" 하고는 호연히 고향으로 돌아온 것이다. 그리하여 어머니의 효양에 더욱 정성을 다하는 한편 선조의 손때가 묻은 옛집을 크게 수리하여 면모를 일신시켰다.

또 선조의 사적을 빛내고 가꾸는 일에도 온 정력을 기울였다. 우선 1866년(고종 3)에는 족숙 일성공(日省公)과 힘을 합하여 쌍경당을 중수하는 한편 월연대를 복원하였고, 1873년(고종 10)에는 『월연집(月淵集)』을 간행했는데 이는 임진왜란 이후 수백 년에 걸친 후손들의 소망을 이룩한 것이다. 공은 이 일을 위해 정대(亭臺)의 기송(記頌)과 유집(遺集)의 서발(序跋)을 청하고자 경향 간의 문장가를 찾아 수년간 동분서주했으며 그 결과 훌륭한 선조의 저술을 완성시켰다.

1894년(고종 31) 이후에는 기울어져가는 국사를 걱정하며 주로 월연의 선정에서 찾아오는 향중 명사들과 어울려 시사를 토론하고 소창(嘯唱)을 즐기면서 수십 편의 시문을 남기기도 했다. 고금(古琴) 손휘수(孫彙秀)·석간(石澗) 손익귀(孫翊龜)·시헌(時軒) 안희원(安禧遠)·매하(梅下) 이백연(李柏

淵) 등은 당시의 향로들이며, 소호(小湖) 종호(鍾昊)·항재(恒齋) 익구(翊九)·
만회(晚悔) 소구(韶九) 등은 문내의 동지였다.

1902년(고종 39)에는 조정에서 우로(優老)의 은전이 있어 공에게 통정대
부 첨지중추부사(僉知中樞府事)의 직함이 내렸다. 그러나 1906년(고종 43)
큰아들 만천공의 죽음으로 공은 비통의 나날을 보내다가, 경술년(1910)의
국치(國恥)를 당하자 "가세가 영락하고 나라가 망했는데 내가 갈 곳이 어
디냐?" 하고 한탄했다. 드디어 1912년(壬子) 겨울에 누대를 살던 살내 옛집
을 버리고 고야(지금의 고례리[古禮里])의 깊은 산속으로 숨어버렸다.

1918년(戊子) 봄에 팔순이 넘은 나이로 월연의 선정을 돌아보며 철도 공
사로 돌더미가 산란한 경역의 모습을 마음 아파한 나머지, 종족들에게 그
환경 공사와 월영옹(月盈翁) 선조의 제헌(霽軒)의 건립을 당부하고는 병석
에 들어 수년 후에 단장면 고례리 우거에서 세상을 떠나니 89세의 천수를
누리었다. 공의 전배(前配)는 숙부인(淑夫人) 밀성박씨(密城朴氏)로 수졸헌
(守拙軒) 상리(祥鯉)의 따님인데 슬하에 1남 1녀를 두어 아들은 정구(鼎九)
이다. 후배(後配)는 숙부인(淑夫人) 안동손씨(安東孫氏)로 사인 양유(亮鍮)의
따님인데 항구(恒九)·복구(復九)·겸구(謙九) 등 세 아들을 두었다. 공의 묘
소는 고례리 배병산(排屛山)에 있으며 성헌(省軒) 이병희(李炳憙)의 행장과
소눌(小訥) 노상직(盧相稷)의 묘갈명이 있다. 저서로 『수당유고(睡堂遺稿)』
가 필사본으로 남아 있다.

8) 만천공(彎川公)의 관직과 위선(衛先)에 대한 일념(一念)

수당공의 맏아들인 만천공의 휘는 정구(鼎九)이고 자는 중경(重卿)이며
만천(彎川)은 그 호이다. 아버지는 수당공 종상(鍾庠)이고 어머니는 숙부인
밀성박씨와 숙부인 안동손씨인데 공은 박씨의 소생으로 1861년(철종 12)에
살내 옛집에서 4남 1녀 가운데 맏아들로 태어났다.

8세에 어머니가 별세한 후 아버지의 엄한 훈도로 15세에는 이미 경학(經

學)에 소통하였고 필법(筆法)에도 상당한 수준을 보였다. 약관을 넘겨 아버지의 명으로 문과에 응시하여 몇 차례 실패를 거듭한 후 1888년(고종 25)에 무과 정시가 있자 "7대에 걸친 우리 가문의 무업을 이어가지 않을 수 없다"고 하며 응시한 결과 합격하였다. 그해에 바로 서반직을 얻어 출사한 후 선전관(宣傳官) 등 여러 요직을 역임한 끝에 1894년(고종 31)에 선략장군(宣略將軍)에 올라 용양위(龍驤衛)의 부사과(副司果)로 보임되었으며, 1900년(고종 37)에는 마침내 시종원분시어(侍從院分侍御)에 발탁되어 임금을 근위(近衛)하는 직책에 올랐다.

그러나 매관매직이 성행하고 시사(時事)가 날로 그릇되어지자 1901년(고종 38)에 벼슬을 그만두고 귀향한 후 부모에게 사정을 고하고는 그해에 다시 상경했다. 처음에는 세록(世祿) 가문의 후손으로 나라를 위해 할 일을 찾았지만 혼란한 정국에 마음 붙일 곳이 없어 그길로 전국의 명승지를 찾아 유람을 떠났다.

이 여행에서 공은 황해도 금천(金川)과 평산(平山), 그리고 양주(楊州) 덕소(德沼)의 선영에 들러 성묘도 했으며, 그 수호 상태를 종중에 보고했다. 특히 양주 와부(瓦阜)에 있는 재령군주(載寧郡主) 산소의 위토와 양산(養山)이 남의 손에 넘어간 사실을 발견하고 깜짝 놀랐다. 이에 공은 그 환퇴(還退)를 위해 종중의 명령으로 당시 원릉참봉(元陵參奉)으로 서울에서 벼슬살이하던 족질 화하공(華下公) 병수(炳壽)와 함께 산송(山訟)을 주관하고 2년여에 걸쳐 희생적인 노력을 한 결과 그중 일부를 되물린 공적을 세웠다.

이는 1901년(광무 5, 辛丑)에 공이 남긴 「용성과 활천의 여러 종원들에게 올리는 글(上龍活僉宗書)」이라는 편지 형식의 경과 보고서에 그 전말이 자세히 기록되어 있으며, 이를 계기로 이후 덕소 선영에 대한 제향과 재산관리는 일정한 종중 규범에 따라 잘 운영되고 있다.

또 한 가지 중요한 공적으로는 1904년(광무 8)에 우리 여주이씨 전체의 대동보인 『갑진대보(甲辰大譜)』를 간행할 때 종중 대표로 참여함으로써 수백 년간 족보 기록상의 오류를 시정했다는 사실을 들지 않을 수 없다. 이

밖에도 거론해야 할 만천공의 위선 업적이 적지 않으나 한정된 지면에 일일이 다 거론할 수는 없다. 다만 수당공과 만천공의 약전(略傳)을 전재하는 것으로 그 자취를 더듬어보게 할 따름이다.

1905년(광무 9) 마침내 병을 얻어 고향집에서 정양하다가 이듬해 가을 세 아우에게 부모의 봉양과 뒷일을 당부하고 홀연히 별세하니 향년 겨우 46세였다. 배위는 공인(恭人) 의성김씨(義城金氏)로 사인 익락(翊洛)의 따님인데 슬하에 2남 1녀를 두어 아들은 병규(炳奎)와 병익(炳翼)이다. 묘소는 살내 뒷산에 있다. 공의 저술로 『만천시고(彎川詩稿)』 1책과 『선세유고(先世遺稿)』 3책이 있으나 미간(未刊)이다.

9) 우초공(于樵公)과 우산공(于山公) 형제의 문행(文行)

수당공의 둘째아들 우초공은 처음에 휘를 항구(恒九)라 했으나 후일 호구(灝九)로 고쳤으며 자는 수경(壽卿)이다. 1870년(고종 7)에 살내 옛집에서 태어나 1945년(乙酉)에 별세하니 향년 76세이다. 유소 시절부터 가학을 전수하여 시문에도 능했으나 나라가 망하고 가계가 어려운 가운데서 청운의 뜻을 펴지는 못하였다. 더구나 43세 때인 1912년(壬子) 겨울에는 고례리 깊은 산속으로 우거하여 자취를 감추었고, 오로지 선공의 계유(戒喩)를 좇아 주경야독으로 정근(精勤)을 하면서 한낱 이름 없는 초부(樵夫)로 자처하고 우초(于樵)로서 자호를 삼았다. 필사본으로 된 『우초시집(于樵詩集)』 1권이 전해지고 있다. 아들이 없어 아우 관구(瓘九)의 둘째아들 병우(炳堣)로 사자(嗣子)를 삼았다.

수당공의 셋째아들인 우산공(于山公)은 처음 휘를 복구(復九)라 했으나 뒷날 관구(瓘九)로 고쳤으며, 중형 우초공의 경우처럼 깊은 산속의 초부로 자처하여 우산(于山)으로 자호로 삼았다. 1876년(고종 13)에 살내 옛집에서 태어나 1951년(辛卯) 고례리 우거에서 별세하니 향년이 76세이다. 선공의 슬하에서 처음 문자를 익힌 뒤에는 백형 만천공으로부터 경사(經史)를 전습하여 일찍부터 작문(作文)과 시문에 재능을 나타내었다.

공이 남긴 문자 중에는 특히 선공 수당공과 백형 만천공의 한평생의 이력을 피눈물로 적어서 엮은 긴 가장을 들 수 있다. 그리하여 그 정곡이 넘치는 글을 바탕으로 병필가(秉筆家)에게 선공의 행장(行狀)과 묘지명(墓誌銘)을 짓게 하였다. 또한 수당공과 만천공 양대가 오랫동안 수집하고 편집해둔 직계 선조의 유사(遺事)와 저술 문자에 대한 초고를 다시 필사하여 손질함으로써 『선세유고(先世遺稿)』라는 3권의 가승(家乘)을 남겼다. 공의 시문을 모아 엮은 『우산시초(于山詩鈔)』1권이 전해지고 있다. 슬하에 아들 4형제를 두었는데 맏아들은 병훈(炳壎)이고 둘째아들 병우(炳堣)는 중형의 뒤를 이었고 셋째아들은 병식(炳埴)이고 넷째아들은 병채(炳埰)이다.

10) 장기공(長鬐公) 병성(秉晟)의 사환(仕宦)과 자손

오호공 홍(泓)에게는 세 아우가 있었다. 부·조의 음덕을 입어 모두 통덕랑의 품계를 받은 종(淙)·속(涑)·위(渭)가 그분들이다. 오호공은 평소에 형제간 우애가 특히 돈독하여 백형으로서 물려받은 선대의 재산은 물론 관인으로서 장만한 자기 소유의 전토와 비복들까지 세 아우에게 골고루 나누어줌으로써 각기 튼실한 가정을 이루도록 하였다. 그중에 중제(仲弟)인 통덕랑 종은 1710년(숙종 36, 庚寅)생으로 자를 화수(和叟)라 했는데, 백형으로부터의 분재와 함께 약관에 무안 내진리(來進里)의 벽진이씨(碧珍李氏) 가문으로 출입하니 배위 공인(恭人)은 사인 경운(慶運)의 따님이고 남회당(覽懷堂) 이두(而杜)의 현손녀이다.

장기공 병성(秉晟)은 바로 통덕랑 종과 공인 벽진이씨 사이의 셋째아들로서 1745년(영조 21)에 살내 향제에서 태어났다. 자는 수도(修道)이고 호는 전하지 않으나 6세에 어머니를 여의고 아버지의 양육 아래 독서를 하며 타고난 무예의 수련으로 기개를 함양했다.

1774년(영조 50)에 통덕랑의 품계를 지니고 무과에 급제하여 선전관이 되었으며, 잇달아 중앙관부에서 여러 요직을 거쳐 1777년(정조 1)에는 조산대부(朝散大夫)의 품계로 형조정랑(刑曹正郎)에 승차하였다. 그러나 다음 해 2월에 아버지의 별세로 휴가를 얻어 귀향한 후 장례를 치른 뒤에는 기복출사(起復出仕)를 하지 않은 채 예제(禮制)에 따라 집상을 하였다. 3년상을 끝내자 1781년(정조 5)에 잇달아 상배(喪配)의 슬픔을 겪고 한때 벼슬을 그만두었다.

1785년(정조 9)에 조정의 부름이 있어 다시 나아가 통훈대부(通訓大夫)의 품계와 장기현감(長鬐縣監) 겸 병마절제도위(兵馬節制都尉)에 임명되었다. 재임 중에는 청렴결백으로 한 고을을 잘 다스렸는데 특히 남쪽 바닷가 국방상의 요지인 봉산(封山)과 송전(松田)을 울창하게 잘 보존했다 하여, 1787년(정조 11)에 비변사(備邊司)의 추천으로 조정에서 포상을 받았다. 이 일로 인해 정조(正祖)는 공을 특별히 아껴 임기가 끝난 다음에도 경상도 관내 연읍(沿邑) 수령 가운데 빈자리가 생기면 공을 우선적으로 보임(補任)하라는 명령을 내렸다.

그러나 임금의 그러한 특전에도 불구하고 보임이 되지 못한 채 한창 관원으로 능력을 발휘할 즈음에 뜻하지 않는 병을 얻어 47세의 아까운 나이로 세상을 떠나니 세인들은 공의 웅지(雄志)가 꺾인 것을 못내 한탄하였다. 배위는 숙인(淑人) 광주노씨(光州盧氏)로 사인 사유(思裕)의 따님인데 아들이 없어 중형인 임고공의 셋째아들 장섭(章燮)을 후사로 삼았다. 딸 한 분은 해주인(海州人) 최윤근(崔允瑾)에게 출가했는데 사위는 무과로 진영장(鎭營將)에 올랐고 그 아버지는 병사(兵使) 최종악(崔宗岳)이며 외손 최승조(崔承祖) 또한 무과급제 후 현감에 오른 누대의 서반 가문이다. 공의 묘는 밀양 산내면 임고리(臨皐里) 안산에 있고 족후손 운성(雲成)이 지은 묘갈명이 있다.

장기공 앞으로 입후한 장섭(章燮)의 자는 여욱(汝郁)이고 벼슬을 한 아버지의 음덕을 입어 관례를 올린 후 종9품 장사랑(將仕郎)의 품계를 받았다. 배위 단인(端人) 분성배씨(盆城裵氏)와 단인(端人) 광주안씨(廣州安氏) 사이에 3남 1녀를 두었으나 나이 불과 40세에 별세하였다.

장섭의 맏아들 처사공 시국(是國)의 자는 성빈(聖賓)으로 1794년(정조 18)에 나서 1864년(고종 1) 향수 71세에 별세하였다. 청소년 시절부터 가학을 전습하여 문사(文辭)에 능통했으며 때때로 뇌제(誄祭)의 글과 간찰을 지어 그 작품이 더러 남아 있다. 밀양파 문중을 대표하는 처지에서 종론을 주도하여 종사에 기여한 실적이 있고 향중 활동에도 일정한 역할을 담당한 자취가 있다.

그 대표적인 사례로는 1856년(철종 7)에 당시 금시당파의 종로인 처사공 장호(章瑚)와 함께 밀양파의『병진보(丙辰譜)』를 간행한 일이다. 애초에는 문중의 오랜 숙원이었던 용궁파와의 합보를 도모하여 밀양의 백곡재(栢谷齋)에 합동으로 보소(譜所)까지 설치를 했으나, 서로 의견이 엇갈리는 통에 결실을 보지 못하고 양파가 제각기 파보를 만드는 결과를 낳고 말았다. 그러나 그 과정에서 두 분은 종론을 모으는 데 적지 않은 정신적인 고초와 노력을 기울였음은 말할 것도 없다.

시국(是國)의 후손들은 뒷날 증손 병주(炳疇)의 대에 이르러 산외면 금천리 새터마을(新基里)에 생활의 터전을 잡아 이주하였고, 뒤이어 장기공의 아우 통덕랑 병민(秉民)의 현손 봉구(鳳九)도 같은 마을로 옮겨 이후 단란한 이씨의 터전으로 자리를 굳혔다.

11) 조용한 선비 죽헌공(竹軒公)과 그 자손

죽헌공의 휘는 속(涑)이고 자는 경온(景溫)이며 죽헌은 그 자호이다. 첨헌공의 손자이고 초려공의 아들이며 오호공의 셋째아우로서 1716년(숙종 42)에 살내 향제에서 태어났다. 일찍이 조상의 음덕을 입어 통덕랑의 품계를 받았고 젊은 시절부터 가학을 전습하여 과문(科文)에 능했다는 평판을 들었다. 몇 차례의 향해시(鄕解試)를 거쳐 동당시(東堂試)에도 응거한 일이 있으나 과운이 따르지 않았고, 중년 이후에는 재종형인 통덕랑 탁

(濯)과 재종숙인 지모(之模)와 함께 종숙 월암공의 문하에서 시문을 익히기도 했다.

그러나 1784년(정조 8)에 맏아들인 통덕랑 병충(秉忠)의 죽음으로 상명(喪明)의 아픔을 당한 뒤에는 두문각소(杜門却掃)의 세월을 보내다가 1790년(정조 14)에 향년 75세로 세상을 떠났다. 공이 남긴 시문이 더러 있었으나 보존이 된 것은 거의 없고 다만 1752년(영조 28)에 월암공이 가선대부의 수직을 받았을 때 지은 한 마리의 축하시가 전해지고 있을 뿐인데 옮기면 다음과 같다.

하늘이 내리신 수명 노년에도 밝은 시대라	天生眉壽老明時
성스러운 갑년 다시 돌아올 기약이 있었네	聖甲重回正有期
임금과 백성의 만남이 우연한 일 아닐진대	際會君民非偶事
허리엔 금띠 머리엔 옥관자 서로 잘 어울려	腰金鬢玉摠相宜

죽헌공의 맏아들 병충(秉忠)은 나이 34세로 조몰(早歿)하였고 그 아랫대에는 정섭(鼎燮)과 원섭(元燮) 형제가 있었다. 둘 다 문사에 능하여 향중과 인아친척 간에 주고받은 기정(記情)의 글과 간찰을 아울러 편집한 필사본 유고집(遺稿集)도 있었다고 한다. 특히 아우 원섭은 자가 치각(致慤)이고 호를 졸와(拙窩)라 했는데 재종제인 함헌공 윤섭(胤燮)과는 나이가 비슷하여 어릴 때부터 친형제처럼 그 정의가 남달랐고 동문수학한 사이라고 한다.

졸와공이 중년에 43세의 한창 나이로 먼저 세상을 떠난 함헌공 영전에 바친 제문에 이르기를 "소년 시절부터 같은 식탁에서 밥을 먹고 같은 침상에서 잠을 자고 같은 스승으로부터 학업을 닦았다(粤自髫齓 食則同案 寢則同床 業則同師)"라고 한 것이 이를 입증하고 있다. 또 "장성해서는 과장의 출입과 향중에 드나드는 일을 또한 나란히 했다(及其長也 科場之出入 鄕鄰之追隨 亦必連鑣)"라고 한 것을 보면, 함헌공의 스승으로 알려진 칠실옹(漆室翁) 최하진(崔華鎭)의 문하에서 수학하면서 함께 과장에 드나들었다는 사실도 짐작된다. 죽헌공의 둘째아들은 통덕랑 병상(秉常)이고 병상의 자녀는 3남 5녀로 그중에 아들은 담섭(聃燮)·현섭(賢燮)·공섭(公燮)이다.

12) 해산공(海山公)의 출사(出仕)와 교육운동

해산공 휘 시철(是哲)은 바로 처사공 공섭(公燮)의 아들로서 어머니는 일직손씨(一直孫氏)인데 격재(格齋) 조서(肇瑞)의 후손인 필영(必永)의 따님이다. 자를 화영(華永) 또는 준부(濬夫)라 하였고 해산(海山)은 그 자호인데, 1862년(철종 13)에 살내 집에서 태어나 소년기를 보냈다.

어릴 때부터 눈빛이 형형하고 말소리가 쩌렁쩌렁하여 기개(氣槪)가 자못 비범하였다. 약관에 이르자 강건하고 명찰한 품성이 더욱 드러나서 유학(儒學)의 소양을 닦는 가운데서도 궁마(弓馬)의 기예(技藝)가 출중하였다. 드디어 1887년(고종 24) 26세 때 청운의 뜻을 품고 한양으로 올라가 무과에 급제했으며 서반 관원으로서의 수습(修習) 과정을 이수한 후 곧 7품직으로 초수(超授)되어 벼슬길에 나아갔다.

이윽고 오위(五衛)에서 군대의 지휘관으로 옮겨 부장(副將)으로 승진했으며 1894년(고종 31) 갑오개혁 때 설치된 중추원의관(中樞院議官)으로서 동반(東班) 관직에 올랐다. 1895년(고종 32)에는 통정대부에 가자(加資)되어 신설된 비서원승(秘書院丞)의 보직을 받은 후, 임금의 시종신(侍從臣)으로 측근에서 보필하였다.

그러나 날로 노골화하는 일제(日帝)의 야욕에 비분강개하다가 마침내 벼슬을 버리고 귀향하였다. 공은 마을 건너편 덕성산(德城山) 아래에 별업을 장만하고 독서로서 세상을 잊으려 했으나 1907년(순종 1)에 다시 조정의 명으로 김해군수(金海郡守)가 되어 부임했다. 이때는 이미 국보(國步)가 멈추어져 지방수령의 행정권조차 일본 사람들에게 빼앗긴 뒤라, 공은 울분을 삼키며 곧 벼슬을 내던지고 재차 고향으로 돌아왔다.

그리하여 별서(別墅)에 만귀정(晚歸亭)이란 미액(楣額)을 달고 망국의 관

료로서 같은 처지에 있는 승지(承旨) 안희원(安禧遠)·군수(郡守) 박상일(朴
尚鎰)·의관(議官) 손양옥(孫亮玉) 등과 어울려 자정(自靖)의 나날을 보냈다.
그런 가운데 1910년에 경술국치를 당하자 나라가 망한 원인은 쇄국과 교
육의 후진성에 있다고 통탄하였다. 그리하여 전직 관료들과 힘을 합하여
밀양향교를 무대로 집성학교(集成學校)를 설립한 후 신식 교육에 앞장을
섰고, 얼마 후에는 자기의 사재를 쾌척하여 고향마을 산외보통학교(山外普
通學校)의 창설에도 크게 기여한 바가 있다.

1930년(庚午)에 금천리 와우마을(臥牛村) 집에서 세상을 떠나니 향년이
69세이고 무덤은 부내면 활성리(活城里) 뒷산 기슭에 있다. 배위 숙부인(淑
夫人) 밀성박씨(密城朴氏)는 통정(通政) 태석(台錫)의 따님인데 슬하에 4남 1
녀를 두었다. 맏아들은 참봉(參奉) 종달(鍾達)이고 둘째아들은 주사(主事)
종순(鍾珣)이며 셋째아들은 종수(鍾琇)이고 넷째아들은 종원(鍾源)이다. 심
재(深齋) 조긍섭(曺兢燮)이 지은 「해산당기(海山堂記)」가 있고 김필호(金弼
鎬)가 지은 공의 묘갈명이 있다.

13) 통덕랑(通德郎) 위(渭)의 자손과 별도 파보(派譜)의 간행

통덕랑공의 휘는 위(渭)이고 자는 응범(應範)이다. 초려공(草廬公) 지관(之
觀)의 넷째아들로 1728년(영조 4)에 살내 향제에서 태어났다. 어머니는 문
화류씨(文化柳氏)인데 사인 진후(震厚)의 따님이고 문과에 급제한 후 찰방
(察訪)을 역임한 광윤(光胤)의 증손녀이다. 약관에 사대부가의 자제로서 통
덕랑의 품계를 받았고 아버지의 뜻을 좇아 가업에 종사하다가 1793년(정
조 17)에 향년 66세로 세상을 떠났다.

슬하에 아들 3형제를 두었으나 둘째아들 병희(秉羲, 1765~?)는 조몰(早
歿)한 듯하고 맏아들 병두(秉斗, 1745~1802)와 셋째아들 병철(秉哲,
1768~1831)은 다 같이 통덕랑의 품계를 받았다. 통덕랑 병두의 자손은 단
장면 고례리(古禮里)와 무릉리(武陵里) 일대에서 누대로 생활의 터전을 잡

앉고, 통덕랑 병철은 처음 산외면 덕성리(德城里)에 자리를 잡았으나 그 자손들은 점차 이웃 마을인 엄광리(嚴光里)와 남기리(南沂里) 일원에 산거(散居)하였다.

그러나 자손들의 수가 늘어나는 가운데 1745년(영조 21)에 간행된 『을축보』와 1856년(철종 7)에 간행된 『병진파보』에서, 선조비(先祖妣)인 문화류씨가 그 부군인 초려공의 삼취(三娶) 배위임에도 불구하고 그 사실이 누락되었고, 아들 통덕랑 위(渭)의 출신마저 잘못 기록되었다 하여 그 시정을 요구하기에 이르렀다.

이에 1904년(광무 8)에 『갑진대보』를 간행할 때는 통덕랑 병철의 손자인 지암공(芝嚴公) 시영(是榮)이 그 소종파를 대표하여 잘못된 기록을 바로잡아줄 것을 보소(譜所)에 간절히 청원하였다. 그러나 당시 월연파 종중에서는 확실한 근거가 없다 하여 이를 거부한 채 다만 통덕랑 위의 종대모(從大母) 입보(入譜)라는 편법으로 일방적인 처리를 하고 말았다.

하지만 이 조치가 당사자들의 이해를 얻지 못한 가운데서 계속적으로 시정을 요구해오다가, 마침내 지난 1958년 『무술파보』를 간행할 때 재차 불만을 표출하여 문제가 제기되었다. 이번에는 지암공의 맏아들인 상희(尚熹)가 주동이 되어 여러 차례 종중에 그 시정을 탄원했으나 역시 받아들여지지 못하게 되자, 아예 파보의 참여를 포기한 채 그 이듬해 봄에 그들 소종파만의 단독 족보인 여주이씨『초려공파보(草廬公派譜)』를 간행하게 되었다.

이 파보는 지암공의 셋째아들인 상인(尚仁)이 국한문으로 그 서문을 썼는데, 별도 파보를 간행하게 된 억울한 사정과 수단의 범위와 경위를 자세히 설명하였다. 곧 시조공 이하 19세(世) 첨헌공까지의 상계(上系)의 기록은 구보에 따르되, 그 아들 초려공의 하대(下代)에는 넷째아들 위(渭)에게 바로 대를 잇게 하여 그 직계 자손들의 소목(昭穆)을 밝히고 있다. 그리고 초려공의 배위난에는 초취인 청송심씨(靑松沈氏)와 재취인 안동김씨(安東金氏) 다음에 삼취(三娶)로서 증정부인(贈貞夫人) 문화류씨(文化柳氏)의 사적도 나란히 밝혔다.

그럼에도 불구하고 1978년에 『무오파보』를 간행할 때 이 문제가 또다시 제기되어 월연파 종중 회의에서 갑론을박을 거듭했으나, 구보(舊譜)대로 21세(世) 위(渭)의 종대모(從大母) 입보 외에는 수용할 수 없다는 종론을 채택하기에 이르렀다. 그 결과 종론을 따르는 일부 자손들은 단자를 제출하여 입보를 하게 되었고, 종론에 불만이 있는 자손들은 계속 족보의 참여를 거절하였다.

그로부터 30년의 세월이 흐른 지금 또다시 밀양파보의 발간 문제로 의견이 분분하다. 이번에도 이 소종파에서는 전일 문제가 되었던 족보 기록의 오류를 시정해줄 것을 강력히 요청하였다. 다행히 월연파 종중에서도 기왕에 발간된 『초려공파보』의 기재 사항을 긍정적으로 검토하여 수용하는 쪽으로 대체적인 의견이 모아졌다고 한다.

이제야 수백 년간 끈질기게 이어온 자손들의 억울한 사연이 원만하게 해결되는 실마리를 찾은 것 같다. 비록 만시지탄의 느낌은 없지 않지만, 그것이야말로 피를 나눈 동족 간의 사랑이고 도리를 되찾는 일이라 여겨진다. 따라서 월연파 종중의 폭넓은 이해와 과거에 얽매이지 않는 큰 용단에 치하를 하고 싶다.

14) 통덕랑 지갑(之甲)의 자손과 호산공(湖山公)

통덕랑공 지갑은 첨헌공의 둘째아들이고 초려공의 아우로 1685년(숙종 11)에 살내 고향집에서 태어나 1742년(영조 18)에 별세하니 향년이 58세이다. 약관에 조상의 음덕을 입어 통덕랑의 품계를 받아 세록(世祿) 가문의 자손으로서 그 행검(行檢)에 유념하고 학업에도 나태하지 않았다. 배위인 공인(恭人) 동래정씨(東萊鄭氏) 사이에 2남 1녀를 두었으나 둘째아들 해(海)는 뒤를 잇지 못했고, 맏아들 숙(淑)에게서 병동(秉東)·병정(秉鼎)·병춘(秉春) 등 세 아들을 두어 자손들이 매우 창성하였다.

그중에서 병동과 병정 형제는 일찌감치 산외면 덕성동(德城洞)에 생활의 터전을 잡아 5, 6대를 그곳에 살면서 세거촌(世居村)의 기초를 닦았으나, 그 후 일부 자손들은 다시 상남면 기산리(岐山里)로 이사하여 한 집안을 이루면서 자손들이 외롭지 않았다. 다만 셋째손자 병춘은 처음 향리인 살내에서 거주하다가 그 손·증대(孫曾代)에 이르러 상동면 유방리(酉方里)와 평릉리(平陵里) 일대에 분거(分居)하여 근검한 가색(稼穡)으로 비교적 유족한 생활의 터전을 마련하기도 했다.

특히 병춘의 둘째손자인 장만(章萬)은 슬하에 종현(鍾現)·종언(鍾彦) 두 아들을 두어 그 효우가 남달랐고 가산도 비교적 넉넉한 편이었다. 그중에서도 차방(次房)인 종언의 둘째아들 중구(仲九)는 자를 사중(士仲)이라 하고 호를 호산(湖山)이라 했는데, 집 앞에 7대조 첨헌공의 송추(松楸)를 우러러 보는 곳에 수양하는 집을 지어 호산정사(湖山精舍)로 현판을 하였다.

호산공은 1889년(고종 26)에 평릉 마을 집에서 태어나 1960년(庚子)에 세상을 떠나니 향수가 72세였다. 천품이 관후하고 효자(孝慈)와 인목(仁睦)이 남달라 사군자(士君子)의 자질을 갖추었다는 칭도가 있었다. 항상 가문의 전통과 법도를 지켜 효우를 몸소 실천했는데 특히 위선(衛先)에 각별한 성효를 기울여 7대조 첨헌공의 산소를 오래도록 가꾸고 돌보는 데 노력을 많이 했다. 만년에는 그의 호산정사에서 향당과 문내의 제현을 자주 초빙하여 아회(雅會)를 즐기면서 수창(酬唱)의 문자를 남기기도 하였다.

호산공의 아들 병은(炳恩)은 그 선친이 남긴 몇 편의 시문과 산문을 토대로 호산정사에서 지구(知舊)들과 주고받은 수십 수의 시 작품 및 사후에 답지(遝至)한 뇌·제문(誄祭文)을 아울러 『호산실기(湖山實記)』라는 작은 책자를 엮어 간행한 바도 있다.

10. 처사공 장신(長新)의 분파(分派)

월연공의 맏아들 제헌공(霽軒公) 원량(元亮)은 경함(慶涵)과 경청(慶淸) 등

백중(伯仲)의 두 아들로부터 후사를 얻지 못하고, 셋째아들 경옥(慶沃)의 유일한 혈육으로서 유(瑜)가 외롭게 가문을 잇는 처지가 되었다. 다행히 독자 유는 참혹한 전란을 겪으며 늦은 나이에 결혼을 했으나, 슬하에 장화(長華)·장신(長新)·대수(大邃) 등 3형제를 나란히 두어 월연선생의 가계를 순조롭게 계승하였고 그 자손들은 자연스럽게 세 갈래의 분파를 이루게 된 것이다. 이는 전적으로 혹독한 전쟁 속에서도 부모형제의 참혹한 환난을 가슴에 묻은 채, 오로지 가문을 지키겠다는 일념으로 만난을 극복하고 일어선 증참의공 유와, 그 배위 증숙부인 밀성박씨의 희생적인 내조로 얻어진 값진 보람이고 여경(餘慶)이라 아니할 수가 없다.

그리하여 장방(長房)인 번수공(樊叟公) 장화는 슬하에 6남 5녀의 많은 자녀를 두어 근 400년간 훌륭하게 세록 가문의 명성을 떨치며 종가로서의 세계(世系)를 이어왔다. 차방(次房)인 처사공 장신도 43세의 늦은 나이에 오매불망 기다리던 아들을 얻어 대를 잇게 되었으니, 그 아들이 바로 묵헌공(黙軒公) 만재(萬材)이고 튼실하게 한 집안의 기틀을 이룸으로써 오늘의 살내 묵헌공파의 현조(顯祖)가 되었다. 한편 삼방(三房)의 아들 휘 대수에게도 아들 만일(萬一)이 있어 한 소종파로서 터전을 닦았으나 겨우 3대 만인 익주(益朱)에 이르러 무후(无後)가 된 것은 애석한 일이다.

묵헌공의 아버지 장신의 자는 언실(彦實)이고 호는 전하지 않는다. 월연공의 현손으로 1629년(인조 7, 乙巳)에 아버지 증참의공과 어머니 증숙부인 밀성박씨 사이의 둘째아들로 금곡리 외가마을에서 태어났다. 공이 출생할 때는 위로 두 분의 누님과 8년 연장(年長)의 백형 번수공에 이은 네 번째의 터울이었으나, 당시에 이미 아버지는 46세의 나이로 노경에 접어들었고 어머니는 32세의 중년으로 상당한 노산(老産)이었다. 자손이 귀한 집에서 어렵게 얻은 만득자라 공의 성장기는 별반 군색함이 없었지만 나라의 형편과 시국은 매우 어수선한 때였다.

공의 나이 8세 때 병자호란이 일어나 백형이 16세 소년의 몸으로 의병을 일으켜 참전하게 되자, 임진왜란의 혹독한 시련을 겪은 부모님은 가문의 장래를 몹시 걱정하기에 이르렀다. 이에 공에게 피나는 학업을 권장하는 한편 형제간의 우애로서 자기가 한평생 근검으로 쌓아올린 가업을 지켜나갈 것을 간절히 당부하였다. 그러나 1648년(인조 26) 공의 나이 20세 때 자신의 성취(成娶)를 보지 못한 채 아버지가 별세하시자, 그 유한이 컸으나 백형과 함께 외가마을 집에서 모부인을 정성껏 모시었고 가색(稼穡)에도 더욱 주력하였다.

공은 조금 늦은 나이인 25세 무렵에 8세 연하인 의령남씨(宜寧南氏) 가문의 규수를 맞이하여 혼인을 했으나, 자녀를 두지 못한 채 젊은 나이로 세상을 버리니 노모에 대한 불효를 감당할 길이 없었다. 다시 중년의 나이로 초동면 오방리(五榜里)의 명문인 밀양박씨(密陽朴氏) 가문에서 재취부인을 맞이함으로써, 드디어 1671년(현종 12)에 공의 나이 43세 때에 비로소 아들 만재(萬材)를 얻어 한 가문의 기틀을 굳건하게 세우게 된 것이다. 하지만 그것도 잠시 불과 2년 뒤에 어머니 숙부인마저 세상을 떠나시니 그 애통함을 가눌 수가 없었다. 그로 인해 공도 병을 얻어 1680년(숙종 7, 庚申) 11월 14일에 향년 52세로 10세의 어린 유고(遺孤)를 남겨두고 세상을 버리시니, 할반(割半)의 아픔을 당한 백형 번수공은 "하늘이 우리 집을 시기하여 할 일이 많은 착한 아우를 먼저 데려갔다" 하고 통곡을 했다고 전한다.

11. 묵헌공(黙軒公)의 행검(行檢)과 그 자손

묵헌공 휘 만재(萬材)의 자는 하숙(廈叔)이고 묵헌(黙軒)은 그 자호이다. 월연공의 5세손이고 증참의공 유의 손자이다. 아버지는 처사공 휘 장신이고 어머니는 의령남씨와 밀양박씨인데 공은 박씨의 소생으로 1671년(현종 12, 辛亥)에 금곡리 마을 집에서 태어나 자랐다. 10세에 아버지를 여의고 어린 나이에 집상 범절을 다한 뒤에는 어머니를 따라 초동면 오방리 외가에서 학업을 닦았는데, 총명과 재식(才識)이 뛰어나고 기절(氣節)이 남달라

고을 사람들이 모두 이기(異器)라 하며 칭찬하였다.

1687년(숙종 13)에 공의 나이 17세에 어머니가 별세하자 다시 옛집으로 돌아와 여막을 지키면서, 가산을 돌보는 한편 월연의 구업(舊業)을 가꾸는 데 힘을 기울였다. 이때 월연대를 찾아온 당시 조모(趙某)라는 부사가 공의 준수한 신채(神采)와 비범한 문사(文辭)에 탄복한 나머지, 공의 문벌을 확인하고는 그의 백형에게 권하여 사위를 삼게 하니 장인은 한양의 거실(居室) 출신인 부사(府使) 조사웅(趙嗣雄)이었다.

이윽고 처가가 있는 한양으로 올라간 공은 몇 해 동안 거업(擧業)에 열중하면서, 유학 중인 영남의 문우(文友)들은 물론 장안의 명사들과도 마음을 허락하며 교유를 했다. 공의 첫 번째 한양 생활은 대개 1690년(숙종 16)부터 약 5, 6년간으로 짐작되는데, 그 사이 첫 따님을 얻은 기쁨을 누렸지만 출생 7일 만에 조씨부인과 사별하는 엄청난 불행을 겪었다. 때문에 가정적으로 안정을 얻지 못한 공은 1696년(숙종 22)경 한양 생활을 일단 청산하고 귀향한 것으로 보인다. 이때 낙중(洛中)에서 함께 유학하던 영남의 문우들과 주고받은 송별시가 당시의 심경을 잘 말해주고 있다.

한강 다리 가의 푸른 버드나무여	洛水橋邊柳
몇 사람이나 이별의 슬픔 보냈던가	幾人贈別離
이별이야 끝이 없음을 알겠지만	別離知不盡
봄이 오면 다시 가지에 움이 돋겠지	春到又生枝

「서울에서 친구를 두고 떠난다(洛中留別)」란 제목으로 읊은 공의 오언시(五言詩)에 대하여 창설(蒼雪) 권두경(權斗經)·청사(晴沙) 권두기(權斗紀)·석성(石城) 이기명(李基命) 등 여러 명사들이 화답한 시가 『묵헌유고(黙軒遺稿)』에 실려 있지만, 그중에서 하당(荷塘) 권두인(權斗寅)이 차운(次韻)한 것을 여기에 옮겨 그 우정의 두터움을 살펴본다.

천리 객지에서 반가이 만나 좋았는데	千里逢迎喜

봄바람이 부니 다시 헤어지는구려	東風又別離
마음속 우정 오래도록 변하지 마세	神交宜耐久
추위를 견디는 푸른 송백의 가지처럼	松柏歲寒枝

고향으로 돌아온 공은 부동(府東)에 있는 금곡리 옛집에서 어미를 잃은 불쌍한 어린 딸을 양육하며 다시 한 가정을 굳건히 일으키는 일에 몰두했다. 종형 첨헌공을 비롯한 당내 가족들의 권유를 받아들여 1697년(숙종 23)에는 선산김씨(善山金氏) 가문의 규수를 맞이하여 재혼을 하였고, 그 이듬해에는 장남 지표(之標)가 태어나 비로소 한 거문의 대를 잇는 경사가 있었다. 그런 가운데서도 20년을 갈고 닦은 학문과 공령(功令)의 길을 끝내 포기할 수가 없어 1699년(숙종 25)에는 기묘식년문과(己卯式年文科)에 응시하기 위해 재차 상경하였다.

그해 봄에 치른 한성회시(漢城會試)에서 장원한 데 이어 가을에는 부묘 증광전시(祔廟增廣殿試)에도 응하려고 하였다. 그러나 공교롭게도 가까운 처족(妻族)으로서 당시 판서로 있던 조모(趙某)가 마침 주시관(主試官)이 되어 과장을 주관하고 있는 처지였다. 조판서는 평소에 자존심이 강하고 기개가 높아 좀처럼 사귀기가 힘든 분이었는데, 공과는 인척관계를 떠나 서로 마음이 통하고 존중하는 처지에 있었다. 이에 공은 그를 찾아가 "내가 만일 공이 시관(試官)인 줄 알면서도 응시한다면 어찌 공명한 처사라 할 수 있겠습니까?" 하고 정시(廷試)에 나가지 않으니, 조판서가 더욱 아끼고 감탄하여 조야(朝野)에서도 일시 화제가 된 일이 있었다.

그 후일에도 공은 과장(科場)에 출입했는데 한번은 비가 와서 그 유건(儒巾)이 접어졌다. 청수(淸秀)한 선비의 유건이 접힌 것을 보고 멋이 있다고 느낀 다른 거자(擧子)들이 일부러 본을 보고 유건을 접어서 쓰고는 "이모(李某)의 유건 제도"라 일컬었다. 이는 후한(後漢) 때의 곽임종(郭林宗)의 '점건고사(墊巾故事)'를 연상케 하는 것으로, 그가 외출을 했다가 마침 비가 와서 두건(頭巾)이 나뭇가지에 걸려 접힌 것을 보고 다른 선비들이 본

받았다는 데서 생긴 말이다.

몇 차례의 시련과 과장에서의 실패를 거듭한 공은 드디어 어느 날 탄식하며 이르기를 "공령(功令) 문자 때문에 참된 공부를 헛되이하고 말았다"하고는 모든 것을 뿌리치고 고향으로 돌아갈 것을 결심하였다. 그리하여 다시 월연의 동쪽 살내 위에 새로이 거실(居室)을 장만하고는 그 헌미(軒楣)에 '묵헌(默軒)'이란 당호를 걸었다. 이는 "조용히 말없는 가운데 수양한다"라고 하는 경훈(經訓)을 실천함으로써 세로(世路)를 사절하고 위기지학(爲己之學)에 몰두하기 위한 것이다.

오랫동안 돌보지 못했던 조상들의 유업을 기리면서 성리(性理)를 탐구하는 한편 친구들과 시문(詩文)의 수창으로 소일했다. 이 무렵 특히 한양 유학 시절에 자별했던 권하당(權荷堂)·권창설(權蒼雪)·이석성(李石城) 등은 물론 청옹(聽翁) 이명기(李命夔)·강동(江東) 권경명(權慶命)·문암(門巖) 손석관(孫碩寬) 등의 향중 명사와도 자주 왕래하면서 서로 경의(經義)를 문답하고 시사를 토론한 자취가 많다.

또한 『주자서절요(朱子書節要)』와 우리나라 유현(儒賢)들의 언행을 초록하여 일상의 행신과 가정을 다스리는 요령으로 삼았고, 종족 간에도 질병

묵헌서당(默軒書堂)의 전경(밀양시 용활동 살내마을)

과 고난을 두루 보살펴 화목을 도모했다. 후배로서 문질(問質)하는 사람이 있으면 학문의 방향을 지시하되 선(善)을 칭도하고 비(非)를 엄격하게 경계했는데, 그 언사에 열성이 나타나기 때문에 향방(鄕邦)의 사우(士友)들이 모두 존중하고 마음을 기울여 흠모했다.

그러나 어찌 뜻하였으랴. 1710년(숙종 36) 공의 나이 40세 때 거실(居室)의 정계(庭階)에서 넘어져 얻은 각질(脚疾)로 수명을 다할 줄이야. 10년 동안 온갖 처방을 다했으나 마침내 효험이 없자 궁여지책으로 월성 근곡리(根谷里)에 용한 명의를 찾아가 몇 달을 치료받다가 마침내 객관(客館)에서 향년 50세로 세상을 마쳤다. 향리로 반구(返柩)를 하는 날, 수많은 향성의 벗들이 상여 줄을 잡고 통곡했는데, 특히 친우 권창설은 "인인(仁人)이 수(壽)를 얻지 못함에 별안간 난초가 꺾이었다"고 한탄하였다.

초취부인 한양조씨(漢陽趙氏)에게서 1녀를 얻어 월성인(月城人) 손효저(孫孝著)에게 시집갔는데 그 아들은 숙창(夙昌)이다. 재취부인은 선산김씨(善山金氏)로 증승지(贈承旨) 문상(文祥)의 따님이고 숭양부원군(崇陽府院君) 신원(信元)의 현손이다. 슬하에 지표(之標)·지모(之模)·지해(之楷) 등 세 아들을 두었고, 묘소는 밀양부의 동쪽 국전리(菊田里) 산자락 간좌(艮坐)인데 계당(溪堂) 류주목(柳疇睦)이 지은 묘갈명(墓碣銘)이 있다. 1978년(戊午)에 후손들이 공의 거실이 있던 집터에 전천서당(箭川書堂)을 중건하여 경모하였고, 1982년(壬午)에는 공의 저서 『묵헌유고(黙軒遺稿)』 1책을 국역으로 간행하였다.

1) 처사공 지표(之標) 3형제와 그 효우(孝友)

묵헌공의 맏아들 휘 지표의 자는 천칙(天則)이고 호는 전하지 않는다. 1698년(숙종 24, 戊寅)에 태어나 1763년(영조 39)에 살내마을 집에서 별세하니 향년이 66세였다. 어머니는 한양조씨와 선산김씨인데 조씨는 월성인 손효저에게 출가한 딸 하나를 두었고 김씨는 공을 비롯한 아들 3형제를 두었으니, 두 아우는 10세 연하의 지모와 13세 연하의 지해이다.

공이 둘째아우와의 터울이 10년이나 벌어진 것은 중간에 혼기를 앞둔 둘째누이가 시질(時疾)로 요절했기 때문이다. 아버지 묵헌공이 고질이 된 각질(脚疾)을 치료하기 위해 피우(避寓)를 하고 있을 때인 1716년(숙종 42)에 당한 일이라 너무나 황망하고 참기 힘든 슬픔이었다. 근엄한 선비가 시집도 가지 못하고 죽은 딸을 위해 제문을 남긴다는 것은 쉽지 않은 일이지만 얼마나 기막힌 부정(父情)이었기에 그 글을 남겼겠는가?

> 슬프다. 내 막내딸아! 대저 무슨 말을 하겠느냐? 십수 년 애비와 자식 간의 인연인데 천고의 영결(永訣)을 하게 되다니. 애비 된 자가 못나서 신명을 배반하였고, 죄가 없는 너로 하여금 성취도 못 시킨 채 갑자기 죽게 했다니, 그 잘못은 모두 나에게 있는데 어찌 하늘을 원망하겠는가?
> 嗟 我季女 夫復言 爲十數年父子 永作千古之訣 爲父無狀 行負神明 使汝無辜 未笄遽夭 其咎在我 何敢怨天

이때 처사공 지표의 나이는 약관 19세. 관례와 결혼을 눈앞에 두고 있었지만 아버지의 난치병을 다스리기 위해, 학업도 포기한 채 오로지 시탕(侍湯)에만 매달린 처지였다. 설상가상으로 그 이듬해에는 월성(月城) 양동(良洞)의 손씨(孫氏) 가문으로 시집간 누님의 타계로 또 한 번 가환이 겹치었다. 그러나 1719년(숙종 45) 공의 나이 22세 때 양친의 간절한 소망이 이루어져 그해 봄에는 공이 의성(義城)에 사는 아주신씨(鵝州申氏) 가문의 규수를 맞이하여 결혼을 하게 되었다.

이때 새 며느리를 맞이하게 된 묵헌공은 지병의 고통을 무릅쓰고, 공을 거느린 채 상객으로서 그 먼 길을 찾아가 그 고을의 아담한 선비 신천각(申天覺)과 과갈(瓜葛)의 깊은 인연을 맺었다. 그 기쁨도 잠시 1720년(숙종 46) 정월에는 다시 아버지의 건강이 악화되어 침구(鍼灸) 치료를 위해, 경주 근곡리(根谷里)에 있는 명의를 찾아 재차 피우의 길을 떠났다. 객지에서 조석으로 시탕에 골몰하던 공은 그해 가을 실로 청천벽력과 같은 비보(悲

報)를 접하였다. 아직 얼굴도 익히지 못한 신행 전의 배우자와 사별(死別)을 하는 기막힌 사연을 안고 처가로 달려가 초상을 치렀다.

한편 두 딸의 창졸간의 참척(慘慽)에 이어 또 며느리의 소조(所遭)까지 겹쳐 큰 충격에 휩싸인 아버지 묵헌공은, 병세가 걷잡을 수 없이 악화되었다. 드디어 그해 10월 12일 임종에 다다랐는데 그 자리에는 다만 상처(喪妻)를 한 매부와 당시 13세의 지모(之模) 및 10세의 지해(之楷) 등 두 어린 아우가 곁을 지켰다. 공은 그때 초취부인의 개장(改葬)을 위해 의성 처가에 갔다가 부랴부랴 돌아오느라 종신(終身)조차 하지 못한 한을 남긴 것이다.

온갖 고초 속에서 아버지의 상장(喪葬)을 예법에 따라 마친 뒤에 공은 이미 노경에 든 어머니 김씨를 지성껏 봉양하는 가운데 1723년(경종 3)에는 고령(高靈) 묘동(杪洞)의 순천박씨(順天朴氏) 가문에서 규수를 맞이하여 재혼하였다. 이와 같이 공의 초년은 겹친 가환 속에서 10년간이나 아버지의 침고(沈痼)를 돌본 신산한 세월이었다. 그럼에도 공이 그해 3월에 종숙인 첨헌공 만전(萬全)의 영전에 올린 제문의 한 구절에서 아버지가 이 세상에 계시지 않는 유한을 절절히 호소하고 있는 것을 보면 공의 효(孝)에 대한 참모습을 헤아릴 수 있을 것 같다.

> 아저씨께서 순천영장으로 계실 때에 아버지는 낙상(落傷)으로 인한 환후로 10년간이나 오랜 병석에 계시었고 침과 약을 아무리 써도 효험이 없었습니다. 오호통재라. 저의 아버지를 여읜 아픔을 슬퍼해주셨는데 이제 누구를 향해 하소연을 하겠습니까?
> 在叔主按節西關之日 先君有落傷之患 十年沈痼 鍼藥無效 嗚呼痛哉 哀我孤露之痛 向誰開訴

묵헌공이 돌아가신 후 공은 한 가문의 지주(支柱)로서 어린 두 아우를 사랑으로 거두어 학업을 닦게 하였고 가산을 나누어 분가를 시켰다. 그리고 예(澧)·형(泂)·주(澍)·준(浚) 등 영특한 4형제를 좌우에 거느리고 각기 가업을 잇게 함으로써 한 소종파(小宗派)의 기틀을 굳건히 세워나갔다. 그런 가운데서 선공이 생전에 병으로 못다 한 선업(先業)의 복구를 위해 몸과 마음을 아끼지 않았다.

1757년(영조 33) 봄에 재종형 월암공(月庵公) 휘 지복(之復)의 주도와 삼종질 수사공(水使公) 휘 홍(泓)의 자금 조달로 월연정과 쌍경당의 복구 사업이 전개되자, 앞장서서 공사의 설계와 역사(役事)를 도맡았고 아들 예(澧)로 하여금 그 뒤를 이어 완공을 시킨 것은 대표적인 업적이라 할 만하다.

공의 3형제는 처음에 모두 살내마을에 자리를 잡고 세거의 터전을 이룩하였다. 중제(仲弟) 지모는 백형과 이웃해 살면서 노모를 위해 아침저녁 감지(甘旨)의 봉양을 게을리하지 않았으며, 45세 때 내간상을 당한 후 병을 얻어 4년 후에 세상을 떠나니 향년 49세였다. 그 자손들이 처음에는 향리를 떠나지 않았으나 후일 생업을 좇아 군내 여러 곳에 산거하고 있으며, 봉사손은 몇 대째 부북면 사포리(沙浦里)에 거주하고 있다. 막내아우 지해 또한 백·중씨와 함께 한마을에서 노모에게 효양을 다하다가, 향년 73세에 별세한 후 자손들은 주로 산내면 발례동(發禮洞)과 무안면·산외면 일원에 흩어져 살고 있다.

2) 자락정공(自樂亭公)과 아우들의 성가(成家)

자락정공 휘 예(澧)의 자는 동미(東美)이고 자락정은 그 당호이다. 분파조이신 장신(長新)의 증손이고 묵헌공의 맏손자이다. 1726년(영조 2)에 살내마을 집에서 태어나 1793년(정조 17)에 향년 68세로 세상을 떠났다. 어릴 때는 재종숙 월암공에게서 동몽교육을 받았고 약관 무렵에는 금시당(今是堂)의 문중 강석에서 독서를 한 이업(肄業)의 자취가 분명하지만 정작 남아 있는 기록과 문자가 없어 안타깝다.

다만 1757년(영조 33)에 재종숙 월암공 지복(之復)과 삼종형 수사공 홍(泓)의 주도 아래 이루어진 쌍경당 중건공사 때는, 32세의 젊은 나이로 문중을 대표하여 그 역사(役事)의 공사감독을 훌륭하게 수행했다는 기록이 남아 있다. 또『밀양향안』의 「속안(續案)」 영묘시인(英廟時人)조에는 죽북(竹北) 안인일(安仁一)·포옹(浦翁) 장래주(蔣來周)·몽수(矇叟) 박정원(朴鼎元) 등 당시 향중 명사들과 나란히 이름이 올라 있어 당시 향중에서의 공의 인망(人望)과 지도자로서의 위치를 대강 짐작할 수 있을 따름이다.

현손인 만한당공(晚恨堂公) 종각(鍾珏)의 유사(遺事)에는 공의 자락정(自樂亭)이란 호에 대하여 언급한 기사가 보이는데, 곧 "별구(別區)로 된 산에 집을 지어 살면서 거문고와 글씨로 소일한 것은 덕(德)을 숨겨 벼슬을 하지 않으려는 뜻이었다(搆別區山棲 以琴書自娛 有隱德不仕之意)"라고 했다. 이는 공이 실지로 '자락정'이란 집을 짓고 거기에서 장수(藏修)했다는 직접적인 근거는 될 수 없지만, 공이 임하(林下)에서 고상한 취미와 풍류를 즐겼다는 것을 말해주는 것이다.

만한당공의 사자(嗣子)로서 입계한 5대손 제천공(霽川公) 승구(承九)가 남긴 일고(逸稿)에는 「자락정에 올라(登自樂亭)」라는 제목으로 된 칠언율시 1편이 실려 있다. 또한 이 시에는 화운(和韻) 형식을 빌려 죽아(竹我) 박달원(朴達遠)·족숙인 종우(鍾愚)·족조인 장석(章奭)·족제 정구(鼎九) 등이 각각 1수씩의 율시를 싣고 있는데, "자락노인의 맑은 표상, 백년이 아득하다(樂老淸標百年遐)"라는 시구 등이 있는 것으로 보아 공의 풍표(風標)를 찬양한 것임을 알 수 있다.

이 시의 작성 연대가 대개 서기 1900년 전후임을 미루어볼 때, 당시 자락정이 실지로 존재했다면 100년 넘게 보존되어온 것이 된다. 그러나 그 정자의 존재를 알려주는 자료와 자손들의 증언은 전무한 편이다. 혹 당시에 주손인 제천공이 그 5대조에 대한 갱장(羹牆)의 성효로서 장차 자락정의 긍구(肯搆)를 도모한 것이라면, 판상(板上)의 원운(原韻)과 차운시(次韻詩)로서 미리 작성해둔 것으로도 해석할 수가 있다. 참고삼아 그 원운에 해당하는 제천공의 시를 여기에 옮겨본다.

하늘이 만든 이름난 구역 힘이 배나 들었고	天作名區力倍加
뭇 산이 우뚝하여 산골 물 비껴 흐르는데	群山釖立澗橫斜
달이 뜰 가운데 이르면 산 기운도 깨끗하고	月到庭心嵐氣淨
구름이 돌각담 에워싸면 세속 티끌 가려준다	雲封石角俗塵遮
울타리를 반쯤 얽어 새들이 와서 머문다면	編籬半護留禽鳥
헌함이 먼저 옮겨진 꽃과 나무를 대하리라	築檻先移對樹花
올라가보면 우러러 사모함을 이기지 못하니	登臨不勝羹牆慕
해 질 녘 송단에 의지하여 먼 곳을 바라보리라	晚倚松壇寓矚遐

이 시의 작의(作意)와 분위기로 볼 때도 마음속으로 간절한 소망을 담은
정감은 느낄 수는 있어도, 실지로 꾸며진 정자에 올라 여유 있는 마음으로
읊은 정서라고는 보기 어려운 점이 있다. 비록 끝내 이루어지지 못한 소망
이었다 하더라도 그만큼 공은 자손들에게 그리움의 대상이었고 자락정의
긍구(肯搆)는 언젠가 이루어야 할 문중의 숙제처럼 여겨왔다는 인상을 강
하게 받는다.

공의 배위는 밀성손씨(密城孫氏)로 통덕랑 수방(壽邦)의 따님이고 오한
(聱漢) 기양(起陽)의 후손이다. 슬하에 2남 2녀를 두었는데 아들은 병우(秉
宇)와 병장(秉章)이고 딸은 진양인(晉陽人) 강필준(姜必俊)과 재령인(載寧人)
인 생원 이철신(李喆臣)에게 각각 출가했다. 병우는 다시 아들 두섭(斗燮)을
두어 가계를 이었는데 양대가 다 한 가문의 주손(胄孫)으로서 소임을 다하
였고 한 고을의 선비로서 조행이 반듯했다는 평판을 들었다.

자락정공의 중제(仲弟) 형(泂)은 아들 병옥(秉玉)과 손자 남섭(南燮)으로
대를 이어 일가를 이루었는데, 증손대에 이르러 장응(章鷹)·장학(章鶴)·장
걸(章杰)·장신(章犺) 등 네 형제를 두어 그 후손이 번창하였다. 숙제(叔弟)
주(澍)는 병원(秉元)과 병관(秉寬) 두 아들을 두었고, 병원의 맏아들 인섭(麟
燮)은 다시 장호(章壕)·장일(章馹)·장기(章驥) 등 3형제를 두어 그 자손들이
살내마을을 훈훈하게 지키고 있다.

병관은 맏아들 대섭(大燮)이 1879년(고종 16)에 수직(壽職)으로 통정대부

의 품계와 부호군(副護軍)의 직첩을 받는 영광을 입었고, 둘째아들 구섭(矩燮)은 슬하에 장관(章瓘)과 장완(章琬) 형제를 두었는데 장관도 고종 말년에 수통정(壽通政)의 직함을 받았다고 한다. 하섭(夏燮)·계섭(啓燮)·오섭(五燮) 등 지차의 아들도 위로 두 형공과 함께 자손들이 단장면 고례리 일원에 자리를 잡아 각기 생활 터전을 이룩하였다.

막내아우 준(浚)은 병훈(秉勳)과 병렬(秉烈) 두 아들을 두었고 병훈은 다시 정섭(正燮)·익섭(翼燮)·우섭(羽燮)의 세 아들을 두었는데 정섭의 사자(嗣子) 장석(章奭)은 향중의 사망(士望)이 있어 1927년(丁卯)에 밀양향교 전교(典校)를 역임한 일도 있다. 정섭의 두 아우인 익섭과 우섭의 자손들도 근면한 가색(稼穡)으로 수백 년 동안 고향마을을 지키며 가성(家聲)을 잃지 않고 있다.

3) 일성공(日省公)의 문행(文行)과 필한(筆翰)

일성공의 처음 휘는 장운(章雲)이고 후일 장오(章五)로 바꾸었으며 자는 여룡(汝龍)이다. 자호를 일성(日省)이라 했는데 "나는 매일 세 가지로서 나 자신을 반성한다(吾日三省吾身)"는 증자(曾子)의 가르침을 실천하겠다는 뜻이 담겨 있다. 묵헌공 만재의 5세손이고 자락정공 예의 증손이며 처사공 병우의 손자이다. 아버지는 처사공 두섭이고 어머니는 재령이씨 종징의 따님과 밀성손씨 현동의 따님인데 공은 손씨의 소생으로 1820년(순조 20) 밀양 살내 옛집에서 1남 1녀의 외아들로 태어났다.

10세 무렵부터 쌍경당과 금시당 등의 강석(講席)에서 문내 선배들을 쫓아 가학을 전습했는데 그 재주가 늘 빼어나 주위에서 찬탄을 받고 평판을 모았다고 한다. 15, 6세 소년기에는 이미 사서삼경을 거의 빠짐없이 통독(通讀)하였고, 특히 한훤당(寒暄堂) 김굉필(金宏弼) 선생이 『소학(小學)』 공부를 통해 조행(操行)을 실천한 것에 깊은 감명을 받아 본보기로 삼았다. 또 천성이 효성스러워 18세에 아버지가 별세했을 때는 예(禮)로서 몸가짐을 단속하였고 3년 동안 여막에서 최질(衰絰)을 벗지 않았다.

약관을 넘겨 모부인의 권고로 과업(科業)에 뜻을 둔 바도 있으나, 한두 차례 향해시(鄕解試)에 오른 후에는 명리(名利)를 단념하고, 위기지학(爲己之學)에 몰두하는 한편 시문(詩文)의 궁구와 글씨 공부에 남다른 관심과 열정을 기울였다. 공의 글씨는 타고난 소양을 바탕으로 하여 주로 왕우군(王右軍)의 진체(晉體)에 큰 영향을 받았는데, 대체로 그 필세가 준경(駿勁)하다는 평판이 있었고, 월연·묵헌 양 선조의 서체와 유법(遺法)을 흠모하여 그것을 계승하는 데도 마음을 기울였다.

그리하여 경전은 물론 『사기(史記)』의 「열전(列傳)」이나 『고문진보(古文眞寶)』 등의 고전에 이르기까지 필사 작업을 통한 수습(修習)이 있었고, 그 글씨가 일정한 수준에 이르자 공해(公廨) 건물의 현판과 금석문에도 휘호(揮毫)를 선보였다. 큰 글씨로 된 공의 대표적인 작품으로 전해지는 것은 1866년(고종 3)에 월연대 중수 후에 편액 글씨와 그 아래쪽 바위에 새긴 '한림이공대(翰林李公臺)'라는 휘호를 들 수 있고, 1881년(고종 18)에 밀양 향교 풍화루(風化樓)에도 현판 글씨를 남겼다.

또 세필(細筆) 작품으로는 종선조(從先祖)인 진사공 원(遠)과 금시당공 광진(光軫)의 묘갈명 등 금석문이 있고, 밀양향교 풍화루 상량문과 월연대 중건상량문 등 판상(板上)의 글씨가 있다. 이 밖에도 1872년(고종 9)과 1873년 양년에 걸쳐 『월연집』과 『묵헌집』을 편집하여 그 목판 글씨를 직접 써서 세상에 간행한 것은 큰 업적이라 하겠다.

공이 글씨로 일가를 이룬 것은 말할 필요도 없지만 그 시작(詩作)과 문장력(文章力)으로도 향중의 유생을 대표할 만한 위치에 있었다. 남겨진 작품이 많지는 않지만 공이 43세 때인 1862년(철종 13) 6월에 당시 문란했던 삼정(三政)의 개혁에 대하여 올린 상주문(上奏文)이 그 대표적인 것이라 할 수 있다. 이 글은 당시 철종(哲宗)이 그해 연초부터 일기 시작한 삼남(三南) 지방 농민 봉기의 원인이 전적으로 전정(田政)·군정(軍政)·환곡(還穀) 등 삼정의 문란에 있었다는 판단 아래 재야 유생 층과 관료들을 상대로 모집한 개혁의 책문(策問)이었다.

　　신은 멀고 궁벽한 시골에서 태어나 가난한 집에서 자랐습니다. 현량으로서
지녀야 할 깊은 재주도 없고 다만 충성스러운 농부로서 우직하고 비루한 정성
만 지녔을 뿐입니다. 시무(時務)를 논할 만한 재주가 부족하다는 것을 알기 때
문에 밝으신 뜻에 충분히 응할 수가 없어, 깊고 먼 구중궁궐에 저의 어리석은
충정이 잘 전달되지는 못할 것입니다. 오직 나라를 다스림에 평화가 있기를 축
원할 뿐입니다. 전하께서 내리신 크고 빛나는 명령을 받들매 은근히 두렵고 걱
정스러우나, 전(田)·군(軍)·환(還) 삼정에 관한 깨끗한 책문을 백성에게 하교하
기를 가까이에서 먼 곳까지 하시니, 참으로 이는 나라를 다스리는 한 가지 방
식이라 하겠습니다. 진실로 무식하고 비천한 말이라도 하문을 하시는데 신이
감히 마음속에 품어온 바를 죽기로서 아뢰기를 다하지 않겠습니까?
　　臣 生於遐僻之鄕 長於苙蓽之下 無有賢良蘊抱之術 只有芹曝愚陋之忱 知不足
以論時務才 不足以應明旨 而九重邃遠 愚衷莫達 惟祝世治之昇平矣 殿下 誕膺耿
命勤惕慮 而田軍還三政 淸問下民 自邇及遠 寔是治國之一例也 實咨訪芻蕘之言
也 臣 敢不罄其所蘊 昧死以聞

　무려 2,700자에 이르는 긴 문장을 모두 옮길 수는 없지만 이와 같이 서
두의 몇 줄만으로도 이 글을 상주하게 된 연유는 대강 짐작할 수 있을 것
이다. 이 책문은 당시 삼정의 폐단을 바로잡기 위해 신설된 이정청(釐整廳)
에서 각 고을 대표 유생들의 편권(篇券)을 모아 개혁의 요긴한 참고자료로
활용했다고 한다. 그러므로 이 글은 당시 밀양 유생을 대표하는 처지에서
공이 조정에 올린 상주문으로서 유일한 것이라 할 수 있다. 글은 대체로
지방 탐관오리들의 고질적인 작폐를 규탄하고 관(官)과 결탁한 토호들의
문란을 지적하면서 절검(節儉)과 애민(愛民)으로 그 해결의 방책을 찾고 있
지만, 그중에서도 "군정에 대한 폐단이 더욱 심하다(軍政也 則弊尤極矣)"
하면서 비판한 다음 구절은 특히 주목할 만하다.

　　용렬한 천민의 무리들은 권세 있는 가문의 족보에 투탁(投託)을 하고, 교활
하게 꾀가 많은 무리들은 무후(无后)가 된 자의 후손으로 몰래 입보(入譜)를 합
니다. 족보와 직첩을 사들여 자기가 태어난 신분을 바꾸는데, 그 족보를 상고해

보면 대대로 높은 벼슬을 한 종족이요, 그 직첩을 밝혀보면 남의 눈을 어지럽게 하는 고관대작들입니다. 군역(軍役)을 피하려고 꾀하는 자가 먼 시골의 사족들이 배나 많은데, 관부와 결탁하여 바닷가에 사는 한산(閑散)들을 멸시합니다. 할아버지와 아버지의 본래의 군적에 실어놓고는 그 이름과 호칭을 변경하니 마침내 읍촌에는 없는 사람이 되고, 그 아들과 손자가 권문세가에 출입하여 호패를 사들이니 어느새 향도(鄕道)의 귀족 자손으로 둔갑을 합니다. 명분의 문란이 이처럼 심하게 되었고 군사행정의 실추가 이토록 성하게 되었습니다.

庸賤之輩 投託於世家之族 狡黠之徒 潛入於无后之裔 買譜買帖 換其所出 考其譜則簪纓世族也 證其帖則朱紫眩人矣 謀避軍役 倍勝遐鄕之士族 締結官府 蔑視海隅之閑散 渠祖渠父本載軍籍 而改其名稱 則終爲邑村之無亡也 其子其孫出入世家 而圖購囑札 則便是鄕道之華胄也 名分之紊莫此爲甚 軍政之失燧以是矣

　공은 조선조 말기에 자기가 거주한 먼 시골의 실정을 들어, 군정의 난맥상을 보고 들은 대로 고발하고 있다. 특히 용렬한 천민들이 자기의 신분을 감추기 위해 권문세가의 족보에 이른바 투탁(投託)의 행위를 하는가 하면, 한미한 향반들이 매첩(買帖)을 통해 군역을 기피하고 해우(海隅)의 한산(閑散)들을 멸시한다는 구절은 당시 고을의 기강과 풍조를 잘 반영하고 있다. 동시에 이 일을 계기로 공은 향중지도자로서의 활동이 더욱 활발해졌다. 1878년(고종 15)에는 「무인향약(戊寅鄕約)」의 입의(立議)가 있었는데, 도약정(都約正)이 된 당시의 부사(府使)인 연서(蓮西) 신석균(申奭均)과 나란히 부내면(府內面) 약정(約正)으로 선임되어 향중의 풍속 교정과 향원들의 교육에 큰 공을 세운 일이 하나의 사례이다.

　만년에도 공은 풍채가 맑고 엄숙했으며 지조가 경개(耿介)하여 선비들이 다투어 존경함으로써 '남사의 영수(南士領袖)'라는 칭도가 있었다. 계당(溪堂) 류주목(柳疇睦)·긍암(肯庵) 이돈우(李敦禹)·만파(晩坡) 손종태(孫鐘泰) 등과 우선(友善)이 깊어 도의와 문사(文詞)의 교류가 많았고, 성품이 강정(剛正)하고 확실하여 옳지 못한 일에는 결코 꺾이는 일이 없었다.

　저서로는 필사본으로 된 『일성유고(日省遺稿)』가 있었으나 보존되지 않고 있으며, 자손들의 동몽 교육용으로 만든 『주해천자문(註解千字文)』 1권을 1982년(壬戌)에 영인본으로 간행했다. 천자문은 정묘한 해서체(楷書體)로 반곽(半郭)에 4자 3행씩 12자의 칸을 지어 본문 글자를 쓴 다음 글자 여백에 한 자 한 자마다 세필로 훈의(訓義)를 달아 정성을 다하였다.

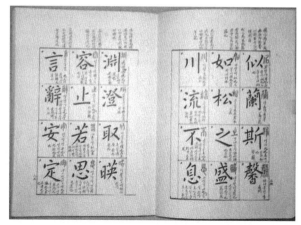

일성공의 주해천자문(註解千字文) 필적 문중 자손들의 동몽교육용으로 공의 해서체(楷書體) 필체로 이루어진 교재의 일종(밀양시 용활동 살내마을 묵헌공파 종가에서 원본 보존).

1886년(고종 10) 7월 2일에 향년 67세로 별세했는데 묘소는 살내 호암(虎巖) 위 을좌(乙坐)에 모셨다. 배위는 용성송씨(龍城末氏)로 1813년(순조 14)에 나서 1862년(철종 13)에 향년 50세에 별세했는데 사인 진한(鎭漢)의 따님이다. 슬하에 외아들 종각(鍾珏)을 두었다.

4) 만한당공(晚恨堂公) 종각(鍾珏)의 근학(勤學)

공의 초휘는 종대(鍾大)이고 자는 도일(道一)이며 호는 만한당(晚恨堂) 외에 괴파(槐坡)라고도 했다. 자락정공 예의 현손이고 처사공 두섭의 손자이다. 아버지는 일성공 장오(章五)이고 어머니는 용성송씨로 사인 진한의 따님인데 공은 1839년(헌종 5) 살내 옛집에서 외아들로 태어나 묵헌공의 6대 주손(胄孫)이 되었다.

나이 6, 7세에 아버지 일성공으로부터 글을 배우기 시작하여 소년 시절에는 이미 여러 경서(經書)와 사기(史記)를 외우고 베꼈으며 성인이 되자 문사(文詞)와 필법이 뛰어나 향중 선배들로부터 두터운 장후(獎詡)를 입었다. 아버지의 명으로 계당(溪堂) 우주목(柳疇睦)의 문하에 나아가 집지(執贄)를 했는데 스승은 공의 자질과 근학(勤學)에 임하는 태도를 칭찬하여 후일 "사문의 큰 그릇(斯文重器)"이 될 것이라 촉망했다.

본래 효심이 지극하여 부모의 시측범절(侍側凡節)이 남달랐지만 1862년(철종 13) 어머니의 별세로 그 애통이 지나쳐 병이 들자, 아버지께서 상효(傷孝)를 염려하여 의약(醫藥)과 어육(魚肉)으로 소복을 하도록 했는데 공은 울면서 이에 응하지 않았다. 가례(家禮)를 좇아 상장(喪葬)의 예를 다하고는 헛된 명리(名利)를 위해 과거에 매달릴 수 없다 하여 거업(擧業)을 단념하고, 스승인 유계당(柳溪堂)에게 왕래하며 다시 심학(心學)에 열중했다.

만년에는 『주역(周易)』에도 관심을 기울여 새벽마다 단정히 앉아 그 괘사(卦辭)를 외우면서, 하늘과 땅 사이에 만물이 생성하는 이치를 가만히 궁리하였고 자질들에게도 공부를 권하였다. 1886년(고종 23) 아버지의 별세로 그 애효(哀孝)를 다하고는 개연히 탄식하기를 "지난날의 잘못을 늦게 깨달은 것이 한스럽다" 하면서 거실 문에 '만한당(晩恨堂)'이라 편액을 하고는 때때로 자별한 향로들과 어울려 월연정과 금시당 등 선정에서 창화(唱和)를 즐기며 여생을 편안하게 정양하였다.

한가로운 날을 틈타 작은 배에 오르니	暇日偸閒上小船
깎아지른 푸른 절벽 나룻가에 연하였네	蒼峭繡壁渡頭連
북녘 바람 오월에도 추운 계절 의심되니	北風五月疑寒節
남쪽 땅 월연대에 모인 자리가 원만하다	南土雙臺會席圓
천하에 자욱한 먼지 세상 걱정하는 손들	天下煙塵憂世客
개중에는 흰 머리로 늙은 나이 한탄하네	個中顔髮歎衰年
원컨대 세상 밖에서 어초의 낙을 쫓으며	願從物外魚樵樂
안개 속 별천지의 신선이 되어 늙어가세	甘老煙霞別地仙

이 시의 제목이 「을미년 윤달에 월연대에 모여 운자를 집어(乙未閏月會淵臺拈韻)」로 되어 있다. 을미년은 곧 1895년(고종 32)으로 이해의 윤오월

(閏五月)은 한여름에 해당하지만, 간악한 일인(日人)들이 명성황후(明成皇后)를 시해한 이른바 '을미사변(乙未事變)'이 일어나기 직전이라 나라와 민심이 극도로 흉흉했던 시기이다. 이 나라의 선비로서 아무 일도 하지 못한 채 다만 어지러운 세상을 한탄만 하고 있는 시골 노유(老儒)들의 울적한 심정이 잘 나타나 있는 작품이라 하겠다.

1900년(광무 4) 10월 19일에 향년 62세로 세상을 떠나니 향당에서는 좋은 자질과 넉넉한 문학(文學)이 있음에도 세상을 위해 쓰이지 못한 것을 애석해하였다. 공의 배위는 동래정씨(東萊鄭氏)로 사인 하엽(廈燁)의 따님이고 슬하에 2남 5녀를 두어 아들은 승구(承九)와 춘구(春九)이다. 딸은 재령인(載寧人) 이수택(李壽宅)과 서흥인(瑞興人) 김창식(金昌埴)과 고성인(固城人) 이종록(李鍾錄)에게 각각 출가하였고, 넷째딸은 광주인(光州人) 주사(主事) 노우용(盧右容)에게 출가했는데 구한말의 우국지사인 시강(侍講) 대눌(大訥) 노상익(盧相益)의 며느리이다. 다섯째딸은 함평인(咸平人) 이제헌(李悌憲)에게 출가했다. 묘는 상동면 금곡리(金谷里) 선영 아래에 있으며 배위와 합분이다. 공의 저서로 『만한당유고(晚恨堂遺稿)』 1책이 1995년(乙亥)에 국역본으로 간행되었다.

5) 제천공(霽川公)의 승종(承宗)과 치가(治家)

제천공의 휘는 승구(承九), 자는 윤부(允夫)이고 제천(霽川)은 그 자호이다. 자락정공 예(澧)의 5세손이고 일성공 장오(章五)의 손자이며 아버지는 만한당공 종각(鍾珏)이고 어머니는 동래정씨로 사인 하엽의 따님이다. 생정(生庭)의 아버지는 만비당공(萬非堂公) 종흡(鍾洽)이고 어머니는 현풍곽씨(玄風郭氏)로 진사(進士) 진익(振翼)의 따님인데, 공은 1859년(철종 10)에 5남 1녀의 다섯째아들로 단장면 사연리(泗淵里) 향제에서 태어났다.

소년 시절에 이미 명철한 자질로 면학에 부지런하고 몸가짐이 단정하다는 평판이 향당에 자자했다. 만한당공도 평소에 비록 촌수는 멀지만 공을 자주 인견하고 그 학업과 조행을 시험하며 정을 주고 있었는데, 딸만 다섯을 두고 아들이 없어 은근히 마음속에 후사로 점찍고 있었기 때문이다. 만한당공과는 반대로 아들만 다섯을 둔 생정의 아버지는 당시 가문의 원로로서 향중에 명망이 높던 족숙 일성공의 사손(嗣孫)으로 출계시키는 일을 마다하지는 않았다.

이에 1882년(고종 19) 3월 21일에 만한당공 43회 생일을 계기로, 24세 성인(成人)의 처지에서 부인 광주이씨(廣州李氏)와 함께 먼 촌수의 족숙 앞으로 출계하였다. 곧 묵헌공의 7대손이요 자락정공의 5대손이 되어 한 소종파의 종통을 잇게 된 것이다. 당시 선친 만한당공이 족형이 되는 공의 생친(生親) 만비당공에게 보낸 편지에 그런 사실을 은연중에 시사하고 있다. "윤질(允姪)이 마침 오면서 보내준 편지를 받들어 몇 번이고 읽어보니 두터운 정이 편지 폭에 넘쳐 곡진하니 더욱 감사하고 송구함을 깨달았습니다(允姪 際至兼承下書 擎玩圭復 溢幅繾綣 益覺感悚)"라는 구절이 있고, 맨 끝부분에는 "윤아(允兒)는 날씨를 보아가며 보낼 터이니 양해하시기를 바랄 뿐입니다(允兒 觀日氣送之矣 下諒伏望耳)"라는 표현이 그것이다.

윤질(允姪)과 윤아(允兒)는 공의 자(字)가 윤부(允夫)라는 점에서 그렇게 부른 것으로 보이지만, 처음에는 조카로 호칭을 했다가 나중에는 아이(아들을 의미한다)라 하여 더욱 친근한 표현을 한 것을 보면, 이때 이미 두 부모 사이의 묵계를 충분히 읽을 수가 있고 만한당공은 이미 내심 아들로 여기고 있었다는 증좌가 되는 대목이다. 또 일기 불순을 이유로 집에서 묵혀 보내겠다는 정리도 그것을 더욱 뒷받침하는 것이라 하겠다.

그리하여 용성종파의 자손으로서 월연파 지차종가로 입계한 공은 그 처신과 소임에 남다른 조신(操身)과 노력을 게을리하지 않았다. 한 가문의 주사로서 더욱 가학을 전승하여 사서(四書)와 육경(六經)은 물론, 제자백가(諸子百家)에 이르기까지 두루 탐독함으로써 그 자질을 가다듬었던 것이다. 어버이를 섬김에 효성으로 하였고 자녀들을 교육함에 의방(義方)으로 하였으며, 친구를 사귐에 충신(忠信)으로 하였고 종족을 이끌어감에 돈목으로 일관하였다.

밀양파의 대종가(大宗家)에 후사가 없어 용궁(龍宮) 문중의 원친(遠親)으로 뒤를 잇게 했으나, 가난으로 생계가 막연한지라 공은 종중에 의논을 부쳐 앞장서서 원조의 방도를 세웠다. 또한 가문에 상덕계(尙德契)를 만들어 종물의 저축을 꾀하였고 공의 직계 선조인 묵헌공의 서당(書堂) 보존과 자락정공의 유적을 가꾸는 데 모든 자손들을 이끌어 모범을 보였다.

평생에 사치를 멀리하여 안빈낙도(安貧樂道)를 몸소 실천했으며 매사에 허욕을 경계하면서 자기 본분을 지키는 데 조금도 소홀함이 없었다. 다만 누대 선인들의 유문(遺文)과 필적을 손수 정리하여 필사만 해둔 채 간행하지 못한 것을 유한으로 여기며, 1910년 경술국치 수개월 전에 세상을 떠나니 향년은 불과 52세였다.

배위는 광주이씨(廣州李氏)로 사인 학연(學淵)의 따님인데 슬하에 2남 3녀를 두어 아들은 병영(炳榮)과 병화(炳華)이다. 딸은 광주인(廣州人) 안병운(安秉運)과 여흥인(驪興人) 민웅식(閔雄植)과 교하인(交河人) 노진수(盧晉洙)에게 각각 출가했다. 공의 묘는 월연정의 안산 건좌(乾坐)이고 배위는 엄광리(嚴光里) 선영 아래에 있다. 공의 저서로 『제천일고(霽川逸稿)』 1책을 1995년(乙亥)에 간행하였다.

제천공의 맏아들 병영(炳榮)의 자는 화백(華伯)이고 자호를 추정(秋汀)이라 하였다. 월연공 자손의 두 계파 가운데 휘 장신(長新)의 9대 주손으로서 그 종가를 도와 월연공과 제헌공 부자분의 유적 관리에 항상 성효를 기울였다. 1957년(丁酉)에는 월연공의 종손인 족제 병조(炳朝)와 수사공의 종손인 족질 건형(建衡)과 힘을 합하여 오랫동안 종중의 과제로 내려오던 12대조 진사공 원량(元亮)의 덕업을 기리기 위한 제헌(霽軒)의 건립에 주도적 역할을 했다. 공의 이러한 종사 활동에는 늘 아우인 병화(炳華)가 곁에서 백형을 보좌한 공이 많았다. 병화의 자는 영중(榮仲)이고 호는 우정(友汀)이다.

제천공의 맏손자로 묵헌공의 9대 주손인 갑형(甲衡)의 자는 경여(景汝)인데, 선부조(先父祖)의 위선하는 정성과 종사 관리의 부지런함을 이어받아 많은 가업(家業)을 성취했다. 그중에서도 1967년(丁未)에 자기 소유의 대지 250여 평과 4간의 기와집 및 익랑(翼廊) 건물을 종물로 제공하여 선조의 옛 터전을 복원한 일을 들 수 있다. 곧 묵헌공의 거실이 있던 유적을 되살려 정당 4간과 부속 건물을 아울러 마련하고, '전천서당(箭川書堂)'이란 당호와 '묵헌(黙軒)'이란 편액을 다시 새겨 걸었던 것이다.

또한 1982년(壬戌)에는 9대조 묵헌공의 문집인 『묵헌집(黙軒集)』을 국역본으로 간행했는데, 이러한 일련의 위선 사업은 말할 것도 없이 당시의 종로였던 족조 동구공(同九公)을 비롯하여 종태(鍾太)·종복(鍾福)·문구(文九)·흥구(興九) 등 여러 종원들의 적극적인 협력이 있어 가능한 일이었다. 아울러 1982년 가을에 고조부 일성공의 저술인 『주해천자문(註解千字文)』을 영인본으로 출간한 데 이어, 1995년(乙亥)에는 증조부 만한당공의 문집과 조부 제천공의 문집도 1책으로 합간(合刊)을 하는 등 많은 업적을 남겼다.

제5장

무리실(茂李谷) 전통을 이어온
창암공(滄菴公) 자손들

1. 무리실(茂李谷)마을과 여주이씨 복거(卜居)의 내력

이 마을은 옛날 용궁현(龍宮縣) 관내 무송부곡(茂松部曲)의 옛터로서 지금의 행정동명으로는 경북 예천군 용궁면 무이리(武夷里)이다. 점촌(店村)·예천(醴泉) 간 4차선 국도의 용궁면사무소 소재지에서 남쪽으로 약 1킬로미터 진입한 곳에 살미(금남리)가 나오고, 거기서 왼쪽으로 약 300미터 지점에 넓은 무이들(武夷坪)을 가로 흐르는 키내(箕川)를 만나게 된다. 그 하천 위에 가설된 무이교(武夷橋)를 건너면 갈림길 왼쪽에 안마을(內武)이 있고, 오른쪽 나지막한 고개 너머에 바깥마을(外武)이 나란히 이웃해 있다. 이 두 마을을 아울러 '무이리' 또는 '무리실(茂李谷)'이라 하는데, 조선 초기에는 아주신씨(鵝州申氏)가 살았고, 그 뒤 한때는 황해감사(黃海監司)를 지낸 백진양공(白震陽公)이 거주함으로써 남포백씨(藍浦白氏)의 터전이 되었다.

그러다가 지금부터 450여 년 전에 참의공파의 용궁 입향조이신 창암공(滄菴公) 휘 윤수(潤壽)가 백진양공의 배위가 되신 고모 내외분의 가산과 터전을 물려받아 정착한 뒤로는, 자연 여주이씨(驪州李氏)의 세거지가 되었다. 창암공은 슬하에 기라성 같은 아들 6형제와 딸 한 분을 두어 그 지엽

(枝葉)이 대대로 무성하였다. 이에 창암공의 부형(婦兄)인 서애(西厓) 류성룡(柳成龍)은 그 매가(妹家)의 융성을 위해 '오얏나무가 무성한 마을'이란 뜻에서 무리실(茂李谷)로 이름을 바꾸어주었으며, 그 사위인 청풍자(淸風子) 정윤목(鄭允穆)은 서애선생의 그 뜻을 기려 백세청풍(百世淸風)이란 편액을 써주어 처가의 가운(家運)을 찬양했다고 한다.

그 뒤 마을에 남아 있던 신씨들은 하나둘 떠나가고 다른 성씨들도 발을 붙이지 못하게 되자, 마을은 자연 명실상부한 무리촌(茂李村)으로서 거주하는 자손이 항상 100여 가호(家戶)가 넘는 온전한 이씨의 종촌(宗村)으로 지금까지 그 명맥을 이어오고 있다.

창암공이 이 마을에 들어온 시기는 유년 시절로 추정된다. 공은 나이 여덟 살에 수성현(壽城縣) 파릉협(巴陵峽) 곧 지금의 대구시 파동(巴洞) 옛집에서 낳아주신 어머니를 여의었고, 이어 계모 슬하에서 양육을 받고 효성을 다하였다. 그러나 이때 용궁현 무이리 남포백씨 가문으로 출가한 고모님이 어린 나이에 생모와 사별한 친정 조카의 처지가 안쓰러워 자기가 거두어 보살필 것을 결심하였다. 고모님은 황해감사로 있다가 은퇴한 백진양의 배위로서 정부인(貞夫人)의 외명부 반열에 있었고, 가산도 유족했으나 다만 후사가 없어 노후가 적적한 형편이었다.

창암공이 고모 내외분에게 일신을 의탁한 뒤에는 부모처럼 섬기며 봉양을 다하는 한편, 학업의 공고(攻苦)는 물론 가색(稼穡)에도 부지런하여 주위의 평판이 자자하였다. 18세 때인 1563년(명종 18)에는 고모부의 주선으로 그 후임 도백(道伯)으로 있던 입암(立巖) 류중영(柳仲郢)의 사위가 되었는데, 월연선생 이한림(李翰林)의 친손으로서 그 기개와 교양을 한눈에 알아보았기 때문이다. 고모 내외분이 돌아가시자 3년 동안 심제(心制)로서 범절을 다하였고 생시처럼 섬기며 제사를 받들었다. 또한 고모 내외분이 후사를 두지 못함에 그 유명(遺命)에 따라 전래하는 터전과 전토를 그대로 물려받고 무이리의 주인이 된 것이다.

마을에는 지금도 백공(白公)이 '말을 매던 나무'를 뜻하는 마주목(馬駐木)

이란 기둥 하나가 남아 있고, 백공의 별서(別墅)로 알려진 추월헌(秋月軒)의 옛 자취가 남아 있어 그곳에 청풍자 정윤목의 글씨인 '백세청풍(百世淸風)'이란 현판도 얼마 전까지 전해져왔다고 한다. 또 '바깥무이(外武)'에 속하는 금천(錦川) 강가에는 입향조의 별업인 창암정(滄菴亭)이 아직도 남아 있고, 공을 향사하는 별묘(別廟) 세덕사(世德祠)와 강학소인 무이서당(武夷書堂)이 경상북도지방문화재 제231호로 지정되어 보존되고 있다.

2. 창암공(滄菴公)의 청직(淸直)한 생애와 시혜(施惠)

공의 자는 인수(仁叟)이고 창암(滄菴)은 그 자호인데 1545년(인종 1) 5월 1일에 증참의공(贈參議公) 휘 원충(元忠)의 아들로서 지금의 대구시 파동(巴洞) 아버지의 집에서 태어났다. 생모는 증숙부인(贈淑夫人) 중화양씨(中和楊氏)로 참봉(參奉) 배선(拜善)의 따님이고 대사헌(大司憲)을 지낸 대봉(大峰) 희지(稀枝)의 손녀이다. 계모는 증숙부인(贈淑夫人) 인천이씨(仁川李氏)인데 사인 공겸(恭謙)의 따님이다. 문절공 기우자(騎牛子)선생 행(行)의 후손으로 충순위공 사필(師弼)의 증손이고 월연공 태(迨)의 손자이다.

공은 여덟 살 때 어머니를 여의고 용궁현의 백씨 가문으로 출가한 고모에게 몸을 의탁했는데, 고모부는 황해감사를 역임한 추월헌 백진양으로 슬하에 자녀가 없어 공을 아들처럼 양육했으며, 사후에는 생활의 터전과 모든 가산을 물려주기까지 하였다. 18세 때 고모가의 주선으로 안동 하회(河回)의 풍산류씨(豊山柳氏) 가문으로 장가들었는데, 배위는 관찰사를 지낸 풍산부원군(豊山府院君) 입암(立巖) 중영(仲郢)의 따님이고, 겸암(謙庵) 류운룡(柳雲龍)과 서애(西厓) 류성룡(柳成龍) 형제는 공의 부형(婦兄)이 된다.

공은 성품이 맑고 곧으며 매사에 엄정하여 아무리 어려운 일이라도 의연하게 대처하였고, 검약한 생활을 몸소 실천하여 자손들의 본보기가 되었다. 평소 도량이 넓고 뜻이 고상했는데 그 닦은 학문과 쌓은 경륜으로 보면 그 재능이 과거를 통한 진취에도 가능성이 충분했으나, 오히려 사환

(仕宦)과 공명(功名)에는 냉담한 편이었다. 향중에 이름 있는 선비로서 존경을 받으면서도 혹 벼슬을 권하는 사람이 있으면 "내 의식주가 자족한데 구태여 이록(利祿)을 탐할 까닭이 없다" 하고 들은 척도 하지 않았다. 심지어 공의 처남인 서애상공(西厓相公)이 편지를 보내 벼슬하기를 권했지만, 분수가 아닌 영광은 바랄 수가 없다 하면서 완강히 뿌리친 일화는 유명하다.

효도와 우애가 독실한 데다 남을 용서하고 베푸는 일에는 자손들에게 모름지기 교훈이 되는 사례가 많았다. 멀리 있는 계모 섬기기를 생모와 진배없이 하여 철따라 감지(甘旨)의 봉양을 게을리하지 않았고, 매양 일찍 별세한 형님을 추모하는 정성에도 소홀함이 없었다. 망형(亡兄)의 신주가 파동 옛집에 있었는데 섣달에 있는 기일(忌日)을 당하면 반드시 용궁에서 몸소 내려가 참사를 하였다. 어느 해에는 신병으로 불참하자 꿈에 형이 나타나 말하기를 "제사 음식을 잘 먹었지만 두부가 얼어 퍼져서 먹지 못했다"고 하였다. 이튿날 사실을 알아보았더니 과연 그런지라 집안사람들이 모두 깜짝 놀랐다.

아버지가 별세한 후 그 묘자리를 잡지 못해 애를 태우던 중에 꿈속에서 영지(靈芝)가 돋아난 길지를 보고 찾아보게 했더니 그 증거가 드러나 좋은 터를 잡게 되었다. 이러한 사실은 모두 공의 정성에 대한 감응(感應)이라 하여 주변 사람들이 기이하게 여기고 탄복한 사례들이다. 또 자형(姉兄)인 박모(朴某)는 그 성정이 매우 오만하고 경우가 없었다. 공이 친상(親喪)을 당해 여막에서 집상을 하고 있었는데 그 재산을 함부로 가로채려 하였다. 공은 막대한 손해를 당하면서도 이를 묵인하는 한편 그 누이를 위해 전답과 노복의 분재(分財)를 넉넉하게 해주었다.

평소에 잘 아는 어느 무인(武人)이 의리에 어긋나는 소송을 제기하여 노비를 빼앗는 모략을 당하였다. 그러나 공에게 불손한 언동을 일삼던 그 무인은 후일 매우 빈한하게 되어 공에게 곡식을 빌려달라고 애원하게 되었다. 이에 공은 그 상환 여부도 묻지 않고 수십 석의 곡식을 흔쾌히 내어주었다. 곁에 있던 사람이 "원수나 다름없는 자에게 너무 지나친 선의가 아니냐"고 물었으나, 공은 "그 노모가 있는데 어찌 딱한 사정을 외면할 수 있겠는가"라고 하면서 그 원수를 오히려 덕으로써 되갚았다(其報怨以德). 이 밖에도 이웃에 몹시 곤궁한 사람이 있으면 재물을 내어 구휼한 일이 수없이 많았으니, 모두 의리를 중히 여기고 재물을 가벼이 여긴 공의 인덕(仁德)에 기인한 일이었다.

1952년(선조 25)에 임진왜란이 일어났을 때는 그 혼란한 와중에서도 민심 수습과 기근(饑饉) 구제에 앞장섰으며, 그 이듬해 계사년(癸巳年) 가을에도 치열한 전황 속에서 굶주리고 병든 촌민(村民)들을 가족처럼 돌보았다. 이때 토적(土賊) 수십 명이 밤을 타서 마을을 털었는데 저희들끼리 하는 말이 "어진 어른의 집에는 함부로 침범하지 말자"라고 하면서 오히려 공에게 바지(袴) 한 벌을 던져주고 간 일화도 전해진다. 이는 공이 남을 구제하느라 자기는 몸에 걸칠 옷 한 벌 변변히 없는 것을 딱하게 여긴 탓도 있지만, 평소에 공의 덕망에 도적들도 감복했기 때문이다.

1594년(선조 27) 3월 30일에 향년(享年) 50세로 별세하니 처음에는 살고

창암공을 향사하는 세덕사(世德祠) 경상북도 유형문화재 제231호로 지정되었다(경북 예천군 용궁면 무이리).

있던 마을의 북쪽 도부산(陶釜山) 자락에 모셨다가, 그 후 1626년(인조 4)에 지금의 유택(幽宅)으로 배위와 함께 이장(移葬)을 했다.

공은 평소에 벼슬에 뜻을 두지 않았으나 생전에 문음(門蔭)으로 종8품 승사랑(承仕郎)의 품계를 받았고, 사후인 1619년(광해 11)에 이른바 '기미년 큰 흉년(己未大侵)' 때 공의 아들 4형제가 조령(朝令)에 따라 많은 곡식을 나라에 바치니, 임금께서 공에게 가선대부(嘉善大夫) 한성부우윤(漢城府右尹)의 증직(贈職)을 내렸고, 배위 풍산류씨에게도 증정부인(贈貞夫人)의 직첩이 하사되었다. 또 이듬해에는 전례(典禮)에 따라 선공에게도 통정대부(通政大夫) 공조참의(工曹參議)의 증직이 있었고, 배위 중화양씨와 인천이씨에게도 각각 숙부인(淑夫人)의 직첩이 내려졌다.

3. 증정부인(贈貞夫人) 풍산류씨(豊山柳氏)의 규범(閨範)

배위 증정부인 풍산류씨는 부군이신 창암공보다 1년 뒤인 1546년(명종 1)에 태어나서 1년 먼저인 1593년(선조 26)에 별세하시니 향년 48세이다. 아버지는 증영의정(贈領議政) 풍산부원군 중영(仲郢)이고, 어머니는 증정경부인(贈貞敬夫人) 안동김씨(安東金氏)인데, 부인은 다섯 남매 가운데 셋째로서 위로는 원주목사(原州牧使)를 지낸 겸암 류운룡과 영의정을 역임한 서애 류성룡 등 두 분 오라버니를 두었고, 아래로는 찰방(察訪) 김종무(金宗武)와 군수(郡守) 정호인(鄭好仁)에게 출가한 두 여동생이 있었다.

이름 있는 가문의 규방에서 닦은 덕성이 청아하고 온화하며 자상하고 유순하였다. 사친(事親)과 접빈봉제(接賓奉祭)에 법도를 벗어나지 않았고, 주부로서 수십 년에 한 번도 비복(婢僕)들에게 성난 목소리로 꾸짖은 일이 없었다. 남의 선행을 들으면 자녀들에게도 그것을 권장하여 가르쳤고, 이웃에 불쌍한 일이 생기면 자기 일처럼 측은히 생각하여 동정함을 마지않았다. 아무리 찌는 듯 심한 더위라도 어깨를 노출하거나 다리를 뻗고 앉지 않았으며, 그 음성과 웃음소리가 중문 밖으로 새나가지 않았으니 평생을 하루같이 하였다. 자녀들을 매우 사랑했으나 학업의 나태를 엄하게 경계했으며 몸소 아름다운 말과 성실한 행동으로 모범을 보이며 이끌고 가르치는 일을 게을리 하지 않았다.

슬하에 6남 2녀를 두었다. 아들 가운데 매원공(梅園公) 순(焞)과 국찬공(菊牕公) 찬(燦)과 물헌공(勿軒公) 경(焵)과 호우공(湖憂公) 환(煥)은 모두 그 학문과 문사(文詞)가 넉넉하여 향당에서는 '무리실의 보배 같은 형제(金昆玉季)'라 하여 그 인망을 칭도하였다. 그 밖에도 아들 엽(燁)과 위(煒)가 있었고, 따님 한 분은 청주인(淸州人) 청풍자 정윤목(鄭允穆)에게 출가하여 우의정(右議政)을 역임한 약포(藥圃) 정탁(鄭琢)의 며느리가 되었으며, 다른 한 분의 따님은 광산인(光山人) 사인 김광실(金光實)에게 출가하였다.

창암공과 배위 증정부인의 묘갈명(墓碣銘)은 동주(東洲) 이민구(李敏求)가 지었고 묘지명(墓誌銘)은 창석(蒼石) 이준(李埈)이 지었는데, 예천군 풍양면 청운리(靑雲里) 구미산(九美山)에 있는 묘소 경역에는 자손들이 추원재(追遠齋)를 지어 추모하고 있다. 또 이 역대 묘역을 영구히 보존하기 위하여 후일 자손들은 그 입구 암벽에 "이곳은 여주이씨 누대의 선영이다. 이 국내에 들어오면 안팎을 삼가서 지키되 바꾸지는 말라(驪州李氏累世代先塋入此局內外敬守勿替)"라는 17자의 경고문을 새겨두었다. 이는 이 선영에 소속된 전토(田土)를 함부로 남에게 팔거나 형국을 바꾸어서는 안 된다는 것으로 해석하여, 자손들은 선조의 유명을 지금까지 철저히 지키고 있다.

4. 매원공(梅園公)의 제가(齊家)과 그 후손

매원공의 휘는 순(焞)이고 자는 백명(伯明)이며 매원(梅園)은 그 자호이다. 그러나 숙종(肅宗) 때 그 자손들이 금상(今上)의 휘함과 글자가 같다 하여 이를 기휘(忌諱)하여, 처음에는 순(享) 자로서 변(邊)을 없애 글자를 달리 하였고 다시 자함인 백명(伯明)을 그대로 휘를 삼았다. 아버지 창암공과 어머니 증정부인 풍산류씨 슬하 6남 2녀의 맏이로서 1572년(선조 5)에 무리실 향제에서 태어났다.

타고난 자질이 영민하여 어린 시절 글을 읽을 때 한번 눈에 스친 것은 죄다 암기하여 잊어버리지 않았으며, 글을 옮겨 쓸 때 글자를 빠뜨리거나 잘못 쓰는 일 없이 재바르게 초했으므로 주위에서 모두 그 민첩하고 침착한 성정을 칭찬하였다. 또한 암산에도 능하여 아무리 복잡한 숫자라도 한번 손가락을 꼽으면 계산이 들어맞아 사람들을 탄복시켰다. 일찍부터 하회마을(河回村) 외가에 출입하여 외삼촌인 서애상공 류성룡의 문하에서 경사(經史)를 공부했으며 말과 행동이 반듯하고 기도(氣度)가 범상하지 않다 하여 특히 큰외숙부인 겸암 류운룡의 각별한 신임을 얻었다.

1592년(선조 25)에 약관의 나이로 임진왜란을 당했으며 계사년(1593)과 갑오년(1594) 양년에는 어머니와 아버지가 연달아 세상을 떠났다. 당시는 전란 중인 데다 역질(疫疾)마저 창궐하여 마을에는 시신이 즐비하여도 제대로 장사를 치르지 못한 사람이 많았다. 그런 와중에서서도 공은 송종(送終)의 절차를 예절에 어긋나지 않게 하니, 주위에서는 공의 난관에 대처하는 능력과 효우의 한 본보기가 되었다고 칭찬하였다. 또한 전란과 가환(家患)이 겹친 창황망조 속에서도 부모 잃은 어린 아우와 누이들을 다독거려 보살폈고, 장성한 뒤에는 혼취(婚娶)의 뒷바라지를 정성껏 다했으므로 그 동기(同氣)들은 평생 동안 공을 부모와 같이 경중(敬重)했다.

그러나 공은 자기 자신에게는 엄격하여 일찍부터 과업(科業)을 단념한 채 세상의 영리(榮利)를 멀리하였고, 오로지 수기제가(修己齊家)에만 마음을 기울였다. 비록 타고난 자질과 역량이 세상에 빛을 보지 못하고 한갓 시골의 학구(學究)에만 머물렀으나, 만년에 예조에서는 정5품 통덕랑의 품계를 내려 동반(東班) 세록(世祿) 가문의 명예를 지켜주었다.

1622년(광해 14) 11월 1일에 향년 51세의 나이로 별세하니 우복(愚伏) 정경세(鄭經世)는 그 만장 글에서 "단공(端恭)하고 아칙(雅飭)하여 법도 있는 선비"라 공을 추모하였다. 공의 전배는 공인(恭人) 예안김씨(禮安金氏)로 백암(栢巖) 김륵(金玏)의 따님이고, 후배는 공인 예천권씨(醴泉權氏)로 감역(監

役) 문계(文啓)의 따님이다. 슬하에 3남 1녀를 두어 아들은 장무(長茂)·장영(長榮)·장발(長發)이고 따님 한 분은 안동인(安東人) 참봉(參奉) 권목(權霂)에게 출가하니 숙종(肅宗) 때 학자 하당(荷堂) 권두인(權斗寅)은 그 맏아들이다.

공의 묘는 예천군 풍양면 구미촌 청산(靑山) 기슭에 있으며 전배 김씨와 합장했다. 묘지명을 아우인 호우공(湖憂公) 환(煥)이 지었고, 묘갈명은 학사(鶴沙) 김응조(金應祖)가 지었다. 공의 저서로 『매원유고(梅園遺稿)』 1책이 필사본으로 전해지고 있으나 미간(未刊)이다.

1) 처사공 장무(長茂)와 인묵재공(忍默齋公) 만섭(萬葉) 부자

맏아들 휘 장무(長茂)는 자를 덕부(德敷)라 하였고 1592년(선조 25)에 나서 1668년에 별세하니 77세 희수(喜壽)를 누렸다. 그 전해 1667년에 조정에서 세자를 책봉하는 국가적인 경사가 있어 우로(優老)의 은전(恩典)으로 특별히 공에게 정3품 통정대부의 품계가 내렸다. 임종에 다다라 자질들을 돌아보고 이르기를 "자손에게 일만 상자의 황금을 물려주기보다는 한 권의 경서(經書)를 내려 올바르게 교육하는 것이 중요함을 명심하라"는 유훈을 남기었다. 배위는 안동권씨(安東權氏)로 현감(縣監) 채(采)의 따님이고 슬하에 한 따님만 두었을 뿐 아들이 없어, 아우 장영(長榮)의 차자(次子)로서 후사를 삼으니 이분이 곧 인묵재공(忍默齋公) 만섭(萬葉)이다. 묘는 구미리(九美里) 청룡등(靑龍嶝) 유좌(酉坐)로 안동인 권오근(權五根)이 지은 갈명(碣銘)이 있다.

인묵재공 휘 만섭의 자는 옥여(沃汝)이고 인묵재는 그 당호이다. 1630년(인조 8)에 나서 1703년(숙종 29)에 별세하니 향수 73세이다. 문사(文詞)에 능하고 경사(經史)에 통달하여 젊은 시절 과업(科業)에 뜻을 두고 정진한 결과, 생원시(生員試)에는 합격을 했으나 문과(文科)에는 끝내 오르지 못했다. 만년에는 향내에서 후진들을 가르치며 종로(終老)했는데 문학이 청고

(淸高)하다는 향당의 평을 들었다. 『인묵재유집(忍黙齋遺集)』 1책이 전해지고 있으나 미간이다.

배위이신 의인(宜人) 안동권씨(安東權氏)와 의인(宜人) 함양박씨(咸陽朴氏) 사이에서 3남 1녀를 두었는데, 아들은 지종(之宗)·지흥(之興)·지창(之昌)이고 따님 한 분은 평산인(平山人) 신익념(申益恬)에게 출가했는데 병사(兵使)를 역임했다. 지종의 아들은 식(湜)과 설(渫)이고, 지흥의 아들은 운(澐)·함(涵)·심(沁)이며 지창의 아들은 염(濂)이다.

2) 소헌공(笑軒公)의 사환(仕宦)

소헌공의 휘는 식(湜), 그리고 명(溟)인데 자는 달원(達源)이고 호는 소헌(笑軒)이다. 아버지는 처사공 지종(之宗)이고 어머니는 청주정씨(淸州鄭氏)로 사인 기적(基績)의 따님인데 공은 두 아들의 맏이로 1667년(현종 8)에 무이리(武夷里) 옛집에서 태어났다. 어릴 때부터 가학(家學)을 이어받았으나 자라나면서 자신의 힘으로 경서(經書)를 숙독하여 33세가 되는 1699년(숙종 25) 식년문과(式年文科)에 급제함으로써 그해에 승문원 부정자(副正字)가 되었다. 월연공 이후 후손 중에서 대과(大科) 급제자가 아무도 없다가 공이 비로소 등용문에 오르자 온 가문의 경사로 여겼다.

1703년(숙종 29)에 자여도찰방(自如道察訪)이 되어 임지에 부임한 후 관내의 오랜 적폐(積弊)를 과감히 해소하여 역참(驛站) 행정에 한 본보기를 세웠으며, 임기가 끝나자 조정에서 공의 공적을 인정하여 특별히 성균관 전적(成均館典籍)으로 임명하여 내직으로 불렀다. 그러나 이때 서울에 천연두(天然痘)가 창궐하여 자연 부임길이 늦어졌는데 사은숙배를 하지 못하게 되자 곧 체직이 되었다.

집에서 기거하기 2년 만인 1707년(숙종 33) 여름에는 우연히 학질에 걸려 3, 4년을 고생하다가 또 이질(痢疾)에 걸렸는데 그 후유증으로 오랫동안 병석에서 신음한 끝에 1714년(숙종 40)에 48세를 일기로 세상을 떠났다.

만약 하늘이 공의 수명을 좀 더 늘려주고 높은 관직을 주었더라면 나라를 위해 반드시 빛나는 공적을 쌓고 명성을 크게 드러내었을 것이라 하면서 많은 사람들이 공의 죽음을 애석해하였다.

삼종제인 용포공(龍浦公) 유(濰)는 공을 위하여 지은 행장(行狀)에서 "나는 형보다 세 살 아래이고 2년 뒤에 등과(登科)를 했지만, 나의 경박하고 허약한 자질에 비해 형은 침중하고 과단성이 출중하여 사람들의 일컬음을 받았다. 그러나 불행하게도 중년에 유명을 달리하게 되니 형의 재주와 포부가 참으로 아깝고, 나로서는 몸의 반쪽을 잃은 것과 같다"라고 추모해 마지않았다.

배위는 광주이씨(光州李氏)로 진사(進士) 견만(見晚)의 따님이고 슬하에 2남 5녀를 두었다. 아들은 원룡(元龍)과 양(禳)이고 따님은 황혼(黃混)·여용빈(呂用賓)·안태준(安泰駿)·박성채(朴成采)·김응하(金應河)에게 각각 출가하였다. 묘는 청운리 선영 경역에 있고 자손들이 홍패(紅牌)와 교지(敎旨) 수 점을 보존하고 있다.

3) 덕봉공(德峰公)의 선행(善行)

공의 휘는 원룡(元龍)이나 처음에는 온(穩)이라 하였고 자는 국형(國馨)이며 덕봉은 그 자호이다. 처사공 지종(之宗)의 손자이고 소헌공(笑軒公)의 맏아들로 1699년(숙종 25) 아버지가 33세 때 문과 급제를 통해 처음 벼슬길에 오른 해에 무리실의 종가에서 태어났다.

16세에 아버지가 별세한 후 상화(喪禍)가 겹쳐 조부·조모의 승중상(承重喪)에 이어 20세 때는 어머니마저 세상을 떠나니, 전후 7년간을 여막(廬幕)을 지키며 종가의 가장으로서 소임을 다했다. 어린 여동생을 양육하여 차례대로 혼인을 시키었고, 21세의 나이에 혈육을 두지 못하고 요절(夭折)한 아우의 뒤를 잇게 함으로써 그 가솔(家率)들을 오래도록 돌보아주었으며, 남편 잃은 누님의 자녀들까지 거두어 보살펴주었다.

공은 천품이 선량하고 동정심이 많아 남의 딱한 사정이나 불행을 보면 그냥 지나치는 법이 없었다. 더구나 고가(古家)의 주손(胄孫)으로서 종족 간의 경조사에는 자기 일처럼 물심양면으로 성력을 다했으며, 인아척당 간에도 힘껏 조력하는 것을 당연시했는데 그런 사례들은 구전(口傳)으로 전해지는 것이 비일비재하다. 일찍이 안동(安東) 출신의 큰 학자로 자기의 생질서이기도 한 대산(大山) 이상정(李象靖)이 내환(內患)으로 곤란을 겪는 것을 알고, 그 생질녀를 공이 데려다가 수년 동안 의술로 다스리고 간호하여 완쾌토록 한 일도 있었다. 이에 이대산(李大山)은 공에 대한 은공을 한시도 잊지 않았고 남에게 늘 그 온아한 인품과 심덕을 자랑삼아 말했다고 한다.

또 가난하게 지내는 친구들이 공에게 도움을 청하면 단 한 차례도 거절한 일이 없었다. 어느 날 진사 안석룡(安錫龍)이 말(馬)을 빌려간 뒤에 실수로 죽게 했으나 공은 "고의로 그런 것이 아니니 책망할 수 없지 않느냐?" 하면서 추호도 내색을 하지 않았고, 근읍(近邑)의 가난한 친구 권휘(權彙)가 편지를 보내 딱한 생활 형편을 호소함에 넉넉한 식량과 함께 자기가 덮던 이불까지 보내준 일도 있다고 한다.

1750년(영조 26) 한겨울에 족제인 교채당공(咬菜堂公) 빈(穦)과 함께 황해도 금천(金川)으로 선영 참배를 간 일이 있었다. 그 도중에 서울에서 종로 거리를 지나가다가 얼어 죽게 된 아이에게 노자를 털어 개가죽 옷을 사 입혀주었다. 또 집에 큰 도둑이 들어 수천금의 재물을 잃어버렸지만, 포교(捕校)가 여비(女婢)의 내응(內應)을 의심함에 "물건을 안 찾아도 좋으니 그만두라" 하고 도리어 만류했다는 일화도 전해진다.

이러한 선행들은 남이 모르게 은밀한 가운데서 이루어진 일이지만 그 소문은 자연적으로 남에게도 전해졌다. 매남(梅南) 홍제보(洪濟輔) 같은 이는 "이 사람이야말로 진실한 심덕군자(心德君子)"라 하였고, 남야(南野) 박손경(朴孫慶) 같은 이도 공을 경중(敬重)하면서 "금세의 고인(今世古人)"이라 칭도했다.

만년에 공은 마을 북쪽 10리쯤 되는 덕봉촌(德峰村)에 우거하면서 산 밑에 작은 재사를 짓고 정양하였다. 『주자서절요(朱子書節要)』와 『도산문집(陶山文集)』을 즐겨 읽으면서 때때로 종친(宗親)과 빈우(賓友)들이 찾아오면 사람을 차별하지 않고 성심껏 응대하니 사람들은 그 마을 이름을 따라 공을 덕옹(德翁)이라 일컬었다. 1762년(영조 38)에 향년 64세로 우거에서 별세한 후 옛집으로 반장(返葬)했으며 청운리 굴미 선영 아래에 안장했다.

배위는 재령이씨(載寧李氏)로 사인 지약(之爚)의 따님인데 슬하에 1남 2녀를 두어 아들은 국하공(菊下公) 인섭(寅燮)이고, 딸은 광주인(廣州人) 진사 이동로(李東魯)와 함양인(咸陽人) 박한운(朴漢運)에게 출가했다.

4) 국하공(菊下公)의 문행(文行)

국하공 휘 인섭(寅燮)의 처음 휘는 휘조(輝祖)이고 자는 사빈(士賓)이며 국하(菊下)를 자호로 삼았다. 아버지 덕봉공과 어머니 재령이씨 사이에 외아들로 1732년(영조 8)에 무리실 옛집에서 태어났다. 어릴 때부터 품성이 단중(端重)하고 독서에 부지런했으며 의방(義方)의 교훈을 충실히 따랐다. 소년 시절부터 한 가문 한 마을에서 태어나 자란 족숙 구곡공(九曲公) 중륙(重穋)과 학업을 같이 닦았는데, 처음부터 영달(榮達)을 지향하지 않았고, 오로지 시문과 위기지학(爲己之學)에 열중하여 약관 시절에 이미 그 문명(文名)이 향당에 자자하여 '이씨가문의 쌍벽(李家雙璧)'이라는 평판을 얻었다.

장년(壯年)에 이르러서는 노성(老成)한 장자(長者)처럼 풍도가 근엄했고 행동거지에 절도가 있어 사람들이 함부로 범접하지 못하는 위엄을 지니고 있었다. 평소에 송(宋)나라 때 명신 범중엄(范中淹)을 사숙(私淑)하여 특히 그의 의창(義倉) 제도를 숭상하고 기회 있을 때마다 향당의 선비들에게 강론을 일삼았다.

만년에는 분수대로 담박한 생활을 즐기고자 집 울타리에 매화·대·국화 등을 심어 근읍의 선비들과 어울려 시주(詩酒)로서 세월을 보냈는데 국하

(菊下)라는 자호는 여기에서 연유한 듯하다. 1790년(정조 14)에 향년 59세로 세상을 떠나니 향사림(鄕士林)에서는 공의 문재(文才)와 지상(志尙)을 마음껏 펴지 못한 것을 애석하게 여겼다. 공은 평소에 자작한 시문이 많았으나 애써 모으지를 않았는데, 자손들이 수십 수의 시고(詩稿)를 간추려『국하시집(菊下詩集)』1권을 엮었다.

배위는 한양조씨(漢陽趙氏)로 사인 성도(性道)의 따님이고 도승지(都承旨) 덕린(德隣)의 증손인데, 슬하에 4남 1녀를 두어 아들은 장구(章璆)·장유(章瑜)·장간(章玕)·장표(章彪)이고 딸은 예안인(禮安人) 김지련(金砥鍊)에게 출가했다. 공의 묘소는 청운리 굴미 백호등(白虎嶝)에 있고 배위와 합폄이다.

5) 처사공(處士公) 장구(章璆) 이후의 승종(承宗)

국하공의 맏아들 처사공 장구는 배위 함양박씨(咸陽朴氏)와 전주이씨(全州李氏) 사이에서 5남 1녀의 자녀를 두어 종가의 지엽(枝葉)을 무성하게 했는데, 아들은 상회(尙晦)·종덕(鍾德)·종호(鍾浩)·종정(鍾鼎)·종황(鍾黃)이고 딸은 안동인(安東人) 권요도(權繇度)에게 출가했다. 그러나 맏아들 상회에게 아들이 없자, 차자인 종덕(鍾德)의 맏아들 용구(龍九)로 하여금 대를 잇게 하였고, 용구는 외아들 필세(弼世)를 낳아 종통을 잇게 되었다.

그러나 필세가 또 아들을 두지 못하자 국하공의 지차(之次) 양(穰)의 5대손인 필주(弼周)의 둘째아들 수형(守馨)을 창암공의 12대 종손으로 삼았다. 구은공(九隱公) 수형(守馨)은 자를 난수(蘭叟)라 하였고 구은(九隱)은 그 호인데, 생정(生庭)의 백형인 용강공(龍岡公) 수한(守漢)과 함께 향중에서 지조가 높은 선비로서 인망을 얻었고, 한 가문의 기둥으로서 위선 사업과 종족간의 화목을 주도하였다. 배위 초계정씨(草溪鄭氏)와의 사이에 아들 근성(根成)과 규성(揆成)을 두었고, 근성은 아들 희철(熙哲)을 낳았으며, 희철은 다시 장자 용옥(鏞玉)을 비롯한 아들 5형제를 두었다. 용옥은 아들 승훈(昇勳)을 두었고 승훈은 아들 수헌(垂憲)을 낳았으니, 용궁 가문의 파조인 중참의공 원충으로부터는 실로 19대의 사속(似續)을 이룩한 셈이다.

6) 처사공 양(穰)의 종사(宗事) 활동

소헌공의 둘째아들 처사공 휘 양은 나이 21세에 조몰(早歿)하여 종선조
(從先祖)인 물헌공(勿軒公)의 6대손인 족질 동섭(東燮)을 사자(嗣子)로 맞아
들여 아들 시첨(是瞻)과 시평(是玶) 형제를 두었다. 맏이 시첨은 비록 아들
을 두지 못했으나 아우 시평이 종억(鍾億)·종순(鍾洵)·종해(鍾海)·종선(鍾
善) 등 아들 4형제를 둠으로써, 맏이 종억으로 하여금 큰집의 계통을 이었
다. 또한 다른 형제들도 각기 그 아랫대에 많은 자손을 두게 되어 창성한
소종파(小宗派)의 기틀을 세웠는데, 자손 중에는 가문과 향중에 그 이름이
드러난 분이 적지 않았다.

처사공 종억은 1859년(철종 10)에 용궁파의 『기미보(己未譜)』를 간행할
때, 족조 원섭(元燮)·족숙 기락(基洛)과 함께 그 주역을 담당하였다. 그 둘
째아들인 연구(淵九)의 손자 수한(守漢)은 자가 탁부(卓夫)이고 호가 용강
(龍岡)이다. 어릴 때 부모가 과거 공부하기를 권했으나 공령(功令)에는 뜻
을 두지 않고 전원(田園) 유도헌(柳道獻)의 문하에 나아가 성리(性理)를 탐
구하니 사우(士友)들이 모두 추중(推重)하였다. 만년에는 임천(林泉)에 초당
을 짓고 휴양했으며 유고(遺稿)를 남겼다.

처사공 시평(是玶)의 셋째아들 종선(鍾善)의 맏이 은구(垠九)는 자가 대여
(大汝)이고 호는 괴헌(槐軒)이다. 일찍이 족숙 만성옹(晚省翁)의 문하에 나아
가 유학(儒學)의 진리를 탐구한 끝에 『사서요해(四書要解)』라는 저술을 남겼
으며 선필(善筆)로서도 향중에 명성이 있었다. 괴헌공의 맏손자 수홍(守弘)
은 자가 사중(士中)이고 호는 지암(止庵)인데 향중에서 문행(文行)으로 존경
을 받았다. 1956년에 간행된 용궁파의 『병신보(丙申譜)』 서문을 지었다.

7) 신묵재공(愼黙齋公)과 자손들의 학행(學行)

신묵재공의 휘는 설(渫), 자는 청원(淸源)이다. 아버지는 처사공 지종(之宗)이고 어머니는 청주정씨(淸州鄭氏)로 사인 기적(基績)의 따님인데 공은 1679년(숙종 5)에 무이리(武夷里) 옛집에서 태어났다. 어릴 때 조부이신 인묵재공 만섭의 슬하에서 동몽(童蒙)의 교습을 받았는데, 할아버지께서 '참고 말없는 것'을 미덕으로 여겨 인묵재(忍黙齋)로 당호를 삼은 것을 본받아, 자신은 '행동을 삼가 말없는 것'을 수양의 지표로 삼고자 신묵재(愼黙齋)로서 자호를 삼았다.

젊은 시절에는 백형 소헌공과 삼종형 용포공(龍浦公) 유(濰)가 연달아 대과(大科)에 올라 출세하는 것을 보고 항상 선망의 대상으로 삼고 과업(科業)에 열중하였다. 그러나 불행하게도 백형이 48세의 젊은 나이로 세상을 하직하자 문득 영리(榮利)에 매달려 자기의 본분을 잃어버리는 것은 사람이 취할 도리가 아니라는 깨침을 얻게 되었다. 그리하여 선공의 뜻을 받들

용궁 가문에서 대대로 운영해온 무이서당(武夷書堂) 별묘인 세덕사(世德祠)와 함께 경상북도 유형문화재 제231호로 지정되었다.

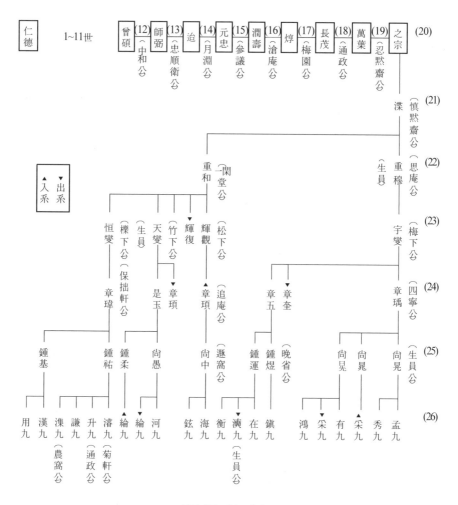

신묵재공 자손 세계도

어 어린 큰집 조카의 가계를 도우면서, 자신의 위기지학(爲己之學)은 물론 집안 자질들의 교육에 힘을 기울이기로 하였다.

우선 외부의 스승을 맞아들여 교독(教督)에 힘쓴 나머지 장질인 덕봉공 원룡(元龍)은 향중의 훌륭한 선사(善士)로서 존경을 받게 하였고, 맏아들인 사암공(思庵公) 중목(重穆)은 사마시(司馬試)에 합격하여 성균관에서 공부하는 생원(生員)이 되었으며, 차자 일한당공(一閑堂公) 중화(重和)는 유학(儒學)

과 효행(孝行)으로 향당의 평판을 얻게 되었다.

선대에서 끼친 학문적 분위기는 가학으로 전통을 이어 공의 손자대에 이르러서는 가문의 문한(文翰)이 더욱 꽃피게 되었다. 장방(長房)에서 맏손자인 매하공(梅下公) 우섭(宇燮)의 자는 천약(天若)이고 매하(梅下)는 그 호인데 여러 종반들과 함께 '매·란·국·죽' 사군자(四君子)의 덕성(德性)을 취해 나누어 붙인 것이라 한다. 향중에서 '선문(善文)의 제1인자'라는 칭도가 있었으며 유집(遺集)이 있다. 차방(次房)의 손자 송하공(松下公) 휘관(輝觀)이 효행으로 한 고을의 장후(獎詡)를 입었으며, 죽하공(竹下公) 천섭(天燮)이 사마시에 합격한 후 많은 저술로서 향성(鄕省)에 이름 높은 학자가 되었고, 역하공(櫟下公) 항섭(恒燮) 또한 그 학행으로 향중의 성망(聲望)을 얻었다.

공의 증손대에도 모두 6인의 손자를 두었는데 한결같이 문명(文名)과 학행이 있었다. 그중에서 매하공의 장자인 사녕공(四寧公) 장우(章瑀)는 사마시에 올라 생원이 되었고, 송하공의 장자인 추암공(追庵公) 장욱(章頊)이 학문과 유행(儒行)으로 그의 상자 속에는 문고(文藁)가 넘쳤으며, 역하공의 장자인 보졸헌공(保拙軒公) 장위(章瑋)도 지조 높은 선비로서 평판을 얻었다.

공의 현손대에서는 모두 10인의 손자를 두어 그중에 드러난 인물로는 매하공의 손자요 사녕공의 장자인 상황(尙晃)이 정조(正祖) 때 생원시에 합격한 것을 비롯하여, 사암공의 셋째손자 장오(章五)의 맏아들인 만성공(晚省公) 종욱(鍾煜)이 근세의 경학자(經學者)로 강석을 열어 많은 후진들을 가르쳤으며, 추암공의 맏아들인 둔와공(遯窩公) 상중(尙中)이 향중 선비로서 많은 문자를 남겼다.

공의 5대손은 모두 21인으로 번성했는데 관찬(官撰)의 기록이나 향중 문헌에 그 이름이 등재된 분이 적지 않다. 역하공의 장손 종후(鍾祜)의 맏아들 국헌공(菊軒公) 준구(濬九)는 구한말 지방 유림의 지도자로 시론(時論)을 이끌었는데, 노경에는 수직(壽職)으로 통정대부의 은전을 입었으며, 국헌공의 아우 농와공(農窩公) 집구(潗九)는 학행으로 유집(遺集)을 남겼다. 매하공의 다섯째손자 종운(鍾運)의 차자(次子)인 무봉공(武峰公) 석구(奭九)는 고종(高宗) 초기에 생원시에 올라 가문을 빛냈으며 선필(善筆)로서도 이름을 얻었다.

이 밖에 6대손 이하 신묵재공의 자손으로서 근·현대 이래 나라와 향중 사회에 이름을 빛낸 분도 적지 않지만 일일이 언급할 수는 없다. 다만 한 조상을 정점으로 불과 4, 5대의 자손 중에서 소과(小科)에 올라 생원의 칭호를 얻은 분이 5인이나 되었고, 향중 문헌에서 유행(儒行)·효행(孝行)·문행(文行)·학행(學行)·선행(善行) 등으로 그 행적이 기록되어 칭송을 받은 분이 무려 15인에 이르고 있으니, 한 소종파(小宗派)의 가성(家聲)이 이토록 창성하기도 드문 일이라 하겠다. 이에 그 행장과 지갈(誌碣)의 기록에 사행(事行)이 뚜렷한 몇 분 인물을 간략하게 소개한다.

8) 사암공(思庵公)의 학업과 효행

사암공 휘 중목(重穆)은 아버지 신묵재공과 어머니 진성이씨(眞城李氏) 사이의 2남 1녀 가운데 맏이로 1700년(숙종 26)에 예안현 온계(溫溪) 외가에서 태어났다. 소년 시절에 재종조부 묵재공(黙齋公) 지섬(之暹)에게 나아가 경서(經書)를 공부했는데 그 일상의 절도가 매우 치밀하고 엄격하여 주위의 평판을 모았다.

1738년(영조 14) 봄에 사마시에 합격하여 성균생원(成均生員)이 되었으나 소성(小成)에 만족하지 않고 계속 공령(功令)에 뜻을 기울였다. 그러나 공의 학문과 문예에도 불구하고 사환에 운이 따르지 않으므로 위기지학(爲己之學)으로 마음을 돌려 효우의 실천으로 부모를 정성껏 봉양했다.

아버지가 병중에 있을 때 은어를 구했으나 강물이 말라 얻지 못한 것을 평생의 한으로 여겨, 평생에 은어만 보게 되면 눈물을 흘리고 외면했다는 일화가 전해진다. 노경에는 늙은 어머니의 정양(靜養)을 위해 경치 좋은 곳에 집을 지어 모시고는 몸소 수발을 들며 병구완을 한 일은 향중의 미담으로 남아 있다. 전후 두 차례의 부모상을 당하여서는 피눈물로 자리를 적시었고 그 무덤 곁에 조그만 분암(墳庵)을 지어 수묘(守墓)를 하니 사람들이 '이 아무개가 부모를 사모하는 분암(李某思庵)'이라 일렀다.

만년의 공은 소싯적의 지나친 독서로 인해 병을 얻어 안질이 심하고 자리에 눕는 일이 많았다. 그런 가운데서도 경사(經史)의 연구는 조금도 게을리하지 않아 거실에는 항상 서책이 가득 찼으며 잡서(雜書)를 멀리 하였다. 자질들에게 유촉(遺囑)한 일이 많았는데 특히 관(寬)과 완(緩) 자 두 자로서 마음의 조급함을 경계하였고 학업을 독려하면서 "문을 닫아걸고 독서를 하되 바깥일을 상관하지 말라(杜門讀書勿干外事)"고 하는 여덟 글자의 요령을 강조했다.

1767년(영조 43)에 향년 68세로 용궁 무이리에서 별세하니 공의 묘지명(墓誌銘)을 지은 입재(立齋) 정종로(鄭宗魯)는 "아아! 공의 천품으로 오로지 지조를 지켰으니 세속에 영입할 수 없었고, 부지런히 독서하여 윤상(倫常)을 도타이 했으니 한결같은 성실과 극복이었네" 하고 찬양했다. 배위는 광산김씨(光山金氏)로 사인 집(鏶)의 따님인데 슬하에 1남 3녀를 두어 아들은 매하공 우섭(宇燮)이다. 공의 저서로 『사암유고(思庵遺稿)』 1책이 있다.

9) 일한당공(一閑堂公)의 교육

일한당공 휘 중화(重和)는 신묵재공의 둘째아들로 자는 국민(國敏)이고 당호를 일한당이라 하였으며 1704년 용궁 무이리 옛집에서 태어났다. 소년기에 몇 차례 향해시(鄉解試)에서 문명을 드러내기도 했으나 당쟁의 격화와 점차 문란한 세도(世道)를 개탄한 나머지 일찌감치 공명에 대한 뜻을 접었다. 다만 성현의 말이 곧 스승이고 법도일 뿐 과환(科宦)과 문예는 여사(餘事)일 따름이라 생각하면서, 위기지학에 몰두하였고 효우와 위선(衛先)의 도리를 실천하는 데 정성을 다했다.

그리하여 평소에 감지지공(甘旨之供)으로 부모를 섬겼으나 병석에 계실 때는 몸소 방에 불을 지피며 그 곁을 잠시도 떠나지 않았다. 1748년(영조 24)과 1758년(영조 34)에는 외·내간상(外內艱喪)을 차례대로 당해 이미 노경에 접어든 나이였지만 예제(禮制)가 조금도 느슨하지 않았고 전후 6년의 시묘살이를 극진하게 마쳤다.

당시 공은 외딴 여막(廬幕)에서 개 한 마리를 데리고 있었는데 새벽과 저녁에는 항상 성묫길을 인도하면서 공을 지켜주었다. 공은 상복을 벗고 개가 필요하지 않아 인근 사찰의 중에게 맡겼다. 그러나 그 개는 밤낮으로 슬피 울부짖고 먹지도 않으며 끙끙거리다가 마침내 그 무덤가에서 며칠 만에 죽고 말았다. 사람들은 의구(義狗)라 말하면서 공의 지극한 효성과 함께 화제로 삼았다. 후일 고을의 현감인 정지량(鄭持良)은 사림(士林)의 공론을 모아 공의 효행을 조정에다 논보(論報)했다.

만년에 공은 비룡산(飛龍山) 아래 용담(龍潭) 위에다 삼룡암(三龍庵)이란 강학소를 짓고 후진들을 가르쳤다. 용궁(龍宮)·용산(龍山)·용담(龍潭)의 세 용(龍) 자를 따서 지명을 삼고, 그곳에서 오로지 한적하게 수양한다는 뜻으로 일한당(一閑堂)이란 당호(堂號)를 걸었던 것이다. 공은 이곳에서 기거하며 춘추 가절에는 학동들의 가영(歌詠)을 감상하는 것으로 낙을 삼고, 1893년(정조 7)에 80세의 향수로 별세하니 공의 교육과 효행, 문학과 행의를 일컬어 '참된 선비의 의범(義範)'이라 칭도했다.

배위는 풍산류씨(豊山柳氏)로 사인 위하(緯河)의 따님이며 슬하에 4남 2녀를 두어 아들은 휘관(輝觀)·휘복(輝復)·천섭(天燮)·항섭(恒燮)이다. 공의 묘는 산정촌(山亭村) 뒤에 있다.

맏아들 휘관의 자는 중빈(仲賓)이고 호를 송하(松下)라 하였다. 일찍이 아버지에게서 가학을 이어받아 그 문학이 숙성하였고, 출중한 효행으로 고을의 천거를 받아 조정에도 논보(論報)가 되었으나 1752년(영조 28)에 겨우 30세의 아까운 나이로 별세하였다. 청대(淸臺) 권상일(權相一)이 지은 묘지명이 있었으나 그 글은 전해지지 않는다. 슬하에 아들이 없어 아우인 죽하공(竹下公)의 맏아들 장욱(章頊, 1751~1832)으로 대를 잇게 하였다.

송하공의 사자(嗣子) 장욱의 자는 근옥(謹玉)이고 호는 추암(追庵)인데 생부 죽하공과 생모 재령이씨 사이의 맏이로 태어났으나, 백부 송하공에게 아들이 없어 출계함으로써 조부 일한당공의 주손(胄孫)이 되었다. 효자로서 향천(鄕薦)을 받은 본가의 아버지 송하공과 문학으로 향도의 명망이 높았던 생가의 아버지 죽하공의 훈도와 그 영향으로 일찍부터 유자(儒者)로서의 행검(行檢)이 널리 회자되었다. 만년에는 조부 일한당공이 학동들을 모아 글을 가르치던 삼룡암 남쪽 옛터에 조촐하게 수간의 집을 얽어, 별암정사(鼈巖精舍)라는 현판을 건 다음 고을 후진들을 위한 강석을 열고 스스로 장수(藏修)하는 집으로 삼았다. 『조선환여승람(朝鮮寰輿勝覽)』 문행(文行) 조에 실린 공의 행적에는 "효자 휘관의 아들로서 부모의 가르침을 준행하니 향당의 모범이 되었고 손에서 붓을 놓지 아니하니 문학에 관한 원고가 상자에 가득 찼다(孝子輝觀子 克遵庭訓 鄕黨矜式 手不停筆 文藁盈箱)"라고 했다. 1832년(순조 32)에 향수 81세로 별세하니 "한 방면의 선비와 벗들이 친척처럼 초상을 치렀다(一方士友 喪如親戚)"는 기록이 남아 있다. 배위 안동권씨(安東權氏) 사이에서 1남 1녀를 두었는데 아들은 상중(尙中)이다.

추암공의 아들 상중의 자는 맹립(孟立)이고 호는 둔와(遯窩)이며 1788년 (정조 12)에 나서 1855년(철종 6)에 별세하니 향년 68세였다. 아버지가 노경에 후진들을 가르치며 수양하던 별암정사에서 여러 선비들과 함께 문학 수업을 함으로써 향중의 문망(文望)에 올랐다. "타고난 자질이 순수하고 문학의 연원이 깊었으며 한 고을 선비들이 마음을 기울여 의지했다(天資粹美 文學淵源 一鄕士友 傾嚮依重)"라는 기록이 있다.

10) 죽하공(竹下公)의 문학과 술선(述先)

죽하공 휘 천섭(天燮)의 처음 휘는 휘림(輝臨)이고 자는 중장(仲章)이며 죽하는 자호이다. 1730년(영조 6)에 아버지 일한당공과 어머니 풍산류씨 사이 4남 2녀의 셋째아들로 무이리 향제에서 태어났다. 출생하기 이틀 전아버지의 꿈에 장경성(長庚星)이 내당(內堂)에 광채를 발했다 하여 처음에 자를 응경(應庚)이라 했으며, 어린아이라도 용모가 준수하여 눈빛이 맑고 이마가 넓었으므로 보는 사람들이 모두 준수하다고 했다.

소년 시절에 두 형님과 함께 아버지로부터 가학을 이어받아 학업을 닦기 시작했는데, 책에 한번 눈을 주면 단숨에 기억하였고 글 짓는 재주가 뛰어나 붓을 잡으면 시문(詩文)이 줄줄 흘러나왔다. 이에 백부 사암공이 기뻐하면서 "만약 네가 우리 집을 다시 떨치게 한다면 땅을 떼어 상으로 주겠다" 하고는 모든 문방구를 공급해주었다. 또 당시 시문의 대가인 이건중(李建中)과 홍석구(洪錫龜)가 우연히 공의 제술(製述)을 대하고는 "진(晉)나라 때 육기(陸機) 육운(陸雲)의 문체를 보는 것 같다" 하고 칭찬했다.

1748년(영조 24) 공의 나이 19세 때는 아버지의 명으로 청대(淸臺) 권상일(權相一)에게 나아가 배움을 청했다. 당시 청대선생이 임금에게 건백(建白)하는 글을 올려놓고 운달산중(雲達山中)에서 기거하고 있었는데, 공은 수십 일 동안이나 그를 수행하면서 청강(聽講)과 문질(問質)을 했던 것이다. 청대는 공의 견해가 매우 성실하고 정밀한 것에 탄복하여 "요즈음 군과의 만남으로 내 의문도 함께 풀린 것이 많다" 하면서 흡족하여하였다고 한다.

공은 한때 다른 사람에게 기이한 글과 색다른 책이 있다는 말을 들으면 꼭 찾아가 구해보고 그 재주를 익히려고 하는 버릇이 있었다. 이에 백형이 정학(正學)의 집중에 방해가 된다 하여 타이르자 곧 그 권고를 받아들이고는 사서(四書)를 중심으로 한 공부에 남다른 열정을 쏟았다. 그 결과 낙민(洛閩)과 건안(建安)의 서적을 자세히 살펴서 읽고 분류한 『관성록(觀省錄)』이라는 한 권의 책을 엮었다.

공은 과거 보는 일에 별다른 관심이 없었지만 아버지의 희망이 간곡한 데다가 스승인 청대도 편지를 보내 "부형의 희망이 있는데 어찌 자기 뜻대로만 하느냐" 하고 나무라므로 몇 차례 향해시를 거쳐 응과를 했으나 실패했다. 그러던 중에 1750년(영조 36)에 스승이 별세하였고, 1765년(영조 41)에는 어머니마저 세상을 떠나시니 공령(功令)의 기쁨을 생전에 안겨드리지 못한 불효와 유한이 가슴을 쳤다. 그러나 아버지의 기대까지 저버릴 수가 없어 다시 떨치고 일어나 응거(應擧)한 결과, 마침내 1774년(영조 50)에 생원시에 합격하여 태학(太學)의 상사(上舍)가 되었다.

1783년(정조 7)에 외간상을 당했을 때는 공도 이미 노경에 접어들었지만 그 수제(守制)는 오히려 근엄했으며, 3년의 상기를 끝내고는 거처하던 방에 '사여재(四餘齋)'라는 현판을 걸고 강호의 아취를 즐기며 존양(存養)하는 생활을 했다. 겨울(冬)과 밤(夜)과 장마(霖雨)에는 여가가 많아 독서를 한다는 삼여(三餘)의 고사에다, 자신은 벼슬을 하지 못한 선비이니 일여(一餘)가 더 있다 하여 사여(四餘)로 당호(堂號)를 정한 것인데, 공은 여기에서 독서와 문필로 잠심하며 때때로 촌수(村秀)들을 불러 모아 가르치기도 하였다. 이때 공은 「사여재가(四餘齋歌)」라는 국문가사 한 편을 남겼으니, 마치 차천로(車天輅)의 「강촌별곡(江村別曲)」이나 박인로(朴仁老)의 「노계가(蘆溪歌)」를 방불케 하는 316행의 긴 수작(秀作)이다.

또한 공은 문족(門族)들과 협의하여 입향조인 창암공(滄庵公)의 사당을 건립하여 향화(香火)를 받들었고, 그 조부 신묵재공이 찾아 모은 기우자(騎牛子)·월연(月淵) 두 선조에 대한 약간의 문적(文蹟)을 토대로 자신이 모은 자료를 추보(追補)하여 한 권의 책을 엮으니 곧 『이조실기(二祖實記)』가 그것이다. 1785년(정조 9)에는 외선조이신 대봉(大峰) 양희지(楊稀枝)의 산란한 문고(文藁)를 수집하여 문집을 완성했으며, 이어 곧 향인들에게 권고하여 향사를 받드는 사당을 짓게 하니 공의 이륜(彝倫)의 돈독함이 매번 이와 같았다.

만년에는 공의 문아(文雅)와 학행을 기리어 근읍의 선비들이 세 차례나 은일(隱逸)로 등용을 천거했으나 공이 응하지 않음에 사람들이 "진락(眞樂)과 천명(天命)을 아는 군자인(君子人)"이라 칭도했다. 1807년(순조 7) 임종에 다다라 자질들에게 "검소(儉素) 두 자는 우리 가문 대대로 전해온 원부(元符)"라고 계유하면서 눈을 감으니 향년 78세였다.

배위는 재령이씨로 사인 행원(行遠)의 따님이고 밀암(密庵) 이재(李栽)의 증손이다. 슬하에 2남 1녀를 두어 아들은 장욱(章頊)과 시옥(昰玉)인데 장욱은 백형 휘관(輝觀)에게 출계하였다. 공의 묘소는 구미 청룡산(靑龍山)에 배위와 함께 모셨다. 공의 저서로는 몇 가지 단행본 이외에 『죽하유고(竹下遺稿)』 6책이 필사본으로 전해지고 있다.

11) 만성공(晚省公)의 교육과 저술

만성공의 휘는 종욱(鍾煜), 자는 조헌(祖憲)이고 만성은 자호이다. 사암공 중목의 증손이고 매하공 우섭의 손자이다. 아버지는 처사공 장오이고 어머니는 전주최씨(全州崔氏)로 참봉(參奉) 광적(光迪)의 따님인데 공은 2남 3녀의 맏아들로 1798년(정조 22)에 무이리 옛집에서 태어났다.

7세에 백부 생원공(生員公) 장우(章瑀)에게 글을 배웠는데 애초에는 학업에 흥미가 없어 공부에 진도가 없었다. 그러나 어느 날부터 놀이와 장난을 과감히 뿌리치고 자신의 재학(才學)이 남들보다 뒤진 것을 깊이 깨달아 밤낮으로 분발하였다. 마침내 문리가 트이어 공부하는 요령을 터득하게 되고 학업의 진도가 일취월장(日就月將)하니 공을 가르치던 노암(魯庵) 정필규(鄭必奎)가 크게 칭찬하고 훌륭한 인재가 될 것이라 칭찬했다.

이에 공은 스승의 인정을 받는 것으로 끝나지 않고 더욱 노력하여 공부한 끝에 마침내 경학(經學)을 전공하게 되었고 특히 사단칠정(四端七情)과 이기론(理氣論)에 조예가 깊었다. 공은 본래 벼슬길에는 뜻이 없었다. 그러나 출세를 바라는 어버이의 마음을 헤아려 몇 차례 과장(科場)에는 나아갔으나, 당쟁의 와중에서 자신의 본의가 아니라 여겨 합격에는 크게 매달리지 않았다. 어느 해에는 판서(判書) 최우형(崔遇亨)을 비롯한 시관(試官) 이승보(李承輔), 조성교(趙性敎) 등이 공의 낙방한 시권(試券)을 보고 "푸른 바다에 버려진 구슬(滄海遺珠)"이라 탄식했다는 일화도 전해진다.

공은 비교적 건강하게 만년을 보내면서 자신의 거처에 강석을 열고 원근에서 찾아오는 수재들을 모아 가르치는 일로 낙을 삼았는데, 특히 『중용

(中庸)』과『대학(大學)』을 도표로 해설한『용학도설(庸學圖說)』을 교재로 삼 았고, 따로 가정의례(家庭儀禮)의 상례(常例)와 변칙(變則)을 다룬『예가상 변(禮家常變)』이란 책을 저술하여 제자들에게 가르쳤다. 그러나 두 책은 후 일 불행하게도 화재를 만나 소실된 후 전해지지 않는다고 한다.

당대의 석학 정헌(定軒) 이종상(李鍾祥)과 계당(溪堂) 류주목(柳疇睦)은 공 의 글을 읽고 "근세의 참된 선비(近世眞儒)"라고 칭찬했다. 조정에서도 공 이 문도들에게 강의한 대학의 강록(講錄)을 고을 원으로 하여금 2부를 베 끼게 하여 한 부는 감영(監營)에 올리게 하고 한 부는 예조(禮曹)에 올리게 하여 교본(敎本)의 자료로 사용했다고 한다.

이『대학강론(大學講論)』은 주자(朱子)가 밝힌 유교 사상의 골격을 간추 린 것으로 후인들에게 참고가 되는 훌륭한 저술이다. 서문(序文)과 편제(編 制)에서부터 경문(經文) 1장(章), 전문(傳文) 10장에 이르는 전 과정을 스승 과 제자들의 문답을 통해 열띤 토론을 전개한 강의록(講義錄)으로, 여기에 참가한 강생(講生)만도 42명이나 되고 그중에서는 후일 과환(科宦)에 올라 활동한 명사들도 있다.

만년에는 증자(曾子)의 일산성(日三省)을 본받아 편액을 건 만성암(晩省 庵)에서 조용히 정양하였으며 1872년(고종 9)에 향년 75세로 세상을 떠났 다. 배위 인천이씨(仁川李氏)와의 사이에 1남 1녀를 두었는데 아들은 진구 (鎭九)이다. 공의 묘소는 예천군 개포면 가곡리에 있고, 이중린(李中麟)이 공의 행장을 지었다. 공의 저서로『만성유집(晩省遺集)』4권 2책이 목판본 으로 간행되었는데 전원(田園) 유도헌(柳道獻)이 서문을 지었다.

12) 국헌공(菊軒公)의 학행과 향론(鄕論)

국헌공의 휘는 준구(濬九), 자는 간백(艮伯)이고 국헌은 그 자호이다. 일 한당공의 현손이고 역하공 항섭의 증손이며 보졸헌공(保拙軒公) 장위(章瑋) 의 손자이다. 아버지는 처사공 종우(鍾祐)이고 어머니는 함양박씨(咸陽朴氏)

와 야성송씨(冶城宋氏)인데 공은 박씨 소생으로 4남 1녀의 맏아들이다. 공은 1827년(순조 27) 무이리 옛집에서 태어났는데, 할아버지 보졸헌공의 꿈에 청룡이 운무 속에서 산실을 휘감더니 황금빛 거북이 하늘에서 내려와 바로 안방으로 들어갔다. 꿈을 깨자마자 산실에서 아기의 울음소리가 크게 들렸는데, 하도 놀랍고 기뻐서 장차 큰 인물이 될 것이라 믿고 아명(兒名)을 천귀(天龜)라고 지어주었다.

지학(志學)의 나이에 족숙인 만성공 종욱(鍾煜)에게 나아가 처음으로『대학(大學)』을 배우며 그 문난(問難)이 진지하였고, 아버지가 과거 공부에 독책(督責)이 엄중하여 17세 때는 이미 과장(科場)에서 그 재기(才氣)를 드러내었다. 1859년(철종 10) 33세 때 계당 류주목(柳疇睦)의 문하에 나아가 심학(心學)에 열중하니 스승은 매양 "나의 경학(經學)의 게으름을 일깨우는 고족(高足)"이라 칭찬했다.

그 후 다시 거업(擧業)에 뜻을 두고 상경(上京)하여 여러 차례 대·소과(大小科)에 응시했으나 이미 시세(時世)가 글러 포기하고는, 헛된 공명에 매달린 50년의 지난 세월을 후회하였다. 그리하여 동사(同師)의 친구인 용산(龍山) 이만인(李晩寅)과 전원(田園) 유도헌(柳道獻)과 어울려 서로 학문과 도의(道義)를 연마하는 한편 향성(鄕省)의 지도자로서 풍속의 교정과 존현(尊賢)을 위한 사업에 늘 앞장섰다.

만년에는 향도(鄕道)의 장로로서 향음주례(鄕飮酒禮)의 강장(講長)을 맡았으며 후진 교육을 위해 창동계안(槧同契案)과 훈장안(訓長案), 그리고 향교강학(鄕校講學)에 대한 장정(章程)을 만들어 직접 그 서문을 짓기도 했다. 1902년(고종 39)에 임금의 망륙(望六)을 경축하는 우로(優老)의 특전으로 공은 76세의 고령으로 통정대부(通政大夫)의 수계(壽階)를 받았으며, 그 6년 후 무이리 옛집에서 향수 82세로 별세하였다.

공은 『국헌유고(菊軒遺稿)』라는 필사본 문집을 남겼는데 그 잡저(雜著) 속에 「안동의병소회격(安東義兵所回檄)」이라는 한 편의 글이 실려 있어 구한말의 한 사료로서 주목을 받고 있다. 이것은 1895년(고종 32) 12월에 국

모시해(國母弑害)와 단발령(斷髮令)에 항거하기 위해 안동 지방에서 척암(拓庵) 김도화(金道和), 성대(星臺) 권세연(權世淵) 등이 주축이 되어 일으킨, 이른바 을미의병(乙未義兵)의 궐기를 촉구한 격문에 대한 회신문(回信文)이다. 공이 용궁의 유림을 대표하여 궐기에는 전적으로 찬성하면서도 즉각적인 호응을 하지 못하는 사정을 토로한 내용이라 할 수 있다.

배위는 숙부인(淑夫人) 의성김씨(義城金氏)로 슬하에 1남 2녀를 두어 아들은 병운(炳運)이다. 공의 묘소는 바깥 무이리 서쪽 산 아래 유좌(酉坐)이고 맏손자 세형(世衡)이 지은 가장(家狀)이 있다.

공의 둘째아우 겸구(謙九, 1847~1894)의 자는 익여(益汝)인데 그 둘째아들 병태(炳泰, 1888~1961)가 3·1독립만세운동에 가담하여 기념비에 이름이 새겨졌고, 셋째아우 집구(潗九, 1856~1939)는 자가 양여(梁汝)이고 호가 농와(農窩)인데 문학으로 유집(遺集)을 남겼다. 또 공의 종제인 한구(漢九, 1834~1903)의 사손(嗣孫) 준형(俊衡, 1883~1940)도 3·1독립만세운동에 가담하여 금석문에 기록되는 등, 그 형제 자질들이 공의 지사적(志士的)인 정신을 본받아 향토와 나라를 위해 이바지한 공이 있었다.

13) 진사공(進士公) 창련(昌璉)이 끼친 가업(家業)

인묵재공 만섭은 본래 매원공의 둘째아들 장영(長榮)의 지차였으나 백부인 통정공(通政公) 장무(長茂) 앞으로 입양하여 창암공의 주사가 되었다. 슬하에 지종(之宗)·지흥(之興)·지창(之昌) 3형제를 두었는데, 생정의 백형인 처사공 만령(萬齡)에게 사손(祀孫)이 없자 둘째아들 지흥(之興)의 차자 함(涵)을 종제인 지번(之蕃) 앞으로 입양시켜 그 대를 잇게 하였다. 처사공 지흥의 셋째아들 심(沁)은 아들 확(穫)을 낳았고 확은 아들 휘옥(輝玉)을 낳아 외롭게 세계를 이어오다가, 휘옥의 대에 이르러서는 창련(昌璉)·창근(昌瑾)·창진(昌瑨) 등 세 아들을 두어 비로소 한 집안을 일으키는 기틀을 닦았다.

맏아들 창련은 자가 언기(彦器)인데 1757년(영조 33) 아버지의 나이 20

세 때 무이리 옛집에서 태어나니 어머니는 진성이씨(眞城李氏)로 현감(縣監) 수정(守貞)의 따님이었다. 일찍부터 문예(文藝)가 숙성하고 성리(性理)의 탐구가 출중하여 사우(士友)들 간에 추허(推許)가 있었다. 1789년(정조 13)에 기유식년사마시(己酉式年司馬試)에서 합격하여 진사(進士)가 되었으나, 그 이듬해 1790년(정조 14)에 병으로 세상을 떠나니 나이 불과 34세의 장년이라 향당에서 그 재학(才學)을 아끼며 애석해하였다. 저서로 「성리도(性理圖)」와 유집(遺集) 1책을 남겼다. 배위 풍산류씨(豊山柳氏)와의 사이에 종현(鍾玄)·상성(尙性)·상묵(尙黙)·무룡(武龍) 등 네 아들을 두었다.

맏손자 종현(鍾玄, 1777~1849)은 주구(周九)와 현구(炫九) 두 아들을 두었고 주구는 동근(東根)과 필영(必永) 두 아들을 두었는데, 밀양 대종가에서 종통(宗統)을 이을 후사가 없자, 종론을 받들어 그의 차자 필영을 밀양 대종손 택구(澤九)의 아들로 출계시켰다. 이로써 사실상 문절공 기우자선생으로부터 18대째 승종을 하게 되었는데, 우리 가문 전체의 훌륭한 가업으로 기록되었다.

진사공 창련의 제4자 무룡의 자는 여일(汝一)이다. 소년 시절에 아들이 없는 숙부 창진(昌瑨) 앞으로 출계하였고, 입재(立齋) 정종로(鄭宗魯)의 문하에 나아가 문학을 수업하였다. 1813년(순조 13)에 계유식년사마시(癸酉式年司馬試)에 합격하여 생원이 되었으며 향중에 많은 문자를 남겼다. 배위는 진주류씨(晉州柳氏)로 진사(進士) 식(栻)의 따님이고 슬하에 또 아들이 없어 종질 복구(福九)가 그 뒤를 이었다.

14) 처사공 창근(昌瑾) 자손들의 출세와 문한(文翰)

처사공 창근의 자는 언유(彦瑜)이고 진사공 창련의 중제(仲弟)이다. 어릴 때 부형의 명에 따라 고조부인 지흥(之興)의 출계한 둘째아들 함(涵)의 대를 잇기 위해 족숙 휘시(輝時)의 아들이 되어 출계하였다. 선조의 뜻을 받들어 인묵재공의 손자인 함과 현손인 휘시에 이어 세 번째로 입계한 셈이다. 본래 이 집안은 공의 5대조인 인묵재공 만섭의 생가 백형인 처사공 만령(萬齡)의 종파인데, 매원공의 큰집으로서 종통을 이어가게 된 인묵재공의 자손들은 생가의 대가 계승되기를 바란 조상들의 뜻을 실천한 것이라 볼 수 있다.

때문에 매원공의 둘째아들 장영(長榮)의 아랫대에 만령(萬齡)과 지번(之蕃)이 독자로서 대를 이었으나, 아들이 없자 인묵재공의 넷째손자 함이 그 가계를 이었고, 슬하에 1남 5녀를 두어 아들 의(椅)가 그 뒤를 이었다. 그러나 두 번째로 또 후사 문제가 발생하자 그 생정의 종질 중수(重秀)의 둘째아들 휘시를 맞아들였고, 세 번째로 또 휘시가 아들이 없음에 이번에는 그 생가의 재종제 휘옥(輝玉)의 둘째아들인 공이 간신히 7대째 승종을 하게 되었다.

그리하여 공이 슬하에 상목(尙睦)과 상범(尙範) 두 아들을 둠으로써, 이 집안에는 비로소 새로운 가운이 일기 시작한 것이다. 장방(長房)에서 상목은 아들 3형제를 두었는데 믿이 담구(潭九)는 문과 급제로 출사하였고, 둘째 복구(福九)는 생가 종숙인 생원공 무룡 앞으로 출계했으며, 셋째 택구(澤九)는 소과(小科)에 합격하여 생원이 되었다.

차방(次房)에서 상범은 비록 촌수가 먼 물헌공(勿軒公)의 6대손 시침(是琛)의 사자(嗣子)가 되어 출계했지만, 두 아들 중 맏이 병구(炳九)가 사마시 합격으로 생원이 된 데 이어 그 아들 우삼(佑三)이 문과(文科) 급제로 출세를 하니, 이때부터 처사공 창근의 혈손들은 크게 그 화수(花樹)가 무성하고 집안의 성망이 더욱 높아졌다. 이에 그 자손 가운데 드러난 인물을 간략한 약전으로 소개한다.

15) 창애공(蒼厓公)과 자질들의 과환(科宦)

공의 휘는 담구(潭九), 자는 성관(聖觀) 또는 운서(雲瑞)라 하였고 호는 창애(蒼厓)라 했다. 아버지는 처사공 상목(尙睦)이고 어머니는 양성이씨(陽

城李氏)인데 1803년(순조 3)에 3형제의 맏이로서 무이리 옛집에서 태어났다. 어릴 적에 자질이 영민하고 경서(經書) 읽기에 취미가 남다르더니 부모의 소망을 받들어 일찍부터 공령(功令)에 뜻을 두었다. 여러 차례 향해시(鄕解試)에 등장하여 문명(文名)을 얻은 끝에 소과(小科)를 거치지 않고 바로 대과(大科)에 도전을 하였다.

드디어 1836년(헌종 2) 34세 때에 임금의 즉위를 경축하는 병신정시(丙申庭試)에서 시골의 한 유학(幼學)의 신분으로 을과(乙科) 제1인에 급제하니 시관(試官)을 비롯한 조야의 관원들이 모두 이례적인 경사라 하며 기뻐해 주었다. 임금이 친히 불러 알현하는 자리에서 사은숙배를 올린 공은 곧 향리로 돌아와 신은(新恩)의 잔치를 크게 벌였으며, 을과 제1인자의 서사(筮仕) 관례에 따라 처음부터 참상(參上)의 품계와 보직에 초수(超授)되니 주위에서 모두 부러워했다.

전해지는 자료가 빈약하여 초기의 관력을 자세히 알 수 없는 것은 유감이지만, 우수한 문과 급제자로서 엘리트 코스인 승문원(承文院)과 예문관(藝文館)의 청요직을 거쳐, 육조(六曹)와 삼사(三司)의 관직을 두루 역임한 것으로 보인다. 그리하여 마침내 사간원(司諫院)의 정언(正言)으로 발탁되었고, 이어 통훈대부(通訓大夫)의 품계와 사헌부장령(司憲府掌令)의 실직에 종사하였다. 그러나 조선조 말기 당쟁의 와중에서 어지러운 정치 현실에 혐오를 느낀 나머지 벼슬을 그만두고 향리로 물러나 정양하는 집을 짓고 후진들을 가르치는 일로 낙을 삼았다. 후일 향중 선비들은 "공의 문장이 넓고 깊어 그 남긴 글이 상자에 가득 찼다(公文章浩汗 其遺稿滿箱)"라고 했으나 저서 간행으로 이어지지는 못하였다.

1860년(철종 11)에 시골집에서 별세하니 향년 58세이고 배위는 숙인(淑人) 함양박씨(咸陽朴氏)와 숙인 안동권씨(安東權氏)이다. 슬하에 2남 3녀를 두어 아들은 동우(東佑)와 동영(東泳)이다.

창애공의 맏아들 동우의 자는 정부(正夫)이고 호는 낙사(洛社)이다. 젊을 때 정5품 통덕랑의 품계를 받았으나 사환에는 뜻이 없었고, 아버지의 명에 따라 계당(溪堂) 류주목(柳疇睦)의 문하에 나아가 오로지 문장과 학문의 수련에 힘써 학행(學行)이 드러났다. 만년에는 용궁현 바깥무이리(外武里) 산기슭에 낙사정(洛社亭)이란 별업을 지어 정양했으며, 『낙사문집(洛社文集)』 2책을 간행하였다. 사후에는 용산(龍山) 이만인(李晩寅)이 묘갈명(墓碣銘)을 지었다. 슬하에 4남 3녀를 두었는데 아들은 수린(守麟)·수학(守鶴)·수봉(守鳳)·수일(守馹)이다.

맏아들 수린의 자는 성거(聖巨)이고 호는 곡암(曲庵)인데, 문학의 수련이 있어 그 유집(遺集)을 남겼다. 곡암공의 맏아들은 만성(萬成)인데 자가 자일(自一)이고 호가 금천(錦泉)이며, 1956년에 용궁파의 『병신보(丙申譜)』 간행 시에는 그 주무의 일원으로 참여했다. 둘째아들 수학은 생정의 큰집으로 입양하여 진사공 창련의 현손으로서 대를 이었다. 그의 아들 성하(成夏)는 자가 덕언(德彦)이고 호는 임천(林泉)인데 용궁면장을 맡으면서 종촌(宗村)과 가문을 지키는 데 공적이 많았다. 셋째아들 수봉은 자가 성출(聖出)이고 호가 구봉(九峰)이다. 그 아들 국성(國成)의 자는 덕소(德韶)이고 호가 무초(武樵)인데, 그의 맏아들 원영(元永)이 비록 종중의 공의는 받지 못했지만, 1972년(壬子)에 사찬(私撰)으로 『참의공파보(參議公派譜)』를 간행한 바가 있었다.

창애공의 차자 동영(東泳)의 자는 관부(觀夫)이고 호는 낙서(洛西)인데 1890년(고종 27)에 용궁파의 『경인보(庚寅譜)』 간행시에 교정(校訂)을 담당하였다. 처사공 상목(尙睦)의 셋째아들이면서 창애공의 숙제(叔弟)인 택구(澤九)의 자는 윤서(潤瑞)이고 호는 미상이다. 일찍부터 백형을 쫓아 과업(科業)에 정진하여 문예가 숙성했는데, 1848년(헌종 14) 무신사마시(戊申司馬試)에 합격하여 생원이 되었다. 그 아들 동석(東錫)의 자는 영부(永夫)이고 호는 삼소와(三疏窩)이다. 어릴 때부터 가학을 전습(傳襲)했으나 아버지의 명에 따라 이만인(李晩寅)의 문하에 나아가 널리 경사(經史)를 탐독했다. 특히 주자(朱子)의 『근사록(近思錄)』 연구에 일가견을 가졌다 하여 사우(師友)들로부터 존경을 받았다. 『삼소와유고(三疏窩遺稿)』 1책이 있다.

16) 장두(章斗)와 극소(克紹)의 숙질사마(叔姪司馬)

인묵재공의 셋째아들 지창(之昌)의 외아들이 염(濂)이고 그 아들이 중수(重秀)이며 또 그 아들은 몽섭(夢爕)이다. 슬하에 두 아들을 두어 맏이는 시완(是琓)이고 지차는 장두(章斗)이다. 둘째아들 장두의 자는 영중(瑩中)인데, 영특한 자질을 타고나 소년 시절에 이미 그 문예가 탁월하였다. 1801년(순조 1) 신유식년사마시(辛酉式年司馬試)에 합격하여 생원이 되었으나 끝내 문과에는 실패하였다. 아들이 없어 백형 시완의 차자 지소(志紹)로 대를 이었다. 시완의 맏아들 극소(克紹)의 자는 공지(恭之)인데 공령(功令)을 소망하던 부모의 명에 따라 일찍부터 거업(擧業)에 종사한 결과 1825년(순조 25) 을유식년사마시(乙酉式年司馬試)에 합격하여 생원이 되었다. 그리하여 양대(兩代)에 걸쳐 숙질사마(叔姪司馬)가 탄생되기는 했으나 그 가문의 경사를 이어가지는 못하였다.

5. 국창공(菊牕公)의 인술(仁術)과 사환 및 자손

공의 휘는 찬(燦)이고 자는 중명(仲明)이며 국창(菊牕)은 그 자호이다. 아버지 창암공과 어머니 풍산류씨(豊山柳氏) 사이의 둘째아들로 1575년(선조 8)에 무리실 옛집에서 태어났다. 어릴 때 백씨가(白氏家)의 존고모(尊姑母)로부터 양육을 받은 일이 있었는데 형제 네 분 중에 공은 둘째라, 백형인 매원공(梅園公)과 아우인 물헌공(勿軒公), 호우공(湖憂公)과 함께 향당에서 그 우애를 가리켜 "금과 같은 형에 옥과 같은 아우(金昆玉季)"라고 칭도하였다.

자질이 매우 영특하고 깨우침이 빨라 소년 시절에 이미 외숙부인 서애선생의 문하에 나아가 학업을 닦으니, 선생께서 특별히 애지중지하여 공을 가리켜 천리구(千里駒)라 하며 기리었다. 외종제인 수암(修巖) 류진(柳袗)과 함께 학업을 닦았는데 영남의 선비들은 그 이름을 나란히 존중하여 서로 우열을 가리기 힘든 사이라 추장(推奬)하였다. 또 임진왜란으로 온 나라가 전쟁의 참화를 겪을 때인 1593년(선조 26) 곧 공의 나이 열아홉 살에는, 선성(宣城)에서 부인을 맞이하니 곧 설월당(雪月堂) 김부륜(金富倫)의 따님이다. 설월당 역시 퇴계선생(退溪先生)의 학통을 이어받아 한 시대에 명성이 드러난 분이다. 그로부터 배움을 받음에 처남인 계암(溪巖) 김령(金坽)과도 학업을 서로 돕는 사이가 되었다. 이와 같이 들어와서는 외가에서 공부를 하였고 나가서는 처가에서 물들었으니 약관이 된 나이부터 보고 들은 것에 바르지 않음이 없었다.

공이 장가를 든 해에 어머님께서 시질(時疾)로 돌아가셨는데. 공이 또한 그 병에 걸리어 몇 번이나 위기를 넘긴 끝에 겨우 소생하였다. 그 이듬해 갑오년(1594, 선조 27)에도 전란 중에 아버님께서 또 전염병으로 돌아가시자 공이 또한 잇달아 그 병에 걸려 앓아눕게 되었다. 주위에서는 공의 체질이 원래 나약한 데다 여러 차례 모진 병을 견뎌내기 어려울 것이라 걱정했지만 다행히 신명의 도움으로 병이 말끔히 나았다.

공은 소싯적에 출세와 영달(榮達)에 대한 포부가 매우 컸으나 무서운 병고 끝에 살아남게 되자, 공명(功名)이 인간의 전부가 아니라는 생각에서 과환에 대한 미련을 깨끗이 물리쳤다. 오로지 경전(經典)을 뒤적이며 심신을 연마하는 한편 의학적인 학설을 탐독하고 연구에 몰두하면서 의술(醫術)로써 인명을 구제하는 데 마음을 기울였다. 그리하여 임상(臨床)의 경험을 쌓기 위하여 고질병 환자를 자진해서 찾아다니며 시진(視診)과 조제(調劑)를 부지런히 하니 모두 그 인술(仁術)과 학덕을 찬양하여 "한 시대의 범희문(范希文)"이라 칭송했다.

공이 어느덧 노경에 접어든 인조(仁祖) 때 임금이 병에 걸려 어의(御醫)들이 아무리 좋은 처방으로 치료를 하여도 별다른 차도가 없었다. 이에 공의 인술에 대한 소문을 들은 조정에서 관원을 급히 파견하여 공을 징소(徵召)했는데 벼슬을 하지 않는 몸이라, 임금의 명을 받고도 조심스럽게 자기의 분수를 돌아보며 내키지 않는 마음으로 대궐에 들어갔다.

당시 대제학(大提學)인 동주(東洲) 이민구(李敏求)가 약원(藥院)의 제조(提調)로 있으면서 공을 한번 만나보고는 그 처신의 신중함과 인품에 탄복하여 말하기를 "오늘에야 비로소 영남 선비 가운데서 초야에 묻힌 참된 군자인(君子人)을 만나보게 되었다" 하고 기뻐했다. 이윽고 임금에 대한 시진(視診)과 조치(調治)가 끝난 다음 병이 점차 나아져 완쾌됨에 임금은 공에 대한 보답으로 동궁익위사(東宮翊衛司)의 사어(司禦)라는 첫 벼슬을 내려주었다.

그리고 잇달아 종부시(宗簿寺)의 주부(主簿), 공조(工曹)의 좌랑(佐郎) 등으로 파격적인 승진을 거듭하다가, 1632년(인조 10)에는 군위현감(軍威縣監)이 되어 외직으로 나가 목민의 치적이 있었으나, 몇 달 뒤 병으로 인해 사직하고 고향으로 내려갔다. 그러나 인조는 공을 자기 가까이에 두기 위하여 다시 내직으로 불러 공조정랑(工曹正郎)을 제수하였고, 얼마 후에는 공의 간절한 희망에 따라 외직으로 금산군수(金山郡守)가 되었다.

금산에서는 노련하고 덕망이 있는 수령으로서 군민의 존경을 받았고 흥학(興學)과 휼민(恤民)에 빛나는 공적을 세웠지만 1642년(인조 20)경에 건강상의 이유로 벼슬을 그만두고 재차 귀향했다. 고향에 돌아온 공은 그 이듬해에 노구를 무릅쓰고 포은(圃隱)·퇴계(退溪)·서애(西厓) 세 선생을 향사하는 삼강서원(三江書院)의 창건을 주도하여, 근읍(近邑)에서 배우려는 사람들의 공부하는 장소로 삼았다. 또한 공은 거기에서 기거를 하며 스승인 서애선생의 임진왜란 전쟁 수기(手記)인 『징비록(懲毖錄)』이 중년에 산일(散佚)된 것을 안타깝게 생각하여 이를 수집 정리하고 편차를 꾸며 완본(完本)을 이루는 작업을 했다.

공은 1654년(효종 5)에 80세의 향수(享壽)로 고종명(考終命)을 했는데 임종 직전까지도 음용(音容)이 조금도 흐트러지지 않았고 정신의 혼암(昏暗)을 찾아볼 수 없었다. 공은 조용하게 자손들에게 타이르기를 "살아서 충실하게 천리(天理)를 따른다면 편안하게 죽을 수가 있다"라는 말을 마지막으로 남기고 숨을 거두었다.

국창공의 묘소(경북 예천군 풍양면 청운1리 구미산)

공은 당대의 명현인 우복(愚伏) 정경세(鄭經世), 석담(石潭) 이윤우(李潤雨), 청풍자(淸風子) 정윤목(鄭允穆), 무주(無住) 홍호(洪鎬), 수함(修巖) 류진(柳袗), 계암(溪巖) 김령(金玲), 운계(雲溪) 전이성(全以性) 등과 특히 금란(金蘭)의 우의가 깊었는데, 대개 배움의 문(門)을 함께 한 사우로서 도의의 교환과 사문(斯文)으로서의 증답(贈答)이 많았다. 또한 공은 평소에 경전(經典)과 사서(史書)를 즐겨 읽었고 문묵(文墨)에도 일가견이 있었으나 그 작품을 애써 모으지 않았기 때문에 남아 있는 유작은 그리 많지 않다. 다만 1892년(고종 29)에 후손들에 의하여 편집 간행된 『국창선생문집(菊牕先生文集)』 3권 1책에 만시(輓詞)를 포함한 시 작품이 81수나 되고, 서간과 제문 등 산문 작품이 14편이나 실려 있어 공의 문학적 자취를 더듬어볼 수가 있다.

후일에 졸재(拙齋) 류원지(柳元之)는 "한 시대의 뛰어난 언행과 세속을 초월한 뜻은 뭇사람의 의문을 꿰뚫어 알 수 있었다(高世之行 出俗之志 識足以洞析羣疑)"고 하였고, 목재(木齋) 홍여하(洪汝河)는 "명예와 이익을 탐하지 않는 풍절은 고금에 견줄 사람이 적었다(恬退之節 古今罕肩)"고 했으며, 학사(鶴沙) 김응조(金應祖)는 "신관은 맑고 여위었으나 자질은 순수하고 따뜻했다(神觀清癯質粹溫)"고 하여 공의 평소의 모습을 회상했다.

배위는 영인(令人) 광산김씨(光山金氏)로 생원 김수(金綬)의 손녀이고 설월당(雪月堂) 부륜(富倫)의 따님인데 문사(文史)에 통찰하고 철식(哲識)이 있는 여중군자로 공에 앞서 별세하였다. 슬하에 혈육이 없어 아우 물헌공의 셋째아들 정춘(長春)을 후사로 삼으니 그가 아들 4형제를 두어 이로부터 자손이 번성하였다. 그 유택은 경북 예천군 풍양면 청운리 청산(靑山) 기슭에 배위와 합장하였다. 공의 묘갈명은 진작 공의 지우(知遇)인 동주 이민구가 지었으며, 행장은 사후에 후손 상벽(尙璧) 우구(宇九) 동욱(東郁)의 청으로 지은 이재(頤齋) 권영하(權璉夏)의 글로써 갖추었다.

1) 영인(令人) 광산김씨(光山金氏)의 현숙한 문조(文藻)

국창공의 배위이신 영인 광산김씨의 휘와 자호는 전해지는 것이 없다. 지금의 안동시 와룡면 오천리(烏川里) 광산김씨 세거촌인 군자리(君子里)에서 태어났는데, 생원 김수(金綏)의 손녀이고 퇴계선생의 뛰어난 고제(高弟)인 성리학자 설월당(雪月堂) 김부륜(金富倫)과 숙인(淑人) 평산신씨(平山申氏) 사이에 1남 3녀 중 셋째따님이다.

생몰의 연대는 족보상에도 기록이 빠져 있어 명백하지는 않으나, 대개 부군과는 동갑으로 알려져 있고 19세에 국창공과 결혼을 했으며 1651년(효종 1)경에 사별한 것으로 보인다. 「영인광주김씨시고(令人光州金氏詩稿)」의 말미에 그 사자(嗣子) 장춘(長春)이 그 어머니의 시에 차운한 것으로 보이는 글 제목의 한 구절에 "어머니의 연세가 80세가 가까웠는데도 오히려 강녕하시고 시어와 필획(筆畫)이 장년과 다름없다(大夫人年近八耋 尙此康寧 寄來篇吟 措語筆畫 無異壯年)"고 한 술회가 있으며, 부군보다 조금 앞서 별세했다는 기록 등으로 보아 영인의 향년(享年)은 대개 77~78세쯤으로 추정된다.

어릴 때 문학적인 재질이 뛰어나 처음에는 아버지의 어깨너머에서 시문을 익히면서 어머니로부터 여계(女誡)의 가르침을 받았으나, 이윽고 아우인 계암(溪巖)의 문사(文詞)가 일취월장함에 서로 시문을 겨루는 사이가 되었다. 1593년(선조 26) 봄에 국창공과의 결혼으로 선성(宣城)의 친정에서 무이리 시댁으로 신행을 온 후로는 전란 중에 문한(文翰)을 대할 겨를이 없었으나, 부군과의 다정한 일과 속에서 짬짬이 경전(經典)을 읽는 한편 기회 있을 때마다 시문의 습작(習作)을 게을리하지 않았다.

그러나 이 무렵의 작품은 그리 많지 않고 주로 노경에 수하를 거느리고 양한(養閑)을 하는 동안에 얻은 작품이 많은 것 같다. 특히 외직(外職)으로 나가 있는 부군에게 「멀리 부친다(寄遠)」라는 제목으로 20여 편의 시를 지어 그리움을 달래었고, 부군이 영인에게 보낸 오언절구에 일일이 차운(次韻)을 한 작품도 여러 편 남아 있다. 또 벼슬살이하는 친정 아우 김계암과도 종종 시문을 주고받으며 남매간의 정을 도탑게 하였고, 더러는 친정 조카의 요절(夭折)을 슬퍼하면서 기천(淇泉)의 회포를 대신하기도 했다.

이러한 작품 40여 수는 1895년(고종 32) 봄에 후손 이준구(李駿九) 등에 의하여 하나의 시고(詩稿)로서 별도 정리된 후 『국창문집(菊牕文集)』의 부록으로 실려 간행되었다. 당시 이 문집의 발문을 쓴 황난선(黃蘭善)은 시집의 끄트머리에 특별히 작품에 대한 평을 했는데 "쉬우면서도 그윽한 아취가 있고 일상적이면서도 자연스러운 묘미를 볼 수 있다(淺近而有幽遠之趣 平常而見自然之妙)"라고 하면서 난설헌(蘭雪軒) 허씨(許氏)의 시와 비교하였다.

다만 슬하에 일점혈육을 두지 못해 조카 장춘(長春)을 아들로 삼았는데, 그 아랫대에 만지(萬枝)·만영(萬英)·만석(萬錫)·만선(萬善) 등 4형제의 영특한 아들과 딸 여섯을 두어 이후 내외 자손이 번연(蕃衍)하였고 한 가문 융성의 기틀을 세웠다.

2) 증승지공(贈承旨公) 만지(萬枝)의 대를 이은 인술(仁術)

공의 자는 비경(庇卿)이고 호는 미상이다. 국창공의 맏손자로서 아버지는 처사공 장춘(長春)이고 어머니는 예안김씨(禮安金氏)로 생원(生員) 감(鑑)의 따님인데, 1634년(인조 12) 용궁 무이리 향제(鄕第)에서 4남 6녀의 맏이로서 출생했다.

어릴 때부터 가학을 이어받아 약관 전후에는 경사(經史)와 시례(詩禮)를 두루 섭렵했으며, 대인공의 명으로 거업(擧業)에 뜻을 두고 몇 차례 향해시에서 문명(文名)을 드러내기도 했다. 일찍이 인조의 고질병을 낫게 하여 그 인술로 조야에 널리 명성을 얻은 조부의 영향으로, 아버지 처사공도 의약(醫藥)에 남다른 관심과 조예가 있었고, 공이 또한 하나의 가업으로 삼아 민간에서 널리 도규(刀圭)의 시위(施爲)로 이름을 얻었다.

1689년(숙종 15) 공의 나이 56세 때에 왕실에서 당시 두 살 난 원자(元子)에게 경풍의 증세가 있어, 약방의 여러 관원들이 임금에게 청원하여 여러 가지 조양(調養)하는 방법을 건의한 일이 있었다. "우선 조정대신 가운데서 일찍이 약원에 종사했거나 의술에 경험이 있는 자를 불러 조섭에 임하는 한편, 용궁(龍宮)의 사인 이만지(李萬枝)가 대대로 의술을 익혀 이름이 있으니 급히 역마를 보내 입궐케 하는 것이 좋겠다"는 내용이었다.

이에 임금이 허락하여 곧 용궁현 관내 역참(驛站)의 주선으로 공이 상경 입궐하여, 후일 경종(景宗)으로 즉위한 원자의 병을 낫게 했다는 『숙종실록』의 기록이 있다. 이러한 공적으로 당시 약원에서는 "그 조부에 그 손자"라 기리면서 공에게도 벼슬을 내려야 한다는 건의가 있었지만, 공은 가당치 않은 일이라 하면서 거들떠보지도 않고 곧장 향리로 돌아오고 말았다. 만년에는 더욱 조용한 가운데서 부·조(父祖)의 손때가 묻은 기황(岐黃)의 서적을 탐독하면서 오로지 향리에서 존양(存養)을 하다가 1697년(숙종 23)에 64세를 일기로 세상을 떠났다.

사후에는 증손 빈(檳)의 귀현(貴顯)으로 통정대부의 품계와 승정원좌승지(承政院左承旨) 겸 경연참찬관(經筵參贊官)의 직함으로 3세 추은(追恩)의 증직이 내렸다. 배위는 증숙부인(贈淑夫人) 나주정씨(羅州丁氏)로 사인 시원(時遠)의 따님이고, 슬하에 3남 1녀를 두어 아들은 지우(之瑀)·지해(之瑎)·지정(之珽)이다.

공의 맏아들 지우는 다시 명(溟)·준(濬)·광(洸)·수(洙)·석(湅) 등 다섯 아들과 두 딸을 두었고, 그중에 맏아들이요 승지공의 장손인 이명(李溟)은 자를 천원(天源)이라 하였고 호를 야일(野逸)이라 했는데 향중의 유일(遺逸)로 알려졌던 기개 높은 선비였다. 모습이 맑고 시원했으며 지조가 매우 굳고 학식이 높아 당시 거창부사(居昌府使)로 있던 만취헌(晚翠軒) 남로명(南老明)이 우연히 공을 한 번 보고는 사위로 삼았다. 그로 인해 한때 조정의 승소(承召)를 받아 상경한 일도 있으나 고관대작들의 횡포와 어지러운 풍습을 보고는 호연히 남쪽으로 돌아와 임천(林泉)에서 종로(終老)하였다. 유집(遺集)이 있었으나 전해지지 않는다. 야일공(野逸公)의 아들 인복(寅馥)의 자는 여중(汝重)이고 호를 함재(緘齋)라 했는데 향중에 학행이 드러났으며, 저서로 『이생록(頤生錄)』 1권이 있다. 지우의 넷째아들인 수(洙)의 증손 장계(章桂, 1806~1884)는 자가 성면(聖冕)인데 수직(壽職)으로 통정대부 부호군(副護軍)의 직첩을 받았다.

공의 둘째아들 지해의 자는 개옥(皆玉)인데 34세의 젊은 나이로 요절했으나, 사후에 손자 빈(穧)의 귀현으로 호조참판(戶曹參判)의 증직을 받았다. 지해의 외아들 제시(濟時)는 처음 휘를 제(濟)라 하였고 자를 통원(通源)이라 했는데 역시 그 아들 빈이 정2품의 높은 벼슬에 올랐으므로 사후에 호조판서(戶曹判書)로서 증직되었다. 배위는 증정부인(贈貞夫人) 용궁전씨(龍宮全氏)로 사인 희대(憘大)의 따님인데 슬하에 외아들 빈과 세 따님을 두었다.

3) 숭반(崇班)에 오른 교채당공(咬菜堂公)의 영달(榮達)

교채당공의 휘는 빈(穧), 자는 숙형(叔馨)이고 교채당(咬菜堂)은 호이다. 국창공의 5세손이고 증참판공 지해의 손자이다. 아버지는 증판서공 제시이고 어머니는 증정부인 용궁전씨인데 공은 1712년(숙종 38)에 무리실 옛집에서 1남 3녀의 외아들로 태어났다.

어려서 아버지로부터 의방(義方)의 가르침을 받아 궁리(窮理)와 정심(正心)에 남다른 데가 있었으며 특히 효우에 독실했다. 본래 호방한 기질과 명석한 지혜로 소절(小節)에 구애되지 않았는데, 27세에 아버지가 별세한 후 문중과 향사림에 출입하면서 공사(公事)를 과단성 있게 잘 처결하니 부로(父老)들이 감탄하고 장차 큰 그릇이 될 것이라 예견했다.

1754년(영조 30)에 불혹의 나이를 넘겨 비로소 증광문과(增廣文科)에 급제하여 바로 승문원부정자(承文院副正字)로 출사했으며, 1757년(영조 33)에 익릉별검(翼陵別檢)에 제수되었으나 부임하지 않았다. 1763년(영조 39)에 어머니의 별세로 3년의 집상을 끝낸 후 1765년(영조 41)에 다시 조정에 나아가 승문원의 정자(正字)·저작(著作)·박사(博士) 등의 요직을 차례로 거쳐 봉상시직장(奉常寺直長)과 성균관전적(成均館典籍)을 역임했다.

1766년(영조 42)에 형조좌랑(刑曹佐郎)에 올랐는데 직무 처리가 공명정대하다는 평을 얻어, 상관들이 재결을 할 때는 반드시 이좌랑(李佐郎)의 의견을 사전에 물을 정도였다고 한다. 또한 이때 춘추관기사관(春秋館記事官)을 예겸(例兼)하여 달포 넘게 경연(經筵)에 입시하니 영조(英祖)가 공의 나이와 거주(居住)를 묻고는 좌우를 돌아보고 이르기를 "성실성과 순박함이 영남 선비의 본색을 잃지 않았다(誠慤純實 不失嶺南本色)"고 칭찬했다.

오래지 않아 고향으로 돌아온 후 수년간 독서와 존양(存養)으로 자적(自適)하고 있는 동안에도 조정에서는 연달아 벼슬을 내렸다. 1779년(정조 3)에 사헌부지평(司憲府持平)을 제수했고 1781년(정조 5) 2월에는 은산현감(殷山縣監)의 외직을 주었으며, 9월에 다시 사간원정언(司諫院正言)으로 공을 불렀지만 모두 부임하지 않았다.

그러자 1782년(정조 6)에는 연속 세 번이나 사헌부 장령(掌令)을 제수하고 도임 행차의 위의까지 갖추어 부임을 재촉했으나, 공은 정중히 사장(辭狀)을 올려 병으로 부임하지 못한다는 사정을 아뢰었다. 이에 임금은 공에게 병을 치료한 후 시급히 도임하라는 비답(批答)을 내리고 잇달아 종부시정(宗簿寺正)과 장령(掌令)의 사령을 내렸지만 끝내 취임하지 않았다. 공은 병이 조금 나아지자 왕명에 대한 지나친 사양은 도리어 불충이 된다는 생각에서 다시 조정으로 나아갔다. 1789년(정조 13)에 통정대부로 공조참의(工曹參議)에 올랐고 이듬해에는 가선대부(嘉善大夫) 형조참판(刑曹參判)으로 파격적인 승진을 하니, 모두가 정조(正祖)의 인재를 알아보는 안목에 기인하는 것이라 했다.

1791년(정조 15)에 다시 가정대부(嘉靖大夫)로 품계가 올랐으며 1794년(정조 18)에는 자헌대부(資憲大夫) 지돈녕부사(知敦寧府事)로서 숭반(崇班)의 지위를 차지했다. 또한 이해에 공은 83세의 하령(遐齡)으로 임금의 특전을 입고 기로소(耆老所)에 들어가니, 신자(臣子)로서 최고의 영예를 누렸으며, 아울러 3대의 부·조(父祖)에게 추은(追恩)의 증직이 내려지니, 공은 노병을 무릅쓰고 선영으로 나아가 황패(黃牌)를 불사르며 감격의 눈물을 흘렸다. 그러나 공은 숙환이 도져 같은 해 11월에 조용히 고종명을 했는데 임종에도 평일과 다름없이 국사와 애군(愛君)의 충정을 언급했다고 한다.

공은 비록 늦은 나이에 등과(登科)하여 출사를 했으나 진퇴의 의리를 지켜 몇 차례나 하야를 결심했으며, 임금의 격비(格非)에 과감하고 공사의 규범이 확실했다. 벼슬살이에서도 공은 항상 그 신조가 뚜렷했는데 "관인의 몸가짐은 마치 출가하지 않는 처녀와 같이 깨끗해야 한다. 어물어물 부정한 일에 휩쓸리는 것은 남몰래 외간 남자를 만나기 위해 담을 넘는 것과 같다"고 비유하기도 했다.

공의 대상일(大祥日)에 즈음한 1796년(정조 20) 12월 3일에는 조정에서 예조좌랑(禮曹佐郎) 김유기(金裕己)를 파견하여 임금의 제문(祭文)을 내리도록 했는데, 그 가운데 "경의 몸은 초야에 있었으나 경의 마음은 나라를 근심했다. 나의 회포 속에서 잊혀질 수가 없어, 관원을 시켜 맑은 술을 권하노라(卿身在野 卿心在國 子懷不忘 俾官侑酌)"라고 하면서 공을 그리워한 구절이 있다.

또한 공이 선배장자(先輩長者)로 존대하던 청대(淸臺) 권상일(權相一)은 공의 굳센 지조와 관후한 도량을 늘 칭찬했으며, 당대의 석학인 대산(大山) 이상정(李象靖)·남야(南野) 박손경(朴遜慶)·우천(牛川) 정옥(鄭玉)·명고(鳴皋) 정간(鄭榦) 등과도 교유가 깊었는데 공을 "학문 가운데 있는 사람(是學問中人)" 또는 "우리들의 우뚝한 의표(吾輩特觀)"라 하여 추허(推許)했다.

배위는 정부인(貞夫人) 안동권씨(安東權氏)로 동지중추(同知中樞) 이(怡)의 따님인데 슬하에 아들 관섭(觀燮)과 세 딸을 두었다. 공의 묘소는 예천(醴泉)의 남쪽 구미산(九美山)에 안장했으나 후일 배위와 합폄을 했다. 공의 저서로는 『교채당유고(咬菜堂遺稿)』 1권이 있고 행장(行狀)을 입재(立齋) 정종로(鄭宗魯)가 지었으며 1992년에 이르러 풍산(豊山) 류용우(柳龍佑)가 그 묘비문(墓碑文)을 지었다. 최근에 공이 살던 무리실 집터에 '교채당지(咬菜堂址)'라는 표석을 세워 공이 문과 급제 기념으로 심었다는 늙은 향나무 한 그루와 함께 보존하고 있다.

공의 자손으로는 외아들 통덕랑 관섭(觀燮)이 나이 22세에 요절하여 뒤가 없자 족형인 매하공(梅下公) 우섭(宇燮)의 둘째아들 장규(章奎)를 계자(繼子)로 삼아 교채당공의 뒤를 이었다. 장규는 자를 문응(文應)이라 하였고 호를 활산옹(活山翁)이라 했으며 문행(文行)이 있었다. 일찍이 입재 정종로에게 청하여 조부 교채당공의 행장을 받았으나 미처 묘의(墓儀)를 갖추지는 못하였다. 아들은 상홍(尙弘)이고 손자는 승구(承九)와 석구(潕九)이다.

활산옹의 둘째손자 석구의 자는 서가(敍可)이고 호는 무봉(武峰)이다. 어릴 때부터 자질이 영특하여 생정의 숙부 만성옹(晚省翁) 종욱(鍾煜)의 문하에서 거업(擧業)에 열중하여 일찍부터 문예가 숙성하였고 특히 필법에 뛰어나 선필(善筆)의 명성을 얻었다. 1864년(고종 1)에 식년사마시(式年司馬試)에 합격하여 생원이 되었다.

4) 생원공(生員公) 만영(萬英)의 자손들

국창공의 둘째손자 만영의 자는 자실(子實)이고 호는 전하지 않는다. 타고난 자질이 영민하고 시문에도 뛰어난 소양을 보여 여러 차례 동당시(東堂試)에도 응거(應擧)했으나 뜻을 이루지는 못하였다. 드디어 1673년(현종 14) 34세 때 계축사마시(癸丑司馬試)에 합격하여 생원이 되었다. 1남 5녀를 두어 아들은 지후(之垕)인데 그 하대에 호(灝)·분(汾)·섭(涉)·도(渡) 4형제를 두었다.

맏아들 호(灝)가 26세의 젊은 나이로 요절하여 아들이 없자 족형인 용포
공(龍浦公) 유(濰)의 둘째아들 조(稠)를 입후하여 대를 이었다. 조의 자는
여주(汝周)이고 호는 불명이다. 생가의 아버지로부터 가학을 이어받아 문
학에 소양이 깊었다. 지행(志行)이 순수하고 향중과 이웃에 아름다운 일을
많이 하여 읍지(邑誌) 선행편(善行篇)에 이름이 올라 있다.

그 아랫대에 2남 2녀의 자녀를 두어 아들로 맏이는 휘대(輝大)이고, 지
차는 휘신(輝新)인데 생정의 백형인 오음공(梧陰公) 여(稤) 앞으로 출계하여
용포공의 뒤를 잇게 하였다. 휘대는 슬하에 시찬(是瓚)·시구(是球)·시장(是
璋)·시기(是琦)의 네 아들과 3녀를 두었고, 넷째아들 시기는 다시 외아들
종원(鍾元)과 두 딸을 두었다. 종원의 자는 맹선(孟善)이고 호는 운곡(雲谷)
인데 슬하에 아들 서구(瑞九)·목구(睦九)·돈구(敦九) 등 3형제를 두었다.

서구의 처음 휘는 명구(鳴九)이고 자는 성오(聲吾)이며 호를 광재(光齋)라
했다. 뜻이 돈독하고 배움을 좋아하여 향당에서 선사(善士)라 일컬었는데,
1904년(광무 8)에 80의 고령으로 통정대부의 품계로 수직을 받았다. 아들
이 없어 중제(仲弟) 목구(睦九)의 차자인 동양(東陽)을 아들로 삼았는데 그
아랫대에 수만(守滿)과 수익(守益) 두 영특한 손자를 두었다. 수만은 자가
사진(士珍)이고 호가 국포(菊圃)이며, 수익은 자가 사겸(士謙)이고 호가 창
호(昌滈)인데 유행(儒行)으로 고을에 인망이 있었다.

5) 구곡공(九曲公)의 문학(文學)과 그 자손

국창공의 셋째손자 통덕랑 만석(萬錫)의 자는 중경(重卿)이고 호는 알 수
없다. 할아버지로 인한 음직(蔭職)으로 정5품 통덕랑의 품계를 받았다. 슬
하에 1남 5녀를 두어 아들은 지욱(之郁)이고 그 하대에 부(溥)·기(沂)·용기
(龍起)·인기(麟起) 등 4형제와 세 딸을 두었고 맏아들 부는 다시 아들 중륙
(重穋)과 딸 하나를 두었다.

구곡공(九曲公) 휘 중륙(重穋)의 자는 여명(汝明)이고 구곡(九曲)은 그 호

이다. 국창공의 5대손이고 통덕랑 만석의 증손으로 아버지는 처사공 부이고 어머니는 재령이씨(載寧李氏)로 사인 인배(仁倍)의 따님인데 공은 1남 2녀의 아들로 1728년(영조 4)에 용궁 무이리 향제에서 출생하였다.

6세에 학궁(學宮)에 들어가 글을 배우기 시작했는데 한번 익힌 자획(字劃)을 잊어버리는 일이 없었고, 다른 책에서 같은 글자를 발견하면 그 획순(畵順)과 자의(字義)를 정확하게 되짚어낼 정도로 재능이 뛰어났다고 한다. 조금 성장한 다음에는 과독(課讀)을 재촉하지 않아도 스스로 부지런하게 마음을 기울여 독서를 했으며 14세 때는 이미 글을 지을 줄도 알아 향린(鄕隣)에서 주목을 받았다.

그러나 공이 19세가 되는 1746년(영조 22)에 외간상을 당하자 "어른께서 계시지 않는데 누구를 위해 소심(素心)을 저버리겠는가?" 하고는 일찌감치 공명(功名)에 대한 유혹과 과거 보는 일을 포기했다. 애효(哀孝)를 다해 3년상을 끝낸 뒤에도 문을 닫아걸고 오로지 위기지학(爲己之學)에 몰두하여 정주(程朱)의 서책만을 가까이하면서 때로는 궁리에 잠겨 밤을 지새우기도 했다. 비록 집이 가난하여 끼니를 걱정하는 처지가 되었어도 높은 관(冠)과 넓은 띠(帶)로 위의와 품위를 갖추어 깨끗한 행검(行檢)을 지키는 데 흔들림이 없었으며, 과묵한 가운데서도 자상한 정리와 덕성을 기르는 데 마음을 다하였다.

장년에 이르러서는 당대 영남의 명유(名儒)인 소산(小山) 이광정(李光靖)을 그의 고산서당(高山書堂)으로 찾아가 학문의 가르침과 문질(問質)을 게을리하지 않았고, 한 시대의 석학인 입재(立齋) 정종로(鄭宗魯)·남야(南野) 박손경(朴遜慶)·손재(損齋) 남한조(南漢朝)·천사(川沙) 김종덕(金宗德)과도 종유하여 도의를 교환했다. 또한 죽하공(竹下公) 천섭(天燮)·국하공(菊下公) 인섭(寅燮)·매하공(梅下公) 우섭(宇燮)·무이옹(武夷翁) 용우(龍羽) 등 친족의 문사(文士)들과도 어울려 시문을 토론하고 종사와 세업(世業)을 도모했다.

일찍이 공은 무이리(武夷里)의 아홉 굽이 계곡 가운데 가장 물이 깊은 제오곡(第五曲)에 작은 재사(齋舍)를 지어 주자(朱子)의 이른바 무이구곡(武

夷九曲)의 아취를 본받으려 했으나, 노경에 큰아들 작은아들의 잇따른 소조(所遭)로 상명(喪明)의 비탄이 형언할 수 없었다. 마음속에 엉긴 슬픔을 달래고자 때로는 태백(太白)과 청량(淸凉)의 산속에서 시름을 잊기도 했고, 어대(魚臺)와 귀담(龜潭)의 물가에서 소창을 하기도 했다. 이 시기에 남긴 대표적인 문학작품으로 「와유도(臥遊圖)」 「유관록(遊觀錄)」 「자신잠(自新箴)」 등의 시문이 공의 문집 속에 담겨 있다.

공은 고희를 넘긴 나이에도 독서와 양성(養性)을 게을리하지 않았으며, 향사림에도 출입하여 향중의 노덕(老德)으로서도 존경을 받았는데 1803년(순조 3)에 76세의 고령으로 고향집에서 별세했다. 배위는 의성김씨(義城金氏)로 통덕랑 선행(善行)의 따님인데, 슬하에 3남 2녀를 두어 아들은 상섭(相燮)·귀섭(龜燮)·가섭(可燮)이다. 공의 묘소는 문경군 산양읍 불암리(佛巖里) 선영 아래에 있으며 배위와 합폄이다. 공의 행장(行狀)은 손자 기락(基洛)의 청으로 승지(承旨) 김우수(金禹銖)가 지었다. 공의 저서로 『구곡유고(九曲遺稿)』 2권 1책이 1892년(고종 29) 5월에 목판본으로 초간(初刊)되었고, 1996년에는 후손들에 의하여 『국역구곡집(國譯九曲集)』을 재간(再刊)하였다.

구곡공의 맏아들 상섭은 아들을 두지 못해 종형(宗兄)인 국하공 인섭의 넷째아들 장표(章彪)를 후사로 삼았는데 1838년(헌종 4)에 그 조부 구곡공의 유고를 정사(精寫)하여 간행의 기틀을 세웠다. 장표의 맏아들은 종연(鍾淵)이고 둘째아들은 종호(鍾灝)인데 자가 중심(仲深)이고, 수직(壽職)으로 통정대부 부호군(副護軍)의 직함을 받았다. 종연의 맏아들 우구(宇九)는 자가 계로(啓魯)이고 호를 초암(樵庵)이라 했는데 문행(文行)이 있었고, 고조부의 『구곡유고(九曲遺稿)』 1책을 목판본으로 처음 간행하였다.

구곡공의 둘째아들 귀섭(龜燮) 또한 아들을 두지 못해 아우 가섭(可燮)의 차자인 장호(章瑚)로 입후(入后)를 했는데 종사에 상당한 공헌을 하였고, 그 아들 종규(鍾圭)를 거쳐 맏손자 준구(駿九)는 9대조의 『국창문집』을 편집 간행하는 일을 주도하였다.

6) 석우헌공(石于軒公) 부자의 용궁파보(龍宮派譜) 간행

석우헌의 휘는 기락(基洛), 자는 석보(石輔)이고 석우헌(石于軒)은 그 자호이다. 구곡공의 제3방(第三房)의 손자로 아버지는 처사공 가섭이고 어머니는 진보이씨(眞寶李氏)로 사인 복문(復文)의 따님인데 1800년(정조 24)에 용궁 무이리 집에서 출생했다. 본래 3형제의 막내였으나 백형과 중형이 각각 출계하여 사실상 한 문호(門戶)의 주사(胄嗣)가 되었다.

어릴 때부터 효우가 독실하고 향학(向學)의 열의가 남달라 족형인 추암공(追庵公) 장욱(章頊)의 강학 장소인 별암정사(鼈庵精舍)로 나아가 경전(經典)을 읽었다. 중년 이후에는 문중을 대표하여 향도(鄕道)에 출입하는 한편 종족들과의 화목과 위선 사업에 지대한 성효를 기울였다. 우선 1838년(헌종 4) 5월에 할아버지 구곡공의 유고를 간행할 요량으로 종형인 처사공 장표와 함께 이리저리 흩어진 초고를 정리하고 이를 정서(淨書)하여 1권의 필사본을 만들어 남겼다. 또 1850년(철종 1)에는 밀양의 여러 종족과 의논하여 문절공 기우자 선조 이후의 각파 자손들을 총망라한 족보를 만들려고 했으나, 서울·홍성(洪城)·영광(靈光)·춘천(春川) 등지 일가들의 적극적인 호응을 얻지 못해 성사되지 못한 일이 있었다.

하지만 밀양과 용궁 두 집안은 밀양으로 낙남(落南)하여 정착한 충순위공의 다 같은 자손으로서, 합쳐진 파보(派譜)가 반드시 필요하다는 견지에서 그 일을 추진하였다. 이에 밀양의 족형인 장호(章瑚)와 시국(是國) 등 두 분과 합의하여 밀양 백곡서원(栢谷書院)에 간역소(刊役所)까지 설치함으로써 수보(修譜)에 박차를 가하였다. 그러나 선세 계보상 오류(誤謬)를 수정해야 한다는 밀양 살내파(箭川派)의 강력한 요청에 부딪치자, 이를 원만히 수습하는 방도를 찾지 못한 채 결국 뜻을 이루지 못하였다.

이에 하는 수 없이 용궁파 단독의 파보만이라도 이룩해야 한다는 방침 아래 공은 족형 상범(尙範)·족제 종억(鍾億)·재종숙 원섭(元燮) 등과 협의하여 1859년(철종 10)에 간행을 본 것이 최초의 용궁파 『기미파보(己未派

譜)』인데, 공이 직접 지은 서문에서 그 경위를 소상히 밝혀놓았다.

노년에 공은 임천에서 조용히 양성(養性)하는 한편 날마다 영남의 명사들과 종유하면서 경의(經義)를 연마하는 데 힘썼다. 1880년(고종 17)에 수직으로 통정대부 부호군(副護軍)의 직함을 받고 그 4년 후인 1884년(고종 21)에 향수 85세에 별세하였다. 배위는 숙부인(淑夫人) 동래정씨(東萊鄭氏)로 사인 윤희(潤熙)의 따님이고 슬하에 아들 상벽(尚璧)과 두 딸이 있다. 『석우헌유고(石于軒遺稿)』가 있다.

석우헌공의 외아들 상벽의 자는 치은(致殷)이고 호는 난은(蘭隱)이다. 선공의 뒤를 이어 젊은 시절부터 종사와 위선 사업에 남다른 열성을 기울였는데, 특히 1890년(고종 27)에 용궁파의 두 번째 파보를 간행할 때는 도청(都廳)의 한 분으로 주역을 담당했다. 당시 간역(刊役)은 국하공(菊下公) 준구(濬九)의 주도 아래 종손 필세(弼世)와 물헌공(勿軒公)의 종손인 주구(疇九)와 함께 종론으로 이룬 것이며, 젊은 종원이었던 동영(東泳)과 동욱(東郁) 등이 교정(校正)에 참여하였다.

1907년(隆熙1)에 고종 황제가 일제에 의하여 강제 양위한 후 순종(純宗)의 황제 등극을 기념하기 위해 전국에 우로(優老)의 잔치를 베풀 때 수직으로 통정대부의 품계를 받은 것으로 보인다. 이때 공의 나이 71세에 해당되므로 기로(耆老)의 예우를 받을 수는 있었지만 팔십우로(八十優老)의 전통적 관례와는 관계가 없는 듯하다. 그러나 공의 증조부 구곡공이 76세의 향수를 한 데 이어 조부 가섭이 93세의 상수(上壽)를 누리었고, 아버지 석우헌공은 85세로 나라에서 우로의 은전을 입었다. 공이 또한 76세의 생애를 누리면서 수직을 받았고, 그 아들 간송공(澗松公) 경구(景九)가 92세의 장수를 누렸으니 대대로 장수를 누린 집안임을 알 수 있다.

6. 물헌공(勿軒公)의 문행(文行)과 그 자손

물헌공의 휘는 경(烱)이고 자는 숙명(叔明)이며 자호를 물헌(勿軒)이라 했다. 아버지 창암공과 어머니 풍산류씨(豊山柳氏) 사이의 셋째아들로 1577년(선조 10)에 용궁 무이리 구제(舊第)에서 태어났다.

타고난 성품이 응중(凝重)하고 영민하여 나이 5, 6세 때에 이미 문자를 해득하고 그 뜻을 새길 줄도 알았다. 공의 나이 10여 세에 하회(河回)마을에 있는 외가로 가서 큰외숙부인 겸암(謙庵) 류운룡(柳雲龍)의 보살핌을 받아가며 작은외숙부인 서애(西厓) 류성룡(柳成龍)의 문하에서 사서(四書)를 공부했는데, 문리(文理)의 깨침이 빠르고 정확하며 스승의 시중을 민첩하게 잘 받들었으므로 서애선생은 공을 늘 가까이에 두고 싶어 했다.

그러나 16세에 임진왜란을 만나 갑오년(1593)과 계사년(1594) 두 해 사이에 어머니 아버지가 차례로 별세하여 전란과 가환을 겪는 통에 경황이 없는 환경에서 일시 학업을 중단하기도 했다. 따라서 공은 갑자기 한 집안의 가장이 된 백형을 보필하여 부모가 계시지 않는 가정을 다시 일으키는데 여러 형제자매들과 힘을 합쳐 혼신의 노력을 기울였다. 이윽고 혼인한후에도 변함없는 우애를 다지면서 선대의 가업을 계승하니, 향당에서는 "금과 같은 형에 옥과 같은 아우(金昆玉季)"라 칭찬하며 그 돈독한 효우를 기리었다.

1598년(선조 31)에는 서애상공이 반대당의 모함을 받아 관직을 삭탈당하고 고향집으로 내려와 있었는데, 그 문제(門弟)들과 근읍(近邑)의 선비들이 억울하다는 상소를 올리려고 하였다. 이에 공은 위로 두 형과 아래로 한 아우와 함께 친부형의 일처럼 동분서주하며 주선을 하였다. 이에 외숙부는 특히 공을 불러 "너희들이 걱정하는 바는 알지만 인척들이 앞장서서 설치는 것은 옳은 일이 아니다" 하고 도리어 꾸지람을 내리었다.

그 이듬해 기해년(1599)에는 옥연서당(玉淵書堂)에서 칩거 근신하고 있는 외숙부 서애선생을 직접 모시면서 수발을 들고 다시 학업을 닦았다. 공은 외숙부의 권유로 몇 차례 장옥(場屋)으로 나아가 향해시(鄕解試)에도 합격하였고 꾸준히 회시(會試)에도 대비하였다. 드디어 공의 나이 23세 때인 1600년(선조 33) 경자식년사마시(庚子式年司馬試)에 합격함으로써 생원(生

員)이 되었다. 태학(太學)에 입학하여 대과(大科)에 대비하는 기회도 주어졌지만 공은 유경(留京) 생활을 원하지 않았다.

당시 큰외삼촌인 겸암 류공이 별세하였고 잇달아 어머니 대신 사랑을 베풀어주시던 외조모 정부인(貞夫人) 안동김씨(安東金氏)가 또 세상을 떠나시니 그 상심으로 인해 한때 실의에 빠지기도 했다. 이런 정황을 알게 된 작은외삼촌 서애선생은 1602년(선조 35) 겨울에 상중에 있으면서도 공에게 편지를 보내 "네가 세고(世故)에 마음을 뺏겨 오랫동안 독서를 폐한 것을 걱정하고 있다"는 사연과 함께 열심히 공부하라는 간곡한 당부를 했다. 이에 공은 다시 마음을 가다듬고 문과에 대비했지만 얼마 후 스승인 서애선생마저 세상을 떠나자 실망을 안고 결국 사진(仕進)의 꿈을 접고 말았다.

중년 이후에는 청풍자(清風子) 정윤목(鄭允穆), 운계(雲溪) 전이성(全以性), 수암(修巖) 류진(柳袗), 하음(河陰) 신즙(申楫) 등 사우들과 서로 경사(經史)를 토론하고 시문을 교환하는 것으로 낙을 삼았다. 만년에는 삼강(三江)을 사이에 두고 중형 국창공과 아우 호우공의 거처를 왕래하면서 서애선생 형제의 유고를 수집 정리하는 일에 정열을 바쳤다. 1656년(효종 7)에 고향 집에서 별세하니 공교롭게도 국창공, 호우공과 함께 3형제가 똑같은 80세의 대수(大壽)를 누리었다.

배위는 의인(宜人) 안동권씨(安東權氏)로 사인 방(昉)의 따님인데 슬하에 4남 4녀를 두어 아들은 장길(長吉)·장배(長培), 장춘(長春)·장윤(長胤)이다. 그중에 셋째아들 장춘은 중형인 국창공에게 아들이 없어 그 뒤를 잇게 하였고, 넷째아들 장윤은 밀양 종가의 삼종형인 선교랑(宣教郎) 래(耒)에게 뒤가 없어 밀양 입향조의 봉사손으로 출계시켰다. 공의 묘는 청운리 구미산(九美山)에 있으며 배위와 합폄이다. 2001년에 풍산인(豊山人) 류용우(柳龍佑)가 글을 짓고 글씨를 써서 세운 묘갈명이 있다.

1) 처사공 장길(長吉)과 장사랑(將仕郎) 장배(長培)의 자손

처사공 장길은 물헌공과 의인 안동권씨 사이의 맏아들로 자는 자수(子修)이다. 1600년(선조 33)에 무리실 고향집에서 태어나 1667년(현종 8)에 별세하니 향년이 68세이다. 배위는 청주정씨(淸州鄭氏)로 교수(敎授) 사의(士毅)의 따님인데 슬하에 만원(萬元)·만형(萬亨)·만정(萬貞) 등 3형제를 두었고 맏아들 만원은 다시 지화(之和)·지태(之泰)·지총(之叢) 등 3형제와 두 딸을 두었다. 그중에 둘째아들 지태의 자는 진경(震卿)이고 호는 묵와(黙窩)인데 학행이 있었다. 호우공의 장손인 재종숙 횡(鈜)에게 아들이 없어 그 앞으로 출계한 뒤에 다시 백형 지화에게 아들이 없자, 그 넷째아들 연(㳣)으로 하여금 생정의 증조부인 물헌공의 세계(世系)를 잇게 하였다.

둘째아들 만형은 슬하에 외아들 지강(之綱)을 두었으나 다시 후사가 없자 종형 묵와공의 셋째아들 정(瀞)으로 뒤를 잇게 하니 통덕랑의 품계를 받았다. 통덕랑공은 향중선비로서도 인망이 있었는데 후일 그 증손인 종민(鍾敏)이 수직으로 통정대부 부호군(副護軍)의 은전을 입었다.

장사랑 장배는 물헌공의 둘째아들로 자는 자후(子厚)이다. 1609년(광해 1)에 태어나서 1663년(현종 4)에 별세하니 향년이 55세이고 젊은 시절에 문음(門蔭)으로 종9품 장사랑의 품계를 받았다. 배위는 경주손씨(慶州孫氏)로 증감찰(贈監察) 사성(士聖)의 따님인데 슬하에 만웅(萬雄)·만기(萬紀)·만상(萬祥)·만식(萬植)·만갑(萬甲) 등 5형제와 두 딸을 두어 자손이 매우 번성하였다. 특히 공의 사후에는 넷째아들 만식의 손자인 경묵(敬黙)이 가선대부의 수직(壽職)을 받은 것으로 인해 삼세추은(三世追恩)의 특전이 내렸는데, 공에게 장악원정(掌樂院正)과 참의(參議)의 증직(贈職)이 내렸다는 기록이 족보상에 남아 있다.

장사랑공의 맏아들 만웅의 자는 웅부(雄夫)이다. 그 외아들 지린(之麟)은 발(潑)·용(溶)·진(溍) 3형제를 두었고 그중에 둘째아들 용(溶)의 현손 상범(尙範)은 자가 석여(錫汝)인데 1859년(철종 10)에 석우헌공 기락(基洛)과 함께 용궁파의『기미보(己未譜)』를 간행하고 그 서문을 지었다. 배위 전주이씨(全州李氏) 사이에 병구(炳九)와 암구(巖九) 등 아들 형제를 두었으며 딸이 셋이다.

처사공 상범의 맏이 병구의 자는 윤길(允吉)이고 호는 오파(梧坡)이다. 젊은 시절부터 문명(文名)이 있었는데 1835년(헌종 1)에는 을미사마과(乙未司馬科)에 합격하여 생원이 되었다. 배위는 의인(宜人) 해주정씨(海州鄭氏)로 사인 발(撥)의 따님인데 슬하에 우삼(佑三)·우규(佑奎)·우일(佑一) 등 3형제를 두어 그 자손이 근읍에 널리 분포되어 번창하였다. 특히 맏아들 우삼은 후일 대과에 급제하여 벼슬길에 오름으로써 오랜만에 사대부 가문의 영광을 되찾았다.

2) 와락공(臥洛公)의 문과 급제와 출세

공의 휘는 우삼(佑三)이고 초휘는 하조(夏祚)이며 자는 이열(而說)이고 와락(臥洛)은 그 자호이다. 물헌공의 9대손으로 아버지 오파공 병구(炳九)와 어머니 의인(宜人) 해주정씨(海州鄭氏)의 장자로서 1828년(순조 28)에 무리실 옛집에서 태어났다. 누대로 백두(白頭)를 면치 못한 가문에서 아버지가 비로소 사마시(司馬試)에 합격하여 생원이 된 것을 계기로 서서히 이 집안에도 문한(文翰)의 기운이 드러나기 시작했다.

어린 시절에는 할아버지 상범의 훈도 아래 동몽 교육을 받았는데, 그 기식력(記識力)이 뛰어나 신동(神童)이라는 평판을 향당에서 얻었다. 이에 부·조(父祖)의 정훈(庭訓)과 기대 속에서 외부 스승에게 나아가 거업(擧業)을 위한 공부에 열중했다. 드디어 공의 나이 33세가 되는 해인 1860년(철종 11) 3월에 경신문과정시(庚申文科庭試)에서 소과(小科)를 거치지 않는 유학(幼學)의 신분으로 단번에 을과제일인(乙科第一人)으로 급제를 하니, 특히 시관들의 장후(獎詡)와 동료 선비들의 선망이 컸다.

그럼에도 불구하고 그 첫 벼슬은 다소 난관을 겪은 듯하다. 소정의 서경

(署經) 절차를 모두 마쳤으나, 이조(吏曹)에서 정식 차정(差定)이 되지 않자 같은 해 5월 21일에 동부승지(同副承旨) 이교인(李教寅)으로 하여금 구전(口傳)으로 왕명을 전달했는데, 공에게 권지승문원부정자(權知承文院副正字)의 첩지(帖紙)을 내리도록 하였다. 이에 이조에서도 즉시 시행하여 '문과신급 제통사랑 이우삼(文科新及第通仕郎 李佑三)'에게 첩지를 내렸다는 기록이 있다. 이는 당시 과거 급제자에 비해 벼슬자리는 극히 한정되어 신급제자(新及第者)가 보직을 기다리는 경우가 많았음을 단적으로 말해주는 사례라 하겠다. 이와 같이 시작된 공의 초년 관직 생활은 구체적으로 알 수 없으나, 이윽고 사간원정언(司諫院正言) 등 삼사(三司)의 요직을 전전하면서 백관의 규찰과 간쟁(諫諍) 활동에도 참여하였다. 잇달아 각조(各曹)의 낭관(郎官)을 맡아 중앙정부의 행정 실무 책임자가 되어 종사하다가, 나중에는 이조정랑(吏曹正郎)으로서 백관의 인사를 관장하여 청렴한 명성을 얻었다. 만년에는 통훈대부(通訓大夫)의 품계로 기린도찰방(麒麟道察訪)의 행직(行職)을 맡아 외직으로 나갔으나, 1876년(고종 13)에 49세 젊은 나이로 세상을 떠나니 조야에서 모두 "아까운 나라의 그릇을 너무 빨리 잃었다"고 애석해하였다.

배위는 숙인(淑人) 경주김씨(慶州金氏)인 동범(東範)의 따님과 숙인 영월 엄씨(寧越嚴氏)인 성로(聖魯)의 따님인데, 슬하에 통덕랑 수호(守昊)와 중추원의관(中樞院議官) 수영(守英)을 비롯하여 수춘(守春)·수신(守信)·수덕(守德) 등 다섯 아들과 네 딸을 두었다. 공은 본래 용궁 무리실 옛집에서 출생했으나 유년 시절에 부모를 따라 영주(榮州)와 풍기(豊基)로 옮겨 살았으며 만년에 다시 환고(還故)하였다. 공의 묘는 남하산(南下山) 시루봉(甑峰)에 있고 유고(遺稿)가 전한다.

3) 증동추(贈同樞) 경묵(敬黙)에 의한 3대의 추은(推恩)

증참의(贈參議) 장배(長培)의 증손이고, 증승지(贈承旨) 만식(萬植)의 장손이며 증참판(贈參判) 지방(之芳)의 맏아들이 곧 증동지중추(贈同知中樞) 경묵이다. 경묵은 처음 휘가 경(敬)이고 자가 일원(一源)이며 호는 알려져 있지 않다. 1694년(숙종 20)에 나서 1775년(영조 51)에 82세의 장수를 누리고 별세했다는 기록 외에는 별다른 사행(事行)이 전하지 않는다.

다만 공이 80세 되던 해인 1773년(영조 49) 윤 3월에 임금이 왕세손을 거느리고 금상문(金商門)에 나아가 양로연(養老宴)을 행하였다는『왕조실록』의 기록이 있다. 이날 종신(宗臣)과 사서(士庶)의 늙은이로서 연회에 참여한 사람이 수백 인이었고, 80세 이상인 사람에게 가자(加資)를 하라는 왕명에 비추어보면 공의 수직인 가선대부(嘉善大夫)의 품계와 동지중추부사(同知中樞府事) 직첩은 이때에 받은 것으로 보인다. 그러나 공의 수직으로 인하여 돌아가신 아버지에게 호조참판(戶曹參判)을, 할아버지에게 좌승지(左承旨)를, 증조부에게 참의(參議) 겸 장악원정(掌樂院正)을 추증했다는 '삼대추은'의 제도적인 근거에 대하여는 의문으로 남겨둘 수밖에 없다.

4) 제촌공(霽村公) 상두(尙斗)의 상소(上訴) 사실

처사공 장배의 다섯째아들 만갑(萬甲)은 후사가 없자 넷째 형 만식의 둘째아들 지익(之翼)을 계자(繼子)로 삼았으나, 또 아들을 두지 못해 국창공의 증손 지우(之瑀)의 다섯째아들 석(潝)이 그 뒤를 이었다. 석의 현손인 상두(尙斗)는 초휘가 종렬(鍾洌)이고 자가 상칠(象七)이며 자호를 제촌(霽村)이라 하였다. 일찍부터 가학(家學)을 이어받아 언론과 유행(儒行)으로 향당에 인망이 높았는데, 고종 때 시사(時事)가 날로 글러지자 이를 바로잡기 위한 상소를 몇 차례나 올렸다.

이에 처음에는 당로자의 미움을 받아 민심을 어지럽게 한다는 이유로 공을 옥에 가두었다. 그러나 뒷날 임금이 그 상소문을 보게 되자 나라를 걱정하는 충정에서 기인한 것임을 깨닫고, 이를 가상히 여겨 도리어 선공감(繕工監)의 감역관(監役官)을 제수했다. 노년에 이르러선 고향으로 돌아와 향교(鄕校)의 교수(敎授)를 맡아 후진들을 교육했는데 공의 문하를 거쳐 간 후진들이 학문적으로 성취를 한 사람이 많았다. 『제촌유고(霽村遺稿)』 1권이 전해진다.

배위는 유인(孺人) 의령남씨(宜寧南氏)인데 처음 아들이 없자 족형 종호(鍾灝)의 넷째아들 보구(保九)로 후사를 삼았다. 종호의 초휘는 종문(鍾汶)이고 자는 중심(仲深)인데 수직으로 통정대부의 품계와 부호군(副護軍)의 직함을 받았다.

7. 호우공(湖憂公)의 학행(學行)과 그 후손

호우공의 휘는 환(煥), 자는 계명(季明)이고 호우(湖憂)는 그 자호이다. 월연공의 증손이요 증참의공(贈參議公)의 손자이다. 아버지는 창암공이고 어머니는 증정부인 풍산류씨(豊山柳氏)로 입암(立巖) 중영(仲郢)의 따님인데 공은 1582년(선조 15)에 용궁 무이리에서 6남 2녀의 넷째아들로 태어났다.

어릴 적에 임진왜란이 일어나 전란 중에 역질(疫疾)로 어머니와 아버지가 1년 사이에 차례로 별세하였고, 하루아침에 고아가 되어 백형 매원공의 보살핌 속에서 성장했다. 어수선한 가정환경과 전쟁의 와중에서 미처 스승을 맞이하여 정식으로 학업을 닦지 못했으나 능히 시문을 해독하고 글을 지을 줄도 알았다. 이 소문을 들은 외숙부 서애선생이 특히 기애(奇愛)하여 그 문하에 불러들여 정식으로 학업을 닦게 했다.

공의 나이 17세 때는 사략(史略)을 읽고 한신(韓信)에 대한 사적을 시(詩)로서 읊으니, 서애선생이 탄복하고 학문하는 차례와 방법을 자상하게 전수했으며 이에 공은 침식을 잊고 경학(經學)에 잠심(潛心)했다. 1616년(광해 8)에 병진사마시(丙辰司馬試)에 합격하여 생원이 되었으나 본래부터 지기(志氣)가 고상하여 사환에는 뜻이 없었으며, 더욱 광해(光海)의 혼정(昏政)이 날로 심해지자 아예 진취(進取)를 단념한 채 문을 닫고 도해(蹈海)의 뜻을 길렀다.

호우공의 교지(敎旨) 1648년(인조 26) 8월 목릉참봉(穆陵參奉)의 교지가 내렸으나 곧 사임하였다(용궁 호우공파 종가에서 보존).

1623년(인조 1)의 인조반정(仁祖反正) 이후 공의 명성과 학문이 세상에 알려지자, 조정에서는 "임천(林泉)에 숨은 일재(逸材)"라 하여 왕자사부(王子師傅)를 제수하여 조정에 불렀으며, 이어 거듭 재랑(齋郞)으로 임명했지만 모두 취임하지 않았다. 만년에 이르러 또 목릉참봉(穆陵參奉)에 배명되었는데 공은 한양으로 올라가 사은숙배를 한 후 곧 사임하고 돌아왔다. 그리하여 전원 가운데서 양성(養性)하니 당시 학사대부(學士大夫)들이 모두 "때 묻지 않는 깨끗한 선비(出塵高士)"로 존경했다.

노경에는 호산의 경치가 아름다운 낙동강 상류의 무호(蕪湖)에다 주거를 정하고 소요했는데, 국창공과 물헌공 두 형님과 함께 수백 평의 부지를 확보하고 고을 유림들의 호응을 얻어 삼강서원(三江書院) 건립에 앞장섰다. 서원에는 포은(圃隱)·퇴계(退溪)·서애(西厓) 세 선생을 향사했는데, 그 축문(祝文)과 봉안문(奉安文)을 손수 지었고 매월 삭망 때는 참배하는 것을 일과로 삼았다. 또한 두 형과는 강을 사이에 두고 서로 내왕하여 담소하고 향중 벗들과도 도의로 담소를 나누며 시사를 논하였다.

공은 평소에 많은 문장과 시문을 지었으나 흩어져 없어지고 문집에는 그 일부만 전해진다. 또 공은 작문을 하는 태도에서 일정한 법칙이 있는 것은 아니었으나 수천 마디의 생각을 담은 문장이라도 압축을 해서 그 뜻은 깊고 말은 간략하게 다듬는 것이 장점이었다. 특히 시작(詩作)에서 그런 경향이 농후하여 뜻이 교묘하고 산뜻하다는 평을 많이 들었다. 공의 문장

실력에 대하여는 전해지는 일화가 있다. 일찍이 남에게 묘갈명을 지어준 일이 있었는데 그것을 받은 사람이 당대 문장가인 택당(澤堂) 이식(李植)에 게 "아무가 지은 것이라" 하고 자랑을 했다. 이에 택당이 그 글을 보고는 "나를 속이지 말라. 이것은 옛날 문장대가의 글이다"라고 평했다는 것이다. 공의 교우로는 수암(修巖) 류진(柳袗)·무주당(無住堂) 홍호(洪鎬)·하음(河陰) 신즙(申楫) 등을 들 수 있는데 모두 동문수학한 지기(知己)로 서로 주고받은 시문과 왕복한 간찰이 많다.

후일 학사(鶴沙) 김응조(金應祖)는 공을 위한 묘갈명에서 "문학과 저술은 기우자에게서 물려받았고 덕행의 모범은 서애로부터 나왔다"고 그 문덕(文德)의 연원을 밝히었고, 묘지명을 쓴 목재(木齋) 홍여하(洪汝河)는 "아버님의 분부로 젊었을 때는 공에게 나아가 스승의 예를 갖추고 학문의 체계에 대한 가르침을 받은 일도 있었다" 하고 그 사생(師生) 관계를 토로하였다.

1661년(현종 2)에 향년 80세에 별세하니 비록 하수(遐壽)를 누렸으나 슬하에 아들이 없어 백형의 셋째아들 장발(長發)로서 뒤를 이었다. 배위는 공인(恭人) 동래정씨(東萊鄭氏)와 공인 안동권씨(安東權氏)인데 정씨는 무육(無育)이고 권씨는 세 딸을 두었다. 묘소는 용궁의 남쪽 구미산(九美山) 선영 경역에 있으며 저서로 『호우문집(湖憂文集)』 4권 2책이 전지지고 있다.

호우공의 계자(繼子) 장발은 아들 횡(鈜)과 세 딸을 두었으나 횡이 또 아들을 두지 못하자, 물헌공의 증손이요 그의 재종질인 지태(之泰)를 후사로 삼으니 호가 묵와(黙窩)이다. 묵와공이 비로소 유(濰)·영(瀛)·정(瀞), 연(沇) 등 기라성 같은 아들 4형제와 딸 하나를 두었고, 그중에서 셋째아들 통덕랑 정(瀞)을 다시 생정의 종숙인 지강(之綱) 앞으로 출계시켰고, 넷째아들 연(沇)을 또한 생정 백부인 지화(之和)의 뒤를 잇게 하니 곧 물헌공의 봉사손이 되었다.

1) 용포공(龍浦公)의 사환(仕宦)과 그 자손

용포공의 휘는 유(濰), 자는 거원(巨源)이고 호는 용포(龍浦) 또는 졸수재(拙修齋)라고 했다. 호우공의 주현손(冑玄孫)이고 처사공 횡의 손자이다. 아버지는 묵와공 지태이고 어머니는 월성이씨(月城李氏)로 사인 병일(秉一)의 따님인데 공은 1669년(현종 10)에 예천(醴泉) 유전리(柳田里)의 외가에서 태어났다.

소년 시절부터 품행이 의젓하여 장자(長者)를 대하면 꼭 섬돌 아래로 내려가 공손히 읍을 했으며, 공부를 할 때도 또래의 아이들이 곁에서 아무리 떠들어도 못 본 체하며 독서에만 열중했다. 나이 16세에 나은(懶隱) 이동표(李東標)의 문하에 나아가 『소학(小學)』을 배우면서 학문하는 차례를 알았고, 자경잠(自警箴)을 지어 스스로를 경책하는 잣대로 삼았다. 1691년(숙종 17)에 생원시(生員試)에 합격한 후 성균관에 들어갔으나 대과 응시에 연연하지 않고 오로지 경학(經學)의 깊은 뜻을 캐는 데 몰두했다.

그러나 아버지의 명에 따라 1702년(숙종 28) 식년문과(式年文科)에 응시하여 을과제칠인(乙科第七人)으로 급제했으며, 이어 승문원(承文院) 관원으로 서경(署經) 절차를 밟았지만, 당시 당색이 다른 대관(臺官)들의 방해를 받아 임명이 보류된 일도 있었다. 이에 학사(學士) 홍중휴(洪重休)가 당시 이조판서(吏曹判書) 서종태(徐宗泰)에게 공의 억울함을 해명한 결과, 1705년(숙종 31)에 승문원 소속으로 독우(督郵)의 임무를 주어 김천도찰방(金泉道察訪)에 제수하니 공은 말(馬)에 서책을 싣고 단신으로 부임했다.

공은 부임하자마자 역원(驛院) 노비의 수가 많다 하여 이를 감축하는 한편 불요불급한 경비를 줄여 대신 마필(馬匹)을 보강하고 건물을 수리했으나, 1706년(숙종 32)에 또 감사(監司)의 무고를 입어 관직을 그만두게 되었다. 1709년(숙종 35)에 남원(南原) 오수도(獒樹道)의 찰방(察訪)으로 복직되었고, 임기를 마치자 1712년(숙종 38) 봄에는 비로소 내직으로 들어가 성균관 전적(典籍)으로 승진했으나 얼마 뒤 아버지의 별세로 다시 귀향하였다.

1715년(숙종 41) 봄에 충청도 관내 금정역(金井驛) 찰방으로 복직하여, 당시 이 지역에 만연한 기근과 전염병을 잘 다스림으로써 백성들의 칭송이 높았다. 또 이 무렵 인근에 우거하면서 불우한 세월을 보내고 있던 당대의 문사인 희암(希庵) 채팽윤(蔡彭胤)과 지기(知己)를 맺고 시문과 의기를 서로 나누었다. 1717년(숙종 43)에는 임기가 끝나 다시 고향집으로 돌아갔고 2년 후에는 어머니의 별세로 3년간 예제(禮制)를 다했으며 이후 약 5, 6년 동안 후진을 가르치며 조용하게 심신을 휴양했다.

1728년(영조 4) 봄에 또 조정의 부름이 있어 예조좌랑(禮曹佐郎)을 배명했는데, 마침 그때 영남 지방 일대에 이인좌의 난(李麟佐亂)이 일어나 길이 막혔다. 이에 공은 국난에 처해 왕명을 받드는 일을 잠시도 지체할 수 없다 하여, 천신만고 끝에 사잇길로 빠져 달려가니 조정에서 이를 가상히 여겨 곧 정랑(正郎)으로 승진시켰다.

이어서 같은 해 8월에 평안도사(平安都事)에 임명되자 병을 칭탁하여 사임했는데, 다음 해 9월에 또다시 통훈대부(通訓大夫)의 품계와 고산도(高山道) 찰방의 보직이 내려지니, 공은 원지 부임이라 하여 연달아 사임하는 것은 관원의 도리가 아니라 하며 애로를 무릅쓰고 단신 부임했다. 당시 이 지역에는 큰 흉년이 들어 공은 도임하자마자 곧 봉록을 희사하는 한편, 관청의 곡식을 빌려 굶주리는 백성을 구휼하는 데 온 힘을 기울였다. 또 다른 한편으로는 칠읍(七邑)의 교수관(敎授官)을 예겸(例兼)한 것을 기화로 사자(士子)들에게 『심경(心經)』과 『대학(大學)』을 몸소 가르치니, 그 치적과 교화가 날로 향상되었다.

이러한 공적이 인정되어 1733년(영조 9)에 조정에서 공을 사헌부장령(司憲府掌令)으로 불렀으나 병을 이유로 사양하니 임금이 허락하지 않았다. 이에 공은 병을 무릅쓰고 길에 올라, 문경(聞慶)에 이르러 다시 간절한 소장(疏狀)을 올렸는데 소명(召命)을 따르지 못하는 뜻과 함께 당시 천재(天災)와 기근으로 인한 백성들의 곤고(困苦)를 상세히 아뢰었다.

1741년(영조 17)에 임금은 재차 공에게 장령을 제수하니 늙고 병이 들어 나아갈 수 없다는 사정을 정원(政院)에 정소(呈訴)하였고, 마침내 병이 깊어 이해 여름에 별세하니 향년이 74세였다. 공은 관직에 40년을 종사하면서도 영달(榮達)에는 큰 관심을 두지 않아 권문세가와의 교류를 애써 외면하였다. 다만 네 차례의 지방 우관(郵官)을 역임하는 동안 법의 집행에는 추상과 같았고, 공무에 임할 때는 한 가정을 다스리듯 반드시 완전무결함을 도모했으며, 잘못된 일을 바로잡는 데는 사리를 분명하게 세웠다.

공은 한평생 경술(經術)에 잠심하여 때로는 갈암(葛庵) 이현일(李玄逸)·하당(荷塘) 권두인(權斗寅)·고산(孤山) 이진(李袗) 등 당대 석학의 강석에도 나아가 사례(師禮)로써 문질(問質)을 했으며, 특히 만년에는 『중용(中庸)』을 정독하여 의리를 탐구하느라 침식을 잊기도 했다.

공의 배위는 숙인(淑人) 밀양박씨(密陽朴氏)로 사인 정원(廷元)의 따님인데 3남 2녀를 두어 아들은 여(穮), 조(稠), 시(稤)이다. 공의 저서로는 『용포문집(龍浦文集)』 4권 2책이 목판본으로 간행되었는데, 손자 시경(是璥)의 요청으로 입재(立齋) 정종로(鄭宗魯)가 그 서문을 지었다. 또 『청창경람(晴窓慶覽)』 1권이 별도로 전한다. 공의 묘소는 상주(尙州) 은척면 봉림산(鳳林山)에 있으며 행장을 눌은(訥隱) 이광정(李光庭)이 지었고 묘갈명을 계당(溪堂) 류주목(柳疇睦)이 지었다.

2) 용포공의 아들 사랑과 오음공(梧陰公) 형제

용포공의 맏아들 여(穮)의 자는 자미(子美)이고 호는 오음(梧陰)이다. 어릴 때 아버지로부터 독서와 심성(心性)을 기르는 일에 늘 돈독한 가르침을 받았다. 용포공이 아들들에게 보낸 시(詩)에서 말하기를 "학문을 하는 것은 높지도 않고 또 깊지도 않다, 마음을 거두고 속을 향해 스스로 찾는 것, 산을 오를 때 피곤하지 않으려면 천천히 걷고, 새는 그릇에 늘 채워도 물은 방울방울 빠지는 법(爲學匪高亦匪深 收心向裏自能尋 登山不困徐徐步 漏器常盈續續斟)"이라는 구절이 있는데, 오음공이 항상 마음에 새기고 공부하는 지침으로 삼았다. 읍지(邑誌)에서도 공의 문한(文翰)과 유행(儒行)을 칭송했다. 용포공의 둘째아들 조(稠)가 국창공의 현손 호(灝) 앞으로 입계(入系)했다는 사실은 전술한 바와 같다.

용포공의 셋째아들 시(稿)는 자가 자달(子達)인데 나이 28세에 요절한 수재였다. 문예가 숙성하고 학문을 몹시 좋아하여 아버지 용포공이 몹시 기애(奇愛)하여 장래를 촉망했으나, 병중에서 과거시험에 너무 열중하다가 조요(夭夭)를 당하였다. 용포공은 그 슬픔을 이길 수 없어 시와 제문을 지어 마음을 달랬는데, 그 제문 첫 구절에는 "네가 홀연히 태어남에 나는 20여 년을 애지중지함이 이같이 깊었구나, 네가 홀연히 죽음에 나는 60의 노경을 통곡하고 아까워함이 이같이 애절하구나(爾胡然而生也 使我二十餘年愛之重之若是其深也 胡然而死也 使我六十衰境慟之惜之若是其切也)"라고 하였다. 배위는 아주신씨(鵝州申氏)로 생원(生員) 중모(重模)의 따님인데 슬하에 아들 용우(龍羽)와 딸 하나를 두어 생원 김갑동(金甲東)에게 출가했다. 용포공은 죽은 막내아들을 위해 그 스승이기도 한 청대(淸臺) 권상일(權相一)에게 특청하여 묘지명(墓誌銘)을 짓게 했다.

3) 무이옹(武夷翁)의 학행(學行)

공의 휘는 용우(龍羽), 처음 휘는 휘우(輝羽)이고 자는 공서(公瑞)이며 무이옹은 그 노년의 자호이다. 아버지는 용포공의 사랑하는 막내아들 시(稿)이고 어머니는 아주신씨(鵝州申氏)인데 공은 1725년(영조 1)에 용궁 무리실에서 태어났다. 나이 겨우 3세 때에 아버지를 여의고 편모(偏母)의 알뜰한 정훈(庭訓) 속에서 어린 시절을 보냈다. 타고난 자질이 청순(淸純)하고 재사(才思)가 뛰어나 동몽 시절에 이미 경전(經典)을 독파하고 문리(文理)를 깨치니 조부 용포공이 더욱 기특하게 여겨 슬하에서 늘 학업을 면려했다.

18세에 조부가 별세한 후 공은 넉넉한 학문과 재예(才藝)에도 불구하고, 28세 젊은 나이로 세상을 떠난 아버지의 유한을 되새기며 공령(功令)에 뜻을 가다듬었다. 몇 차례 영도회(嶺都會)에서 문재(文才)를 드러내어 주위의 촉망을 모았으나, 1748년(영조 24)에 어머니가 또 세상을 떠나시자 곡읍(哭泣)과 예제(禮制)를 다하고는 문득 과환의 부질없음을 깨닫고는 오로지 수신제가를 위한 공부에만 마음을 쏟았다.

홀로 문을 닫아걸고 『중용(中庸)』과 『맹자(孟子)』를 중심으로 그 오의(奧義)를 궁리하면서 밤낮으로 독서를 하니, 글 읽는 소리는 마치 금석(金石)과 사죽(絲竹)의 울림처럼 청아하여 길가는 사람들도 듣고 발을 멈추었다고 한다.

중년에는 청대(淸臺) 권상일(權相一)의 문하로 나아가 시서(詩書)와 역학(易學)에 이르기까지 그 질의가 활발하였다. 1774년(영조 50)에는 50세의 나이로 자별한 학우이면서 족제이기도 한 죽하공(竹下公) 천섭(天燮)과 함께 갑오식년사마시(甲午式年司馬試)에 응거하여 장원급제(壯元及第)로 생원이 되었다. 그러나 그것은 자기의 학문과 문예 실력을 한번 시험해본 것일 뿐, 영리(榮利)와는 무관하였고 노경에는 학문적 진수를 닦는 데 하나의 도구로 활용되었다.

공은 글을 읽음에 항상 겸허(謙虛)와 성경(誠敬)을 마음의 바탕으로 한다는 뜻에서 겸(謙)과 경(敬) 두 자로써 좌우명을 삼았다. 특히 『중용』 『근사록』 『심경(心經)』 『주자서절요』 등을 몇 차례나 미독(味讀)하여, 그 독후감이라 할 『용학차기(庸學箚記)』와 『근사록차기(近思錄箚記)』를 저서로 남겼다. 공은 평소에 시문을 남기는 것을 좋아하지 않았으며 고을에서 공의 학문과 덕행을 기리어 섬천(剡薦)에 올리려 했으나 끝내 사양했다.

1791년(정조 15)에 향년 67세를 일기로 별세하니 향당에서는 "가문의 기둥이 무너지고 사림(士林)의 풍습이 허물어졌으니 착한 선비들을 어디에서 찾을꼬?(門戶頹矣 士風墜矣 善類索矣)" 하고 탄식했다. 공의 행장(行狀)을 입재(立齋) 정종로(鄭宗魯)가 지었다. 배위는 광주이씨(廣州李氏) 사인 세숙(世璹)의 따님과 아주신씨(鵝州申氏) 사인 상일(相一)의 따님인데, 슬하에 2남 2녀를 두어 아들은 시경(是璥)과 시여(是壘)이다. 공의 묘소는 예천 구미(九

美) 철점촌(鐵店村)에 있다.

4) 용호공(龍湖公)과 강역재공(講易齋公)의 문재(文才)

용호공의 휘는 영(瀛)이고 자는 종원(宗源)이며 용호(龍湖)는 그 호이다. 호우공의 현손으로 아버지 묵와공 지태와 어머니 광주이씨 사이의 4남 1녀 중 둘째아들이고 용포공의 아우이다. 동몽 시절부터 시문을 짓는 재주가 뛰어나 부형은 거업(擧業)에 열중할 것을 바랐으나 공은 홀로 명예나 영진(榮進)에 대한 뜻이 없었다. 다만 문을 닫아걸고 독서를 했으며 스스로 행의(行義)를 닦는 일에 마음을 기울였다.

그러나 불행하게도 24세의 젊은 나이로 세상을 떠나니 향당에서 모두 공의 뛰어난 문재를 애석하게 여겼고 특히 용포공의 비탄이 매우 컸다. 공의 사후에 자손들이 평소에 남긴 문예 작품을 모아 유집(遺集)을 만든 일이 있으나 전해지지 않고 있다. 다만『조선환여승람(朝鮮寰輿勝覽)』문행편에 "후인들이 그 시문을 전송(傳誦)한 경우가 많았다"고 한 기록이, 공의 문예 작품이 한때 사람들의 입에 오르내렸을 정도로 수작(秀作)이었음을 잘 말해주고 있다.

배위는 장수황씨(長水黃氏) 사인 포(褒)의 따님이고 슬하에 아들 전(檀)과 병(秉)을 두었으나 둘째아들 병은 생가의 종제인 연(沇) 앞으로 출계하여 물헌공의 봉사손이 되었다.

강역재공의 휘는 동영(東英)이고 자는 계중(桂中)이며 강역재(講易齋)는 그 당호인데, '주역(周易)을 강론하는 집'이라는 뜻이다. 용호공의 주현손(胄玄孫)인 사인 종수(鍾壽)의 손자로 아버지는 사인 낙구(洛九)이고 어머니는 의성김씨(義城金氏)인데 용궁 무리실에서 태어났다.

젊은 시절부터 경전을 읽고 인륜과 화복에 대한 궁리가 남다르더니, 마침내 경락(京洛)에 유학하여 많은 학우들을 사귀고 섭렵한 서책이 많았다. 만년에는 임천(林泉)으로 돌아와 은거하면서 높다랗게 정자관(程子冠)을 쓰고 띠가 넓은 도포를 입은 채 학자로서 행동거지에 법도가 있었다. 특히 주역(周易)을 연구하는 학문에 힘을 쏟아 거처하는 집에 강역재를 열고 원근에서 학도를 불러들여 가르쳤는데 저서로 『주역요해(周易要解)』 1권이 전한다.

색인 索引

인명 및 용어

ㄱ

갑자사화(甲子士禍) 209, 226

강윤조(姜胤祚) 38

강혼(姜渾) 196

개경 시대(開京時代) 46

겸재공(謙齋公) → 이경옥 279

경대승(慶大升) 49

경력공(經歷公) 133

계유정난(癸酉靖難) 160, 164

공민왕(恭愍王) 79, 85

곽재우(郭再祐) 291, 293, 423

국채보상운동 391, 395

권근(權近) 83

권람(權擥) 164

권양촌(權陽村) → 권근 90, 116

근재공(謹齋公) → 이경홍 251, 278

금시당(今是堂) 265, 366, 417, 436

금시당공 → 이광진(李光軫) 249, 269, 270, 287, 416

금시당파(今是堂派) 278

기묘사화(己卯士禍) 233

기우자(騎牛子) → 이행 46, 76, 78, 131, 155, 171

기화(己和) → 함허당 142

길재(吉再) 92, 102

김구용(金九容) 82

김수온(金守溫) 159

김시양(金時讓) 106

김안국(金安國) 226, 232

김안로(金安老) 240

김인후(金麟厚) 240, 245

김일손(金馹孫) 134

김정(金淨) 233

김종서(金宗瑞) 108

김종직(金宗直) 134

김하서 → 김인후 247

김훈(金訓) 154

김희신(金熙臣) 375

ㄴ

노자(老子) 35

농아공(聾啞公) → 이장유 316

ㄷ

다카하시(高橋亨) 397

단구이숙(丹丘里塾) 324

단구정사(丹丘精舍) 325

덕성서원(德城書院) 429

도연명(陶淵明) 417

도원공 → 이종극(李鐘極) 363, 467

독곡 → 성석린 118, 145, 162

돈녕공(敦寧公) → 이자 133, 163

두문동칠십이현(杜門洞七十二賢) 101

ㄹ

래성(來姓) 25

류성룡(柳成龍) 563, 609

류운룡(柳雲龍) 563, 609

ㅁ

목은(牧隱) → 이색 82, 89

무리실(茂李谷) 561

무오사화(戊午士禍) 134, 198, 214, 226

묵헌공 → 이만재 546

문순공 → 이규보 35

문절공(文節公) → 이행 46, 70, 131

문절공파(文節公派) 133, 188

문정왕후(文定王后) 204, 255

ㅂ

박상충(朴尙衷) 82

박수춘(朴壽春) 298, 366

박의중(朴宜中) 82

박팽년(朴彭年) 159

백곡공(栢谷公) → 이지운(李之運) 320, 418

백문보(白文寶) 80

백이정(白頤正) 81

범세동(范世東) 81

변계량(卞季良) 175

보본계(報本契) 388

보본당(報本堂) 402

보우(普愚) 255

부훤당공(負暄堂公) → 이적 113, 119, 132, 139, 171

ㅅ

사성(賜姓) 25

사인당리(舍人堂里) 215

3·1운동 392, 397, 401, 402

삼포왜란(三浦倭亂) 203

서거정(徐居正) 159

서고정사(西皐精舍) 383, 395

서애(西厓) → 류성룡 564, 595, 615

석수윤(釋守允) 90

석음재(惜陰齋) 382, 402

성독곡 → 성석린 116

성삼문(成三問) 159

성상곡(成桑谷) → 성석연 90, 116

성석린(成石璘) 114, 137

성석연(成石珚) 90, 114, 140

성석용(成石瑢) 114

성엄(成㩴) 115

성헌공(省軒公) → 이병희(李炳憙) 466, 467

성현(成俔) 113

성호(星湖) → 이익 309, 361

세종(世宗) 122, 172

손사익(孫思翼) 312, 319, 371

손석관(孫碩寬) 308, 309, 335

송월당(松月堂) 286

수양대군(首陽大君) → 세조 165, 195

수원파(水原派) 27

신광한(申光漢) 241

신국빈(申國賓) 458

신돈(辛旽) 82, 85, 136

신숙주(申叔舟) 159

신채호(申采浩) 398

신현(申賢) 81

심온(沈溫) 152, 170

쌍경당(雙鏡堂) 493

안견(安堅) 159

안평대군(安平大君) 159, 164

안향(安珦) 67, 81

양녕대군(讓寧大君) 145, 170

양촌 → 권근 86

여천군(驪川君) → 이원 166, 170

영광파(靈光派) 212

영인(令人) 광산김씨(光山金氏) 597

왕건(王建) 21, 37

왕후(王煦) 72

용궁파(龍宮派) 278

용성파(龍城派) 278

용현정사(龍峴精舍) 389

우탁(禹倬) 81

원경왕후(元敬王后) 181

원천석(元天錫) 81, 102

월송어대(越松魚臺) 88

월송정(越松亭) 87

월연공(月淵公) → 이태 227, 247

월연정(月淵亭) 234, 365, 500

월연파(月淵派) 278

위화도(威化島) 회군 94, 137

유자광(柳子光) 134, 214

윤소종(尹紹宗) 103

윤원형(尹元衡) 204, 259

윤임(尹任) 204

윤종식(尹鍾植) 29

윤회(尹淮) 148

이갑형(李甲衡) 559

이개(李塏) 159

이개(李諲) 172, 177

이거(李秬) 458

이겸구(李謙九) 499

이경(李烱) 297, 608

이경구(李景九) 452

이경섭(李敬燮) 499

이경승(李慶承) 257, 278, 287

이경옥(李慶沃) 278, 478

이경청(李慶淸) 476

이경홍(李慶弘) 278, 420

이관구(李瓘九) 530

이광로(李光輅) 244, 277

이광륜(李光輪) 208

이광보(李光輔) 210

이광복(李光輻) 208

이광진(李光軫) 250, 277

이광현(李洸鉉) 32

이교(李喬) 31, 45, 46, 49

이교(李穚) 359, 372

이구(李秌) 338

이국(李稛) 326, 463

이규보(李奎報) 31, 42

이극소(李克紹) 593

이기락(李基洛) 607

이기주(李起周) 308

이능구(李能九) 380, 387

이담구(李潭九) 590

이대형(李大衡) 401

이도(李藁) 330

이동구(李東九) 451

이동영(李東泳) 592

이동우(李東佑) 591

이동현(李東顯) 47, 55

이래(李耒) 278, 292

이만견(李萬堅) 461

이만백(李萬白) 304, 359, 364

이만성(李萬成) 331

이만시(李萬蒔) 350

이만영(李萬英) 603

이만용(李萬容) 299

이만재(李萬材) 334, 486, 489, 541

이만전(李萬全) 334, 486, 488, 507

이만지(李萬枝) 598

이만최(李萬寂) 342

이만형(李萬亨) 486

이만휘(李萬徽) 486

이맹휴(李孟休) 26

이명구(李命九) 380, 389

이명구(李命九) 29

이몽구(李夢九) 29

이무(李秋) 338

이무룡(李武龍) 589

이문구(李聞九) 455

이미(李糜) 331

이민구(李敏九) 467

이민구(李珉九) 361, 363, 413

이방원(李芳遠) 100, 109

이벽(李璧) 59, 62, 63

이병곤(李炳鯤) 391, 403

이병관(李炳觀) 358

이병구(李秉九) 451

이병규(李炳圭) 391, 400

이병덕(李秉德) 521

이병성(李秉晟) 521, 531

이병수(李炳壽) 391, 398

이병영(李炳榮) 559

이병원(李炳瑗) 391, 402

이병은(李炳恩) 539

이병조(李炳朝) 500

이병충(李秉忠) 534

이병태(李炳泰) 588

이병태(李秉泰) 496, 502

이병표(李炳彪) 391, 405

이병호(李炳嶂) 361, 414

이병희(李炳憙) 361, 391, 393

이보(李俌) 202

이복(李馥) 312, 319

이빈(李穦) 572, 600

이사경(李師瓊) 212

이사관(李士寬) 172

이사연(李師衍) 202, 317

이사원(李師瑗) 206

이사준(李師準) 191, 195, 317

이사진(李師鎭) 205, 317

이사필(李師弼) 213, 277

이상두(李尙斗) 614

이상벽(李尙璧) 608

이상석(李尙碩) 329

이상의(李尙毅) 31, 36, 47

이상중(李尙中) 578, 582

이상황(李尙晃) 578

이상희(李尙熹) 537

이색(李穡) 81, 82, 102, 137

이서구(李瑞九) 604

이석구(李溎九) 579, 603

이설(李渫) 576

이섭(李涉) 359, 362, 370, 371

이성계(李成桂) 85, 89, 94, 137

이성하(李成夏) 592

이세정(李世貞) 32

이세정(李世貞) 31, 38

이세형(李世衡) 407

이소구(李韶九) 338, 339

이속(李涑) 533

이수(李洙) 439

이수룡(李秀龍) 52, 55, 57, 317

이수린(李守麟) 592

이수만(李守滿) 604

이수산(李秀山) 51, 55, 58

이수일(李壽日) 38

이수함(李壽咸) 498

이수함(李壽咸) 502

이수항(李壽沆) 498

이수해(李秀海) 51, 55, 58

이수형(李守衡) 318

이수형(李守馨) 574

이수회(李壽會) 32

이숙(李潚) 335

이숙형(李夙衡) 500

이순(李巡) 210

이순(李焞) 567

이순신(李舜臣) 210

이숭인(李崇仁) 81, 82

이승구(李承九) 316, 318, 557

이시(李穭) 621

이시국(李是國) 533

이시영(李是榮) 537

이시영(李是瑛) 454

이시철(李是哲) 535

이시철(李時哲) 521

이식(李湜) 570

이식(李湜) 196

이암(李嵓) 81

이양(李穰) 575

이언적(李彦迪) 31, 32, 251

이여(李稶) 620

이연구(李演九) 341

이영(李瀛) 623

이영구(李榮九) 452

이예(李澧) 548

이온(李穩) 571

이옹(李壅) 278, 427

이용구(李龍九) 445

이용우(李龍羽) 621

이용주(李龍周) 310

이우(李祐) 338

이우(李遇) 207

이우구(李宇九) 606

이우삼(李佑三) 612

이우섭(李宇燮) 578

이우성(李佑成) 168, 194, 326, 405

이욱(李郁) 201

이원(李遠) 161, 214, 225, 277

이원걸(李元傑) 45, 49

이원기(李遠起) 359

이원량(李元亮) 243, 267, 277, 297, 474

이원룡(李元龍) 571, 577

이원빈(李元賓) 277

이원섭(李元燮) 534

이원영(李元永) 592

이원충(李元忠) 272, 277

이원회(李元晦) 277

이위(李渭) 536

이유(李濰) 618

이유(李瑜) 278, 479, 482

이유(李稛) 338

이유수(李攸秀) 469

이유정(李攸珵) 464

이윤길(李允吉) 612

이윤섭(李胤燮) 523, 534

이윤수(李潤壽) 278, 297, 561

이윤유(李允綏) 32, 38

이윤침(李允琛) 64, 67

이은백(李殷伯) 31

이의민(李義旼) 49

이의방(李義方) 49

이이두(李而杜) 298, 302, 350, 364

이이명(李李溟) 599

이이정(李而楨) 298, 301, 303

이익(李瀷) 26, 35

이익구(李翊九) 337, 361, 380, 383

이인덕(李仁德) 27, 31, 38, 45, 49

이인섭(李寅燮) 573

이인식(李仁植) 33

이인임(李仁任) 85

이입전(李立全) 38

이자(李孜) 47, 122, 145, 169

이자(李滋) 31

이잠(李潛) 26, 55

이장간(李章幹) 348, 410

이장구(李章璆) 574

이장규(李章圭) 321
이장규(李章奎) 603
이장근(李章瑾) 338, 361, 363, 409
이장길(李長吉) 611
이장두(李章斗) 593
이장련(李章璉) 442
이장만(李章萬) 539
이장무(李長茂) 569
이장박(李章璞) 361, 375
이장배(李長培) 611
이장봉(李章琒) 322
이장섭(李章燮) 532
이장신(李長新) 539
이장오(李章五) 551
이장우(李章瑀) 578
이장욱(李章頊) 578, 581
이장운(李章雲) 526
이장원(李章遠) 521, 524
이장위(李章瑋) 578
이장유(李章綏) 316, 328
이장윤(李長胤) 278, 296
이장표(李章彪) 606
이장한(李章漢) 356
이장화(李長華) 484
이적(李迹) 45, 47, 102, 147
이정(李楨) 256
이정구(李鼎九) 521, 528
이정섭(李廷燮) 327
이제영(李濟永) 363
이제현(李齊賢) 81
이조(李稠) 604

이종(李淙) 531
이종각(李鍾珏) 555
이종곤(李鍾坤) 363, 412
이종곤(李鍾崑) 323
이종극(李鐘極) 361, 377
이종달(李鍾達) 471
이종룡(李鍾龍) 448
이종무(李從茂) 154
이종상(李鍾庠) 521, 526
이종엄(李鍾儼) 318, 321
이종연(李宗衍) 33
이종오(李鍾五) 473
이종욱(李鍾煜) 578, 585
이종원(李鍾元) 465
이종진(李鍾震) 359
이종탁(李鍾卓) 454
이종협(李鍾協) 473
이종호(李鍾昊) 340, 349
이주구(李疇九) 608
이준(李埈) 290
이준구(李濬九) 578, 586, 608
이준구(李駿九) 606
이중륙(李重穋) 573, 604
이중목(李重穆) 577, 579
이중화(李重和) 577, 580
이중환(李重煥) 21, 36
이증석(李曾碩) 123, 174, 189, 317
이증약(李曾若) 193
이지갑(李之甲) 538
이지관(李之觀) 512
이지복(李之復) 490

이지술(李之述) 305

이지운(李之運) 222, 432

이지유(李之逌) 370

이지적(李之迪) 333, 343

이지표(李之標) 545

이지함(李之菡) 208

이직재(李直才) 32

이진(李稹) 345

이집(李集) 74

이집구(李潗九) 578, 588

이찬(李燦) 593

이창근(李昌瑾) 589

이창련(李昌璉) 588

이창윤(李昌胤) 431

이채(李埰) 32

이척(李逖) 45, 47, 102, 136

이천백(李天白) 71

이천섭(李天燮) 578, 582

이철(李澈) 354

이태(李迨) 214, 230, 277

이태주(李泰周) 309

이태평(李太平) 38

이택구(李澤九) 592

이표(李穮) 359, 361, 363, 408

이필(李泌) 338

이필세(李弼世) 608

이필영(李弼永) 316

이필영(李必永) 589

이하진(李夏鎭) 26

이행(李行) 78

이혁(李穚) 441

이현보(李賢輔) 232

이현환(李玄煥) 29

이혐(李馦) 312, 346

이호구(李灝九) 530

이홍(李泓) 514

이환(李煥) 615

이황(李滉) 240

이효온(李孝溫) 33, 45, 49

이후(李稦) 337

이휘관(李輝觀) 578

이휘근(李輝根) 321, 322

이휘연(李輝淵) 460

이휘오(李輝五) 354

이휘찬(李輝纘) 348

이휘철(李輝轍) 321

이휘춘(李輝春) 361, 373

이휘탁(李輝琢) 315

이희(李羲) 354

입성(入姓) 25

입향성(入向姓) 25

ㅈ

자유헌공 → 이만백(李萬白) 333

장지연(張志淵) 396, 398

재령군주(載寧郡主) 47, 123, 177, 180

전록생(田祿生) 83

점필재(佔畢齋) → 김종직 214

정당문학공 → 이수룡 63

정도전(鄭道傳) 82, 83, 103

정몽주(鄭夢周) 81, 102

정수강(丁壽崗) 199

정인지(鄭麟趾) 159

정중부의 난(鄭仲夫亂) 49

정진의숙(正進義塾) 392, 397, 402, 404

정진학교(正進學校) 361, 397, 404

정치도감(整治都監) 72

제학공(提學公) → 이척 108, 113, 132

제헌공(霽軒公) → 이원량 255

조광조(趙光祖) 232, 252

조말생(趙末生) 148

조양서당(朝陽書堂) 325

조영규(趙英珪) 100, 102

조위(曹偉) 134, 191, 226

조준(趙浚) 103

조헌(趙憲) 208

졸와공 → 이복(李馥) 437

종상(鍾庠) 525

죽포 → 손사익 313, 315, 320

중랑장공 → 이교(李喬) 63

중종반정 202

중화공(中和公) → 이증석 133, 184

증정부인 풍산류씨 566

지윤(池奫) 85

최영(崔瑩) 85, 94, 137

최이(崔怡) 57

최충헌(崔忠獻) 49, 57

최항(崔恒) 159

춘우정(春雨亭) 286

춘천파(春川派) 212

충순위공(忠順衛公) → 이사필(李師弼) 133, 317

침류당공(枕流堂公) → 이사준 134

ㅌ

태종(太宗) 109

토성(土姓) 25

퇴수재공(退修齋公) → 이병곤(李炳鯤) 389

투화성(投化姓) 25

ㅍ

포은(圃隱) → 정몽주 82, 100

포천공(抱川公) → 이증약 133, 206

ㅎ

하륜(河崙) 148

한명회(韓明澮) 125, 164

한양 시대 47, 132

함허당(涵虛堂) 142, 155

항재공 → 이익구(李翊九) 329, 363, 379, 467

ㅊ

창주공 → 이병호(李炳皞) 364

천연정(天淵亭) 370

촌성(村姓) 25

최남선(崔南善) 398

최만생(崔萬生) 85

호명취사법(糊名取士法) 23

홍건적(紅巾賊)의 난 75

홍륜(洪倫) 85

화산의숙(華山義塾) 385, 391, 395

황기원(黃起源) 322

황려 시대(黃驪時代) 45

황희(黃喜) 140, 171

흥학계(興學契) 388

작품 및 도서

ㄱ

『가례문답(家禮問答)』 524

『가사집(歌辭集)』 364

「간첨설직소(諫添設職疏)」 95

『갑진대보(甲辰大譜)』 27, 506, 529,
　537

『경국대전(經國大典)』 139

『경신보(庚申譜)』 32

『경인보(庚寅譜)』 592

『고려사(高麗史)』 103

『고려사절요』 54

『관규쇄록(管窺瑣錄)』 389

『관성록(觀省錄)』 583

『교채당유고(咬菜堂遺稿)』 603

「교하현(交河縣)」 149

『구곡유고(九曲遺稿)』 606

『국역구곡집(國譯九曲集)』 606

『국역판금시당집(國譯版今是堂集)』 448

『국창문집(菊牕文集)』 598, 606

『국창선생문집(菊牕先生文集)』 596

『국하시집(菊下詩集)』 574

『국헌유고(菊軒遺稿)』 587

「군도의 진양촌장 유람을
　송별하다(送君度之遊晉陽村庄)」 197

「군도의 집 연석에서 취중에 쓰다
　(君度家宴席醉題)」 196

「귀거래사(歸去來辭)」 265, 417

「귀전운(歸田韻)」 471

『근사록차기(近思錄箚記)』 622

『금시당집(今是堂集)』 222, 436

『기미보(己未譜)』 575, 612

『기미파보(己未派譜)』 506, 608

「기우설(騎牛說)」 86

「기우자선생에게 올리다(上騎牛子先生)」
　175

『기우자집(騎牛子集)』 526

『기우집(騎牛集)』 175, 222, 436

ㄴ

『낙사문집(洛社文集)』 592

『난중일기(亂中日記)』 210

「남주상감가(南州想感歌)」 415

『남주상감가』 415

『농은유고(農隱遺稿)』 325

「늦은 봄(暮春)」 367

ㄷ

「대신론(大臣論)」 395

『대학강론(大學講論)』 586

『대학강의(大學講義)』 385

『도원수일시첩(桃源晬日詩帖)』 450

『독사차기(讀史箚記)』 386

『동국여지승람』 25

『동국이상국집』 33

『동문선(東文選)』 270

「동방삭론(東方朔論)」 253

『둔촌잡영(遁村雜詠)』 74

「때때로 힘써야 할 여섯 가지 조목
(時務六條)」 115

ㄹ

「류함지(柳涵之)의 운자로서
중예(仲豫)에게 보낸다
(次柳涵之韻寄仲豫)」 241

ㅁ

『만경공가전(萬頃公家傳)』 26

『만성문집(晩惺文集)』 447

『만성보(萬姓譜)』 38

『만성유집(晩省遺集)』 586

『만영(謾詠)』 314

『만천시고(彎川詩稿)』 530

『만한당유고(晩恨堂遺稿)』 557

「만흥(漫興)」 257

『매원유고(梅園遺稿)』 569

「멀리 부친다(寄遠)」 598

<몽유도원도(夢遊桃源圖)> 159

『무술파보(戊戌派譜)』 65, 67, 537

『무오파보(戊午派譜)』 461, 538

『묵산유집(黙山遺集)』 454

『묵헌유고(黙軒遺稿)』 545

『묵헌집(黙軒集)』 560

「문장은 한 세대를 덮으리라(文章蓋世)」
143

「문행선후설(文行先後說)」 253

『밀양파보(密陽派譜)』 60

ㅂ

『반계유고(盤溪遺稿)』 337, 341

「반계정중수상량문(盤溪亭重修上樑文)」
358

「반관에서 여러 친구들과 함께 두견새
소리를 듣다(泮館與諸益聽鵑)」 302

「반구재기(盤邱齋記)」 363

『백곡집(栢谷集)』 439

「백암거사찬(白巖居士贊)」 108, 127

「백원첩(白猿帖)」 92

『병신보(丙申譜)』 575, 592

『병진보(丙辰譜)』 533

「병암연구(屛巖聯句)」 106

『병진파보(丙辰派譜)』 60, 504, 506

「보통 사람들보다 인격이 드러났다
(格出庸流)」 143

「봄날에 부질없이 흥이 일다(春日漫興)」

367

「봄밤에 김익지와 같이 이 기우자의
　　관동 기행을 보다(春夜與金益之
　　觀李騎牛子關東紀行)」　108

ㅅ

『사서요해(四書要解)』　575

「사서혈맥론(四書血脈論)」　85

『사암유고(思庵遺稿)』　580

「사여재가(四餘齋歌)」　584

『사우정집(四雨亭集)』　196

『삼소와유고(三疏窩遺稿)』　592

「삼오칠언(三五七言)」　366

「서암기(西巖記)」　358

『석우헌유고(石于軒遺稿)』　608

『선고부록(先稿附錄)』　364, 415

『선세유고(先世遺稿)』　530, 531

「성리도(性理圖)」　589

「성상곡 석연의 위생당을 읊는다
　　(題成桑谷石珚衛生堂)」　114

『성헌요언별고(省軒堯言別稿)』　397

『성헌집(省軒集)』　363, 397

『성호집(星湖集)』　396, 404, 406

「세시가행(歲時歌行)」　366

『소은집(小隱集)』　401

『수당유고(睡堂遺稿)』　528

「수정보첩서(修正譜牒序)」　503

『신사구보(辛巳舊譜)』　60, 67

『신사보(辛巳譜)』　32, 37, 48, 498, 501

『실학사상독본(實學思想讀本)』　408

ㅇ

「안동의병소회격(安東義兵所回檄)」　587

『양잠방(養蠶方)』　119

『양잠방(養蠶方)』　150

『언지록(言志錄)』　101

『언토장자(諺吐莊子)』　141

『여강세승(驪江世乘)』　29

『여주이씨역대인물지(驪州李氏歷代人物
　　誌)』　393

「영인광주김씨시고(令人光州金氏詩稿)」
　　597

『예가상변(禮家常變)』　586

「오호공유사(午湖公遺事)」　497

「와유도(臥遊圖)」　606

「용성과 활천의 여러 종원들에게
　　올리는 글(上龍活僉宗書)」　529

『용재총화(慵齋叢話)』　113

『용포문집(龍浦文集)』　620

「용학도설(庸學圖說)」　586

「용학차기(庸學箚記)」　622

『우모록(寓慕錄)』　363, 377, 379

「우모속록(寓慕續錄)」　363, 379

『우산시초(于山詩鈔)』　531

『우초시집(于樵詩集)』　530

「운암공유사(雲庵公遺事)」　488

「원사(原士)」　385, 394

「월암유고(月庵遺稿)」　492

『월연선생문집(月淵先生文集)』　500

「월연에 배를 띄워 회포를 그린다
　　(泛舟月淵寫懷)」　265

『월연정요람(月淵亭要覽)』 500

『월연집(月淵集)』 222, 436, 527

<월하기우도(月下騎牛圖)> 90

『월헌집(月軒集)』 200

『위득록(爲得錄)』 405

『위사록(爲思錄)』 405

「위종실기(爲宗實記)」 316

「유관록(遊觀錄)」 606

『유사기문(遺事記聞)』 340, 362

『율봉일고(栗峰逸稿)』 402

「율정기사(栗亭記事)」 178

「을미년 윤달에 월연대에 모여 운자를
집어(乙未閏月會淵臺拈韻)」 556

『을축대보(乙丑大譜)』 205

『을축보』 498, 501, 537

「이관찰사 적에게 준다(贈李觀察使迹)」
156

「이교를 배척하고 정학을 숭상하는
상소(斥異敎崇正學疏)」 84

「이기우자의 운을 따라서
(次李騎牛子韻)」 116

「이사과 칭을 애도한다(挽李司果秤)」
458

『이생록(頤生錄)』 600

「이선생 척의 아름다운 운을 따라 나의
회포를 푼다
(次李先生逖佳韻追伸鄙懷)」 142

「이수찬(李修撰)의 근친(覲親) 길을
전송하다」 83

「이숙긍이 약속을 하고도 오지 않음을
조롱하다(嘲李叔兢有約不來)」 290

「이숙장을 애도한다(輓李叔莊)」 461

「이조실기(二祖實記)」 584

「이창설(里倉說)」 382

「이척의 죽음을 듣고 박평정에게
보내다(聞李逖亡寄朴平亭)」 146

「이천객관의 운을 따라(次伊川客館韻)」
119

「이치(吏治)」 395

「이희은 광로가 영남을 향해 가는데
시로써 이별한다
(李希殷光輅將向嶺南爲詩以別)」 247

『인묵재유집(忍黙齋遺集)』 570

「일성유고(日省遺稿)」 554

『일정집(一亭集)』 364, 407

「임진경중보첩회통(壬辰京中譜牒回通)」
504

『임진보(壬辰譜)』 504

『임진파보(壬辰派譜)』 27, 32

ㅈ

「자락정에 올라(登自樂亭)」 549

「자신잠(自新箴)」 606

『자유헌문집』 363

「자유헌설(自濡軒說)」 369

『자유헌집(自濡軒集)』 369

「전우서(錢愚序)」 403

「전제소(田制疏)」 95

「정신은 세상 바깥에도 깃들어
있다(神棲世表)」 144

『정존헌집(靜存軒集)』 363, 389

「제덕민정(題德民亭)」 258

「제두시후(題杜詩後)」 358

『제천일고(霽川逸稿)』 316, 559

『제촌유고(霽村遺稿)』 615

『조선사강목(朝鮮史綱目)』 396

『주역요해(周易要解)』 624

『주해천자문(註解千字文)』 554

「죽오사(竹塢詞)」 366

『죽하유고(竹下遺稿)』 585

「중수용호재실운(重修龍湖齋室韻)」 456

『중용강의(中庸講義)』 385

『지지헌유고(知止軒遺稿)』 377

『징비록(懲毖錄)』 595

『참의공파보(參議公派譜)』 592

「천거운(遷居韻)」 455

「천연정설(天淵亭說)」 369

「천작경석운(天爵慶席韻)」 491

「천작경수운(天爵慶壽韻)」 314

『철감록(掇感錄)』 222, 434

『청금록(靑襟錄)』 311, 345, 439

『청창경람(晴窓慶覽)』 620

『초려공파보(草廬公派譜)』 537

『추남유고(推南遺稿)』 359

「충주사군 이동은에게 보내다
　　(寄忠州使君李東隱)」 74

「침류당부(枕流堂賦)」 199

『태을암집(太乙庵集)』 458

『택리지(擇里志)』 21, 36

『퇴로지(退老誌)』 363

『퇴수재일기(退修齋日記)』 405

『퇴수재집(退修齋集)』 363, 404

「팔가분류서(八家分類序)」 403

「편의사조(便宜四條)」 150

「풍수설(風水說)」 371

『하서집(河西集)』 247

『학서공소기(鶴西公所記)』 29

「한거설(閑居說)」 358

「한원에 있으면서 월영어옹에
　　부침(在翰苑寄月盈漁翁)」 255, 270

『함허당문집(涵虛堂文集)』 142

『항재집(恒齋集)』 363, 386

『해동잡지(海東雜識)』 106

『호산실기(湖山實記)』 539

『호우문집(湖憂文集)』 617

『화하시집(華下詩集)』 400

『화하유고(華下遺稿)』 363, 400

『화해사전(華海師全)』 81

『황년기사(荒年紀事)』 389

「희우시(喜雨詩)」 377

저자 이운성 李雲成

1929년 경남 밀양(密陽) 출생. 초명은 건성(建成)이고 자(字)는 이정(而靜)이며 호(號)는 석농(石農), 동애(東厓), 무심관주인(無心觀主人). 1960년대 초에 자유문학(自由文學)지의 추천으로 등단한 시인이고 재야 국학자이다. 50여 년간 문학(文學)과 한국학 관계의 저서·논문 그리고 고전(古典)에 관한 역주서(譯註書) 등을 다수 남겼다. 현재 여주이씨(驪州李氏) 돈녕공파(敦寧公派)와 밀양파대종회(密陽派大宗會)의 고문 및 문절공기우자선생숭모사업회(文節公騎牛子先生崇慕事業會) 회장으로 있다.

이천 리의 역정(歷程)과 천 년의 선적(先蹟)
驪州李氏舍人堂里宗史

인쇄 2017년 11월 20일 | 발행 2017년 11월 30일

지은이 · **이운성**
펴낸이 · **한봉숙**
펴낸곳 · **푸른사상사**
편집 · 지순이 | 교정 · 김수란
등록 제2-2876호
경기도 파주시 회동길 337-16(서패동)
대표전화 031) 955-9111(2) 팩시밀리 031) 955-9114
메일 prun21c@hanmail.net
홈페이지 http://www.prun21c.com

ⓒ 2017, 이운성

ISBN 979-11-308-1236-6   93810
값 48,000원